D1652716

HEKS
Flüchtlingsdienst AG/SO
Augustin Keller-Str. 3
5000 Aarau   ☏ 064-22 99 66

Alberto Achermann / Christina Hausammann

Handbuch des Asylrechts

Alberto Achermann / Christina Hausammann

Handbuch des Asylrechts

Herausgegeben von der Schweizerischen Zentralstelle
für Flüchtlingshilfe (SFH)

Verlag Paul Haupt Bern und Stuttgart

Die 1. Auflage erschien im Eigenverlag der Schweizerischen Zentralstelle für Flüchtlingshilfe (SFH)

Die Deutsche Bibliothek – CIP-Einheitsaufnahme

Achermann, Alberto:
Handbuch des Asylrechts / Alberto Achermann ; Christina Hausammann. Hrsg. von der Schweizerischen Zentralstelle für Flüchtlingshilfe (SFH). – 2., vollst. überarb. Aufl. – Bern ; Stuttgart : Haupt, 1991
ISBN 3-258-04489-9
NE: Hausammann, Christina:

Alle Rechte vorbehalten
Copyright © 1991 by Paul Haupt Berne
Jede Art der Vervielfältigung ohne Genehmigung des Verlages ist unzulässig
Printed in Switzerland

VORWORT

Vor zehn Jahren ist das schweizerische Asylgesetz in Kraft getreten - ein Gesetz, das als Grundlage der Asyl*gewährung* verstanden und das allseits vom Willen nach einer grosszügigen Anwendung der Flüchtlingskonvention getragen wurde. Heute fühlen sich die Behörden angesichts der hohen Gesuchszahlen "zur Ausschöpfung aller im Asylgesetz angelegten Möglichkeiten zur Gesuchsablehnung" gezwungen, so ein früherer Bundesamt-Mitarbeiter in seiner Dissertation.

Das Suchen nach Ablehnungsgründen, die diversen verschärfenden Revisionen von Asylgesetz und -verordnung, die zu einem stattlichen Paket angewachsene Sammlung von Weisungen und Kreisschreiben etc. haben zu einer erheblichen Komplizierung und Verrechtlichung der Asylproblematik geführt. Wer nicht täglich mit asylrechtlichen Fragen konfrontiert ist, findet sich in dieser Fülle von Bestimmungen und in der noch immer kaum publizierten Praxis der zuständigen Behörden nur schwer zurecht. Das "Handbuch des Asylrechts" leistet die notwendige Orientierungshilfe.

Nur schon der Umfang des vorliegenden Buches, welches eine Totalüberarbeitung und Erweiterung des von der SFH 1990 vom gleichen Autorenteam herausgegebenen Handbuches ist, macht klar, dass hier eine umfassende und gründliche Darstellung von Asylrecht und Asylpraxis vorliegt. Die Beschränkung auf eben diesen Bereich erfordert aber auch den ausdrücklichen Hinweis darauf, dass das "Handbuch des Asyl- und Ausländerrechts" von Monique Aeschbacher und Hans Hegetschweiler aus dem Jahre 1985 bezüglich der anderen Themen in der Regel durchaus seine Gültigkeit noch hat, insbesondere bezüglich der Kapitel Ausländerrecht, Einbürgerung, Familien-, Sozialversicherungs-, Arbeits- und Mietrecht.

Gefeiert wird das zehnjährige Bestehen des Asylgesetzes in der vorliegenden Publikation allerdings nicht. Dazu ist die Demontierung des seinerzeit grosszügigen Asylgedankens zu rasant vorangeschritten. Wohl aber werden die Veränderungen der Bestimmungen und der Praxis dokumentiert, kommentiert und kritisiert. In diesem Sinn halten Sie auch ein Geschichtsbuch in der Hand - Anschauungsmaterial für die Relativität des Rechts. Das Handbuch von Achermann und Hausammann hat nicht zuletzt den Zweck, auf die Rutschbahn der Praxisverschärfungen Sand zu streuen.

Möge diese Publikation all denen ein nützliches Werkzeug sein, die noch immer unbeirrt für die legitimen Rechte der Flüchtlinge und Asylsuchenden ihre Zeit und ihre Kraft einsetzen. Es ist aber auch zu hoffen, dass bald jeder Asylbeamte seinen Achermann/Hausammann in Reichweite hat. Dafür, dass dieses Handbuch Praktikern und Praktikerinnen von grossem Nutzen in ihrer täglichen Arbeit mit Asylfällen sein wird, garantiert die Autorenschaft ebenso durch fundierte Fachkenntnis wie Praxisbezug: Als Assistent bzw. ehemalige Assistentin des Asylexperten Professor Walter Kälin in Bern einerseits und als jahrelange Hilfswerkvertreter/in an eidgenössischen und kantonalen Befragungen und Rechtsvertreter/in in diversen Asylfällen sind sie gleichermassen mit Theorie und Praxis vertraut.

Das Handbuch des Asylrechts ist fürwahr ein notwendiges Buch - notwendiger als einem lieb ist.

           Walter Stöckli
           Leiter des Rechtsdienstes
           der Schweizerischen Zentralstelle
           für Flüchtlingshilfe (SFH)

INHALTSVERZEICHNIS

ABKÜRZUNGSVERZEICHNIS	21
EINLEITUNG	23

A. RECHTSQUELLEN 25

I. LANDESRECHT 25

1. Die Bundesverfassung (BV)	25
1.1. Die Kompetenznorm von Art. 69ter BV	25
1.2. Ausweisung durch den Bundesrat (Art. 70 BV)	26
1.3. Übriges Verfassungsrecht	26
2. Das Flüchtlingsrecht	27
2.1. Asylgewährung als staatspolitische Maxime	27
2.2. Asylgesetz und Asylverordnung	28
3. Ausländerrecht	32
4. Übrige bundesrechtliche Rechtsquellen mit Auswirkungen auf Asylsuchende und Flüchtlinge	37
5. Kantonale Bestimmungen	38
6. Rechtsprechung	38

II. VÖLKERRECHT 39

1. Allgemeines	39
2. Flüchtlingskonvention	40
3. Die Europäische Menschenrechtskonvention (EMRK)	42
4. Exkurs: Art. 8 EMRK und das Recht auf Aufenthalt in der Schweiz und Familiennachzug	46
5. Koordinationsbestrebungen innerhalb Europas	48
5.1. Das Erstasylabkommen von Dublin	48
5.2. Die Schengener Abkommen	50
5.3. Weitere Bestrebungen	51
6. Schubabkommen	52
7. Die Uno-Folterkonvention	52
8. Die Genfer Rotkreuzkonventionen	53
9. Die völkerrechtlichen Verträge im einzelnen	54

B. BEHÖRDEN UND ORGANISATIONEN IM ASYLBEREICH 57

I. ÜBERBLICK 57

II. BEHÖRDEN 57

1. Bund 57
2. Kantone 61
3. Gemeinden 61

III. ORGANISATIONEN 62

1. UNHCR (UNO-Hochkommissariat für Flüchtlinge) 62
2. Organisationen auf europäischer Ebene 63
3. Hilfswerke 64

C. VORAUSSETZUNGEN DER ASYLGEWÄHRUNG 67

I. SYSTEMATIK DER ASYLGEWÄHRUNG 67

II. DER FLÜCHTLINGSBEGRIFF DES ASYLGESETZES 71

1. Asylgesetz und Flüchtlingskonvention 71
2. Elemente des Flüchtlingsbegriffes 72
3. Flucht aus dem Heimatstaat 73
4. Bruch der Beziehungen zum Verfolgerstaat 73
5. Verfolgung 74
   5.1. Die Elemente des Verfolgungsbegriffes 74
   5.2. Ernsthafte Nachteile 75
      5.2.1. Allgemeines 75
      5.2.2. Gefährdung des Lebens 76
      5.2.3. Gefährdung des Leibes 76
      5.2.4. Freiheitsbeschränkungen 76
      5.2.5. Intensität 77
      5.2.6. Unerträglicher psychischer Druck 79
      5.2.7 Prüfungsprogramm "ernsthafte Nachteile" 82
   5.3. Staatliche Nachteile 82
      5.3.1. Übersicht 82
      5.3.2. Direkte staatliche Verfolgung 83
      5.3.3. Mittelbare staatliche Verfolgung 84
      5.3.4. Schweizer Praxis 85
      5.3.5. Kritik 86

5.3.6. Private Verfolgung	88
5.3.7. Prüfungsprogramm "staatliche Nachteile"	89
5.4. Exkurs : Die inländische Fluchtalternative	89
5.5. Gezielte Nachteile	90
5.5.1. Allgemeines	90
5.5.2. Gezieltheit bei Eingriffen in Leben, Leib und Freiheit	91
5.5.3. Gezieltheit bei Massnahmen, die einen unerträglichen psychischen Druck bewirken	94
5.5.4. Prüfungsprogramm "gezielte Nachteile"	95
5.6. Verfolgungsmotive	95
5.6.1. Allgemeines	95
5.6.2. Die Verfolgungsmotive im einzelnen	97
5.7. Abgrenzung legitimer staatlicher Eingriffe zu illegitimer Verfolgung	100
5.7.1. Allgemeines	100
5.7.2. Abgrenzungsprinzipien	101
5.7.3. Praxis und Kritik	103
5.7.4. Bestrafung von Dienstverweigerern und Deserteuren	104
5.7.5. Prüfungsprogramm "Verfolgungsmotive"	106
5.8. Begründete Furcht vor zukünftiger Verfolgung	107
5.8.1. Grundsätzliches	107
5.8.2. Anforderungen an die Aktualität der Verfolgung	107
5.8.3. Zukünftige Verfolgung	108
5.8.4. Kritik an der schweizerischen Praxis zur begründeten Furcht vor Verfolgung	109
5.9. Nachfluchtgründe	111
5.9.1. Begriff	111
5.9.2. Praxis	112
6. Frauenflüchtlinge	113
6.1. Allgemeines	115
6.2. Zur Anwendung des Flüchtlingsbegriffs auf frauenspezifische Fluchtgründe in der Praxis	115
6.2.1. Ernsthafte Nachteile und begründete Furcht vor solchen	115
6.2.2. Staatliche Nachteile	117
6.2.3. Gezielte Nachteile	118
6.2.4. Verfolgungsmotive	119
6.3. Nachweis der Flüchtlingseigenschaft und Verfahren	120
6.4. Schranken der Wegweisung	121

7. Anerkennung der Flüchtlingseigenschaft und Asyl
für Familienangehörige (abgeleitete Flüchtlingseigenschaft) 122
   7.1. Allgemeines 122
   7.2. Art. 3 Abs. 3 AsylG: Familieneinheit bezüglich
   Flüchtlingseigenschaft 124
   7.3. Art. 7 AsylG: Familienvereinigung bei Flüchtlingen 126
      7.3.1. Bei Flüchtlingen, denen Asyl gewährt wurde 126
      7.3.2. Bei vorläufig aufgenommenen Flüchtlingen 127
8. Kontingentsflüchtlinge 128
9. Sonderfälle 129
   9.1. Die extraterritoriale Wirkung von Asylentscheiden 129
      9.1.1. Extraterritoriale Wirkung einer Anerkennung
      als Flüchtling 130
      9.1.2. Extraterritoriale Wirkung der Ablehnung eines
      Asylgesuches 131
   9.2. Sonderregelung für palästinensische Flüchtlinge
   (UNRWA - Flüchtlinge) 133

III. NACHWEIS DER FLÜCHTLINGSEIGENSCHAFT (ART. 12a ASYLG) 135

1. Beweis und Glaubhaftmachung 135
2. Beweis 136
3. Glaubhaftmachen 137
   3.1. Begriff des Glaubhaftmachens 137
   3.2. Kriterien der Praxis zur Beurteilung der Glaubhaftmachung 138
      3.2.1. Widersprüchliche Vorbringen 139
      3.2.2. Plausibilität der Vorbringen 140
      3.2.3. Substantiierung der Vorbringen 141
      3.2.4. Persönliche Glaubwürdigkeit 142
   3.3. Kritik 143
      3.3.1. Widersprüche 143
      3.3.2. Verspätete Vorbringen 145
      3.3.3. Passausstellung und Reiseweg 148
      3.3.4. Substantiierungspflicht 149
      3.3.5. Tatsachenwidrigkeiten 150
      3.3.6. Widersprüche zur allgemeinen Lebenserfahrung 150
      3.3.7. Generelle Bemerkungen zur Praxis 151

IV. ASYLAUSSCHLUSSGRÜNDE 153

1. Grundsätze 153
2. Aufnahme in einem Drittstaat (Art. 6 AsylG) 154
   2.1. Allgemeines 154
   2.2. Aufenthalt in einem Drittstaat (Art. 6 Abs. 1 lit. a AsylG) 155
   2.3. Nahe Angehörige in einem Drittstaat
        (Art.6 Abs.1 lit.b AsylG) 156
   2.4. Asylgesuch aus dem Ausland (Art. 6 Abs.2 AsylG) 157
   2.5. Die Praxis zu Art. 6 AsylG 157
        2.5.1. Bei Asylgesuchen im Inland 157
        2.5.2. Bei Asylgesuchen im Ausland 158
   2.6. Ausnahmen von der Abweisung des Asylgesuches wegen
        Aufnahme in einem Drittstaat 159
3. Asylunwürdigkeit und Gefährdung der Staatssicherheit
   (Art. 8 AsylG) 160
   3.1. Übersicht 160
   3.2. Straftaten von Asylsuchenden in den Herkunftsländern 161
        3.2.1. Grundlagen 161
        3.2.2. Praxis 163
   3.3. Straftaten von Asylsuchenden in der Schweiz 165
   3.4. Gefährdung der Staatssicherheit 167
        3.4.1. Grundlagen 167
        3.4.2. Praxis 168
4. Subjektive Nachfluchtgründe 168
5. Asylgewährung in Ausnahmesituationen (Art. 9 AsylG) 169

V. SCHRANKEN DER WEGWEISUNG 171

1. Überblick 171
2. Unmöglichkeit der Wegweisung 173
3. Unzulässigkeit der Wegweisung 174
   3.1. Überblick 174
   3.2. Das Rückschiebungsverbot von Art. 33 FK (konventions-
        rechtliches Refoulement-Verbot) 175
        3.2.1. Grundlagen 175
        3.2.2. Geschützte Personen 176
        3.2.3. Verbotene Entfernungsmassnahmen 177
        3.2.4. Ausnahmen vom Grundsatz der Nichtrückschiebung 178

3.3. Der Schutz von Art. 3 der Europäischen Menschenrechtskonvention (Refoulement-Verbot i.w.S.) 179
 3.3.1. Grundlagen 179
 3.3.2. Unmenschliche Behandlung gemäss Art. 3 EMRK 180
 3.3.3. Der Nachweis drohender unmenschlicher Behandlung 182
 3.3.4. Absoluter Charakter 184
 3.3.5. Durch Art. 3 EMRK geschützte Personen 184
 3.3.6. Exkurs: Die UNO-Folterkonvention 186
4. Unzumutbarkeit der Wegweisung 188
 4.1. Voraussetzungen 188
 4.2. Zum Schutz von Gewaltflüchtlingen insbesondere 190
 4.3. Tolerierung von Gewaltflüchtlingen 192
 4.4. Weisung für die Wegweisung von Tamilen 193
5. Humanitäre Aufenthaltsbewilligungen für "Härtefälle" 194

VI. DIE BEENDIGUNG DES ASYLS 195

1. Grundsätze 195
 1.1. Widerruf des Asyls (Art. 41 AsylG) 195
 1.2. Wohnsitzverlegung ins Ausland (Art. 42 AsylG) 197
 1.3. Ausweisung (Art. 44 AsylG) 197
 1.4. Verzicht auf das Asyl 198
 1.5. Verfahren 198
 1.6. Folgen der Beendigung 199
 1.7. Einfluss der Widerrufsgründe auf die Asylgewährung 200
2. Die Widerrufsgründe im einzelnen 201
 2.1. Falsche Angaben oder Verschweigen wesentlicher Tatsachen
 (Art. 41 Abs. 1 lit. a AsylG) 201
 2.2. Freiwillige Unterschutzstellung unter die Behörden
 des Heimatlandes (Art. 1C Ziff.1 FK) 201
  2.2.1. Grundlagen 201
  2.2.2. Praxis 202
 2.3. Freiwilliger Wiedererwerb der verlorenen Staatsbürgerschaft
 (Art. 1C Ziff. 2 FK) 204
 2.4. Erwerb neuer Staatsbürgerschaft (Art. 1C Ziff. 3 FK) 205
 2.5. Freiwillige Rückkehr und Niederlassung im Heimatstaat
 (Art. 1C Ziff. 4 FK) 205
 2.6. Wegfall der fluchtbegründenden Umstände (Art. 1C Ziff. 5
 und 6 FK) 205
 2.7. Kritik 207

D. ASYLVERFAHREN 209

I. ÜBERSICHT 209

II. VERFAHRENSRECHTE UND VERFAHRENSGRUNDSÄTZE 213

1. Verfahrensrechte 213
   1.1. Allgemeines 213
   1.2. Anspruch auf vorgängige Stellungnahme, Anhörung und Berücksichtigung der Vorbringen 215
      1.2.1 Grundsätze 215
      1.2.2. Anwendung auf das Asylverfahren 215
   1.3. Recht auf Akteneinsicht 217
      1.3.1. Anspruch auf Akteneinsicht 217
      1.3.2 Schranken der Akteneinsicht 218
      1.3.3. Anwendung auf das Asylverfahren 218
   1.4. Recht auf Begründung 220
      1.4.1. Allgemeines 220
      1.4.2. Anforderungen des Bundesgerichtes an die Begründung 221
      1.4.3. Anwendung auf das Asylverfahren 221
2. Verfahrensgrundsätze 223
   2.1. Untersuchungsgrundsatz 223
   2.2. Mitwirkungspflicht 224
      2.2.1. Die einzelnen Mitwirkungspflichten 224
      2.2.2. Grenzen der Mitwirkungspflicht 226
      2.2.3. Folgen der Verletzung der Mitwirkungspflicht 228
   2.3. Beweismittel und Beweisverfahren 228
      2.3.1. Pflicht zur Einreichung von Beweismitteln 228
      2.3.2. Arten von Beweismitteln 229
      2.3.3. Urkunden 230
      2.3.4. Gutachten von Sachverständigen 233
      2.3.5. Auskünfte oder Zeugnis von Drittpersonen 233

III. EINREISE UND GESUCHSTELLUNG 235

1. Asylgesuchseinreichung 235
2. Form der Asylgesuchsstellung 235
   2.1. Grundsätze 235
   2.2. Schriftliches Asylgesuch 236

2.3. Asylgesuche von Frauen und Kindern	236
2.3.1. Frauen	236
2.3.2. Kinder	238
3. Asylgesuch an der Grenze	239
3.1. Allgemeines	239
3.2. Einreise	239
3.2.1. Befragung an der Grenze	239
3.2.2. Fälle, in denen die Einreise bewilligt werden muss	240
3.2.3. Fälle, in denen die Einreise bewilligt werden kann	242
3.2.4. Einreisebewilligung	243
3.2.5. Einreiseverweigerung	244
3.3. Asylgesuche an Flughäfen	245
3.3.1. Grundsätze	245
3.3.2. Voraussetzungen	246
3.3.3. Verfahren	247
3.3.4 Einreisebewilligung	247
3.3.5. Einreiseverweigerung	248
4. Asylgesuch im Inland	250
4.1. Ausländer mit kantonaler Anwesenheitsbewilligung	250
4.2. Legal Eingereiste	250
4.3. Illegal Eingereiste	251
4.3.1. Einreichung des Asylgesuches	251
4.3.2. Anhaltung bei illegaler Einreise	251
4.4. Exkurs: Bestrafung wegen illegaler Einreise	253
5. Asylgesuche im Ausland	255

IV. DAS VERFAHREN IN DER EMPFANGSSTELLE	**259**
1. Meldung an der Empfangsstelle	259
2. Identifizierung in der Empfangsstelle	260
3. Die Befragung in der Empfangsstelle	261
3.1. Die Funktion der Empfangsstellenbefragung	261
3.2. Die Durchführung der Befragung	262
3.3. Problematik der Empfangsstellenbefragung	263
4. Der Entscheid über den Verbleib in der Schweiz und die Zuweisung an den Kanton	265
4.1. Verbleib in der Schweiz	265
4.2. Zuweisung an den Kanton	266
4.2.1. Verteilentscheid	266
4.2.2. Anfechtung des Zuweisungsentscheides	268
4.2.3. Gesuch an den Kanton um Umteilung	269
4.2.4. Durchführung der Zuweisung	270

5. Triage und weiterer Verfahrensablauf 270
   5.1. Die Triage gemäss Asylgesetz 270
   5.2. Die Triage in der Praxis 271
   5.3. Das Verfahren der Anhörung 274

V. DER VERFAHRENSABSCHNITT IM KANTON 275

1. Allgemeines zu den Aufgaben des Kantons im Verfahren 275
2. Die Anhörung im Kanton 277
   2.1. Allgemeines 277
   2.2. Teilnehmer und Teilnehmerinnen an der Anhörung 277
   2.3. Anwendbares Verfahrensrecht 278
   2.4. Vorladung zur Anhörung 278
   2.5. Durchführung der Anhörung 279
   2.6. Dolmetscher 282
   2.7. Ratschläge für die Befragung 284
   2.8. Problematik der kantonalen Befragung 285
3. Schwierigkeiten bei der Befragung von Asylsuchenden 286
4. Entscheidvorbereitung durch den Kanton 289

VI. VERFAHREN VOR DEM BUNDESAMT UND ERSTINSTANZLICHER ASYLENTSCHEID 291

1. Überblick 291
2. Nichteintretensentscheide 292
   2.1. Fehlen eines Asylgesuches 292
   2.2. Verheimlichung der Identität 294
   2.3. Hängiges oder erledigtes Asylgesuch 295
   2.4. Vorsätzliche grobe Verletzung der Mitwirkungspflicht 297
   2.5. Herkunft aus einem Staat mit Verfolgungssicherheit (Safe-Countries) 298
   2.6. Das Nichteintretensverfahren 299
   2.7. Entzug der aufschiebenden Wirkung einer Beschwerde und sofortiger Vollzug 301
3. Ablehnung, Asyl oder vorläufige Aufnahme ohne weitere Abklärungen 303
4. Entscheid nach weiteren Abklärungen 304
5. Eröffnung und Begründung des Asylentscheides 306
   5.1. Allgemeines 306
   5.2. Positiver Asylentscheid 307

5.3. Negativer Asylentscheid mit Wegweisung 308
    5.3.1. Ohne Entzug der aufschiebenden Wirkung
        einer Beschwerde 308
    5.3.2. Entzug der aufschiebenden Wirkung der Beschwerde 309
5.4. Negativer Asylentscheid ohne Wegweisung 310
    5.4.1. Vorläufige Aufnahme 310
    5.4.2. Internierung 311
    5.4.3. Humanitäre Bewilligung 311
6. Kritik an der Begründungspraxis des Bundesamtes 312

VII. DAS BESCHWERDEVERFAHREN 315

1. Übersicht 315
2. Die Beschwerde gegen negative Asylentscheide 315
    2.1. Die beiden Beschwerdeinstanzen 315
    2.2. Aufschiebende Wirkung 317
    2.3. Spezielle Verfahrensregeln 318
    2.4. Beschwerdegründe 319
    2.5. Einreichung der Beschwerde und Beschwerdeschrift 320
    2.6. Beschwerdeverfahren 321
3. Ausserordentliche Rechtsmittel und Rechtsbehelfe 323
    3.1. Revision 323
    3.2. Wiedererwägung 325
    3.3. Aufsichtsbeschwerde 326
4. Beschwerde wegen Verletzung der Europäischen
   Menschenrechtskonvention 326

VIII. WEGWEISUNG UND VOLLZUG 331

1. Wegweisung während des Verfahrens (Art. 19 AsylG) 331
    1.1. Grundsätze 331
    1.2. Voraussetzungen für die vorsorgliche Wegweisung 332
    1.3. Vollzug der Wegweisung 334
    1.4. Weiterer Verlauf des Asylverfahrens 334
    1.5. Rückzug des Asylgesuches 335
2. Wegweisung nach Ablehnung des Asylgesuches 336
    2.1. Grundsatz 336
    2.2. Vorliegen einer Wegweisungsschranke 336

2.3. Fehlen eines Wegweisungshindernisses	338
2.3.1. Übersicht	338
2.3.2. Wegweisungsfrist	338
2.3.3. Freiwillige Weiterreise oder Rückkehr	339
2.3.4. Ausschaffung in einen Drittstaat	340
2.3.5. Ausschaffung in den Heimat- oder Herkunftsstaat	341
3. Verhältnis zu andern Entfernungsmassnahmen	343
3.1. Wegweisung nach Erlöschen und Widerruf einer Bewilligung	343
3.2. Administrative Ausweisung	344
3.3. Ausweisung durch den Bundesrat (Art. 70 BV)	345
3.4. Gerichtliche Landesverweisung	345
3.5. Auslieferung	346

IX. DIE HUMANITÄRE AUFENTHALTSBEWILLIGUNG FÜR HÄRTEFÄLLE 347

1. Regelung vor Inkrafttreten des AVB	347
2. Die geltende Rechtslage	348
3. Kriterien für die Erteilung einer humanitären Aufenthaltsbewilligung	351
4. Verfahren	353

X. RECHTSVERTRETUNG UND HILFSWERKSVERTRETUNG 355

1. Rechtsvertretung	355
1.1. Grundlagen	355
1.2. Verbeiständung bei der Befragung und Vertretung im Beschwerdeverfahren	356
1.3. Unentgeltliche Rechtspflege	357
1.4. Vertretung in andern Verfahrensabschnitten	357
1.5. Einige Hinweise	358
2. Hilfswerksvertretung und Rolle der Hilfswerke im Asylverfahren	359
2.1. Die Hilfswerksvertretung	359
2.1.1. Die gesetzliche Regelung	359
2.1.2. Funktion der Hilfswerksvertretung nach Auffassung der Hilfswerke	360
2.1.3. Rechte und Pflichten der HilfswerksvertreterInnen bei Anhörungen	361
2.2. Empfangsstellendelegierte	363
2.3. Rolle der Hilfswerke	364

E. DIE RECHTSSTELLUNG DER ASYLSUCHEN-DEN UND ANERKANNTEN FLÜCHTLINGE 365

I. DIE RECHTSSTELLUNG DER ASYLSUCHENDEN WÄHREND DES VERFAHRENS 365

1. Überblick 365
2. Regelung des Aufenthalts 366
   2.1. Anwesenheitsberechtigung 366
   2.2. Identitätspapiere 366
   2.3. Reisen 367
3. Die Grundrechte der Asylsuchenden, insbesondere zur politischen Tätigkeit 367
4. Unterbringung und Betreuung 369
   4.1. Zuständigkeit: Die Aufgaben von Kantonen und Gemeinden 369
   4.2. Unterbringung 370
   4.3. Betreuung 371
      4.3.1. Grundsätze 371
      4.3.2. Rückerstattung bezogener Fürsorgeleistungen und Sicherheitsleistung 371
   4.4. Die Betreuung von Frauen und Kindern 372
5. Arbeit 373
   5.1. Grundsatz 373
   5.2. Erteilung der Arbeitsbewilligung, Anstellungsbedingungen 374
   5.3. Stellenwechsel 374
   5.4. Die arbeitsrechtliche Stellung der Asylsuchenden 375
   5.5. Beschäftigungsprogramme 375
6. Familiennachzug 376
7. Eheschliessung 377
8. Sozialversicherung 378
   8.1. Übersicht 378
   8.2. Gleichbehandlung mit Inländern und andern Ausländern 378
   8.3. AHV und IV 379
   8.4. Kinderzulagen 379
9. Kriminalität 380

II. DIE RECHTSSTELLUNG DER FLÜCHTLINGE 381

1. Zwei Kategorien von Flüchtlingen 381
   1.1. Übersicht 381
   1.2. Die Bestimmungen der Flüchtlingskonvention 382
2. Die Rechtsstellung der Flüchtlinge, die in der Schweiz Asyl erhalten haben 384
   2.1. Überblick 384
   2.2. Regelung der Anwesenheit 385
      2.2.1. Aufenthaltsbewilligung 385
      2.2.2. Niederlassungsbewilligung 385
      2.2.3. Erwerb des schweizerischen Bürgerrechts 387
      2.2.4. Ausweispapiere und Auslandreisen 387
   2.3. Politische Tätigkeit 388
   2.4. Betreuung und Fürsorge 389
      2.4.1. Zuständigkeit 389
      2.4.2. Bemessung der Fürsorgeleistungen 389
      2.4.3. Ausschlussgründe 390
      2.4.4. Rechtsmittel 390
      2.4.5. Pflicht zur Rückerstattung bezogener Fürsorgeleistungen 390
      2.4.6. Unterhalts- und Unterstützungspflichten Dritter 390
      2.4.7. Übergang der Fürsorge an die Kantone 391
   2.5. Schule, Aus- und Weiterbildung 392
      2.5.1. Schule 392
      2.5.2. Stipendien 392
   2.6. Arbeit 393
   2.7. Steuerpflicht 393
   2.8. Familie 394
   2.9. Sozialversicherung 395
3. Die Rechtsstellung der vorläufig aufgenommenen Flüchtlinge 396
   3.1. Überblick 396
   3.2. Aufenthaltsregelung 397
   3.3. Fürsorge 397
   3.4. Erwerbstätigkeit 397
   3.5. Familiennachzug 397

III. RECHTSSTELLUNG DER ABGEWIESENEN ASYL-SUCHENDEN, DIE IN DER SCHWEIZ BLEIBEN KÖNNEN   399

1. Überblick	399
2. Die Rechtsstellung der vorläufig Aufgenommenen	399
2.1. Vorbemerkung	399
2.2. Regelung des Aufenthalts	400
2.3. Fürsorge	401
2.4. Arbeit	402
2.5. Familiennachzug	403
2.6. Eheschliessung	404
2.7. Sozialversicherung	404
3. Die Internierten	404
4. Ausländer mit Aufenthaltsbewilligungen aus humanitären Gründen	406
5. Die Tolerierten	406

ANHÄNGE

Literaturverzeichnis	409
Adressverzeichnis	419
Statistik	429
Muster für den Aufbau einer Beschwerde	431
Asylgesetz	433
Asylverordnung 1 über Verfahrensfragen	455
Sachregister	461

ABKÜRZUNGSVERZEICHNIS

a.a.O.	am angegebenen Ort
AHV	Alters- und Hinterlassenenversicherung
Amtl. Bull.	Amtliches Bulletin der Bundesversammlung
ANAG	Bundesgesetz über Aufenthalt und Niederlassung der Ausländer vom 26.3.1931 (SR 142 20)
ANAV	Verordnung zum Bundesgesetz über Aufenthalt und Niederlassung der Ausländer vom 1.3.1949 (SR 142.201)
Art.	Artikel
AS	Amtliche Sammlung der Bundesgesetze und Verordnungen
ASYL	Schweizerische Zeitschrift für Asylrechtspraktiker
AsylG	Asylgesetz vom 31.8.1977 (SR 142 31)
AsylV	Asylverordnung vom 25.11.1987 (SR 142 311)
AsylVE	Asylverordnung 1 über Verfahrensfragen, Entwurf vom 12.2.1991
AVB	Dringlicher Bundesbeschluss über das Asylverfahren vom 22. Juni 1990 (AS 1990 938)
BBl	Bundesblatt
BFA	Bundesamt für Ausländerfragen
BFF	Bundesamt für Flüchtlinge
BG	Bundesgesetz
BGE	Entscheidungen des Schweizerischen Bundesgerichts, Amtliche Sammlung
BIGA	Bundesamt für Industrie, Gewerbe und Arbeit
BüG	BG vom 29.9.1952 über Erwerb und Verlust des Schweizer Bürgerrechts (SR 141.0)
BV	Bundesverfassung vom 29.5.1874 (SR 101)
BVO	Verordnung über die Begrenzung der Zahl der Ausländer vom 6.10.1986 (SR 823.21)
DFW	Delegierter für das Flüchtlingswesen (seit 2.10.1990 BFF)
EDA	Eidgenössisches Departement für auswärtige Angelegenheiten
EFTA	Europäisches Freihandelsabkommen
EG	Europäische Gemeinschaften
EJPD	Eidgenössisches Justiz- und Polizeidepartement
EMRK	Europäische Menschenrechtskonvention vom 4.11.1975O (SR 0.101)
EVD	Eidgenössisches Volkswirtschaftsdepartement
EVED	Eidgenössisches Verkehrs- und Energiewirtschaftsdepartement

EWR	Europäischer Wirtschaftsraum
ExKom	Exekutiv-Komitee für das Programm des UNHCR
FK	Flüchtlingskonvention (Abkommen vom 28.7.1951 über die Rechtsstellung der Flüchtlinge, SR 0.142.30)
GPK	Geschäftsprüfungskommission
Hrsg.	Herausgeber
i.V.	in Verbindung mit
IV	Invalidenversicherung
KIGA	Kantonales Amt für Industrie, Gewerbe und Arbeit
lit.	Litera
NR	Nationalrat
OG	Bundesgesetz über die Organisation der Bundesrechtspflege vom 16.12.1943 (SR 173.110)
PKK	Arbeiterpartei Kurdistans
Pr.	Praxis des Bundesgerichts
recht	Zeitschrift für juristische Ausbildung und Praxis
Rz	Randziffer
SFH	Schweizerische Zentralstelle für Flüchtlingshilfe
SJZ	Schweizerische Juristenzeitung
SR	Systematische Sammlung des Bundesrechts
SRK	Schweizerisches Rotes Kreuz
StGB	Schweizerisches Strafgesetzbuch vom 21.12.1937 (SR 311.0)
u.E.	unseres Erachtens
UNHCR	United Nations High Commissioner for Refugees/ Hoher Flüchtlingskommissar der Vereinten Nationen
UNO	United Nations Organization/ Organisation der Vereinten Nationen
UNRWA	United Nations Relief and Works Agency for Palestine Refugees in the Near East/ Hilfswerk der Vereinten Nationen für Palästina-Flüchtlinge im Nahen Osten
VO	Verordnung
VPB	Verwaltungspraxis der Bundesbehörden
VwVG	Bundesgesetz über das Verwaltungsverfahren vom 20.12.1968 (SR 172.021)
ZAR	Zeitschrift für Ausländerrecht und Ausländerpolitik
ZBl	Schweizerisches Zentralblatt für Staats- und Verwaltungsrecht
ZDWF	Zentrale Dokumentationsstelle der Freien Wohlfahrtspflege für Flüchtlinge e.V., Bonn
ZGB	Schweizerisches Zivilgesetzbuch vom 10.12.1907 (SR 210)
ZSR	Zeitschrift für Schweizerisches Recht

EINLEITUNG

Gut ein Jahr nach der ersten legen wir hier die zweite Auflage des Handbuches des Asylrechts vor. Die weitreichenden Änderungen des Asylverfahrens durch den Asylverfahrensbeschluss vom 22. Juni 1990 haben eine völlige Überarbeitung bedingt. Der Aufbau des Handbuches ist indessen gleich geblieben. Es gliedert sich in die Teile *Rechtsquellen, Behörden und Organisationen, Voraussetzungen der Asylgewährung, Asylverfahren* und *Rechtsstellung der Asylsuchenden und anerkannten Flüchtlinge*. In den Anhängen findet sich neben einem Literatur- und Adressenverzeichnis, dem Text von Asylgesetz und Asylverordnung, neu ein *Stichwortregister*.

Das Handbuch bezweckt vor allem, einen Überblick über die geltende Rechtslage im schweizerischen Asylrecht zu bieten, über die Normen des Asylgesetzes, der Asylverordnungen, anderer relevanter Erlasse und über die verschiedenen Verwaltungsweisungen, die für das Schicksal von Asylsuchenden und Flüchtlingen von Bedeutung sind. Aufgezeigt wird auch, welche Prinzipien des *Völkerrechts* Einfluss auf das schweizerische Asylrecht haben, und wo das Völkerrecht Verschärfungen des Asylrechts zungunsten der Asylsuchenden und Flüchtlinge Schranken setzt. Eingehend und kritisch setzt sich das Werk vor allem auch mit der *schweizerischen Asylpraxis* auseinander, die im Laufe der Zeit, begleitet von diversen Verschärfungen des Asylgesetzes und der Asylverordnung, immer restriktiver geworden ist.

Das Handbuch richtet sich an alle Asylrechtspraktiker und -praktikerinnen, an Anwälte und Anwältinnen, Beratungsstellen, Betreuerinnen und Betreuer, Hilfswerksvertreterinnen und Hilfswerksvertreter, aber auch an die kantonalen und eidgenössischen Behörden, die das Asylrecht anwenden, schliesslich an alle übrigen am Asylrecht Interessierten.

Während uns für die erste Auflage Mario Gattiker, Ruedi Karlen, Walter Stöckli und Bendicht Tellenbach beratend zur Seite standen, hat es für die zweite Auflage *Walter Stöckli*, Leiter des Rechtsdienstes der schweizerischen Zentralstelle für Flüchtlingshilfe, übernommen, das vorliegende Werk mit zahlreichen Hinweisen auf die Praxis, mit vielen kritischen Anmerkungen und Anregungen zu verbessern. Dafür sei ihm ganz herzlich gedankt. Danken möchten wir auch Frau Fürsprecherin *Regina Kiener*, die sich der stilistischen und orthographischen Seite angenommen hat und das Buch in eine lesbarere Form gebracht hat.

Ein besonderer Dank gilt schliesslich Professor *Walter Kälin*, der uns während unserer AssistentInnenzeit bei ihm mit den Grundlagen des Asylrechts vertraut gemacht hat und von dem wir viel gelernt haben. Das Handbuch des Asylrechts lehnt sich denn auch in den Teilen "Flüchtlingsbegriff" und "Nachweis der Flüchtlingseigenschaft" stark an die Ausführungen seines *Grundrisses des Asylverfahrens* an, das letztes Jahr erschienen ist. Wer sich vertiefter in die komplexe Materie Asylrecht einarbeiten möchte, dem sei dieses Werk sehr empfohlen.

Im März 1991   Alberto Achermann und Christina Hausammann

A. RECHTSQUELLEN

I. LANDESRECHT

1. DIE BUNDESVERFASSUNG (BV)

1.1. Die Kompetenznorm von Art. 69ter BV

Grundlage des schweizerischen Ausländer- und Asylrechts bildet Art. 69ter Bundesverfassung:

> ^{1} Die Gesetzgebung über Ein- und Ausreise, Aufenthalt und Niederlassung der Ausländer steht dem Bunde zu.
> ^{2} Die Entscheidungen über Aufenthalt und Niederlassung treffen nach Massgabe des Bundesrechtes die Kantone. Dem Bund steht jedoch das endgültige Entscheidungsrecht zu gegenüber:
> a) kantonalen Bewilligungen für länger dauernden Aufenthalt, für Niederlassung und gegenüber Toleranzbewilligungen;
> b) Verletzung von Niederlassungsverträgen;
> c) Kantonalen Ausweisungen aus dem Gebiete der Eidgenossenschaft;
> d) Verweigerung des Asyls.

Art. 69ter (1925 in die Verfassung aufgenommen) ist lediglich eine Kompetenznorm, die dem Bund die umfassende Befugnis einräumt, Gesetze im Bereich des Ausländerwesens zu erlassen. Der Gesetzesvollzug obliegt - mit Ausnahme der in Abs. 2 genannten Fälle - den Kantonen.

Art. 69ter Abs. 2 lit. d hält lapidar fest, dass dem Bund das endgültige Entscheidungsrecht gegenüber der Verweigerung des Asyls zusteht. Die Bestimmung wird jedoch so verstanden, dass darin auch die Kompetenz zur Erteilung des Asyls beinhaltet ist. Nicht restlos geklärt scheint die Frage, wieweit dem Bund aufgrund dieser Verfassungsbestimmung eine *ausschliessliche* Entscheidkompetenz zukommt. Inwiefern im übrigen der Wortlaut alle Regelungsbereiche des Asylgesetzes abdeckt, behandelt ins besondere *Werenfels*, S. 24ff. Für weitere Hinweise zu Art. 69ter BV siehe *Bolz*, S. 3ff; *Hug*, S. 38ff; *Malinverni*, Art. 69ter.

1.2. AUSWEISUNG DURCH DEN BUNDESRAT (ART. 70 BV)

Art. 70 BV gibt dem Bundesrat die Kompetenz, politische Ausweisungen auszusprechen:

> "Dem Bund steht das Recht zu, Fremde, welche die innere oder äussere Sicherheit der Schweiz gefährden, aus dem schweizerischen Gebiete wegzuweisen".

Problematisch an diesem Instrument ist die Tatsache, dass dem Betroffenen gegen den Entscheid des Bundesrates keine Rechtsmittel zur Verfügung stehen (Art. 100 lit. b Ziff. 4 OG). Die Schweiz hat deshalb zu Art. 1 des 7. Zusatzprotokolls zur Europäischen Menschenrechtskonvention, der verlangt, dass jede Ausweisung eines Ausländers oder einer Ausländerin überprüfbar sein muss, einen Vorbehalt angebracht. Der Bundesrat macht allerdings von seiner Kompetenz nur sehr zurückhaltend Gebrauch (siehe *Malinverni*, Art. 70, Rz. 23).

1.3. ÜBRIGES VERFASSUNGSRECHT

Neben den erwähnten ausländerrechtlichen Verfassungsbestimmungen ist für das Ausländerrecht auch das übrige Verfassungsrecht bedeutsam, soweit seine Geltung nicht auf Schweizer Bürger eingeschränkt ist, oder soweit es sonstwie keinen inneren Bezug zu diesem Rechtsgebiet aufweist. Im Vordergrund stehen dabei *die Grundrechte*, wenn hier auch einschränkend erwähnt werden muss, dass nicht alle Grundrechte den Ausländern voll zustehen (so z.B. die Niederlassungsfreiheit, die nur für Schweizer Bürgerinnen und Bürger gilt, während der Aufenthalt von Ausländerinnen und Ausländern der Bewilligungspflicht unterliegt).

Allgemein gilt im schweizerischen Verfassungsrecht der Grundsatz, dass in Grundrechte nur eingegriffen werden kann, wenn dafür eine gesetzliche Grundlage besteht (je schwerer der Eingriff, desto klarer muss diese beschaffen sein), wenn der Eingriff im öffentlichen Interesse liegt, verhältnismässig ist und den Kernbereich des Grundrechtes nicht verletzt.

Eine grosse Rolle spielen die Grundrechte im *Asylverfahren*: Aus Art. 4 BV werden eine Reihe von Verfahrensgarantien abgeleitet, so etwa das rechtliche Gehör, die Begründungspflicht etc. (siehe dazu hinten S. 213ff). Daneben sind rechtsstaatliche Grundsätze wie Willkürverbot, Rechtsgleichheitsgebot, Legalitätsprinzip, Verhältnismässigkeitsprinzip, Vertrauensgrundsatz im gesamten asyl- und ausländerrechtlichen Bereich zu beachten. Besondere Bedeutung kommt dem Grundrecht der persönlichen Freiheit zu, das insbesondere bei der Beurteilung der Wegweisung zum Tragen kommt).

Auch *fremdenpolizeiliches Handeln* ist an Verfassung und Gesetz, insbesondere an die Grundrechte gebunden. Das Ermessen, das der Fremdenpolizei gemäss Art. 4 ANAG zusteht, ist daher rechtsgleich und willkürfrei auszuüben. Es besteht hier kein rechtsfreier Raum, auch wenn im Asylbereich ab und zu ein gegenteiliger Eindruck entsteht (so z.B. die Nicht-Entgegennahme von Asylgesuchen, die Weigerung von Gemeinden, Asylsuchende aufzunehmen; siehe die Beispiele bei *Werenfels*, S. 150).

Einen guten Überblick über die in der Schweiz geltenden Grundrechte bietet das Lehrbuch von *Müller*, Die Grundrechte der schweizerischen Bundesverfassung, Bern 1991. Speziell mit der Geltung von Grundrechten für Ausländerinnen und Ausländer befassen sich die Werke von *Wertenschlag*, Grundrechte der Ausländer in der Schweiz, Basel 1980, und *Hug*, Der Ausländer als Grundrechtsträger, Zürich 1990.

2. DAS FLÜCHTLINGSRECHT

2.1. ASYLGEWÄHRUNG ALS STAATSPOLITISCHE MAXIME

Der Bundesrat versteht die Asylgewährung traditionellerweise als staatspolitische Maxime. In der grundlegenden Erklärung vom 1. Februar 1957 betreffend "Grundsätze für die Handhabung des Asylrechts in Zeiten erhöhter Spannungen und eines Krieges" hält er fest, das schweizerische Asylrecht sei "nicht bloss Tradition, sondern staatspolitische Maxime ... In Hinblick auf die Pflicht, eine der schweizerischen Tradition entsprechende Asylpraxis einzuhalten, ist eine *freie, weitherzige Aufnahme von Flüchtlingen* in Aussicht zu nehmen". Zum Inhalt der Maxime (vgl. bezüglich künftiger Änderungen unten S. 30) führt die Botschaft zum AVB (BBl 1990 II 577) folgendes an:

> "Verfolgte sollen in der Schweiz aufgenommen und ihnen soll Schutz gewährt werden. Bedrohte sollen zumindest solange in der Schweiz verbleiben dürfen, bis ihnen die Rückkehr in ihr Heimatland zugemutet werden kann und sie dort keine unmenschliche Behandlung befürchten müssen. ... Die Anerkennungsbehörden werden zu einem sorgfältigen Verfahren verpflichtet, in dem alle Gründe, die den Ausländer zur Ausreise aus seinem Heimatland bewogen haben, abgeklärt werden. Solange diese Abklärungen nicht rechtskräftig abgeschlossen sind, hat der Ausländer, der um Asyl nach-

sucht, in der Regel die Möglichkeit und das Recht, in der Schweiz verbleiben zu können".

2.2. ASYLGESETZ UND ASYLVERORDNUNG

Das Flüchtlingsrecht im engeren Sinne umfasst das Asylgesetz und die Asylverordnung:

Das **Asylgesetz** vom 5. 10. 1979, das am 1.1. 1981 in Kraft trat, wurde bereits 1983 einer ersten Revision unterzogen. Die zweite Revision stammt aus dem Jahr 1986 (zu diesen beiden Änderungen siehe z.B. *Werenfels*, S. 94ff). Eine dritte Revision in Form eines allgemeinverbindlichen dringlichen Bundesbeschlusses (AVB) ist am 22. Juni 1990, am Tag seiner Verabschiedung, in Kraft getreten. Der Beschluss ist zeitlich befristet und gilt bis Ende 1995.

Das Asylgesetz regelt *folgende Bereiche*: Das erste Kapitel enthält unter dem Titel "Grundsätze" die materiellen Voraussetzungen der Asylgewährung (Flüchtlingsbegriff, Begriff des Asyls, Ausschlussklauseln); im zweiten Kapitel regeln 32 (!) Artikel das Verfahren; das dritte Kapitel widmet sich der Rechtstellung der Flüchtlinge, das vierte (inkl. Kapitel 4bis) der Fürsorge des Bundes und der Kantone. Im fünften Kapitel finden sich Regeln über die Beendigung des Asyls, im sechsten Kapitel schliesslich Rechtsschutzbestimmungen, d.h. Regeln für das Beschwerdeverfahren.

Die **Asylverordnung** vom 25.11.1987 wird im Moment *überarbeitet*. Nach Erlass des AVB wurden zunächst die ersten 19 Artikel revidiert und am 2.10.1990 in Kraft gesetzt. In einer *zweiten Revision* wird erstens einmal die bisherige Asylverordnung redaktionell überarbeitet und eine *zweite Asylverordnung* in Kraft gesetzt. Die Entwürfe stammen vom 12.2.1991. Voraussichtlich werden beide Verordnungen im Sommer 1991 in Kraft treten.

Nach der Revision wird die eine Verordnung den Namen "*Asylverordnung 1 über Verfahrensfragen*" tragen. Enthalten sind Ausführungsbestimmungen zu den Artikel 5, 6 und 7 AsylG (Zweitasyl, Aufnahme in Drittstaat, Familienvereinigung; Art. 1-3 AsylVE), zu den Verfahrensregeln des Asylgesetzes (Art. 4-17 AsylVE) und zu Fragen des Aufenthaltes (Beschäftigungsprogramme, Regelung der Anwesenheit; Art. 18 und 19 AsylVE), schliesslich zur beratenden Kommission (Art. 20 AsylVE). Wo im Text Bestimmungen der Asylverordnung auftauchen, werden diese nach dem Entwurf zitiert (=AsylVE); grosse Änderungen dieses Entwurfes sind nicht zu erwarten. Der Text findet sich im Anhang.

Die zweite Asylverordnung wird voraussichtlich den Namen *"Asylverordnung 2 über Finanzierungsfragen"* haben. Enthalten werden sein Bestimmungen über die Festsetzung, Ausrichtung, Abrechnung und Rückerstattung von Leistungen des Bundes, der Kantone und Dritter im Asylbereich. Geregelt sind z.B. Fragen der Finanzierung bei Vorbereitung von Entscheiden durch die Kantone, Entschädigung der Mitarbeit der Hilfswerke; weiter enthalten sind Bestimmungen über die Rückkehrhilfe, über die Fürsorgeleistungen der Kantone für Asylbewerber, über die Abgeltungen für die Unterbringung von Asylbewerbern (Vorfinanzierung von Kollektivunterkünften), über die Abgeltung des Verwaltungsaufwandes der Kantone und über Bundesbeiträge an Beschäftigungsprogramme. Schliesslich enthält die Verordnung auch Regelungen bezüglich Sicherheitsleistungs- und Rückerstattungspflicht für Asylbewerber und über Festsetzung, Ausrichtung, Abrechnung und Rückerstattung von Fürsorgeleistungen für Flüchtlinge.

Für die zu schaffende *unabhängige Rekurskommission* als Beschwerdeinstanz in Asylfällen, die voraussichtlich im Frühjahr 1992 mit ihrer Arbeit beginnt, wird der Bundesrat auf diesen Zeitpunkt eine *Verordnung* erlassen, die Fragen der Organisation regeln und spezielle Verfahrensbestimmungen enthalten wird (vgl. Art. 11 Abs. 4 AsylG).

Sodann hat das EJPD eine Reihe von **Weisungen zum Asylgesetz** erlassen. Die ersten 10 Weisungen zum neuen Asylverfahren datieren vom 20.12.1990 und ersetzen die bisherigen Weisungen 1-4 vom 15.12.1987. Nach Inkrafttreten der "Asylverordnung 2" werden die bisherigen Weisungen 5-10 vom 31.3.1988 bzw. 28.12.1989 angepasst werden. Bis zu diesem Zeitpunkt gelten die alten Weisungen. Im übrigen bestehen Richtlinien des BIGA/DFW zu Fragen des Arbeitsverbotes vom 15.12.1987 und 15.10.1988; diese werden im Moment überarbeitet. Zu diesem und einigen anderen Punkten nimmt indessen vorläufig ein Kreisschreiben des DFW vom 25.6.1990 Stellung (nebst Arbeitsverbot auch zu Sicherheitsleistungen, Rückerstattungspflichten und Familienzulagen).

Die Weisungen des EJPD zum Asylverfahren richten sich zwar in erster Linie an Behörden, haben aber eine unmittelbare Aussenwirkung auf Drittpersonen, nämlich auf die betroffenen Asylsuchenden. Nach allgemeiner Verwaltungsrechtslehre können damit die Weisungen im konkreten Anwendungsfall wegen Rechtswidrigkeit angefochten werden (vgl. dazu *Fleiner-Gerster*, Grundzüge des allgemeinen Verwaltungsrechts, Zürich 1980, S. 58f und 84f).

Mit einem Bundesgesetz über die Schaffung eines **Bundesamtes für Flüchtlinge**, das seit 2.10.1990 in Kraft ist, wurde der Bundesbeschluss vom 20.12.1985 über den Delegierten für das Flüchtlingswesen aufgehoben und der DFW in ein Bundesamt umgewandelt.

Weiter von Bedeutung im Flüchtlingsrecht sind die verschiedenen **Berichte**, die Richtlinien für die zukünftige Asylpolitik enthalten. Zu erwähnen ist hier vor allem der Bericht von Januar 1989 über eine "Strategie für eine Flüchtlings- und Asylpolitik der 90er Jahre (sog. *Strategiebericht*), erarbeitet durch eine interdepartamentale Strategiegruppe.

Im November 1990 hat das Bundesamt für Flüchtlinge einen Bericht unter dem Titel "Perspektiven der Fürsorge in einer zukünftigen Flüchtlings- und Asylpolitik" vorgelegt (sog. *Fürsorgebericht*). Darin finden sich Ausführungen, wie die fürsorgerischen Probleme auf mittlere Sicht angegangen werden sollten. Ziel der Fürsorgepolitik für die 90er Jahre ist die "Sicherung einer menschenwürdigen Existenz", die künftige Politik soll "die Fachkompetenz aller mit der Fürsorge betrauten Behörden verstärken, einfache und transparente Aufbau- und Ablauforganisationen schaffen, einen wirtschaftlichen Mitteleinsatz und insgesamt eine gute Zusammenarbeit zwischen Bund, Kantonen, Gemeinden und Hilfswerken gewährleisten". Der Bericht enthält z.T. eine Beschreibung der heutigen Praxis, z.T. neue Vorschläge. Mittelfristig werden zur Durchsetzung der neuen Fürsorgepolitik Anpassungen des Asylgesetzes, der Asylverordnung, des ANAG und der dazugehörigen Ausführungsbestimmungen notwendig werden. Kurzfristig werden die Weisungen 5-10 zum Asylgesetz und verschiedene Weisungen und Richtlinien über die Fürsorge angepasst.

Für den Sommer 1991 ist ein *Bericht des Bundesrates für eine Ausländer- und Flüchtlingspolitik* zuhanden der Eidgenössischen Räte angekündigt, der Strategieüberlegungen zur Asylpolitik, eine Neuformulierung der staatspolitischen Maxime der Asylgewährung und Perspektiven der Fürsorgepolitik enthalten soll.

Die asylrechtlichen Erlasse im Einzelnen:

Asylgesetz vom 5.10.1979 (SR 142.31; Botschaft: BBl 1977 III 105)
Erste Revision: BG vom 16.12.1983 (Botschaft: BBl 1983 III 779)
Zweite Revision: BG vom 5.10.1984 (Botschaft BBl 1981 III 737)
Dritte Revision: BG vom 20.6.1986 (Botschaft: BBl 1986 II 663)
Vierte Revision: AVB vom 22. Juni 1990 (Botschaft: BBl 1990 II 573)

Asylverordnung vom 25.11.1987 (SR 142.311). Änderung vom 1.10.1990 (Anpassung der Verfahrensbestimmungen an den AVB; dazu besteht ein erläuternder Bericht des DFW vom 3. August 1990). Auf den Sommer 1991 soll die Asylverordnung von 1987 aufgehoben werden. Der Entwurf sieht vor, auf diesen Zeitpunkt zwei Verordnungen in Kraft zu setzen: Die **Asylverordnung 1 über Verfahrensfragen** und die **Asylverordnung 2 über Finanzierungsfragen** (siehe oben S. 28f). Zu den Entwürfen besteht ein erläuternder Bericht des EJPD vom 22.2.1991.

Bundesgesetz über die **Schaffung eines Bundesamtes für Flüchtlinge**, vom 22.6.1990 i.K. seit 2.10.1990, AS 1990 S. 1587, BBl 1990 II 609ff.

Weisungen und Kreisschreiben des EJPD zum Asylgesetz:

Asyl 20.1: Weisung zum Asylgesetz über wichtige Grundsätze im Asylverfahren, vom 20.12.1990.
Asyl 21.1: Weisung zum Asylgesetz über die Entgegennahme von Asylgesuchen in der Schweiz, vom 20.12.1990.
Asyl 21.2: Weisung zum Asylgesetz über die Entgegennahme und Behandlung von Asylgesuchen am Flughafen, vom 20.12.1990.
Asyl 21.3: Weisung zum Asylgesetz über die Entgegennahme und Behandlung von Asylgesuchen durch schweizerische Vertretungen im Ausland, vom 20.12.1990.
Asyl 22.1: Weisung zum Asylgesetz über die Anhörung im Kanton, vom 20.12.1990.
Asyl 23.1: Weisung zum Asylgesetz über die erkennungsdienstliche Behandlung von Asylbewerbern, vom 20.12.1990.
Asyl 23.3: Weisung zum Asylgesetz über die Verteilung der Asylbewerber auf die Kantone und über die "Bescheinigung Asylgesuch", vom 20.12.1990.
Asyl 23.4: Weisung zum Asylgesetz über die Sicherstellung von Urkunden während des Verfahrens, vom 20.12.1990.
Asyl 31: Weisung zum Asylgesetz über den Vollzug der Wegweisung während oder nach Abschluss des Asylverfahrens, vom 20.12.1990.
Asyl 52.1: Weisung zum Asylgesetz über die Regelung des Aufenthaltes, vom 20.12.1990.

Kreisschreiben des EJPD betreffend humanitäre Aufenthaltsbewilligungen vom 21.12.1990 und dazugehörendes Begleitschreiben "betreffend Asylbewerber, die ihr Gesuch bis zum 31.12.1986 eingereicht haben".
Verwaltungsweisungen des Bundesamtes für Sozialversicherung über die Rechtstellung der Flüchtlinge und Staatenlosen in der AHV/IV.

Bis zum Erlass der Asylverordnung 2 zu Finanzierungsfragen bleiben die bisherigen **Weisungen 5-10** in Kraft, welche die Fürsorge während des Asylverfahrens, die Durchführung von Beschäftigungsprogrammen, die Gewährung von Stipendien für die berufliche Aus- und Weiterbildung, die

Rückkehrhilfe für Asylbewerber, die Auszahlung von Verwaltungskostenbeiträgen an die Kantone und die Unterbringung und Betreuung von Asylbewerbern regeln. Die **Kreisschreiben BIGA/DFW** vom 15.12.1987 und vom 15.10.1988 bezüglich Arbeitsverbote für Asylsuchende werden ebenfalls überarbeitet. Vorläufige Anhaltspunkte zu einiger dieser Fragen bietet ein **Kreisschreiben des DFW** vom 25. Juni 1990.

3. AUSLÄNDERRECHT

Das Asylrecht steht in engem Zusammenhang mit dem allgemeinen Ausländerrecht. Soweit das Asylgesetz nicht eine spezielle Regelung getroffen hat, unterstehen Asylbewerber und Asylbewerberinnen, anerkannte Flüchtlinge, vorläufig und humanitär Aufgenommene diesen Normen. Bedeutsam für Asylsuchende sind dabei vor allem Regelungen im ANAG über die vorläufige Aufnahme und Internierung von Ausländern, die Ausführungsbestimmungen dazu in der Internierungsverordnung und die Möglichkeit, gemäss der BVO eine humanitäre Aufenthaltsbewilligung zu erhalten.

Zentrale Rechtsquelle des Ausländerrechts ist das **Bundesgesetz vom 26.3.1931 über den Aufenthalt und die Niederlassung der Ausländer (ANAG)**. Das ANAG stellt ein Rahmengesetz dar, das nur wenige Artikel enthält. In einem ersten Abschnitt finden sich Bestimmungen über den Aufenthalt und die Niederlassung. Gemäss Art. 4 entscheidet dabei die Behörde, im Rahmen der gesetzlichen Vorschriften und der Verträge mit dem Ausland, nach freiem Ermessen über die Bewilligung von Aufenthalt und Niederlassung. Der zweite Abschnitt regelt die Zuständigkeit der Behörden und das Verfahren. Im dritten Abschnitt finden sich Strafbestimmungen.

Die **Vollziehungsverordnung zum ANAG** vom 1.3.1949 (ANAV; SR 142.201), die **Verordnung über die Begrenzung der Zahl der Ausländer** vom 6.10.1986 (Begrenzungsverordnung, BVO; SR 823.21) und die **Verordnung über die vorläufige Aufnahme und die Internierung von Ausländern** vom 25.11.1987 (Internierungsverordnung; SR 142.281) enthalten die hauptsächlichsten Ausführungsbestimmungen zum ANAG.

Die *Vollziehungsverordnung zum ANAG* enthält u.a. Ausführungsbestimmungen zur An- und Abmeldung von Ausländerinnen und Ausländern, zur Erwerbstätigkeit, zu den verschiedenen Aufenthaltsbestimmungen und zum Verfahren.

Rechtsquellen

Die *Begrenzungsverordnung* enthält die materiellen Zielvorgaben über den Bestand der Ausländer und Ausländerinnen in der Schweiz und deren Kontrolle. Sie legt die Höchstzahlen (Kontingente) fest und bestimmt in Art. 13 die Ausnahmen. Im übrigen finden sich hier die verschiedenen Bewilligungsarten, das Verfahren vor den Arbeitsmarktbehörden, die Zuständigkeiten, Rechtsmittel und Strafbestimmungen.

Die *Internierungsverordnung* enthält u.a. Details zur Frage der Unmöglichkeit und Unzumutbarkeit der Weg- oder Ausweisung, zur Bewilligung einer Erwerbstätigkeit oder des Familiennachzuges, zur Anordnung und Aufhebung von vorläufiger Aufnahme und Internierung.

Die ausländische Wohnbevölkerung ist (mit Ausnahme von Flüchtlingen und Asylsuchenden, für die teilweise spezielle Regeln gelten) in *folgende Kategorien* aufgeteilt (Typen von Aufenthaltsbewilligungen):

- Die *Jahresaufenthaltsbewilligung* (Ausweis B, grau) gemäss Art. 5 ANAG ist die ordentliche Bewilligungsart. Sie ist für einen Ausländer oder eine Ausländerin bestimmt, der oder die sich in der Schweiz vorübergehend aufhält oder Wohnsitz nehmen will, aber noch nicht für dauernd zugelassen ist. Die Bewilligung ist befristet und wird i.d.R. für ein Jahr erteilt, nach einem Aufenthalt von fünf Jahren für jeweils zwei weitere Jahre. Die Aufenthaltsbewilligung gilt nur für den Aufenthaltskanton. Sie berechtigt zum Aufenthalt und zur Ausübung einer Erwerbstätigkeit, sofern diese den dafür gestellten Anforderungen entspricht. Die Aufenthaltsbewilligung erlischt, wenn sie nicht verlängert oder widerrufen wird (z.B. wenn ein Ausländer zu schweren Klagen Anlass gibt oder die Bewilligung erschlichen hat; Art. 9 Abs.2 ANAG). Ein Stellenwechsel wird nur unter restriktiven Bedingungen bewilligt. Voraussetzung für die Bewilligung der Erwerbstätigkeit ist u.a., dass sich für die Stelle keine einheimische Arbeitskraft findet (Art. 7 BVO) und der Ausländer oder die Ausländerin aus einem traditionellen Rekrutierungsgebiet stammt (Art. 8 BVO).

- Bei der aus humanitären Gründen erteilten Aufenthaltsbewilligung gemäss Art. 13 lit. f und Art. 36 BVO handelt es sich um eine ordentliche Jahresaufenthaltsbewilligung (siehe hinten S. 347ff).

- Die Niederlassungsbewilligung (Ausweis C, grün) wird unbefristet ausgestellt (Art. 6 ANAG). Erteilt wird sie in der Praxis nach einem Aufenthalt von zehn Jahren mit Ausweis B. Gewisse Staatsverträge und das Asylgesetz (für Flüchtlinge, die Asyl erhalten haben, Art. 28; siehe hinten S. 385ff) sehen eine Frist von fünf Jahren vor. Ausländern, die mit einer Schweizerin verheiratet sind, werden in der Praxis die verheirateten Jahre doppelt angerechnet. Durch die Niederlassungsbewilligung werden Ausländer als Arbeitnehmer den Schweizern gleichgestellt (ausser in gewissen freien Berufen, wie z.B. Rechtsanwalt). Niedergelassene, die Staatsangehörige eines der 31 Länder sind, mit denen die Schweiz einen Niederlassungsvertrag abgeschlossen hat, haben Anspruch auf Freizügigkeit in der Schweiz und dürfen den Wohnsitz in einen andern Kanton verlegen (für die Liste der Länder, u.a. gehört auch die Türkei dazu, siehe *Kottusch*, Die Niederlassungsbewilligung gemäss Art. 6 ANAG, ZBl 1986, S. 553f). Die Niederlassungsbewilligung berechtigt zu einem unbeschränkten Aufenthalt. Sie erlischt u.a. mit der Ausweisung oder nach längerem Aufenthalt im Ausland und kann widerrufen werden, wenn sie durch falsche Angaben oder Verheimlichung von wesentlichen Tatsachen erschlichen wurde (Art. 9 Abs. 3 und 4 ANAG).

- Vorläufige Aufnahme und Internierung (Ausweis F, blau) sind Aufenthaltsbewilligungen, die als Ersatzmassnahmen für eine nicht durchführbare Weg- oder Ausweisung gemäss Art. 14a ANAG erteilt werden. Die Details sind in der Internierungsverordnung geregelt (siehe dazu v.a. hinten S. 399ff).

- Die Saisonbewilligung (Ausweis A, hellgelb) wird Ausländerinnen und Ausländern erteilt, die eine Saisontätigkeit (maximal 9 Monate) in einer Firma ausüben, die Saisoncharakter hat (v.a. Bauwirtschaft, Gastgewerbe, Landwirtschaft). Die Ausländer müssen sich mindestens 3 Monate pro Jahr im Ausland aufhalten (Art. 16 BVO). Frühestens nach vier aufeinanderfolgenden Jahren mit insgesamt 36 Monaten Aufenthalt in der Schweiz kann die Saisonbewilligung in eine Jahresaufenthaltsbewilligung umgewandelt werden. (Art. 28 BVO). Ein Stellen- oder Kantonswechsel wird nur ausnahmsweise bewilligt.

- Daneben gibt es noch weitere Arbeits- oder Aufenthaltsbewilligungen für Kurzaufenthalter, Stagiaires oder Grenzgänger (Art. 21 - 24 BVO) und unter gewissen Voraussetzungen für Nichterwerbstätige Ausländerinnen und Ausländer (Schüler, Studenten, Kurgäste, Rentner, Pflege- und Adoptivkinder).

Für Asylsuchende, abgewiesene Gesuchstellerinnen und Gesuchsteller und Flüchtlinge sind neben den Regelungen zur Rechtsstellung vor allem folgende ausländerrechtliche Bestimmungen von Bedeutung:
- Nach Art. 12 ANAG kann "der Ausländer, der keine Anwesenheitsbewilligung besitzt, jederzeit zur Ausreise aus der Schweiz verhalten werden".
- Art. 14, 14 lit. a, 14 lit.b und 14 lit.c ANAG regeln die Wegweisung und
- falls diese gemäss Art. 18 Abs. 1 AsylG nicht möglich, nicht zulässig

oder nicht zumutbar ist - die vorläufige Aufnahme und die Internierung von Ausländerinnen und Ausländern. Bei der vorläufigen Aufnahme und der Internierung handelt es sich um *Ersatzmassnahmen*, die dann angeordnet werden, wenn trotz negativem Asylentscheid auf eine Wegweisung verzichtet wird. Art. 14 Abs. 2ff ANAG sieht eine Ausschaffungshaft für Ausländer vor, die sich dem Vollzug der Wegweisung entziehen wollen. Die Ausführungsbestimmungen zu Art. 14aff ANAG finden sich wie erwähnt in der Internierungsverordnung.

- In Art. 23 ANAG finden sich die Strafbestimmungen betreffend Zuwiderhandlungen gegen dieses Gesetz. Mit BG vom 9.10.1987 wurden diese revidiert und mit einer Bestimmung ergänzt, die ein verschärftes Vorgehen gegen das Schlepperwesen ermöglicht. Dabei wurde eine massive Strafandrohung ins Gesetz aufgenommen, die auch Personen und Vereinigungen trifft, welche Ausländer und Ausländerinnen nach endgültigem negativem Entscheid in der Schweiz verstecken (Art. 23 Abs. 2 ANAG). Art. 23 ANAG ist im übrigen die gesetzliche Grundlage zur Bestrafung von illegal Eingereisten.

- Art. 16 und 17 ANAV enthalten Regelungen zur Ausweisung von Ausländern.

- Weiter von Bedeutung sind die Bestimmungen in der BVO über die Ausnahmen von den Höchstzahlen bei der Erteilung einer Bewilligung. Nach Art. 13 lit. f sind Ausländerinnen und Ausländer von den Höchstzahlen ausgenommen, wenn ein schwerwiegender persönlicher Härtefall oder staatspolitische Gründe vorliegen, gemäss Art. 13 lit. g Ausländer, denen während des Asylverfahrens eine vorläufige unselbständige Erwerbstätigkeit bewilligt wird; Art. 36 erlaubt die Erteilung humanitärer Aufenthaltsbewilligungen für Nichterwerbstätige.

Die ausländerrechtlichen Erlasse im Einzelnen:

Bundesgesetz über Aufenthalt und Niederlassung der Ausländer vom 26.3.1931 (ANAG, SR 142.20; SR 142.20, BBl 1929 I 914; Botschaft vom 2.12.1985 zur Änderung des ANAG BBl 1986 I S. 1ff; Botschaft vom 29. Mai zum AVB, BBl 573ff, Änderung von Art. 14a - d ANAG i.K. seit 22. Juni 1990; Änderung von Art. 7, 11 und 17 ANAG über die Revision des BüG vom 23.3.1990, voraussichtlich i.K. per 1.1.1992)
Vollziehungsverordnung zum ANAG vom 1.3.1949 (ANAV, SR 142.201)
Verordnung über die **Zuständigkeit der Fremdenpolizeibehörden** vom 20.4.1983 (SR 142.202)
Verordnung über **Einreise und Anmeldung der Ausländer** vom 10.4.1946 (SR 142.211)

Bundesratsbeschluss über die **Meldung wegziehender Ausländer** vom 20.1.1971 (SR 142.212)
Verordnung über das **Zentrale Ausländerregister** vom 20.10.1982 (SR 142.215)
Verordnung über die **Gebühren zum ANAG** vom 20.5.1987 (SR 142.241)
Bundesratsbeschluss über die **Zusicherung der Aufenthaltsbewilligung zum Stellenantritt** vom 19.1.1965 (SR 142.261)
Verordnung über die **vorläufige Aufnahme und die Internierung von Ausländern** vom 25.11.1987 (SR 142.281)
Bundesbeschluss betreffend die **Übernahme der Kosten der Ausschaffung mittelloser Ausländer durch den Bund** vom 15.6.1909 (SR 142.291)
Verordnung über **Reisepapiere für schriftenlose Ausländer** vom 1.11.1960, letzte Revision am 1.10.1990 (SR 143.5)
Verordnung über die **Begrenzung der Zahl der Ausländer** vom 6.10.1986 (BVO, SR 823.21)
Bundesgesetz über die **Zuständigkeit für die Unterstützung Bedürftiger** vom 24.6.1977, 3. Titel: Die Unterstützung von Ausländern (SR 851.1)

Weisungen des Bundesamtes für Ausländerfragen (BFA) zur Ausländergesetzgebung und Weisungen und Erläuterungen des BIGA zur BVO.

Der Bundesratsbeschluss vom 24.2.1948 betreffend *politische Reden von Ausländern* in der Schweiz schreibt vor, dass Ausländerinnen und Ausländer ohne Niederlassungsbewilligung eine besondere Bewilligung brauchen um an öffentlichen oder geschlossenen Versammlungen über ein politisches Thema zu sprechen; der Kanton entscheidet darüber. Daneben bestehen *Richtlinien des Bundesrates* von 1967, die ausführen, dass sich ein Ausländer in der Schweiz nicht in einer Weise betätigen darf, "die eine Einmischung in die inneren Verhältnisse und Einrichtungen bedeutet oder unsere auswärtigen Beziehungen belasten kann". Die Verfassungsmässigkeit beider Erlasse ist stark bestritten (siehe dazu *Wertenschlag*, Grundrechte der Ausländer in der Schweiz, Basel 1980, S. 393ff).

LITERATUR ZUM AUSLÄNDERRECHT: *Aeschbacher/Hegetschweiler*, Handbuch des Asyl- und Ausländerrechts, Zürich 1985; *Bolz*, Rechtsschutz im Ausländer- und Asylrecht, Basel 1990; *Hofstetter*, Le statut juridique du travailleur saisonnier, Lausanne 1980; *Hug*, Der Ausländer als Grundrechtsträger, Zürich 1990; *Kantonspolizei Zürich/ Fremdenpolizei Zürich*, Fremdenpolizeiliche Vorschriften im Überblick, 2. Aufl., Zürich 1988; *Kenel/Schaffer*, La main-d'oeuvre étrangère, Guide juridique et pratique, Lausanne 1989; *Koller*, Verwaltungsgerichtsbeschwerde gegen die Verweigerung einer Aufenthaltsbewilligung, SJZ 1990, S. 353ff; *Kottusch*, Die Bestimmungen über die Begrenzung der Zahl der Ausländer, SJZ 1988, S. 37ff; *derselbe*, Die Niederlassungsbewilligung gemäss Art. 6 ANAG, ZBl 1986, S. 513ff; *derselbe*, Zur rechtlichen Regelung des Familiennachzugs von Ausländern, ZBl 1989, S. 329ff; *derselbe*, Das Ermessen der kantonalen Fremdenpolizei und seine Schranken, ZBl 1990, S. 145ff; *Malinverni*, BV-Kommentar, Art. 69ter; *Pessina*, Il potere d'apprezzamento nelle basi legali concernenti l'ammissione provvisoria e l'internamento degli stranieri in Svizzera, Diss. Basel 1990; *Pfanner*, Die Jahresaufenthaltsbewilligung des erwerbstätigen Ausländers, St. Gallen 1985; *Scheidegger*, Die rechtliche Erfassung der ausländischen Grenzgänger, Zürich 1987; *Sulger Büel*, Vollzug von Fernhalte- und Entfernungsmassnahmen gegenüber Fremden, Bern 1984; *Thürer*, Die Rechtsstellung des Ausländers in der Schweiz, in: Die Rechtsstellung von Ausländern nach staatlichem Recht und Völkerrecht, Berlin u.a. 1987, S. 1341ff.

4. ÜBRIGE BUNDESRECHTLICHE RECHTSQUELLEN MIT AUSWIRKUNGEN AUF ASYLSUCHENDE UND FLÜCHTLINGE

- Das Verfahrensrecht ist geregelt im Bundesgesetz über das Verwaltungsverfahren vom 20.12.1968 (VwVG; SR 172.021), das insoweit gilt, als das Asylgesetz keine davon abweichenden Bestimmungen enthält (Art. 12 AsylG).
- Für die Erlangung des Schweizer Bürgerrechtes unterstehen die Flüchtlinge den gleichen Bestimmungen wie die übrigen Ausländerinnen und Ausländer. Geregelt ist dies im Bundesgesetz über Erwerb und Verlust des Schweizer Bürgerrechts vom 29.9.1952 (BüG; SR 141.0). Die jüngste Revision datiert vom 23. März 1990 und hebt u.a. die automatische Einbürgerung von Ausländerinnen auf, die Schweizer heiraten (voraussichtlich per 1.1.1992 in Kraft).
- Für die Bereiche wie Eherecht, Kindesrecht, Erbrecht, Obligationenrecht, Arbeitsrecht, Mietrecht, Strafrecht etc. gelten im grossen und ganzen die gleichen Bestimmungen des Schweizerischen Zivilgesetzbuches (ZGB), des Obligationenrechtes (OR), des Schweizerischen Strafgesetzbuches (StGB) etc. wie für Schweizer und Schweizerinnen.
- Im Sozialversicherungsrecht gelten einerseits die Bundesgesetze über die Alters- und Hinterbliebenenversicherung und die Invalidenversicherung, nebst weiteren Gesetzen. Durch den Bundesbeschluss vom 4.10.1962 über die Rechtsstellung der Flüchtlinge in der Alters-, Hinterlassenen- und Invalidenversicherung (SR 831.131.11) wurden Flüchtlinge den Schweizern bezüglich AHV und IV gleichgestellt.

- Über die Zulassung von Flüchtlingen zu den eidgenössischen Medizinalprüfungen besteht eine Verordnung des Eidgenössischen Departementes des Innern vom 21.2.1979 (SR 881.112.16).
- Weiter von Bedeutung für Asylsuchende und Flüchtlinge können sein das Bundesgesetz vom 20.3.1981 über internationale Rechtshilfe in Strafsachen (SR 351.1.) und das Bundesgesetz über das Internationale Privatrecht vom 18.12.1987 (IPRG, SR 291), das z.B. die Anerkennung und Vollstreckung ausländischer Entscheide (Scheidung etc.) in der Schweiz regelt.

Einen guten Überblick über andere Rechtsnormen, die ganz allgemein auf Ausländerinnen und Ausländer einen Einfluss haben können, enthält das Werk von *Gutzwiller/Baumgartner*, Schweizerisches Ausländerrecht, Basel 1989.

Alle hier genannten Gesetze und Verordnungen können bezogen werden bei der *Eidgenössischen Drucksachen- und Materialzentrale*, 3003 Bern.

5. KANTONALE BESTIMMUNGEN

Auch kantonale Bestimmungen können für Asylsuchende und Flüchtlinge von spezieller Bedeutung sein, so z.B. Fürsorgegesetze, Aufenthalts- und Niederlassungsgesetze (Ausführungsbestimmungen zum ANAG, Gesetze über politische Rechte von Ausländern, Schulgesetze, Arbeitsbewilligungsgesetze, Steuergesetze etc. Einige Kantone sind im Begriff, Gesetze über die Regelung des Aufenthaltes von Asylsuchenden zu erlassen, in denen die Zuweisung an die Gemeinden, die Fürsorge, die Behördenorganisation und die Finanzierung geregelt ist (so z.B. im Kanton Bern).

6. RECHTSPRECHUNG

Für Asylpraktiker und -praktikerinnen ist insbesondere die Kenntnis der Praxis im Asylrecht von Bedeutung. Zentrale Artikel des Asylgesetzes, wie z.B. Art. 3 AsylG, sind offen formuliert und damit auslegungsbedürftig; die Verwaltung hat bei ihrer Anwendung einen weiten Beurteilungsspielraum. Die Kenntnis der Praxis ist also für die Beurteilung der Chancen eines Asylgesuches, bzw. einer Beschwerde gegen einen negativen Asylentscheid von grosser Bedeutung. Im Unterschied zur Praxis in vielen anderen Bereichen des Verwaltungsrechts ist indessen der Zugang zur

Praxis des BFF nur sehr erschwert möglich (die Zeitschrift *ASYLON* des BFF enthält nun immerhin einige Entscheide), ebenso zu den Entscheiden des Beschwerdedienstes des EJPD, da von Behördenseite praktisch keine Entscheide publiziert werden.

Lediglich vereinzelt finden sich Entscheide (v.a. Beschwerdeentscheide des EJPD) in der *Verwaltungspraxis der Bundesbehörden* (VPB). Die Zeitschrift *ASYL* (herausgegeben von der Schweizerischen Zentralstelle für Flüchtlingshilfe, erscheint vierteljährlich) ist teilweise in die bestehende Lücke gesprungen, indem sie neben einzelnen Entscheiden des BFF und des EJPD auch Asylsuchende und Flüchtlinge betreffende Urteile kantonaler Gerichte (z.B. zu Art. 23 ANAG) und des Bundesgerichts publiziert. Soweit es sich um Fälle handelt, die an das Bundesgericht weitergezogen werden können, finden sich dessen Entscheide in der *amtlichen Sammlung der Bundesgerichts*. Das *Schweizerische Jahrbuch für Internationales Recht* (SJIR) publiziert jährlich Entscheide schweizerischer Gerichte, in denen die EMRK angewendet wird.

II. VÖLKERRECHT

1. ALLGEMEINES

Neben dem Landesrecht steckt *das Völkerrecht* einen weiteren Rahmen bezüglich der rechtlichen Stellung von Flüchtlingen und Asylsuchenden und setzt gewisse Mindeststandards und Grenzen fest (vgl. auch die Ausführungen zu Art. 9 AsylG, S. 169f; zum Verhältnis von Völkerrecht und Landesrecht siehe VPB 53/1989, S. 393ff). Im Völkerrecht findet sich bisher keine Norm, die dem Individuum ein Recht auf Asyl zuerkennen würde. In Art. 14 der Allgemeinen Menschenrechtserklärung vom 10.12.1948 ist zwar niedergelegt, dass jeder Mensch das Recht hat, in anderen Ländern vor Verfolgung Asyl zu suchen; dies beinhaltet indessen nicht, dass ein Land verpflichtet ist, ihm auch Asyl zu gewähren. Asyl ist wesentlich ein Recht der Staaten und damit ein innerstaatliches Institut. Der oder die Einzelne hat jedoch einen Anspruch darauf, vor Rückschiebung in den Verfolgerstaat geschützt zu werden, wenn er dort aus politischen oder andern in der Flüchtlingskonvention genannten Gründen verfolgt wird (sog. Non-Refoulement-Prinzip). Daneben garantieren einige Völkrrechtsverträge (wie z.B. die Genfer Flüchtlingskonvention) gewisse Mindestanforderungen an die Behandlung von Flüchtlingen (siehe zum ganzen *Kälin*, Grundriss, S. 1ff).

Für das Flüchtlingsrecht sind folgende Vertragswerke von Bedeutung:

2. FLÜCHTLINGSKONVENTION

Das *Abkommen vom 28. Juli 1951 über die Rechtsstellung der Flüchtlinge*, die sogenannte Genfer Flüchtlingskonvention, im folgenden Flüchtlingskonvention (FK) genannt, die bisher von über 100 Staaten, darunter die Schweiz, ratifiziert worden ist, regelt, wer als Flüchtling gilt, welche Rechte Flüchtlinge unabhängig davon haben, ob sie Asyl erhalten (z.B. Art. 33 FK) und welche Rechte Flüchtlingen zukommt, die vom Zufluchtstaat Asyl oder sonst eine Bewilligung, etwa eine vorläufige Aufnahme, erhalten haben (so z.B. bezüglich Erwerbstätigkeit, Fürsorge und Reisepapiere, siehe hinten S. 381ff). Die Flüchtlingskonvention regelt *nicht*, unter welchen Voraussetzungen und durch welches Verfahren Flüchtlingen Asyl gewährt wird, sondern lässt den Staaten hier volle Freiheit. Mit andern Worten regelt die Konvention nicht "das Recht auf Asyl", sondern "das Recht im Asyl".

Die Flüchtlingskonvention geht von einem *materiellen Flüchtlingsbegriff* aus: Falls eine Person den Flüchtlingsbegriff von Art. 1 A Abs. 2 FK erfüllt, untersteht sie - ohne dass dazu eine formelle Anerkennung nötig wäre - dem Rückschiebungsschutz von Art. 33 FK (Refoulement-Verbot; siehe hinten S. 175ff). Dies ist einerseits dann von Bedeutung, wenn das Landesrecht einen engeren Flüchtlingsbegriff hat als in der Konvention definiert oder ein Staat den Flüchtlingsbegriff klar restriktiver interpretiert als die Auslegung zulässt, andererseits in Fällen, in denen Flüchtlinge, die an sich Art. 1A Abs. 2 FK erfüllen, wegen Asylausschlussgründen (siehe dazu S. 153ff) kein Asyl erhalten.

Wie diese Ausführungen zeigen, sind die Beziehungen zwischen innerstaatlichem Asylrecht und völkerrechtlichem Flüchtlingsrecht nicht immer einfach zu durchschauen. Die *Schweiz* hat den Flüchtlingsbegrif von Art. 1A Abs. 2 FK, wenn auch nicht wörtlich, so doch inhaltlich weitgehend übernommen. Sie hat indessen im Asylgesetz Ausschlussgründe vorgesehen, die von denen der Flüchtlingskonvention abweichen (Art. 6 und 8 AsylG). Umgekehrt gewährt die Schweiz unter Umständen trotz Fehlens der Flüchtlingseigenschaft Asyl, so im Falle von Familienangehörigen (Art. 3 Abs. 3 und Art. 7 AsylG) und bei der Aufnahme von Flüchtlingskontingenten (Art. 22 und 23 AsylG), obwohl dies in der Flüchtlingskonvention nicht vorgesehen ist (siehe dazu hinten S. 122ff und *Kälin*, Grundriss, S. 26ff).

Der Flüchtlingsbegriff der Flüchtlingskonvention enthält in Art. 1A Abs. 2 eine *zeitliche Schranke*, nach der lediglich Personen, welche infolge von Ereignissen geflohen sind, die vor dem 1. Januar 1951 eingetreten sind, unter die Konvention fallen. Diese Schranke ist aber durch das *Protokoll über die Rechtsstellung der Flüchtlinge vom 31. Januar 1967* aufgehoben worden und spielt heute keine Rolle mehr. Weiter lässt Art. 1 A Abs. 2 i.V. mit 1 B Abs. 1 eine *regionale Beschränkung* der Geltung der FK auf Flüchtlinge aus Europa zu. Die meisten Staaten (ausser etwa der Türkei, Ungarn und Malta) haben allerdings eine Erklärung abgegeben, mit der sie die regionale Beschränkung fallenliessen. Für die *Schweiz*, die auch das Protokoll unterschrieben hat, gilt weder die zeitliche noch die regionale Beschränkung.

Eine Liste mit dem Geltungsbereich der Flüchtlingskonvention und des Protokolls, mit den Erklärungen zur regionalen Beschränkung und zu allfälligen Vorbehalten und auslegenden Erklärungen findet sich in der Systematischen Sammlung des Bundesrechts (SR 0.142.30 und 0.142.301). Eine - nicht mehr aktuelle - Liste enthält auch das *UNHCR - Handbuch* (Handbuch über Verfahren und Kriterien zur Feststellung der Flüchtlingseigenschaft, hrsg. vom Amt des Hohen Kommissars der Vereinten Nationen für Flüchtlinge, nicht amtliche Übersetzung, Genf 1979; eine aktuellere Liste der Mitgliedstaaten enthält die englischen Fassung aus dem Jahr 1988, S. 86ff).

Für die Auslegung und Anwendung der Konvention sind die *Beschlüsse des Exekutiv-Komitees für das Programm des UNHCR* zu beachten. Das Exekutiv-Komitee hat eine Reihe von Beschlüssen zu Fragen des internationalen Rechtsschutzes für Flüchtlinge verabschiedet, die den Anwendungsbereich der Flüchtlingskonvention präzisieren und z.T. ergänzen. Die Beschlüsse sind beim UNHCR in Genf erhältlich (*Internationaler Rechtsschutz für Flüchtlinge*, hrsg. vom Amt des Hohen Flüchtlingskommissars der Vereinten Nationen, nicht-amtliche Übersetzung der englischen Originalfassung, Genf 1988).

Das Exekutiv-Komitee (ExKOM) ist dem UNHCR an die Seite gestellt, um über Zielsetzung und Durchführung der Programme des UNHCR zu entscheiden. In diesem Gremium, das aus 43 Mitgliedern besteht, ist die Schweiz ebenfalls vertreten. Die Entschliessungen und Empfehlungen des ExKOM werden damit von der Schweiz wesentlich mitgetragen. Diese Entschliessungen haben zwar keinen verbindlichen Charakter. Sie müssen indessen gemäss Art. 31 Ziff. 2b der Wiener Vertragsrechtskonvention von 1969, der die Schweiz kürzlich beigetreten ist, bei der Interpretation der Flüchtlingskonvention mitberücksichtigt werden (zumal im übrigen die Schweiz bei ihrer Ausarbeitung direkt mitwirkt; siehe dazu auch hinten, S. 62).

Eine ähnliche Bedeutung kommt dem "Handbuch über Verfahren und Kriterien zur Feststellung der Flüchtlingseigenschaft" zu (*UNHCR-Handbuch*; nicht-amtliche deutsche Übersetzung beim UNHCR erhältlich), das 1979 auf Ersuchen des ExKOM vom UNHCR ausgearbeitet wurde. Die schweizerischen Asylbehörden lehnen jedoch meist jegliche Verbindlichkeit des UNHCR-Handbuches ab.

LITERATUR ZUR FLÜCHTLINGSKONVENTION: *Goowin-Gill,* The Refugee in International Law, Oxford 1983; *Grahl-Madsen,* The Status of Refugees in International Law, Bd. 1 Leyden 1966, Bd. 2 Leyden 1972; *derselbe,* Territorial Asylum, Stockholm 1980; *Hausammann,* Bestrebungen des UNHCR zum Schutze von Frauenflüchtlingen, ASYL 1990/2, S. 3ff; *Jaeger,* Les Nations Unies et les réfugiés, Revue Belge de Droit International, 1989/1; *Kälin,* Das Prinzip des non-refoulement, Bern 1982; *Marugg,* Völkerrechtliche Definitionen des Ausdrucks 'Flüchtling', Basel 1990; *Robinson,* Convention Relating to the Status of Refugees, its History, Contents and Interpretation, New York 1953; *Takkenberg/Tahbaz,* The Collected Travaux Préparatoires of the 1951 Geneva Convention Relating to the Status of Refugees, Vol. I-III, Amsterdam 1989; *UNHCR,* Handbuch über Verfahren und Kriterien zur Feststellung der Flüchtlingseigenschaft, nicht-amtliche Übersetzung, Genf 1979; *dasselbe,* Internationaler Rechtsschutz für Flüchtlinge, Beschlüsse des Exekutiv-Komitees für das Programm des Hohen Flüchtlingskommissars der Vereinten Nationen, nicht-amtliche Übersetzung, Genf 1988; *Weis,* The International Status of Refugees and Stateless Persons, Journal du Droit International 1956, S. 4ff; *Tiberghien,* La protection des réfugiés en France, 2. Aufl., Aix-en-Provence 1988 (dieses Werk ist für die Auslegung des Flüchtlingsbegriffs der FK von Nutzen, da es die Praxis Frankreichs, das die FK direkt anwendet, festhält).

3. DIE EUROPÄISCHE MENSCHENRECHTSKONVENTION (EMRK)

Die Europäische Menschenrechtskonvention vom 4.11.1950 (EMRK) wurde vom Europarat ausgearbeitet und trat am 3.9.1953 in Kraft. Die Schweiz ist der Konvention erst 1974 beigetreten (in Kraft seit 28.11.1974). Bisher ist die EMRK von 25 Staaten ratifiziert worden, zuletzt von Ungarn und der CSFR (Polen dürfte bald als 26. Mitglied folgen).

Die EMRK enthält in den Art. 2-14 einen *Grundrechtskatalog,* dessen Einhaltung die Mitgliedstaaten mit ihrer Unterschrift "allen ihrer Jurisdiktion unterstehenden Personen" (so Art. 1) garantieren: Recht auf Leben (Art. 2), Folterverbot (Art. 3), Verbot der Zwangsarbeit (Art. 4), Freiheit der Person (Art. 5), Verfahrensgarantien (Art. 6), Nulla poena sine lege (Art. 7), Privat- und Familienleben (Art. 8), Gedankens-, Gewissens- und Religionsfreiheit (Art. 9), Meinungäusserungs- und Informationsfreiheit (Art. 10), Versammlungs- und Vereinigungsfreiheit (Art. 11), Recht auf Heirat (Art. 12), Recht auf wirksame Beschwerde bei Verletzung eines Konventionsrechts (Art. 13), Diskriminierungsverbot bezüglich der Konventionsrechte (Art. 14).

Da die EMRK keine umfassende Garantie von Grundrechten enthält, sind einige Lücken durch *Zusatzprotokolle zur EMRK* ausgefüllt worden (Zusatzprotokolle 1-8; unmittelbar bevorstehend ist das Inkrafttreten eines 9. Zusatzprotokolls). Dabei ist das Zusatzprotokoll 1 (Recht auf Eigentum, auf Bildung und auf freie und geheime Wahlen) und das Zusatzprotokoll 4 (u.a. Recht auf Freizügigkeit, Verbot der Massenausweisung von Ausländern) *bisher von der Schweiz nicht unterzeichnet* worden. Hingegen hat die Schweiz die Verfahrensfragen betreffenden Zusatzprotokolle 2, 3 und 5 das 9. vermutlich bald) ratifiziert, dazu auch das Zusatzprotokoll 6 (Abschaffung der Todesstrafe in Friedenszeiten) und 7 (u.a. Verfahrensrechte für Ausländer bei einer Ausweisung und Verbot der Doppelbestrafung). Dabei führt das Zusatzprotokoll 7 (für die Schweiz in Kraft seit 1.11.1988) in Art. 1 folgendes aus:

"[1] Ein Ausländer, der seinen rechtmässigen Aufenthalt im Hoheitsgebiet eines Staates hat, darf aus diesem nur aufgrund einer rechtmässig ergangenen Entscheidung ausgewiesen werden; ihm muss gestattet werden,
 a) Gründe vorzubringen, die gegen seine Ausweisung sprechen
 b) seinen Fall prüfen zu lassen und
 c) sich zu diesem Zweck vor der zuständigen Behörde oder einer oder mehrerer von dieser Behörde bestimmten Personen vertreten zu lassen.
[2] Ein Ausländer kann vor Ausübung der in Abs. 1 Buchstaben a, b und genannten Rechte ausgewiesen werden, wenn die Ausweisung im Interesse der öffentlichen Ordnung erforderlich ist oder aus Gründen der nationalen Sicherheit erfolgt."

Die EMRK hat mit der Einräumung eines Individualbeschwerderechts in Art. 25ff EMRK einen der griffigsten Durchsetzungsmechanismen geschaffen, die auf völkerrechtlicher Ebene bestehen: Die Betroffenen haben die Möglichkeit, *bei Eingriffen in die von der EMRK gewährten Rechte* gegen den diese verletzenden Staat Beschwerde bei der Europäischen

Kommission für Menschenrechte zu erheben (sofern der Staat die Individualbeschwerde zulässt; dies ist für die Schweiz der Fall; zum Verfahren siehe hinten S. 326ff).

Zu beachten ist, dass die EMRK *kein Recht auf Asyl* enthält und dass sie sich auch nicht zur Befugnis der Staaten, die Ein- und Ausreise von Ausländerinnen und Ausländern zu kontrollieren, äussert. *Für das Asylrecht* ist aber im Bereich der Wegweisung v.a. das Verbot der unmenschlichen Behandlung von Art. 3 EMRK (siehe hinten S. 179ff, zum Verfahren S. 326ff) und der Schutz der Familie gemäss Art. 8 EMRK (siehe unten S. 46ff) von Bedeutung. Im weiteren kann dies auch der Fall sein für das Verbot der Zwangsarbeit (Art. 4 EMRK verbietet die Zwangsverpflichtung von Asylsuchenden zu Arbeitseinsätzen, wie dies z.T. gefordert wird), die Meinungsäusserungsfreiheit von Art. 10 EMRK im Zusammenhang mit den politischen Aktivitäten von Ausländern, das Recht auf eine wirksame Beschwerde gemäss Art. 13 EMRK (diese Bestimmung räumt einen Anspruch ein, dass gegen eine geltend gemachte Verletzung von Konventionsrechten eine wirksame Beschwerdemöglichkeit vor einer nationalen Instanz besteht; vgl. dazu *Schweizerische Juristische Kartothek*, Die Europäische Menschenrechtskonvention, bearbeitet von *Malinverni*, Karte Nr. 1383; siehe auch hinten S. 302) und das Diskriminierungsverbot von Art. 14 EMRK. Das Verbot der Todesstrafe im Zusatzprotokoll Nr. 6, das die Schweiz am 13.10.1987 ratifiziert hat, dürfte in Verbindung mit Art. 3 EMRK zusätzlichen Schutz bieten, sofern einem Ausländer bei der Heimschaffung die Todesstrafe droht.

ALLGEMEINE LITERATUR ZUR EMRK: *Frowein/Peukert*, Europäische Menschenrechtskonvention, EMRK-Kommentar, Kehl u.a. 1985; *Internationaler Kommentar* zur Europäischen Menschenrechtskonvention, von Golsong/ Miehsler u.a. (Hrsg.), Köln u.a. 1986 (bisher nur Art. 6 und Art. 25; Art. 8 folgt Ende 1991); *Cohen-Jonathan*, La Convention européenne des droits de l'homme, Aix-en-Provence 1989; *Van Dijk/Van Hoof*, Theory and Practice of the European Convention on Human Rights, 2. Aufl., Deventer/Boston 1990; *Schweizerische Juristische Kartothek*, Die Europäische Menschenrechtskonvention, bearbeitet von G. Malinverni; *Berger*, Rechtsprechung des Europäischen Gerichtshofes für Menschenrechte, Köln u.a. 1987 (auf französisch 2. Auflage, Paris 1989; englisch 2. Auflage Dublin 1989).

Rechtsquellen 45

LITERATUR ZU EMRK UND AUSLÄNDER/ FLÜCHTLINGE: *Uibopuu*, Der Schutz des Flüchtlings im Rahmen des Europarates, Archiv des Völkerrechts, 21/1983, S. 60ff; *Plender*, Human Rights of Aliens in Europe, in: Council of Europe, Directorate of Human Rights (Ed.), Human Rights of Aliens in Europe, Proceedings of the Colloquy on "Human Rights of Aliens in Europe", Dordrecht u.a. 1985, S. 33ff; *Council of Europe*, The law of asylum and refugees: present tendencies and future perspectives, Strasbourg 1987; *derselbe*, Proceedings of the Colloquy on human rights without frontiers, Strasbourg 1990; *derselbe*, Human Right Files No. 8, The position of aliens in relation to the European Convention on Human Rights, by Andrew Drzemczewski, Strasbourg 1985; *derselbe*, Problems raised by certain aspects of the present situation of refugees from the standpoint of the European Convention on Human Rights, by Richard Plender, Strasbourg 1985.

FUNDSTELLEN VON ENTSCHEIDEN DER STRASSBURGER ORGANE: Zur Rechtsprechung der Kommission: 1960-1974 *Collection of Decisions*, Bd. 1-46, ab 1975 *Decisions and Reports* (DR), beide hrsg. vom Europarat, Sekretariat der Europäischen Menschenrechtskommission. Zur Rechtsprechung des Gerichtshofes: *Veröffentlichungen des Europäischen Gerichtshofes für Menschenrechte*, hrsg. vom Europarat, Kanzlei des Europäischen Gerichtshofes für Menschenrechte, Séries A, Judgments and Decisions und Séries B: Pleadings, Oral Arguments and Documents. Zur Rechtsprechung von Gerichthof und Kommission: *Digest of Strasbourg Case-Law* relating to the European Convention on Human Rights, Vol. 1-5, hrsg. vom Europarat. 1984; *Yearbook of the European Convention on Human Rights*, The European Commission and European Court of Human Rights, hrsg. vom Europarat.

ZEITSCHRIFTEN MIT URTEILEN DER STRASSBURGER ORGANE: *EuGRZ*, Europäische Grundrechte Zeitschrift, Kehl u.a., seit 1974; *RUDH*, Revue universelle des droits de l'homme, Kehl u.a., seit 1989; *HRLJ*, Human Rights Law Journal, Kehl u.a., seit 1980; *NQHR*, Netherlands Quarterly of Human Rights (mit jeweils sehr aktueller Rechtsprechungsübersicht), seit 1983.

Literaturhinweise zu Art. 3 EMRK finden sich hinten, S. 179, zum Verfahren hinten, S. 326f.

4. EXKURS: ART. 8 EMRK UND DAS RECHT AUF AUFENTHALT IN DER SCHWEIZ UND FAMILIENNACHZUG

Art. 8 Ziff. 1 EMRK sieht vor, dass jedermann "Anspruch auf Achtung seines Privat- und Familienlebens, seiner Wohnung und seines Briefverkehrs" hat. Gemäss Ziff. 2 kann dieser Anspruch aber bei Vorliegen wichtiger öffentlicher Interessen eingeschränkt werden.

Art. 8 EMRK umfasst somit vier Teilbereiche: Schutz des Privatlebens, Schutz des Familienlebens, der Wohnung sowie des Briefverkehrs (wie auch anderer Kommunikationsmittel). Für Ausländerinnen und Ausländer von besonderem Interesse ist der Schutz des Familienlebens.

Das Bundesgericht hat in Berücksichtigung der Rechtsprechung der Strassburger Organe im Laufe der Zeit aus Art. 8 EMRK einen *Anspruch auf Aufenthaltsbewilligung* für Ausländerinnen und Ausländer abgeleitet, wenn das eine Familienmitglied Schweizer oder Schweizerin ist oder hier eine Niederlassungsbewilligung hat (weil es sich um einen Anspruch handelt, tritt das Bundesgericht auf Verwaltungsgerichtsbeschwerden gegen Verweigerungen von Bewilligungen ein; Art. 100 lit. b Ziff. 3 OG). Unter diesen Umständen steht einer allfälligen Ausweisung das Recht auf Achtung des Familienlebens entgegen, weil der Vollzug das Familienleben verunmöglichen würde Allerdings kann es u.U. dem in der Schweiz niedergelassenen oder schweizerischen Partner zugemutet werden, dem Ausgewiesenen ins Ausland zu folgen, was im konkreten Fall zu entscheiden ist (vgl. BGE 109 Ib 189 und BGE 110 Ib 205f, Reneja I und II; siehe dazu auch den Entscheid des Bundesrates vom 18.9.1989, VPB 54/1990, S. 117ff, wo bezüglich *Aufhebung einer Einreisesperre* ausgeführt wurde, einer hier stark verwurzelten Schweizerin sei es nicht zumutbar, ihrem Ehemann in die USA zu folgen).

Aus dem Gesagten ergibt sich also unter den gegebenen Voraussetzungen nicht nur ein Recht, nicht aus der Schweiz weg- oder ausgewiesen zu werden, sondern auch ein Recht auf Einreise zwecks Familienvereinigung, wenn der oder die Angehörige die *Staatsbürgerschaft* oder eine *Niederlassungsbewilligung* besitzt. Nach bisheriger bundesgerichtlicher Rechtsprechung musste es sich bei den Familienanghörigen in der Schweiz um *Ehegatten* oder *minderjährige Kinder* handeln. Im BGE 115 Ib 1ff hat das Bundesgericht allerdings einer schwerbehinderten volljährigen Tochter eines in der Schweiz niedergelassenen Paares einen Anspruch auf Aufenthaltsbewilligung zuerkannt und ausgeführt, unter den Schutzbereich von Art. 8 EMRK falle die Beziehung zwischen "*nahen Verwandten*, die in der Familie eine wesentliche Rolle spielen können, wie die Beziehung zwischen zwischen Grosseltern und Enkel oder zwischen Onkel/Tante und Neffe/Nichte (BGE 115 Ib 4f E. 2a; zum Familienbegriff gemäss EMRK siehe auch hinten S. 267f). Ebenso entschied das Bundesgericht, in Anpassung seiner Praxis an das Urteil des Europäischen Gerichtshofes vom 21.6.1988 i.S. Berrehab (Série A, Vol. 128), dass ein *Kindesverhältnis* unter Umständen auch dann zu einem Anspruch auf Aufenthaltsbewilligung führen, wenn das Kind nicht unter der elterlichen Gewalt oder Obhut des entsprechenden Elternteils steht, falls die familiäre Beziehung tatsächlich gelebt wird und intakt ist (BGE 115 Ib 100). Falls also z.B. ein Ausländer mit Jahresaufenthaltsbewilligung von einer Schweizerin geschieden wird, mit ihr aber ein gemeinsames Kind hat, zu dem er tatsächlich eine Beziehung hat, muss ihm eine Aufenthaltsbewilligung eingeräumt werden, damit er die Beziehung zu seinem Kind leben kann.

Bei *abgewiesenen Asylsuchenden*, die mit einer in der Schweiz niedergelassenen oder schweizerischen Person verheiratet sind, oder mit ihr ein Kind haben, mit dem sie eine tatsächliche Beziehung leben, schützt demnach Art. 8 EMRK vor Wegweisung aus der Schweiz.

In diesem Zusammenhang ist darauf hinzuweisen, dass durch die Änderung des Bürgerrechtsgesetzes vom 23.3.1990, die voraussichtlich am 1.1.1992 in Kraft treten wird, Art. 7 ANAG insoweit abgeändert worden ist, als neu "der ausländische Ehegatte eines Schweizer Bürgers ... *Anspruch* auf Erteilung und Verlängerung der Aufenthaltsbewilliung" hat. Nach einem ordnungsgemässen und ununterbrochenen Aufenthalt von fünf Jahren hat der ausländische Ehegatte Anspruch auf die Niederlassungsbewilligung. Der Anspruch erlischt, wenn ein Ausweisungsgrund vorliegt. Abs. 2 von Art. 7 ANAG schliesst die Ansprüche aus, wenn die Ehe nur eingegangen worden ist, um eine Aufenthaltsbewilligung in der Schweiz zu erhalten.

Da *Asylsuchende* nicht die Voraussetzungen der bundesgerichtlichen Rechtsprechung erfüllen (Niederlassungsbewilligung), kommt ihnen aber kein Anspruch auf Familiennachzug zu; das gleiche gilt gemäss Bundesgericht auch für *vorläufig Aufgenommene* (vgl. BGE vom 27.2.1990 i.S. J.M., in: ASYL 1990/2, S. 13f). Zum Familiennachzug bei Flüchtlingen, die Asyl erhalten habe, siehe hinten S. 122ff; bei Flüchtlingen, die vorläufig aufgenommen worden sind, siehe hinten S. 127f; bei vorläufig Aufgenommenen siehe hinten S. 403; bei Asylbewerbern siehe hinten S. 376.

LITERATUR: *Breitenmoser*, Der Schutz der Privatsphäre gemäss Art. 8 EMRK, Basel 1986; *Dolle*, Refugees and Family Reunion of Immigrants: the Strasbourg Case-Law, in: Council of Europe, Proceedings of the Colloquy on human rights without frontiers, Strasbourg 1990;

Frowein/Peukert, Europäische Menschenrechtskonvention, EMRK-Kommentar, Kehl u.a. 1985, S. 194ff; *Human Right Files*, Hrsg. vom Sekretariat der Europäischen Menschenrechtskommission, No. 7: The right to respect for private and family life, home and correspondence as guaranteed by Article 8 of the European Convention on Human Rights; *Internationaler Kommentar* zur Europäischen Menschenrechtskonvention, von Golsong/ Miehsler u.a. (Hrsg.), Köln u.a. 1986, Art. 8 EMRK (erscheint Ende 1991); *Koller*, Verwaltungsgerichtsbeschwerde gegen die Verweigerung einer Aufenthaltsbewilligung, SJZ 1990, S. 353ff; *derselbe*, Die Reneja-Praxis des Bundesgerichts, ZBl 1985, S. 513ff; *Kottusch*, Zur rechtlichen Regelung des Familiennachzugs von Ausländern, ZBl 1989, S. 329ff; *Schweizerische Juristische Kartothek*, 1378: Die Europäische Menschenrechtskonvention, Art. 8 EMRK bearbeitet von Malinverni; *Villiger*, Expulsion and the right to respect for private and family life (Article 8 of the Convention) - an introduction to the Comission's case-law, in: Matscher/Petzold (Hrsg.), Protecting Human Rights: The European Dimension, Studies in honour of Gérard J. Wiarda, Köln u.a. 1988, S. 657-662; *Thürer*, Familientrennung durch Staatsgrenzen?, in Festschrift für Cyril Hegnauer, Bern 1986, S. 573ff; vgl. auch die Literatur auf S. 45 zu EMRK und Ausländern allgemein.

5. KOORDINATIONSBESTREBUNGEN INNERHALB EUROPAS

Momentan laufen in Europa in verschiedenen Gremien Bemühungen und Verhandlungen, die unter dem Titel "Harmonisierung des Asylrechts in Europa" geführt werden (zu den beteiligten Organen siehe hinten, S. 63f). Dabei ging es aber *bisher* nicht darum, das materielle Asylrecht - wie etwa die Beurteilung, wer Flüchtling ist - zu harmonisieren. In letzter Zeit beginnen aber, vor allem auf Betreiben der BRD, neue Diskussionen über eine Harmonisierung des materiellen Asylrechts.

Die bisher zustandegekommenen oder kurz vor der Unterzeichnung stehenden Vereinbarungen beschränken sich auf Regelungen über die Zuständigkeit der Staaten zur Prüfung eines Asylgesuches, Verhinderung von Zweitgesuchen in andern Staaten, Verstärkung der Grenzkontrollen, Verhinderung der illegalen Einreise und Visabestimmungen.

5.1. DAS ERSTASYLABKOMMEN VON DUBLIN

Am 15. Juni 1990 wurde in Dublin ein "Übereinkommen über die Bestimmung des zuständigen Staates für die Prüfung eines in einem Mitgliedstaat der Europäischen Gemeinschaften gestellten Asylantrages" von 11 EG-Staaten unterzeichnet (sog. Dubliner Abkommen). Das *Abkommen von Dublin* ist ein *Erstasylabkommen*. Darin ist festgelegt, welcher Staat für die Behandlung eines Asylgesuches und die Durchführung des Asylverfahrens zuständig ist. Die Festlegung der Zuständigkeit eines Staates soll einerseits verhindern, dass sich für einzelne Asylsuchende kein Staat verantwortlich fühlt und sie als "Refugees in Orbit" von Land zu Land geschoben werden. Anderseits, und vor allem, soll ein solches Abkommen die innereuropäische Weiterwanderung eindämmen, indem ein Staat sich weigern kann, ein anderorts abgelehntes oder hängiges Asylgesuch zu prüfen. Sobald alle Unterzeichnerstaaten das Abkommen ratifiziert haben, tritt es in Kraft. Man rechnet, dass dies Ende 1991 der Fall sein wird.

Das Abkommen enthält eine *Verpflichtung* der Mitgliedstaaten, jeden Asylantrag zu prüfen, den ein Ausländer an der Grenze oder im Hoheitsgebiet eines Mitgliedstaates stellt (Art. 3 Abs. 1), und zwar gemäss innerstaatlichem Recht und internationalen Verpflichtungen (Art. 3 Abs. 3). *Kernstück des Abkommens* bilden die Artikel 4-8, die die Kriterien dafür enthalten, welcher Staat für die Prüfung eines im Raum der Mitgliedstaaten gestellten Asylantrages zuständig ist. Dabei ist zur Asylgesuchsprüfung primär der Staat zuständig, in dem ein als Flüchtling i.S. der FK anerkannter Familienangehöriger des Asylbewerbers lebt (Art. 4). Sekundär zuständig ist der Staat, der dem Asylsuchenden eine gültige Aufenthaltserlaubnis oder ein gültiges Visum erteilt hat (Art. 5), sodann der Staat, der die Einreise in das Gebiet der Mitgliedstaaten ohne Visum gestattet (Art. 7). Da die wenigsten Asylsuchenden solche Kriterien erfüllen, ist für den Fall der *illegalen Einreise* die Zuständigkeit des Staates vorgesehen, dessen Grenze ein Asylbewerber oder eine Asylbewerberin *nachweislich* zuerst überschritten hat (Art. 6). Da dieser Nachweis meist schwer zu erbringen sein wird, erklärt Art. 8 als *Auffangbestimmung* für die Prüfung des Gesuches den ersten Staat für zuständig, in dem der *Asylantrag gestellt* wird. In den allermeisten Fällen wird also nach wie vor derjenige Staat zuständig sein, in den Asylsuchende illegal eingereist sind.

Der Staat, der aufgrund dieser Kriterien zuständig wird, hat u.a. die Pflicht, "die *Prüfung des Asylantrages bis zum Ende durchzuführen*" (Art. 10 Abs. 1 lit. b). Der zuständige Staat muss Asylsuchende aus andern Staaten übernehmen oder wieder aufnehmen, wenn sie während oder nach Abschluss des Verfahrens dorthin gelangt sind (Art. 10 Abs. 1).

Das Dubliner Abkommen verankert damit erstmals eine *völkerrechtliche Pflicht der Mitgliedstaaten zur Asylgesuchsprüfung* (Art. 3 Abs. 3 i.V. mit Art. 10 Abs. 1 lit. b). Die Pflicht, die Prüfung des Asylantrages bis zum Ende durchzuführen, zieht die Verpflichtung nach sich, *die Flüchtlingsei-*

genschaft anzuerkennen und Schutz zu gewähren, wenn die Voraussetzungen vorliegen.

An sich steht das Übereinkommen nur EG-Staaten offen (Art. 21 Abs. 1). Die EG ist aber bereit, auch mit andern Staaten über einen Beitritt zu verhandeln. Die *Schweiz* hat ein Interesse an einem Beitritt angekündigt, der über ein zusätzliches Abkommen erfolgen wird; bis das Abkommen dann hier in Kraft treten wird, dürfte es 1993 werden. Das *Asylgesetz* nimmt schon in einigen Artikeln auf das Erstasylabkommen Bezug (so z.B. in Art. 13c Abs. 1, Art. 13d Abs. 1, Art. 16 Abs. 1 lit. c und Art. 19 Abs. 2 lit. a). Die Pflicht zur Asylgesuchsprüfung wird immerhin einige Bestimmungen des Asylgesetzes einschränken (Art. 6 und 9; vgl. dazu und allgemein zum Dubliner Abkommen *Achermann*, Das Erstasylabkommen von Dublin, ASYL 1990/4, S. 12ff, mit kritischen Bemerkungen zum Abkommen).

5.2. DIE SCHENGENER ABKOMMEN

Am 19. Juni 1990 haben die Benelux-Staaten, Deutschland und Frankreich das "Übereinkommen zur Durchführung des Übereinkommens von Schengen vom 14. Juni 1985 .... betreffend den schrittweisen Abbau der Kontrollen an den gemeinsamen Grenzen" (sog. Schengener Zusatzabkommen) unterzeichnet. Das *Schengener Zusatzabkommen* vom 19. Juni 1990 führt die Ziele aus, auf die man sich grundsätzlich im Schengener Abkommen vom 14.6.1985 geeinigt hat. In der Zwischenzeit hat auch Italien das Zusatzabkommen unterzeichnet, Spanien und Portugal sind kurz davor. Mit der Ratifiktion des Schengener Zusatzabkommens durch die Staaten wird bis Ende 1991 gerechnet.

Das Zusatzabkommen geht weiter als das Dubliner Abkommen. Zwar enthält es in den Art. 28ff ebenfalls eine Erstasyllandregelung, die weitgehend gleich ist wie die im Dubliner Abkommen. Daneben sieht es - im Hinblick auf den freien Personenverkehr 1993 in Europa - die Abschaffung der Kontrollen an den Binnengrenzen vor (Titel II des Zusatzabkommens), was in den Augen der beteiligten Staaten eine Reihe von Massnahmen bedingt, wie z.B. die Schaffung von Grenzübergangsstellen an den Aussengrenzen mit festen Verkehrsstunden, die Pflicht zur Bestrafung illegalen Grenzübertritts, die Einführung einheitlicher Visavorschriften, die Bestrafung von Beförderungsunternehmen, die Personen ohne gültige Reisepapiere mitnehmen oder Sanktionen für Schlepper. Vor allem die Hürde Visumspflicht - ohne Visum keine Beförderung - wird es vielen Flüchtlingen erschweren oder u.U. verunmöglichen, nach Westeuropa zu gelangen, wenn sie nicht die Mittel und die Möglichkeit haben, den beschwerlichen Landweg auf sich zu nehmen. Zur Durchführung des Abkommens ist die Errichtung einer Datenbank vorgesehen.

Die Schweiz wird, anders als beim Dubliner Abkommen, in absehbarer Zeit den Schengener Abkommen nicht beitreten können.

5.3. WEITERE BESTREBUNGEN

Im weiteren liegt seit Ende 1989 ein Entwurf der ad hoc Gruppe Einwanderung (Minister von EG-Ländern) vor betreffend ein *"Abkommen über die Überquerung der Aussengrenzen der Mitglieder der Europäischen Gemeinschaften"* *(franchissement des frontières extérieures)*. Zur Ermöglichung des freien Personenverkehrs sollen sich die Vertragsstaaten wie in den Schengener Abkommen zur Verstärkung der Grenzkontrollen, zur Bekämpfung der illegalen Einreise, zur Harmonisierung der Visa-Politik, zur Einführung von "Grenztoren" für die Einreise ins EG-Gebiet und zu anderen ähnlichen Massnahmen verpflichten. Wie beim Schengener Abkommen haben Nicht-EG-Staaten mittelfristig wohl keine Beitrittsmöglichkeiten. Es ist allerdings nicht ausgeschlossen, dass im Rahmen eines EWR-Vertrages, der auch den freien Personenverkehr regeln soll, eine Regelung mit den EFTA-Staaten gesucht wird.

Im Rahmen des Europarates beschäftigt sich das sogenannte *CAHAR*, ein vom Ministerkomitee des Europarates eingesetztes ad-hoc-Komitee, das aus Regierungsbeauftragten der Mitgliedstaaten des Europarates besteht, seit 1977 mit Rechtsfragen des territorialen Asyls und der Flüchtlinge. Das CAHAR hatte Ende 1988 dem Ministerkomitee einen *Entwurf für ein Erstasylabkommen* vorgelegt, das demjenigen der EG-Staaten ähnlich ist. Es ist aber bisher vom Ministerkomitee nicht verabschiedet worden. In der Zwischenzeit ist das Abkommen der EG-Länder in Dublin zustandegekommen; damit dürfte das CAHAR-Abkommen keine Realisierungschancen mehr haben, insbesondere wenn dem EG-Abkommen weitere Staaten beitreten können.

An einer Konferenz im Januar 1991 haben 24 Minister an einer Europarats-Konferenz nach Lösungen des Flüchtlingsproblems gesucht. Vorgesehen ist eine Koordinierung der Ausländerpolitik, eine Abstimmung der Visapolitik, Informationsaustausch unter den Staaten, Zusammenarbeit bei der Bekämpfung der "illegalen Wanderströme", Unterstützung freiwilliger Rückkehr und wirtschaftliche Hilfe für die Herkunftsländer.

LITERATUR ZU DEN EUROPÄISCHEN HARMONISIERUNGSBESTREBUNGEN: *Achermann*, Das Erstasylabkommen von Dublin, ASYL 1990/4, S. 12ff; ASYL 1989/2 (mit Beiträgen von *Schmid*, Europäische Asylpolitik - heutige Wirklichkeit, S. 3ff; *Zürcher*, Die Initiative des Europarates, S. 6ff; *Moussalli*, La Communauté européenne et le droit d'asile, S. 9ff; *Florin*, Schengen-Abkommen, S. 12ff; *Kälin*, Europäische Initiativen zum Schutz der Rechtstellung von Asylsuchenden und Flüchtlingen, S. 14ff; *Bolten*, Das Recht auf Asylsuche in Europa, Sonderbeilage zu ASYL 1989/2, S. 3ff); *Hailbronner*, Möglichkeiten und Grenzen einer europäischen Koordinierung des Einreise- und Asylrechts, Baden-Baden 1989; *derselbe*, Zur europäischen Asylrechtsharmonisierung, NVwZ 1989, S. 303ff; *Wollenschläger/ Becker*, Harmonisierung des Asylrechts in der EG und Art. 16 Abs. 2 S. 2 GG, EuGRZ 1990, S. 1ff; *Barwig/Lörcher/Schumacher* (Hrsg.), Asylrecht im Binnenmarkt, Die Europäische Dimension des Rechts auf Asyl, Baden-Baden 1989 (siehe insbesondere die Beiträge von *Leuprecht*, Bestrebungen des Europarates zur Harmonisierung des Asylrechts, S. 337ff; *Langguth*, Der 'Vetter-Bericht', die Stellungnahme des Europäischen Parlaments zum Asylrecht, S. 252ff; *v. Arnim*, Asylrecht in der Europäischen Gemeinschaft vor und nach 1993, S. 290ff); *Meijers*, Refugees in Western Europe, NQHR 1990, S. 115ff; *Dossier zu EG 91/92/93*, Ein Krieg Europas gegen die Flüchtlinge der Welt? Hrsg. von der Flüchtlingsinformation, Dokumentationsstelle der Stiftung Gertrud Kurz, Bern.

6. SCHUBABKOMMEN

Bereits seit Jahrzehnten fester Bestandteil einer "Erstasylland"-Regelung sind die mit Deutschland, Frankreich und Österreich abgeschlossenen **Schubabkommen** (siehe im Einzelnen unten Ziff. 9 und hinten, S. 332f), die es erlauben, illegal eingereiste Ausländerinnen und Ausländer innerhalb einer festgelegten Frist in die Nachbarstaaten zurückzuschicken, wenn sie sich vorher dort aufgehalten haben.

7. DIE UNO-FOLTERKONVENTION

Die Schweiz ist 1986 der UNO-Folterkonvention von 1984 beigetreten. Die Konvention verpflichtet die Mitgliedstaaten zu verschiedenen innerstaatlichen Massnahmen, um Folter, wie sie in Art. 1 definiert ist, zu verhüten. Art. 3 der Konvention enthält einen Rückschiebungsschutz:

> "¹ Ein Vertragsstaat darf eine Person nicht in einen anderen Staat ausweisen, abschieben oder an diesen ausliefern, wenn stichhaltige Gründe für die Annahme bestehen, dass sie dort Gefahr liefe, gefoltert zu werden.
> ² Bei der Feststellung, ob solche Gründe vorliegen, berücksichtigen die zuständigen Behörden alle massgeblichen Erwägungen einschliesslich des Umstandes, dass in dem betreffenden Staat eine ständige Praxis grober, offenkundiger und massenhafter Verletzung der Menschenrechte herrscht."

Die Konvention ist weltweit gesehen ein Fortschritt; für die europäischen Staaten bleibt der Schutz aber hinter demjenigen von Art. 3 EMRK, der Folter oder unmenschliche oder erniedrigende Strafe oder Behandlung absolut verbietet, zurück. Verglichen mit der EMRK ist insbesondere der Durchsetzungsmechanismus weniger griffig. Die Arbeit des Ausschusses, der die Berichte der Mitgliedstaaten über die von diesen ergriffenen Massnahmen zur Verhinderung von Folter überprüft, müsste in Zukunft bei der Beurteilung der Foltergefahr im Einzelfall im Zusammenhang mit dem Wegweisungsentscheid berücksichtigt werden (zur Folterkonvention siehe im übrigen *Burgers/Danelius*, The United Nations Convention against Torture, Dordrecht u.a. 1988; *Hailbronner/Randelzhofer*, Zur Zeichnung der UN-Folterkonvention durch die Bundesrepublik Deutschland, EuGRZ 1986, S. 641ff; *Raess*, Der Schutz vor Folter im Völkerrecht, Zürich 1989, S. 119ff; *Van Krieken*, Folter und Asyl, ZAR 1/1986, S. 17ff).

8. DIE GENFER ROTKREUZKONVENTIONEN

Nach der Flüchtlingskonvention von 1951 und dem Protokoll von 1967 gelten Personen, die auf Grund bewaffneter internationaler oder nationaler Auseinandersetzungen gezwungen wurden, ihr Heimatland zu verlassen, normalerweise nicht als Flüchtlinge. Solche Kriegsopfer sind durch die Rotkreuzkonventionen von 1949 und die beiden Zusatzprotokolle von 1977 geschützt *(UNHCR-Handbuch, Ziff. 164)*.

Das Genfer Abkommen über den Schutz von Zivilpersonen in Kriegszeiten legt fest, welche Handlungen gegen die Zivilbevölkerung im Krieg verboten sind und erlaubt die Rückschiebung von Personen in ein Kriegsgebiet lediglich unter gewissen Bedingungen. Zwar gelten die Konventionen nur zwischen kriegsführenden Staaten, sie bieten indessen Interpretationshilfe für die asylrechtliche Behandlung von Flüchtlingen aus Kriegsgebieten (siehe dazu *Kälin*, Grundriss, S. 121).

9. DIE VÖLKERRECHTLICHEN VERTRÄGE IM EINZELNEN

Flüchtlingsabkommen

Übereinkommen vom 28.7.1951 über die Rechtsstellung der Flüchtlinge (Flüchtlingskonvention, SR 0.142.30, BBl 1954 II 669ff)
Protokoll über die Rechtsstellung der Flüchtlinge vom 31.1.1967 (SR 0.142.301)
Europäische Vereinbarung vom 16.10.1980 über den Übergang der Verantwortung für Flüchtlinge (SR 0.142.305, BBl 1984 III 1014)
Vereinbarung vom 23.11.1957 über Flüchtlingsseeleute (SR 0.142.311)
Abkommen vom 15.10.1946 über die Abgabe eines Reiseausweises an Flüchtlinge, die unter dem Schutz des Intergouvernementalen Komitees für die Flüchtlinge stehen (SR 0.142.37)
Europäisches Übereinkommen vom 20.4.1959 über die Abschaffung des Visumszwangs für Flüchtlinge (SR 0.142.38)
Übereinkommen vom 28.9.1954 über die Rechtsstellung der Staatenlosen (SR 0.142.40)

Schubabkommen

Abkommen vom 25.10.1954 zwischen dem Schweizerischen Bundesrat und der Regierung der Bundesrepublik Deutschland über die Übernahme von Personen an der Grenze (SR 0.142.111.369)
Übereinkommen vom 5.1.1955 zwischen dem Schweizerischen Bundesrat und der Österreichischen Bundesregierung über die Übernahme von Personen an der Grenze (SR 0.142.111.639)
Abkommen vom 30.6.1965 zwischen dem Schweizerischen Bundesrat und der Regierung der Französischen Republik über die Übernahme von Personen an der Grenze (SR 0.142.113.499)

Menschenrechtsverträge

Konvention zum Schutze der Menschenrechte und Grundfreiheiten (EMRK) vom 4.11.1950 (SR 0.101, BBl 1974 I 1035)
Zusatzprotokoll Nr. 6 zur EMRK über die Abschaffung der Todesstrafe vom 28.4.1983 (SR 0.101.06)
Zusatzprotokoll Nr. 7 zur EMRK vom 22.11.1984 (SR 0.101.07)
Übereinkommen gegen Folter und andere grausame, unmenschliche oder erniedrigende Behandlung oder Strafe vom 10.12.1984 (Folterkonvention, SR 0.105, BBl 1985 III 285)
Genfer Abkommen vom 12.8.1949 zum Schutze von Zivilpersonen in Kriegszeiten (SR 0.518.51, BBl 1949 II 1181)

Zusatzprotokoll I vom 9.6.1977 zu den Genfer Abkommen vom 12.8.1949 über den Schutz der Opfer internationaler bewaffneter Konflikte (SR 0.158.521, BBl 1981 I 953)
Zusatzprotokoll II vom 9.6.1977 zu den Genfer Abkommen vom 12.8.1949 über den Schutz der Opfer nicht internationaler bewaffneter Konflikte (SR 0.518.522, BBl 1981 I 953)

Sonstige

Europäisches Auslieferungsübereinkommen vom 13.12.1957 (SR 0.353.1, BBl 1966 I 457)
Europäisches Übereinkommen vom 27.1.1977 zur Bekämpfung des Terrorismus (SR 053.3, BBl 1982 II 1)

Nach dem Willen des Bundesrates soll die Schweiz die beiden *UNO-Menschenrechtspakt*e von 1966 über wirtschaftliche, soziale und kulturelle Rechte und über bürgerliche und politische Rechte noch dieses Jahr ratifizieren. Eine entsprechende Botschaft ist Ende Januar 1991 verabschiedet worden. Hingegen will der Bundesrat mit der Ratifikation des ersten Fakultativprotokolls zu dem Internationalen Pakt über bürgerliche und politische Rechte, das ein Recht zu Individualbeschwerden einräumt, zuwarten (zu den Pakten siehe *Kälin/Malinverni/Nowak*, Die Schweiz und die UNO-Menschenrechtspakte, Basel 1991; *Nowak*, UNO-Pakt über bürgerliche und politische Rechte und Zusatzprotokoll, Kehl u.a., 1989).

Das Buch von *Gutzwiller/Baumgartner*, Schweizerisches Ausländerrecht, Basel 1989, enthält auf Seiten 124ff einen Überblick über Staatsverträge, die für Ausländerinnen und Ausländer von Bedeutung sind.

B. BEHÖRDEN UND ORGANISATIONEN IM ASYLBEREICH

I. ÜBERBLICK

Die Hauptverantwortung zur Durchführung des Asylverfahrens und zur Betreuung der anerkannten Flüchtlinge liegt beim Bund. Der Vollzug obliegt in weiten Teilen den Kantonen. Im Einzelnen ist allerdings eine starke Verzahnung vorzufinden, die nicht einfach zu durchschauen ist, insbesondere nicht im Bereich der Betreuung von Asylbewerbern und Asylbewerberinnen und von anerkannten Flüchtlingen, weil einerseits die Regelungen von Kanton zu Kanton verschieden sind und zusätzlich sowohl Gemeinden wie auch Hilfswerke einbezogen werden. Die folgenden Ausführungen wollen lediglich einen kurzen Überblick über die im Asylbereich beteiligten Behörden und Organisationen vermitteln.

II. BEHÖRDEN

1. BUND

Im Rahmen der Revision des Asylverfahrens vom 22. Juni 1990 ist auch ein Bundesgesetz über die Schaffung eines Bundesamtes für Flüchtlinge erlassen worden (in Kraft seit 2.10.1990). Das Gesetz hat den Bundesbeschluss vom 20.12.1985 über den Delegierten für das Flüchtlingswesen aufgehoben. Dem **Bundesamt für Flüchtlinge (BFF)** obliegt nun die Federführung und Koordination im Asylwesen. Hauptaufgabe des BFF ist die Durchführung des erstinstanzlichen Asylverfahrens; es entscheidet über Asylgewährung oder -verweigerung und über die Anordnung der Wegweisung oder der vorläufigen Aufnahme bzw. Internierung; diese Aufgabe nimmt die *Hauptabteilung Asylverfahren* wahr. Die *Hauptabteilung Asylbewerber* des BFF entscheidet über die Einreise und den Aufenthalt von Asylsuchenden, führt die Empfangsstellen und Transitzentren, beschäftigt sich mit der Verteilung und Unterbringung der Asylsuchenden, mit Fragen der Fürsorge, Integration und Ausreise der Gesuchstellerinnen und Gesuchsteller. Das BFF unterstützt die Kantone bei der Rückführung abgelehnter Asylsuchender und kontrolliert den Vollzug. Weitere Aufgaben des BFF sind Information der Öffentlichkeit, Beteiligung an der Gesetzgebung und an internationalen Harmonisierungsbestrebungen, Beratung des Departementes in Asyl- und Flüchtlingsfragen. Der Bund übernimmt im übrigen die Kosten für die Fürsorgeleistungen, die Kantone, Gemeinden oder Hilfswerke in seinem Auftrag ausrichten und sorgt für die Eingliederung und Fürsorge von anerkannten Flüchtlingen, die noch keine Niederlassungsbewilligung erhalten haben (siehe im übrigen ASYLON Nr. 5, August 1990, zum Leitbild und zur Organisation des Bundesamtes).

Beschwerdeinstanz gegenüber Verfügungen des BFF ist vorhanderhand noch der **Beschwerdedienst**, der dem Generalsekretariat des **Eidgenössischen Justiz- und Polizeidepartementes (EJPD)** untersteht. Die Bundesversammlung hat indessen im AVB vom 22.6.1990 beschlossen, eine **unabhängige Rekurskommission** einzusetzen, die aus mehreren Kammern besteht. Diese wird - sobald sie eingesetzt ist (voraussichtlich im Frühjahr 1992), *endgültig* Beschwerden gegen Entscheide des BFF über Verweigerung des Asyls bzw. Nichteintreten auf ein Asylgesuch, Wegweisung und Beendigung des Asyls entscheiden. Der Bundesrat wird die Mitglieder der Rekurskommission wählen und die Organisation festlegen. *Nach Einsetzung der Rekurskommission* wird sich der Beschwerdedienst des EJPD nur noch mit den übrigen Beschwerden befassen, die gestützt auf das Asylgesetz ergehen, wie etwa im Bereich der Fürsorge.

Das Eidgenössische Justiz- und Polizeidepartement (Generalsekretariat) entscheidet über die Aufnahme kleinerer Gruppen und verteilt die Flüchtlingsgruppen auf die Kantone (Art. 22 Abs. 3 und 23 AsylG). Daneben hat es noch einige weitere Kompetenzen und Aufgaben im Asylwesen: Erstellung eines Betreuungskonzeptes für die Aufnahme von Gesuchstellern (Art. 9a Abs. 2 AsylG), Ermächtigung an ausländische Vertretungen, Ausländerinnen und Ausländern die Einreise zu erlauben (Art. 13b Abs. 3 AsylG), Festlegung anderer Verfahrensmodelle (Entscheidvorbereitung durch den Kanton oder Direktbefragung durch das BFF; Art. 15 Abs. 4 AsylG), verschiedene Kompetenzen im Fürsorgebereich (Art. 20a Abs. 2, 32 und 36 AsylG).

Der **Bundesrat** trägt die Hauptverantwortung für den Vollzug des Asylrechts; er erlässt das *Verordnungsrecht* (Art. 50 AsylG). Einzelne Artikel im Asylgesetz ermächtigen den Bundesrat zum Erlass von *gesetzesvertretenden Verordnungen* (z.B. Art. 11 Abs. 4, Art. 13c Abs. 3, Art. 14a Abs. 2, Art. 21a Abs. 3) Gegenüber der von ihm zu wählenden und zu organisierenden *Rekurskommission* kommt dem Bundesrat bei der Beurteilung der Unangemessenheit von Entscheiden das Recht zu, Richtlinien und besondere Weisungen zu erlassen. Gegenüber dem *Beschwerdedienst* des EJPD hat der Bundesrat ein allgemeines Weisungsrecht (vgl. Art. 11 Abs. 3, 4 und 5 AsylG). Art. 9 AsylG ermächtigt den Bundesrat zudem, die Asylgewährung in Ausnahmesituationen einzuschränken und die erforderlichen Massnahmen zu treffen. Nach Art. 16 Abs. 2 AsylG kann der Bundesrat "Staaten bezeichnen, in welchen nach seinen Feststellungen Sicherheit vor Verfolgung besteht"; Konsequenz für Asylsuchende aus solchen Staaten ist ein Nichteintretensentscheid, sofern die Anhörung keine Hinweise auf eine Verfolgung ergibt. Anderseits kann er gemäss Art. 14a Abs. 5 ANAG bestimmen, welche Gruppen von Gesuchstellern nach welchen Kriterien vorläufig aufgenommen werden und gestützt auf Art. 14b Abs. 2 ANAG die Aufhebung der vorläufigen Aufnahme einer solchen Personengruppe beschliessen. Schliesslich entscheidet der Bundesrat gemäss Art. 22 AsylG über die Aufnahme von Gruppen von Flüchtlingen (sogenannte Flüchtlingskontingente).

Gemäss Art. 49 AsylG hat der Bundesrat eine **beratende Kommission** für Flüchtlingsfragen eingesetzt. Diese berät "die Fragen der Asyl- und Flüchtlingspolitik, die ihr das Departement unterbreitet; sie kann auch weitere Fragen aus diesem Gebiet behandeln, wenn es die Mehrheit der anwesenden Mitglieder beschliesst" (Art. 20 Abs. 1 AsylVE). Mit der Revision der Asylverordnung von 1991 ist vorgesehen, den Kreis der Kommissionsmitglieder auf Fürsorgespezialisten auszudehnen und die Kommission nach Fachwissen, regionaler Herkunft und Geschlecht ausgewogen zusammenzusetzen. Daher soll die Kommission auch von 15 auf 23 Mitglieder erweitert werden.

Im weiteren sind folgende Ämter des Bundes in das Asylverfahren involviert:

Das Bundesamt für Ausländerfragen (BFA): Zuständig für die Erteilung von Aufenthaltsbewilligungen an ausländische Staatsangehörige sind grundsätzlich *die Kantone*. Das BFA muss allerdings der Erteilung einer kantonalen fremdenpolizeilichen Bewilligung zustimmen, was im Asylverfahren namentlich bei der Gewährung einer humanitären Bewilligung von Bedeutung ist (Art. 47 BVO). Verfügungen des BFA können gemäss Art. 53 BVO an den Beschwerdedienst des Eidgenössischen Justiz- und Polizeidepartements weitergezogen werden. Das BFA kann im übrigen die Internierung eines Ausländers beantragen (Art. 14b Abs. 1 ANAG).

Die Bundesanwaltschaft: Sie macht ihre Interessen geltend, wenn sie die Staatssicherheit gefährdet sieht. Asylgesuche werden routinemässig einer sicherheitsmässigen Begutachtung durch die Bundesanwaltschaft unterzogen (*PUK-Bericht* der parlamentarischen Untersuchungskommission vom 22. November 1989, S. 139). Aufgrund von Art. 14b Abs. 1 ANAG kann die Schweizerische Bundesanwaltschaft dem BFF die Internierung eines Ausländers beantragen, wenn dieser ein Sicherheitsrisiko darstellt. Die Internierungsverfügung des BFF kann im übrigen direkt mit Verwaltungsgerichtsbeschwerde ans Bundesgericht weitergezogen werden (Art. 20 Abs. 1bis ANAG).

Das Eidgenössische Departement für auswärtige Angelegenheiten (EDA): Das EDA wird gestützt auf Art. 3 der Verordnung vom 9.5.1979 über die Aufgabe der Departemente, Gruppen und Ämter (SR 172.010.15) eingeschaltet, um die Verbindungen zwischen dem BFF und den Schweizerischen Vertretungen im Ausland herzustellen. Die Botschaften im Ausland haben dabei im Asylverfahren u.a. die Aufgabe, in Einzelfällen Abklärungen zu treffen und das BFF mit generellen Informationen aus den betreffenden Ländern zu versorgen. Die Botschaften sollten weiter die Behörden und die Bevölkerung der Gastländer über die schweizerische Asylpolitik informieren. Ferner können die diplomatischen Vertretungen nach Rückschaffungen von Asylsuchenden aktiv werden, um zur Sicherheit der betreffenden Personen beizutragen.

Die **Direktion für Entwicklungszusammenarbeit und humanitäre Hilfe (DEH)**, die EDA unterstellt ist, arbeitet mit dem BFF bei der Ausarbeitung von Rückkehrprojekten zusammen. In den letzten Jahren wurde sie im übrigen darauf verpflichtet, vermehrt Entwicklungshilfe zur Verhinderung von Flüchtlingsströmen einzusetzen.

Um die verschiedenen Aspekte und Aufgabenbereiche und die Zusammenarbeit zwischen EDA und BFF besser koordinieren zu können, wurde im EDA 1987 ein **Koordinator für internationale Flüchtlingspolitik** eingesetzt.

Das **Eidgenössisches Volkswirtschaftsdepartement (EVD)** ist durch das **Bundesamt für Industrie, Gewerbe und Arbeit (BIGA)** im Flüchtlingsbereich involviert, soweit es um die Erteilung von Arbeitsbewilligungen geht. Das BIGA hat u.a. zur Aufgabe, die ausländische Wohnbevölkerung zu kontrollieren; es arbeitet dabei mit dem Bundesamt für Ausländerfragen zusammen (Art. 56 BVO). Das Eidgenössische Volkswirtschaftsdepartement urteilt über Beschwerden gegen Verfügungen des BIGA (Art. 53 BVO).

Die **Bundesversammlung** hat neben ihrer Rechtssetzungskompetenz im Asylbereich (Asylgesetz) durch ihre Kommissionen auch eine Aufsichtsfunktion über die Tätigkeit der Bundesverwaltung. In den letzten Jahren haben insbesondere die **Geschäftsprüfungskommission** und die **Petitions- und Gewährleistungskommission des Nationalrates** verschiedene Bereiche der Asylpraxis kritisch durchleuchtet.

2. KANTONE

In der Regel führen die **kantonalen Fremdenpolizeibehörden** die kantonale Befragung der Gesuchstellerinnen und Gesuchsteller durch und sind für den Vollzug der Wegweisung verantwortlich; im weiteren versehen sie im Verfahren Aufgaben wie die Durchführung erkennungsdienstlicher Massnahmen oder grenzsanitarischer Untersuchungen oder die Aushändigung der Asylbescheinigung. Im neuen Asylgesetz (Fassung des AVB) ist vorgesehen, dass Kantone zuhanden des BFF Asylentscheide vorbereiten können (Art. 15 Abs. 4 AsylG).

Die Kantone, i.d.R. die **kantonalen Fürsorgebehörden,** sind für die Fürsorge und Betreuung der Asylsuchenden zuständig, wobei der Bund für die Kosten aufkommt (Art. 20a und 20b AsylG). Die meisten Kantone verteilen die Asylsuchenden auf die Gemeinden. Viele Kantone haben auch die Fürsorgeaufgaben den Gemeinden übertragen, die sie wiederum teilweise den Flüchtlingshilfswerken weiterübertragen haben (Führung von Zentren). Zum Teil übertragen Kantone Aufgaben der Betreuung und Fürsorge auch direkt auf die Hilfswerke. Bei vorläufig Aufgenommenen sind ebenfalls die Kantone für die Fürsorge zuständig, wobei der Bund auch hier die Kosten vergütet. Die Fürsorgezuständigkeit für anerkannte Flüchtlinge liegt hingegen beim Bund, der diese Aufgabe in der Regel direkt an die Hilfswerke übertragen hat (Art. 31 AsylG). Sobald die Flüchtlinge eine Niederlassungsbewilligung erhalten, geht die Zuständigkeit an die Kantone über; ebenso sind die Kantone alleine zuständig für die Fürsorge gegenüber den Asylsuchenden, die sie humanitär aufgenommen haben.

Die **kantonalen Ämter für Industrie, Gewerbe und Arbeit** sind für das Asylrecht insofern von Bedeutung, als sie zusammen mit der kantonalen Fremdenpolizei über die Ausstellung von Arbeitsbewilligungen entscheiden.

Insbesondere von Bedeutung ist die Möglichkeit, dass die Kantone Asylsuchenden, die seit mehr als vier Jahren in der Schweiz weilen, *humanitäre Aufenthaltsbewilligungen* erteilen können.

3. GEMEINDEN

Die Aufgaben der Gemeinden sind zwar im Asylgesetz nirgends erwähnt, in den meisten Kantonen werden die Asylbewerberinnen und Asylbewerber aber vom Kanton auf die Gemeinden verteilt, die die nötigen Unterkünfte zur Verfügung zu stellen haben und die Betreuung der Asylsuchenden besorgen.

III. ORGANISATIONEN

1. UNHCR (UNO-HOCHKOMMISSARIAT FÜR FLÜCHTLINGE)

Das UNHCR ist die von der UNO geschaffene Organisation, die sich weltweit für Flüchtlinge einsetzt. Gemäss dem Statut des Amtes des UNHCR von 1950 ist das Hochkommissariat zuständig, Flüchtlingen Schutz und materielle und finanzielle Unterstützung zu gewähren. Es setzt sich in Einzelfällen für deren Zulassung im Aufnahmeland ein. Das UNHCR sucht nach dauerhaften Lösungen für die Flüchtlingsprobleme, wobei neben der Eingliederung im Erstasylland die freiwillige Rückkehr ins Herkunftsland oder die Überführung in ein Drittland im Vordergrund stehen.

Das Statut enthält in Art. 6 eine Definition des Flüchtlings, die sich weitgehend mit derjenigen der Flüchtlingskonvention von 1951 deckt. Das Mandat des UNHCR wurde indessen im Laufe der Zeit in verschiedener Hinsicht ausgedehnt und erstreckt sich heute nicht mehr nur auf Flüchtlinge im Rechtssinne, d.h. Flüchtlinge, die den Flüchtlingsbegriff des Statuts bzw. der Flüchtlingskonvention erfüllen, sondern auf alle Personen, die in der Folge von Unruhen und Gewaltanwendungen ins Ausland fliehen (also auf die sogenannten "displaced persons"; siehe dazu *Kälin*, Grundriss, S. 206). Das UNHCR unterscheidet daher zwischen *Konventionsflüchtlingen und Mandatsflüchtlingen*. Die Staaten sind gemäss Art. 35 FK aufgerufen, das UNHCR bei dieser Aufgabe zu unterstützen. Zu erwähnen ist hier auch, dass gemäss Art. 48 AsylG der Bund "namentlich mit dem Hochkommissariat der Vereinten Nationen" zusammenarbeitet.

Das UNHCR hat zudem die Aufgabe, den Vollzug der Flüchtlingskonvention zu überwachen. Dieser sind bis heute 105 Staaten beigetreten (neuerdings als erstes ehemaliges Ostblockland Ungarn; weitgehend abseits stehen die asiatischen Länder). Für die Zielsetzung und Durchführung der Programme ist ein Verwaltungsrat von 43 Ländervertretern, das **Executive Committee**, verantwortlich, in dem auch die Schweiz Einsitz hat (siehe vorne S. 41f). Das UNHCR unterhält neben seinem Hauptsitz in Genf zwölf regionale und 47 nationale Büros. Für die Schweiz ist das Hauptquartier des UNO-Hochkommissariats für Flüchtlinge direkt zuständig. Zur Betreuung von Einzelfällen hat das UNHCR in der Schweiz vier Juristen bzw. Juristinnen beauftragt, von denen zwei für die Deutschschweiz (c/o Schweizerische Zentralstelle für Flüchtlingshilfe Zürich) und zwei für die Romandie (c/o Service social international Genf) zuständig sind (siehe die Adressen in Anhang S. 421; siehe zu Organisation und Funktion des UNHCR im übrigen *Jaeger*, Les nations unies et les réfugiés, Revue Belge de Droit International 1989/1, S. 48ff).

2. ORGANISATIONEN AUF EUROPÄISCHER EBENE

Auf europäischer Ebene befassen sich verschiedene internationale Organisationen mit Fragen des Asylrechts:

Im Rahmen des **Europarates** ist ein Expertenkomitee namens **CAHAR** (comité ad hoc sur les aspects juridiques de l'asile territorial et des réfugiés), das aus Regierungsvertretern der Mitgliedstaaten, aus Vertretern des UNHCR, der EG-Kommission und aus Regierungsvertretern einiger weiterer interessierter Staaten (USA, Kanada, Australien) besteht, daran, Vorschläge für Harmonisierungsmassnahmen und zur Lösung der Flüchtlingsprobleme zu erarbeiten. Das CAHAR hat einen Entwurf für ein Erstasylabkommen vorbereitet (siehe dazu vorne S. 51).

Den **Europäischen Gemeinschaften (EG)** fehlt bisher die Kompetenz, in Fragen des Asylrechts Bestimmungen zu erlassen. Eine vom der EG-Kommission vorgelegte Asylrichtlinie ist daher von den EG-Staaten, auch mangels politischen Willens, nicht weiter verfolgt worden. Das **Europäische Parlament** seinerseits erlässt immer wieder sehr liberale Resolutionen zur Asylproblematik, die in Widerspruch zum Vorgehen der Mitgliedstaaten stehen.

Die **Mitgliedstaaten der EG** arbeiten aber in verschiedenen Gremien (ad-hoc-Gruppe Einwanderung und TREVI-Gruppe bestehend aus Justiz- und Polizeiministern, Koordinatorengruppe) an konkreten Abkommen, die europaweit die Asylpolitik der einzelnen Länder koordinieren sollen. 1990 ist als erstes Abkommen das Erstasylabkommen von Dublin unterzeichnet worden. Ein zweites Abkommen über die Grenzüberschreitung wird bald unterschriftsreif sein (siehe zu diesen Abkommen vorne S. 48ff). Diese Abkommen sind aber kein EG-Recht, sondern gewöhnliche multilaterale Staatsverträge (zu den einzelnen Organen siehe *Cruz*, Schengen, Trevi et autres organismes intergouvernementaux européens, Migration Newssheet, zu beziehen bei der Flüchtlingsinformation Bern).

Die Bundesrepublik Deutschland, Frankreich und die Benelux-Staaten haben sich in der **Schengener-Gruppe** zusammengetan und in diesem Rahmen zwei Übereinkommen abgeschlossen ("betreffend den schrittweisen Abbau der Kontrollen an den gemeinsamen Grenzen"), die wesentlichen Einfluss auf Flüchtlinge haben werden. Zuletzt hat auch Italien die Übereinkommen unterzeichnet (siehe zu den Schengener Abkommen vorne S. 50f).

Schliesslich pflegen verschiedene europäische Aufnahmestaaten, Kanada, Australien und das UNHCR seit 1986 einen informellen Meinungsaustausch über die Asyl- und Flüchtlinsproblematik (**sogenannte Informelle Konsultationen**).

Zu diesen Organen und weiteren, die sich in Europa mit Asylfragen beschäftigen, sei hier auf den Aufsatz von *Cruz* verwiesen (oben, a.a.O.) und auf die vorne S. 52 aufgelistete Literatur.

Das Gegenstück auf der nicht-gouvernementalen Seite ist die Vereinigung von ca. 50 westeuropäischen unabhängigen Flüchtlingshilfe-Organisationen **ECRE** (European Consultation on Refugees and Exiles), die die Rechtsstellung und den verfahrensrechtlichen Schutz von Asylsuchenden und Flüchtlingen gegenüber den Abschottungstendenzen zu erhalten und zu verbessern versucht.

Aus der ECRE ist 1984 die **ELENA** (European Legal Network on Asylum) hervorgegangen, in der rund 1000 Juristinnen und Juristen mit dem Ziel beteiligt sind, den Kontakt zwischen den Asylpraktikerinnen und -praktikern der verschiedenen Länder Europas zu intensivieren. ELENA organisiert Seminarien zu Themen des Flüchtlingsrechts und hat eine Reihe von empfehlenswerten Studien zum Asylrecht veröffentlicht (siehe dazu *Stöckli*, ELENA - Das europäische Netz der Asylrechtspraktiker/innen, ASYL 89/1, S. 10ff; verwiesen sei v.a. auch auf den "ELENA - Index of useful addresses", eine Zusammenstellung der in der Rechtsberatung und -hilfe tätigen AsylpraktikerInnen und Organisationen in 14 Ländern Europas, Vertrieb durch SFH, Postfach 279, 8035 Zürich).

3. HILFSWERKE

Die Hilfswerke sind weitgehend in das *Asylverfahren* und die *Betreuung* anerkannter Flüchtlinge eingespannt. Gemäss Art. 15a AsylG hat die Befragung eines Gesuchstellers bzw. einer Gesuchstellerin im Beisein eines Vertreters oder einer Vertreterin einer anerkannten Flüchtlingshilfeorganisation zu geschehen; gemäss Art. 31 AsylG hat der Bund die Fürsorge für die anerkannten Flüchtlinge den Hilfswerken übertragen.

Die Hilfswerke leisten daneben aber auch Integrationsarbeit, Betreuung von Asylbewerbern (Führung von Zentren), Beratung (insbesondere Rechtsberatung im Asylverfahren), Rückkehrhilfe für abgewiesene Asylsuchende und Weiterwanderungshilfe.

Dachverband der gemäss Art. 32 Abs. 2 vom Departement (EJPD) anerkannten Hilfswerke (Caritas; Christlicher Friedensdienst, cfd; Hilfswerk der evangelischen Kirchen der Schweiz, HEKS; Schweizerisches Arbeiterhilfswerk, SAH; Schweizerische ökumenische Flüchtlingshilfe, SOeF; Schweizerisches Rotes Kreuz, SRK; Verband schweizerischer jüdischer Fürsorgen, VSJF, und der Service sociale international, SSI, der allerdings an der Betreuung anerkannter Flüchtlinge und an der Hilfswerksvertretung im Verfahren nicht beteiligt ist) ist die **Schweizerische Zentralstelle für Flüchtlingshilfe (SFH)**. Die SFH vertritt die Hilfswerke gegenüber den Behörden und ist Koordinationsstelle für die Hilfswerke.

Im Anhang (S. 421ff) finden sich neben den **Adressen der wichtigsten Behörden und Organisationen** (Hilfswerke, Rechtsberatungs- und Weiterwanderungsberatungsstellen etc.) auch Hinweise auf **weitere Organisationen**, die den Asylsuchenden und Flüchtlingen Hilfe anbieten.

C. VORAUSSETZUNGEN DER ASYLGEWÄHRUNG

I. SYSTEMATIK DER ASYLGEWÄHRUNG

Nach dem Grundsatz von Art. 2 AsylG gewährt die Schweiz *Flüchtlingen auf Gesuch hin Asyl*. *Asyl* ist, so Art. 4 AsylG "der Schutz, der einem Ausländer aufgrund seiner Flüchtlingseigenschaft in der Schweiz gewährt wird. Es schliesst das Recht auf Anwesenheit in der Schweiz ein". Die Gewährung des Asyls gibt dem Flüchtling einen im Vergleich mit sonstigen Ausländern *privilegierten Status* (z.B. in den Bereichen Fürsorge, Arbeit und Niederlassung; siehe dazu hinten S. 381ff).

Der zentrale Artikel 3 Abs. 1 AsylG sagt, *wer* ein *Flüchtling* ist:
"Flüchtlinge sind Ausländer, die in ihrem Heimatstaat oder im Land, wo sie zuletzt wohnten, wegen ihrer Rasse, Religion, Nationalität, Zugehörigkeit zu einer bestimmten sozialen Gruppe oder wegen ihrer politischen Anschauungen ernsthaften Nachteilen ausgesetzt sind oder begründete Furcht haben, solchen Nachteilen ausgesetzt zu werden".

Wer um Asyl nachsucht, muss - so Art. 12a Abs. 1 AsylG - "*nachweisen oder zumindest glaubhaft machen*, dass er ein Flüchtling ist", dass er also die Voraussetzungen von Art. 3 AsylG erfüllt (zum Nachweis der Flüchtlingseigenschaft siehe S. 135ff).

Sind diese Voraussetzungen erfüllt, wird geprüft, ob der Asylgewährung sogenannte *Asylausschlussgründe* entgegenstehen. Auch wenn jemand nachweisen oder glaubhaftmachen kann, dass er Flüchtling im Sinne von Art. 3 AsylG ist, wird ihm das Asyl u.U. verweigert:

- wegen Aufnahme in einem Drittstaat (Art. 6 AsylG, siehe S. 154ff);

- wegen Asylunwürdigkeit oder Gefährdung der Staatssicherheit (Art. 8 AsylG, siehe S. 160ff);

- beim Vorliegen subjektiver Nachfluchtgründe (Art. 8a AsylG, siehe S. 168f);

- beim Vorliegen einer "Ausnahmesituation" im Sinne von Art. 9 AsylG (siehe S. 169f).

Personen, denen Asyl aus einem dieser Gründe verweigert wird, sind allerdings trotzdem Flüchtlinge im Sinne des Asylgesetzes und der Flüchtlingskonvention, wenn sie im übrigen Art. 3 AsylG resp. Art. 1A Abs. 2 FK erfüllen, und es gilt für sie das Rückschiebungsverbot (sogenanntes Refoulement-Verbot) von Art. 45 AsylG bzw. Art. 33 Abs. 1 FK.

Das Asylgesetz enthält also neben einem formellen Flüchtlingsbegriff (=Personen, die in der Schweiz Asyl erhalten haben), einen materiellen Flüchtlingsbegriff (=Personen, die die Voraussetzungen von Art. 3 AsylG erfüllen). Der Rückschiebungsschutz von Art. 45 AsylG gilt nicht nur für Flüchtlinge, die Asyl erhalten, sondern für alle Ausländer, die Art. 3 AsylG erfüllen, unabhängig davon, ob ihre Flüchtlingseigenschaft bereits festgestellt resp. ein Asylgesuch eingereicht worden ist oder nicht (siehe dazu Schranken der Wegweisung, hinten S. 174ff).

Wird ein Asylgesuch abgelehnt, weil ein Gesuchsteller oder eine Gesuchstellerin die Flüchtlingseigenschaft nicht erfüllt oder nicht glaubhaft machen kann, verfügt das Bundesamt "in der Regel" die *Wegweisung* aus der Schweiz (Art. 17 Abs. 1 AsylG). *Nicht jeder abgelehnte Gesuchsteller darf aber aus der Schweiz weggewiesen werden*: stehen der Wegweisung gesetzliche *Schranken* entgegen, d.h. ist der Vollzug der Wegweisung gemäss Art. 18 Abs. 1 AsylG "nicht möglich, nicht zulässig oder nicht zumutbar", weil sie z.B. faktisch nicht vollzogen werden kann oder weil der Wegweisung völkerrechtliche Verpflichtungen der Schweiz entgegenstehen, werden die Betroffenen vorläufig aufgenommen oder interniert (zu den Schranken der Wegweisung siehe hinten S. 171ff).

Das einmal gewährte Asyl kann schliesslich aus einem der folgenden Gründen wieder *entzogen werden oder erlöschen* (siehe hinten S. 195ff):

 - durch Widerruf des Asyls (Art. 41 AsylG)

 - durch Wohnsitzverlegung ins Ausland (Art. 42 AsylG)

 - durch Ausweisung (Art. 44 AsylG)

 - durch Verzicht

Wer erhält in der Schweiz Asyl?
Voraussetzungen der Asylgewährung

- Einreichung eines Asylgesuches

- Erfüllen der Flüchtlingseigenschaft gemäss Art. 3 Abs. 1 und 2 AsylG

    - Ausländerinnen und Ausländer

    - Vorliegen erlittener oder befürchteter Verfolgung:

        - *Ernsthafte Nachteile* (Gefährdung von Leib, Leben oder Freiheit, unerträglicher psychischer Druck)
        - Direkte oder indirekte Verfolgung *durch Staat*
        - *Gezielte* Nachteile
        - Vorliegen eines *Verfolgungsmotives* (Rasse, Religion, Nationalität, Zugehörigkeit zu einer sozialen Gruppe, politische Anschauungen)
        - *Aktuelle* Verfolgung oder *begründete Furcht* vor Verfolgung

- Glaubhaftmachung der Flüchtlingseigenschaft (Art. 12a AsylG)

- Keine Asylausschlussgründe

    - Art. 6 AsylG (Aufnahme in einem Drittstaat
    - Art. 8 AsylG (Asylunwürdigkeit)
    - Art. 8a AsylG (subjektive Nachfluchtgründe)

        - Bei Vorliegen von Ausschlussgründen vorläufige Aufnahme als Flüchtlinge, sofern Art. 3 Abs. 1 und 2 AsylG erfüllt.

- Bei Ablehnung des Asylgesuches in der Regel *Wegweisung*, ausser wenn diese *undurchführbar* ist ist (nicht möglich, nicht zulässig oder nicht zumutbar, Art. 18 Abs. 1 AsylG).

- Das Asyl endet durch Widerruf, Wonsitzverlegung ins Ausland, Ausweisung oder durch Verzicht (Art. 41ff AsylG).

II. DER FLÜCHTLINGSBEGRIFF DES ASYLGESETZES

LITERATUR: *Bersier*, S. 19-25; *Gattiker*, Asyl- und Wegweisungsverfahren, S. 327ff; *Grahl-Madsen*, Bd. I, S. 142-261; *Hailbronner*, S. 751-830; *Kälin*, Grundriss, S. 23-149; *Köfner/Nicolaus*, S. 433-510; *Lieber*, Entwicklung, S. 88-118 und 267-282; *Marx/Strate/Pfaff*, S. 52-277; *Robinson*, S. 44-70; UNHCR, Handbuch, Ziff. 28-110 und 164-188; *Werenfels*, S.181-392.

1. ASYLGESETZ UND FLÜCHTLINGSKONVENTION

Artikel 3 AsylG definiert folgendermassen, wer ein Flüchtling ist:

"^{1} Flüchtlinge sind Ausländer, die in ihrem Heimatstaat oder im Land, wo sie zuletzt wohnten, wegen ihrer Rasse, Religion, Nationalität, Zugehörigkeit zu einer bestimmten sozialen Gruppe oder wegen ihrer politischen Anschauungen ernsthaften Nachteilen ausgesetzt sind oder begründete Furcht haben, solchen Nachteilen ausgesetzt zu werden.
^{2} Als ernsthafte Nachteile gelten namentlich die Gefährdung von Leib, Leben oder Freiheit sowie Massnahmen, die einen unerträglichen psychischen Druck bewirken.
^{3} Ehegatten von Flüchtlingen und ihre minderjährigen Kinder werden ebenfalls als Flüchtlinge anerkannt, sofern keine besonderen Umstände dagegen sprechen."

Gemäss Flüchtlingskonvention (FK), Artikel 1A Absatz 2, (zur Bedeutung der FK für das schweizerische Recht siehe vorne S. 40ff) gilt als Flüchtling eine Person,

"die .... aus der begründeten Furcht vor Verfolgung wegen ihrer Rasse, Religion, Nationalität, Zugehörigkeit zu einer bestimmten sozialen Gruppe oder wegen ihrer politischen Überzeugung sich ausserhalb des Landes befindet, dessen Staatsangehörigkeit sie besitzt, und den Schutz dieses Landes nicht in Anspruch nehmen kann oder wegen dieser Befürchtungen nicht in Anspruch nehmen will; oder die sich als Staatenlose infolge solcher Ereignisse ausserhalb des Landes befindet, in welchem sie ihren gewöhnlichen Aufenthalt hatte, und nicht dorthin zurückkehren kann oder wegen der erwähnten Befürchtungen nicht dorthin zurückkehren will."

Die beiden Definitionen sind also im Wortlaut nicht identisch. Gemäss Botschaft zum AsylG wollte man aber inhaltlich keine abweichende Definition treffen (BBl 1977 III 117). Man entschloss sich lediglich, im Asylgesetz den Begriff "Verfolgung" näher zu definieren. Erweitern wollte man den Flüchtlingsbegriff der FK mit der Aufnahme des "unerträglichen psychischen Druckes" als ernsthaftem Nachteil (BBl 1977 III 116). In der zunehmend restriktiver gewordenen Praxis geht hier das Asylgesetz aber nicht weiter als die Flüchtlingskonvention. Umfasst werden mit dem Begriff nur besonders intensive Diskriminierungs- und Unterdrückungsmassnahmen ausserhalb der Gefährdung von Leib, Leben und Freiheit. Solche Massnahmen sind aber auch durch die FK erfasst (UNHCR, Handbuch, Ziff. 55; *Kälin*, Grundriss S. 57ff).

Im übrigen lässt sich sagen, dass der Flüchtlingsbegriff des Asylgesetzes insofern weiter gefasst ist als derjenige der Flüchtlingskonvention, indem auch als Flüchtling gilt, wer bereits asylrelevante Verfolgung erlitten hat und nach Abschluss der Verfolgung ins Ausland flieht. Art. 1A Abs. 2 FK setzt dagegen immer noch eine begründete Furcht vor weiterer zukünftiger Verfolgung voraus. Immerhin verlangt auch die Schweizer Praxis eine zeitliche Nähe zwischen Verfolgung und Flucht (siehe unten S. 107f).

Über den Flüchtlingsbegriff der FK hinaus geht Art. 3 Abs. 3 AsylG, wonach Ehegatten von Flüchtlingen und deren minderjährige Kinder ebenfalls als Flüchtlinge anerkannt werden, sofern keine besonderen Gründe dagegen sprechen (siehe dazu unten S. 124ff).

Zusammenfassend ist festzuhalten, dass Art. 3 Abs. 1 und 2 AsylG mit Art. 1A Abs. 2 FK praktisch deckungsgleich ist. Bei der Auslegung des Asylgesetzes sind daher die Lehre zur Flüchtlingskonvention sowie die Praxis der Staaten und des UNHCR zu berücksichtigen.

2. ELEMENTE DES FLÜCHTLINGSBEGRIFFES

Erste Voraussetzung, damit eine Person als Flüchtling anerkannt werden kann, ist, dass es sich dabei, wie Art. 3 Abs. 1 AsylG anführt, um einen "Ausländer" handelt. Schweizerische Doppelbürger z.B., die lange in einem andern Staat gelebt haben, fallen also von vornherein ausser Betracht. Damit Ausländerinnen und Ausländer als Flüchtlinge im Sinne von Art. 3 AsylG bzw. Art. 1A FK gelten, müssen zudem folgende Elemente *kumulativ* erfüllt sein:

- Flucht aus dem Heimatstaat oder dem Staat des letzten Wohnsitzes (Ziff. 3 unten, S. 73)

- Bruch der Beziehungen zum Heimatstaat (Ziff. 4 unten, S. 73f)

- Verfolgung (Ziff. 5 unten, S. 74ff)

3. FLUCHT AUS DEM HEIMATSTAAT

Das Asylgesetz will nur Personen Schutz gewähren, die gezwungen waren, *ins Ausland zu flüchten*, weil sie den Schutz des Heimatlandes nicht in Anspruch nehmen können. Aus diesem Grund gewährt die Schweiz z.B. Ausländerinnen und Ausländern kein Asyl, die im Herkunftsland in einer sicheren Region (siehe dazu die Ausführungen zur "internen Fluchtalternative", unten S. 89f) oder einem von der eigenen Regierung betriebenen Flüchtlingslager Schutz suchen können.

Das schweizerische Asylgesetz sieht in Art. 13a die Möglichkeit vor, ein *Asylgesuch bei einer schweizerischen Vertretung im Ausland* zu stellen (siehe S. 255ff). Dabei kann es sich um eine Vertretung in einem Drittstaat, aber auch um eine solche im Heimatstaat handeln. Wer daher ein Asylgesuch in einer schweizerischen Vertretung im Heimatstaat stellt, gilt nach schweizerischer Auffassung als auf der Flucht.

Nicht in jedem Fall erforderlich ist, dass eine Person schon bei ihrer Ausreise aus dem Heimatstaat auf der Flucht war. Auch wer als Tourist, Student oder wegen der Aufnahme einer Erwerbstätigkeit in die Schweiz einreist, kann wegen Ereignissen, die sich nach dem Verlassen des Landes ereignet haben, zum Flüchtling werden (sog. "réfugiés sur place"). Solche Gründe werden *Nachfluchtgründe* genannt. Dabei unterscheidet man zwischen *objektiven Nachfluchtgründen* (Änderungen, die ohne Zutun des Flüchtlings nach dessen Ausreise im Heimatstaat eingetreten sind, so beispielsweise ein Regierungsumsturz oder verstärkte Repression - neuestes Beispiel China - und die ihn bei einer Rückkehr einer Verfolgung aussetzen würden), und *subjektiven Nachfluchtgründen*, die der Flüchtling durch die Tatsache des Verlassens des Landes (Republikflucht, Militärdienstverweigerung, Desertion) oder durch sein Verhalten im Zufluchtsstaat (beispielsweise indem seine politische Exiltätigkeit den heimatlichen Behörden bekannt wird), selber setzt (zu den Nachfluchtgründen siehe im übrigen unten S. 111ff und S. 168f).

4. BRUCH DER BEZIEHUNGEN ZUM VERFOLGERSTAAT

Der Flüchtlingsbegriff setzt im weiteren voraus, dass es zwischen dem Flüchtling und dem Verfolgerstaat zu einem Bruch der Beziehungen gekommen ist. Der Flüchtling kann oder will den heimatstaatlichen Schutz nicht mehr beanspruchen. Die Flüchtlingskonvention verlangt denn auch ausdrücklich, dass der Flüchtling "den Schutz" seines Heimatstaates "nicht in Anspruch nehmen kann oder ... nicht in Anspruch nehmen will". Das

Element des "Bruches der Beziehungen zum Verfolgerstaat" spielt im übrigen eine wichtige Rolle bei der Beurteilung des Widerrufs des Asyls (siehe dazu hinten S. 201ff).

5. VERFOLGUNG

5.1. DIE ELEMENTE DES VERFOLGUNGSBEGRIFFES

Das Element "Verfolgung" ist das Kernstück des Flüchtlingsbegriffs. Eine Verfolgung ist nur dann asylrelevant i.S. von Art. 3 AsylG, wenn die folgenden Kriterien *kumulativ* erfüllt sind:

1. Die Nachteile, die der Ausländer oder die Ausländerin erlitten hat oder befürchtet, müssen *ernsthaft* sein. Dazu gehören gemäss Art. 3 Abs. 2 AsylG "namentlich die Gefährdung von Leib, Leben oder Freiheit sowie Massnahmen, die einen unerträglichen psychischen Druck bewirken" (siehe unten Ziff. 5.2, S. 75ff).

2. Die erlittenen oder befürchteten Nachteile müssen dem Ausländer oder der Ausländerin vom *Staat* und seinen Organen *zugefügt* oder - bei Täterschaft Dritter - vom Staat *toleriert* werden (siehe unten Ziff. 5.3., S. 82ff).

3. Die erlittenen oder befürchteten Nachteile müssen *gezielt* erfolgen, d.h. gegen den Ausländer oder die Ausländerin persönlich gerichtet sein (siehe unten Ziff. 5.5., S. 90ff).

4. Die erlittenen oder befürchteten Nachteile müssen auf bestimmten *Verfolgungsmotiven* basieren; das Asylgesetz nennt: Rasse, Religion, Nationalität, Zugehörigkeit zu einer bestimmten sozialen Gruppe und politische Anschauungen des Verfolgten (siehe unten Ziff. 5.6., S. 95ff). Die asylrelevante Verfolgung ist insbesondere von der *legitimen staatlichen Verfolgung* auseinanderzuhalten (siehe unten Ziff. 5.7., S. 100ff).

5. Vorausgesetzt ist schliesslich, dass die Verfolgung *aktuell* ist, also eine zeitliche Nähe zwischen Verfolgung und Flucht besteht. Falls der Ausländer oder die Ausländerin noch keine Nachteile erlitten hat, oder die erlittenen Nachteile nicht kausal für die Flucht waren oder als zuwenig intensiv erachtet werden, kann die Flüchtlingseigenschaft dennoch vorliegen, wenn *begründete Furcht vor künftiger Verfolgung* besteht; eine solche muss allerdings objektiv begründet sein, d.h. mit einer gewissen Wahrscheinlichkeit unmittelbar oder doch in naher Zu-

kunft drohen und die obigen vier Kriterien kumulativ erfüllen (siehe unten Ziff. 5.8., S. 107ff).

Bei der Beurteilung der Frage, ob asylrelevante Verfolgung vorliegt, ist sehr zu empfehlen, diesem Prüfungsschema zu folgen.

5.2. ERNSTHAFTE NACHTEILE

LITERATUR: *Grahl-Madsen,* Bd. I, S. 194-216; *Kälin,* Grundriss, S. 38-60; UNHCR, Handbuch, Ziff. 51-55; *Werenfels,* S. 192-201 und 265-280.

5.2.1. Allgemeines

Gemäss Art. 3 Abs. 2 AsylG gelten als *ernsthafte Nachteile* "namentlich die Gefährdung von Leib, Leben oder Freiheit sowie Massnahmen, die einen unerträglichen psychischen Druck bewirken".

Aus dieser Formulierung folgt, dass Eingriffe in andere menschenrechtlich geschützte Rechtsgüter als Leib, Leben oder Freiheit dann als Verfolgung gelten, wenn daraus ein unerträglicher psychischer Druck entsteht, der der betroffenen Person einen weiteren Verbleib im Heimatstaat unzumutbar macht. Gemeint sind damit Massnahmen, die nach dem entsprechenden Textbaustein des DFW, "ein menschenwürdiges Leben verunmöglichen oder unzumutbar erschweren" (z.B. N 165'957, Entscheid vom 25.5.1989).

Auch bei den Massnahmen, welche eine Gefährdung von Leib, Leben oder Freiheit bewirken, müsste der weitere Verbleib im Verfolgerstaat als unzumutbar erachtet werden; hier gilt aber eine *gesetzliche Vermutung,* dass solche Massnahmen einen weiteren Verbleib unzumutbar machen. Vorausgesetzt ist allerdings, dass der Zusammenhang zwischen Verfolgung und Verlassen des Landes in zeitlicher und sachlicher Hinsicht genügend eng ist (siehe dazu S. 107f).

Die gesetzliche Vermutung, dass Eingriffe in Leib, Leben oder Freiheit den weiteren Aufenthalt unzumutbar machen, gilt indessen nur, wenn der Eingriff eine bestimmte *Intensität* aufweist. Das heisst, dass Eingriffe eine bestimmte Schwere erreichen müssen, um als asylrelevant angesehen zu werden. Bei den "Massnahmen, die einen unerträglichen psychischen Druck bewirken", erübrigt sich hingegen die Frage nach der hinreichenden Intensität: Diese ist schon im Begriff der *Unerträglichkeit* des Druckes mitenthalten.

5.2.2. Gefährdung des Lebens

Gefährdung des Lebens liegt vor, wenn jemand direkter und ernsthafter Todesgefahr ausgesetzt wird. Dies kann durch aktive Massnahmen wie gezielte Schüsse, lebensgefährliche Folter oder Entzug von Wasser und Nahrung in lebensbedrohendem Ausmass geschehen, aber auch durch bewusstes Unterlassen (z.B. Verweigerung medizinischer Hilfe an lebensgefährlich erkrankte Häftlinge). Eine verhängte Todesstrafe ist dann asylrelevant, wenn sie aus politischen und ähnlichen Gründen erfolgt ist. Sofern einer verhängten und konkret drohenden Todesstrafe kein asylrelevantes Motiv zugrundeliegt, bildet sie aber auf jeden Fall ein Wegweisungshindernis (siehe dazu unten S. 179ff).

5.2.3. Gefährdung des Leibes

Eingriffe in den Leib stellen alle ernsthaften Verletzungen der körperlichen Integrität dar, wie Folter und schwere Misshandlungen oder Körperstrafen (Auspeitschung oder Amputation von Gliedern), Vergewaltigung, Zwangsbeschneidung, Zwangssterilisation u.ä., Zwangsverabreichung von Drogen und Medikamenten, ebenso gesundheitsschädigende Ernährung oder Unterbringung. Ebenso stellen Fälle von psychischer Folter (z.B. Scheinhinrichtungen, Folterung von Angehörigen im Beisein der Betroffenen, Drohung mit Folter) Eingriffe in die körperliche Integrität dar. Unter Umständen gilt auch die psychische Krankheit als Folge einer staatlichen Verfolgungsmassnahme als Gefährdung des Leibes.

5.2.4. Freiheitsbeschränkungen

Unter Beschränkung der Freiheit sind Eingriffe in die *Bewegungsfreiheit* zu verstehen. Darunter fallen nicht nur Verurteilungen zu eigentlichen Freiheitsstrafen (Gefängnis, Zuchthaus) sondern auch Deportationen in ein Arbeits- oder Umerziehungslager, Hausarrest, das Verschwindenlassen von Personen (d.h. Verschleppung und Festhalten an einem geheimen Haftort durch parastaatliche oder paramilitärische Gruppierungen), Entführungen mit Aussetzung an einem abgelegenen Ort, Verbannung an einen abgelegenen Ort, Nötigungen (z.B. zum Essen von Fäkalien) etc.

Flüchtlingsbegriff 77

5.2.5. Intensität

Wie bereits erwähnt, müssen Eingriffe in Leib, Leben oder Freiheit eine bestimmte Intensität aufweisen, um als asylrelevant angesehen zu werden. Lediglich geringe Beeinträchtigungen genügen dazu nicht. Das Asylrecht will nicht Opfer jeglichen Unrechtes schützen. Zu beurteilen ist, was den Betroffenen zugemutet werden kann. So lautet beispielsweise ein Textbaustein des BFF folgendermassen:

"Damit eine solche Massnahme (=Eingriff in die Bewegungsfreiheit; Anm. d. Verf.) Verfolgungswert erhält, bedarf es jedoch einer gewissen Intensität. Diese ist dann erreicht, wenn die Verfolgungsmassnahme ein menschenwürdiges Leben im Verfolgerstaat verunmöglicht oder in unzumutbarer Weise erschwert, so dass der Verfolgte sich dieser Zwangssituation nur durch Flucht ins Ausland entziehen kann."

Wo die Zumutbarkeitsschwelle liegt, ist im Einzelfall festzulegen. Dabei ist nach den verschiedenen Eingriffsarten zu unterscheiden:

- Bei Massnahmen, die das *Leben gefährden*, also bei direkter und ernsthafter Todesgefahr, erübrigt sich die Frage nach der Intensität; diese ist immer gegeben.

- Bei *Eingriffen in den Leib*, also in die körperliche Integrität, sind Massnahmen immer asylrelevant, die im Sinne der Rechtsprechung des Europäischen Gerichtshofes für Menschenrechte zu Art. 3 EMRK unmenschliche oder erniedrigende Behandlung oder Folter darstellen: Als unmenschliche Behandlung gelten Massnahmen, welche "wenn nicht tatsächlich Körperverletzungen, so doch wenigstens intensives physisches und psychisches Leiden der ihnen unterworfenen Personen zur Folge" haben, als Folter "vorbedachte unmenschliche Behandlung, die sehr ernstes und grausames Leiden hervorruft" (zu Art. 3 EMRK siehe unten S. 179ff). Nicht nötig ist, dass bleibende Schäden zurückbleiben oder ärztliche Behandlung erforderlich gewesen wäre (*Werenfels*, S. 266). Auch bei einfachen Körperverletzungen, die nicht schon unmenschliche Behandlung im erwähnten Sinn darstellen, können Eingriffe, je nach Umständen, genügend intensiv sein. Als *nicht genügend intensiv* erachtet die schweizerische Praxis z.B. einmalige leichte Schläge, Zufügen leichter Verbrennungen im Gesicht und an den Geschlechtsteilen bei kurzer Inhaftierung (Entscheid des EJPD vom 27.4.1988, Rek. 87'3593 in ASYL 1989/3, S. 14), als *genügend intensiv dagegen* Schläge während einer eintägigen Verhaftung, die zu einer

Fehlgeburt führen und eine spätere Vergewaltigung oder einen Monat Haft mit schwerer Misshandlung (*Werenfels,* S. 277).

- Bei den *Beschränkungen der Freiheit* stellt sich die Frage nach der genügenden Intensität besonders ausgeprägt. In vielen Entscheiden des BFF kann man z.B. folgenden (oder einen ähnlichen) Textbaustein lesen:

> "Die vom Gesuchsteller geltend gemachte Inhaftierung stellt aufgrund ihrer Art und Intensität keinen ernsthaften Nachteil im Sinne von Artikel 3 Absatz 2 Asylgesetz dar. Es handelt sich dabei nämlich um eine verhältnismässig kurze Beschränkung der Bewegungsfreiheit, welche keine Zwangslage im dargestellten Sinne schafft."

Abgrenzungskriterium bei der Frage nach der genügenden Intensität bildet in erster Linie die *Dauer* der freiheitsbeschränkenden Massnahme. Die schweizerische Praxis legt sich nicht darauf fest, wie lange eine solche dauern muss, um als genügend intensiv erachtet zu werden, sondern stellt auf die konkreten Umstände des Einzelfalles ab, um zu beurteilen, ob dem Gesuchsteller oder der Gesuchstellerin der weitere Verbleib im Heimatstaat unzumutbar wird. Bei einem mehrmonatigen Gefängnisaufenthalt mit schlechter Behandlung (ungenügendes Essen, keine Bewegungsmöglichkeiten etc.) ist aber die Intensitätsschwelle bestimmt erreicht. Als *ungenügend* erachtet die schweizerische Praxis Strassenkontrollen, Hausdurchsuchungen, Festnahmen zur Feststellung der Identität, Vorladungen zu Verhören, kurze Inhaftierungen, z.B. eine 15tägige Haft mit "schlechter Behandlung" (Entscheid des DFW vom 24.4.89, N 156'263).

Folgendes ist bei der Beurteilung der Intensität zu berücksichtigen: Eingriffe, die für sich genommen nicht genügend intensiv sind, können für die Begründung der Flüchtlingseigenschaft genügen, wenn sie *kombiniert* auftreten (kurzer Freiheitsentzug mit Misshandlungen) oder sich im Laufe der Zeit *kumulieren* (wiederholte Kurzzeitverhaftungen mit relativ geringer Misshandlung); daraus kann durchaus ein unerträglicher psychischer Druck entstehen. Solche Fälle erfordern eine Gesamtbetrachtung aller Verfolgungsmassnahmen. Das BFF tendiert hingegen zu einer isolierten Betrachtung (gleicher Ansicht *Werenfels*, S. 200).

Sind die Eingriffe nicht genügend intensiv, stellt sich im weiteren die Frage, ob sie geeignet sind, Angst vor zukünftiger Verfolgung auszulösen. Die zu wenig intensiven Einzelereignisse können dabei objektive Anhaltspunkte darstellen (siehe dazu unten S. 108ff). Die Entscheide der Asylbehörden begnügen sich häufig mit der Feststellung der zu geringen Intensität ohne weitere Prüfung der begründeten Furcht vor zukünftiger Verfolgung (siehe *Hausammann/Achermann*, Gutachten zur Entscheidpraxis des DFW, S. 9ff).

5.2.6. Unerträglicher psychischer Druck

Eingriffe in andere menschenrechtlich geschützte Rechtsgüter als Leib, Leben oder Freiheit, unter Umständen auch wiederholte zuwenig intensive Eingriffe in Leib und Freiheit (mehrmalige Festnahmen, wiederholte Schläge) gelten nach Art. 3 Abs. 2 AsylG dann als Verfolgung, wenn daraus ein unerträglicher psychischer Druck entsteht, der für die betroffene Person einen weiteren Verbleib im Heimatstaat unzumutbar macht. Mit dem Kriterium des unerträglichen psychischen Druckes sollen Massnahmen erfasst werden, die "ein menschenwürdiges Leben verunmöglichen" (Botschaft zum Asylgesetz, BBl 1983 III 783).

Der durch den Eingriff entstandene unerträgliche psychische Druck ist nach der schweizerischen Asylpraxis dann beachtlich, wenn die Massnahmen und deren Auswirkungen den weiteren Verbleib der Betroffenen im Heimatland als *objektiv* unzumutbar erscheinen lassen. Dabei muss Ausgangspunkt immer ein *konkreter Eingriff* sein, der stattgefunden hat oder mit solcher Wahrscheinlichkeit droht, dass die Furcht vor ihm als begründet erscheint. U.E. ist aber auch eine *subjektive* Seite zu berücksichtigen, die im Begriff des unerträglichen psychischen Druckes enthalten ist. So bewirkt z.B. bei vor irakischen Gasangriffen in die Türkei geflohenen Kurdinnen und Kurden die Drohung weiterer Angriffe früher einen unerträglichen psychischen Druck, auch wenn objektiv die Gefahr nicht unmittelbar droht.

Auch bei Massnahmen, die einen unerträglichen psychischen Druck bewirken, muss der Eingriff politisch, rassisch etc. motiviert sein und vom Staat ausgehen oder diesem zugerechnet werden können. Die Frage nach der Intensität erübrigt sich: Der verlangte Effekt, der *unerträgliche* psychische Druck, impliziert die genügende Intensität. Wie bei der Beurteilung der Intensität bei Eingriffen in Leib, Leben und Freiheit, lassen sich auch hier keine generellen Kriterien aufstellen, welche Massnahmen einen unerträglichen psychischen Druck bewirken.

Typische Massnahmen, die einen unerträglichen psychischen Druck bewirken können, sind etwa (vgl. *Kälin*, Grundriss, S. 51ff):

- Schikanen und Diskriminierungen, die ein Leben im Heimatland unerträglich machen.
- Verunmöglichung einer Ausbildung oder der Ausübung eines Berufes, soweit dabei, gemäss Formulierungen in Asylentscheiden, "ein menschenwürdiges, seiner Ausbildung und Fähigkeiten entsprechendes Leben verunmöglicht oder unzumutbar erschwert wird" oder der Staat es "verunmöglicht oder unzumutbar erschwert, einer existenzsichernden, seiner Ausbildung entsprechenden Ausbildung nachzugehen".
- Anwerbung zu Spitzeldiensten, wenn dabei ein schwerer Gewissenskonflikt ausgelöst wird oder Nachteile in Beruf und Existenz drohen.
- Erschwernisse bei der Religionsausübung, wobei das BFF Massnahmen als asylrelevant anerkennt, die den *Kerngehalt* der Religion betreffen, etwa dann, "wenn sie darauf gerichtet sind, dass der Gläubige wesentliche Inhalte seiner Glaubensüberzeugung verleugnet oder sogar preisgibt und somit seiner religiösen Identität beraubt wird".
- Verfolgungsmassnahmen in der nächsten Umgebung, wie Verhaftung von Freunden und Verwandten, Belästigung von Familienangehörigen von Gesuchten (v.a. von Frauen, aufgrund politischer Tätigkeit der Verwandten) etc. Solche Ereignisse können nicht nur Indiz für eine begründete Furcht vor zukünftiger Verfolgung sein, sondern auch den Betroffenen unabhängig davon das Leben unzumutbar machen.

Die *schweizerische Praxis anerkannte* beispielsweise einen unerträglichen psychischen Druck bei einem Gesuchsteller, dessen Eltern und Geschwister getötet worden waren und wo das Geschäft der Familie zerstört wurde. *Asyl erhielt* eine Tibeterin, der man jede Schulbildung versagte und die man im Alter von 14 Jahren zu Zwangsarbeit im Strassenbau verpflichtete. Ebenfalls *positiv* entschieden wurde ein Gesuch, weil der rumänische Gesuchsteller seinen Parteiausschluss provoziert hatte und deswegen seine Stelle, die Wohnung und die Ausbildungsmöglichkeiten für seine Familie verlor, und er eine untergeordnete Stelle annehmen musste. Die meisten positiven Entscheide betrafen Gesuchsteller aus Osteuropa. *Kein Asyl* bekamen Gesuchsteller z.B. in folgenden Fällen: Verbot gegenüber einer Minderheit, Schulen in der eigenen Sprache und Religion zu führen; Weigerung der Behörde, einen Taufnamen in ein Reisepapier einzutragen; Nichtzuteilung einer Wohnung; Verlust der Stelle als Lehrer (Weiterarbeit als Bauführer). Beispiele positiver und negativer Entscheide finden sich bei *Werenfels*, S. 196ff und 277ff und *Kälin*, Grundriss, S. 52ff.

Im Sinne einer *Sonderopfertheorie* anerkennen die schweizerischen Asylbehörden als Flüchtling nur, wer staatlichen Eingriffen ausgesetzt war, welche "besondere, das landesübliche Mass überschreitende Belastungen darstellen, d.h. über das hinausgehen, was die Bürger eines bestimmten Staates im allgemeinen hinzunehmen haben". *Bei Eingriffen in Leib, Leben und Freiheit* darf dieser Ansatz allerdings nicht angewendet werden, sonst "bestünde die Gefahr des absurden Resultates, dass aus einem Land umso weniger Personen Asyl erhielten, je intensiver und systematischer die Menschenrechte verletzt würden", wie die Geschäftsprüfungskommission des Nationalrates festgestellt hat (Amtl. Bull. NR, 1987, S. 756). Bei *"Massnahmen, die einen unerträglichen psychischen Druck bewirken"* hat diese Theorie allerdings eine gewisse Berechtigung, stösst aber dann an Grenzen, wenn Repression in einem Land als das hingestellt wird, was man allgemein hinzunehmen hat. Bei einem Land wie der Türkei z.B., das die Europäische Menschenrechtskonvention und die Europäische Folterkonvention unterzeichnet hat und damit klar einen menschenrechtlichen Mindeststandard akzeptiert, ist es u.E. stossend, mit dem Hinweis auf die allgemein schlechte Menschenrechtssituation zu argumentieren und auf das landesübliche Mass an Belastungen abzustellen.

5.2.7 Prüfungsprogramm "ernsthafte Nachteile"

- Handelt es sich um einen Eingriff in Leib, Leben oder Freiheit?

- Wenn ja: ist der Eingriff genügend intensiv?

  Gesamtbetrachtung, Berücksichtigung kombinierter und kumulierter Eingriffe

  Falls ja, liegt ernsthafter Nachteil vor. Gezieltheit, Staatlichkeit und Motiv abklären.

  Falls nein: Untersuchen, ob die zu wenig intensiven Eingriffe allenfalls Anhaltspunkte für begründete Furcht vor zukünftiger Verfolgung darstellen.

- Wenn nein: Handelt es sich um Massnahmen, die einen unerträglichen psychischen Druck bewirken? Ist ein menschenwürdiges Leben in unzumutbarer Weise erschwert? Zu berücksichtigen sind auch Eingriffe in Leib, Leben oder Freiheit, die als zuwenig intensiv erachtet werden (z.B. häufige kurze Festnahmen).

  Falls unerträglicher psychischer Druck vorliegt, weitere Elemente abklären (Gezieltheit, Staatlichkeit, Motiv)

- Wenn nein: keine Verfolgung im Sinne von Art. 3 AsylG.

5.3. STAATLICHE NACHTEILE

LITERATUR: *Grahl-Madsen*, Bd. I, S. 189-192; *Kälin*, Grundriss, S. 60-74; UNHCR, Handbuch, Ziff. 65; *Werenfels*, S. 217-230.

5.3.1. Übersicht

Die Verfolgungsmassnahmen sind nur dann asylrelevant, wenn sie *vom Staat ausgehen* oder zumindest *von diesem zu verantworten sind.* Das Kriterium der Staatlichkeit der Verfolgung ist zwar nicht explizit in Art. 3 AsylG erwähnt, entspricht aber herrschender Lehre und Praxis. Rein private Verfolgung, wie etwa kriminelle Akte Dritter, Abrechnungen unter verfeindeten Privatpersonen etc., ist asylrechtlich unbeachtlich, kann aber unter dem Aspekt von Art. 3 EMRK bei der Beurteilung der Zulässigkeit der Wegweisung eine Rolle spielen (siehe dazu S. 185ff).

Probleme stellen sich in der Praxis dort, wo der Staat nicht selber als Verfolger auftritt. Dabei ist zu unterscheiden zwischen Fällen, in denen der Staat den Verfolgten keinen Schutz gewähren *will* und Fällen, in denen der Staat keinen Schutz gewähren *kann*. Viele Asylgesuche, vor allem von Libanesen, scheitern in der Schweiz an diesem Erfordernis.

5.3.2. Direkte staatliche Verfolgung

Direkte staatliche Verfolgung liegt immer vor, wenn sie von staatlichen Organen ausgeht. Dazu gehört gemäss *Werenfels* (S. 219),

> "wer informell Träger der staatlichen Willensbildung oder allgemein Teil des herrschenden politischen Systems ist. Infolgedessen können Träger asylrelevanter Verfolgung sein: Legislative, Exekutive und Judikative; Exponenten der Staatspartei und von deren Unterorganisationen im Einparteienstaat; Exponenten der Staatsreligion im konfessionell ausgerichteten Staat, wenn 'Kirche und Staat' zur Einheit werden; Revolutionsgarden und -komitees; Verbände von Paramilitär und -polizei; allgemein Träger hoheitlicher Gewalt oder Funktionen, die unabhängig von ihrer Einstufung in die Organisation des Staates Einfluss auf den Gang der staatlichen Geschäfte haben, so dass sie dem Staat zuzurechnen sind. Das kann auch der Fall sein bei Vorgesetzten in verstaatlichten Betrieben."

Ebenfalls "Staat" ist ein ausländischer Agressor, der andere Staaten (oder Teile davon) besetzt hält und als Verfolger auftritt.

Dem Staat sind auch Handlungen zuzurechnen, die einzelne Exponenten *in Missbrauch ihrer Amtspflicht* verüben (z.B. Folterung aus rein sadistischen Motiven und Vergewaltigung von Frauen durch Polizisten oder Militärangehörige). Der Staat ist dafür verantwortlich, wenn er solche Missbräuche billigt und - aus welchen Gründen auch immer - nichts zu ihrer Verhinderung unternimmt. Staatliche Verfolgung ist auch dann anzunehmen, wenn Folterung nur zum Schein geahndet wird oder die Folterer mit geringer Bestrafung davonkommen.

Die *Schweizer Praxis* ist allerdings uneinheitlich; so wird z.B. vergewaltigten Frauen oft entgegengehalten, der Übergriff sei ausschliesslich ein krimineller Akt des einzelnen Polizisten oder Militärangehörigen. In einem Fall argumentierte die Rekursinstanz, Folter sei dann nicht asylrelevant, "sofern der fehlbare Gendarmerie-Unteroffizier dafür strafrechtlich verfolgt worden ist" (Entscheid EJPD vom 21.4.1989, Rek. 89'0964, in ASYL 1989/3, S. 14). Der Täter hatte in diesem Fall eine Strafe von nur 18 Monaten Gefängnis erhalten.

5.3.3. Mittelbare staatliche Verfolgung

- Fehlender Schutzwille
Mittelbare staatliche Verfolgung liegt vor, wenn der Staat private Gruppen oder Einzelne zu Verfolgungsmassnahmen anregt oder sie dabei unterstützt, aber auch, wenn er Verfolgungsmassnahmen Dritter lediglich billigt oder faktisch toleriert. Beispiel dafür sind etwa die Todesschwadronen in Südamerika oder Fälle, in denen der Staat unliebsamen Minderheiten den Schutz gegenüber Aufständischen versagt. Solche Fälle fehlenden staatlichen Schutzwillens gelten unzweifelhaft als staatliche Verfolgung; es ist für den Staat ein Leichtes, die Verfolgung unliebsamer Opponenten an Dritte zu delegieren.

- Fehlende Schutzfähigkeit
Strittig ist, ob auch die *fehlende Schutzfähigkeit* als mittelbare staatliche Verfolgung asylbegründend sein kann. Nicht schutzfähig ist ein Staat, wenn ihm die Mittel oder die Macht fehlen, den Schutz seiner Bewohner zu gewährleisten. Typisch sind folgende zwei Konstellationen:

- Schutzunfähig kann der Staat bei *Auseinandersetzungen zwischen religiösen oder ethnischen Gruppierungen* sein, wie dies etwa bei den Übergriffen von Singhalesen gegen Tamilen im Süden Sri Lankas der Fall war. Zu denken ist auch an aktuelle Pogromsituationen in der Sowjetunion (z.B. Karabach) oder in Rumänien (Sintis, Ungarnstämmige). Falls es sich dabei aber nur um ein einmaliges Entgleiten staatlicher Kontrolle handelt und eine Wiederholung nicht wahrscheinlich ist, dürfte es an der Begründetheit der Furcht vor künftiger Verfolgung mangeln (siehe dazu unten S. 108ff).
- Schutzunfähig ist der Staat oft in *Bürgerkriegssituationen*. Zu denken ist vor allem an den Zustand, dass der Zentralregierung in einem Bürgerkriegsland die Macht fehlt, in den von Aufständischen kontrollierten Gebieten Übergriffe gegen die Bevölkerung zu unterbinden. Selbstverständlich muss auch hier Verfolgung immer zielgerichtet sein. Möglich ist auch, dass in einem Staat überhaupt keine Zentralmacht mehr existiert, nur noch einander bekämpfende Fraktionen (wie z.B. im Libanon). Wenn eine Bürgerkriegspartei über gewisse Bevölkerungsteile die faktische Herrschaft ausübt und dabei als Verfolgerin auftritt, spricht

man von *quasi-staatlicher Verfolgung*. Der Staat selber ist nicht Verfolger, er ist aber auch nicht in der Lage, die Betroffenen zu schützen, obwohl er es eventuell möchte. Die quasi-staatliche Verfolgung wird von der Lehre (aber nicht von der schweizerischen Praxis, siehe unten anschliessend) der staatlichen gleichgestellt. Gemäss *Werenfels* (S. 219) hängt die Staatlichkeit nicht von der Anerkennung als souveränem Staat ab; Hoheitsgewalt kann auch "durch eine Befreiungsbewegung oder durch eine Revolutions- oder Bürgerkriegspartei usurpiert respektive erobert" werden.

5.3.4. Schweizer Praxis

Nach der schweizerischen Praxis liegt staatliche Verfolgung nur dann vor, wenn der Staat *direkt* als Verfolger auftritt oder die Verfolgung durch Dritte *unterstützt, billigt oder tatenlos hinnimmt*. Fehlende Schutzfähigkeit des Staates hingegen vermag nach dieser Praxis kein Asyl zu begründen. Der vom BFF verwendete Textbaustein lautet so (in casu Verfolgung durch Hizbollah, Libanon; Hervorhebungen durch die Verf.):

> "Asyl ist nach Artikel 4 Asylgesetz der Schutz vor dem Zugriff fremder Staatsgewalt, der einem Ausländer aufgrund seiner Flüchtlingseigenschaft in der Schweiz gewährt wird. Eine Beeinträchtigung gilt deshalb nur dann als Verfolgung, wenn sie von staatlichen Behörden ausgeht *oder zumindest in deren Verantwortungsbereich fällt* (...). Der Gesuchsteller macht geltend, von der Hizbollah mit dem Tod bedroht zu sein.. Dabei handelt es sich um kriminelle Übergriffe seitens Dritter, die den Gesuchsteller nicht in einer der im Gesetz geschützten Eigenschaften treffen wollen. Für solche Übergriffe trägt der Staat nur dann die Verantwortung, wenn seine Behörden aus einem der im Gesetz genannten Gründen diese *Handlungen anregen, unterstützen, billigen oder tatenlos hinnehmen* und damit dem Gesuchsteller den erforderlichen Schutz nicht gewähren, obwohl sie dazu verpflichtet und in der Lage wären (...). Im vorliegenden Fall können diese Übergriffe aber nicht dem Staat angelastet werden. Aufgrund der im Libanon herrschenden Verhältnisse wären die staatlichen Behörden zudem auch kaum in der Lage gewesen, diese strafrechtlich verbotenen Übergriffe der Hizbollah zu verhindern. Dass dem Gesuchsteller der erforderliche Schutz nicht gewährt wurde, liegt allein in der Unfähigkeit des Staates zur Schutzgewährung begründet. Die *fehlende Schutzfähigkeit kann jedoch nach allgemeiner Auffassung nicht zur Asylgewährung führen......*". (Entscheid vom 2.10.1990, N 192'698).

Wie dieses Beispiel zeigt, verneint die Praxis allgemein die Asylrelevanz bei Schutzunfähigkeit des Staates, also auch bei quasi-staatlicher Verfolgung. Während dies früher den Entscheiden des DFW klar entnommen werden konnte (siehe dazu ASYL 1989/1, S. 12f betreffend Libanon), äussert sich die Praxis in letzter Zeit nicht mehr deutlich zur quasi-staatlichen Verfolgung im Libanon. Damit trägt das BFF wohl einem Entscheid des Bundesrates vom 5.4.1989 i.S. Aufsichtbeschwerde X gegen das EJPD (abgedruckt in ASYL 1989/3, S. 13) Rechnung, in dem ausgeführt wird, es sei falsch anzunehmen, dass nur staatliche Verfolgung asylrelevant sei. Ausgeschlossen seien zwar gemeinrechtliche Straftaten, Taten terroristischer Organisationen, von Aufrührern oder von Gruppen, die von einem Klima der Anarchie profitierten, und Fälle von innerer Unordnung, die nicht die Dimension eines Bürgerkrieges haben. Im Libanon sei es aber so, dass die zentrale Staatsgewalt inexistent sei.

Eine Analyse der neueren Libanon-Praxis (September bis Dezember 1990) zeigt aber, dass die Entscheide im Resultat, mit ähnlichen Begründungen, gleich geblieben sind. Verfolgung durch Hizbollah und Amal z.B. gilt immer noch als "kriminelle Übergriffe seitens Dritter". Vermehrt wird indessen argumentiert, den Betroffenen stünde eine interne Fluchtalternative offen (siehe unten S. 89f), oder es wird das Verfolgungsmotiv in Frage gestellt (siehe unten S. 103f). So erhielt denn auch 1990 kein Libanese Asyl. Seit 1975 ist nur ein Gesuch (betreffend drei Personen) positiv entschieden worden. Die Praxis zur quasi-staatlichen Verfolgung ist allerdings nicht einheitlich; vereinzelt wurde bei Eritreern quasi-staatliche Verfolgung anerkannt (*Werenfels*, S. 219).

5.3.5. Kritik

Die schweizerische Praxis zur Behandlung von mittelbarer Verfolgung bei Schutzunfähigkeit des Staates ist stark umstritten und trifft vor allem jene Asylsuchenden, die vor Übergriffen durch Befreiungsbewegungen oder (beispielsweise im Libanon) Milizen fliehen oder die unter religiösen Konflikten zwischen verschiedenen Bevölkerungsgruppen leiden (wie in Sri Lanka). Danach haben viele Personen keine Möglichkeit, den Schutz des Flüchtlingsrechts zu beanspruchen, nur weil sie vor dem "falschen Verfolger" flüchten müssen. Dies aber widerspricht dem Grundgedanken des Flüchtlingsrechtes, der den internationalen Schutz für Menschen vorsieht, die den Schutz ihres Heimatstaates - aus welchen Gründen auch immer - nicht beanspruchen können.

Flüchtlingsbegriff

Nach dem Wortlaut von Art. 1A Abs. 2 FK gilt indessen als Flüchtling, wer aus begründeter Furcht vor politisch oder ähnlich begründeter Verfolgung sich ausserhalb seines Heimtlandes befindet "und dessen Schutz *nicht beanspruchen kann oder wegen dieser Befürchtungen nicht beanspruchen will*". Daraus folgt:

- Die Flüchtlingseigenschaft entfällt dann, wenn es den Asylsuchenden möglich oder zumutbar ist, sich zum Schutz gegen Verfolgung Dritter an den Staat zu wenden.

- Ist der Staat mittels Dritter der Verfolger, indem er die Dritten in ihren Verfolgungshandlungen unterstützt, diese Handlungen billigt oder tatenlos hinnimmt, obwohl er eingreifen könnte, ist Asylsuchenden nicht zumutbar, sich an eben diesen Staat zu wenden.

- Werden Asylsuchende durch Dritte verfolgt, und hat der Staat nicht die Macht oder Mittel das Tun Dritter zu unterbinden und effektiven Schutz zu bieten, *können* sie sich nicht an den Staat wenden. Daher sind z.B. Fälle quasi-staatlicher Verfolgung durch Befreiungsbewegungen oder auch Fälle von Verfolgung einer Minderheit durch eine Bevölkerungsmehrheit als asylrelevant anzusehen. Diese Ansicht entspricht auch der Auffassung des UNHCR (Handbuch, S. 18, Ziff. 65).

Die sehr restriktive schweizerische Praxis weicht somit in diesen Fällen von der Auslegung der Flüchtlingskonvention ab. Es steht der Schweiz zwar grundsätzlich frei, den Flüchtlingsbegriff von Art. 3 AsylG in Abweichung desjenigen der Flüchtlingskonvention auszulegen. Sie ist aber in der Beachtung des Refoulement-Verbotes von Art. 33 FK an die Definition des Flüchtlingsbegriffs der FK insoweit gebunden, als sie Flüchtlinge im Sinne der Konvention nicht in den Staat wegweisen darf, in dem sie gefährdet sind. Sie muss damit in diesen Fällen die Wegweisung in diesem Sinne überprüfen.

Problematisch ist im weiteren die Praxis des BFF, die fehlende Schutzbereitschaft des Staates zu verneinen, solange Verfolgte sich um dessen Schutz nicht bemüht haben. Er hält z.B. einem Kurden, der sich von der PKK bedroht fühlt, entgegen:

"Der Gesuchsteller machte im weiteren nicht geltend, den Schutz des türkischen Staates gegen die Übergriffe der PKK durch eine Anzeige in Anspruch genommen zu haben. Es kann somit dem türkischen Staat nicht vorgeworfen werden, dem Gesuchsteller den Schutz gegen die PKK vorenthalten zu haben" (N 163'712, Entscheid des DFW vom 20.4.1989).

Der DFW verkennt in diesem Fall (und anderen), dass sich der Asylsuchende durch eine Anzeigeerstattung u.U. in Schwierigkeiten gegenüber dem Staat bringen kann und geht von einer Fiktion eines "Rechtsstaates Türkei" aus.

5.3.6. Private Verfolgung

Rein private Verfolgung schliesslich ist asylrechtlich unbeachtlich. Dies gilt v.a. für kriminelle Akte, Abrechnungen unter verfeindeten Privatpersonen, Schikanen zwischen verfeindeten Parteien, familiäre Querelen etc., auch wenn diese religiösen oder politischen Ursprungs sind. Immerhin könnte die Wegweisung gegen Art. 3 EMRK verstossen, so z.B. bei drohender Blutrache oder bei der Gefahr erniedrigender Behandlung von Frauen, die sich gegen die von der eigenen Familie vorbedachte Rolle sträuben (zu Art. 3 EMRK siehe unten S. 179ff).

5.3.7. Prüfungsprogramm "staatliche Nachteile"

- Verfolgt der Staat direkt, z.B. durch seine Polizei oder Armee?

    Falls ja = (direkte) staatliche Verfolgung

- Verfolgt der Staat zwar nicht direkt, aber unterstützt, billigt oder nimmt er Verfolgungshandlungen Dritter tatenlos hin?

    Falls ja = (mittelbare) staatliche Verfolgung

- Unterstützt der Staat zwar Verfolgungshandlungen Dritter (etwa von Befreiungsbewegungen oder einer religiösen Mehrheit) *nicht*, ist aber unfähig, etwas zum Schutz der Bürger zu tun?

    Falls Ja = asylrelevante Verfolgung wegen staatlicher Schutzunfähigkeit; schweizerische Praxis anerkennt dies bisher nicht

- Handelt es sich um rein private Verfolgung (z.B. kriminelle Akte, Blutrache)?

    Falls Ja = keine asylrelevante Verfolgung

5.4. Exkurs: Die inländische Fluchtalternative

LITERATUR: *Kälin*, Grundriss, S. 71-74; UNHCR, Handbuch, Ziff. 91; *Werenfels*, S. 333-341.

Asyl bietet Schutz vor staatlicher Verfolgung. Besteht die Gefahr vor Verfolgung nur in bestimmten, lokal begrenzten Teilen des Staates, in anderen jedoch nicht, wird dem Flüchtling zugemutet, *innerhalb* des Heimatstaates Schutz vor Verfolgung zu suchen. In diesen Fällen spricht man von einer *inländischen Fluchtalternative*. Relevant dürfte sie in Situationen werden, in denen Private (z.B. Befreiungsbewegungen) nur in einem bestimmten Gebiet als Verfolger auftreten, oder in Fällen, da eine ethnische Minderheit nur in einem Teil des Staates von einer Bevölkerungsmehrheit verfolgt wird. Der Zentralstaat jedenfalls will die Betroffenen nicht selber verfolgen, kann aber auch nicht wirksam Schutz gewähren.

Eine inländische Fluchtalternative darf nur entgegengehalten werden, wenn den Asylsuchenden eine solche *zumutbar* ist. *Erstens* einmal muss bei der Beurteilung der *Rückkehrmöglichkeit* in den Herkunftsstaat feststehen, dass Verfolgte diesen andern Teil des Staates erreichen und dort Schutz finden können. *Zweitens* ist sorgfältig zu prüfen, ob der inländische Zufluchtsort für die Betroffenen eine *zumutbare Alternative* darstellt, was z.B. bei sprachlichen, kulturellen, religiösen oder ethnischen Verschiedenheiten u.U. nicht gegeben ist; oft sind solche Menschen in einem fremden Umfeld durch die ansässige Bevölkerung gefährdet oder es wird ihnen das Führen eines menschenwürdigen Lebens verunmöglicht. Nicht zumutbar ist es, Asylsuchenden eine Konfliktregion als Fluchtalternative zuzumuten. Im weiteren muss gewährleistet sein, dass die betroffene Person am Ort der Fluchtalternative mit ihrer Familie zusammenleben kann. Eine Wegweisung, die dies nicht berücksichtigt, verstösst u.U. gegen Art. 8 EMRK (siehe dazu S. 46ff). Der *Nachweis* der Zumutbarkeit obliegt den Behörden. Gemäss *Werenfels* (S. 340) darf "nicht vorschnell auf das Bestehen einer inländischen Fluchtalternative geschlossen werden... Die Anforderungen an die Effektivität des dort gewährleisteten Schutzes sind hoch. Ihr Nachweis ist Sache der entscheidenden Behörde. Zweifel bezüglich des Bestehens einer Gefährdung müssen zur Asylgewährung führen".

In der Praxis wird die Möglichkeit der internen Fluchtalternative Asylsuchenden häufig entgegengehalten, jedoch meist als Zusatzargument. Es dürfte kaum ein Asylgesuch allein aufgrund des Hinweises auf eine bestehende inländische Fluchtalternative abgelehnt werden. Hingegen bekundet das BFF Mühe mit der Begründung, wo und warum es im konkreten Fall eine Fluchtalternative für zumutbar hält.

In letzter Zeit wird neben Sikhs aus Indien und Kurden aus der Türkei vor allem Gesuchstellern aus dem Libanon die inländische Fluchtalternative entgegengehalten. Wie Libanesen allerdings sichere Gebiete erreichen können und welche Gebiete für sie aus welchen Gründen sicher sind, lässt sich den Entscheiden kaum entnehmen. So wurde z.B. einem PLO-Mitglied, das von den Syrern und der Abu Moussa-Fraktion gesucht wurde, entgegengehalten, es sei ihm unbenommen gewesen, sich allfälligen Behelligungen durch einen Wohnortswechsel innerhalb des Libanons zu entziehen (Entscheid des BFF vom 5.12.1990, N 162'891). Wo sich ein PLO-Mitglied im Libanon niederlassen kann und wie es (von den Syrern gesucht) in dieses Gebiet gelangen soll, erläutert der Entscheid nicht.

5.5. GEZIELTE NACHTEILE

LITERATUR: *Kälin*, Grundriss, S. 74-85; *Werenfels*, S. 201-217.

5.5.1. Allgemeines

Eine weitere Voraussetzung für die Anerkennung der Flüchtlingseigenschaft ist, dass der Verfolger aus rassischen, religiösen, politischen oder ähnlichen Gründen *gezielt gegen den Einzelnen gerichtete, konkrete Verfolgungsmassnahmen* getroffen hat oder mit erheblicher Wahrscheinlichkeit treffen wird. Auch dieses Kriterium ergibt sich nicht aus dem Wortlaut von Art. 3 AsylG oder Art. 1A FK, ist aber in Doktrin und Praxis anerkannt.

Das Erfordernis gezielter Nachteile hat zur Konsequenz, dass es nicht genügt, dass ein Asylbewerber oder eine Asylbewerberin das Gesuch mit Hinweis auf in seinem oder ihrem Heimatland vorkommende asylrelevante Verfolgung begründet; *sie selbst müssen konkret davon betroffen sein*.

Mit dem Kriterium der Gezieltheit (Finalität) ist aber nicht gemeint, dass Verfolgung nur vorliegt, wenn der Verfolger die Person kennt, die er treffen will. Mit *Werenfels* (S. 202) heisst Finalität ausschliesslich,

> "...dass der Verfolgte zu einer Zielgruppe gehört, mehr nicht. Finalität ist gegeben, wenn der Verfolgte zum Beispiel gegen bestimmte Funktionsträger, gegen auf eine bestimmte Art Handelnde, gegen Teilnehmer eines bestimmten Ereignisses oder gegen Personen aus einem abgrenzbaren Kreis vorgehen will, *wenn also ein Kreis von Verfolgten aufgrund bestimmter Merkmale feststeht*, der sich nicht mit der Gesamt-

bevölkerung deckt. Also ist das Kriterium der Finalität erfüllt, wenn beispielsweise sämtliche Teilnehmer einer Demonstration oder die gewalttätigen unter ihnen festgenommen werden, wenn in einer Razzia alle erwachsenen Männer eines Dorfes verhaftet werden, wenn die zufällig anwesenden Angehörigen eines untergetauchten Verbrechers verhört werden, wenn jeder dritte Passant als Geisel genommen wird etc.".

Wie die folgenden Ausführungen zeigen werden, ist bei der Abgrenzung von gezielter zu ungezielter Verfolgung zu unterscheiden zwischen *Eingriffen in Leben, Leib und Freiheit* einerseits und *Massnahmen, die einen unerträglichen psychischen Druck bewirken* andererseits.

5.5.2. Gezieltheit bei Eingriffen in Leben, Leib und Freiheit

Bei Eingriffen in Leben, Leib und Freiheit spielt das Kriterium der Gezieltheit des Eingriffes bei richtiger Betrachtung keine Rolle: Immer wird jemand individuell und konkret getroffen. Auch wenn es den Falschen trifft, z.B. wegen einer Verwechslung, ist die Verfolgung gezielt.

Unproblematisch sind Fälle, in denen die Eingriffe sich in Form von *Einzelereignissen* (z.B. Haftbefehl gegen eine bestimmte Person, Prozesse) abspielen. Dasselbe gilt auch für Fälle sogenannter *stellvertretender Verfolgung*, wenn z.B. eine Behörde anstelle des untergetauchten Sohnes den Vater oder die Mutter verhaftet. Auch wer nur als Stellvertreter oder Stellvertreterin beeinträchtig wird, ist dennoch verfolgt, wenn die Verfolgung genügend intensiv ist und aus einem der im Asylgesetz aufgezählten Motive erfolgt (so auch *Werenfels*, S. 205).

Probleme bietet das Erfordernis der Gezieltheit der Verfolgung vor allem dann, wenn Massnahmen eine Vielzahl von Personen treffen:

- Razzien, Massenfestnahmen, Armee- und Polizeikontrollen

Verhaftungen im Rahmen von Demonstrationen, Razzien, Polizei- oder Armeekontrollen erfüllen, wie bereits erwähnt, immer das Erfordernis der Gezieltheit. Solche Verfolgungsmassnahmen sind allerdings u.U. deshalb nicht asylrelevant, weil der Staat aus legitimen Gründen ordnungspolizeilich einschreitet (siehe dazu unten S. 101), oder aber die Eingriffe zu wenig intensiv sind. Entscheide des DFW (heute BFF), die davon ausgehen, gezielte Verfolgung könne nicht vorliegen, wenn jemand bei einer Demonstration zufälligerweise verhaftet werde, sind falsch (Bericht der GPK des NR, Amtl. Bull. 1987, S. 756). Sobald der Betroffene identifiziert ist und weiter in Haft belassen oder misshandelt wird, ist die Verfolgung gezielt. Nach *Werenfels* (S. 202) ist das Kriterium der Finalität erfüllt, wenn sämtliche Teilnehmer einer Demonstration oder die gewalttätigen unter ihnen festgenommen werden, wenn in einer Razzia alle erwachsenen Männer eines Dorfes verhaftet werden, wenn die zufällig anwesenden Angehörigen eines untergetauchten Verbrechers verhört werden, wenn jeder dritte Passant als Geisel genommen wird etc.

- *Kollektivverfolgung*

Es gibt Situationen, in denen der Verfolger möglichst viele Mitglieder einer Gruppe von Menschen, die durch ihre Rasse, Religion, Nationalität oder politischen Anschauungen miteinander verbunden sind, treffen will. In diesem Fall spricht man von *Gruppen- oder Kollektivverfolgung*. Damit ist nicht gesagt, dass alle Mitglieder der verfolgten Gruppe automatisch Asyl erhalten. Der Flüchtlingskonvention und dem Asylgesetz liegt ein individualistischer Ansatz zugrunde: Flüchtling ist nur, wer persönlich verfolgt ist oder Verfolgung persönlich zu befürchten hat. Die Bedeutung der Kollektivverfolgung liegt vielmehr darin, dass die Verfolgung von Personen in vergleichbarer Situation ein Indiz für das Vorliegen begründeter Furcht des Gesuchstellers vor Verfolgung ist (zur begründeten Furcht siehe unten S. 108f). Die Schwelle zur Anerkennung einer begründeten Furcht ist dadurch herabgesetzt. U.U. genügt für die Anerkennung der Flüchtlingseigenschaft der Nachweis, zur verfolgten Gruppe zu gehören. Dies anerkennt die schweizerische Praxis z.B. bei den iranischen Baha'is (ASYLON Nr. 3, März 1990, S. 17). Bei Anwendung dieser Grundsätze wäre aber z.B. ein Asylgesuch eines Kurden aus der Provinz Tunceli anders zu prüfen als das Gesuch eines Kurden, der in Istanbul wohnte, indem die Schwelle für die Anerkennung einer begründeten Furcht tiefer anzusetzen wäre. Solche Überlegungen lassen sich indessen den Entscheiden nicht entnehmen.

Falsch ist hingegen folgender Textbaustein:

> "Die schweizerische Praxis geht davon aus, dass im Falle von Gruppenbenachteiligungen nur derjenige als Verfolgter i.S. des Asylgesetzes angesehen werden kann, der sich manifest für die Minderheit, der er angehört, eingesetzt hat, und der sich dadurch individuellen, konkreten Verfolgungsmassnahmen seitens seines Heimatstaates ausgesetzt hat" (N 163'597, Entscheid des DFW vom 10.4.1989).

Fragwürdig an dieser Formulierung ist, dass selbstverständlich auch Kurden als Verfolgte anerkannt werden können, die sich nicht sichtbar für ihre Sache eingesetzt haben, z.B. weil ihnen eine solche Haltung fälschlicherweise unterschoben wird (siehe dazu unten S. 102). Es kann nicht davon abhängen, ob sich jemand manifest einsetzt, sondern davon, ob er konkret Verfolgungsmassnahmen zu befürchten hat oder nicht, in anderen Worten: Relevant ist nicht Motiv und Handlung des Verfolgten, sondern vielmehr des Verfolgers.

- *Krieg, Bürgerkrieg, Guerilla*

Kriegsflüchtlinge sind durch das Asylgesetz und die Flüchtlingskonvention nicht geschützt. Nach einer Formulierung des Bundesverwaltungsgerichts der BRD (Urteil v. 3.12.1985 = EZAR 202 Nr. 6, S. 5) dient das Flüchtlings- und Asylrecht "dem Schutz des politisch Verfolgten. Es hat nicht zur Aufgabe, vor den allgemeinen Unglücksfolgen zu bewahren, die aus Krieg, Bürgerkrieg, Revolution oder sonstigen Unruhen hervorgehen". Allgemeine Unsicherheit, die Einschränkung von Grundrechten, eine sehr schlechte Versorgungslage etc. treffen die gesamte Bevölkerung, und zwar nicht wegen ihrer Rasse, Religion oder ihren politischen Anschauungen. Um als Flüchtling anerkannt zu werden genügt es demnach nicht, bloss vorzubringen, man stamme aus einem Bürgerkriegsgebiet.

Trotzdem muss auch in einer solchen Kriegs- oder Bürgerkriegssituation immer geprüft werden, ob gegen einen Gesuchsteller oder gegen eine Gesuchstellerin gezielte und konkrete Verfolgungsmassnahmen getroffen worden sind oder eine Wahrscheinlichkeit besteht, dass er oder sie solche zu befürchten hat. So ist die Verfolgung gezielt, wenn die staatlichen Behörden gegen Sympathisanten der andern Bürgerkriegspartei oder gegen die Bürgerkriegsgegner selbst individuell vorgehen. Gezielt ist die Verfolgung auch, wenn beispielsweise Teile der Zivilbevölkerung terrorisiert werden, damit sie Untergrundkämpfer verraten oder von deren Unterstützung absehen (*Kälin*, Grundriss, S. 81 mit weiteren Beispielen).

Vielfältige Probleme stellen sich bei der Prüfung von Asylgesuchen aus Bürgerkriegssituationen für die Beurteilung einmal des Vorliegens staatlicher Verfolgung (siehe oben S. 84ff), sodann auch der Motivation und Legitimität staatlichen Handelns (siehe dazu unten S. 101). Eine Kriegs- oder Bürgerkriegssituation, die für den Einzelnen kein Asyl begründen kann, muss zudem bei der Frage der Zumutbarkeit der Wegweisung berücksichtigt werden (siehe dazu S. 188ff).

5.5.3. Gezieltheit bei Massnahmen, die einen unerträglichen psychischen Druck bewirken

Bei den Massnahmen, die einen unerträglichen psychischen Druck bewirken, argumentiert die Praxis mit einer Art "Sonderopfertheorie": Benachteiligungen seien unbeachtlich, wenn sie sich "für den überwiegenden Teil der Bevölkerung gleichermassen" auswirken. Die Massnahmen gelten nur dann als gezielt, wenn sie konkret gegen den Gesuchsteller gerichtet sind und über das hinausgehen, was die Bewohner des Heimatstaates allgemein hinzunehmen haben. So lautet beispielsweise ein Textbaustein des BFF zur Situation der Kurden in der Türkei:

> "Soweit sich der Gesuchsteller bei seiner Asylbegründung auf seine Zugehörigkeit zur kurdischen Minderheit beruft, ist auf die konstante schweizerische Asylpraxis zu verweisen, wonach die allgemeine Situation, in der sich die Angehörigen dieser ethnischen Minderheit in der Türkei befinden, für die Asylgewährung nicht genügt. Das Sprachverbot, die generellen Benachteiligungen und die polizeilichen Belästigungen treffen den Grossteil der kurdischen Bevölkerung in ähnlicher Weise und sind daher nicht geeignet, die von der schweizerischen Asylrechtspraxis geforderte Zielgerichtetheit der staatlichen Individualverfolgung zu begründen" (Entscheid des BFF vom 14.11.1990, N 203'103).

Problematisch ist an dieser Praxis ist die Verkennung der Tatsache, dass diese Massnahmen nicht die gesamte türkische Bevölkerung betreffen, sondern nur eine bestimmte ethnische Gruppe. Verfolgung bleibt aber auch dann Verfolgung, wenn die ganze Gruppe (hier die Kurden) betroffen wird. Die vom BFF aufgezählten Massnahmen treffen einen Gesuchsteller nicht, weil er in der Türkei lebt, sondern weil er Kurde ist. Sie liegen also nicht in den allgemeinen Verhältnissen in der Türkei begründet. Zu fragen bleibt indessen, ob die konkret erlittene oder befürchtete Verfolgung so *intensiv* ist, dass der weitere Verbleib im Heimatland unzumutbar wird.

5.5.4. Prüfungsprogramm "gezielte Nachteile"

- Handelt es sich um gezielte, konkrete, bereits stattgefundene oder befürchtete Verfolgungsmassnahmen gegen einen Einzelnen? Gehört der Einzelne zu einer Zielgruppe, die aufgrund bestimmter Merkmale feststeht? Dabei ist folgendermassen zu unterscheiden:

- Handelt es sich bei den Nachteilen um einen Eingriff in Leib, Leben oder Freiheit?

    - Handelt es sich um ein Einzelereignis (z.B. Verhaftung)? Falls Ja = gezielter Nachteil; Intensität, Aktualität, Staatlichkeit und Motivation abklären

    - Handelt es sich um Massnahmen, die viele Personen treffen? Sobald jemand individuell betroffen oder beachtliche Wahrscheinlichkeit besteht, weil er zu einer Zielgruppe gehört, liegt gezielter Nachteil vor. Im Bürgerkrieg ebenso. Weitere Elemente abklären

- Handelt es sich um Massnahmen, die einen unerträglichen psychischen Druck bewirken?

    - Ist die ganze Bevölkerung davon betroffen oder nur eine bestimmte Gruppe (z.B. ethnische Minderheit). Falls nur Zielgruppe betroffen ist, stellt sich hauptsächlich die Frage nach der genügenden Intensität.

5.6. VERFOLGUNGSMOTIVE

LITERATUR: *Grahl-Madsen*, S. 217-252; *Kälin*, Grundriss, S. 86-99; *Köfner/Nicolaus*, S. 442-460; UNHCR, Handbuch, Ziff. 68-86; *Werenfels*, S. 231-263.

5.6.1. Allgemeines

Damit Verfolgung im Sinne des Asylgesetzes anerkannt wird, muss den genügend intensiven und gezielten staatlichen Eingriffen ein bestimmtes Motiv zugrundeliegen: Der Verfolger muss das Opfer in einer der in Art.

3 AsylG genannten Eigenschaften, d.h. wegen seiner *Rasse, Religion, Nationalität, Zugehörigkeit zu einer bestimmten sozialen Gruppe oder wegen seiner politischen Anschauungen* treffen wollen.

- Dabei ist unerheblich, ob der oder die Asylsuchende eine der genannten Eigenschaften besitzt. Entscheidend ist allein der Wille des Verfolgers, das Opfer in den erwähnten Eigenschaften treffen zu wollen.

- Die Verfolgung ist auch asylrelevant, wenn der Verfolger den Verfolgten die unliebsame Eigenschaft lediglich fälschlicherweise unterschiebt. Auch ein unpolitischer Mensch kann daher politisch verfolgt sein.

- Unerheblich ist es auch, ob der oder die Betroffene die Verfolgung durch ein anderes Verhalten hätte vermeiden können.

Nach schweizerischer Auffassung sind die Verfolgungsmotive in Art. 3 AsylG abschliessend aufgezählt (zum Verfolgungsmotiv "Geschlecht" siehe unten S. 99f). Da das Kriterium der "politischen Anschauungen" weit ausgelegt wird, können die Mehrzahl von Verfolgungstatbeständen unter die in Art. 3 AsylG genannten Verfolgungsmotive subsumiert werden (*Werenfels*, S. 233). Im Rahmen der Prüfung der Wegweisung (insbesondere von Art. 3 EMRK) können zudem auch anders motivierte Menschenrechtsverletzungen Bedeutung erlangen (z.B. Verletzungen von Art. 3 EMRK; zu den Schranken der Wegweisung siehe unten S. 171ff).

Bei der Frage, ob es auf die subjektive Motivation des Verfolgers ankommt, d.h. ob darauf abzustellen ist, dass der Verfolger aus rassischen, politischen usw. Gründen Nachteile zufügen will, oder ob es genügt, dass die Verfolgung objektiv, d.h. einem aussenstehenden Betrachter als in einem der Gründe von Art. 3 AsylG motiviert erscheint, ist u.E. das Abstellen auf den Willen des Verfolgers nicht richtig, weil es den Asylsuchenden meist unmöglich ist, diesen nachzuweisen (z.B. ob der Folterer aus politischen oder sadistischen Gründen gehandelt hat). Deshalb sind die Umstände heranzuziehen, wie sie objektiv erscheinen. Indizien können z.B. sein (siehe *Werenfels*, S. 234): Die für die Verfolgung eingesetzten Mittel, z.B. eine härtere Bestrafung als üblich, ähnliche Verfolgungsmassnahmen gegenüber Dritten, der Kreis der Betroffenen, Absichtserklärungen der Verfolger, die Begründung eines Urteils, zu einem früheren Zeitpunkt erlittene Beeinträchtigungen, die Art des Regimes.

5.6.2. Die Verfolgungsmotive im einzelnen

Die schweizerische Praxis äussert sich in ihren Entscheiden fast nie zu den Verfolgungsmotiven. Von grösserer Bedeutung ist die Abgrenzung von legimiter zu illegitimer staatlicher Verfolgung (unten S. 100ff). In der Realität lassen sich die einzelnen Verfolgungsmotive nicht immer klar voneinander trennen. Einerseits überschneiden sie sich inhaltlich; andererseits können sie auch kombiniert auftreten, so z.B. Verfolgung wegen politischer Gesinnung und gleichzeitige Zugehörigkeit zu einer ethnischen Gruppe, wie beispielsweise Tamilen in einer separatistischen Organisation.

- Rasse

Der Begriff Rasse muss in weitestem Sinne verstanden werden: Er meint nicht nur Gruppen, die sich durch die Hautfarbe unterscheiden, sondern er schliesst "alle ethnischen Gruppen, die gewöhnlich als "Rassen" bezeichnet werden, ein" (UNHCR, Handbuch, Ziff. 68). Ausschlaggebend ist dabei der Umstand, dass die verfolgte Person von den Verfolgern einer bestimmten missliebigen rassischen Gruppe zugezählt und deshalb in flüchtlingsrelevanter Weise unterdrückt wird. Im weiteren gelten hier die gleichen Überlegungen wie zum Motiv Nationalität (siehe unten).

- Religion

Es kann sich um Verfolgung wegen der Zugehörigkeit des Flüchtlings zu einer bestimmten religiösen Gemeinschaft, wegen seiner religiösen Anschauungen, wegen öffentlicher Glaubensbekenntnisse, wegen der Teilnahme an öffentlichen Kulthandlungen oder wegen des Wechsels der Religion handeln. Formen von Verfolgung wegen der Religion sind z.B. das Verbot, Mitglied einer Glaubensgemeinschaft zu sein, das Verbot der Unterweisung in dieser Religion, das Verbot der Ausübung bestimmter Riten und schwere Diskriminierung von Angehörigen einer Religionsgemeinschaft (UNHCR, Handbuch, Ziff. 72). Verfolgung aus religiösen Gründen ist z.B. auch bei Frauen anzunehmen, die sich gegen besonders für sie geltende religiös begründete Verhaltensregeln wehren (so etwa im Iran), allgemein bei Strafen gestützt auf religiöses Recht (z.B. Amputation gemäss Schari'a). Auch Verfolgung wegen Nichtzugehörigkeit zu einer bestimmten Religion, z.B. von Atheisten, gilt als religiöse Verfolgung. Probleme stellen sich für die Praxis vor allem bei den Anforderungen an die Intensität der Massnahmen bei religiöser Verfolgung (siehe oben S. 77ff).

- Nationalität

Der Begriff der Nationalität darf nicht nur im Sinne von Staatsangehörigkeit verstanden werden. Er umfasst auch Massnahmen, die wegen der Zugehörigkeit zu einer bestimmten Volksgruppe im Sinne einer ethnischen Gruppierung ergriffen werden, welche sich durch gemeinsame Sprache oder Erziehung, Kultur, Tradition oder Abstammung auszeichnet. Der Verfolgung wegen der Nationalität kann schliesslich auch die Unterdrükkung von Sprache und Kultur einer Gruppe zugeordnet werden. Oft überschneidet sich der Verfolgungsgrund der Nationalität mit jenem der Rasse. Die schweizerische Praxis betrachtet in der Regel Verfolgungsmassnahmen im Zusammenhang mit ethnischen Konflikten als politische Verfolgung. Dieses Verfolgungsmotiv spielt daher in der Praxis kaum eine Rolle. Fällen von Sprachverbot und Unterdrückung der Kultur wird in der schweizerischen Praxis oft mit dem Argument fehlender Gezieltheit die Asylrelevanz abgesprochen; wie die obigen Ausführungen (S. 92f) aber gezeigt haben, ist diese Ansicht falsch. Das Motiv "Nationalität" selbst geht von kollektiver Benachteiligung aus. Probleme bei solchen Fällen bietet das Erfordernis der genügenden Intensität (siehe oben S. 77ff). Falls für die Übertretung eines Sprachenverbotes schwere Sanktionen drohen, liegt asylrelevante Verfolgung vor (*Kälin*, Grundriss, S. 94f).

- Zugehörigkeit zu einer bestimmten sozialen Gruppe

Dieser Verfolgungsgrund stellt einen Auffangtatbestand dar, der bewusst in die Flüchtlingsdefinition der FK aufgenommen wurde, um "allfällige Lücken abzudecken" (*Werenfels*, S. 241). Gedacht wurde bei der Schaffung dieses Verfolgungsmotives v.a. an gesellschaftlich verpönte Klassen in Osteuropa (Adlige, Kapitalisten, Grossgrundbesitzer). In einer "bestimmten sozialen Gruppe" befinden sich Personen mit ähnlichem Hintergrund, Gewohnheiten oder sozialer Stellung (UNHCR-Handbuch, Ziff. 77). Darunter lassen sich die soziale Gruppe "Familie", weiter auch z.B. die Gruppen "jugendliche männliche Tamilen", "Universitätsstudentinnen in religiös traditionellen Ländern" oder "Homosexuelle" subsumieren (zur geschlechtsspezifischen Verfolgung siehe weiter unten).

- Politische Anschauungen

Am meisten Bedeutung kommt in der Praxis dem Verfolgungsgrund der politischen Ansschauung zu. Dieser Begriff ist weit zu fassen. Politisch ist alles, was sich gegen das politische System, die staatliche, gesellschaftliche und wirtschaftliche Ordnung, den Bestand und die Legitimität des Staates richtet. Entscheidend ist nicht, ob die Betroffenen die politische Anschauung tatsächlich hatten, sondern der Staat sie bei ihnen annimmt.

Politisch verfolgt kann auch sein, wer mit dem System des Heimatlandes grundsätzlich einverstanden ist, in einzelnen Punkten aber davon abweicht. Auch das Vertreten einer neutralen Haltung ist eine politische Meinung. So dürfte die Haltung vieler Tamilen und Tamilinnen, die sich weder mit den Befreiungsbewegungen einlassen wollen, noch sich auf die Seite der srilankischen Regierung schlagen mögen oder können, eine politische Haltung darstellen. Gemäss Praxis der USA z.B. werden Asylsuchende als Flüchtlinge anerkannt, die sich weigern, für den Staat oder die Guerilla Stellung zu nehmen und deshalb verfolgt werden (siehe *Kälin*, Grundriss, S. 98). Solche "Sandwichsituationen" werden in Asylgesuchen häufig vorgebracht, so von Kurdinnen und Kurden zwischen den Fronten PKK und türkischem Staat, scheitern aber in der Praxis meist an der Verfolgungsmotivation des Staates oder an der Staatlichkeit der Verfolgung. In totalitären Systemen kann auch das konsequente apolitische Abseitsstehen von der Einheitsmeinung politische Verfolgung bewirken.

Besonders bei der "politischen Verfolgung" ist zu fragen, ob die staatlichen Massnahmen illegitim (und damit asylrelevant) oder noch legitim sind.

- Verfolgung wegen des Geschlechtes?

Immer wieder wird die Forderung aufgestellt, als weiteres Motiv Verfolgung wegen des Geschlechtes oder sexuelle Verfolgung anzuerkennen. Es stellt sich hier insbesondere die Frage, ob Frauen, die sexuell misshandelt worden sind oder wegen ihres Geschlechts Misshandlungen zu befürchten haben (Verstümmelungen, Steinigungen von Ehebrecherinnen), asylrelevant verfolgt sind. Soweit es sich dabei um sexuelle Misshandlungen handelt, weil Ehemänner, Väter, Brüder etc. gesucht werden und die Frauen keine Auskunft geben wollen, genügt das Motiv der sozialen Gruppe "Familie", damit Verfolgung im Sinne von Art. 3 AsylG anerkannt wird. Für Verfolgung von Frauen, die wegen Verstössen gegen religiöse Gesetze etc., mit dem Tod, schweren Körperstrafen oder Freiheitsentzug zu rechnen haben, besteht u.U. tatsächlich ein Problem bei der Subsumption unter eines der fünf Verfolgungsmotive. In verschiedenen Resolutionen hat das Exekutivkomitee des UNHCR die Staaten darauf hingewiesen, solche Verfolgung als Verfolgung wegen der Zugehörigkeit zu einer sozialen Gruppe anzuerkennen (vgl. *Hausammann*, Bestrebungen, S. 4ff).

Allgemein erlittene Diskriminierungen von Frauen ermangeln in der Regel der genügenden Intensität oder Gezieltheit der Verfolgung und führen nicht zur Asylgewährung. Immerhin mag sich z.B. bei gewissen Riten (z.B. drohende Beschneidung) die Frage der Wegweisung unter dem Aspekt von Art. 3 EMRK stellen (siehe dazu S. 179ff; zum Thema Frauenflüchtlinge allgemein siehe unten S. 113ff).

5.7. ABGRENZUNG LEGITIMER STAATLICHER EINGRIFFE ZU ILLEGITIMER VERFOLGUNG

LITERATUR: *Kälin*, Grundriss, S. 99-123; UNHCR, Handbuch, Ziff. 56-61 und 175-180; *Werenfels*, S. 244-261.

5.7.1. Allgemeines

Nicht alle staatlichen Massnahmen, die in Leib, Leben und Freiheit des oder der Einzelnen eingreifen, sind asylrelevant. Jeder Staat darf legitimerweise Massnahmen zur Verbrechensbekämpfung, zur Aufrechterhaltung der öffentlichen Ordnung, Ruhe und Sicherheit und zum Schutze der Einheit des Staates ergreifen. Beruhen Verfolgungsmassnahmen auf legitimen Gründen, wird das Asylgesuch wegen Fehlens asylrelevanter Verfolgungsmotivation des Staates abgelehnt. Der erstinstanzlich verwendete Textbaustein lautet:

> "Die vom Gesuchsteller geltend gemachte Inhaftierung ist asylrechtlich unbeachtlich. Damit eine derartige Massnahme die im Gesetz genannte Bedeutung erlangen kann, ist wesentlich zu fragen, welche Gründe die staatlichen Behörden zu deren Ergreifung bewogen haben. Will der Staat den Betroffenen in einer der im Gesetz genannten Eigenschaften der Rasse, Religion, Nationalität, wegen seiner Zugehörigkeit zu einer sozialen Gruppe oder wegen seiner politischen Anschauungen treffen, so sind solche Umstände asylrechtlich relevant. Demgegenüber ist von einer politischen Verfolgung nicht zu sprechen, wenn die Bestrafung rechtsstaatlich legitimen Zwecken dient, insbesondere der Aufrechterhaltung eines geordneten menschlichen Zusammenlebens oder der inneren und äusseren Sicherheit. Den Ausführungen des Gesuchstellers kann nun aber entnommen werden, dass eine allfällige Bestrafung in seinem Heimatlande sowohl vom Strafzweck wie von der Strafhöhe her gesehen auf legitimen Gründen beruht" (z.B. N 158'185, Entscheid des DFW vom 13.4.1989).

5.7.2. Abgrenzungsprinzipien

Diese Ausführungen lassen sich folgendermassen verallgemeinern und weiterentwickeln *(Kälin*, Grundriss, S. 104ff):

- *Repressionsmassnahmen* gegen *religiöse und ethnische Gruppierungen und politische Gegner* sind an sich keine Verfolgung, wenn sie der Durchsetzung legitimer Interessen des Staates, wie etwa eines geordneten Zusammenlebens, dienen. Sie werden aber zu asylrechtlich relevanter Verfolgung, wenn sie *klar unverhältnismässig* sind und deshalb nicht mehr mit öffentlichen Interessen gerechtfertigt werden können (Übermassverbot).

- Dasselbe gilt bei unverhältnismässigen *Eingriffen gegenüber Teilnehmerinnen und Teilnehmer an Demonstrationen* oder bei der *Bekämpfung von Unruhen und Terrorismus*: Verfolgungshandlungen gegen bestimmte - z.B. religiös oder politisch abgrenzbare - Gruppen sind nicht mehr legitim, wenn die eingesetzten Mittel völlig übertrieben, willkürlich oder menschenrechtlich absolut verboten sind, wie dies etwa für Folterungen anlässlich einer Razzia in einem Dorf, Verschwindenlassen von Personen, Ermordung durch Todesschwadronen oder für Schüsse auf friedliche Demonstrierende gilt.

- Im *Bürgerkrieg* und beim Vorgehen gegen *Aufständische* darf der Staat zur Aufrechterhaltung der Ordnung auch Waffengewalt einsetzen, dabei aber gewisse Grenzen nicht überschreiten. Auch hier gilt, dass bei einem Vorgehen mit unverhältnismässigen Mitteln gegen gewisse abgrenzbare Gruppen vermutet werden kann, der Staat wolle nicht legitime Interessen durchsetzen, sondern er handle aus asylrelevanter Motivation, z.B. um eine missliebige Minderheit zu treffen. Dies gilt insbesondere beim Vorgehen des Staates gegen unbewaffnete Unbeteiligte, die sich durch bestimmte ethnische, religiöse oder politische Merkmale vom Rest der Bevölkerung abheben. Indizien für asylrelevante illegitime Eingriffe sind etwa auch *(Werenfels*, S. 252): Lange dauernde Internierung von Bevölkerungsgruppen, Untersuchungshaft für mutmassliche oder auch nur potentielle Separatisten, Verweigerung der Verteidigungsrechte etc.

- Verschiedene Staaten sehen für die Äusserung oder Verbreitung bestimmter *politischer, religiöser oder ethnischer Ansichten und für Aktivitäten* in diesen Bereichen *strafrechtliche Sanktionen* vor (z.B. kommunistische Propaganda, in der Türkei etwa auch die Verbreitung von Publikationen in kurdischer Sprache oder das Hören kurdischer Musik, in gewissen Staaten die Vornahme religiöser Kulthandlungen). Strafen für die Ausübung der hier betroffenen Grundrechte (etwa Meinungsäusserungs-, Glaubens- oder Religionsfreiheit), gelten als klassische "politische Verfolgung". Grundrechte gelten aber auch bei uns nicht absolut. Zu asylrelevanter Verfolgung werden die Strafen indessen, wenn sie nicht in öffentlichem Interesse liegen oder wenn sie unverhältnismässig sind, indem sie stärker in die Rechte des Einzelnen eingreifen, als für die Sicherheit und Ruhe im Staat notwendig ist (*Kälin*, Grundriss, S. 107). Falls diese Eingriffe die nötige Intensität erreichen, sind sie asylrelevant.

- Bei *Bestrafung für politische Delikte* (siehe zum Begriff hinten S. 162f). spricht eine grosse Wahrscheinlichkeit dafür, dass die Strafverfolgung nicht nur die Tat, sondern auch die Gesinnung des Täters treffen will. Falls die Tat bloss unterschoben wird, falls der Täter wegen seiner Anschauungen mit überhöhter Strafe oder einem unfairen Prozess zu rechnen hat oder die Strafe unverhältnismässig hoch ausfällt, ist politische Verfolgung anzunehmen.

- Flucht vor *Strafverfolgung* aufgrund eines *gemeinrechtlichen Delikts* ist in der Regel nicht asylrelevant, da es das Recht jedes Staates ist, solche Delikte zu ahnden. Indessen kann auch staatliche Strafverfolgung unter gewissen Bedingungen flüchtlingsrelevante Verfolgung darstellen, so z.B. wenn Personen mit bestimmten politischen Anschauungen oder rassischen, religiösen oder sozialen Merkmalen unverhältnismässig hart behandelt werden, indem z.B. der Staat einen Straftäter mit einer höheren Strafe belegt als einen gewöhnlichen Straffälligen (sog. Politmalus), wenn einer Person eine gemeinrechtliche Straftat, die sie nicht begangen hat, unterschoben wird, um sie aus rassischen, politischen etc. Gründen verfolgen zu können, wenn die Situation eines Täters oder einer Täterin im Strafverfahren erschwert wird, indem den Angeklagten Verfahrensrechte in besonders schwerwiegender Weise vorenthalten werden oder indem die angeklagte Person einem höheren Folterrisiko ausgesetzt ist (ähnlich die Praxis des Bundesgerichts im Fall Sener, BGE 109 Ib 64ff).

Flüchtlingsbegriff 103

5.7.3. Praxis und Kritik

Die schweizerische Praxis verneint in vielen Fällen eine Verfolgungsmotivation des Staates und hält die Eingriffe für legitimes staatliches Handeln (siehe die Beispiele bei *Kälin*, Grundriss, S. 101f). Dabei sind die Begründungen der Entscheide ziemlich undifferenziert:

- So wird praktisch nie auf die *tatsächlichen Verhältnisse* in den entsprechenden Staaten eingegangen, ob es sich dabei um von totalitären Regimes regierte Länder handelt, ob die Strafuntersuchungen nach rechtsstaatlichen Grundsätzen vor sich gehen, ob gefoltert wird etc. In einem Fall wurde z.B. argumentiert, eine *Strafuntersuchung* gegen einen Kurden wegen illegalen Waffenbesitzes beruhe "auf einem rechtsstaatlich legitimen Grund" (Entscheid des DFW vom 30.5.1989, N 154'007). Die Behörde geht dabei offenbar davon aus, die Türkei sei ein Rechtsstaat und der betroffene Kurde werde nur für das entsprechende Delikt nach rechtsstaatlichen Grundsätzen zur Rechenschaft gezogen. Dass bei einem Kurden, der wegen illegalen Waffenbesitzes in eine Strafuntersuchung gerät, ein erhöhtes Folterrisiko oder die Gefahr einer willkürlichen Untersuchung oder Bestrafung besteht, bleibt unberücksichtigt. Gemäss einer häufig verwendeten Formulierung in Asylentscheiden kann es "jedem Bürger eines jeden Staates jederzeit widerfahren, wegen falschen Verdachts in ein Straf- bzw. Ermittlungsverfahren einbezogen zu werden, ohne dass asylrelevante Motive hiefür massgeblich sind" - bloss, die Konsequenzen sind nicht in jedem Staat die gleichen.

- Bei *Verfolgung im Bürgerkrieg* argumentiert die Praxis des BFF seit neuem bei Milizionären, die aktiv gekämpft haben und aus diesem Grund gesucht werden (so z.B. im Fall eines ehemaligen Baz-Kämpfers aus dem Libanon, der von der Hezbollah verfolgt wird, Entscheid des DFW vom 20.9.1990, N 94'808) folgendermassen:
  "Damit nämlich allfällige Übergriffe gegen den Gesuchsteller die im Gesetz genannte Bedeutung erlangen können, ist wesentlich zu fragen, welche Beweggründe für den Verfolger massgeblich sind. Soll der Betroffene persönlich und gezielt in einer der im Gesetz genannten Eigenschaften der Rasse, Religion, Nationalität, wegen seiner Zugehörigkeit zu einer sozialen Gruppe oder wegen seiner politischen Anschauungen getroffen werden, so sind diese Umstände asylrechtlich beachtlich. Bei den aus dem bürgerkriegsmässigen Einsatz sich ergebenden Gefahren tritt eine solche Motivation hingegen in den Hintergrund. Der einzelne Milizionär ist von den wechselseitigen Kampfhandlungen nicht primär als Trä-

ger bestimmter persönlicher Eigenschaften, sondern als Angehöriger einer Kampforganisation im Einsatz betroffen."

Dieser Textbaustein, der nicht klar erkennen lässt, ob wegen fehlender Gezieltheit oder wegen fehlender Verfolgungsmotivation erlittenen oder drohenden Eingriffen in Leib, Leben und Freiheit Asylrelevanz abgesprochen wird, ist unverständlich und falsch. Gezielt ist die Massnahme, weil der Betroffene individuell gesucht wird und damit verfolgt ist (auch der Angehörige einer Zielgruppe ist individuell verfolgt; siehe dazu oben S. 92f), die Verfolgungsmotivation hat sich an die oben entwikkelten Grundsätze zur Abgrenzung legitimer von illegitimen Massnahmen zu halten. Solche Erwägungen sind diesem und ähnlichen Entscheiden (z.B. Entscheid des BFF vom 5.12.1990, N 130'261) aber keine zu entnehmen.

5.7.4. Bestrafung von Dienstverweigerern und Deserteuren

LITERATUR: *Kälin*, Grundriss, S. 115-117; *Schütz*, ASYL 1988/2, S. 11-14; UNHCR, Handbuch, Ziff. 167-174; *Werenfels*, S. 255-261. Zur deutschen Doktrin und Praxis ausführlich: *Köfner/Nicolaus*, S. 511-581.

Gemäss Praxis der Schweizer Behörden führt eine Bestrafung wegen Militärdienstverweigerung nicht zum Asyl, "da diese eine direkte Folge der Verletzung einer staatsbürgerlichen Pflicht und nicht eine Bedrohung aus politischen Gründen darstellt" (Entscheid des DFW vom 20.4.1989, N 163'894). Dies entspricht der herrschenden Lehre. Unter gewissen Umständen kann aber eine drohende Bestrafung wegen Dienstverweigerung und Desertion dennoch zur Anerkennung der Flüchtlingseigenschaft führen, so in folgenden Fällen:

- Nach denselben Kriterien wie bei der Beurteilung der Bestrafung von gemeinrechtlichen Straftätern (siehe oben S. 102) gilt, dass asylrelevante Verfolgung vorliegt, wenn der geflohene Dienstverweigerer oder Deserteur aus asylrelevanten Motiven (z.B. wegen seiner Ethnie oder politischen Einstellung) mit unverhältnismässig schwerer Bestrafung zu rechnen hat.

- Asylrelevant ist Strafe für Desertion und Dienstverweigerung, wenn die Einziehung zum Militärdienst bewusst eingesetzt wird, um unliebsame Gruppen "im Verlaufe ihrer Dienstleistung zu disziplinieren, einzuschüchtern, politisch umzuerziehen oder mit Zwang zu assimilieren"

(*Werenfels*, S. 256). Davon kann man ausgehen, wenn "eine zielgerichtete Auswahl nach bestimmten, im Sinne von Art. 3 AsylG relevanten Eigenschaften und Überzeugungen unter den Wehrpflichtigen stattfindet" (*Schütz*, S. 12).

- Weiter ist asylrelevant, wenn Personen wegen solcher Eigenschaften oder Überzeugungen absichtlich im Krieg an den gefährlichsten Fronten eingesetzt werden (so z.B. im Iran oder in Äthiopien geschehen).

- Auch abgesehen davon können gewisse Gruppen aufgrund ihrer Rasse, Religion, Nationalität, ihrer Zugehörigkeit zu einer sozialen Gruppe oder wegen ihrer politischen Anschauungen während der Dienstzeit schwersten Übergriffen und Misshandlungen durch Kameraden und Vorgesetzte ausgesetzt sein, was ebenfalls asylrelevant ist. Dies gilt z.B. für syrisch-orthodoxe Christen in der Türkei.

- Ebenfalls für eine Anerkennung als Flüchtling beachtlich ist, wenn die Leistung von Militärdienst beim Asylsuchenden eine echte Gewissensnot auslöst, indem diese eine "Teilnahme an militärischen Massnahmen erfordern würde, die im Widerspruch zu ihrer echten politischen, religiösen oder moralischen Überzeugung oder auch zu anzuerkennenden Gewissensgründen stehen" (UNHCR, Handbuch, Ziff. 170), z.B. wenn Soldaten von einer fremden Macht gezwungen gegen eigene Landsleute, oder wenn Angehörige einer Minderheit gegen das eigene Volk kämpfen müssten.

- Nach Ansicht des UNHCR (Handbuch, Ziff. 171) ist im übrigen Bestrafung wegen Dienstverweigerung dann relevant, wenn der Dienstpflichtige gezwungen ist, Taten zu vollbringen, die die Völkergemeinschaft als Kriegsverbrechen geächtet hat.

In der schweizerischen Praxis fliessen die genannten Kriterien kaum in die Beurteilungen der Asylgesuche ein. *Werenfels* (S. 260) kritisiert insbesondere, dass bei der drohenden Bestrafung wegen Dienstverweigerung und Desertion die für die Abgrenzung zur legitimen Verfolgung geltenden Massstäbe kaum Beachtung finden. Was das Vorliegen von Gewissensnot anbetrifft, wird in der Praxis ein schwerer und aktueller Gewissenskonflikt verlangt (*Werenfels*, S. 259). Bejaht wurde dieser bisher lediglich bei Afghanen und teilweise bei irakischen Kurden, die gegen ihre eigenen Landsleute eingesetzt werden (siehe auch den Fall eines desertierten Sowjetsoldaten in ASYL 1986/1, S. 11). Die Asylgesuche wegen Dienstverweigerung und Desertion werden somit in der Schweiz meist abgelehnt. In zwei bekannt gewordenen Fällen wurde gar ein Nichteintretensentscheid gefällt (Entscheide des DFW vom 7.8.1990, N 196'983 und 196'987, in ASYL 1990/3, S. 17; zu den Nichteintretensentscheiden siehe im übrigen S. 292ff). Eine befürchtete Strafe wegen Dienstverweigerung oder Desertion ist indessen bei den Schranken der Wegweisung zu beachten (siehe dazu S. 179ff zu Art. 3 EMRK).

5.7.5. Prüfungsprogramm "Verfolgungsmotive"

(nach *Kälin*, Grundriss, S. 122f)

- Verfolgt der Staat eine Person wegen deren Rasse, Religion, Nationalität, Zugehörigkeit zu einer sozialen Gruppe oder wegen deren politischen Anschauungen?

- Falls der Staat dies ausdrücklich und offen tut = asylrelevante staatliche Verfolgung, wenn die andern Elemente auch erfüllt sind.

- Falls der Staat vorgibt, nur aus Gründen der inneren Sicherheit oder aus strafrechtlichen Motiven zu handeln:

   - Nach objektiven Kriterien untersuchen, ob sich aus den Umständen des Falles eine asylrelevante Verfolgungsmotivation ergibt

   - Eine solche Verfolgungsmotivation ist anzunehmen, wenn der Staat sich nicht auf ein legitimes, öffentliches Interesse stützt und wenn die Handlungen des Staates unverhältnismässig sind, d.h. über das hinausgehen, was nötig wäre, um Ordnung und Sicherheit zu bewahren

   - Bei erlittener oder drohender Folterung, überlanger Bestrafung, Willkür im Strafverfahren ist daher von einer asylrelevanten Motivation (z.B. Rasse oder politische Anschauungen der Betroffenen) auszugehen.

Flüchtlingsbegriff

5.8. BEGRÜNDETE FURCHT VOR ZUKÜNFTIGER VERFOLGUNG

LITERATUR: *Grahl-Madsen*, Bd I, S. 173-188; *Kälin*, Grundriss, S. 124-150; UNHCR, Handbuch, Ziff. 37-50; *Werenfels*, S. 282-302.

5.8.1. Grundsätzliches

Art. 3 AsylG definiert Flüchtlinge als "Ausländer, die in ihrem Heimatstaat oder im Land, wo sie zuletzt wohnten, (....) ernsthaften Nachteilen ausgesetzt sind oder *begründete Furcht haben, solchen Nachteilen ausgesetzt zu werden*".

Flüchtling ist damit nicht nur, wer eine *aktuelle* Verfolgung geltend machen kann, sondern auch, *wer vor künftiger Verfolgung flieht*. Ist also die bereits erlittene Verfolgung nicht asylrelevant, indem sie z.B. zuwenig intensiv ist, oder weil sie zeitlich zu weit zurückliegt, um für die Flucht kausal zu sein, muss geprüft werden, ob diese Ereignisse Anhaltspunkte für begründete Furcht vor zukünftiger Verfolgung darstellen können. Begründete Furcht für die Zukunft kann aber auch *ohne* ernsthafte Nachteile in der Vergangenheit bestehen (*Werenfels*, S. 189).

5.8.2. Anforderungen an die Aktualität der Verfolgung

Das Asylgesetz teilt Flüchtlinge auf in solche, die ernsthafte Nachteile erlitten haben, und solche, die ernsthafte Nachteile erst befürchten. Bei den ersteren wird vermutet, dass sie auch künftig gefährdet sind, ohne dass dieser Aspekt noch separat geprüft wird (*Werenfels*, S. 283). Die Flüchtlingskonvention hingegen verlangt immer eine begründete Furcht vor zukünftiger Verfolgung. Als Flüchtling anerkannt werden kann also nicht nur, wer aktuelle Verfolgung geltend macht oder begründete Furcht vor zukünftiger Verfolgung hat, sondern auch, wer bereits asylrelevante Nachteile erlitten hat und nach Abschluss der Verfolgung ins Ausland flieht. Die Praxis verlangt aber, dass eine Kausalität zwischen abgeschlossener Verfolgung und Ausreise besteht. Diese wird als gegeben erachtet, wenn der *zeitliche und sachliche Zusammenhang genügend eng ist*:

- Der *zeitliche Zusammenhang* gilt als zerrissen (und damit die Kausalität von Vorverfolgung und Ausreise als nicht gegeben), wenn zwischen Eingriff und Ausreise ein zu grosser Zeitraum liegt. Nach *Werenfels* (S. 295) gilt der zeitliche Zusammenhang als zerrissen, wenn der Gesuchsteller - je nach Einzelfall - länger als sechs bis zwölf Monate mit der Flucht zuwartete. Auch in einem solchen Fall kann es aber gute Gründe für eine spätere Ausreise geben, weil sich z.B. die generelle Lage wieder verschärft hat. Zu berücksichtigen ist allerdings immer, dass eine Verfolgung, die einige Zeit zurückliegt, bei den Betroffenen begründete Furcht vor zukünftiger Verfolgung auslösen kann; meist sind Menschen, die schon einmal verfolgt wurden, auch objektiv gefährdeter als andere. Dies verkennt die schweizerische Praxis in der Regel (siehe dazu unten S. 109f).

- Der *sachliche* Zusammenhang zwischen Vorverfolgung und Flucht kann etwa fehlen, wenn Verfolgung durch ein Regime geltend gemacht wird, das nicht mehr an der Macht ist oder wenn sich die Situation im Verfolgerstaat in der Zwischenzeit wesentlich und dauernd gebessert hat.

5.8.3. Zukünftige Verfolgung

Nicht jede noch so entfernte Möglichkeit künftiger Verfolgung genügt für die Anerkennung der Flüchtlingseigenschaft. Verlangt wird, dass die Furcht vor zukünftiger Verfolgung *begründet* erscheint.

Dabei ist zu beachten, dass der Begriff "begründete Furcht vor Verfolgung" sowohl ein *subjektives als auch ein objektives Element* enthält: Flüchtling ist nur, wer *Furcht vor Verfolgung* hat; diese subjektive Angst muss aber *objektiv* begründet sein, d.h. sie muss angesichts der tatsächlichen Situation gerechtfertigt erscheinen. Allein die Tatsache, dass ein Gesuchsteller oder eine Gesuchstellerin überängstlich ist, genügt nicht für die Annahme begründeter Furcht Immerhin sind individuelle Unterschiede in einem gewissen - nämlich nicht krankhaften - Rahmen zu berücksichtigen. So hat beispielsweise jemand der gefoltert worden ist, vielleicht schon begründete Furcht, wenn man ihm wortlos das Instrument zeigt, mit dem er früher gefoltert worden ist.

Die schweizerische Praxis tendiert auf eine Betonung der *objektiven Begründetheit*. Nach einer Standardformulierung führt sie an:
> "Ob im konkreten Fall eine solche Wahrscheinlichkeit besteht, ist aufgrund einer objektivierten Betrachtungsweise zu beurteilen. Es müssen somit hinreichende Anhaltspunkte für eine konkrete Bedrohung vorhanden sein, die bei jedem Menschen in vergleichbarer Lage Furcht vor Verfolgung und damit den Entschluss zur Flucht hervorrufen würden".

Flüchtlingsbegriff 109

Die Praxis verlangt also *tatsächliche Anhaltspunkte*, welche die Furcht vor zukünftiger Verfolgung objektiv als begründet erscheinen lassen. Das UNHCR (Handbuch, Ziff. 41) führt an, die Definition der Flüchtlingskonvention messe dem *subjektiven Moment viel Bedeutung* bei; deshalb seien für die Beurteilung, ob begründete Furcht vorliegt, folgende Indizien zu berücksichtigen: persönliche Gründe, der familiäre Hintergrund des Antragstellers, seine Zugehörigkeit zu einer bestimmten rassischen, religiösen, nationalen, sozialen oder politischen Gruppe, die eigene Beurteilung seiner Lage, seine persönlichen Erfahrungen - "mit andern Worten alles, was darauf hindeuten könnte, dass das ausschlaggebende Motiv für seinen Antrag Furcht ist". Zu berücksichtigen sind auch bereits erlittene Verfolgung, die für sich allein nicht asylrelevant ist, eine persönlich erhöhte Verletzbarkeit (z.B. von Frauen), ernsthafte Nachteile, die nahen Angehörigen oder Personen der gleichen Organisation zugefügt worden sind etc.

Die Anhaltspunkte, welche Anlass dazu geben, künftige Verfolgung zu befürchten, genügen nur, wenn diese Verfolgung nicht bloss eine weit entfernte Möglichkeit darstellt, sondern real droht. Die schweizerische Praxis verlangt hier eine *beachtliche Wahrscheinlichkeit* drohender Verfolgungsmassnahmen. Diese Anhaltspunkte müssen gemäss Art. 12a AsylG glaubhaft gemacht werden. Immerhin sollten die Überlegungen und Abwägungen zur begründeten Furcht dem Entscheid in den wesentlichsten Zügen entnommen werden können (*Werenfels*, S. 288).

5.8.4. Kritik an der schweizerischen Praxis zur begründeten Furcht vor Verfolgung

In den Asylentscheiden schweizerischer Behörden ist von den oben erwähnten Überlegungen und Abwägungen, die bei der Prüfung eines Asylgesuches zu machen wären, wenig zu sehen ist:

- Es fällt auf, dass das Vorliegen einer begründeten Furcht vor zukünftiger Verfolgung nur sehr mangelhaft geprüft wird. Insbesondere wird auf die subjektive Seite überhaupt nicht eingegangen. Eine Abwägung der (subjektiven) Furcht mit der (objektiven) Begründetheit findet schon gar nicht statt.

- In vielen Fällen kommt der DFW nach der Prüfung der Flüchtlingseigenschaft zum Schluss, eine erlittene Verfolgung sei nicht asylrelevant, weil die bereits erlittene Verfolgung für die Asylgewährung zu wenig intensiv sei oder zeitlich zu weit zurückliege. In diesen Entscheiden finden sich aber keine weiteren Ausführungen dazu, wie sich die Situation für die Asylsuchenden entwickelt haben könnte, ob sie nicht in Zukunft wieder Opfer von Kurzzeitverhaftungen, Misshandlungen etc. hätten werden können, was einen weiteren Aufenthalt als unzumutbar würde erscheinen lassen. Eine Prognose ist aber nur möglich, wenn sehr genau auf die Verhältnisse im betreffenden Land abgestellt wird und man berücksichtigt, wie beispielsweise gegen eine bestimmte oppositionelle Gruppe vorgegangen wird oder welchen Gefahren bereits einmal verfolgte Angehörige einer Minderheit ausgesetzt sind.

- Den Entscheiden lässt sich auch nicht entnehmen, wann eine beachtliche Wahrscheinlichkeit künftiger Verfolgung anzunehmen wäre. Als nicht genügend erachtet die Praxis z.B. Hinweise Dritter (so der Entscheid vom 29.3.1989, N 163'899: "Der Umstand allein aber, von einer Drittperson erfahren zu haben, man werde gesucht, genügt nicht, um glaubhaft zu machen, dass man im Moment seiner Ausreise persönlich ernsthaften Nachteilen ausgesetzt gewesen wäre oder dass einem solche mit beachtlicher Wahrscheinlichkeit gedroht hätten"; der Gesuchsteller hatte telefonisch vom Vater erfahren, das die Polizei zweimal nach ihm gesucht hatte).

- Schliesslich lassen die erstinstanzlichen Entscheide auch eine Gesamtbeurteilung der Verfolgungsfurcht vermissen. Es fehlt jeweils eine Auseinandersetzung mit der speziellen Situation im Herkunftsstaat, mit den dort üblichen Verfolgungsmustern, mit persönlichen Erlebnissen des Gesuchstellers bzw. der Gesuchstellerin oder mit Nachteilen, die Personen aus seinem Umfeld erlitten haben. Bezeichnenderweise lässt sich kaum einem Entscheid entnehmen, aus welcher Provinz z.B. ein Kurde kommt, obwohl dies für eine Beurteilung der Verfolgungsfurcht wesentlich sein dürfte.

5.9. NACHFLUCHTGRÜNDE

LITERATUR: *Kälin*, Grundriss, S. 130-137 und 186-189; *Koch/Tellenbach*, ASYL 86/2, S. 2-7; *Tellenbach*, ASYL 1986/3, S. 9-13 und ASYL 1986/4, S. 12-15; *Robinson*, S. 50f.; UNHCR, Handbuch, Ziff. 61; *Werenfels*, S. 347-377.

5.9.1. Begriff

Als Nachfluchtgründe werden Asylgründe bezeichnet, die erst *nach* der Ausreise aus dem Herkunftsstaat eintreten und den Flüchtling bei seiner Rückkehr in eben diesen Staat einer asylrelevanten Verfolgungssituation aussetzen würden. Die Nachfluchtgründe können unterteilt werden in objektive und subjektive:

- Objektive Nachfluchtgründe

Objektive Nachfluchtgründe sind solche, die *unabhängig vom Verhalten* eines Asylbewerbers oder einer Asylbewerberin durch Ereignisse in seinem oder ihrem Heimatstaat ausgelöst werden. Personen, die sich ausserhalb ihres Heimatstaates befinden, z.B. ausländische Studierende, Touristinnen und Touristen, Geschäftsleute oder sonstige Emigrantinnen und Emigranten, können so zu Flüchtlingen werden (sog. "réfugiés sur place").

Ereignisse, die ein Zurückkehren verunmöglichen, können etwa Regimewechsel (Putsche) im Heimatstaat oder das Einsetzen einer Repressionswelle sein (wie z.B. die brutale Unterdrückung der demokratischen Bewegung in China). Einzelne können auch dadurch zu Flüchtlingen werden, dass durch das Verhalten eines Familienmitgliedes die ganze Familie und damit auch die im Ausland weilende Person in Ungnade fällt. Es kann aber auch vorkommen, dass durch ungeschickte Abklärungen der schweizerischen Behörden im Rahmen des Asylverfahrens oder durch sonstige Indiskretionen der am Verfahren Beteiligten dem Heimatstaat eine diesem vorher noch nicht bekannte, politisch geächtete Haltung eines Asylsuchenden bekannt wird (weitere Beispiele, in denen objektive Nachfluchtgründe in der Praxis anerkannt wurden, finden sich bei *Werenfels*, S. 355; vgl. auch *Tellenbach*, ASYL 1986/3, S. 9).

- Subjektive Nachfluchtgründe

Subjektive Nachfluchtgründe nennt man dagegen Asylgründe, für die eine Person durch die Tatsache des Verlassen des Landes (Republikflucht), durch ihr Verhalten im Zufluchtstaat (v.a. politische Exilaktivitäten) oder durch das im Heimatstaat strafbare Stellen eines Asylgesuches die Ursache selber setzt. Entscheidend ist, dass die *drohende Verfolgung nicht kausal für die Ausreise* war (BBl 1990 II 612). Ausländerinnen und Ausländer, die vor der Ausreise aus ihrem Heimatstaat nicht (oder nur in geringem Masse) von Verfolgung bedroht waren, ziehen dadurch die Aufmerksamkeit ihres Heimatstaates auf sich und geben diesem erst jetzt (oder jetzt erst recht) Anlass zu Verfolgungsmassnahmen.

Unter *Exilaktivitäten* fallen etwa Mitgliedschaft in einer Emigrantenorganisation, öffentliche kritische Äusserungen gegen das Regime des Heimatstaates (z.B. in den Medien) oder Teilnahme an Versammlungen, Demonstrationen und Protestaktionen gegen die im Herkunftsstaat herrschenden politischen Verhältnisse. Sofern diese Tätigkeiten in ihren Heimatländern bekannt werden und man weiss, dass solches geahndet wird, erhalten solcherart drohende Massnahmen Verfolgungscharakter. Bekannt ist, dass z.B. die Türkei gelegentlich gestützt auf eine entsprechende Strafbestimmung gegen ihre Staatsangehörigen vorgeht, die im Ausland das Ansehen der Republik beeinträchtigen. Nach den Umwälzungen in Osteuropa ist die Liste der Staaten, die *Republikflucht* (Verlassen des Landes oder Verbleiben im Ausland über die bewilligte Dauer hinaus) bestrafen, um einiges kürzer geworden (vgl. die daher nicht mehr sehr aktuelle Zusammenstellung in ASYL 1986/4, S. 15, Korrigendum). Bei Bestrafung wegen Republikflucht ist zu beachten, dass nicht jegliche Bestrafung asylrelevant ist; die zu erwartende Strafe muss die politische Überzeugung treffen wollen. Die Höhe der zu erwartenden Strafe bietet dabei ein Indiz. Bei drohenden mehr als einjährigen Gefängnisstrafen kann man davon ausgehen, dass auch die politische Überzeugung der Betreffenden anvisiert wird und dass es sich nicht um eine Bestrafung wegen Widerhandlung gegen Verwaltungsvorschriften handelt. Im übrigen gibt es Staaten, wie etwa Äthiopien, in denen bereits das *Stellen eines Asylgesuches* in einem andern Land politische Verfolgung auslösen kann, so dass der Ausländer oder die Ausländerin bei seiner bzw. ihrer Rückkehr mit Bestrafung zu rechnen hat.

5.9.2. Praxis

Nach konstanter schweizerischer Praxis wird Flüchtlingen aufgrund *objektiver Nachfluchtgründe* stets Asyl gewährt (BBl 1990 II 612). Bei den *subjektiven Nachfluchtgründen* stellte sich die Praxis aber auf den Standpunkt, bei der Beurteilung, ob eine begründete Furcht im Sinne des Asylgesetzes vorliege, sei allein *auf die Verhältnisse im Zeitpunkt der Ausreise* abzustellen. Dies hatte zur Konsequenz, dass in der Schweiz Personen mit subjektiven Nachfluchtgründen die Gewährung des Asyls ohne Abklärung der Flüchtlingseigenschaft generell verweigert wurde. Verhindert werden sollte, dass der Asylstatus durch eigenes Verhalten erzwungen werden konnte. Damit stellte sich die schweizerische Praxis in Widerspruch zur Auslegung des Flüchtlingsbegriffes von Art. 1A Abs. 2 FK. Nach der Lehre und der Praxis anderer Länder (vgl. *Kälin*, Grundriss, S. 133ff) ist unbestritten, dass subjektive Nachfluchtgründe die Flüchtlingseigenschaft gemäss Flüchtlingskonvention erfüllen, sofern die übrigen Merkmale gegeben sind; der Wortlaut von Art. 1A Abs. 2 FK spricht von einer Person, die sich "ausserhalb des Landes befindet, dessen Staatsangehörigkeit sie besitzt, und den Schutz dieses Landes ... wegen dieser Befürchtungen nicht in Anspruch nehmen will". Nach der Definition des FK ist also nicht relevant, ob die begründete Furcht vor Verfolgung bereits im Heimatstaat bestanden hat oder später entstanden ist.

Art. 8a AsylG, eingefügt durch den AVB von 1990, bringt nun eine Klärung der Situation. Gemäss dieser Bestimmung wird "einem Ausländer ... kein Asyl gewährt, wenn er erst durch seine Ausreise aus dem Heimat- oder Herkunftsstaat oder wegen seines Verhaltens nach der Ausreise Flüchtling im Sinne von Artikel 3 wurde". Damit wird klar gestellt, dass subjektive Nachfluchtgründe die *Flüchtlingseigenschaft begründen*. Gemäss Botschaft zum AVB wird "klargestellt, dass es sich bei der erwähnten Flüchtlingskategorie um Flüchtlinge handelt" (BBl 1990 II 613, mit Hinweis auf die gleiche Auffassung der GPK). Andererseits ist Art. 8a AsylG ein *Asylausschlussgrund*: Obwohl die betreffenden Asylsuchenden als Flüchtlinge anerkannt werden, erhalten sie kein Asyl (siehe dazu hinten S. 168f). Hingegen können sie wegen der Schranke von Art. 45 AsylG bzw. Art. 33 FK nicht in den Verfolgerstaat zurückgeschoben werden (siehe S. 175ff). Konsequenterweise ist Asylsuchenden mit subjektiven Nachfluchtgründen die *vorläufige Aufnahme als Flüchtlinge* zu gewähren (siehe S. 396ff). Sie erhalten damit eine privilegierte Rechtsstellung und gelten gegenüber allen eidgenössischen und kantonalen Behörden als Flüchtlinge (Art. 25 AsylG).

6. FRAUENFLÜCHTLINGE

LITERATUR: *amnesty international,* Frauen im Blickpunkt: zwischen Auflehnung und politischer Verfolgung, Bonn 1991; *Bertschi Susanne,* Die Ehefrau im Asylverfahren, ASYL 1986/1, S. 7ff (siehe auch *Sprecher-Bertschi); Biedermann Anita,* Stolpersteine für Frauen im Asylverfahren, in: Moussa-Karlen/Bauer, a.a.O., S. 23ff; *Brandt Birgit/Seyb Helga,* Weibliche Flüchtlinge - Kriterien frauenspezifischer Verfolgung und Benachteiligung im Asylverfahren, Berliner Institut für vergleichende Sozialforschung, Berlin 1988; *Buhr Kornelia,* Frauenspezifische Verfolgung als Anerkennungsgrund im Asylrecht, Demokratie und Recht 1988, S. 192ff; *DeNeff Connie/De Ruiter Jacqueline*, Sexual Violence against Women Refugees - Report on the nature and consequences of sexual violence suffered elsewhere, Amsterdam 1984; *Gebauer Stefanie*, Asylrechtliche Anerkennung frauenspezifischer Verfolgung, ZAR 1988, S. 120ff; *Ghodstinat Fereshteh/Schuckar Monika*, Weibliche Flüchtlinge aus dem Iran: Fluchtmotive und Lebenssituation in der BRD, Frankfurt a./M., Juli 1987; *Gottstein Margit*, Die Situation von Frauen als de-facto-Flüchtlinge vor dem Hintergrund frauenspezifischer Verfolgung, in: Karnetzki/Thomä-Venske (Hrsg.), Schutz für de-facto-Flüchtlinge, Hamburg 1988, S. 8ff; *dieselbe*, Frauenspezifische Verfolgungsgründe im Asylverfahren, Forum, Zeitschrift demokratischer Juristinnen und Juristen, 1988, S. 8ff; *dieselbe*, Die rechtliche und soziale Situation von Flüchtlingsfrauen in der Bundesrepublik Deutschland vor dem Hintergrund frauenspezifischer Flucht- und Verfolgungssituationen, ZDWF-Schriftenreihe Nr. 18, Dez. 1986; *Hausammann Christina*, Bestrebungen des UNHCR zum Schutze von Frauenflüchtlingen, ASYL 1990/2, S. 3ff; *Hofmann Tessa*, Zur Lage tamilischer Frauen in Sri Lanka, Gutachterliche Stellungnahme für das Verwaltungsgericht Neustadt a.d.W., ZDWF, März 1986; *Jockenhövel-Schiecke Helga*, Die Lebenssituation von Flüchtlingsfrauen in europäischen Ländern, ZAR 1985, S. 181ff; *Johnsson Anders B.*, The International Protection of Women Refugees, IJRL 1989/1, S. 223ff; *Karlen Moussa Kathrin/Bauer Elisabeth* (Hrsg.), Wenn Frauen flüchten, 2. Aufl. 1988, Bern (HEKS)/Zürich (CFD); *Kelley Ninette*, Report on the International Consultation on Refugee Women, held in Geneva, 15-19 November 1988, IJRL Vol 1/No. 2, 1989, S. 233ff; *dieselbe*, Working with Refugee Women: A Practical Guide, Genf, September 1989; *Neal David L.* Women as a Social Group: Recognizing Sex-Based Persecution as Grounds for Asylum, Columbia Human Rights Law Review, Vol. 20/1, 1988, S. 203ff; *Schaaf Petra/Essinger Helmut/Preuss Michael*, Leben in Angst und Bedrohung, oder: Die Zerstörung weiblicher Identität. Zur Situation von Asylbewerberinnen, dargestellt am Beispiel der tamilischen Flüchtlingsfrau M., in: Ashkenasi (Hrsg.), Das weltweite Flüchtlingsproblem, Bremen 1988, S. 286ff; *Sprecher-Bertschi Susanne*, Die Frau und der schweizerische Asylbegriff - Sexuelle Gewalt als Asylgrund, in: Moussa-Karlen/Bauer (a.a.O.), S. 25ff; UNHCR, Refugee Women, Selected and Annotated Bibliography, Revised and Updated Edition 1989, Centre for Documentation on Refugees, Genf; Vluchtelingen Werk, Sexual Violence, You have hardly any future left, Female refugees and sexual violence: outlines and guidelines for assistance, Amsterdam 1987.

6.1. ALLGEMEINES

Trotz einer Mehrheit weiblicher Flüchtlinge in der Welt (in der Schweiz sind nur ca. 20% der Asylsuchenden Frauen) sind die bestehenden rechtlichen Instrumente hauptsächlich auf den kleineren männlichen Teil der Flüchtlingsbevölkerung ausgerichtet. Der Flüchtlingsbegriff von Art. 1A Abs. 2 FK z.B. orientiert sich vom Konzept her eindeutig am Bild eines in der Öffentlichkeit agierenden und politisierenden Mannes, der aufgrund solcher Tätigkeiten verfolgt wird. Sehr illustrativ ist in diesem Zusammenhang ein Textbaustein, den der DFW verwendete, wonach "im Falle von Gruppenbenachteiligungen nur derjenige als Verfolgter im Sinne des Asylgesetzes angesehen werden kann, der sich *manifest* für die Minderheit, der er angehört, eingesetzt hat..." (z.B. Entscheid des DFW vom 10.4.1989, N 163'597). Eine solche Betrachtungsweise wird der sozialen Realität in den Herkunftsstaaten vieler Frauen nicht gerecht. Weil Frauen traditionellerweise ihren Wirkungskreis v.a. im Privatbereich und in sozialen Tätigkeiten entfalten, besteht die Tendenz, Verfolgung von Frauen zu verharmlosen oder als Privatangelegenheit anzusehen, und ihr Asylrelevanz abzusprechen.

Obwohl es kaum Untersuchungen zur asylrechtlichen Rechtsprechung bezüglich Frauenflüchtlinge gibt (für die BRD siehe immerhin *Gebauer*), und auch keiner der greifbaren Kommentare und keine Monographie sich deren speziellen Problemen annimmt, zeigt die Erfahrung von Beratungsstellen, Rechtsvertreterinnen und Rechtsvertretern, dass frauenspezifische Fluchtgründe in der Praxis kaum je Anerkennung finden.

Die folgenden Ausführungen sollen einige wenige Hinweise darauf geben, dass frauenspezifische Verfolgungsarten bei richtiger Anwendung des Flüchtlingsbegriffes asylrechtlich durchaus erfasst werden könnten und müssten. Zu berücksichtigen ist insbesondere die besondere, erhöhte Verletzlichkeit von Frauen. Ein spezielles Augenmerk ist schliesslich auf die speziellen Probleme der Frauen beim Nachweis der Flüchtlingseigenschaft gerichtet.

6.2. ZUR ANWENDUNG DES FLÜCHTLINGSBEGRIFFS AUF FRAUENSPEZIFISCHE FLUCHTGRÜNDE IN DER PRAXIS

6.2.1. Ernsthafte Nachteile und begründete Furcht vor solchen

Bezüglich des Erfordernisses "ernsthafte Nachteile" stellen sich bei der Prüfung der Flüchtlingseigenschaft von Frauen von der Theorie her wenige besondere Probleme; im grossen und ganzen kann daher auf die allgemeinen Grundsätze verwiesen werden (siehe S. 75ff). Immerhin lässt sich bei der Anwendung auf Einzelfälle folgendes anführen:

- Bei den Eingriffen in die physische Integrität drohen Frauen in weit höherem Ausmass als Männern sexuelle Beeinträchtigungen wie Vergewaltigung, Zwangsbeschneidung, sexuelle Belästigungen u.ä. Solche Eingriffe können, wie allgemein bekannt ist, bei den betroffenen Frauen verheerende psychische Folgen haben; dieselben Auswirkungen können aber auch an sich nicht sehr schwerwiegende sexuelle Belästigungen erreichen, und zwar nicht nur bei überdurchschnittlich sensiblen Frauen. Zu berücksichtigen ist dabei vor allem auch der kulturelle Hintergrund der Frauen - schon einfache sexuelle Belästigungen können u.U. für die Betroffenen tiefste Erniedrigung bedeuten.

- Eine genügende *Verfolgungsintensität* ist daher eher anzunehmen. Zum Eingriff in die körperliche Integrität gesellt sich psychisches Leiden als Folge des sexuellen Eingriffes dazu - auch dieses ist *"Eingriff in den Leib"* (siehe oben S. 76). Auch wenn man davon ausgehen würde, dass gewisse Eingriffe zuwenig intensiv sind (unter Ausklammerung psychischer Folgen) ist zu berücksichtigen, dass dies oft, und in verschiedenen Kulturen regelmässig, *unerträglichen psychischen Druck* bewirkt.

- Ein unerträglicher psychischer Druck kann unabhängig davon durch gesellschaftliche Folgen einer (stattgefundenen oder vermuteten) Entehrung entstehen. Tatsachenberichte beweisen, dass in einigen Kulturen Frauen nach sexuellen Eingriffen Dritter von ihren Ehemänner und Familien *verstossen* werden (so z.B. Tamilinnen in Sri Lanka). Solche Reflexe sind dem staatlichen Verfolger sicher immer dann anzulasten, wenn er diese Folgen will, aber auch dann, wenn er um die Folgen für die Frauen weiss, aber diese in Kauf nimmt. Den Verstossenen wird ein menschenwürdiges Leben in ihrem Heimatstaat verunmöglicht und die *Existenz vernichtet*; meist bleibt ihnen nur die Alternative, als Alleinstehende in eine grössere Stadt zu ziehen und sich dort durchzuschlagen. Ein unerträglicher psychischer Druck ist in solchen Fällen zweifellos gegeben.

- Ein weiterer Punkt, den es bei drohenden Eingriffen gegenüber Frauen zu berücksichtigen gilt, betrifft die *begründete Furcht vor zukünftiger Verfolgung*: Die erhöhte Verletzbarkeit von Frauen, wie sie obige Ausführungen gezeigt haben, hat einen Einfluss auf die Frage nach dem Vorliegen begründeter Furcht. Zunächst einmal ist von der *objektiven Seite* her zu berücksichtigen, dass in vielen Staaten ungeschützte Frauen (z.B. in Kriegssituationen oder bei Hausdurchsuchungen und Razzien, bei denen die Polizei nach den abwesenden männlichen Verwandten fahndet) Opfer sexueller Eingriffe durch Soldaten und Polizei werden, oft auch, um sich auf diese Weise an den Männern zu rächen resp. diese indirekt zu treffen. Je ungehemmter die Staatsmacht agieren kann (wie etwa die srilankische Armee in Gebieten mit tamilischer Bevölkerung, die türkische Polizei und Armee in kurdischen Gebieten), desto häufiger werden Frauen deren Opfer. Diese Tatsachen lassen nachvollziehen, dass bei ungeschützten Frauen das *subjektive Element* der begründeten Furcht vor Verfolgung weitaus stärker sein kann als bei Männern in vergleichbarer Lage. Während nicht direkt beteiligte Männer vielleicht "nur" geschlagen werden, müssen Frauen, die dabei ausschliesslich Männern ausgeliefert sind, mit sexuellen Eingriffen und deren psychischen, aber auch gesellschaftlichen Folgen rechnen. Furcht ist daher (subjektiv) bei Frauen stark zu berücksichtigen und auch objektiv gerechtfertigt.

6.2.2. Staatliche Nachteile

Es ist vom Grundsatz auszugehen, dass Verfolgungsmassnahmen dann asylrelevant sind, wenn sie vom Staat ausgehen oder zumindest von diesem zu verantworten sind (siehe oben S. 82f). Zudem gibt es Fälle, in denen der Staat zwar schutzunfähig ist, aber dennoch Verfolgung anzuerkennen wäre (oben S. 84ff). Grundsätzlich nicht asylrelevant ist hingegen rein private Verfolgung. Bezüglich Frauenflüchtlingen sind folgende Überlegungen einzubeziehen:

- Wie bereits ausgeführt (oben S. 83f), sind dem Staat auch Fälle von Vergewaltigung oder anderen Übergriffen gegen Frauen anzulasten, die Soldaten oder Polizisten in *Missbrauch ihrer Amtspflicht* verüben. Es handelt sich um *direkte staatliche Verfolgung*, wenn der Staat nichts zu deren Verhinderung unternimmt oder die Täter nur zum Schein strafrechtlich zur Rechenschaft zieht. Häufige Vorkommnisse sind ein starkes Indiz dafür. Im übrigen gelten die allgemeinen Grundsätze für mittelbare staatliche Verfolgung (siehe S. 84ff).

- Schwierig zu beurteilen sind gewisse Fälle an sich *privater Verfolgung*, die religiös oder kulturell toleriert werden. Zu denken ist etwa an Witwenverbrennungen, Mitgiftmorde oder Beschneidungen durch die Familie des Opfers. Wenn der Staat solche Handlungen tatenlos hinnimmt, obwohl er dagegen einschreiten könnte (und vom staatlichen Recht her müsste) oder diese gar vorschreibt (z.B. religiöse Gesetze), ist Verfolgung anzunehmen - zu untersuchen bleibt allerdings, ob ein asylrelevantes Motiv gegeben ist. Falls der Staat solche Praktiken zwar ablehnt, aber sich nicht durchsetzen kann, kann wohl nicht von Verfolgung i.S. von Art. 3 AsylG ausgegangen werden. Immerhin sind Frauen u.U. gegen eine Rückschaffung durch Art. 3 EMRK geschützt (siehe unten S. 121f und S. 179ff).

- Bezüglich *interner Fluchtalternative* sind für Frauen höhere Anforderungen an die Zumutbarkeit der Alternative zu stellen als bei Männern. Da es in vielen Kulturen *alleinstehenden* Frauen oft unmöglich ist, sich ausserhalb des Familienverbandes niederzulassen, besteht in solchen Fällen diese Alternative sehr selten.

6.2.3. Gezielte Nachteile

Bei Frauen, die politisch selber aktiv waren und daher Verfolgungsmassnahmen ausgesetzt sind, liegt Gezieltheit nach allgemeinen Grundsätzen (oben S. 90ff) bei Eingriffen in Leib, Leben oder Freiheit immer vor.
- Häufig allerdings werden Frauen *stellvertretend* für untergetauchte Ehemänner, Väter oder Brüder belästigt oder misshandelt. Den Behörden kann es einerseits darum gehen, Auskunft über den Verbleib derselben zu erhalten; in andern Fällen geht es dem Staat darum, stellvertretend Frauen zu verfolgen, um die gesuchte Person einzuschüchtern oder zu erpressen - man spricht hier auch von "geiselhafter Verfolgung". Verschiedene Berichte belegen zudem, dass Frauen häufig sexuell misshandelt und entehrt werden, um die Gruppe, zu der sie gehören, als Ganzes zu treffen. So führt *Gebauer* (S. 127) aus:

> "Die Verfolger wollen gezielt mit dem Herausgreifen von Frauen, unter Ausnutzung ihrer gesellschaftlichen Rolle, eine missliebige Gruppe treffen: bei einer politischen "Mitläuferin" die politische Opposition, bei einer Tamilin zum Beispiel die gesamte Volksgruppe, bei einer Geiselnahme die ganze Familie".

In all diesen Fällen ist die Verfolgung gezielt und, sofern die Nachteile genügend intensiv sind, asylrelevant.
- Bei Massnahmen, die eine Vielzahl von Personen treffen (Razzien, Massenfestnahmen, Kollektivverfolgung, Verfolgung im Bürgerkrieg) ist die besonders begründete Furcht vieler Frauen vor (zukünftiger) Verfolgung zu berücksichtigen (siehe oben S. 108ff). So ist z.B. bekannt, dass häufig syrisch-othodoxe Frauen in der Türkei durch Angehörige fremder Volksgruppen entführt werden oder dass Tamilinnen im Bürgerkrieg von srilankischen Armeeangehörigen vergewaltigt werden. Daher muss für eine Asylanerkennung bei jüngeren Tamilinnen u.E. genügen, dass sich eine feindliche Armee in der Nähe aufhält und es wahrscheinlich ist, dass ihr Dorf überfallen wird. Es handelt sich dann um gezielte Übergriffe, nämlich gegen die Zielgruppe "Tamilinnen". Unzweifelhaft ist, dass in solchen Fällen auch ein asylrelevantes Motiv

vorliegt, nämlich Verfolgung wegen der Rasse oder aus politischen Gründen (Vergeltungsmassnahmen).

6.2.4. Verfolgungsmotive

Voraussetzung der Asylgewährung ist, dass Verfolgung aus einem der in Art. 3 AsylG genannten Motive geschah (siehe oben S. 95ff).
- Probleme bei der Beurteilung der Verfolgungsmotivation bei Frauen bietet mitunter das Vorliegen "politischer Verfolgung". Soweit Frauen innerhalb bestehender politischer Gruppierungen im engeren Sinn politisch aktiv sind (z.B. Versammlungsleitungen, Organisation von Demonstrationen etc.) und deswegen verhaftet und bestraft werden, ist politische Verfolgung im Sinne von Art. 3 AsylG evident. Frauen sind jedoch häufig in Bereichen tätig, die nicht im herkömmlichen Sinn unter politische Aktivitäten gemäss unserer engen Auffassung fallen (Tätigkeit innerhalb von Parteien und Organisationen etc.). Viele arbeiten z.B. im Sozialbereich, so etwa Chileninnen, die sich in Gemeinschaftsküchen engagieren, um die Grundbedürfnisse der Familien zu decken. Man denke auch an die verschiedenen Basisbewegungen der Mütter und Ehefrauen von Verschwundenen oder Gefolterten, die für ihre betroffenen Familienangehörigen protestieren oder sich der Opfer annehmen. Andere sind innerhalb von politischen Bewegungen in der Logistik (Versorgung mit Kleidern, Medikamenten, Nahrung oder auch in der Krankenpflege) tätig oder unterstützen Befreiungsbewegungen auf ähnliche Weise. Obwohl auch Verfolgung aufgrund solcher Aktivitäten zweifellos unter politische Verfolgung fällt, besteht die Schwierigkeit im Asylverfahren darin, dass diese Frauen ihre Arbeit selber kaum als politisch empfinden und daher in den Befragungen diese u.U. nicht in "geeigneter Form" erwähnen. Falls solche politische Tätigkeiten geäussert werden, nehmen die Asylbehörden diese oft nicht ernst und verneinen eine daraus entstehende Verfolgungsgefahr.
- Stellvertretende oder geiselhafte Verfolgung von Frauen wegen politischer Aktivitäten ihrer Verwandten stellt ebenfalls immer politische Verfolgung dar; subsumieren lassen sich die Handlungen sowohl unter dem Motiv "politische Anschauungen" wie auch unter dem Motiv "soziale Gruppe Familie".
- Zur Forderung, Verfolgung wegen des Geschlechtes anzuerkennen, kann auf die diesbezüglichen Ausführungen verwiesen werden (siehe oben S. 99f). Bereits oben (S. 101f) aufgeworfen wurde die Frage, wie Fälle aus Ländern zu beurteilen sind, in denen religiöse Gesetze das öffentliche und private Leben bestimmen. Gerade die Entfaltungsfreiheit von Frauen wird in traditionellen Gesellschaften dadurch oft stark ein-

geschränkt; eine Übertretung kann massive Sanktionen nach sich ziehen. Wenn der Staat selbst solche Vorschriften erlässt oder das Übertreten z.B. von religiösen Gesetzen selber ahndet oder offenkundig duldet (die Staatlichkeit der Massnahmen also offensichtlich ist), stellt sich die Frage nach der asylrelevanten Motivation. Vielfach handelt es sich dabei um Vorschriften, die nur gerade Frauen treffen oder deren Übertretung bei Frauen viel härter geahndet wird (z.B. bei Ehebruch). Lösen lässt sich das Problem entweder, indem man gemäss der Empfehlung des Exekutivkomitees des UNHCR das Motiv "soziale Gruppe" annimmt oder aber die Strafen bei Übertretung religiöser Gebote als Verfolgung wegen der Religion betrachtet. Die *Illegitimität* des staatlichen Handelns dürfte bei den bekannt harten Strafen z.B. islamischer Länder (Körperstrafen, Steinigung etc.) auf der Hand liegen.

6.3. NACHWEIS DER FLÜCHTLINGSEIGENSCHAFT UND VERFAHREN

In der Praxis haben Frauen generell noch grössere Schwierigkeiten, ihre Flüchtlingseigenschaft glaubhaft zu machen, als ihre männlichen Schicksalsgenossen. Dies liegt einmal im Verhalten der Frauen selber begründet: Je nach Herkunftsland sind sie kaum an Kontakt zu Behörden gewohnt, besonders wenn sie in einer Gesellschaft aufgewachsen sind, die eine strenge Geschlechtertrennung kennt. Sie haben mehr noch als Männer Mühe in der Asylbefragung, dem Beamten alles zu erzählen, vor allem wenn sie aus einer Kultur kommen, in der es sich nicht gehört, gegenüber einem völlig Fremden offen zu sein. Werden Frauen durch Männer befragt oder sind männliche Dolmetscher anwesend, ist das Gespräch über gewisse Erfahrungen u.U. völlig verunmöglicht (siehe dazu auch S. 286ff).

Zum anderen können Frauen ihr Erlebtes weniger noch als die Männer in den gewünschten Befragungs-Kategorien unterbringen, zumal die Musterfragebogen auf die spezifischen Lebensumstände von Frauen keine Rücksicht nehmen und sich allein an männlichen Lebensläufen orientieren (siehe S. 280f).

Da die meisten Frauenflüchtlinge mit ihren Ehepartnern zusammen ausreisen (oder ihnen später nachreisen), werden sie in der Regel in das Asylgesuch der Männer eingeschlossen (siehe hinten S. 236f). Die Folge ist meistens - und entgegen allen anderslautenden Zusicherungen - dass ihre Gründe häufig nicht im ganzen Umfang ermittelt werden, ja oft sogar lediglich zur Überprüfung der Glaubwürdigkeit der Asylgründe des Ehemannes "missbraucht" werden. Ihr Schicksal ist damit abhängig von der Beurteilung des Asylgesuches des Ehemannes (siehe dazu *Biedermann*, S.

Flüchtlingsbegriff 121

23ff.). Auf ihre Gründe wird im Asylentscheid meist lediglich mit folgendem Textbaustein Bezug genommen:

> "Im weiteren können die von der Ehefrau des Gesuchstellers geltend gemachten Nachteile nicht zu Asyl führen. Diese sind nämlich die direkte Folge der angeblichen Verfolgungssituation ihres Ehegatten. Wir haben jedoch nachgewiesen, dass seine Vorbringen nicht geglaubt werden können. Daraus folgt zwingend, dass die geltend gemachte Anschlussverfolgung der Ehefrau ebenfalls nicht geglaubt werden kann" (N 146'334, E. des DFW vom 19.6.1989).

Frauen mit eigenen Fluchtgründen ist daher dringend zu empfehlen, ein eigenes Asylgesuch zu stellen, um damit ein eigenes Dossier zu bekommen (zur Gesuchstellung siehe hinten S. 236f). Vor allem kann dies Frauen auch helfen, Fluchtgründe zu schildern, die sie selber ihren Ehemännern aus Angst vor Verstossung verschwiegen haben. Aus diesem Grund ist es auch nicht zulässig, dass - wie in der Praxis schon vorgekommen - ein des türkischen mächtiger Gesuchsteller die Aussagen seiner nur kurdisch sprechenden Frau übersetzen hilft.

Angesichts der erwähnten Schwierigkeiten beim Nachweis der Flüchtlingseigenschaft und der zurückhaltenden Anerkennung frauenspezifischer Verfolgung ist daher Frauenflüchtlingen und vor allem ihren Vertreterinnen und Vertretern zu empfehlen, neben einer umfassenden Darstellung der persönlichen Lebensumstände und der erlittenen Verfolgung, im Asylverfahren möglichst viele Informationen über die allgemeine Situation der Frauen in den Herkunftsländern und über ihre speziellen kulturellen Eigenarten (Umgang mit dem Ehrbegriff, gesetzlich und faktisch vorgesehene Sanktionen für Frauen, welche die für sie geltenden Verhaltensnormen übertreten etc.) einzubringen.

6.4. SCHRANKEN DER WEGWEISUNG

Grundsätzlich gilt, dass sich viele Härtefälle vermeiden liessen, würden die obigen Ausführungen berücksichtigt und die Flüchtlingseigenschaft anerkannt, womit die Frauen unter dem Schutz von Art. 45 AsylG und Art. 33 FK stünden. *Opfer rein privater Verfolgung*, die der Staat zwar schützen möchte, aber nicht wirksam schützen kann (z.B. Frauen, die Sanktionen der eigenen Familie zur Wiederherstellung der Familienehre zu befürchten haben; indische Witwen, denen Verbrennung droht; drohende Zwangsverheiratung) können allerdings u.U. den Schutz von *Art. 3 EMRK* anrufen (siehe dazu hinten S. 179ff). Zu berücksichtigen ist dabei insbesondere, dass für Frauen, die aufgrund der Übertretung einer sittlichen Pflicht aus dem Familienverband herausgefallen sind und bei der Rückkehr mit schwerwiegender Bestrafung durch die Familie zu rechnen haben, eine Rückkehr als Alleinstehende in ihren Heimatstaat nicht zumutbar ist. Würde eine Frau z.B. dadurch faktisch zur Prostitution in einer Grossstadt gezwungen, würde eine Wegweisung gegen Art. 8 EMRK verstossen (Schutz der Privatsphäre), ebenso eine drohende Zwangsverheiratung.

7. ANERKENNUNG DER FLÜCHTLINGSEIGENSCHAFT UND ASYL FÜR FAMILIENANGEHÖRIGE (ABGELEITETE FLÜCHTLINGSEIGENSCHAFT)

LITERATUR: *Gerber/Métraux,* Le regroupement familial des réfugiés, requérants et des personnes admises provisoirement, in: Kälin (Hrsg.), Le statut juridique des demandeurs d'asile et des réfugiés, Fribourg 1991; *Raess-Eichenberger,* S. 95ff; *Thürer,* S. 1434ff; UNHCR, Handbuch, S. 52f; *Werenfels,* S. 141f und 378ff; *Zimmermann,* Der Grundsatz der Familieneinheit im Asylrecht der Bundesrepublik Deutschland und der Schweiz, Berlin 1991.

7.1. ALLGEMEINES

Grundsätzlich erhält in der Schweiz nur Asyl, wer Flüchtling im Sinne von Art. 3 Abs. 1 AsylG ist. In einigen Fällen jedoch wird auch ohne Erfüllen der Anforderungen von Art. 3 Abs. 1 AsylG die Flüchtlingseigenschaft anerkannt und Asyl gewährt. Dies in folgenden Fällen:

- Gemäss Art. 3 Abs. 3 AsylG werden im Zeitpunkt des Asylentscheides in der Schweiz anwesenden Ehegatten von Flüchtlingen und ihre minderjährigen Kinder ebenfalls als Flüchtlinge anerkannt, sofern keine besonderen Gründe dagegen sprechen. Dies gilt laut Art. 7 Abs. 1 AsylG auch für die erwähnten Familienangehörigen, die erst nach einem positiven Asylentscheid sich mit einem Flüchtling in der Schweiz vereinigen wollen, sofern sie durch die Flucht getrennt worden sind.

- Gemäss Art. 7 Abs. 2 kann auch andern nahen Angehörigen einer in der Schweiz lebenden Person Asyl gewährt werden.

- Art. 5 führt unter der Marginale "Zweitasyl" an, einem Flüchtling, der in einem andern Staat aufgenommen worden sei, könne Asyl gewährt werden, wenn er sich zwei Jahre in der Schweiz aufhalte. In diesem Fall wird die Flüchtlingseigenschaft nicht mehr überprüft, obwohl die Betroffenen u.U. nicht die strengen Anforderungen der Schweizer Praxis an Art. 3 AsylG erfüllen.
- Auch Kontingentsflüchtlinge, die nach Art. 22 AsylG aufgenommen werden, sind u.U. nicht Flüchtlinge i.S. von Art. 3 AsylG, da sie kein individuelles Verfahren durchlaufen müssen (siehe unten S. 128f).

Bei den Fällen von Art. 3 Abs. 3 und Art. 7 AsylG spricht man auch von *abgeleiteter Flüchtlingseigenschaft*, da die begünstigten Familienangehörigen zwar selber die Voraussetzungen des Flüchtlingsbegriffes nicht notwendigerweise erfüllen, ihnen aber aufgrund einer bestimmten Beziehung zu einer Person, die als Flüchtling anerkannt ist, Asyl gewährt wird. Die Flüchtlingskonvention bezieht Familienangehörige zwar nicht automatisch in die Flüchtlingseigenschaft ein, enthält aber eine Empfehlung für die Staaten, die notwendigen Massnahmen zum Schutz der Familien von Flüchtlingen zu ergreifen (Empfehlung B der Schlussakte der Bevollmächtigtenkonferenz, abgedruckt im UNHCR-Handbuch, S 67f).

Grundgedanke ist der *Schutz der Einheit der Familie*. Dieser Grunsatz, der aus Art. 8 EMRK fliesst (siehe dazu S. 46ff), beinhaltet einerseits das Recht auf Familienvereinigung in einem bestimmten Land, wenn die Vereinigung in einem andern Land nicht zumutbar ist, anderseits das Recht auf Verbleib in einem Staat und somit den Schutz vor Ausweisung, wenn die Begleitung durch die Familie nicht möglich oder nicht zumutbar ist.

Das *Asylgesetz* nimmt verschiedentlich auf den Grundsatz der Einheit der Familie Bezug, so in den erwähnten Artikeln 3 Abs. 3 und Art. 7, zudem in Art. 14a Abs. 3 (Berücksichtigung bei der Zuweisung an einen Kanton) und in Art. 17 Abs. 1 (Wegweisung).

Bei Art. 3 Abs. 3 und Art. 7 AsylG handelt es sich um Fälle von *Familienvereinigung von Flüchtlingen* (siehe dazu unten S. 124ff). Viel weniger grosszügig verfährt das Gesetz hingegen beim Familiennachzug von Asylsuchenden (siehe S. 376f) und vorläufig Aufgenommenen (S. 403).

7.2. ART. 3 ABS. 3 ASYLG: FAMILIENEINHEIT BEZÜGLICH FLÜCHTLINGSEIGENSCHAFT

Art. 3 Abs. 3 AsylG enthält den Grundsatz der Familieneinheit bezüglich der Flüchtlingseigenschaft:
"Ehegatten von Flüchtlingen und ihre minderjährigen Kinder werden ebenfalls als Flüchtlinge anerkannt, sofern keine besonderen Umstände dagegen sprechen."

Voraussetzung ist also, dass ein Ehegatte oder ein Elternteil in der Schweiz bereits *als Flüchtling anerkannt* worden ist und sich die andern Familienmitglieder ebenfalls schon in der Schweiz befinden.

Nach klarem Wortlaut genügt, dass das Familienmitglied in der Schweiz als Flüchtling anerkannt worden ist; es braucht nicht Asyl erhalten zu haben. Die Flüchtlingseigenschaft von Familienangehörigen ist also auch dann anzuerkennen, wenn ein Gesuchsteller oder eine Gesuchstellerin zwar die Flüchtlingseigenschaft erfüllt, aber wegen eines Asylausschlussgrundes kein Asyl erhält und daher *als Flüchtling vorläufig aufgenommen wird* (so auch *Kälin*, Grundriss, S. 153, Anm. 13). Konsequenterweise ist dann auch die Flüchtlingseigenschaft der Familienangehörigen anzuerkennn. Diese Regelung ergibt sich auch aus der ratio legis, wonach die ganze Kernfamilie einen einheitlichen Rechtsstatus erhalten soll und dabei davon ausgegangen wird, dass die engsten Angehörigen unter der Verfolgung eines Elternteils mitgelitten haben und ebenso durch die Nachteile betroffen waren (so *Werenfels*, S. 141).

Wie bereits erwähnt müssen die Ehegatten von Flüchtlingen und deren minderjährige Kinder die Flüchtlingseigenschaft von Art. 3 Abs. 1 AsylG selber nicht erfüllen. Keine Rolle spielt, ob die Familie gemeinsam in die Schweiz eingereist ist oder nicht (*Werenfels*, S. 381).

Durch Art. 3 Abs. 3 AsylG begünstigt sind:

- Ehegatten und ihre minderjährigen Kinder; dazu gehören auch Kinder nur eines Elternteils und Adoptivkinder.

- Eltern hingegen können sich nicht auf Art. 3 Abs. 3 AsylG berufen, auch dann nicht, wenn ihren minderjährigen Kindern Asyl in der Schweiz gewährt worden ist; für sie besteht nur die Möglichkeit, über Art. 7 AsylG aufgenommen zu werden.

- In der Beratung zum Asylgesetz war besonders umstritten, ob *Konkubinatspartner* ebenfalls unter Art. 3 Abs. 3 AsylG fallen sollten; ein entsprechender Antrag setzte sich aber nicht durch (siehe *Werenfels*, S. 384). In der Praxis wird der eine Partner in die Flüchtlingseigenschaft des andern einbezogen, wenn sie während mehreren Jahren eheähnlich zusammenlebten (faktische Ehe).

- Falls ein *Asylsuchender* oder eine *Asylsuchende* eine in der Schweiz als Flüchtling anerkannte Person heiratet, anerkennt die Praxis ebenfalls deren Flüchtlingseigenschaft. Ein Entscheid des EJPD vom 12.9.1989 (VPB 54/1990, S. 135f) führt aus, dem Gesetze lasse sich nichts entnehmen, "dass eine unterschiedliche Behandlung der Ehegatten rechtfertigen würde, je nach dem, wann die Heirat stattfindet. Vielmehr tritt der Grundsatz des einheitlichen Rechtsstatus für die ganze Familie in den Vordergrund, so dass es auf den Zeitpunkt der Eheschliessung nicht ankommt". Laut diesem Entscheid muss auch ein rechtskräftig abgewiesener Asylbewerber oder eine rechtskräftig abgewiesene Asylbewerberin, die einen anerkannten Flüchtling heiraten, in die Flüchtlingseigenschaft einbezogen werden. In so einem Fall ist vom Bundesamt Wiedererwägungsweise Asyl zu erteilen oder die Flüchtlingseigenschaft anzuerkennen.

- Nicht klar ist, was mit dem Begriff der *Minderjährigkeit* in Art. 3 Abs. 3 AsylG gemeint ist, insbesondere, ob auf das Recht des Heimatstaates oder auf das schweizerische Recht abzustellen ist (siehe dazu *Werenfels*, S. 385f, der sich - allerdings vor in Kraft treten des IPRG - für das Recht des Heimatstaates ausspricht). In einem Entscheid des EJPD (vom 6.10.1989, i.S. F.G., Rek. 89'3609, abgedruckt in ASYL 1989/4, S. 14), in dem es um eine Zuweisungsverfügung in einen Kanton ging, wird festgehalten, der Begriff der Familie in Art. 14a AsylG *(nebst anderen)* umfasse in der Regel Eltern und ihre Kinder *bis zu deren 20. Altersjahr*, um die Gleichbehandlung zu gewährleisten. Was den Zeitpunkt des Bestehens der Minderjährigkeit betrifft, muss es u.E. so sein, dass diese im Moment der Einreise gegeben sein muss, jedenfalls nicht erst im Moment des Entscheides.

- Ein Erlöschen des Asyls des Familienmitgliedes, von dem die Flüchtlingseigenschaft hergeleitet ist, berührt in der Regel den Rechtsstatus der Angehörigen nicht (Art. 41 Abs. 3; siehe dazu auch hinten S. 196f), ebenso nicht Ehescheidung oder der Tod der Person, von der man das Asyl ableitet.

Nach dem Wortlaut von Art. 3 Abs. 3 AsylG dürfen "*keine besonderen Umstände*" gegen eine Anerkennung sprechen. Laut *Werenfels* (S. 387ff) handelt es sich etwa um den Fall, da die nahen Angehörigen die Staatsangehörigkeit eines Landes besitzen, in welchem ihnen keine ernsthaften Nachteile drohen, so z.B. wenn die Ehefrau eines Flüchtlings aus einem Nachbarstaat der Schweiz stammt (zu weiteren Fällen von Eheschliessung siehe *Werenfels*, S. 390ff). Weiter ist denkbar, dass ein Ehegatte ausdrücklich wünscht, nicht als Flüchtling anerkannt zu werden. Besondere Umstände liegen auch vor, wenn z.B. ein Vater zehn Jahre vor seiner Flucht die Familie verliess und sich nie um die Kinder gekümmert hat.

7.3. ART. 7 ASYLG: FAMILIENVEREINIGUNG BEI FLÜCHTLINGEN

7.3.1. Bei Flüchtlingen, denen Asyl gewährt wurde

Art. 7 AsylG regelt unter dem Titel "Familienvereinigung" folgendes:

> "[1] Ehegatten von Flüchtlingen und ihren minderjährigen Kindern wird Asyl gewährt, wenn die Familie durch die Flucht getrennt wurde und sich in der Schweiz vereinigen will. Artikel 6 ist nicht anwendbar.
> [2] Unter den gleichen Voraussetzungen kann auch einem anderen nahen Angehörigen einer in der Schweiz lebenden Person Asyl gewährt werden, wenn besondere Umstände für eine Wiedervereinigung in der Schweiz sprechen."

Bei Art. 7 AsylG ist vorausgesetzt, dass ein Angehöriger in der Schweiz bereits Asyl erhalten hat. Angehörige von Asylsuchenden können also nicht gestützt darauf um Einreise in die Schweiz ersuchen. Art. 7 AsylG wird in der Regel angerufen, wenn die durch ihn Begünstigten sich noch im Ausland befinden und bewirkt vorerst einen Entscheid über die Bewilligung zur Einreise in die Schweiz. Nach erfolgter Einreise wird gestützt auf Art. 3 Abs. 3 AsylG Asyl gewährt, wenn es sich um Ehegatten und minderjährige Kinder bzw. gestützt auf Art. 7 Abs. 2 AsylG allein, wenn es sich um weitere durch diesen Artikel erfasste Personen handelt (*Werenfels*, S. 141).

Art. 7 Abs. 1 AsylG entspricht also vom geschützten Personenkreis her Art. 3 Abs. 3 AsylG. Es handelt sich technisch eigentlich um eine Ausnahmebestimmung zu Art. 6 AsylG, indem einer Familie, die sich in der Schweiz wiedervereinigen möchte, ein vorheriger Aufenthalt in einem Drittstaat nicht entgegengehalten wird.

Während Abs. 1 von Art. 7 also auf einen engen Kreis von Familienangehörigen beschränkt ist, *kann* gemäss Abs. 2 auch *andern nahen Angehörigen* Asyl gewährt werden, wenn besondere Umstände für eine Wiedervereinigung in der Schweiz sprechen. Solche besonderen Umstände sind namentlich in Art. 3 AsylVE erwähnt. Danach sind andere nahe Angehörige insbesondere dann zu berücksichtigen, "wenn sie behindert sind oder aus einem andern Grund auf die Hilfe einer Person, die in der Schweiz lebt, angewiesen sind". Zu denken ist insbesondere an volljährige behinderte Kinder, Pflegekinder oder an betagte Verwandte, die im gemeinsamen Haushalt lebten und von der Unterstützung durch die in der Schweiz Anwesenden abhängig sind. Die Praxis des DFW ist damit sehr restriktiv; so wird z.B. Geschwistern die Familienzusammenführung nur selten erlaubt.

7.3.2. *Bei vorläufig aufgenommenen Flüchtlingen*

Als Person, von der der Flüchtlingsstatus abgeleitet wird, gilt sowohl bei Art. 3 Abs. 3 wie auch bei Art. 7 AsylG ein "Flüchtling". Wie oben ausgeführt (S. 124), muss nach dem klaren Wortlaut von Art. 3 Abs. 3 AsylG den Familienangehörigen von vorläufig aufgenommenen Flüchtlingen ebenfalls die Flüchtlingseigenschaft zuerkannt werden. Dasselbe sollte eigentlich auch bei Art. 7 AsylG gelten. Unverständlicherweise führt nun Art. 3 Abs. 2 AsylVE folgendes an:

> "Die Familienvereinigung von Ausländern, die als Flüchtlinge vorläufig aufgenommen wurden, richtet sich nach Artikel 7 der Verordnung vom 25. November über die vorläufige Aufnahme und die Internierung von Ausländern."

Art. 7 der Internierungsverordnung bestimmt, dass vorläufig aufgenommenen Flüchtlingen der Familiennachzug nur gemäss den allgemeinen (restriktiven) Bestimmungen von Art. 38 und 39 BVO bewilligt wird (siehe dazu hinten, S. 403).

Diese Regelung ist aus folgenden Gründen gesetzeswidrig: Erstens einmal spricht Art. 7 AsylG nur von "Flüchtlingen" und nicht von "Flüchtlingen, denen Asyl gewährt worden ist", eine Unterscheidung, die das Asylgesetz konsequent vornimmt. Logischerweise wäre vorläufig aufgenommenen Flüchtlingen der Familiennachzug so zu erlauben, dass die Nachzügler ebenfalls vorläufige Aufnahme als Flüchtlinge erhalten (verständlicherweise nicht Asyl). Die Regelung der Verordnung verstösst daher gegen den klaren Wortlaut, wonach Angehörigen von "Flüchtlingen" die Familienvereinigung in der Schweiz erlaubt wird. Aus der Regelung der Asylverordnung resultiert, dass zwar Familienangehörigen eines vorläufig aufgenommenen Flüchtlings, die sich in der Schweiz befinden, gemäss Art. 3 Abs. 3 AsylG die Flüchtlingseigenschaft zuerkannt werden muss, ihnen hingegen gemäss Art. 7 AsylG die Einreise für die Familienzusammenführung nicht bewilligt wird. Was im Falle einer illegalen Einreise in die Schweiz geschieht, bleibt offen.

Die Schweiz verstösst mit der getroffenen Regelung im übrigen gegen Art. 7 Abs. 1 FK, gemäss dem den Flüchtlingen die Behandlung zuteil werden zu lassen ist, die den Ausländern im allgemeinen gewährt wird. Jahresaufenthalter indessen haben bereits nach einem Jahr das Recht, unter gewissen Bedingungen die Familie nachkommen zu lassen. Die in der Internierungsverordnung getroffene Regelung verstösst auch gegen die Empfehlung B der Schlussakte der Bevollmächtigtenkonferenz der Vereinten Nationen über die Rechtsstellung der Flüchtlinge (siehe UNHCR, Handbuch, S. 67f) und gegen diverse Empfehlungen des Exekutivkomitees des UNHCR (Nr. 15 und Nr. 24), die die Schweiz mitgetragen hat (siehe dazu S. 41f). In der Europäischen Vereinbarung über den Übergang der Verantwortung für Flüchtlinge (SR 0.142.305) hat sich die Schweiz zudem verpflichtet, Flüchtlingen im Sinne der Konvention, die von einem andern Staat übernommen werden, die Familienzusammenführung zu erleichtern (Art. 6); es mag nicht einleuchten, weshalb dies nicht auch bei Flüchtlingen, für die die Schweiz Erstasylstaat ist, der Fall sein soll. In diversen Einzelfällen dürfte eine strikte Handhabung dieser Familiennachzugspraxis zudem gegen Art. 8 EMRK verstossen (siehe dazu S. 46ff).

8. KONTINGENTSFLÜCHTLINGE

Im 6. Abschnitt des 2. Kapitels des Asylgesetzes finden sich unter dem Titel "Aufnahme von Gruppen" folgende zwei Artikel:

> **Art. 22** Entscheid
> [1] Der Bundesrat entscheidet über die Aufnahme grösserer Flüchtlingsgruppen sowie von Gruppen alter, kranker oder behinderter Flüchtlinge, denen bereits ein anderes Land Asyl gewährt hat. Über die Aufnahme kleinerer Flüchtlingsgruppen entscheidet das Departement.
> [2] Das Bundesamt bestimmt, wer einer solchen Gruppe angehört.

> **Art. 23** Verteilung auf die Kantone
> Das Departement bestimmt, wie die Flüchtlingsgruppen auf die Kantone verteilt werden. Die Kantone werden vorher angehört und können beim Bundesrat Beschwerde erheben.

Flüchtlingsbegriff 129

Demnach kann der Bundesrat (bei kleineren Gruppen das BFF) entscheiden, Gruppen von Flüchtlingen aufzunehmen, ohne dass deren Flüchtlingseigenschaft im einzelnen überprüft wird. Die Flüchtlinge müssen sich also nicht einem individuellen Asylverfahren unterziehen. Hingegen führt das UNHCR in den Erstaufnahmeländern meist ein Verfahren durch, das der Feststellung der Flüchtlingeigenschaft gemäss Konvention dient. Bezweckt wird mit der Aufnahme von Kontingentsflüchtlingen, durch einen Akt internationaler Solidarität im Rahmen von Sonderprogrammen die am meisten betroffenen Erstasylländer zu entlasten.

Die Kriterien für die Aufnahme von Flüchtlingsgruppen unterscheiden sich von Mal und Mal. Bei der Festlegung solcher Kriterien arbeiten die Bundesbehörden mit den Hilfswerken zusammen. Bei der letzten Kontingentsbewilligung beschloss der Bundesrat für die Jahre 1989 und 1990 die Aufnahme von total 1'000 Flüchtlingen aus Erstasylländern. Dafür erliess der DFW am 7.8.1989 Richtlinien "für die Aufnahme von Kontingentsflüchtlingen". Im Rahmen der Indochina - Konferenz vom Sommer 1989 hat sich die Schweiz ausserdem bereit erklärt, 300 ostasiatische Flüchtlinge aus Lagern in Malaysia und Thailand aufzunehmen.

Weitere Informationen sind bei den Hilfswerken erhältlich (siehe dazu auch den Beitrag von *Pierre-Alain Praz*, Aufnahme von Kontingentsflüchtlingen: allgemeine Politik und aktuelle Situation in: Kabel, Internes Informationsbulletin der Caritas Schweiz, Abt. Fremde in der Schweiz, Luzern, S. 23-32. Der Artikel vermittelt viele Details zu den Aufnahmekriterien und den letzten Aufnahmeaktionen).

9. SONDERFÄLLE

9.1. DIE EXTRATERRITORIALE WIRKUNG VON ASYLENTSCHEIDEN

LITERATUR: *Lieber*, Entwicklung, S. 149ff.; *Nicolaus*, Extraterritorialität in der Genfer Flüchtlingskonvention, in: Barwig/Lörcher/Schuhmacher, Asylrecht im Binnenmarkt, Baden-Baden 1989, S. 133ff; *Kälin*, Grundriss, S. 213ff, 263f, 271f; *Werenfels*, S. 341ff.

Bei der Frage nach der "extraterritorialen Wirkung" von Asylentscheiden stellen sich folgende zwei Teilfragen:

- Inwiefern hat die Anerkennung der Flüchtlingseigenschaft durch einen Staat für andere Staaten Bindungswirkung?
- Was hat die Ablehnung eines Asylgesuches durch einen Drittstaat für Folgen, insbesondere für Gesuchsteller, die in die Schweiz kommen?

9.1.1. Extraterritoriale Wirkung einer Anerkennung als Flüchtling

- Übergang der Verantwortung

Haben ausländische Asylanerkennungen für die Schweiz Auswirkungen? Das *Asylgesetz* äussert sich nur in Art. 5 zu den Folgen einer Anerkennung durch einen Drittstaat, wobei stillschweigend davon ausgegangen wird, dass der Drittstaat ebenfalls Vertragsstaat der Genfer Flüchtlingskonvention ist. Art. 5 AsylG lautet:

> "Einem Flüchtling, der in einem andern Staat aufgenommen worden ist, kann Asyl gewährt werden, wenn er sich seit mindestens zwei Jahren ordnungsgemäss und ununterbrochen in der Schweiz aufhält".

(Zu den Begriffen ordnungsgemäss und ununterbrochen siehe Art. 1 AsylVE und hinten S. 159). In einem solchen Fall kann die Schweiz, ohne selber nochmals die Flüchtlingseigenschaft zu überprüfen, in Anerkennung des ausländischen Entscheides Flüchtlingen Asyl gewähren.

Gemäss der *Europäischen Vereinbarung* vom 16.10.1980 über den *Übergang der Verantwortung für Flüchtlinge*, für die Schweiz am 1.3.1986 in Kraft getreten (SR 0.142.305), geht die Verantwortung auf einen Zweitstaat über, sobald sich der Flüchtling während eines Zeitraumes von zwei Jahren tatsächlich und ununterbrochen im Zweitstaat mit Zustimmung dessen Behörden aufgehalten hat (Art. 2). Vom Moment des Übergangs der Verantwortung an obliegt es dem Zweitstaat, dem Flüchtling einen neuen Reiseausweis zuzustellen (Art. 5). Der Zweitstaat erleichtert nach dem Übergang der Verantwortung zudem die Familienzusammenführung (Art. 6). Auch wenn die Schweiz Flüchtlingen nach zwei Jahren kein Asyl gewährt (Art. 5 AsylG ist eine "kann-Bestimmung"), ist sie doch an gewisse Bestimmungen des Abkommens gehalten.

An sich regelt die *Flüchtlingskonvention* ja nur das *Recht im Asyl*, bezogen auf den Staat, der das Asyl gewährt hat, und enthält keine Pflicht zur Asylgewährung. Aber dennoch sind gewisse Rechte, die sich aus einer Anerkennung für Flüchtlinge gegenüber Drittstaaten ergeben, darin enthalten, so z.B. Art. 14 (geistiges Eigentum) und Art. 16 (Zutritt zu Gerichten). Wichtig ist § 7 des Anhangs zur Konvention, wonach die vertragsschliessenden Staaten die von andern Staaten abgegebenen Reiseausweise für Flüchtlinge anerkennen (siehe auch das Europäische Übereinkommen über die Abschaffung des Visumszwangs für Flüchtlinge, SR 0.142.38). Die *andern Rechte* aus der Konvention kommen den Flüchtlingen nur zugute, wenn sie sich "ordnungsgemäss" in einem andern Staat aufhalten.

- *Schutz vor Rückschiebung*

Das Hauptproblem, das sich bei der Frage nach der Bindung durch einen ausländischen Anerkennungsentscheid stellt, ist, ob Flüchtlinge, die durch einen andern Staat anerkannt worden sind und danach in die Schweiz kommen, vor Rückschiebung in den Verfolgerstaat geschützt sind. Dies kann etwa dann relevant sein, wenn z.B. ein anerkannter Flüchtling als Tourist in die Schweiz kommt und der Verfolgerstaat ein Auslieferungsbegehren stellt. Darf die Schweiz die Flüchtlingseigenschaft neu prüfen oder ist sie automatisch an die Schranke von Art. 33 FK gebunden (siehe dazu hinten S. 175ff)?

Nach vorwiegender Auffassung ist die Schweiz nicht an den Asylentscheid eines Drittstaates gebunden und kann die Flüchtlingseigenschaft selber prüfen, vor allem dann, wenn der Drittstaat eine wesentlich andere Asylgewährungskonzeption als die Schweiz hat oder der Entscheid offensichtlich falsch war. Der ausländische Asylentscheid wird allerdings als gewichtiges Indiz für eine politische Verfolgung angesehen werden müssen. Im übrigen muss gemäss *Kälin* (Grundriss, S. 214f) vor der Rückweisung oder Auslieferung in den Verfolgerstaat dem Erstasylstaat Gelegenheit gegeben werden, den Flüchtling zurückzunehmen. In diesem Sinne hat auch das Exekutiv-Komitee im Beschluss Nr. 12, 1978 (Extraterritoriale Wirkung der Feststellung der Flüchtlingseigenschaft; siehe UNHCR, Rechtsschutz, S. 23f) die Auffassung vertreten, "dass der Zweck des Abkommens von 1951 und des Protokolls von 1967 impliziert, dass die von einem Vertragsstaat festgestellte Flüchtlingseigenschaft auch von anderen Vertragsstaaten anerkannt wird".

9.1.2. Extraterritoriale Wirkung der Ablehnung eines Asylgesuches

In vielen Fällen (nach Schätzung des BFF 20-30%) haben Asylsuchende, die in die Schweiz kommen, bereits in einem andern Staat ein Asylverfahren durchlaufen. In ganz seltenen Fällen dürfte es vorkommen, dass auch Personen, die von dem andern Staat anerkannt worden sind, aus irgend einem Grund in der Schweiz Asyl möchten und hier noch einmal ein Asylgesuch stellen. Falls dies bekannt wird, können die Betreffenden in der Regel ohne Probleme an den Erstasylstaat zurückgegeben werden; falls nicht, muss ein zweites Verfahren angestrengt werden, allerdings mit dem Risiko einer Ablehnung.

Wie sieht es mit der Wirkung negativer Entscheide eines Drittstaates aus? Klar ist, dass jeder Staat das Recht auf eine erneute Überprüfung eines Asylgesuches hat. Dieses Recht ist auch in den Erstasylabkommen vorgesehen (so z.B. Art. 3 Abs. 4 und Art. 9 des Dubliner Abkommens; siehe dazu allgemein vorne S. 49).

Das schweizerische Asylgesetz kennt eine Reihe von Bestimmungen, die auf ein im Ausland hängiges oder abgeschlossenes Verfahren Bezug nehmen. Es handelt sich dabei vor allem um Regeln, die im Hinblick auf einen Beitritt der Schweiz zu einem Erstasylabkommen durch den AVB von 1990 ins Gesetz aufgenommen wurden (siehe dazu vorne S. 50) oder sich auf bestehende Schubabkommen mit den Nachbarländern beziehen nehmen. Falls ein anderer Staat aufgrund des Abkommens zur Asylgesuchsprüfung zuständig oder aufgrund von Schubabkommen zur Rückübernahme verpflichtet ist (siehe S. 52 und S. 333) können die Asylsuchenden bei der Einreise oder während des Verfahrens zurückgegeben werden (siehe z.B. Art. 13c Abs. 1, 13d Abs. 1, Art. 19 Abs. 2, lit.a AsylG). Auf das Asylgesuch wird dann nicht eingetreten (Art. 16 Abs. 1 lit.c AsylG). Grundlage für die Pflicht eines andern Staates zur Rückübernahme wäre im Falle eines Beitrittes der Schweiz Artikel 10 des Dubliner Abkommens: Danach hat ein zuständiger Staat u.a. die Pflicht zur Aufnahme des Asylsuchenden, wenn dort ein Verfahren hängig ist oder das Asylgesuch abgelehnt wurde. Immerhin ist bei solchen vertraglichen Übergaben die Schranke von Art. 33 FK zu beachten (Non-Refoulement Verbot): Falls konkrete Anzeichen für eine Gefahr bestehen, dass der Drittstaat dieses Prinzip verletzt (insbesondere wenn bekannt ist, dass der Staat dies verschiedentlich getan hat; ein Indiz kann auch eine stark abweichende Anerkennungspraxis sein), *müsste* die Schweiz die Flüchtlingseigenschaft selber überprüfen.

Falls aber ein Gesuchsteller oder eine Gesuchstellerin aus irgend einem Grund nicht in einen Drittstaat zurückgebracht werden kann, obwohl dort das Asylgesuch negativ entschieden wurde (z.B. weil die Fristen verpasst wurden), ist die Schweiz zur Prüfung des Asylgesuches verpflichtet (dies ergibt sich aus Art. 2 AsylG; so auch *Werenfels*, S. 346f). Immerhin kann ein negativer ausländischer Asylentscheid ein Indiz bei der Beurteilung des Asylgesuches bilden.

In der Praxis wird den Asylsuchenden bei der Befragung in der Empfangsstelle eine Erklärung zur Unterschrift vorgelegt, nach der sie die schweizerischen Asylbehörden ermächtigen, in europäischen Drittstaaten nachzufragen, ob sie im entsprechenden Land bereits ein Asylverfahren durchlaufen haben, und die Entscheidungen einzuholen.

9.2. Sonderregelung für palästinensische Flüchtlinge (UNRWA - Flüchtlinge)

LITERATUR: *Grahl-Madsen,* Bd. 1, S. 263ff; *Köfner/Nicolaus,* S. 311ff; *Nicolaus/Saramo,* Zu den Voraussetzungen und der Anwendbarkeit des Artikels 1 Abschnitt D Absatz 2 der Genfer Flüchtlingskonvention, ZAR 1989, S. 67ff; *Robinson,* S. 63-65; UNHCR, Handbuch, Ziff. 142, 143.

Eine besondere völkerrechtliche Regelung gilt für *palästinensische* Flüchtlinge. Sie fallen nicht unter die Zuständigkeit des UNHCR, sondern unter das Büro der Vereinten Nationen zur Unterstützung der Palästina-Flüchtlinge im Nahen Osten (United Nations Relief and Works Agency for Palestine Refugees in the Near East, UNRWA). Die Genfer Flüchtlingskonvention trägt diesem Umstand insofern Rechnung, als für Flüchtlinge, die dem Schutz von UNRWA unterstehen (oder einer andern Spezialorganisation der UNO), Art. 1D FK Anwendung findet:

> "Dieses Abkommen ist nicht anwendbar auf Personen, die zurzeit durch eine andere Organisation oder Institution der Vereinten Nationen als den Hochkommissär der Vereinten Nationen für Flüchtlinge Schutz oder Hilfe erhalten.
> Wenn dieser Schutz oder diese Hilfe aus irgendeinem Grunde wegfallen, ohne dass die Stellung dieser Personen durch entsprechende Beschlüsse der Generalversammlung der Vereinten Nationen endgültig geregelt worden wäre, geniessen sie alle Rechte dieses Abkommens."

Noch deutlicher ist hier die nicht-amtliche Uebersetzung des UNHCR (UNHCR, Handbuch, S. 72), wonach diese Personen *ipso facto* unter die Bestimmungen des Abkommens fallen (englische Originalversion: "these persons shall *ipso facto* be entitled to the benefits of this Convention").

Diese Bestimmung bedeutet zunächst einmal, dass die Flüchtlingskonvention nicht auf Personen anwendbar sind, die einer andern Organisation der UNO, wie eben UNRWA (momentan in dieser Beziehung einzig von Bedeutung) unterstehen. Da aber die Tätigkeit der UNRWA auf bestimmte Teile des Nahen Ostens beschränkt ist, ist sie nur beschränkt fähig, Schutz zu gewähren. Für den Fall, dass jemand deren Schutz oder Hilfe verliert, regelt daher Abs. 2 von Art. 1D FK, dass die Betroffenen automatisch die Rechte der Flüchtlingskonvention geniessen.

Befindet sich ein Palästina-Flüchtling also ausserhalb dieses Gebietes, und kann er den Schutz der UNRWA nicht mehr in Anspruch nehmen (insbesondere wenn er nicht mehr in das Land zurückkehren kann, das ihm Schutz gewährte), wird die Flüchtlingskonvention *ipso facto* anwendbar, d.h. die palästinensischen Flüchtlinge gelten dann automatisch als

Flüchtlinge im Sinne der Genfer Flüchtlingskonvention und geniessen alle Rechte aus diesem Abkommen.

Dies ist beispielsweise bei Palästinenserinnen und Palästinensern der Fall, die den Libanon oder die von Israel besetzten Gebiete verlassen und nach Ablauf ihrer (Flüchtlings-) Dokumente in vielen Fällen nicht mehr dorthin zurückkehren können und somit auch keine Möglichkeit haben, die UNRWA-Unterstützung wieder in Anspruch zu nehmen, zumal andere Staaten, in denen die UNRWA tätig ist - wie etwa Jordanien - kaum bereit sind, diese Flüchtlinge aufzunehmen (*Nicolaus/Saramo*, S. 69). Das Motiv, weshalb die Betreffenden den UNWRA-Schutz verlassen haben, spielt keine Rolle.

Solche palästinensischen Flüchtlinge sind daher von einem Drittstaat als Flüchtlinge im Sinne der FK anzuerkennen, sofern keine Beendigungsgründe oder Ausschlussgründe gemäss der Flüchtlingskonvention (Art. 1C oder 1F FK) vorliegen. Die Schweiz ist damit allerdings nicht verpflichtet, einem solchen Flüchtling Asyl zu gewähren, sie muss ihm indessen die Rechte aus der Konvention zugestehen (insbesondere muss sie das Nichtrückschiebungsverbot von Art. 33 FK beachten und ihm Reisepapiere ausstellen).

Im konkreten Fall kann man sich an folgende Stelle in Wien wenden, die eine Liste aller durch die UNRWA anerkannten Flüchtlinge führt: Vienna International Centre, P.O. Box 700, Wien.

III. NACHWEIS DER FLÜCHTLINGSEIGENSCHAFT (ART. 12a ASYLG)

LITERATUR: *Gattiker,* Asyl- und Wegweisungsverfahren, S. 31ff; *Gygi,* Bundesverwaltungsrechtspflege, S. 269ff; *Hausammann/Achermann,* Gutachten, S. 13ff; *dieselben,* Auswertung, ASYL 1990/1, S. 4ff; *Kälin,* Grundriss, S. 291ff; *Raess-Eichenberger,* S. 156-165; *Werenfels,* S. 132ff.

1. BEWEIS UND GLAUBHAFTMACHUNG

Art. 12a Abs. 1 AsylG lautet:
"Wer um Asyl ersucht, muss nachweisen oder zumindest glaubhaft machen, dass er ein Flüchtling ist."

Dieser wichtige Grundsatz des Asylverfahrens besagt, dass Asylsuchende ihre Flüchtlingseigenschaft nicht in jedem Fall beweisen müssen, sondern *Glaubhaftmachung* genügt, wenn das Beibringen von Beweisen dem Gesuchsteller oder der Gesuchstellerin nicht möglich oder nicht zumutbar ist. Umgekehrt gilt, dass die Behörde bei Vorliegen sachlicher Gründe, mehr als nur Glaubhaftmachen verlangen kann, nämlich Beweise. Solche erhöhte Anforderungen müssen aber *im Einzelfall begründbar,* die *Beibringung* für den Gesuchsteller *möglich* und *zumutbar* sein.

Falls die Flüchtlingseigenschaft nicht nachgewiesen oder nicht glaubhaft gemacht werden kann, wird ein Asylgesuch abgelehnt. Die Behörden müssen einem Gesuchsteller oder einer Gesuchstellerin nicht nachweisen können, dass er die Flüchtlingseigenschaft nicht erfüllt. Den Asylsuchenden kommt also die sogenannte *Beweislast* zu, d.h. sie müssen die Folgen der Beweislosigkeit tragen. Die Möglichkeit, dass ein *blosses Glaubhaftmachen* für den Nachweis der Flüchtlingseigenschaft genügt, trägt den Schwierigkeiten Asylsuchender Rechnung, an Beweise heranzukommen, sofern solche überhaupt existieren.

Falls Asylsuchende die Flüchtlingseigenschaft (Art. 3 Abs. 1 AsylG) nachweisen oder glaubhaft machen können, erhalten sie Asyl, wenn keine Asylausschlussgründe (siehe hinten S. 153ff) entgegenstehen.

Die Frage des Nachweises und der Glaubhaftmachung sind im Zusammenhang mit andern Grundsätzen zu sehen, namentlich dem *Untersuchungsgrundsatz* und der *Mitwirkungspflicht.* Der Untersuchungsgrundsatz von Art. 12 VwVG besagt, dass die Behörde den Sachverhalt von Amtes wegen festzustellen hat und mildert daher für Asylsuchende u.U.

die Last, Beweismittel selber beizubringen (sog. *Beweisführungslast*). Auf der andern Seite haben Asylsuchende aber eine Mitwirkungspflicht, d.h. die Pflicht, bei der Feststellung des Sachverhaltes mitzuwirken (siehe auch Art. 12b AsylG). Die Mitwirkungspflicht beantwortet teilweise auch die Frage, welche Beweise Asylsuchende beibringen *müssen* und mildert wiederum die Untersuchungspflicht der Behörden. Untersuchungsgrundsatz und Mitwirkungspflicht werden im Kapitel "Verfahrensgrundsätze" eingehender behandelt (hinten S. 223ff).

Im folgenden wird ausgeführt, was unter "Beweis" und was unter "Glaubhaftmachen" zu verstehen ist; während die Frage, wann ein Beweis vorliegt, in der Regel keine Probleme aufwirft, gehen die Ausführungen detailliert darauf ein, wann die Praxis die Vorbringen von Asylsuchenden für glaubhaft hält. Die einzelnen Beweismittel und das Beweisverfahren sind hinten S. 228ff dargestellt.

2. BEWEIS

Unter "Beweis" versteht man auf der einen Seite die Tätigkeit der *Beweisführung*. Beweisführung bedeutet dabei Beibringung von Beweismitteln, welche die Behörde von der Richtigkeit der Tatsachendarstellung überzeugen sollen (*Gygi*, S. 270f). Die zulässigen Beweismittel sind in Art. 12 VwVG aufgezählt: Urkunden, Auskünfte der Parteien, Auskünfte von Zeugen oder Drittpersonen, Augenschein und Gutachten von Sachverständigen (siehe dazu hinten S. 229ff).

Auf der andern Seite meint "Beweis" auch den Erfolg der Beweisführung, also die behördliche Feststellung, dass eine Sachbehauptung als wahr erachtet wird. Beim (strikten) Beweis muss die entscheidende Behörde "völlige Sicherheit vom Vorliegen der Tatsachen erlangen" (*Habscheid*, Schweizerische Zivilprozess- und Gerichtsorganisation, Basel 1986, S. 312). Bei der Glaubhaftmachung hingegen ist gerade diese Anforderung der völligen Sicherheit herabgesetzt (zu den Beweismitteln und zum Beweisverfahren siehe im übrigen hinten S. 228ff).

3. GLAUBHAFTMACHEN

3.1. Begriff des Glaubhaftmachens

Anders als beim Beweis (siehe oben), wo die entscheidende Behörde "völlige Sicherheit vom Vorliegen der Tatsachen erlangen" muss, sind die Anforderungen bei der Glaubhaftmachung herabgesetzt: Eine Tatsache gilt dann als glaubhaft gemacht, wenn "ein erheblicher Grad von Wahrscheinlichkeit für die Annahme eines rechtserheblichen Sachumstandes" besteht (*Gygi*, S. 272). Es genügt, "wenn der Richter das Vorhandensein der zu beweisenden Tatsachen für wahrscheinlich hält, selbst wenn er noch mit der Möglichkeit rechnet, dass sie sich nicht verwirklicht haben könnte" (*Habscheid*, Schweizerische Zivilprozess- und Gerichtsorganisation, Basel 1986, S. 312). Nach der Lehre gilt eine Behauptung auch dann als glaubhaft gemacht, "wenn der Richter von ihrer Wahrheit nicht völlig überzeugt ist, sie aber für überwiegend wahr hält, obwohl nicht alle Zweifel beseitigt sind" (*Vogel*, Grundriss des Zivilprozessrechts, 4. Aufl., Bern 1988, S. 135). In einem Entscheid des Bundesrates wird angeführt, bei der Beurteilung einer Prognose für künftige Ereignisse müsse man sich "ähnlich wie beim Glaubhaftmachen mit dem Nachweis der Wahrscheinlichkeit begnügen; es reicht aus, wenn man die zu beweisende Tatsache für wahrscheinlich hält, selbst wenn mit der Möglichkeit gerechnet werden muss, dass sie sich nicht verwirklicht haben könnte" (VPB 51/1987, Nr. 64, S. 438f).

Treffend fasst *Kälin* (Grundriss, S. 303) die Anforderungen zusammen:

> "Glaubhaft ist nicht, 'was zu keinen Einwänden Anlass gibt'. Glaubhaftmachung lässt Einwände und Zweifel durchaus zu; sie müssen bloss weniger gewichtig erscheinen als die Gründe, welche für die Wahrscheinlichkeit der Verfolgung sprechen. Die Behörde hat sich nicht zu fragen, ob sie überzeugt sei, dass der Gesuchsteller die Wahrheit sagt. Es genügt also, dass bei verständiger Würdigung die Gründe für die Annahme, der Gesuchsteller sage die Wahrheit, stärker sind als die Gründe dagegen".

Die neue Fassung des Art. 12a Abs. 2 AsylG (AVB vom 20.6.1990) trägt den herabgesetzten Anforderungen an die Glaubhaftmachung folgendermassen Rechnung:

> "Glaubhaft gemacht ist die Flüchtlingseigenschaft, wenn die Behörde ihr Vorhandensein mit überwiegender Wahrscheinlichkeit für gegeben hält."

Die Botschaft zum AVB (BBl 1990 II 618) führt zwar an, mit der gesetzlichen Verankerung der Lehre und Praxis zur Glaubhaftmachung erfolge keine materiellrechtliche Änderung. Wie die folgenden Ausführungen aber zeigen werden, scheinen die schweizerischen Asylbehörden bisher in ihrer Praxis von höheren Anforderungen an die Glaubhaftmachung ausgegangen zu sein; schon an sich geringe Zweifel führen zur Ablehnung von Asylgesuchen. Eine Auswertung von Asylentscheiden hat gezeigt, dass in mehr als 90% der Asylgesuche zumindest auch die Glaubwürdigkeit der Vorbringen in Frage gestellt wurde (*Hausammann/Achermann*, Gutachten, S. 7).

3.2. KRITERIEN DER PRAXIS ZUR BEURTEILUNG DER GLAUBHAFTMACHUNG

Nach Art. 12a Abs. 3 sind unglaubhaft

> "... insbesondere Vorbringen, die in wesentlichen Punkten zu wenig substantiiert oder in sich widersprüchlich sind, den Tatsachen nicht entsprechen oder massgeblich auf gefälschte oder verfälschte Beweismittel abgestützt werden".

Diese neue Fassung (eingefügt durch den AVB von 1990) umschreibt damit negativ, wann Vorbringen unglaubhaft sind. Eine Analyse der Praxis (siehe *Kälin*, Grundriss S. 304f, mit Nachweis von Entscheiden, die nachfolgend nicht genannt sind; siehe auch *Hausammann/Achermann*, Gutachten S. 15ff) zeigt, dass positiv folgende Anforderungen erfüllt sein müssen, damit die Vorbringen als glaubhaft gelten:

- Die Vorbringen der Gesuchstellerinnen und Gesuchsteller müssen in sich *schlüssig* sein. Die Aussagen dürfen sich *nicht wesentlich widersprechen*.

- Die Vorbringen müssen *plausibel* sein, d.h. mit den Tatsachen oder der allgemeinen Erfahrung übereinstimmen. Dies ist z.B. dann nicht der Fall, wenn die Darlegungen mit den allgemeinen Verhältnissen im

Heimatstaat nicht zu vereinbaren sind oder sonst unmöglich erscheinen.
- Die Vorbringen müssen *substantiiert* sein. Nicht substantiiert sind Vorbringen, die den Sachverhalt vage schildern oder sich auf Gemeinplätze beschränken, oder wenn konkrete und detaillierte Angaben über Ereignisse und Umstände fehlen.
- Schliesslich müssen die Gesuchstellerinnen und Gesuchsteller *persönlich glaubwürdig* sein. Dagegen sprechen etwa gefälschte Beweismittel, Verheimlichung von Tatsachen, Nachschieben von Fluchtgründen, Verheimlichung der Identität oder Verletzung der Mitwirkungspflicht.

3.2.1. Widersprüchliche Vorbringen

Nach einer Standardformulierung des BFF ist

"ein Sachverhalt dann glaubhaft, wenn ihn der Gesuchsteller im Verlaufe des Asylverfahrens widerspruchsfrei darlegt. Dies ist dann der Fall, wenn die Angaben des Gesuchstellers in wesentlichen Punkten gleichbleiben und in sich schlüssig sind" (z.B. N 202'196, Entscheid des BFF vom 15.11.1990).

In sehr vielen Fällen werden Asylgesuche wegen Widersprüchen zwischen verschiedenen Aussagen abgelehnt, so z.B. wenn die Aussagen nicht mit dem Inhalt eines schriftlichen Asylgesuches oder die Aussagen in der Empfangsstelle nicht mit den Angaben im Protokoll der kantonalen Fremdenpolizei bzw. des BFF übereinstimmen, wenn die Aussagen beim Kanton nicht mit denjenigen beim BFF übereinstimmen oder sich die Aussagen nicht mit den Aussagen anderer Personen zu denselben Sachverhalten und Geschehnisabläufen decken, schliesslich auch wenn eine Sachverhaltsdarstellung in sich selbst widersprüchlich ist. In der Praxis genügen teilweise schon geringe Widersprüche zwischen zwei Befragungen zur Abweisung eines Asylgesuches.

Bei vorhandenen Widersprüchen wird Asylsuchenden entgegengehalten:

"Solche sich widersprechende Aussagen bezüglich der eigentlichen Verfolgungssituation lassen den eindeutigen Schluss zu, dass der Gesuchsteller die geltend gemachten Asylvorbringen nicht erlebt hat. Dem Gesuchsteller kann demzufolge nicht geglaubt werden" (z.B. N 191'772, Entscheid des BFF vom 29.11.1990).

Art. 12a Abs. 3 AsylG verlangt *Widersprüche in wesentlichen Punkten*. Nach der Praxis fallen widersprüchliche Angaben zu den Asylgründen, widersprüchliche Zeit- und Ortsangaben, widersprüchliche Angaben zum Ablauf von Geschehnissen, aber auch widersprüchliche Angaben zu Passbeschaffung und Reiseweg darunter (siehe unten S. 148f).

3.2.2. Plausibilität der Vorbringen

Nach der Praxis müssen Vorbringen, um als glaubhaft zu gelten, mit den Tatsachen oder der allgemeinen Erfahrung übereinstimmen, insbesondere der Situation im Herkunftsstaat entsprechen, sie dürfen einer inneren Logik nicht entbehren und nicht realitätsfremd sein. Ein Textbaustein des BFF führt an:

> "Ein Asylgesuch ist ... dann glaubhaft, wenn die Vorbringen den Tatsachen entsprechend dargelegt werden. Tatsachenwidrig sind somit Vorbringen, die erwiesenermassen in wesentlichen Punkten nicht mit den Tatsachen übereinstimmen. Als tatsachenwidrig sind auch Vorbringen zu qualifizieren, die der allgemeinen Erfahrung widersprechen (...). Hierbei ist den sozio-kulturellen Gegebenheiten im Herkunftsland des Gesuchstellers Rechnung zu tragen" (siehe z.B. N 134'485, Entscheid des BFF vom 4.12.1990).

Als der *"allgemeinen Erfahrung"* widersprechend erweisen sich nach der Praxis Situationen, in denen die entscheidende Behörde darauf abstellt, was ein echter Flüchtling in der geschilderten Situation normalerweise tut oder vermutlich getan hätte, oder wie die Polizei üblicherweise vorgehen würde etc. Als *tatsachenwidrig* gelten Aussagen, wenn das vorgebrachte Vorgehen der Strafverfolgungsbehörden nicht dem tatsächlichen Vorgehen im betreffenden Land entspricht (z.B. wenn die Behörde normalerweise härter durchgreift), wenn Aktivitäten für nicht oder nicht mehr bestehende Parteien geltend gemacht werden, wenn geschilderte Ereignisse nie stattgefunden haben etc. Schliesslich können Vorbringen z.B. auch unplausibel sein bezüglich *Passbeschaffung* und *Reiseweg* (siehe unten S. 148f).

3.2.3. Substantiierung der Vorbringen

Ein häufig verwendeter Textbaustein lautet:

> "Schliesslich sind persönliche Asylvorbringen dann substantiiert dargelegt, wenn sie detailreich, konkret und differenziert geschildert werden sowie die Überzeugung vermitteln, dass sie vom Gesuchsteller erlebt worden sind. Antworten auf vertiefende Fragen müssen den Sachverhalt angemessen konkretisieren. Allgemein gehaltene, pauschale, stereotype und auf präzise Fragen hin vage oder ausweichende Aussagen sind Hinweise auf die Unglaubwürdigkeit eines Vorbringens" (z.B. N 202'196, Entscheid des BFF vom 15.11.1990).

Asylsuchende müssen, um Erfolg zu haben, also *konkrete und detaillierte Angaben* über Erlebnisse machen können. Bei mangelnder Substantiierung heisst es in Entscheiden etwa, dass man "berechtigterweise davon ausgehen [kann], dass jeder Mensch, gleich welchen kulturellen Ursprungs, imstande ist, detaillierte Angaben über erlittene Ereignisse und deren Begleitumstände zu machen"; oder dass "die Vorbringen des Gesuchstellers zu seinen geltend gemachten politischen Tätigkeiten wenig substantiiert [sind] und in keinem Punkt über Allgemeinplätze hinaus" gehen.

Hohe Anforderungen an die Substantiierungslast werden vor allem dann gestellt, wenn ein Gesuchsteller oder eine Gesuchstellerin vorbringt, Mitglied oder Sympathisant einer Partei gewesen zu sein. Als unglaubwürdig kann nach der Praxis des BFF im konkreten Fall gelten, wer das Gründungsdatum der Partei, die Gründungs- und Entstehungsgeschichte, den Namen des Parteigründers und des gegenwärtigen Führers, das Emblem der Partei, Namen von Mitgliedern, Ziele und Ideologie, Kampfmittel, Publikationsorgane, Struktur und Organisation der Partei nicht kennt. Ein Aktivist z.B., der Zeitschriften einer Partei verteilt, muss Angaben machen können über Inhalt, Gestaltung, Format, Umfang und Titelblatt. Aber auch wer nicht in einer Partei aktiv ist, sondern nur Aktivisten unterstützt, gilt als unglaubwürdig, wenn er nicht in der Lage ist, irgendwelche näheren Angaben zu diesen Personen zu machen.

Im übrigen gelten die Aussagen von Asylsuchenden beispielsweise als zuwenig substantiiert, wenn sie Ereignisse, wie Inhaftierungen, Misshandlungen etc. zeitlich nicht festlegen können, Haftumstände und das betreffende Gefängnis, oder erlittene Folterungen nicht näher beschreiben können.

3.2.4. Persönliche Glaubwürdigkeit

Nach der schweizerischen Asylpraxis lassen folgende Handlungsweisen auf fehlende persönliche Glaubwürdigkeit schliessen:

- Einreichen verfälschter oder gefälschter Beweismittel (vgl. auch Art. 12a Abs. 3 AsylG), wie etwa Fälschungen von Haftbefehlen und Strafurteilen, aber auch von Identitätspapieren. Zu beachten ist hier zudem, dass gemäss Art. 16 Abs. 1 lit. b auf ein Asylgesuch nicht eingetreten wird, wenn der Gesuchsteller seine Identität verheimlicht (siehe dazu S. 294).

- Falsche Darstellung und Verheimlichung von wichtigen Tatsachen, Aussagen, die jeglichen Masses entbehren und offensichtlich übertrieben sind, dann auch falsche Darstellung des Reiseweges, Vorenthaltung von Identitätspapieren oder Nichteinreichung von Beweismitteln (siehe dazu S. 228f).

- Verweigerung der Mitwirkung, indem auf bestimmte Fragen keine oder nur ausweichende Antwort gegeben wird oder Asylsuchende nicht an der Befragung erscheinen (siehe dazu auch die Ausführungen zur Verletzung der Mitwirkungspflicht, S. 224ff und zu den Nichteintretensgründen S. 297f, da gemäss Art. 16 Abs. 1 lit. e auf ein Asylgesuch nicht eingetreten wird, wenn die Mitwirkungspflicht vorsätzlich in grober Weise verletzt wird).

- Nachschieben von Asylgründen, denn nach der Praxis teilt "erfahrungsgemäss ... ein tatsächlich Verfolgter den Behörden, bei denen er Schutz sucht, bereits anlässlich der ersten Einvernahme alle wichtigen Gründe mit - und sei dies nur in kurzer Form -, welche ihn zum Verlassen des Heimatlandes bewogen haben". Als *"Nachschieben von Asylgründen"* gelten also nach der Praxis Vorbringen, die nicht schon bei der ersten Befragung, sondern erst später im Laufe des Verfahrens gemacht werden. Nach einer Formulierung in Asylentscheiden ist die Glaubwürdigkeit der Darlegungen nicht gegeben, "wenn bezüglich wesentlicher Sachverhalte und Geschehnisabläufe Aussagen grundlos erst im späteren Verlauf des Asylverfahrens präsentiert werden".

- Bezüglich *Pass und Reiseweg* ist die Praxis sehr streng: So wird als unglaubwürdig erachtet, wer den Asylbehörden keinen Pass übergibt, den dies lasse den Schluss zu, dass der Gesuchsteller die effektive Reiseroute zu verheimlichen suche; wer den Pass nicht abliefert, macht dies nach Vermutung der Behörden deshalb nicht, weil sich dort Eintragungen befinden, die sich mit den Asylvorbringen nicht in Einklang bringen lassen; wer vorbringt, den Pass dem Schlepper zurückgegeben zu haben, ist unglaubwürdig, weil diese stereotype Erklärung der Lebenserfahrung widerspreche. Wer hingegen einen Pass abgibt, dem werden seine Vorbringen oft nicht geglaubt, wenn er vorbringt, den Pass legal erhalten zu haben, oder mit dem Pass legal ausgereist zu sein, denn einem tatsächlich Verfolgten sei eine solche Ausreise mit Sicherheit nicht möglich. Die schweizerischen Asylbehörden halten es zwar für möglich, dass jemand den Pass auf illegale Weise erhalten kann; wer diesen aber auf seinen Namen ausstellen lässt, gilt u.U. als unglaubwürdig, denn dies widerspreche jeglicher Logik; wer den Pass aber auf einen fremden Namen ausstellen lässt, in die Schweiz einreist und das Asylgesuch unter dem im Pass eingetragenen Namen stellt, ist unglaubwürdig, weil er die Behörden über seine Identität täuschen möchte. Eventuell wird dann gar nicht auf sein Gesuch eingetreten (Art. 16 Abs. 1 lit. b; siehe dazu S. 294).

3.3. KRITIK

3.3.1. Widersprüche

Aus den herabgesetzten Anforderungen an den Nachweis der Flüchtlingseigenschaft durch Glaubhaftmachung ergibt sich, dass nicht jeder Widerspruch oder jede Unklarheit in den Vorbringen die Glaubwürdigkeit eines Gesuchstellers oder einer Gesuchstellerin generell in Frage stellen darf. Die Praxis tendiert allerdings stark in diese Richtung und lässt schon einzelne Widersprüche genügen, ohne den Wahrheitsgehalt der restlichen Aussagen zu prüfen (siehe dazu auch unten die generellen Bemerkungen zur Praxis).

Folgende Überlegungen sind bei Widersprüchen und Unklarheiten zu machen:

- Unbestreitbar ist, dass *schwerwiegende Widersprüche* zwischen zwei Befragungen auf die Unglaubwürdigkeit der Asylsuchenden schliessen lassen, sofern keine besonderen Umstände vorliegen.

- Solche besonderen Umstände können sich etwa aus speziellen Umständen bei der Befragung ergeben; bei Anhörungen von Folteropfern z.B. versagt oft die allgemeine Lebenserfahrung (siehe hinten S. 286ff). Quellen für Widersprüche und Unklarheiten können z.B. sein: Sprachschwierigkeiten, Fehler in der Übersetzung, Mühe der Befrager, die Aussagen des Bewerbers präzis festzuhalten, interkulturelle oder psychologische Kommunikationsprobleme oder schlicht Missverständnisse (siehe dazu auch S. 286ff). Erst wenn sie trotz weiterer Abklärungen bestehen bleiben und wesentliche Punkte betreffen, sind Widersprüche und Unklarheiten geeignet, die Glaubwürdigkeit von Asylsuchenden zu zerstören.

- Nach einem neuen Textbaustein des BFF ist "ein Sachverhalt dann glaubhaft, wenn ihn der Gesuchsteller im Verlaufe des Asylverfahrens *widerspruchsfrei* darlegt" (z.B. Entscheid N 136'155, Entscheid des BFF vom 4.12.1990); Art. 12a Abs. 3 AsylG hingegen verlangt Widersprüche in *wesentlichen Punkten*. Der Formulierung des BFF widerspricht die Erfahrung, dass einzelne Widersprüche bei Befragungen praktisch unvermeidlich sind, da es niemandem kaum je gelingt, zweimal bei verschiedenen Gelegenheiten identische Schilderungen abzugeben oder einen Sachverhalt völlig widerspruchsfrei darzulegen (vgl. *Bender*, Die häufigsten Fehler bei der Beurteilung von Zeugenaussagen, SJZ 1985, S. 59). Vielmehr "gelten Verbesserungen und Ergänzungen früherer Aussagen eher als Realitätskriterien" (*Bender*, S. 59). Als erwiesen gilt z.B. auch, dass zwei Zeugen selten dasselbe aussagen (vgl. *Rebmann*, Die Prüfung der Glaubwürdigkeit des Zeugen im schweizerischen Strafprozess, Basel 1981, S. 116). Dies sind in Zivil- und Strafprozessen gesicherte Erkenntnisse. Bezüglich *Erinnerungsfehlern* ist u.a. erwiesen, dass zeitliche und örtliche Verschiebungen häufig anzutreffende Phänomene sind, dass eine Erinnerung besonders dann verdrängt wird, wenn sie peinlich oder als Selbstbelastung empfunden wird (*Rebmann*, a.a.O, S. 116f; zur Bewertung von Zeugenaussagen siehe allgemein folgende - nicht vollständige - Literatur: *Bender*, a.a.O, S. 53ff; *Bender/ Röder/ Nack*, Tatsachenfeststellung vor Gericht, Band I, Glaubwürdigkeits- und Beweislehre, München 1981; *Peters*, Fehlerquellen im Strafprozess, 3 Bde., Karlsruhe 1970, 1972, 1974; *Trankell*, Der Realitätsgehalt von Zeugenaussagen, Methodik der Aussagepsychologie, Göttingen 1971; *Undeutsch*, Beurteilung der Glaubhaftigkeit von Aussagen, in: Handbuch der Psychologie, 11. Band, Forensische Psychologie, Göttingen 1967, S. 26ff.).

- Generell gilt bei Widersprüchen und Unklarheiten, dass die Untersuchungsmaxime und der Anspruch auf rechtliches Gehör (siehe hinten S. 213ff) verlangen, dass Widersprüchen nachgegangen werden muss. Den Asylsuchenden muss Gelegenheit gegeben werden, sich dazu zu äussern und sie allenfalls zu klären.

- Tendenziell gilt, dass Widersprüche zwischen Aussagen in der kantonalen Befragung und solchen in der Befragung durch das BFF aussagekräftiger sind als Widersprüche zwischen *Aussagen in der Empfangsstelle* und späteren Befragungen. Sowohl beim Kanton wie auch bei der Bundesbefragung findet im Gegensatz zur Empfangsstelle in der Regel eine eingehende Befragung sowie eine Protokollierung mit Rückübersetzung statt; Widersprüche treten so klarer zutage und erlauben eine ziemlich sichere Beurteilung, dass bei gravierenden Unstimmigkeiten die Ausagen unglaubwürdig sind.

- In der Vergangenheit sind sehr viele Asylentscheide mit Widersprüchen zwischen *Aussagen an der Empfangsstelle* (siehe dazu hinten S. 261ff) und späteren Befragungsaussagen begründet und negativ entschieden worden (bei 375 ausgewerteten Entscheiden aus dem Jahre 1989 in über 100 Fällen; *Hausammann/Achermann*, Gutachten, S. 19). Auch jüngere Asylentscheide operieren noch oft mit solchen Widersprüchen (eine stichprobenartige Prüfung zeigt, dass in etwa 25% aller Fälle Widersprüche zu Aussagen in der Empfangsstelle für die Begründung der ablehnenden Asylentscheide verwendet werden). Dabei zeigt sich auch in diesen jüngeren Entscheiden, dass z.T. schon geringe Widersprüche als Argumente für einen negativen Asylentscheid verwendet wurden. Dieses Vorgehen steht im Widerspruch zu den reduzierten Anforderungen an die Glaubhaftmachung von Art. 12a AsylG. Die Geschäftsprüfungskommission des Nationalrates hat in ihren Berichten vom 11.4.1990 (BBl 1990 II 784) und vom 12.11.1990 diese Praxis kritisiert (S. 7 des Berichtes, wo ausgeführt wird: "Falls Widersprüche zwischen diesen beiden Anhörungsprotokollen gegen die Glaubwürdigkeit eines Gesuchstellers angeführt werden sollten, hätte die Kritik der Geschäftsprüfungskommission ... auch in Zukunft eine Berechtigung"; mehr zur Empfangsstellenbefragung siehe im übrigen gleich anschliessend).

3.3.2. Verspätete Vorbringen

Noch mehr Vorsicht als bei Widersprüchen zwischen verschiedenen Aussagen ist eine solche bei verspäteten Vorbringen (sogenanntes "Nachschieben von Asylgründen") angebracht, die ein Gesuchsteller oder eine Gesuchstellerin erst anlässlich einer zweiten oder späteren Befragung zu Protokoll gibt (siehe oben Ziff. 3.2.4). Besonders gilt dies für Aussagen, die erst *nach der Empfangsstellenbefragung* (siehe dazu S. 261ff) gemacht werden. In vielen Entscheiden wird Asylsuchenden entgegengehalten, sie hätten in der Empfangsstelle wichtige Fluchtursachen nicht erwähnt oder Aussagen seien widersprüchlich, dies entgegen der von der Geschäftsprüfungskommission des Nationalrates geübten Kritik (so z.B. neben vielen anderen N 130'153, Entscheid des DFW vom 9.8.1990, in ASYL 1990/3, S. 18; N 201'456, Entscheid des BFF vom 31.10.1990; N 202'085, Entscheid des BFF vom 5.11.1990).

Besonders Frauen, die vergewaltigt worden sind und dies nicht bei der ersten, ev. zweiten Befragung angeben, wird das Argument des "Nachschiebens" entgegengehalten (Entscheide des DFW, N 127'445 und N 96'929, wo u.a. ausgeführt wird, eine Folge des Entscheides, in der Schweiz um Asyl zu ersuchen, sei die Verpflichtung, trotz allfälliger Hemmschwellen psychischen oder kulturellen Ursprungs alle wichtigen Asylvorbringen bekanntzugeben; "Im vorliegenden Fall kann daher das verspätete Vorbringen - erst vor dem DFW; Anm. d.V. - nicht als glaubwürdig angesehen werden". In der Vernehmlassungsantwort des DFW im gleichen Fall ist zu lesen: "Wie bereits in unseren Erwägungen ausgeführt, wäre es der Beschwerdeführerin zuzumuten gewesen, diese angeblich erlittene Vergewaltigung von Anfang an als Asylgrund vorzubringen").

Wie die folgenden Ausführungen zeigen, ist eine solche Praxis unhaltbar:

- Die Befragung findet kurz nach der Einreise in die Schweiz statt. Gerade bei Asylsuchenden aus totalitären Staaten wiegt aber das Misstrauen gegenüber Staatsvertretern noch stark, sodass ihnen das Vertrauen fehlt, vollständige und lebendige Schilderungen ihrer Fluchtgründe vorzubringen; es kann daher vorkommen, dass gerade wirklich Verfolgte nicht alles erzählen wollen (so auch UNHCR, Handbuch, Ziff. 198). Mitglieder von Untergrundorganisationen dürften zunächst kaum bereit sein, Details über ihre Aktivitäten und Namen von Kampfgenossinnen und -genossen preiszugeben.

- Meist kennen Gesuchsteller und insbesondere auch Gesuchstellerinnen aus fremden Kulturkreisen die Bedeutung einer Befragung noch gar nicht, sind sich auch nicht gewohnt, mit Behörden umzugehen und diesen gegenüber offen zu sein. Asylsuchende wissen oft auch nicht, welche ihrer Erlebnisse asylrelevant sind und welche nicht; so kann z.B. subjektiv eine befürchtete persönliche Rache mehr Angst auslösen als eine gleichzeitige staatliche Verfolgung.

- Weiter haben Folteropfer (v.a. auch vergewaltigte Frauen, siehe vorne S. 120f), wie viele Erfahrungsberichte zeigen, grosse Schwierigkeiten, über ihre Erfahrungen zu berichten; sie sind oft erst im Laufe der Zeit dazu fähig (zu weiteren kulturellen und psychologischen Schwierigkeiten, insbesondere auch bei der Befragung von Folteropfern, siehe hinten S. 286ff).

- Die Befragung an der Empfangsstelle dient primär andern Zwecken als der Prüfung der Flüchtlingseigenschaft: Gemäss Art. 14 Abs. 2 AsylG erhebt die Empfangsstelle die Personalien, und der Gesuchsteller kann ausserdem *summarisch* zum Reiseweg und zu den Gründen befragt werden, weshalb er das Land verlassen hat. Laut GPK

(Bericht vom 12.11.1990, S. 7) ist damit "nicht die Anhörung zu den Asylgründen gemeint". Die Informationen dienen hauptsächlich dazu, einen Entscheid über den Aufenthalt während des Verfahrens zu treffen (Art. 14 Abs. 3 AsylG) oder Asylsuchende in die Kantone zu verteilen. In der Praxis sind denn auch die Empfangsstellenbefragungen sehr unvollständig gehalten, teils aus Zeitmangel, teils aus Platzmangel in der im vorgegebenen Befragungsformular eingeräumten Antwortzeilen. Vielfach wird Asylsuchenden denn auch beschieden, sie könnten dann später alle ihre Gründe erläutern. Im Protokoll sind ausserdem nur die Antworten der Asylsuchenden festgehalten, nicht hingegen die Fragen der Beamtinnen und Beamten.

- Im übrigen nimmt an der Befragung, mit Ausnahme gewisser Nichteintretensfälle (siehe hinten S. 300) kein Hilfswerksvertreter bzw. keine Hilfswerksvertreterin teil, die über die Korrektheit der Anhörung wachen könnten.

Aus all diesen Gründen ist es gefährlich, das Empfangsstellenprotokoll für die Entscheidbegründung zu verwenden. Dies mag allenfalls in Fällen angehen, wo Asylsuchende die Fluchtgründe völlig anders wiedergeben. Wo Anzeichen für die Möglichkeit bestehen, dass nur Ereignisse verwechselt oder allenfalls falsch verstanden worden sind, oder dass Asylsuchende sich über die Bedeutung der Befragung nicht im klaren waren, darf daraus nicht der Schluss auf ihre Unglaubwürdigkeit gezogen werden.

In diesem Sinn hat auch die Geschäftsprüfungskommission des Nationalrates ausgeführt (Bericht vom 11.4.1990, BBl 1990 II 784), es sei zu bedenken,

"... dass die Befragung zu den Fluchtgründen an der Grenze und in den Empfangsstellen keine Beweismittelqualität beanspruchen kann. Die erste und die zweite Befragung sind durch ungleiche Sorgfalt, Sachkenntnis und zeitliche Dauer geprägt (...) Die Verfahrensgarantien (...) gelten somit ausgerechnet in jener Befragung nicht, auf die in der Folge massgeblich abgestellt wird".

Die GPK bittet daher, diese Befragung ausschliesslich zum Zwecke der Triage offensichtlicher Fälle zu verwenden. Den dabei entstandenen Akten dürfe *keine Beweiskraft* zuerkannt werden. Im Bericht vom 12.11.1990 bestätigt die GPK ihre Auffassung.

Auch der Beschwerdedienst des EJPD hält in einem Entscheid vom 18.9.1989 (abgedruckt in ASYL 1989/4, S.18) fest, dass die Empfangsstellenbefragung aufgrund ihres summarischen Charakters lediglich in einem beschränkten Rahmen bei der Beurteilung eines Gesuches verwendet werden kann, und dass nicht davon ausgegangen werden darf, Asylbewerber hätten grundsätzlich die Möglichkeit oder die Pflicht, sämtliche Gründe ihrer Asylgesuche bereits in diesem Verfahrensstadium abschliessend darzulegen.

Hinzuweisen ist schliesslich auf Art. 32 Abs. 2 VwVG, wonach die verfügende Behörde verspätete Vorbringen, die ausschlaggebend erscheinen, trotz der Verspätung berücksichtigen kann; falls sich die Vorbringen als ausschlaggebend erweisen, ist die Behörde wegen der Untersuchungsmaxime gemäss allgemeiner Praxis im Verwaltungsrecht dazu verpflichtet (VPB 1978, Nr. 98, S. 445f). Verspätete Vorbringen stellen bei den oben erwähnten Fällen im übrigen auch keine Verletzung der Mitwirkungspflicht dar, da gemäss Art. 12b Abs. 2 die unverschuldete Nichterfüllung keinen Verstoss bedeutet (*Kälin*, Grundriss, S. 298).

3.3.3. Passausstellung und Reiseweg

Wenn man die oben (siehe S. 142f) dargestellten Kriterien zur Unglaubwürdigkeit bezüglich Pass und Reiseweg zusammensetzt, ergibt sich, dass Asylsuchende kaum eine Möglichkeit haben, diese Klippe ungeschoren zu überstehen, falls die Behörden solche Argumente verwenden *wollen*. U.E. darf aus *Widersprüchen* oder gar *falschen Angaben in Nebenpunkten*, wie z.B. Passausstellung und Reiseweg, die keinen unmittelbaren Bezug zu den Fluchtgründen aufweisen, nicht automatisch auf Unglaubwürdigkeit im Hauptpunkt geschlossen werden. Solche Widersprüche, Unklarheiten und falschen Angaben sollten nur ins Gewicht fallen, soweit sie im konkreten Fall die Glaubwürdigkeit im Hauptpunkt (der Fluchtursache) zu erschüttern vermögen.

Zu bemerken in diesem Zusammenhang ist, dass Asylsuchende ohne gültigen Pass am Grenztor gar nicht eingelassen zu werden brauchen (siehe S. 242f); wer also dort vorbringt, der Pass sei gefälscht, hat vermutlich wenig Chancen, in der Schweiz ein Asylgesuch zu stellen. Wer mit einem gefälschten Pass einreist und dies an der Empfangsstelle nicht sofort zugibt, riskiert, dass auf sein Gesuch nicht eingetreten wird (Art. 16 Abs. 1 lit. b; siehe hinten, S. 294f). Falsche Angaben in diesen Punkten können also ganz andere Ursachen haben, als die Behörden annehmen.

In anderen Fällen ist es durchaus denkbar, dass ein Pass durch Bestechung etc. erschlichen werden kann, oder dass bei ineffizienter Verwaltung die Koordination zwischen Polizei/Armee und Grenzbehörden nicht funktioniert. Auch mag nicht recht einleuchten, wieso Gesuchsteller oder Gesuchstellerinnen so unglaubwürdig sein sollen, die sich einen Pass illegal auf den eigenen Namen ausstellen lassen (gerade wenn sie legal keinen Pass bekommen können) und bei der Ausreise keine Probleme haben, weil ihre Namen nicht auf der Fahndungsliste der Grenzbehörde stehen.

Nach *Werenfels* (S. 302, Anm. 142) ist die Tatsache, dass ein Gesuchsteller einen Pass besitzt und damit legal ausreisen kann, selten ein taugliches Indiz gegen die geltend gemachte Gefährdung (ebenso UNHCR, Handbuch, Ziff. 48). Auch das Verschweigen oder Verfälschen von Angaben über den Reiseweg darf nicht überbewertet werden: Es kann durchaus sein, dass ein Flüchtling dem Schlepper den Pass zurückgibt resp. zurückgeben muss, und dass er instruiert wird, den Reisweg zu verschweigen. Oftmals sehen sich Asylsuchende, die aus irgend einem Grund in der Schweiz und nicht in einem Drittland Asyl erhalten wollen, faktisch gezwungen, falsche Angaben zum Reiseweg zu machen, weil sonst ihr Gesuch wegen Drittstaataufenthaltes im Sinne von Art. 6 AsylG (siehe dazu S. 154ff) abgelehnt würde oder sie gemäss Art. 19 während des Verfahrens aus der Schweiz gewiesen würden (siehe S. 331ff); oder sie wollen einem drohenden Strafverfahren wegen illegaler Einreise entgehen. Trotz Widersprüchen und Unklarheiten in diesen Punkten und trotz allfälligem illegalem oder illegitimem Verhalten in dieser Beziehung können aber Gesuchstellerinnen und Gesuchsteller tatsächlich verfolgt sein.

In den Asylentscheiden werden Pass- und Fluchtwegangaben meist als Zusatzargumente verwendet, welche die Ausführungen zu anderen Unglaubwürdigkeitspunkten stützen sollen. In der Regel werden die Argumente aber stereotyp und ohne Eingehen auf den konkreten Fall verwendet.

3.3.4. *Substantiierungspflicht*

Die Anforderungen an die Substantiierung (d.h. Kenntnis und plastische Schilderung von Details zu den Vorbringen, die Dritten ermöglichen, das Erlebte nachvollziehen zu können) sind in der Praxis teilweise sehr hoch. Es leuchtet ein, dass Vorbringen von Asylsuchenden nicht geglaubt werden, die aussagen, Mitglieder einer Partei gewesen zu sein und keine Ahnung über dieselbe haben (immerhin wird auch kaum ein Mitglied einer schweizerischen Partei in der Lage sein, die Namen der Gründer und das Gründungsdatum seiner Partei zu kennen). Ebenso leuchtet ein, dass jemand, der vorbringt, Zeitschriften verteilt zu haben und diese nicht beschreiben kann, unglaubwürdig wirkt. Bei Asylbewerberinnen und Asylbewerbern jedoch, die nur geltend machen, blosse Sympathisanten einer Partei gewesen zu sein oder Nahrungsmittel- oder Geldhilfe geleistet zu haben, ist es nicht angebracht, nähere Angaben über die Struktur etc. der

Partei zu verlangen. Entscheide, die daraus auf Unglaubwürdigkeit schliessen, verstossen gegen die reduzierten Anforderungen an die Glaubhaftmachung. Es finden sich in den Entscheiden auch keine Angaben darüber, was Asylsuchende wussten und was nicht und ob ihnen in einer Gesamtbeurteilung die Aktivitäten geglaubt werden können oder nicht.

3.3.5. Tatsachenwidrigkeiten

Bei der Argumentation mit *Tatsachenwidrigkeiten* muss sehr genau auf die jeweiligen Verhältnisse im betreffenden Land abgestellt werden. Dies setzt gute Länderkenntnisse und ein gutes Verständnis für die dort herrschende Situation voraus. Die entscheidende Behörde braucht neben der Kenntnis historischer und politischer Fakten auch Wissen über die sozialen und kulturellen Begebenheiten eines Landes. In den Entscheiden fällt aber die fehlende Situationsbezogenheit der Begründungen auf. Oft wird nicht auf die von Asylsuchenden konkret angeführten Ereignisse eingegangen, sondern mit generellen Überlegungen argumentiert. In vielen Entscheiden z.B. aus der Türkei fehlen auch jegliche Hinweise auf die Provinz, aus der ein Gesuchsteller oder eine Gesuchstellerin stammt, obwohl gerade in den kurdischen Provinzen die Situation sehr unterschiedlich sein kann.

3.3.6. Widersprüche zur allgemeinen Lebenserfahrung

Bezüglich *Widersprüche zur allgemeinen Lebenserfahrung* zeigen manche Asylentscheide, die sich z.B. mit dem üblichen Vorgehen der Polizei oder damit befassen, was ein tatsächlich Verfolgter normalerweise tut, dass es am Wissen und an kohärenten Vorstellungen über die in einem Land üblichen Verfolgungsmuster fehlt. Viele Argumente müssen gar als mehr oder weniger begründete Mutmassungen oder Wahrscheinlichkeitsüberlegungen der Sachbearbeiterinnen und Sachbearbeiter bezeichnet werden, die einmal so und einmal anders lauten können. Laut *Werenfels* (S. 135) dürfen aber "Behauptungen des Gesuchstellers (...) nicht einfach durch Behauptungen oder Vermutungen der Behörden 'widerlegt' werden".

Oftmals wird auch der eigene, d.h. schweizerische Erfahrungshorizont des Beamten simplifiziert auf fremde Kulturen und fremde Menschen übertragen. Die Argumente, die gegen die Glaubwürdigkeit von Asylsuchenden sprechen, können sich zwar in einem Fall als richtig erweisen, die Chance aber, dass es sich wirklich wie vorgetragen verhalten hat, besteht ebenso. Solche Entscheide widersprechen den reduzierten Anforderungen an die Glaubhaftmachung. Plausibilitätsüberlegungen zu Fahndungsmethoden sind im übrigen gefährlich, wenn sie nicht vom konkreten Stand von Ausbildung und Disziplin der Armee in einem bestimmten Land ausgehen.

3.3.7. Generelle Bemerkungen zur Praxis

Die Erfahrung zeigt, dass bei Anwendung von *Textbausteinen* in der Form detaillierter Argumente zur Unglaubwürdigkeit die Gefahr gross ist, dass diese ohne Bezugnahme auf den konkreten Fall, Anwendung finden. In der Asylpraxis zeigt es sich denn auch, dass die Textbausteine oft stereotyp angewendet werden und sich vielfach der Konnex zwischen der angerufenen Rechtsregel und ihrer Anwendung nur undeutlich erkennen lässt.

Tendenziell liegt die Hauptproblematik bei der Anwendung von Textbausteinen durch das BFF, dass bei Vorliegen eines oder weniger dieser Argumente automatisch auf Unglaubwürdigkeit geschlossen wird; ein *Abwägen im Einzelfall unterbleibt*. Es finden sich praktisch keine Entscheide, in denen eine Gewichtung vorgenommen wird zwischen Vorbringen, die glaubwürdig sind, und solchen, die es nicht sind: Eine Gesamtbeurteilung der Glaubwürdigkeit der Asylsuchenden findet nicht statt (vgl. dazu auch den Entscheid des EJPD vom 20.2.1990 i.S. S.C., Rek. 89'5478, in: ASYL 1990/2, S. 12).

Symptomatisch für diese Praxis sind Wendungen wie: "Dieser wesentliche Unglaubwürdigkeitspunkt lässt den Schluss zu, dass den Asylvorbringen des Gesuchstellers nicht geglaubt werden kann. Die Flüchtlingseigenschaft kann ihm deshalb nicht zuerkannt werden". Eine solche Praxis widerspricht den reduzierten Anforderungen an die Glaubhaftmachung, welche gemäss Art. 12a Abs. 2 AsylG eine Tatsache als nachgewiesen erachtet, "wenn die Behörde ihr Vorhandensein mit überwiegender Wahrscheinlichkeit für gegeben hält". Aus dieser Formulierung folgt, dass immer geprüft werden muss, wie der *Gesamteindruck* ausfällt und ob die Anhaltspunkte, die gegen den Gesuchsteller oder die Gesuchstellerin sprechen, überwiegen, oder ob sie den insgesamt glaubwürdigen Eindruck nicht zu zerstören vermögen.

Problematisch sind Unglaubwürdigkeitsargumente, wo sie als eine Art *Tatsachenvermutung* Verwendung finden: So beispielsweise, dass regelmässig als unglaubwürdig gilt, wer mit einem gültigen Pass ausgereist ist oder wer erst bei der zweiten Befragung seine Foltererlebnisse offenbart. Solche Argumente wirken wie *Beweisregeln*, deren Ergebnis nur durch den Beweis des Gegenteils durch die Gesuchsteller umgestossen werden kann. Tatsachenvermutungen müssen laut bundesgerichtlicher

Rechtsprechung im Gesetz vorgesehen sein, damit sie als gesetzliche Vermutung die allgemeinen Beweisregeln modifizieren können (BGE 105 Ib 117f). Diese Voraussetzung ist aber bei den in den Entscheiden auftauchenden Unglaubwürdigkeitsargumenten nicht erfüllt.

IV. ASYLAUSSCHLUSSGRÜNDE

1. GRUNDSÄTZE

Nicht jeder Flüchtling, also nicht jede Person, die glaubhaftmachen kann, sie sei Flüchtling i.S. von Art. 3 AsylG, weil sie wegen ihrer Rasse, Religion, Nationalität, Zugehörigkeit zu einer bestimmten sozialen Gruppe oder wegen ihrer politischen Anschauungen ernsthaften Nachteilen ausgesetzt zu werden, *erhält in der Schweiz Asyl*. Das Asylgesetz kennt folgende Ausschlussklauseln, bei deren Vorliegen trotz gegebener Flüchtlingseigenschaft i.S. von Art. 3 AsylG Asylsuchenden kein Asyl erteilt wird:

- Aufnahme in einem Drittstaat (Art. 6 AsylG)
- Asylunwürdigkeit und Gefährdung der Staatssicherheit (Art. 8 AsylG)
- Subjektive Nachfluchtgründe (Art. 8a AsylG)
- Asylverweigerung in Ausnahmesituationen (Art. 9 AsylG)

Asylsuchende, die die Voraussetzungen von Art. 3 AsylG zwar erfüllen, deren Gesuch aber wegen Art. 6, 8, 8a oder 9 AsylG abgelehnt wird, sind dennoch *Flüchtlinge*. Der *Ausschluss* bezieht sich also nur auf die *Asylgewährung*, nicht aber auf die *Flüchtlingseigenschaft*. Umgekehrt folgt daraus, dass trotz Vorliegens eines Asylausschlussgrundes immer geprüft werden muss, ob allenfalls Asylsuchende nicht trotzdem die Voraussetzungen von Art. 3 AsylG erfüllen.

Das Bestehen der Flüchtlingseigenschaft trotz Asylverweigerung hat vor allem zwei Konsequenzen:
- Gemäss Art. 45 Abs. 1 AsylG darf niemand in irgendeiner Form zur Ausreise in ein Land gezwungen werden, in dem er aus einem Grund von Art. 3 Abs. 1 AsylG gefährdet ist oder in dem die Gefahr besteht, dass er zur Ausreise in ein solches Land gezwungen wird. *Flüchtlinge, die vom Asyl ausgeschlossen werden, stehen demnach unter dem Schutz dieser Bestimmung* (Prinzip des non-refoulement; siehe dazu hinten S. 175ff). Zudem sind sie auch durch Art. 33 FK geschützt, sofern sie nicht wegen eines besonders schweren Verbrechens unter die Ausschlussklausel von Art. 1F FK fallen (siehe unten S. 161ff). Die Ausschaffung in den Verfolgerstaat ist demnach gemäss Art. 14a Abs. 3 ANAG nicht zulässig.

- Als Rechtsfolge sind solche Personen daher *als Flüchtlinge vorläufig aufzunehmen* (Art. 14a Abs. 1 ANAG). Sie gelten damit auch gemäss Art. 25 AsylG gegenüber allen eidgenössischen und kantonalen Behörden als Flüchtlinge und geniessen eine gegenüber gewöhnlichen Ausländerin-nen und Ausländern *privilegierte Rechtsstellung* (siehe hinten S. 396ff). Seit der Revision des Asylgesetzes durch den AVB äussern sich die Dispositive der Entscheide des BFF denn auch richtigerweise ausdrücklich über das Vorliegen der Flüchtlingseigenschaft, unabhängig von der Asylgewährung.

Auch die *Flüchtlingskonvention* enthält Ausschlussgründe: Gemäss Art. 1D ist die Konvention nicht anwendbar auf Personen, die unter dem Schutz eines andern UNO-Organes stehen (siehe dazu vorne S. 133f); nach Art. 1E findet die Konvention keine Anwendung, wenn die betreffenden Personen wie Staatsangehörige des Aufnahmestaates behandelt werden; Art. 1F schliesst Personen, die bestimmte schwere Verbrechen begangen haben, vom Geltungsbereich der Konvention aus (siehe unten S. 161ff). Liegt einer dieser Ausschlussgründe vor, findet die Konvention keine Anwendung, d.h. die Betroffenen sind *keine Flüchtlinge i.S. der Flüchtlingskonvention* und stehen damit auch nicht unter dem Rückschiebungsschutz von Art. 33 FK (siehe hinten S. 175ff). Die Ausschlussklauseln der Konvention beziehen sich also, anders als diejenigen des Asylgesetzes, direkt auf die Flüchtlingseigenschaft und bewirken einen Ausschluss vom Flüchtlingsbegriff (*Kälin*, Grundriss, S. 166). Dies spielt eine Rolle bei schweren Verbrechen i.S. von Art. 1F FK (siehe unten S. 161ff).

2. AUFNAHME IN EINEM DRITTSTAAT (ART. 6 ASYLG)

LITERATUR: *Gattiker*, Asyl- und Wegweisungsverfahren, S. 19; *Kälin*, Grundriss, S. 167ff; *derselbe*, Drittstaat, S. 337ff.; *Werenfels*, S. 142ff.

2.1. ALLGEMEINES

Art. 6 AsylG lautet:
"[1] Das Asylgesuch eines Ausländers, der sich in der Schweiz befindet, wird in der Regel abgelehnt,
   a) wenn er sich vor seiner Einreise einige Zeit in einem Drittstaat aufgehalten hat, in den er zurückkehren kann;
   b) wenn er in einen Drittstaat ausreisen kann, in dem nahe Angehörige oder andere Personen leben, zu denen er enge Beziehungen hat.

² Das Asylgesuch eines Ausländers, der sich in der Schweiz befindet, kann auch abgelehnt werden, wenn es ihm zugemutet werden kann, sich in einem andern Staat um Aufnahme zu bemühen."

Der Gedanke hinter dieser Regelung ist, dass die Schweiz nicht bereit ist, Flüchtlingen Asyl zu gewähren, welche die Möglichkeit haben, in einem Drittstaat *effektiven Schutz* vor Verfolgung zu erlangen und denen zugemutet werden kann, sich dorthin zu begeben. Kriterium ist nicht so sehr die Frage, ob die Schweiz der einzige Zufluchtsort für den Flüchtling ist, sondern vielmehr der Umstand, dass er die Möglichkeit hat, in einem bestimmten Drittstaat Aufnahme zu finden, zu welchem er *wegen früheren Aufenthaltes*, wegen dort *lebender Personen*, oder weil *er sich dort befindet, engere Beziehungen* als zur Schweiz besitzt (*Kälin*, Grundriss, S. 167f, S. 338).

2.2. AUFENTHALT IN EINEM DRITTSTAAT (ART. 6 ABS. 1 LIT. A ASYLG)

Die Ausschlussklausel von Art. 6 Abs. 1 lit. a AsylG findet dann Anwendung, wenn Asylsuchende Flüchtlinge im Sinne von Art. 3 AsylG sind, sich vor der Einreise in die Schweiz *einige Zeit* in einem jener Staaten aufgehalten haben, die sie auf der Flucht durchquerten, und zudem die *Möglichkeit zur Rückkehr* in diesen Drittstaat haben.

- Bezüglich *Dauer des Aufenhaltes* im Drittstaat bestimmt Art. 2 AsylVE, dass einige Zeit im Sinne von Art. 6 Abs. 1 lit. a AsylG "in der Regel *20 Tage*" bedeutet, dass aber das Bundesamt Ausnahmen gewähren kann, "wenn der Gesuchsteller glaubhaft macht, dass er sich wegen *besonderer Umstände* länger in einem Drittstaat aufhalten musste". Nach dem Wortlaut (in *einem* Drittstaat) und der Zweckbestimmung von Art. 6 AsylG müsste die Frist von 20 Tagen so interpretiert werden, dass sich der Gesuchsteller oder die Gesuchstellerin in keinem der durchquerten Länder mehr als 20 Tage aufgehalten hat. Wer für einen weiten Weg mehr als 20 Tage braucht, aber in keinem der durchquerten Länder länger bleibt, als für die Organisation der Weiterreise nötig ist, dem kann nicht entgegengehalten werden, er habe bereits in einem Drittstaat Schutz vor Verfolgung gefunden; eine engere Beziehung zu diesem Staat ist dadurch nicht entstanden. In diesem Sinn begrenzt der Wortlaut von Art. 6 Abs. 1 lit. a nicht die Fluchtdauer als solche, sondern hält Asylsuchenden nur die 20 oder mehr Tage entgegen, die sie in einem Drittstaat verbracht hat (*Kälin*, Drittstaat, S. 339). *Besondere Umstände* gemäss lit. a könnten etwa Streiks, Unterbrechung der Verkehrsverbindungen infolge Naturereignissen, Schliessung der

Grenzen, aber auch Krankheit, Fehlen von Geldmitteln für die Weiterreise etc. sein.

- Bezüglich *Möglichkeit der Rückkehr* gilt, dass diese *faktisch und rechtlich* möglich sein muss (*Kälin*, Grundriss, S. 168). Die Botschaft zum Asylgesetz (BBl 1977 III 119) hält fest, dass eine Ablehnung im Sinne von Art. 6 Abs. 1 AsylG nur möglich ist, wenn die Rückkehr *rechtmässig* erfolgen kann. Voraussetzung ist also, dass Asylsuchende über gültige Reisepapiere, (inklusive die meist notwendigen Visa) verfügen, oder der Drittstaat sie freiwillig einreisen lässt oder aufgrund einer zwischenstaatlichen Vereinbarung dazu verpflichtet ist (durch Erstasylabkommen oder Schubabkommen, siehe dazu vorne S. 48ff und hinten S. 331. Weiter ist vorausgesetzt, dass Asylsuchende im Drittstaat vor asylrechtlich relevanter Verfolgung oder *vor Rückschiebung* in den Verfolgerstaat *geschützt* sind, was sich aus Art. 45 Abs. 1 AsylG ergibt (Refoulement-Verbot, siehe dazu S. 175ff). Vorausgesetzt ist schliesslich auch, dass der aufgrund von Art. 6 Abs. 1 lit. a abgelehnte Flüchtling im Drittstaat die Gelegenheit hat, eine Bewilligung für *dauernden Aufenthalt* zu erlangen, ansonsten sich die Schweiz eines Verstosses von Art. 3 EMRK schuldig machen würde, weil sie Personen zu "Refugees in Orbit" macht (siehe dazu hinten S. 182 und *Kälin*, Drittstaat, S. 340). Die Aussicht, im Drittstaat Asyl zu erhalten, ist aber nicht erforderlich (Entscheid des EJPD vom 30.9.1980, VPB 45/1981, S. 35).

- Im übrigen muss es u.E. den betreffenden Flüchtlingen auch *zumutbar* sein, im Drittstaat zu leben (so auch *Werenfels*, S. 143), wobei es u.a. kulturelle, sprachliche oder religiöse Probleme zu berücksichtigen gilt. Dabei können Grundsätze der Rechtsprechung zu Art. 8 EMRK berücksichtigt werden (siehe vorne S. 46ff).

2.3. NAHE ANGEHÖRIGE IN EINEM DRITTSTAAT (ART. 6 ABS. 1 LIT. B ASYLG)

Gemäss dieser Bestimmung wird "in der Regel" einem Flüchtling Asyl verweigert werden, "wenn er in einen Drittstaat ausreisen kann, in dem nahe Angehörige oder andere Personen leben, zu denen er enge Beziehungen hat". Der Sinn dieser Klausel liegt gemäss Botschaft des Bundesrates (BBl 1977 III 119) darin, dass die Schweiz für Flüchtlinge, die zwar ohne Zwischenhalt in einem Drittstaat in unser Land eingereist sind, dann nicht der einzige Ausweg darstellt, wenn sie "bereits enge Beziehungen zu

Personen in einem Drittstaat haben und dort ohne nennenswerte Schwierigkeiten Aufnahme finden können".

Lit. b von Art. 6 Abs. 1 AsylG darf daher gleich wie lit. a nur Anwendung finden, wenn der Gesuchsteller oder die Gesuchstellerin *rechtmässig* in den Drittstaat ausreisen und dort *dauernden Aufenthalt* erlangen kann. Nicht die Tatsache, dass im Drittstaat Verwandte oder andere enge Bezugspersonen leben, ist somit für die Abweisung des Asylgesuches ausschlaggebend, sondern der Umstand, dass der Flüchtling gerade in jenem Drittstaat effektiven und dauernden Schutz vor Verfolgung finden kann, in welchem ihm nahestehende Personen wohnen (*Kälin*, Drittstaat, S. 341). Voraussetzung für eine Anwendung von lit. b muss ferner auch sein, dass die Bezugspersonen des Gesuchstellers im Drittstaat eine dauernde Anwesenheitsberechtigung haben und nicht etwa nur als Asylsuchende dort leben. Schliesslich muss es den Betroffenen *zumutbar* sein, sich in den Drittstaat zu begeben (die Kriterien des Bundesgerichts zu Art. 8 EMRK in BGE 110 Ib 205f, Reneja II, können analog angewendet werden; siehe auch das Beispiel bei *Kälin*, Grundriss, S. 170, Anm. 89).

2.4. ASYLGESUCH AUS DEM AUSLAND (ART. 6 ABS.2 ASYLG)

Gemäss Art.6 Abs. 2 AsylG kann auch das Asylgesuch eines Ausländers, der sich *im Ausland befindet,* abgelehnt werden, wenn es ihm zugemutet werden kann, sich in einem andern Staat um Aufnahme zu bemühen. Wie lange Asylsuchende sich in einem Drittstaat befinden, bevor sie ein Gesuch stellen, und ob dort Angehörige leben, spielt bei Art. 6 Abs. 2 AsylG keine Rolle. Gleich wie bei Art. 6 Abs. 1 AsylG muss hier vorausgesetzt werden, dass der Gesuchsteller oder die Gesuchstellerin im Ausland nicht mit asylrechtlich relevanter Verfolgung oder mit Rückschiebung in den Verfolgerstaat rechnen muss, und dass er oder sie die Möglichkeit hat, eine Bewilligung für dauernden Aufenthalt zu erlangen, d.h. im Ausland *effektiven und dauernden Schutz* vor Verfolgung finden zu können.

2.5. DIE PRAXIS ZU ART. 6 ASYLG

2.5.1. Bei Asylgesuchen im Inland

Nach *Werenfels* (S. 143) ist es in der Praxis so, dass seit 1985 Asylgesuche, die im Inland gestellt werden, in der Regel nicht mehr gestützt auf Art. 6 Abs. 1 AsylG allein abgelehnt werden, wenn der Gesuchsteller ansonsten die Flüchtlingseigenschaft erfüllt, auch wenn im konkreten Fall eine Rück-

schaffung in den Drittstaat möglich wäre. "Angesichts hoher Ablehnungsquoten ... ist diese Grosszügigkeit angebracht" (so *Werenfels,* a.a.O.).
Im übrigen sind auch wenige Fälle denkbar, wo Art. 6 Abs. 1 AsylG überhaupt zur Anwendung kommen kann, weil der Flüchtling *rechtlich und faktisch* die Möglichkeit haben muss, ins Drittland zurückzukehren. Nun ist es so, dass in der Praxis Asylsuchende, bei denen eine Rückkehrmöglichkeit besteht, in der Regel schon gestützt auf Art. 19 Abs. 1, 2. Satz AsylG während des Verfahrens vorsorglich in den Drittstaat weggewiesen werden. Die Weiterreise muss indessen "möglich, zulässig und zumutbar" sein (Art. 19 Abs. 2). Das Problem reduziert sich auf die Frage, ob ein Gesuchsteller oder eine Gesuchstellerin allenfalls legal in den Drittstaat zurückkehren kann, weil sie über einen Pass und ein allenfalls notwendiges Visum verfügen, oder der Drittstaat aufgrund eines Schubabkommens oder eines Erstasylabkommens (siehe dazu S. 48ff und S. 331ff) zur Rücknahme verpflichtet ist. Folgende Fälle sind denkbar:

- Falls eine solche Möglichkeit besteht und diese den Behörden bekannt wird, wird in der Regel gestützt auf Art. 19 AsylG weggewiesen.
- Falls die Voraussetzungen einer Wegweisung nicht gegeben sind, ist meist auch eine Ablehnung des Asylgesuches gestützt auf Art. 6 Abs. 1 AsylG nicht möglich. Daher kommt auch in Fällen von z.T. mehrjährigem Drittstaataufenthalt Art. 6 nicht zum Zug, weil die Rückkehr in den Drittstaat nicht möglich ist.
- Falls ein Gesuchsteller aufgrund von Art. 19 AsylG in einen Drittstaat weggewiesen wird, wo er ein Asylverfahren durchlaufen kann, wird gemäss Art. 16 Abs. 1 lit. c AsylG nicht auf sein Gesuch eingetreten (siehe dazu hinten S. 295f).
- Falls der Gesuchsteller im Drittstaat kein Asylgesuch stellen kann, ist zwar ein Nichteintretensentscheid nicht möglich und das Asylverfahren in der Schweiz läuft weiter, das Asylgesuch wird allerdings in der Regel gestützt auf Art. 6 Abs. 2 AsylG abgelehnt. Voraussetzung für einen solchen Entscheid ist zudem, dass der Aufenthaltsort im Ausland bekannt ist (zu Art. 19 siehe im übrigen hinten S. 331ff).

2.5.2. Bei Asylgesuchen im Ausland

Wenn ein Asylgesuch bei einer *schweizerischen Vertretung* in einem *Drittstaat* gestellt wird (gemäss Art. 13a und 13b AsylG; siehe dazu S. 255ff), gehen die Behörden in der Regel davon aus, dass der Gesuchsteller oder die Gesuchstellerin bereits "anderweitigen Schutz" gefunden hat, und sie lehnen das Asylgesuch aufgrund von Art. 6 Abs. 2 AsylG ab, da den Asylsuchenden zugemutet werden könne, sich im Ausland um Aufnahme zu

Asylausschlussgründe

bemühen; die Einreise in die Schweiz wird nicht bewilligt (Art. 13b Abs. 2 AsylG). Nur wenn eine *besondere Beziehungsnähe* zur Schweiz dominiert, wird Art. 6 Abs. 2 AsylG nicht automatisch zur Ablehnung des Gesuches führen. Wer also in einem Erstasylland Aufnahme fand, dort nicht gefährdet ist und keine nahen Angehörigen im Sinne von Art. 7 AsylG in der Schweiz hat, wird in der Regel einen ablehenenden Entscheid erhalten. Wer aber unter den gleichen Voraussetzungen in der Lage war, sein Gesuch in der Schweiz einzureichen, hat Chancen, Asyl zu erhalten, falls er nicht in den Erstasylstaat zurückkehren kann (*Werenfels*, S. 143f).

2.6. AUSNAHMEN VON DER ABWEISUNG DES ASYLGESUCHES WEGEN AUFNAHME IN EINEM DRITTSTAAT.

Art. 6 Abs. 1 lit. a und b AsylG finden gemäss Wortlaut der Bestimmung nur "in der Regel" Anwendung. Gemäss Art. 6 Abs. 2 "kann" ein Asylgesuch abgelehnt werden. Das bedeutet, dass die zuständigen Behörden ausnahmsweise Flüchtlingen Asyl gewähren können, obwohl sie an sich die Voraussetzungen von Art. 6 AsylG erfüllen. Dabei steht den Behörden ein weiter Ermessensspielraum offen; bei der Ausübung des Ermessens sind die verfassungsmässigen Rechtsgrundsätze, so vor allem die Rechtsgleichheit zu beachten.

Asylgesetz und Asylverordnung erwähnen noch weitere Ausnahmen:
- Art. 5 AsylG ist mit "Zweitasyl" überschrieben und sieht vor, dass einem Flüchtling, der in einem andern Staat aufgenommen worden ist, in der Schweiz Asyl gewährt werden kann, wenn er sich seit mindestens zwei Jahren *ordnungsgemäss* und *ununterbrochen* hier aufhält. Ordnungsgemäss ist der Aufenthalt, wenn er "den Bestimmungen entspricht, die allgemein für Ausländer gelten" (Art. 1 Abs. 2 AsylVE), d.h. also ein Flüchtling nicht als Asylsuchender, sondern mit einer ordentlichen fremdenpolizeilichen Bewilligung in die Schweiz kommt. Als ununterbrochen gilt der Aufenthalt, "wenn der Flüchtling in den letzten zwei Jahren insgesamt nicht länger als sechs Monate im Ausland weilte. Einer längeren Abwesenheit aus zwingenden Gründen kann im Einzelfall Rechnung getragen werden" (Art. 1 Abs. 3 AsylVE). In solchen Fällen holt das Bundesamt für Flüchtlinge die Stellungnahme der kantonalen Behörde ein (Art. 1 Abs. 1 AsylVE; zu Art. 5 AsylG siehe im übrigen auch S. 130).
- Art. 7 AsylG bestimmt, dass Art. 6 nicht anwendbar ist für Ehegatten von Flüchtlingen und deren minderjährige Kinder, wenn die Familie durch die Flucht getrennt wurde und sich in der Schweiz vereinigen will. Art. 7 AsylG wird in der Regel angerufen, wenn sich die Angehörigen

noch im Ausland befinden und bewirkt vorerst einen Entscheid über die Bewilligung zur Einreise in die Schweiz. *Nach* erfolgter Einreise wird gestützt auf Art. 3 Abs. 3 AsylG gewährt, wenn es sich um Ehegatten und minderjährigen Kinder handelt oder gestützt auf Art. 7 AsylG allein, wenn es sich um weitere durch diesen Artikel umfasste Personen handelt (nach Art. 3 Abs. 1 AsylVE sind andere nahe Angehörige insbesondere zu berücksichtigen, wenn sie behindert sind oder aus einem andern Grund auf die Hilfe einer Person, die in der Schweiz lebt, angewiesen sind; zu Art. 7 AsylG siehe im übrigen S. 126ff).

- Art. 6 AsylG findet weiter keine Anwendung bei der Aufnahme von Flüchtlingsgruppen aus Erstasylländern gemäss Art. 22 AsylG (siehe dazu S. 128f).

- Eine letzte Ausnahme ergibt sich aus Art. 2 AsylVE, wonach von der 20-Tage-Regel abgewichen werden kann, wenn der Gesuchsteller glaubhaft macht, dass er sich wegen besonderer Umstände länger im Drittstaat aufhalten musste.

3. ASYLUNWÜRDIGKEIT UND GEFÄHRDUNG DER STAATSSICHERHEIT (ART. 8 ASYLG)

LITERATUR: *Achermann*, Asylunwürdigkeit, S. 3ff; *Gattiker*, Asyl- und Wegweisungsverfahren, S. 19f; *Grahl-Madsen*, Bd. I, S. 270ff; *Kälin*, Non-refoulement, S. 119ff; *derselbe*, Grundriss, S. 173ff; *Köfner/Nicolaus*, S. 318ff; UNHCR, Handbuch, Ziff. 147-163.

3.1. ÜBERSICHT

Art. 8 AsylG schliesst Flüchtlinge von der Asylgewährung aus, wenn sie wegen verwerflicher Handlungen deren unwürdig sind oder die innere oder äussere Sicherheit der Schweiz verletzt haben oder gefährden. Diese Bestimmung findet auf folgende drei Fälle Anwendung:

- Straftaten von Asylsuchenden in ihren Herkunftländern

- Straftaten von Asylsuchenden in der Schweiz

- Gefährdung der Staatssicherheit

3.2. Straftaten von Asylsuchenden in den Herkunftsländern

3.2.1. Grundlagen

Voraussetzung einer Anwendung der Asylausschlussklausel von Art. 8 AsylG ist nach dem Wortlaut eine "verwerfliche Handlung". Weder Asylgesetz noch -verordnung erläutern, was darunter zu verstehen ist. Die Botschaft zum Asylgesetz (BBl 1977 III 120) verweist zur Auslegung dieses Begriffs immerhin auf Art. 1F FK und auf Art. 14 Abs. 2 der Allgemeinen Menschenrechtserklärung, wobei letztere Bestimmung in Art. 1F der Flüchtlingskonvention mitenthalten ist. Aus der Vorgeschichte und auch aus der parlamentarischen Beratung kommt damit klar zum Ausdruck, wie der Begriff "verwerfliche Handlung" auszulegen ist (siehe dazu *Achermann*, Asylunwürdigkeit, S. 4), nämlich nach Art. 1F FK. Daher ist zunächst diese Bestimmung anzuschauen:

> "Die Bestimmungen dieses Abkommens sind nicht anwendbar auf Personen, für die ernsthafte Gründe für den Verdacht bestehen:
> a) dass sie ein Verbrechen gegen den Frieden, ein Kriegsverbrechen oder ein Verbrechen gegen die Menschlichkeit im Sinne der internationalen Vertragswerke begangen haben, die Bestimmungen zur Verhinderung solcher Verbrechen enthalten;
> b) dass sie ein schweres Verbrechen des gemeinen Rechts ausserhalb des Gastlandes begangen haben, bevor sie dort als Flüchtling aufgenommen worden sind;
> c) dass sie sich Handlungen zuschulden kommen liessen, die gegen die Ziele und Grundsätze der Vereinten Nationen gerichtet sind."

Lit. a betrifft besonders schwere Straftaten, die sich gegen Rechtsgüter richten, welche die Interessen der internationalen Staatengemeinschaft betreffen und deshalb vom Völkerrecht geschützt werden. *Verbrechen gegen den Frieden* sind etwa die Planung, Vorbereitung, Auslösung oder Führung eines Angriffskrieges. Unter den Begriff *Kriegsverbrechen* fallen Verletzungen des vertraglichen oder gewohnheitsrechtlichen Kriegsrechts, so z.B. Mord und Misshandlung begangen an der Zivilbevölkerung oder an Kriegsgefangenen, Tötung von Geiseln, Plünderung und Zerstörung von Städten und Dörfern. *Verbrechen gegen die Menschlichkeit* sind namentlich die Ermordung, Ausrottung, Versklavung, Deportation und andere inhumane Akte, die vor oder während des Krieges an der Zivilbevölkerung begangen wurden.

Lit. b greift bei schwerwiegendem Verdacht, dass eine Person ein *schweres Verbrechen des gemeinen Rechts* begangen hat, mit andern Worten ein schweres *nichtpolitisches* Verbrechen, und zwar *ausserhalb des Aufnahmelandes* und *bevor* sie dort als Flüchtling aufgenommen wurde. *Straftaten im Aufnahmeland* hingegen sind nach Art. 33 Abs. 2 FK zu beurteilen - als Ausnahmen vom non-refoulement-Prinzip der Flüchtlinskonvention. Auf den Schutz von Art. 33 kann sich ein Flüchtling nämlich nicht berufen, der aus schwerwiegenden Gründen als eine Gefahr für die Sicherheit des Landes anzusehen ist, in dem er sich befindet, oder der eine Gefahr für die Allgemeinheit dieses Staates bedeutet, weil er wegen eines Verbrechens oder besonders schweren Vergehens rechtskräftig verurteilt wurde" (zum Prinzip des non-refoulement und zu seinen Ausnahmen siehe hinten S. 175ff). Nach der Lehre zur Flüchtlingskonvention sind als Verbrechen im Sinne von Art. 1F lit. b FK nur Straftaten anzusehen, die objektiv und subjektiv besonders schwer sind, d.h. Delikte gegen Leib, Leben oder Freiheit von Menschen. Gemäss UNHCR (Handbuch, Ziff. 155) muss unter schweren Verbrechen immer ein *Kapitalverbrechen* oder eine besonders schwerwiegende Straftat verstanden werden. Falls es sich um ein solch schweres Verbrechen handelt, ist zudem immer das Mass der Schuld des Täters zu berücksichtigen und abzuklären, ob allenfalls Rechtfertigungs-, Schuldminderungs- oder Schuldausschliessungsgründe im Sinne des Strafrechts bestehen. Auch wenn eine Tat als schweres Verbrechen eingestuft wird, muss eine *Güterabwägung* zwischen der Schwere der Verfolgung und den Interessen des Zufluchtstaates erfolgen.

Für die Frage, was als *politisches Delikt* anzusehen ist, sind die Grundsätze des Bundesgerichts zum Auslieferungsrecht heranzuziehen. Danach gelten folgende Kategorien von Delikten nach schweizerischer Auffassung als politisch (*Kälin*, Non-refoulement, S. 213ff):

- *Absolut politische Delikte*, d.h. alle unmittelbaren Angriffe auf den Bestand oder die innere Sicherheit des Staates sowie strafbare Eingriffe in Wahlen und Abstimmungen. Dazu gehören etwa Hochverrat, Landesverrat, verbotener Nachrichtendienst, Wahlfälschung etc.

- *Komplex politische Delikte*; dies sind Straftaten, deren Tatbestand ein absolut politisches und ein gemeines Delikt miteinander vereinigt, beispielsweise ein Attentat auf ein Staatsoberhaupt (Hochverrat und Tötungsdelikt).

- *Konnex politische Delikte*, d.h. gemeinrechtliche Straftaten, die einem politischen Delikt vorausgehen, um es vorzubereiten, oder die gleichzeitig mit einem politischen Delikt verübt werden, um die Folgen der politischen Straftat zu sichern oder die strafrechtliche Verfolgung dieses Deliktes abzuwenden.

- Schliesslich auch *relativ politische Delikte*: Dabei handelt es sich um gemeinrechtliche Straftaten, die an sich zu den gemeinen Delikten gehören, aber offensichtlich der *Änderung der politischen Machtverhältnisse dienen sollen* oder im Zusammenhang mit einer gewaltsamen Bewegung stehen, welche die Machtverhältnisse im Staat zu ändern sucht, beispielsweise ein Überfall auf ein Schatzamt des bekämpften Regimes (BGE 33 I 169). Die Handlung muss nach den Umständen, namentlich nach den Beweggründen und Zielen des Täters, einen *vorwiegend politischen Charakter* haben. Zwischen der Tat und dem angestrebten Ziel muss eine enge, direkte und klare Beziehung bestehen; die Verletzung fremder Rechtsgüter muss in einem angemessenen Verhältnis zum verfolgten politischen Ziel stehen (BGE 106 Ib 301). So sind z.B. Straftaten, die oppositionelle Gruppen im bewaffneten Kampf um die Vorherrschaft im Staat begehen, auch wenn es sich um gemeinrechtliche Delikte handelt, den politischen Delikten zuzurechnen, solange die Mittel zur Erreichung des Zieles adäquat sind; dies ist z.B. nicht der Fall, wenn Aufständische wahllos Zivilisten ermorden.

Lit. c von Art. 1F FK schliesst Personen von der Flüchtlingseigenschaft aus, bei denen aus schwerwiegenden Gründen die Annahme gerechtfertigt ist, dass sie sich Handlungen zuschulden kommen liessen, die den Grundsätzen der Vereinten Nationen zuwiderlaufen. Nach herrschender Lehre findet diese Bestimmung nur Anwendung auf Personen, die in Regierung oder Verwaltung eines Staates hohe Posten innegehabt haben, darüber hinaus höchstens noch auf Personen, die wie Folterer oder Sklavenhändler besonders schwere Menschenrechtsverletzungen begangen haben. Lit. c enthält aber keine Neuerungen gegenüber lit. a und b (UNHCR, Handbuch, Ziff. 162f).

3.2.2. Praxis

Die gegenwärtige schweizerische Praxis nimmt, wenn man entsprechende Entscheide untersucht, nirgends Bezug auf die Grundsätze von Art. 1F FK und legt den Begriff der "verwerflichen Handlung" in einer Weise aus, die den Absichten des Gesetzgebers widerspricht. Was als verwerfliche Handlung anzusehen ist, beurteilen die Behörden nicht nach der Flüchtlingskonvention; sie setzen vielmehr den Begriff *verwerfliche Handlung* gleich mit dem Begriff *Verbrechen* gemäss Art. 9 des schweizerischen Strafgesetzbuches (StGB): Danach gelten als Verbrechen alle auch mit Zuchthaus bedrohten Handlungen, also z.B. auch Diebstahl und Betrug. Dies führt mitunter zu absurden Resultaten, indem z.B. bei Totschlag in Notwehr (Entscheid des DFW vom 25.3.1988, N 133'912,) oder sogar bei unerlaubtem Waffenbesitz (Entscheid des DFW vom 29.3.1988, N 133'909) Asylsuchende als unwürdig vom Asyl ausgeschlossen werden - unabhängig davon, ob im konkreten Fall nur eine Gefängnisstrafe von wenigen Tagen ausgesprochen wurde. In den meisten Entscheiden, bei denen es sich um Straftaten im Herkunftsland handelt, wird nirgends auf die Umstände der strafbaren Handlung oder die Motivation des Täters eingegangen (siehe weitere Beispiele bei *Kälin*, Grundriss, S. 174).

Besondere Schwierigkeiten bekundet die Praxis bei Asylgesuchen von Personen, die in einer Befreiungsbewegung u.ä. tätig gewesen sind. Glaubte man z.B. Tamilen ausnahmsweise die Teilnahme am bewaffneten Kampf, wurden deren Gesuche wegen Asylunwürdigkeit abgelehnt (*Werenfels*, S. 217; siehe auch den Entscheid in ASYL 1987/4, S. 18). Entsprechende Entscheide lauten etwa:

> "Bereits die Zugehörigkeit zu einer erwiesenermassen mit gewalttätigen Mitteln agierenden Organisation begründet eine verwerfliche Handlung im Sinne von Art. 8 des schweizerischen Asylgesetzes. Die Zugehörigkeit ist dann gegeben, wenn aufgrund der Stellung des Gesuchstellers und der Organisationsstruktur auf eine Täterschaft, Mittäterschaft oder Teilnahme gemäss strafrechlichen Kategorien geschlossen werden muss".

Bei Mitgliedern der PKK (kurdische Arbeiterpartei) wird in Entscheiden ab und zu die Frage aufgeworfen, ob diese nicht allein schon wegen ihrer Mitgliedschaft als asylunwürdig zu betrachten sind. Einigkeit scheint in dieser Frage bei den Behörden allerdings nicht zu herrschen. Der damalige Delegierte für das Flüchtlingswesen, Peter Arbenz, hat in einem Schreiben vom 20.5.1987 an Amnesty International festgehalten, die Anhänger der PKK würden nicht automatisch als asylunwürdig betrachtet; die Zugehörigkeit zu einer terroristischen Organisation könne jedoch zu Asylunwürdigkeit führen, wenn Anzeichen für eine Beteiligung an Gewalttätigkeiten vorlägen. Bei Asylsuchenden aus Afghanistan finden sich in den Entscheiden hingegen keine solchen Ausführungen.

Der Hauptmangel von Entscheiden, die sich mit Handlungen von Mitgliedern von Befreiungsorganisationen befassen ist, dass nie die Frage des politischen Deliktes untersucht wird, obwohl Taten von Mitgliedern von "Befreiungs"-bewegungen in der Regel in diesem Bereich anzusiedeln sind. Bei solchen Aktivitäten wäre richtigerweise so vorzugehen: Zunächst muss abgeklärt werden, ob es sich um ein Delikt im Sinne von Art. 1F FK handelt, u.U. ob es sich um ein politisches Delikt handelt und ob das Delikt genügend schwer ist, um die Ausschlussklausel anzuwenden. Bei Mitgliedern von Untergrundorganisationen oder Befreiungsbewegungen muss im Einzelfall der Tatbeitrag des Gesuchstellers abgeklärt werden; dabei kann vom Begriff der Mittäterschaft ausgegangen werden. Schliesslich ist nach den Motiven der Täter zu fragen und abzuklären, ob allenfalls Notwehr oder mildernde Umstände vorliegen.

3.3. STRAFTATEN VON ASYLSUCHENDEN IN DER SCHWEIZ

Auch bei Straftaten, die von Asylsuchenden in der Schweiz verübt werden, ist zunächst zu fragen, was unter dem Begriff "verwerfliche Handlung" zu verstehen ist. Wenn man die Materialien (Botschaft, parlamentarische Beratung etc.) beizieht, zeigt sich, dass immer nur auf Art. 1F FK und Art. 14 Abs. 2 der Allgemeinen Erklärung der Menschenrechte verwiesen worden ist (vgl. *Achermann*, Asylunwürdigkeit, S. 4). Wie die Ausführungen oben aber gezeigt haben, handelt es sich bei Art. 1F FK um sehr schwere Verbrechen; dessen lit. b (nur diese Bestimmung wird realistischerweise häufiger Anwendung finden können) spricht zudem nur von Verbrechen *ausserhalb des Gastlandes*, so dass Art. 1F lit. b FK auf Verbrechen, die in der Schweiz begangen wurden, gar nicht anwendbar ist. Dennoch handelt es sich bei den meisten Entscheiden, in denen Art. 8 AsylG angewendet wird, um Asylsuchende, die in der Schweiz delinquiert haben. Nach der *Praxis* werden Asylgesuche also auch *wegen Straftaten in der Schweiz* abgelehnt.

Bezüglich *Schwere der Straftaten*, die zu einer Anwendung von Art. 8 AsylG führen, hat sich die Asylpraxis weit von der Auslegung von Art. 1F FK entfernt; wie bei den Straftaten im Herkunftsland wird für die Auslegung des Begriffes "verwerfliche Handlung" auf das Strafgesetzbuch und dessen Verbrechensbegriff (Art. 9 StGB) verwiesen. Der entsprechende Textbaustein lautet so:

> "Der Gesuchsteller ist wegen verwerflicher Handlungen strafrechtlich verurteilt worden (...) Dabei spielt die Höhe der tatsächlich verhängten Strafe keine Rolle. Für die Qualifizierung ist ausschlaggebend, mit welcher Strafe die Tat bedroht ist. Gemäss Art. 9 StGB sind Verbrechen die mit Zuchthaus bedrohten Strafen".

Dieser Ansatz hat dazu geführt, dass z.B. eine Asylbewerberin, die einige Warenhausdiebstähle begangen hatte, als asylunwürdig bezeichnet wurde.

In andern Fällen führten Verurteilungen zu drei Monaten Gefängnis bedingt wegen Körperverletzung, zu fünf Monaten bedingt wegen Widerhandlung gegen das Betäubungsmittelgesetz (BMG) und sogar zu 14 Tagen bedingt (!) wegen Widerhandlung gegen das BMG zur Anwendung von Art. 8 AsylG (die einzelnen Entscheide finden sich bei *Achermann*, Asylunwürdigkeit, S. 5; vgl. auch *Kälin*, Grundriss, S. 175f).

Wo die Grenze für die Anwendung von Art. 8 AsylG bei Straftaten liegt, kann zwar generell nicht festgehalten werden. Auch hier sind die gesamten Umstände der Tat zu berücksichtigen. Die schematische Anwendung des Verbrechensbegriffes des StGB indessen führt zu falschen Ergebnissen und ist mit Art. 8 AsylG unvereinbar. Verurteilungen zu einigen Tagen Gefängnis, zudem bedingt erlassen, sind nicht mit dem Begriff der verwerflichen Handlung im Sinne von Art. 8 AsylG vereinbar. U.E. bedarf es hier zumindest einer *unbedingt verhängten Zuchthausstrafe*, um eine Anwendung der Ausschlussklausel nach einer sorgfältigen Güterabwägung zu rechtfertigen. Nach schweizerischem Recht ist es ja so, dass der bedingte Strafvollzug nur gewährt werden darf, wenn dem Verurteilten eine gute Prognose gestellt wird (Art. 41 StGB).

Ein weiterer kritischer Punkt der Praxis betrifft eine Vielzahl von Fällen, wo im Zeitpunkt des Asylentscheides ein Strafverfahren noch hängig war. Trotzdem wird in einzelnen Entscheiden das Asylgesuch mit Hinweis auf Art. 8 AsylG abgelehnt, ohne dass eine rechtskräftige Verurteilung vorliegt. Entsprechende Entscheide führen etwa aus (Nachweise der einzelnen Entscheide bei *Achermann*, Asylunwürdigkeit, S. 6):

> "Ferner ist der Gesuchsteller geständig, in qualifizierter Weise gegen (...) verstossen zu haben, so dass ihm wegen verwerflicher Handlungen das Asyl wegen Unwürdigkeit verweigert werden muss. Dabei spielt die Höhe der zu erwartenden Strafe keine Rolle"; oder auch:
> "Der Gesuchsteller ist verwerflicher Handlungen angeklagt worden, so dass ihm das Asyl wegen Unwürdigkeit verweigert werden muss."

Danach genügt also bereits ein Geständnis oder eine klare Beweislage oder gar eine blosse Anklageerhebung für die Anwendung von Art. 8 AsylG. Dass vielleicht das Geständnis widerrufen oder der oder die Angeklagte freigesprochen werden könnte, bleibt unberücksichtigt. Diese Praxis ist unhaltbar (vgl. dazu *Achermann*, Asylunwürdigkeit, S. 6 mit weiteren Hinweisen).

Asylausschlussgründe

3.4. GEFÄHRDUNG DER STAATSSICHERHEIT

3.4.1. Grundlagen

Nach Art. 8 AsylG wird Ausländerinnen und Ausländern Asyl auch verweigert, wenn sie die *innere oder äussere Sicherheit* der Schweiz verletzt haben oder gefährden. Die Auslegung des Begriffes der Gefährdung der Staatssicherheit hat sich nach Art. 70 BV zu richten (BBl 1977 III 120); danach steht dem Bund das Recht zu, Fremde, welche die innere oder äussere Sicherheit der Schweiz gefährden, aus dem schweizerischen Gebiete wegzuweisen. In der Lehre wird Art. 70 BV folgendermassen ausgelegt:

- Die *innere Sicherheit* kann gefährdet werden durch Handlungen, die gegen die verfassungsmässigen Grundlagen und die grundlegenden politischen Überzeugungen der Schweiz gerichtet sind, oder die die *öffentliche Ordnung gefährden*. Nicht jede Störung der gesetzlichen Ordnung ist aber eine Gefährdung der inneren Sicherheit, sondern nur ein Verhalten, das die Herrschaft der staatlichen Gewalt gefährdet (*Burckhardt*, Kommentar der schweizerischen BV, Bern 1931, S. 631; *Malinverni*, BV-Kommentar, Art. 70, Rz. 14).

- Die *äussere Sicherheit* ist dann gefährdet, wenn die guten Beziehungen zu einem andern Staat getrübt werden; stets geht es um das Verhältnis von Staat zu Staat. Eine Gefährdung ist z.B. dann anzunehmen, wenn ein Ausländer von der Schweiz aus Umtriebe eines ausländischen Staates gegen einen andern unterstützt (*Malinverni*, BV-Kommentar, Art. 70 BV, Rz. 15).

Für eine Ausweisung in Anwendung von Art. 70 BV wird zumindest eine *mittelbare Existenzbedrohung* des Landes verlangt, was nicht leichthin angenommen werden kann (*Stroppel*, Die Beendigung der Anwesenheitsberechtigung von Ausländern nach schweizerischem Recht, Basel 1987, S. 65). Ein Ausschluss vom Asyl wegen Gefährdung der Staatssicherheit kann daher u.E. nur in schwerwiegenden Fällen in Frage kommen. Falls ein *Flüchtling* wegen Gefährdung der Staatssicherheit kein Asyl erhält, wird er (da er unter dem Schutz des Refoulement-Verbotes steht, siehe hinten S. 175ff) in der Regel in einer "geeigneten Anstalt" interniert (Art. 14d Abs. 2 ANAG; zur Internierung siehe im übrigen S. 404f hinten).

3.4.2. Praxis

Eine Durchsicht von erstinstanzlichen Asylentscheiden gibt wenig Aufschluss darüber, nach welchen Kriterien die Behörde den Tatbestand der Gefährdung oder Verletzung der Staatssicherheit beurteilt (siehe die Beispiele bei *Kälin*, Grundriss, S. 176f). Meist sprechen die ablehnenden Entscheide pauschal von "Sicherheitsrisiko"; eine Standardformulierung lautet etwa:

> "Aufgrund dieser Tätigkeit [Kontakte zu PLO-Kreisen in der Schweiz und Weitervermittlung von Kenntnissen] stellt der Gesuchsteller für die Schweiz ein Sicherheitsrisiko dar. Es muss ihm deshalb das Asyl gestützt auf Art. 8 AsylG verweigert werden" (z.B. N 106'582, Entscheid des DFW vom 7.6.1989).

Wann und weshalb ein Sicherheitsrisiko vorliegt, wird nicht ausgeführt. Die Begründungen der Entscheide sind wenig substantiiert; selten wird den Asylsuchenden konkret vorgeworfen, wodurch sie die Staatssicherheit gefährdet oder verletzt haben sollen. Basis für die negativen Entscheide bilden einerseits die vom Beamtinnen und Beamten der Kantone oder des BFF bei den Befragungen gewonnenen Erkenntnisse bezüglich solcher Tätigkeiten und andererseits die *Berichte der Bundesanwaltschaft*; letztere erhält alle Protokolle der Befragungen und macht dem Bundesamt in einzelnen Fällen eine Mitteilung, mit dem Asylentscheid bis zum Ende ihrer Ermittlungen zuzuwarten. Manchmal ermittelt die Bundesanwaltschaft auch noch während längerer Zeit nach der Befragung durch den Kanton und allenfalls durch das BFF weiter. Kommt sie dann zum Schluss, es bestehe ein Sicherheitsrisiko, wird in der Regel ein negativer Asylentscheid gestützt auf Art. 8 AsylG gefällt. Der Entscheid ist aber vom Bundesamt zu verantworten, die Bundesanwaltschaft selber erlässt keine Verfügung gegenüber den Asylsuchenden. Problematisch ist das Verfahren, weil gewöhnlich dem Gesuchsteller oder der Gesuchstellerin vor dem Entscheid das *rechtliche Gehör* zu den Berichten der Bundesanwaltschaft nicht mehr gewährt wird (siehe dazu hinten S. 215ff).

4. SUBJEKTIVE NACHFLUCHTGRÜNDE

Gemäss Art. 8a AsylG, eingefügt durch den AVB vom 22. Juni 1990, wird "einem Ausländer (...) kein Asyl gewährt, wenn er erst durch seine Ausreise aus dem Heimat- oder Herkunftsstaat oder wegen seines Verhaltens nach der Ausreise Flüchtling im Sinne von Art. 3 AsylG wurde". Damit ist klargestellt worden, dass Personen mit *subjektiven Nachfluchtgründen* (siehe zum Begriff vorne S. 111f) *Flüchtlinge* sind. Trotzdem erhalten sie

Asylausschlussgründe 169

wegen der Bestimmung von Art. 8a AsylG *kein Asyl*. Als Rechtsfolge sind sie indessen *als Flüchtlinge vorläufig aufzunehmen* und gelten gemäss Art. 25 AsylG gegenüber allen eidgenössischen und kantonalen Behörden als Flüchtlinge. Sie stehen damit unter dem Rückschiebungsschutz von Art. 45 AsylG und Art. 33 FK (siehe S. 175ff) und geniessen eine privilegierte Rechtsstellung (siehe S. 396ff).

5. ASYLGEWÄHRUNG IN AUSNAHMESITUATIONEN (ART. 9 ASYLG)

Art. 9 regelt unter dem Titel "Asylgewährung in Ausnahmesituationen" folgendes:

- Nach Art. 9 Abs. 1 AsylG gewährt die Schweiz in Zeiten erhöhter internationaler Spannungen, bei Ausbruch eines bewaffneten Konfliktes, an dem die Schweiz nicht beteiligt ist, oder bei ausserordentlich grossem Zustrom von Gesuchstellern in Friedenszeiten "Flüchtlingen so lange Asyl, als dies nach den Umständen möglich ist".

- Gemäss Abs. 2 trifft der Bundesrat "die erforderlichen Massnahmen. Er kann, in Abweichung vom Gesetz, die Voraussetzungen für die Asylgewährung und die Rechtsstellung der Flüchtlinge einschränkend regeln und besondere Verfahrensbestimmungen aufstellen. Er erstattet der Bundesversammlung über die von ihm getroffenen Abweichungen sofort Bericht".

- Abs. 3 bestimmt, dass "Asyl auch nur vorübergehend gewährt werden [kann], bis die Aufgenommenen weiterreisen können, wenn die dauernde Beherbergung von Flüchtlingen die Möglichkeiten der Schweiz übersteigt".

- Gemäss Abs. 4 schliesslich bemüht sich der Bundesrat "um eine rasche und wirksame internationale Zusammenarbeit bei der Verteilung von Flüchtlingsströmen, die auf die Schweiz zukommen".

Nach Abs. 1 von Art. 9 AsylG kann also *auch Flüchtlingen* im Sinne von Art. 3 AsylG Asyl verweigert werden. Der Bundesrat hat allerdings erklärt, dass bei der Anwendung des Notrechts die völkerrechtlichen Verpflichtungen der Schweiz vorbehalten bleiben, also die Einhaltung des Non-refoulements aus Flüchtlingskonvention (Art. 33) und EMRK (Art. 3); ebenso schützten Art. 45 AsylG und das Grundrecht der persönlichen Freiheit vor Rückschiebungen in den Verfolgerstaat (BBl 1986 I S. 19f).

Daher wird auch in Ausnahmesituationen trotz Asylverweigerung kein Flüchtling weggewiesen werden können, wenn sich kein Land findet, das zu dessen Aufnahme bereit ist, und in welchen er nicht verfolgt oder zur Rückreise in einen Verfolgerstaat gezwungen wird. Aus diesem Grund bringt auch die Kompetenz des Bundesrates in Abs. 3 wenig, Asyl nur vorübergehend zu gewähren, bis die Aufgenommenen weiterreisen können. Angesichts der sehr tiefen Asylanerkennungszahlen (1990 erhielten lediglich 571 Personen in der Schweiz Asyl), ist die Frage der Aufnahmekapazitäten für *Flüchtlinge* sowieso sekundär.

Das Erstasylabkommen der EG-Staaten, dem sich die Schweiz anschliessen möchte, engt den Spielraum dieser Bestimmungen noch weiter ein, da sich die Schweiz in diesem Abkommen völkerrechtlich verpflichtet, ein Asylgesuch, für das sie nach den Kriterien des Abkommens zuständig ist, zu prüfen, und zwar auch gemäss ihren völkerrechtlichen Verpflichtungen (siehe dazu S. 48ff). Aus diesem Grund dürfte auch die Bestimmung in Abs. 2 von Art. 9 AsylG wenig bringen, die Voraussetzungen der Asylgewährung einschränkend zu regeln; auf jeden Fall bleibt die Schweiz an die Flüchtlingskonvention und deren Refoulement-Verbot (Art. 33) gebunden.

Auch bei der in Art. 9 Abs. 2 AsylG vorgesehenen Möglichkeit, die *Rechtsstellung* für *Flüchtlinge* einschränkend zu regeln, ist zu beachten, dass die Schweiz völkerrechtlich durch die Flüchtlingskonvention verpflichtet ist, den Konventionsflüchtlingen bestimmte (teilweise weitgehende) Rechte zuzugestehen (siehe dazu hinten S. 381ff), so dass auch hier kein grosser Handlungsspielraum besteht.

Am ehesten praktische Relevanz in Art. 9 AsylG dürfte die Bestimmung haben, dass "bei ausserordentlich grossem Zustrom von Gesuchstellern in Friedenszeiten" (Abs. 1) der Bundesrat "besondere Verfahrensbestimmungen aufstellen" kann (Abs. 2). Auch hier verlangen indessen die völkerrechtlichen Verpflichtungen der Schweiz gemäss Flüchtlingskonvention und EMRK, dass ein gewisser Verfahrensstandard gewahrt bleibt; mit dem AVB von 1990 scheinen aber die völkerrechtlich zulässigen Möglichkeiten ausgeschöpft worden zu sein. Unklar ist im übrigen, was unter einem "ausserordentlich grossen Zustrom von Gesuchstellern in Friedenszeiten" zu verstehen ist; den Aussagen von Bundesrat und Beamten des DFW/EJPD im Vorfeld der zweiten Asylgesetzrevision lässt sich immerhin entnehmen, dass es ein Mehrfaches der heutigen Gesuchszahlen bräuchte (siehe dazu *Stöckli*, Der Abstimmungskampf als Interpretationshilfe, ASYL 1987/2, S. 8). Obwohl aber eine solche Situation noch in weiter Ferne ist, wird von gewissen Kreisen verschiedentlich schon jetzt der *Erlass von Notrecht* verlangt. Angesichts des oben erwähnten kleinen Spielraumes für weitere Verschärfungen handelt es sich bei dieser Diskussion wohl eher um "Volksberuhigung" und Schaumschlägerei.

V. SCHRANKEN DER WEGWEISUNG

1. ÜBERBLICK

Art. 17 AsylG bestimmt, dass, falls das Bundesamt das Asylgesuch ablehnt oder nicht darauf eintritt, es *in der Regel die Wegweisung* aus der Schweiz verfügt und den Vollzug anordnet. Damit ist schon angedeutet, dass nicht jeder Ausländer und jede Ausländerin, deren Gesuch abgelehnt wird, aus der Schweiz weggewiesen oder in den Herkunftsstaat ausgeschafft werden kann. Einerseits gibt es Fälle, wo ein Gesuchsteller schon vor dem Verfahren oder während des Verfahrens (z.B. durch Heirat) eine andere Bewilligung erhalten hat, die gültig bleibt (Art. 12f Abs. 3 AsylG). Dem Vollzug der Wegweisung von Ausländerinnen und Ausländern, die über keine Bewilligung verfügen, können andererseits *bestimmte gesetzliche Schranken* entgegenstehen. Diesem Umstand trägt Art. 18 Abs. 1 AsylG Rechnung:

"Ist der Vollzug der Wegweisung nicht möglich, nicht zulässig oder nicht zumutbar, so regelt das Bundesamt das Anwesenheitsverhältnis nach den gesetzlichen Bestimmungen über die vorläufige Aufnahme und Internierung von Ausländern".

Die gleiche Bestimmung findet sich auch in Art. 14a Abs. 1 ANAG, der für alle Ausländerinnen und Ausländer gilt. Die Rechtsfolge der Undurchführbarkeit der Wegweisung besteht in der vorläufigen Aufnahme und der Internierung; dabei handelt es sich um Ersatzmassnahmen für einen aus den genannten Gründen undurchführbaren Vollzug (zur Rechtsstellung siehe hinten S. 396ff). Im Entscheid des BFF wird daher zwar die Wegweisung verfügt, aber auf den Vollzug verzichtet und die Ersatzmassnahme angeordnet (Art. 17a lit. e AsylG).

Bei den Ersatzmassnahmen ist die *vorläufige Aufnahme* die Regel. Stattdessen wird ein Ausländerinnen und Ausländer in einer geeigneten Anstalt *interniert*, wenn sie "die innere oder äussere Sicherheit der Schweiz oder die innere Sicherheit eines Kantons gefährdet" oder "durch seine Anwesenheit die öffentliche Ordnung schwer gefährdet" (Art. 14d Abs. 2 ANAG).

Wann ist aber eine Wegweisung undurchführbar, d.h. nicht möglich, nicht zulässig oder nicht zumutbar?

- Gemäss Art. 14a Abs. 2 ANAG ist der Vollzug *nicht möglich*, "wenn der Ausländer weder in den Herkunfts- oder in den Heimatstaat noch in einen Drittstaat verbracht werden kann" (siehe unten Ziff. 2).

- Nach Art. 14a Abs. 3 ANAG ist der Vollzug *nicht zulässig*, "wenn völkerrechtliche Verpflichtungen der Schweiz einer Weiterreise des Ausländers in seinen Heimat-, Herkunfts- oder einen Drittstaat entgegenstehen" (Ziff. 3 unten).

- Der Vollzug kann schliesslich gemäss Art. 14a Abs. 4 ANAG insbesondere *nicht zumutbar* sein, "wenn er für den Ausländer eine konkrete Gefährdung darstellt" (siehe unten Ziff. 4). Diese Bestimmung findet indessen keine Anwendung, wenn der weg- oder ausgewiesene Ausländer die öffentliche Sicherheit und Ordnung gefährdet oder in schwerwiegender Weise verletzt hat (Art. 14a Abs. 6 ANAG).

- Ob eine Wegweisung unmöglich, unzulässig oder unzumutbar ist, entscheidet bei Asylsuchenden das BFF (dies ergibt sich aus Art. 17a und 18 AsylG; für Ausländerinnen und Ausländer ausserhalb des Asylverfahrens ist das Bundesamt für Polizeiwesen zuständig, vgl. Art. 14a Abs. 1 ANAG). U.U. kann es allerdings vorkommen, dass sich der Vollzug der *Wegweisung durch den Kanton* später "trotz Anwendung von Zwangsmitteln" als *undurchführbar* erweist (Art. 18 Abs. 3 AsylG). In einem solchen Fall hat der Kanton laut dieser Bestimmung dem BFF die Anordnung einer vorläufigen Aufnahme oder Internierung zu beantragen. Undurchführbar kann der Vollzug dabei wiederum wegen Unmöglichkeit (z.B. kein Transportmittel), wegen Unzumutbarkeit (z.B. wegen des Gesundheitszustandes von Asylsuchenden) oder wegen Unzulässigkeit (bezüglich solcher Einwände siehe hinten S. 341f bei der Ausschaffung) sein (*Kälin*, Grundriss, S. 193). Gegen den Gesetzeswortlaut ("undurchführbar" bezieht sich auf alle drei Kategorien von Wegweisungsschranken, vgl. BBl 1990 II 666) und *falsch* ist daher Ziff. 1.2. der Weisung über den Vollzug der Wegweisung während oder nach Abschluss des Asylverfahrens vom 20.12.1990 (Asyl 31), wonach die Zumutbarkeit und die Zulässigkeit des Vollzuges abgschliessend von den Bundesbehörden geprüft werden und demzufolge nicht mehr von den Kantonen überprüft werden können.

- Schliesslich besteht gemäss Art. 17 Abs. 2 AsylG die Möglichkeit, dass der Kanton einem ihm zugewiesenen Gesuchsteller eine fremdenpolizeiliche Aufenthaltsbewilligung (meist eine *humanitäre Aufenthaltsbe-*

willigung gemäss Art. 13 lit. f BVO für erwerbstätige oder gemäss Art. 36 BVO für nichterwerbstätige Ausländer) erteilt, wenn das Gesuch vor mehr als vier Jahren eingereicht worden ist (siehe unten Ziff. 5 und hinten S. 347ff). Auf den Vollzug der Wegweisung wird auch dann verzichtet, wenn der Asylbewerber oder die Asylbewerberin schon vor dem Verfahren über eine andere Aufenthaltsbewilligung verfügte (diese bleiben während des Verfahrens gemäss Art. 12f Abs. 3 AsylG gültig und können verlängert werden) oder wenn Asylsuchende während des Verfahrens eine Person mit Niederlassung oder schweizerischem Bürgerrecht geheiratet haben, was einen Anspruch auf Aufenthalt gemäss Art. 8 EMRK ergibt (vgl. Art. 12f Abs. 1 AsylG; zu Art. 8 EMRK siehe vorne S. 46ff).

Im folgenden werden die Voraussetzungen dargestellt, unter denen einer Wegweisung Schranken gesetzt sind; auf die verfahrensrechtliche Behandlung wird hinten eingegangen (S. 331ff).

2. UNMÖGLICHKEIT DER WEGWEISUNG

Als unmöglich gilt eine Wegweisung, wenn sie *faktisch* nicht vollzogen werden kann, nach der Formulierung von Art. 14a Abs. 2 ANAG, "wenn der Ausländer weder in den Herkunfts- oder in den Heimatstaat noch in einen Drittstaat verbracht werden kann". Die Botschaft zum AVB (BBl 1990 II 666) spricht von "technischen Umständen".

Solche Umstände können etwa sein (vgl. *Kälin*, Grundriss, S. 202):
- Es bestehen wegen Unruhen oder kriegerischen Auseinandersetzungen keine Transportmöglichkeiten, weil keine Flüge ins betreffende Land gehen oder der Flughafen oder die Grenzen geschlossen sind. Solche Situationen gab es z.B. zeitweise im Libanon.
- Der Gesuchsteller oder die Gesuchstellerin verfügt über keine (gültigen) Reisepapiere, eventuell ist der Heimatstaat auch nicht bereit, solche auszustellen.
- Der Heimatstaat lässt Asylsuchende (aus politischen Gründen) nicht einreisen oder hat sie sogar ausgebürgert; solche Fälle gab es z.B. bei rumänischen Gesuchstellerinnen und Gesuchstellern.
- Bezüglich Wegweisung in Drittstaaten besteht die Unmöglichkeit meist darin, dass die Asylsuchenden nicht über die nötigen Reisepapiere verfügt und/oder der Drittstaat nicht bereit ist, sie aufzunehmen.

Falls das BFF schon beim Wegweisungsentscheid der Unmöglichkeit des Vollzuges bewusst ist, ordnet es gleichzeitig mit der Wegweisung die vorläufige Aufnahme oder Internierung an (Art. 17a lit. e und Art. 18 Abs. 1 AsylG). Oft wird sich die Unmöglichkeit des Vollzugs aber erst herausstellen, wenn der Kanton die Wegweisung durchführen sollte. In diesen Fällen *muss* der Kanton dem BFF die Anordnung der vorläufigen Aufnahme oder Internierung beantragen (Art. 18 Abs. 3 AsylG). *In der Praxis* wird aber in Fällen von unmöglicher Wegweisung oft keine vorläufige Aufnahme verfügt, sondern der Aufenthalt weiterhin toleriert (siehe dazu unten S. 192ff).

3. UNZULÄSSIGKEIT DER WEGWEISUNG

3.1. ÜBERBLICK

Unzulässig ist eine Wegweisung dann, wenn *völkerrechtliche Verpflichtungen der Schweiz* einem Vollzug im Wege stehen (Art. 14a Abs. 3 ANAG); diese verhindern, dass ein Ausländer oder eine Auländerin zur Ausreise in bestimmte Staaten gezwungen werden darf. Falls sich in Fällen von solchen völkerrechtlichen Hindernissen kein Drittstaat findet, der die abgelehnten Asylsuchenden aufnimmt, müssen die Ausländer vorläufig aufgenommen oder interniert werden. Bei den völkerrechtlichen Verpflichtungen, die einem Vollzug der Wegweisung im Wege stehen können, handelt es sich vor allem um das *Rückschiebungsverbot der Flüchtlingskonvention (Art. 33 FK)* und um das *menschenrechtliche Rückschiebungsverbot*, das aus *Art. 3 der Europäischen Menschenrechtskonvention* (EMRK) abgeleitet wird. Auch aus andern Rechten der EMRK (z.B. aus Art. 8 EMRK, siehe vorne S. 46ff) können sich Wegweisungshindernisse ergeben, zudem enthält die Uno-Folterkonvention ein Vebot der Rückschaffung bei drohender Folter. Im folgenden wird auf die einzelnen Hindernisse eingegangen.

Die Frage der Zulässigkeit des Vollzugs der Wegweisung wird durch das BFF gleichzeitig mit der der Prüfung der Flüchtlingseigenschaft entschieden (BBl 1990 II 667); der Kanton hat an sich kein Überprüfungsrecht. Eine Überprüfung durch den Kanton drängt sich dann auf, wenn zwischen Asylentscheid und Vollzug einige Zeit verstrichen ist oder sich neue Gesichtspunkte ergeben (*Kälin*, Grundriss, S. 193f; *Bolz*, Rechtsschutz, S. 218f; vgl. dazu hinten S. 341f).

3.2. DAS RÜCKSCHIEBUNGSVERBOT VON ART. 33 FK
(KONVENTIONSRECHTLICHES REFOULEMENT-VERBOT)

LITERATUR: *Gattiker*, Geltung des Rückschiebungsverbotes, ASYL 1986/4, S. 4ff.; *derselbe*, Asyl- und Wegweisungsverfahren, S. 35ff; *Goodwin-Gill*, S. 69ff; *Kälin*, Grundriss, S. 211ff; *derselbe*, Non-Refoulement, S. 86ff; *derselbe*, De-facto Flüchtlinge, S. 33ff; *Robinson*, S. 160ff; *Stenberg*, S. 171ff.

3.2.1. Grundlagen

Art. 33 Abs. 1 FK lautet:

> "Kein vertragsschliessender Staat darf einen Flüchtling in irgendeiner Form in das Gebiet eines Landes ausweisen oder zurückstellen, wo sein Leben oder seine Freiheit wegen seiner Rasse, Religion, Staatsangehörigkeit, seiner Zugehörigkeit zu einer bestimmten sozialen Gruppe oder seiner politischen Anschauungen gefährdet wäre".

Nach dem Wortlaut schützt also Art. 33 Abs. 1 FK jeden Flüchtling im Sinne der Flüchtlingskonvention. Der Schutz hängt dabei weder von einer formellen Anerkennung als Flüchtling, noch von der Asylerteilung ab, sondern vom Erfüllen des Flüchtlingsbegriffes. Keine Anwendung findet Art. 33 FK, wenn der Flüchtling aus einem Grunde von Art. 1D (Schutz anderer Organisationen der Vereinten Nationen), E (Staatsangehörige des Zufluchtlandes) oder F FK (Ausschluss wegen schwerer Verbrechen im Herkunftsland, siehe S. 161ff) nicht unter die Konvention fällt. Art. 33 FK hat verpflichtende Wirkung für jeden Unterzeichnerstaat, damit auch für die Schweiz.

Art. 45 Abs. 1 AsylG entspricht im wesentlichen Art. 33 Abs. 1 FK und ist dementsprechend auszulegen. Art. 33 Abs. 1 FK hat daher nur dort selbständige Bedeutung, wo der Flüchtlingsbegriff der Flüchtlingskonvention weiter geht als derjenige des Asylgesetzes. Momentan mag dies nicht der Fall sein. Falls die Schweiz den Flüchtlingsbegriff des Asylgesetzes aber gesetzlich einschränken wollte, wäre sie immer noch an Art. 1 A Abs. 2 i.V. mit Art. 33 FK gehalten, und Flüchtlinge im Sinn der Konvention wären vor Rückschiebung geschützt.

Art. 45 Abs. 1 AsylG lautet:

> "Niemand darf in irgendeiner Form zur Ausreise in ein Land gezwungen werden, in dem sein Leib, sein Leben oder seine Freiheit aus einem Grund nach Artikel 3 Absatz 1 AsylG gefährdet sind oder in dem die Gefahr besteht, dass er zur Ausreise in ein solches Land gezwungen wird."

Das Rückschiebungsverbot von Art. 45 AsylG *gilt für alle Personen, die die Flüchtlingseigenschaft im Sinne von Art. 3 AsylG erfüllen* (also für Flüchtlinge im materiellen Sinn) und für alle Asylbewerber, deren Flüchtlingseigenschaft noch nicht festgestellt ist. Das Bundesgericht hat ausgeführt, angesichts seiner fundamentalen Bedeutung sei der Grundsatz des Non-Refoulement "in das schweizerische Asylgesetz aufgenommen und sein Anwendungsbereich auf Personen ausgedehnt worden, die an der Grenze oder im Landesinnern um Asyl nachsuchen" (BGE vom 27.4.1990 i.S. S.K, E. 4a, in: ASYL 1990/4, S. 21). Verboten ist die Rückschiebung also dann, wenn die Ausländerinnen und Ausländer einer Verfolgung ausgesetzt würden, die ihre Flüchtlingseigenschaft im Sinne von Art. 3 AsylG oder Art. 1 A Abs. 2 FK begründet (vgl. *Kälin*, Grundriss, S. 222ff).

3.2.2. Geschützte Personen

- In erster Linie geschützt sind anerkannte Flüchtlinge, denen die Schweiz Asyl gewährt hat.

- Geschützt sind Personen, die zwar Flüchtlinge im Sinne von Art. 3 AsylG und der Konvention sind, die aber gestützt auf Art. 6 Abs. 1 AsylG (Aufnahme in einem Drittstaat, siehe dazu S. 154ff) kein Asyl erhalten. Sie dürfen nur in diesen Drittstaat weggewiesen werden, sofern sie dort Schutz vor Verfolgung geniessen, nicht aber in den Heimatstaat zurückgeschoben werden.

- Ebenfalls vor Rückschiebung geschützt sind Personen, denen zwar die Flüchtlingseigenschaft im Sinne von Art. 3 AsylG zukommt, deren Gesuch aber gestützt auf Art. 8 AsylG (Asylunwürdigkeit oder Gefährdung der Staatssicherheit, siehe S. 160ff) abgelehnt wird. Falls das im Herkunftsland begangene Verbrechen unter Art. 1F FK fällt, stehen die Flüchtlinge immer noch unter dem Schutz von Art. 45 AsylG. Handelt es sich dabei allerdings um gemeingefährliche Schwerverbrecher im Sinne von Art. 33 Abs. 2 FK und Art. 45 Abs. 2 AsylG, kann ausnahmsweise doch in den Verfolgerstaat zurückgeschoben werden (vgl. unten Ziff. 3.2.4.).

Schranken der Wegweisung 177

- Personen mit "subjektiven Nachfluchtgründen" erhalten gemäss Art. 8a AsylG zwar kein Asyl (siehe S. 111ff und S. 168f). Sie unterstehen jedoch dem Rückschiebungsschutz von Art. 45 AsylG und Art. 33 FK (siehe den Entscheid des Bundesrates vom 23.8.1989 im Sinne O.V., abgedruckt in ASYL 1989/4, S. 14).

- Personen, die in der Schweiz kein Asylgesuch gestellt haben, aber die Flüchtlingseigenschaft im Sinne von Art. 3 AsylG erfüllen, sind ebenfalls durch Art. 45 AsylG und Art. 33 FK geschützt (z.B. Flüchtlinge, die mit Schweizerinnen verheiratet sind oder Flüchtlinge, die aus sonstigen Gründen kein Asylgesuch stellen wollen).

- Nur teilweise durch Art. 33 FK geschützt sind Flüchtlinge, die in einem andern Staat anerkannt worden sind; nach herrschender Lehre ist dem Asylstaat aber die Möglichkeit zu geben, einen Flüchtling zurückzunehmen, bevor er vom Drittstaat zurückgeschoben wird (*Kälin*, Grundriss, S. 213ff; siehe dazu S. 131, ebenso dort zur Bedeutung eines negativen Entscheides in einem Drittstaat).

- Schliesslich schützt Art. 45 AsylG auch die Asylbewerber und Asylbewerberinnen während des Verfahrens, solange über ihre Flüchtlingseigenschaft nicht entschieden ist (vgl. die Botschaft zum Asylgesetz, BBl 1977 III 138 und BGE vom 27.4.1990 i.S. S.K, E. 4a, in: ASYL 1990/4, S. 21).

3.2.3. Verbotene Entfernungsmassnahmen

Das Rückweisungsverbot schützt die oben genannten Personengruppen vor *jeglicher Art von Entfernungsmassnahmen*, also vor administrativer Ausweisung, vor Wegweisung durch den DFW oder vor richterlicher Landesverweisung (zu den administrativen und richterlichen Entfernungsmassnahmen siehe hinten, S. 343ff). Geschützt sind nicht nur Flüchtlinge, die sich im Landesinnern befinden, verboten sind auch *Rückweisungen an der Grenze*, wenn dies zur Folge hat, dass die Flüchtlinge dadurch dem Verfolgerstaat in die Hände fallen (siehe *Kälin*, Grundriss, S. 217ff).

Geschützt sind Flüchtlinge vor *Rückschiebung in den Verfolgerstaat*: Dabei handelt es sich meist um den Heimatstaat, es ist aber möglich, dass auch ein Drittstaat, in den ein Flüchtling ausgewiesen wird, diesen u.U. verfolgt, z.B. weil er eine andere Religion hat.

Ein Flüchtling darf auch nicht in einen Staat weggewiesen werden, bei dem die Gefahr besteht, dass ihn dieser wiederum dem Verfolgerstaat übergibt (gemäss Wortlaut von Art. 45 Abs. 1 AsylG "wenn die Gefahr besteht, dass er zur Ausreise in ein solches Land gezwungen wird").

Bezüglich der Aus- oder Wegweisung in einen Drittstaat, der nicht Verfolgerstaat ist, gilt es im übrigen Art. 43 AsylG zu beachten, wonach Flüchtlinge, denen die Schweiz Asyl gewährt hat, nur in einen Drittstaat ausgewiesen werden dürfen, wenn sie die innere oder äussere Sicherheit der Schweiz gefährden oder die öffentliche Ordnung in schwerwiegender Weise verletzt haben.

3.2.4. Ausnahmen vom Grundsatz der Nichtrückschiebung

Gemäss Art. 33 Abs. 2 FK kann sich ein Flüchtling nicht auf das Rückschiebungsverbot berufen,

> "wenn erhebliche Gründe dafür vorliegen, dass er als eine Gefahr für die Sicherheit des Aufenthaltsstaates angesehen werden muss oder wenn er eine Bedrohung für die Gemeinschaft dieses Landes bedeutet, weil er wegen eines besonders schweren Verbrechens oder Vergehens rechtskräftig verurteilt worden ist".

Art. 45 Abs. 2 AsylG, wonach sich eine Person nicht auf Art. 45 Abs. 1 AsylG berufen kann, "wenn erhebliche Gründe dafür vorliegen, dass sie die Sicherheit der Schweiz gefährdet, oder wenn sie als gemeingefährlich gelten muss, weil sie wegen eines besonders schweren Verbrechens oder Vergehens rechtskräftig verurteilt worden ist", ist Art. 33 Abs. 2 FK nachgebildet und entsprechend auszulegen (siehe die Ausführungen bei *Kälin*, Non-refoulement, S. 130ff).

Eine *Gefahr für die Staatssicherheit* ist etwa anzunehmen, wenn ein Flüchtling versucht, die Regierung des Aufnahmestaates zu stürzen, oder wenn er Spionage, Terrorismus oder Sabotage betreibt. Dabei müssen die Grundlagen der staatlichen Ordnung gefährdet sein. In jedem Fall müssen die Interessen des Aufnahmestaates jene des Flüchtlings überwiegen, was auch von der drohenden Verfolgung abhängt (*Kälin*, Grundriss, S. 226).

Ein *Verbrechen*, das den Rückschiebungsschutz von Art. 33 FK oder Art. 45 AsylG aufzuheben vermag, muss *besonders schwer* sein. Art. 33 Abs. 2 FK gilt als Parallelbestimmung zu Art. 1 F FK und ist entsprechend auszulegen (siehe vorne S. 161ff). Als besonders schwere Verbrechen gelten etwa Mord, bewaffneter Raubüberfall, schwere Körperverletzung, Brandstiftung, schwerer Drogenhandel (zur Praxis insbesondere bei *Drogendelinquenten* siehe Gattiker, Geltung des Rückschiebungsverbotes, S. 7f; siehe auch den Entscheid des Bundesrates vom 23.8.1989, abgedruckt in ASYL 1989/4, S. 14ff). Auch hier darf eine Zurückweisung erst nach einer sorgfältigen Güterabwägung vollzogen werden; das Interesse der Allgemeinheit muss gegenüber den Nachteilen, die Betroffene zu erwarten haben, überwiegen. Bei drohenden schweren Nachteilen im Verfolgerstaat kann die Rückschaffung im übrigen durch Art. 3 EMRK verboten sein, der die Rückschiebung von Schwerverbrechern auch dann verbietet, wenn ihnen schwere Menschenrechtsverletzungen drohen (siehe unten anschliessend). Eine Anwendung von Art. 33 Abs. 2 FK setzt überdies voraus, dass der Täter oder die Täterin als *gemeingefährlich* gilt, was eine Wiederholungsgefahr voraussetzt (*Kälin*, Grundriss, S. 230f). Schliesslich ist vorausgesetzt, dass die Verurteilung *rechtskräftig* ist, bevor die Rückweisung erfolgen darf; es dürfen also keine ordentlichen Rechtsmittel mehr offenstehen.

3.3. Der Schutz von Art. 3 der Europäischen Menschenrechtskonvention (Refoulement-Verbot i.w.S.)

LITERATUR: *Frowein/Peukert*, EMRK-Kommentar, S. 28ff; *Duffy*, Article 3 and the European Convention on Human Rights, The International and Comparative Law Quarterly 32/1983, S. 172ff; *Plender*, Problems raised by certain aspects of the present situation of refugees from the standpoint of the European Convention on Human Rights, Directorate of Human Rights (Hrsg.), Strasbourg 1984; *Kälin*, Grundriss, S. 232ff; *derselbe*, Non-Refoulement, S. 158ff; *derselbe*, Bedeutung von Art. 3 EMRK, ASYL 87/1, S. 3ff; *derselbe*, Drohende Menschenrechtsverletzungen, ZAR 1986, S. 172ff; *Van Dijk/Van Hoof*, Theory and Practice of the European Convention on Human Rights, 2. Aufl., Deventer/Boston 1990, S. 226ff.

3.3.1. Grundlagen

Mit der Unterzeichnung der Europäischen Menschenrechtskonvention (EMRK) 1974 hat sich die Schweiz verpflichtet, die Garantien, die in der Konvention niedergelegt sind, zu beachten (Art. 1 EMRK). Die EMRK enthält einen Grundrechtskatalog (Art. 2-14), der aber keine Bestimmungen zum Schutz von Ausländerinnen und Auländern vor Ausweisung und Auslieferung und *keine Garantie eines Rechts auf Asyl* beinhaltet.

In der Praxis der Strassburger Organe (Europäische Kommission für Menschenrechte und Europäischer Gerichtshof für Menschenrechte) wird aber ein gewisser Schutz vor Rückschiebung aus Art. 3 EMRK abgeleitet. Diese Bestimmung lautet:

> "Niemand darf der Folter oder unmenschlicher oder erniedrigender Strafe oder Behandlung unterworfen werden."

Die Kommission hat in ständiger Praxis anerkannt, dass die Ausweisung, Auslieferung oder Rückschiebung eines Ausländers oder einer Ausländerin in einen anderen Staat "unter aussergewöhnlichen Umständen" eine Verletzung von Art. 3 EMRK darstellen kann. Begründet wird diese Praxis damit, dass die Vertragsstaaten mit der Ratifikation der EMRK die Pflicht übernommen haben, sich bei der Ausübung ihrer Befugnisse, über die Ein- und Ausreise von Ausländerinnen und Ausländern zu verfügen, an die Grundsätze der EMRK zu halten. Die Praxis der Kommission ist nun auch vom Gerichtshof im Soering-Urteil bestätigt worden (siehe EuGRZ 1989, S. 314ff und die Zusammenfassung in ASYL 1991/1, S. 15).

Weist die Schweiz einen Ausländer oder eine Ausländerin in einen Staat aus, in dem sie unmenschliche Behandlung im Sinne von Art. 3 EMRK zu befürchten haben, begeht nach der Rechtsprechung also die Schweiz eine Konventionsverletzung, *weil sie als ausweisender Staat die unmenschliche Behandlung ermöglicht.* Daher ist auch unerheblich, ob der Heimatstaat ebenfalls die EMRK ratifiziert hat oder nicht (siehe allerdings unten Ziff. 3.3.5.). Unerheblich ist auch, welcher Status der Ausländer oder die Ausländerin in der Schweiz innehat. Gemäss Art. 1 EMRK haben die Vertragsstaaten "allen ihrer Jurisdikiton unterstehenden Personen" die Garantien der Konvention zu gewähren (so auch der Gerichtshof im Soering-Urteil, a.a.O., Ziff. 86).

3.3.2. Unmenschliche Behandlung gemäss Art. 3 EMRK

Nach der Praxis der Strassburger Organe ist eine Rückschiebung verboten, wenn sie zu *unmenschlicher oder erniedrigender Behandlung oder Folter* im Herkunftsland führt (Soring-Urteil, a.a.O, Ziff. 88), weiter nach der Praxis der Kommission auch, wenn *Freiheitsentzug aus politischen Gründen* oder andere *besonders schwerwiegende Menschenrechtsverletzungen* drohen (*Kälin*, Grundriss, S. 241). Dabei ist es gleichgültig, aus welchem Grund eine solche Behandlung droht.

Die Voraussetzungen, unter denen eine drohende Behandlung eine genügende Schwere erreicht, um ein Rückschiebungshindernis im Sinne von Art. 3 EMRK zu bilden, sind die folgenden:

- *Drohende Folter:* Als Folter gilt nach der Praxis der Strassburger Organe vorsätzliche unmenschliche Behandlung, "die sehr ernstes und grausames Leiden hervorruft" (Nordirland-Fall, Urteil vom 18.1.1987, in EuGRZ 1979, S. 149). Nach *Kälin* (Grundriss, S. 241) fallen Schläge, Verbrennungen mit Zigaretten, Elektroschocks darunter, wenn sie wegen ihrer systematischen Anwendung auf eine Person oder wegen besonderer Intensität bei einer isolierten Misshandlung genügend schwer sind.

- *Drohende unmenschliche oder erniedrigende Behandlung*: Die Europäische Kommission für Menschenrechte hat als unmenschliche Behandlung Massnahmen definiert, "die absichtlich schwere psychische oder physische Leiden verursachen, welche in der spezifischen Situation ungerechtfertigt sind". Laut Europäischem Gerichtshof für Menschenrechte fallen darunter Massnahmen, die "wenn nicht tatsächlich Körperverletzungen, so doch wenigstens intensives physisches und psychisches Leiden der ihnen unterworfenen Personen zur Folge" haben (Nordirland-Fall, EuGRZ 1979, S. 153; siehe nun auch die Ausführungen im Soering-Urteil, a.a.O., Ziff. 100). Unter den Begriff der unmenschlichen und erniedrigenden Behandlung fallen etwa ungerechtfertigt harte Haftbedingungen oder die Verweigerung notwendiger medizinischer Betreuung (vgl. *Kälin*, Grundriss, S. 240).

- *Todesstrafe*: Obwohl die EMRK gemäss Art. 2 die Todesstrafe nicht grundsätzlich verbietet, kann eine Rückschiebung gemäss der Praxis der Strassburger Organe dennoch *durch Art. 2 EMRK* verboten sein, wenn dem Ausländer oder der Ausländerin eine *politisch motivierte Hinrichtung* oder generell ein Verstoss gegen Art. 2 EMRK droht (Beschwerde 14912/89, F. c. Schweiz, siehe ASYL 1991/2). Für diejenigen Staaten, die das 6. Zusatzprotokoll zur EMRK über die Abschaffung der Todesstrafe vom 28.4.1983 unterzeichnet haben (darunter auch die Schweiz), verbietet dieses nun i.V. mit Art. 3 EMRK wohl eine Auslieferung oder Rückschiebung bei drohender Todesstrafe in jedem Fall. Im Soering-Urteil wurde eine Auslieferung für unmenschlich erachtet, da den Betroffenen ein langer Aufenthalt von sechs bis acht Jahren in einer Todeszelle erwartete.

- *Drohende schwere und lange Freiheitsstrafe aus politischen Gründen:* Neuerdings hat die Kommission zu verstehen gegeben, dass eine Verletzung von Art. 3 EMRK auch bei Rückschiebung trotz drohender Verurteilung zu einer langen und schweren Freiheitsstrafe aus politischen Gründen vorliegen kann (siehe EMRK-Beschwerde 11933/86, A.A. c. Schweiz, ASYL 1987/1, S. 14). Bei der "langen Freiheitsstrafe" wird es sich wohl mindestens um eine mehrjährige Gefängnisstrafe handeln müssen.

- Unter Umständen kann eine Rückschiebung unmenschlich sein, wenn Selbstmordgefahr droht, wenn minderjährige Kinder von ihren Eltern getrennt werden oder wenn ein Flüchtling zum "refugee in orbit" gemacht wird, weil er ohne Chance auf Aufnahme von Staat zu Staat geschoben wird (siehe *Kälin*, Bedeutung von Art. 3 EMRK, S. 3f).

- Generell lässt sich sagen, dass jede Rückschiebung dann verboten ist, wenn sie eine Behandlung ermöglicht, welche die in der EMRK garantierten Rechte in *besonders schwerwiegender Weise* beeinträchtigt. So kann eine Rückschiebung bei drohender politisch motivierter Zwangsarbeit u.U. gegen Art. 4 EMRK verstossen (siehe den Nachweis bei *Kälin*, Grundriss, S. 242); wie bereits oben erwähnt, können auch drohende Verstösse gegen Art. 2 EMRK (Recht auf Leben) eine Rückschiebung unzulässig machen. Im Soering-Urteil (a.a.O., Ziff. 112) hat der Gerichtshof nicht ausgeschlossen, dass eine Verletzung von Art. 6 EMRK (Recht auf einen fairen Prozess) durch eine Auslieferungsentscheidung vorliegen könne; dies sei in Fällen denkbar, "in denen der flüchtige Straftäter im ersuchenden Staat eine offenkundige Verweigerung eines fairen Prozesses erfahren musste oder hierfür ein Risiko besteht". Unter diesen Umständen ist davon auszugehen, dass jede Rückschiebung unzulässig ist, wenn sie die Betreffenden einer Behandlung aussetzen, die in den *Kerngehalt* der Konventionsrechte eingreift. So ist auch denkbar, dass eine drohende schwere Verletzung von Art. 8 EMRK (Privat- und Familienleben, z.B. durch eine langjährige willkürliche Verbannungsstrafe, die die Familie trennt) oder von Art. 5 EMRK (Freiheit der Person, z.B. durch lange willkürliche Festnahme ohne Gerichtsverfahren; vgl. *Kälin*, Grundriss, S. 243; zu den durch die EMRK verbotenen Handlungen siehe im übrigen die ausführliche Darstellungen bei *Kälin*, Grundriss, S. 238ff) eine Rückschiebung verbieten kann.

3.3.3. Der Nachweis drohender unmenschlicher Behandlung

Die Anforderungen an den Nachweis drohender unmenschlicher Behandlung sind hoch. Gemäss der Praxis der Kommission müssen "konkrete und ernsthafte" Gründe für die Annahme bestehen, die Betreffenden würden im ausländischen Staat unmenschlich behandelt. Im

Soering-Urteil (a.a.O., Ziff. 91) hat der Gerichtshof ausgeführt, es müssten "begründete Tatsachen dafür vorliegen, dass der betreffende Mensch nach seiner Auslieferung einem tatsächlichen Risiko von Folter oder unmenschlicher oder erniedrigender Behandlung oder Bestrafung unterworfen ist".

Dieser Nachweis gelingt selten. Die allgemeine Menschenrechtssituation im betreffenden Land ist nur ein Indiz für eine Gefahr unmenschlicher Behandlung; sie allein vermag eine Rückweisung nicht als unzulässig erscheinen lassen. Der Beschwerdeführer muss die behauptete Gefahr durch eine entsprechende Begründung und prima-facie-Beweise glaubhaft machen, etwa bei drohender langer Freiheitsstrafe durch den Nachweis, dass in ähnlichen Fällen gleiche Strafen durch die Gerichte des Heimatstaates verhängt worden sind (*Kälin*, Drohende Menschenrechtsverletzungen, ZAR 1986, S. 175; vgl. auch den Entscheid der Europäischen Menschenrechtskomission vom 14.4.1986 i.S. A.A. vom , ASYL 1987/1, S. 14).

Für die Prüfung von Wegweisungshindernissen im *schweizerischen Asylverfahren* gelten nach der Praxis der Behörden dieselben strengen Anforderungen an den Nachweis drohender unmenschlicher Behandlung, wie sie von den Strassburger Organen entwickelt worden sind. Der entsprechende Textbaustein bei der Begründung der Zulässigkeit der Wegweisung verweist ausdrücklich auf die Praxis der Kommission ("er muss vielmehr nachweisen, dass ihm im Falle einer Rückschiebung die konkrete Gefahr der Folter oder unmenschlicher Behandlung droht"). Dieses Vorgehen ist in zweierlei Hinsicht *bedenklich*: Erstens übernehmen die Schweizer Asylbehörden damit eine Praxis, mit der die Kommission verhindern will, dass sie Sachverhalte überprüfen muss. Unsere Behörden verkennen aber, dass sie von Landesrecht wegen zur vollen Sachverhaltsüberprüfung verpflichtet sind. Auch bei der Beurteilung allfälliger Wegweisungsschranken von Art. 3 EMRK gilt der Untersuchungsgrundsatz. Es geht nicht an, den Asylsuchenden die Last aufzuerlegen, den konkreten Nachweis der Gefährdung zu erbringen. Zweitens verkennt diese Praxis, dass es sich beim Wegweisungsverfahren - anders als im Asylverfahren, wo es um die Gewährung eines privilegierten Rechtsstatus geht - um einen Eingriff in eine völkerrechtlich geschützte Rechtsstellung handelt und daher die verfassungsmässigen Garantien, wie z.B. die Verfahrensgarantien, besonders streng zu beachten sind (*Kälin*, Grundriss, S. 192, mit Hinweis auf die GPK des Nationalrates, Amtl. Bull. NR 1987, S. 756).

3.3.4. Absoluter Charakter

Das Verbot unmenschlicher Rückschiebungen sieht keine Ausnahmen vor und gilt ausnahmslos und absolut, d.h. es kann weder in Kriegszeiten ausser Kraft gesetzt, noch bei schwerer Kriminalität der betroffenen Person durchbrochen werden. So hat der Europäische Gerichtshof für Menschenrechte im Soering-Urteil (a.a.O., Ziff. 88) ausgeführt:

> "Artikel 3 sieht keine Ausnahmen vor. Einschränkungen, wie gemäss Artikel 15 im Falle eines Krieges oder eines andern öffentlichen Notstandes, sind nicht zulässig. Dieses absolute Verbot der Folter und unmenschlicher oder erniedrigender Behandlung oder Bestrafung in den Bestimmungen der Konvention zeigt, dass Artikel 3 einen der grundlegenden Werte der demokratischen Gesellschaften bildet, die sich im Europarat zusammengeschlossen haben...... Es wäre mit den der Konvention zugrundeliegenden Werten kaum vereinbar, ... wenn ein Mitgliedstaat wissentlich einen Flüchtling an einen andern Staat ausliefert, obwohl es begründete Anhaltspunkte dafür gibt, dass der Flüchtling dort Gefahr läuft, der Folter ausgesetzt zu werden, gleichgültig welchen schrecklichen Verbrechens er beschuldigt wird."

Ob eine Wegweisung oder Ausweisung im Einzelfall gegen Art. 3 EMRK verstossen kann, ist von allen Behörden (ob richterliche oder administrative), die eine solche anordnen, zu überprüfen.

3.3.5. Durch Art. 3 EMRK geschützte Personen

- Der Schutz von Art. 3 EMRK geht zwar einerseits weniger weit als das flüchtlingsrechtliche Rückschiebungsverbot von Art. 45 AsylG bzw. Art. 33 FK., da Art. 3 EMRK nur vor *besonders schwerer politischer Verfolgung* schützt.

- Andererseits schützt aber Art. 3 EMRK im Gegensatz zu Art. 33 FK *alle Ausländerinnen und Ausländer*, inklusive Flüchtlinge und Asylsuchende, mit oder ohne legalem Aufenthalt.

- Geschützt sind insbesondere Personen, die den *Flüchtlingsbegriff nicht erfüllen*, denen aber unmenschliche Rückschiebung im Sinne von Art. 3 EMRK droht. So ist beispielsweise ein Dieb, dem in einem traditionellen muslimischen Staat die Amputation einer Hand droht, durch das Flüchtlingsrecht nicht geschützt, da die Verfolgung nicht aus politischen Gründen erfolgt. Geschützt ist er hingegen durch Art. 3

EMRK, weil die Amputation eine unmenschliche Behandlung darstellt (*Gattiker*, Asyl- und Wegweisungsverfahren, S. 37).

- Geschützt sind Flüchtlinge, die wegen Asylunwürdigkeit (Art. 8 AsylG) oder anderer *Ausschlussgründe* (Drittstaataufenthalt, subjektive Nachfluchtgründe) kein Asyl erhalten haben (siehe dazu S. 153ff). Diese unterstehen zwar auch dem Schutz von Art. 33 FK bzw. Art. 45 AsylG. Die EMRK schützt indessen - anders als die Konvention - *auch gemeingefährliche Schwerverbrecher* vor Rückschiebung, wenn ihnen unmenschliche Behandlung, Folter oder besonders lange und schwere Freiheitsstrafe aus politischen Gründen droht. Art. 3 EMRK schützt unter diesen Umständen im übrigen *alle* Straftäter, nicht nur Flüchtlinge.

- Ebenfalls durch Art. 3 EMRK geschützt sind Dienstverweigerer und Deserteure, die kein Asyl erhalten (vgl. dazu S. 104ff), wenn ihnen unmenschliche oder erniedrigende Behandlung droht.

- Opfer privater, d.h. nichtstaatlicher, Verfolgung sind, anders als im Flüchtlingsrecht (siehe S. 88), durch Art. 3 EMRK geschützt, wenn dem Ausländer oder der Ausländerin durch eine Rückschiebung Folter etc. durch Private droht. Die Kommission hat dies zwar bisher ausdrücklich offengelassen, die herrschende Lehre bejaht aber die Anwendbarkeit von Art. 3 EMRK mit dem Argument, dass Artikel 3 den zurückschiebenden Mitgliedstaat der EMRK binde und nicht den Aufnahmestaat (*Kälin*, Grundriss, S. 236). Das Bundesgericht hat in einem Fall, wo ein Asylsuchender von Blutrache bedroht war, ausgeführt, eine Verletzung von Art. 3 EMRK könne bei einer Wegweisung nicht ausgeschlossen werden (BGE 111 1b 71). Neuerdings stellt sich hingegen das BFF, ohne seine Auffassung zu begründen, auf den Standpunkt, eine private Verfolgung sei nach der herrschenden Praxis des BFF unter dem Gesichtspunkt von Art. 3 EMRK irrelevant (Vernehmlassung vom 9.1.1991 zur Beschwerde Rek. 90'7166 in Sachen M.J., mit Hinweis auf einen 'Doktrinrapport BFF' vom 6.12.1990, ASYL 1991/1, S. 18).

- In einem Fall betreffend einen türkischen Asylsuchenden, der sich gegen die drohende Rückschaffung in Strassburg beschwerte, hat der Sekretär der Europäischen Menschenrechtskommission argumentiert, soweit jemand in ein Land ausgewiesen werden soll, das die EMRK unterzeichnet habe und das Individualbeschwerdeverfahren zulasse, seien die Konventionsverletzungen direkt gegen den betroffenen Staat geltend zu machen (siehe ASYL 1989/4, S. 19 mit Kritik und ASYL 1991/1, S. 15, Anmerkungen zum Soering-Urteil mit Kritik an dieser Praxis). Falls die Kommission auf dieser Praxis beharrt, wären demnach alle Personen vom Schutz vor Rückschaffung bei drohender Folter ausgenommen, wenn es sich beim betreffenden Staat um einen Konventionsstaat handelt, der das Recht auf Individualbeschwerde anerkannt hat.

Ob Art. 3 EMRK Anwendung findet, ist nicht nur bei der Prüfung der Wegweisung gemäss Art. 21a AsylG zu untersuchen, sondern in allen Fällen, wo Behörden über den Verbleib von Ausländerinnen und Ausländern in der Schweiz zu entscheiden haben, also auch in Auslieferungsfällen oder beim Entscheid über den Vollzug einer strafrechtlichen Landesverweisung.

Hinweise auf das Beschwerdeverfahren bei der Europäischen Kommission für Menschenrechte finden sich hinten S. 326ff.

3.3.6. Exkurs: Die UNO-Folterkonvention

Ein Rückschiebungsschutz findet sich auch in Art. 3 der UNO-Folterkonvention (FoK). In Anlehnung an die Praxis der Kommission zu Art. 3 EMRK verbietet Art. 3 der Konvention gegen Folter und andere grausame, unmenschliche oder erniedrigende Behandlung oder Strafe vom 10.12.1984 den Vertragsstaaten, eine Person in einen andern Staat auszuweisen, abzuschieben oder an diesen auszuliefern, "wenn stichhaltige Gründe für die Annahme bestehen, dass sie dort Gefahr liefe, gefoltert zu werden". Nach Abs. 2 von Art. 3 FoK berücksichtigen die zuständigen Behörden "bei der Feststellung, ob solche Gründe vorliegen, (...) alle massgeblichen Erwägungen einschliesslich des Umstands, dass in dem betreffenden Staat eine ständige Praxis grober, offenkundiger oder massenhafter Verletzungen der Menschenrechte herrscht" (zu Art. 3 FoK vgl. *Raess*, Der Schutz vor Folter im Völkerrecht, Zürich 1989, S. 136ff und *Burgers/Danelius*, The United Nations Convention against Torture, Dordrecht/Boston/London, 1988, S. 124ff; zur Folterkonvention siehe im übrigen vorne S. 52f).

RÜCKSCHIEBUNGSVERBOTE
(Prinzip des non-refoulement)

	Verbotene Handlung	Gefährdung	Geschützte Personen	Vorbehalt
Art. 45 AsylG / Art. 33 FK	Ausweisung, Wegweisung, Auslieferung, Abweisung an der Grenze in Staat, wo Gefährung i.S. von Art. 3 AsylG/1A FK droht, oder in Staat, wo Abschiebung in Verfolgerstaat droht	Drohende polit. Verfolgung i.S. von 3 AsylG bzw. Art. 1A FK, d.h. Gefährdung von Leib, Leben, Freiheit aus bestimmten Motiven	- Flüchtlinge, die Asyl erhalten haben - Personen, die zwar Art. 3 AsylG/Art. 1A FK erfüllen, aber wg. Ausschlussgründen kein Asyl erhalten - Asylsuchende - Personen, die kein Gesuch stellen, aber Art. 3 AsylG/1A FK erfüllen	- Gefährdung der Staatssicherheit - Gemeingefährlichkeit (Verurteilung wegen besonders schwerer Verbrechen)
Art. 3 EMRK	dasselbe	drohende - Folter - unmenschliche Behandlung - schwere Menschenrechtsverletzungen	Alle Ausländer, egal aus welchen Gründen unmenschliche Behandlung droht (aus politischen Gründen, wegen eines gemeinrechtlichen Delikts etc.); u.U. auch bei Verfolgung durch Private	gilt vorbehaltlos, absolut

4. UNZUMUTBARKEIT DER WEGWEISUNG

4.1. VORAUSSETZUNGEN

Unzumutbar "kann" der Vollzug der Wegweisung "insbesondere" sein, wenn er "für den Ausländer eine konkrete Gefährdung darstellt" (Art. 14a Abs. 4 ANAG). Was darunter zu verstehen ist, erläutert der Bundesrat in der Botschaft zum AVB (BBl 1990 II 668):

> "Es handelt sich dabei um Fälle konkreter Gefährdung im Heimatstaat des Ausländers, weshalb man in diesem Zusammenhang auch von *'Gewaltflüchtlingen'* oder 'de-facto-Flüchtlingen' spricht. Die Personen, die sich auf diese Bestimmungen berufen können, sind keine Flüchtlinge im Sinne des Gesetzes oder der Flüchtlingskonvention. Sie geniessen keinen völkerrechtlichen Schutz vor Rückschiebung. Dennoch können sie angesichts der allgemeinen politischen Lage im Heimatland, die sich durch *Krieg, Bürgerkrieg oder durch eine Situation allgemeiner Gewalt* kennzeichnet, gute Gründe anführen, nicht dorthin verbracht zu werden. Weiter werden von der vorgeschlagenen Bestimmung Personen erfasst, für welche eine Rückkehr in ihre Heimat eine konkrete Gefährdung darstellen würde, weil beispielsweise eine notwendige medizinische Betreuung nicht mehr gewährleistet wäre."

Damit wird klar, dass vor allem für *Gewaltflüchtlinge* und Gesuchsteller und Gesuchstellerinnen, bei denen die Wegweisung die *Gesundheit gefährden* würde, eine Wegweisung als unzumutbar erachtet werden kann, wobei medizinische Gründe aber auch einen Grund für eine Aufnahme aus humanitären Gründen bilden können (siehe unten S. 347ff). Weiter zeigt die Formulierung "insbesondere", dass auch andere Gefährdungen ein Wegweisungshindernis bilden können (nach *Kälin*, Grundriss, S. 203) z.B. in Situationen drohender Blutrache oder drohenden gewalttätigen Sanktionen gegen Frauen, die gegen den Sittenkodex ihrer Gesellschaft verstossen haben, soweit in solchen Fällen nicht schon Art. 3 EMRK greift).

Im Gegensatz zur humanitären Aufenthaltsbewilligung gemäss Artikel 13 lit. f BVO (siehe dazu unten Ziff. 5 und hinten S. 347ff) ist die Situation bei vorläufiger Aufnahme wegen Unzumutbarkeit der Wegweisung gemäss Art. 14a Abs. 4 ANAG nicht nach den persönlichen Verhältnissen der Ausländerinnen und Ausländer in der Schweiz zu beurteilen, sondern danach, welche Situation sich für diese im Fall eines Vollzugs im Heimatland ergeben würde (BBl 1990 II 668f). Laut Botschaft zum AVB haben "die mit dem Entscheid befassten Behörden ... demzufolge solche humanitären Überlegungen im Einzelfall abzuwägen gegen andere öffentliche Interessen, die allenfalls für einen Vollzug sprechen" (BBl 1990 II 669). Gemäss Art. 14a Abs. 6 ANAG findet Art. 14a Abs. 4 keine Anwendung, "wenn der weggewiesene Ausländer die öffentliche Sicherheit und Ordnung gefährdet oder in schwerwiegender Weise verletzt hat".

Der Bundesrat weist darauf hin, dass bei Gewaltflüchtlingen und in "medizinischen Fällen" nicht wegen einer völkerrechtlichen Pflicht, sondern *aus humanitären Gründen* auf den Vollzug der Wegweisung verzichtet wird; dies werde durch das Wort "kann" verdeutlicht (BBl 1990 II 668). Nach der Lehre räumt eine "kann-Bestimmung" der Behörde einen Ermessensspielraum ein (wobei das Ermessen allerdings immer pflichtgemäss auszuüben ist, vgl. z.B. BGE 108 Ib 210). Dies ist hier allerdings nur *teilweise richtig*:

- Einerseits verstösst eine Wegweisung, bei der für die Betroffenen die Gefahr ernster gesundheitlicher Schäden besteht, gegen die Persönliche Freiheit und deren Teilgehalt der körperlichen Integrität (vgl. zu diesem Grundrecht *Müller*, Die Grundrechte der schweizerischen Bundesverfassung, Bern 1991, S. 6ff). In einem solchen Fall besteht *kein Ermessen*: Falls eine Gefahr für Leib und Leben besteht, muss in der Regel eine vorläufige Aufnahme angeordnet werden. In gewissen Fällen wären allerdings auch andere Massnahmen denkbar, wie etwa eine Unterstützung durch die Botschaft im Heimatland der Weggewiesenen (siehe den Bundesgerichtsentscheid vom 10.7.1987, SJIR 1988, S. 279f mit Hinweis auf Art. 3 EMRK), dies allerdings nur, wenn so die nötige medizinische Hilfe geährleistet werden kann. Falls eine Wegweisung bei den Betroffenen ernsthafte psychische Folgen hätte (etwa starke Suizidgefahr), würde der Vollzug ebenfalls gegen das Grundrecht der Persönlichen Freiheit (u.U. auch gegen Art. 3 EMRK) verstossen. Solche Menschen müssen ebenfalls vorläufig aufgenommen oder allenfalls interniert werden. Falls physische und psychische Gefährdungen nicht schon beim Entscheid der Bundesbehörden berücksichtigt werden, sich aber beim Vollzug der Wegweisung herausstellen, hat der Kanton dem Bundesamt die Anordnung einer Ersatzmassnahme zu beantragen (Art. 18 Abs. 3 AsylG).

- Nur teilweise richtig ist auch die Aussage, dass der Schutz von Gewaltflüchtlingen vor einer Wegweisung in Kriegs- oder Unruhegebiete keine völkerrechtliche Pflicht ist (siehe dazu unten die Ausführungen zu den Gewaltflüchtlingen).

4.2. Zum Schutz von Gewaltflüchtlingen insbesondere

Wie oben bei den Voraussetzungen einer unzumutbaren Wegweisung gemäss Art. 14a Abs. 4 ANAG angeführt, dient diese Bestimmung vor allem dem Schutz von Gewaltflüchtlingen (BBl 1990 II 668). Unter *Gewaltflüchtlingen* versteht man Personen, welche zwar die Voraussetzungen des Flüchtlingsbegriffes nicht erfüllen, weil sie nicht individuell verfolgt sind, aber aus berechtigter Furcht vor Unglücksfolgen, Unruhen, Bürgerkriegen oder systematischer Missachtung der Menschenrechte fliehen. Im Unterschied zu Flüchtlingen, die die Voraussetzungen von Art. 3 AsylG erfüllen und daher den Schutz des Rückschiebungsverbotes von Art. 33 FK bzw. Art. 45 AsylG beanspruchen können (siehe oben S. 175ff) und zu den Personengruppen, die durch Art. 3 EMRK geschützt sind, weil sie durch die Wegweisung einer konkreten und schweren unmenschlichen Behandlung ausgesetzt würden (siehe oben S. 179ff), können sich *Gewaltflüchtlinge nicht auf solch strikte flüchtlings- und völkerrechtliche Garantien berufen*. Art. 3 EMRK kann allenfalls dort Anwendung finden, wo ein Gewaltflüchtling eine *unmittelbare und konkrete Lebensgefährdung* nachweisen kann.

Immerhin gibt es Bemühungen der internationalen Staatengemeinschaft, den Schutz von Gewaltflüchtlingen zu verbessern (siehe dazu ausführlich *Kälin*, De-facto-Flüchtlinge, S. 39ff; *derselbe*, Grundriss, S. 205ff; *Marugg*, S. 150ff). So wurde das ursprünglich engere Mandat des UNHCR erweitert und der Hochkommissar beauftragt, sich für den Schutz dieser Personen einzusetzen (UN-GV-Resolution 35/41 vom 25.11.1980). Das Exekutivkomitee des UNHCR, dem auch die Schweiz angehört, hat 1981 die strikte Einhaltung des non-refoulement-Prinzips bei Personen empfohlen, welche wegen äusserer Aggression, Okkupation, Fremdherrschaft oder wegen schwerer Unruhen ihr Land verlassen mussten (UN Doc A/35/12A/Add. 1, Ziff. 48). In diesem Zusammenhang von Bedeutung ist, dass sich Art. 35 FK, wonach sich die Vertragsparteien der FK zur Zusammenarbeit mit dem Amt des Hohen Kommissars der Vereinten Nationen bei der Ausübung seiner Befugnisse verpflichten (vgl. dazu den Bericht der Petitions- und Gewährleistungskommission vom 17.3.1989, Amtl. Bull. NR 1989, S. 573). Daher kann dem Grundsatz, dass Gewaltflüchtlinge geschützt werden müssen, die Qualität von sogenanntem *soft-law* zugesprochen werden; falls Staaten von ihm abweichen wollen, müssen sie dafür eine genügende Begründung geben können (*Kälin*, Grundriss, S.

208f). Im übrigen trägt die Schweiz die Entschliessungen des Exekutivkomitees des UNHCR mit und sie würde sich widersprüchlich verhalten, wenn sie selbst von diesen Beschlüssen abweiche.

Im *schweizerischen Recht* finden sich neben dem dargestellten Art. 14a Abs. 4 ANAG noch zwei weitere Bestimmungen, die sich auf Gewaltflüchtlinge anwenden lassen:
- So kann gemäss Art. 14a Abs. 5 ANAG der Bundesrat nach Konsultation mit dem UNHCR und unter Berücksichtigung der Praxis anderer Staaten bestimmen, welche Gruppen von Gesuchstellern nach welchen Kriterien vorläufig aufgenommen werden können. Bei der Beratung der Vorlage im Parlament hatte Bundesrat Koller noch ausgeführt: "Wir wissen heute, dass wir Libanesen, solange im Libanon die bürgerkriegsähnlichen Verhältnisse andauern, nicht zurückschaffen können. Macht es denn einen Sinn, sehr aufwendige Individualverfahren durchzuführen, obwohl wir von vornherein wissen, dass wird diese Leute nicht in ihr Heimatland zurückschaffen können? Hier bietet dieser Artikel die adäquate Lösung der vorläufigen Aufnahme" (Amtl. Bull. NR 1990, S. 864). Es scheint Sinn zu machen, denn bisher hat sich der Bundesrat noch zu keiner *Gruppenaufnahme* durchringen können und es sieht auch in absehbarer Zukunft nicht danach aus, obwohl gerade Asylsuchende aus Sri Lanka kaum dorthin zurückgeschafft werden können und dennoch das Individualverfahren belasten.
- Nach Art. 16b Abs. 2 AsylG kann *ohne weitere Abklärungen* die vorläufige Aufnahme angeordnet werden, wenn sich bereits aufgrund der Anhörung erweist, dass der Vollzug der Wegweisung nicht möglich, nicht zulässig oder nicht zumutbar ist. Die Botschaft zum AVB verweist hierzu unpräzise nur auf Art. 14a Abs. 4 ANAG, wenn "der Gesuchsteller aufgrund der allgemeinen politischen Lage im Heimatland als konkret gefährdet erscheint" (BBl 1990 II 639f). Nach dem klaren Wortlaut von Art. 16b Abs. 2 AsylG können aber auch die andern Kategorien, nämlich unzulässige oder unmögliche Wegweisungen unter diese Bestimmung fallen. Jedenfalls würde die *vorläufige Aufnahme ohne weitere Abklärungen* erlauben (zum Verfahren siehe hinten S. 303f), Gewaltflüchtlingen ohne aufwendiges Individualverfahren einen vorübergehenden Schutz zu gewähren. Doch auch von dieser Möglichkeit wird bisher kaum Gebrauch gemacht.

4.3. TOLERIERUNG VON GEWALTFLÜCHTLINGEN

Nach geltendem Asylrecht gibt es bei Ablehnung eines Asylgesuches nur zwei Möglichkeiten: Entweder wird die Wegweisung vollzogen, oder die Betroffenen werden vorläufig aufgenommen oder interniert. Nach den obigen Ausführungen müssten Gewaltflüchtlinge in der Regel vorläufig aufgenommen werden.

In der Praxis stehen allerdings zwei andere Varianten im Vordergrund:

- Es werden bei Gesuchstellern aus Unruhe- oder Kriegsgebieten, wie etwa aus Sri Lanka oder dem Libanon, *kaum Entscheide gefällt*, was ein Blick auf die Statistik für das Jahr 1990 beweist:

> Insgesamt **7'262 Türkinnen und Türken** reichten 1990 ein Asylgesuch ein (Ende 1990 total hängig 9887). Erledigt wurden in diesem Jahr *7'955* Gesuche, davon 1'357 durch Rückzüge oder Abschreibung = **6'598** materielle Entscheide.
>
> Aus dem **Libanon** kamen 1990 **5'533** Asylsuchende (total hängig 7'122). Erledigt wurden *1'248* Gesuche, davon 688 durch Rückzüge oder Abschreibung = **560** materielle Entscheide.
>
> Aus **Sri Lanka** waren es 1990 **4'774** Asylsuchende (total hängig 9'820). Erledigt wurden *984* Gesuche, davon 774 durch Rückzüge und Abschreibung = **210** materielle Entscheide.

- Je unzumutbarer also die Wegweisung in ein Kriegsgebiet ist, desto weniger Entscheide werden gefällt. Anstatt den Pendenzenberg mittels vorläufigen Aufnahmen zu entlasten, werden diese Gesuche schubladisiert.

- Falls dennoch letztinstanzlich negative Entscheide ergehen, wird bei Asylsuchenden aus Kriegs- und Unruhegebieten zwar die Wegweisung verfügt und eine (teilweise sehr lange) Wegweisungsfrist angesetzt, die Wegweisung dann aber nicht vollzogen. Vor allem tamilische Gesuchstellerinnen und Gesuchsteller aus Sri Lanka werden so weiterhin in der Schweiz "geduldet". Bei dieser Gruppe spricht man auch von in der Schweiz "Tolerierten"; die Statistik 1990 weist 1'143 tolerierte Asylbewerber aus. Man ist offensichtlich nicht bereit, grösseren Gewaltflüchtlingsgruppen den ihnen zustehenden Status der vorläufigen Aufnahme zu gewähren (bezüglich Äthiopien siehe *Gattiker*, Rückschiebungsschutz, ASYL 87/2, S. 13ff; bezüglich Tamilen vgl. ASYL 1991/1, S. 6ff). In solchen Fällen ist Asylsuchenden zu empfehlen, den Kanton darum zu ersuchen, dass dieser gemäss Art. 18 Abs. 3 AsylG beim Bund eine vorläufige Aufnahme beantragt, wozu er eigentlich verpflichtet wäre. Einem solchen Antrag dürfte sich das Bundesamt wohl schwerer entziehen können als der Pflicht, selber den gesetzlichen Pflichten nachzukommen.

4.4. WEISUNG FÜR DIE WEGWEISUNG VON TAMILEN

Bezüglich Tamilen hat das BFF sogar eine "interne Weisung über die Wegweisungspraxis für Tamilen" vom 8. Januar 1991 erlassen. Darin wird ausgeführt, "angesichts der angespannten Sicherheitslage in Sri Lanka und der bürgerkriegsähnlichen Zustände vor allem in den Nord- und Ostprovinzen sowie der unzureichenden Aufnahme- und Wiedereingliederungsmöglichkeiten für tamilische Rückkehrer aus Europa" werde einstweilen auf eine Rückführung grösserer Gruppen verzichtet. Für Tamilen, deren Asylgesuch rechtskräftig abgewiesen worden sei, gelte in der Schweiz jedoch kein Ausschaffungsstopp. Trotz der instabilen Lage in Sri Lanka sei aber "in Einzelfällen ein Vollzug der Wegweisungen nach Colombo unter voller Beachtung des Non-Refoulement-Prinzips möglich, zulässig und zumutbar". Vollzogen werden Wegweisungen von rechtskräftig abgelehnten Tamilen gemäss Weisung in folgenden Fällen:

- Sie haben delinquiert und sind rechtskräftig verurteilt worden, und zwar für ein Verbrechen oder Vergehen (also z.B. auch für Sachbeschädigung, Verleumdung, fahrlässige Körperverletzung u.ä.). Hingegen "fallen Bagatelldelikte nicht in Betracht". U.U. braucht es nicht einmal eine rechtskräftige Verurteilung, wenn "aufgrund polizeilicher Abklärungen der Sachverhalt offenkundig ist" (in flagranti festgenommene Straftäter).

- Sie haben während des Asylverfahrens ihre Identität verschleiert oder unter falscher Identität in der Schweiz oder in andern europäischen Ländern ein oder mehrere Asylgesuche eingereicht.

- Sie haben ihm Rahmen des Asylverfahrens vorsätzlich und in grober Weise ihre Mitwirkungspflicht verletzt oder sonstwie einen offensichtlichen Missbrauch begangen.

- Sie haben in der Schweiz "durch asoziales Verhalten der Gemeinschaft Schwierigkeiten" bereitet und sich nicht integrieren wollen.

- Schliesslich wird darauf hingewiesen, dass diese Beispiele keine abschliessenden Kriterien sind, sondern lediglich Leitplanken für eine Beurteilung des Einzelfalls, die auch eine Berücksichtigung einer Lageveränderung auf Sri Lanka zulassen. Die Zuständigkeit für den Entscheid, ob eine Wegweisung vollzogen werde oder nicht, liege in jedem Fall beim BFF.

Das BFF nimmt es mit seiner klar rechtswidrigen Praxis (tamilische Asylsuchende müssten nach obigen Ausführungen vorläufig aufgenommen werden und dürften dann gemäss Art. 14a Abs. 6 ANAG nur bei Gefährdung oder schwerwiegender Verletzung der öffentlichen Sicherheit und Ordnung weggewiesen werden), in Kauf, dass Tamilen und Tamilinnen, die heimgeschafft werden, z.T. wegen geringfügiger Verstösse gegen die schweizerische Rechtsordnung einer erheblichen Gefahr für ihre Freiheit und ihr Leben ausgesetzt werden. Geradezu absurd ist dabei das Kriterium des fehlenden Integrationswillens: Gerade bei den "Tolerierten" wird von Behördenseite nichts unternommen, um diese zu integrieren (siehe dazu hinten, S. 406f; zu dieser Weisung siehe auch *Stöckli*, Wegweisungspraxis für Tamilen, ASYL 1991/1, S. 6).

5. HUMANITÄRE AUFENTHALTSBEWILLIGUNGEN FÜR "HÄRTEFÄLLE"

Gemäss Art. 17 Abs. 2 AsylG *kann* ein Kanton einem ihm zugewiesenen Gesuchsteller eine fremdenpolizeiliche Aufenthaltsbewilligung erteilen, wenn das Gesuch vor *mehr als vier Jahren* eingereicht worden ist. Diese Bestimmung verdrängt soweit Art. 12f AsylG, wonach bis zur Ausreise nach rechtskräftigem Abschluss des Asylverfahrens oder bis zur Anordung einer Ersatzmassnahme bei nicht durchführbaren Vollzug *kein* Verfahren um Erteilung einer fremdenpolizeilichen Aufenthaltsbewilligung eingeleitet werden kann, ausser es bestehe ein Anspruch darauf.

Bei der Aufenthaltsbewilligung, die der Kanton erteilen kann, handelt es sich in der Regel um eine *humanitäre Jahresaufenthaltsbewilligung* gemäss Art.13 lit. f BVO (zu den Voraussetzungen und dem Verfahren siehe hinten S. 347ff).

VI. DIE BEENDIGUNG DES ASYLS

LITERATUR: *Bersier*, S. 55ff; *Grahl-Madsen*, Bd. I, S. 367ff; *Kälin*, Grundriss, S. 161ff; *Köfner/Nicolaus*, S. 584ff; *Künzli*, Der Widerruf des Asyls, ASYL 1990/1, S. 6ff; UNHCR, Handbuch, S 30ff, Ziff. 111-139; *Werenfels*, S. 303ff.

1. GRUNDSÄTZE

Das Asyl endet durch Widerruf (Art. 41 AsylG), Wohnsitzverlegung ins Ausland (Art. 42 AsylG) und Vollzug der Ausweisung oder gerichtlichen Landesverweisung (Art. 44 Abs. 2 AsylG). Im übrigen kann ein Flüchtling auch auf das Asyl verzichten.

1.1. WIDERRUF DES ASYLS (ART. 41 ASYLG)

Nach Art. 41 Abs. 1 AsylG wird das Asyl *widerrufen*,

a. wenn es durch falsche Angaben oder Verschweigen wesentlicher Tatsachen *erschlichen* worden ist;
b. aus Gründen nach Art. 1C Ziff. 1-6 der Flüchtlingskonvention.

Das Asylgesetz übernimmt damit direkt die Bestimmungen von Art. 1C der Flüchtlingskonvention. In der Systematik der FK definiert Art. 1C die Umstände, unter denen ein Flüchtling aufhört, Flüchtling zu sein und damit nicht mehr unter das Abkommen fällt. Die *landesrechtliche Folge* hingegen besteht im Verlust des Asyls. Die Beendigungsgründe von Art. 1C Ziffern 1-4 FK beziehen sich auf eine Veränderung in der Situation des Flüchtlings, welche dieser *selbst herbeigeführt* hat; man geht davon aus, dass er die Beziehungen zu seinem Heimatstaat normalisiert hat. Ziffern 5 und 6 beziehen sich auf *Veränderungen im Verfolgerstaat*, welche das Schutzbedürfnis des Flüchtlings dahinfallen lassen. Die Beendigungsklauseln sind erschöpfend aufgezählt und müssen restriktiv ausgelegt werden (UNHCR, Handbuch, Ziff. 116).

Nach Art. 41 Abs. 1 lit. b i.V. mit Art. 1C FK wird daher Asyl widerrufen, wenn der Flüchtling

- sich freiwillig wieder dem Schutz des Landes unterstellt, dessen Staatsangehörigkeit er besitzt (Art. 1C Ziff.1 FK);
- nach dem Verlust seiner Staatsangehörigkeit diese freiwillig wiedererlangt (Art. 1C Ziff. 2 FK);
- eine neue Staatsangehörigkeit erworben hat und den Schutz des Landes, dessen Staatsangehörigkeit er erworben hat, geniesst (Art. 1C Ziff. 3 FK);
- freiwillig in den Verfolgerstaat zurückgekehrt ist und sich dort niedergelassen hat (Art. 1C Ziff. 4 FK);
- nach dem Wegfall der Umstände, auf Grund deren er als Flüchtling anerkannt worden ist, es nicht mehr ablehnen kann, den Schutz des Landes in Anspruch zu nehmen, dessen Staatsangehörigkeit er besitzt; bei Personen ohne Staatsangehörigkeit nach dem Wegfall der Umstände, auf Grund deren sie als Flüchtlinge anerkannt worden sind, wenn sie in der Lage sind, in das Land zurückzukehren, in dem sie ihren gewöhnlichen Aufenthalt haben (Art. 1C Ziff. 5 und 6 FK).

Auf die Widerrufsgründe wird unten im einzelnen eingegangen.

Laut Abs. 2 von Art. 41 AsylG gilt die Aberkennung gegenüber allen eidgenössischen und kantonalen Behörden, falls beim Widerruf die Flüchtlingseigenschaft ausdrücklich aberkannt wird. Es handelt sich dabei um das Gegenstück zu Art. 25 AsylG, wonach Flüchtlinge gegenüber allen Behörden als Flüchtlinge gelten. Aus Art. 41 Abs. 2 AsylG folgt auch, dass der Widerruf des Asyls nicht notwendigerweise die Aberkennung der Flüchtlingseigenschaft nach sich zieht; dies muss vielmehr ausdrücklich im Entscheid festgehalten werden. Falls die Flüchtlingseigenschaft nicht aberkannt wird, stehen den Betroffenen weiterhin die Garantien der Flüchtlingskonvention zu, insbesondere auch der Rückschiebungsschutz von Art. 33 FK und Art. 45 AsylG. Nach der Praxis der schweizerischen Behörden wird bei einem Widerruf indessen die Flüchtlingseigenschaft regelmässig aberkannt, sofern nicht zweifelsfrei feststeht, dass ein Ausländer oder eine Ausländerin weiterhin Flüchtling ist (*Werenfels*, S. 303).

Gemäss Abs. 3 von Art. 41 AsylG erstreckt sich die Aberkennung der Flüchtlingseigenschaft nicht auf den Ehegatten und die Kinder. Ihre Flüchtlingseigenschaft kann aber widerrufen werden, "wenn sie persönlich die Voraussetzungen dazu geschaffen haben" (BBl 1977 III 136). In einem Entscheid vom 23.12.1988 (Praxis 78, 1989, Nr. 108) hat das Bundesgericht festgehalten, der gegenüber den Eltern verfügte Widerruf gelte gegenüber Kindern zwar nicht automatisch, könne aber verfügt werden, wenn kein Grund zur Asylgewährung gegeben gewesen sei (die Eltern hatten das Asyl durch falsche Angaben erschlichen) - im Resultat wohl ein vernünftiger Entscheid, dessen gesetzliche Grundlage allerdings schwach ist.

1.2. WOHNSITZVERLEGUNG INS AUSLAND (ART. 42 ASYLG)

Nach Art. 42 AsylG *erlischt* das Asyl in der Schweiz, wenn sich der Flüchtling während mehr als drei Jahren im Ausland (in einem oder mehreren Staaten) aufgehalten hat, oder wenn er in einem andern Land Asyl oder die Bewilligung zum dauernden Aufenthalt erhalten hat. Bei besonderen Umständen (z.B. Studienaufenthalt) kann diese Frist verlängert werden (Abs. 2). Der Flüchtling, der innerhalb von drei Jahren in die Schweiz zurückkehrt, hat wiederum Anspruch auf Erteilung einer Aufenthaltsbewilligung. Wenn er aber in einem Drittstaat eine Bewilligung zum *dauernden Verbleib* erhalten oder ihm dort *Asyl gewährt* worden ist, erlischt das Asyl unabhängig von der Dauer der Abwesenheit von der Schweiz (siehe in diesem Zusammenhang auch die europäische Vereinbarung über den Übergang der Verantwortung für Flüchtlinge vom 16.10.1980, SR 0.142.305; vgl. dazu vorne S. 130).

1.3. AUSWEISUNG (ART. 44 ASYLG)

Gemäss Art. 44 Abs. 2 *erlischt* das Asyl mit dem Vollzug der Ausweisung oder der gerichtlichen Landesverweisung. *Grundlage* für den jeweiligen Ausweisungsentscheid bildet aber *nicht Art. 44 Abs. 1 AsylG*, wonach ein Flüchtling, dem die Schweiz Asyl gewährt hat, nur ausgewiesen werden kann, wenn er die innere oder äussere Sicherheit der Schweiz gefährdet oder die öffentliche Ordnung in schwerwiegender Weise verletzt hat, sondern Art. 10 ANAG (administrative Ausweisung), Art. 55 StGB (strafrechtliche Landesverweisung) oder Art. 70 BV (Wegweisung durch den Bundesrat; zu diesen drei Entfernungsmassnahmen siehe hinten S. 343ff). Art. 44 Abs. 1 AsylG bildet vielmehr eine *Schranke* für Entfernungsmassnahmen. Falls aufgrund des Refoulement-Verbotes von Art. 45 AsylG die Rückschaffung in den Heimatstaat verboten ist, darf die Ausweisung nur in einen Drittstaat erfolgen, wo der oder die Betroffene vor Rückschiebung in den Verfolgerstaat geschützt ist.

1.4. Verzicht auf das Asyl

Der Verzicht auf das Asyl ist gesetzlich nicht geregelt, obwohl er den häufigsten Fall der Beendigung des Asyls darstellt. Notwendig ist eine ausdrückliche Erklärung gegenüber der zuständigen Behörde (BFF). Bei minderjährigen Kindern müssen beide Elternteile erklären, ob diese ebenfalls in der Verzicht einbezogen werden (vgl. Art. 41 Abs. 3 AsylG). Nicht ausgeschlossen ist es, später erneut ein Asylgesuch zu stellen. (Zum Verzicht siehe das Gutachten des Bundesamtes für Justiz vom 8.8.1983, VPB 47/1983, Nr. 1, S. 17ff).

1.5. Verfahren

Gemäss Art. 43 AsylG ist "das Bundesamt zuständig für Entscheide nach den Artikeln 41 und 42". Bei Fällen von Art. 41 AsylG erlässt das BFF daher eine Widerrufsverfügung, bei Art. 42 AsylG eine Feststellungsverfügung, dass das Asyl erloschen ist; ebenso wird bei Fällen von Verzicht auf das Asyl verfahren. Der Entscheid wird in einem ordentlichen Verwaltungsverfahren gefällt; den Betroffenen muss insbesondere das rechtliche Gehör gewährt werden.

Gegen den Entscheid des BFF ist Beschwerde *vorläufig* noch beim Eidgenössischen Justiz- und Polizeidepartement zu führen (Beschwerdefrist 30 Tage), mit Weiterzugsmöglichkeit ans Bundesgericht (Verwaltungsgerichtsbeschwerde, Art. 100 lit. b Ziff. 2 i.V. mit Art. 101 lit. d OG). Sobald die *unabhängige Rekurskommission* eingesetzt wird, ist diese Beschwerdeinstanz zuständig (Art. 11 Abs. 2 lit. c AsylG); deren Entscheid ist *endgültig* (Aufhebung von Art. 100 lit. b Ziff. 2 OG).

Im Falle des Erlöschens des Asyls wegen Ausweisung oder gerichtlicher Landesverweisung bedarf es keines Entscheides des Bundesamtes mehr; das Asyl erlischt *automatisch* mit dem Vollzug der Ausweisung. Im Sinne einer Klarstellung hat der neue Art. 43 AsylG (in der Fassung des AVB) die Zuständigkeit des Bundesamtes ausdrücklich auf Entscheide nach Art. 41 und 42 beschränkt (BBl 1990 II 659f). Beschwerde ist beim zuständigen Organ zu erheben, bei administrativer Ausweisung erfolgt die Anfechtung auf dem Verwaltungsrechtsweg, bei strafrechtlicher Landesverweisung gemäss strafrechtlichen Rechtsmitteln (siehe dazu hinten, S. 343ff). Letztinstanzlich steht die Verwaltungsgerichtsbeschwerde bzw. die Nichtigkeitsbeschwerde ans Bundesgericht offen.

1.6. FOLGEN DER BEENDIGUNG

Bei einer Beendigung des Asyls aufgrund von Art. 42 oder 44 AsylG befinden sich die Betroffenen nicht mehr in der Schweiz, so dass die Frage nach der Verschlechterung der Rechtsstellung müssig ist.

Eine Person, der das Asyl gestützt auf Art. 41 AsylG widerrufen wird, untersteht der allgemeinen ausländergesetzlichen Regelung. Mit der Gewährung des Asyls hat der Flüchtling in der Regel eine Jahresaufenthaltsbewilligung (B) erhalten. Nach fünf Jahren ordnungsgemässen Aufenthaltes in der Schweiz (ab Gesuchstellung) hat er gemäss Art. 28 AsylG Anspruch auf eine unbefristete Niederlassungsbewilligung (C). Ein Widerruf des Asyls hat, was das *Aufenthaltsrecht* betrifft, je nach Status folgende Konsequenzen:

- Der Widerruf des Asyls hat in der Regel nicht das Erlöschen der Niederlassungsbewilligung (C) zur Folge; daher können Betroffene in diesem Fall trotz Asylwiderrufes in der Schweiz bleiben. Die Gründe, die zum Widerruf des Asyls führen, können sich aber in gewissen Fällen mit den Gründen für ein Erlöschen der Niederlassungsbewilligung (in Art. 9 Abs. 3 ANAG geregelt) decken, so u.a. wenn der Ausländer bzw. die Ausländerin sich mehr als 6 Monate im Heimatstaat aufhält (Art. 9 Abs. 3 ANAG und Art. 1C Ziff. 4 FK).

- Falls der Flüchtling, dem gegenüber das Asyl widerrufen wird, nur über die jährlich zu erneuernde Aufenthaltsbewilligung (B) verfügt, muss er um eine Erneuerung derselben nachsuchen und gewisse Voraussetzungen erfüllen (meist entscheidet die Arbeitsmarktlage). Üblicherweise sollte dies ohne grössere Probleme möglich sein. Falls ein Gesuch um Erneuerung der Jahresaufenthaltsbewilligung abgelehnt wird, bleibt die Möglichkeit, um eine humanitäre Aufenthaltsbewilligung nachzusuchen (siehe hinten S. 347ff).

- Zusätzlich ergeben sich Einbussen in der Rechtsstellung, indem die Betroffenen nicht mehr den Garantien der Flüchtlingskonvention unterstehen: So müssen sie z.B. ihren Flüchtlingspass zurückgeben, was die visumsfreie Einreise in gewisse Länder verunmöglicht, und sie erhalten ihre ursprünglichen Legitimationspapiere zurück. Auch wird der Zugang zu den Gerichten erschwert. Ebenfalls gehen die besonderen Vergünstigungen, die das Asylgesetz *Flüchtlingen* vorbehält, verloren, so etwa im Bereich der AHV/IV und der Gewährleistung der Fürsorge durch den Bund und ein Hilfswerk (zur Rechtsstellung der Flüchtlinge siehe im übrigen hinten S. 381ff). Falls die Betroffenen nur über eine Jahresaufenthaltsbewilligung (B) verfügen, wird zudem der Familiennachzug erschwert.

- Wenn Flüchtlinge *ins Ausland zurückkehren*, stellt sich die Frage, ob AHV-Renten dorthin überwiesen werden. Dies ist indessen nur möglich, wenn die Schweiz mit dem betreffenden Staat ein Sozialversicherungsabkommen geschlossen hat. Solche Abkommen bestehen nebst allen westeuropäischen Staaten z.B. mit der Türkei und Jugoslawien; deren Staatsangehörige erhalten die Renten ins Ausland überwiesen. Angehörige aus Staaten hingegen, mit denen die Schweiz kein Abkommen geschlossen hat (sämtliche Staaten Osteuropas z.B.), verlieren die AHV-Ansprüche. Allerdings können die Betroffenen in der Regel die selbst einbezahlten Beiträge zurückfordern (weitere Auskünfte erteilt das Bundesamt für Sozialversicherung in Bern oder die kantonalen AHV-Ausgleichskassen).

Flüchtlinge, die beabsichtigen, mit dem Heimatstaat in Kontakt zu treten oder den Wohnsitz ins Ausland zu verlegen (siehe dazu unten), sollten sich daher zuvor beim BFF erkundigen, welche Konsequenzen ihr Verhalten haben würde.

1.7. Einfluss der Widerrufsgründe auf die Asylgewährung

Bei Vorliegen eines Widerrufsgrundes gemäss Art. 41 Abs. 1 lit. b i.V. mit Art. 1C FK während hängigem Asylverfahren wird das Asylgesuch gestützt auf Art. 3 AsylG wegen fehlenden Schutzbedürfnisses abgelehnt, da es sinnlos wäre, zuerst Asyl zu gewähren und dieses sogleich zu widerrufen. Wie die folgenden Ausführungen zeigen werden, gilt bei den Widerrufsgründen von Art. 41 AsylG aber ein sehr strenger Massstab; dieser darf u.E. nicht einfach auf die Beurteilung des Asylgesuches übertragen werden. So kann z.B. ein Asylbewerber, der noch keinen Flüchtlingspass besitzt, ein legitimes Interesse daran haben, seinen Reisepass zu gebrauchen, oder mitunter gezwungen sein, die Hilfe der Behörden des Heimatlandes in Anspruch zu nehmen, um an Beweisstücke heranzukommen (siehe unten Ziff. 2.2.).

2. DIE WIDERRUFSGRÜNDE IM EINZELNEN

2.1. FALSCHE ANGABEN ODER VERSCHWEIGEN WESENTLICHER TATSACHEN (ART. 41 ABS. 1 LIT. A ASYLG)

Nach Art. 41 Abs. 1 lit. a wird das Asyl widerrufen, "wenn es durch falsche Angaben oder Verschweigen wesentlicher Tatsachen *erschlichen* worden ist". Es entspricht einem allgemeinen Prinzip des Verwaltungsrechts, dass eine gewährte Rechtsstellung widerrufen wird, falls sich später herausstellt, dass sie erschlichen wurde und die Voraussetzungen von Anfang an gar nicht bestanden haben. Der Ausdruck "erschleichen" zeigt immerhin, dass mehr verlangt werden muss als eine unbewusst gemachte Falschaussage. Falls trotz Falschaussagen (z.B. Übertreibungen, um ganz sicher Asyl zu erhalten) die sich als richtig erwiesenen Tatsachen alleine zur Asylgewährung gereicht hätten, darf u.E. das Asyl nicht widerrufen werden; es ist möglich, dass ein Flüchtling aus Verzweiflung oder auf Rat eines Dritten seine ausreichenden Fluchtgründe durch solche Aussagen "verbessern" wollte. Die Falschaussage bzw. das Verschweigen wesentlicher Tatsachen muss sich im übrigen auf die für die Gewährung des Asyls nötigen Elemente beziehen, also auf die Flüchtlingseigenschaft oder die Ausschlussklauseln. Stellt sich heraus, dass ein Ausländer bzw. eine Ausländerin Art. 3 AsylG nicht erfüllt, also nicht Flüchtling ist, wird beim Widerruf auch die Flüchtlingseigenschaft aberkannt. Beziehen sich die Falschaussagen aber auf die Beziehungen zu Drittstaaten (Art. 6 AsylG) oder die Asylunwürdigkeit (Art. 8 AsylG; siehe zu diesen Ausschlussgründen vorne S. 153ff), wird zwar das Asyl widerrufen, die Betroffenen bleiben aber Flüchtlinge im Sinne von Art. 3 AsylG, geniessen weiterhin die Garantien der Flüchtlingskonvention und teilweise des Asylgesetzes (als vorläufig aufgenommene Flüchtlinge, siehe dazu hinten S. 396ff) und unterstehen weiterhin auch dem Rückschiebungsschutz von Art. 45 AsylG.

2.2. FREIWILLIGE UNTERSCHUTZSTELLUNG UNTER DIE BEHÖRDEN DES HEIMATLANDES (ART. 1C ZIFF.1 FK)

2.2.1. Grundlagen

Grundgedanke ist, dass nicht länger Flüchtling sein soll, wer den Schutz der Heimatbehörden beanspruchen kann und will. Flüchtlinge, die sich den Behörden des Heimatlandes freiwillig unterstellen, geben zu bedenken, dass sie den Bruch der Beziehung zu diesem Staat wieder rückgängig machen möchten. Gemäss Wortlaut wird vorausgesetzt, dass der Flüchtling noch die Staatsangehörigkeit des Heimatstaates besitzen muss.

Nicht jeder Kontakt mit den Behörden des Heimatstaates kann aber als Unterschutzstellung angesehen werden: Es wird vorausgesetzt, dass der Flüchtling *freiwillig* handelt, dass er mit seinem Handeln *beabsichtigt*, sich erneut dem Schutz des Heimatlandes zu unterstellen, und dass der Flüchtling diesen Schutz auch *tatsächlich erhält*. Nicht freiwillig ist das Handeln, wenn z.B. der Flüchtling von der Schweiz angewiesen wird, eine Handlung vorzunehmen, die als Unterschutzstellung ausgelegt werden kann. Ein Flüchtling ist u.U. auch gezwungen, mit den Heimatbehörden Kontakt aufzunehmen, wenn er nur auf diese Weise seine legitimen Interessen verfolgen kann (beispielsweise um Familienangehörige nachkommen zu lassen oder Erbschaftsangelegenheiten zu regeln). Die Absicht, die Beziehung zu normalisieren, wird dann deutlich, wenn der Flüchtling von seinem Status als Bürger eines Landes profitieren will.

Falls eine Person geltend machen kann, dass sie trotz freiwilliger bewusster Inanspruchnahme des heimatstaatlichen Schutzes weiterhin begründete Furcht vor Verfolgung hat, hört sie nicht auf, Flüchtling zu sein. In diesem Fall muss der Flüchtling aber nachweisen können, dass die fluchtbegründenden Umstände im Heimatstaat weiter bestehen.

2.2.2. Praxis

In der Praxis der schweizerischen Behörden wird das Asyl in folgenden Fällen entzogen:

- Beschaffung heimatlicher Reisepapiere

Gemäss Art. 28 Abs. 1 FK haben anerkannte Flüchtlinge Anrecht auf die Ausstellung eines Ausweises, der ihnen erlaubt, ins Ausland zu reisen. Meist sind deshalb die nationalen Reiseausweise zu Beginn des Asylverfahrens abzugeben. Der sogenannte Konventionspass soll das Fehlen des diplomatischen Schutzes durch den Heimatstaat ausgleichen. In der Beschaffung und vor allem Benützung des Nationalpasses wird deshalb der typische Fall einer Unterschutzstellung gesehen. Ein erfolglos gestelltes Passgesuch sollte allerdings nicht zum Widerruf des Asyls führen, denn dadurch gibt der Heimatstaat zu erkennen, dass er nicht gewillt ist, den geforderten Schutz wieder zu übernehmen.

Die *Praxis* der Schweiz entzieht das Asyl *bereits bei Annahme* eines Reisepapiers durch den Flüchtling, bevor er dieses für eine Reise z.B. in den Heimatstaat benützt (*Werenfels*, S. 308; siehe auch UNHCR, Handbuch

Ziff. 122). Danach führt die Annahme eines Ausweises selbst dann zum Widerruf, wenn die Betroffenen diesen nur entgegennehmen, damit Familienangehörige ausreisen können (*Werenfels*, S. 308). Die Motivation des Flüchtlings, ein Reisepapier anzunehmen, wird nicht berücksichtigt; automatisch wird das Asyl entzogen und die Flüchtlingseigenschaft aberkannt. Das Bundesgericht (unveröffentlichter BGE vom 23.5.1986) sieht im Gegensatz zu den Asylbehörden im Passbezug nur ein starkes Indiz für die Unterschutzstellung und räumt dabei ein, dass ein Flüchtling triftige Gründe für diesen Schritt haben kann.

- Inanspruchnahme von Gerichten des Heimatstaates

Staatlicher Schutz ist neben dem diplomatischen in erster Linie Schutz durch die Organe der Justiz. Die Inanspruchnahme staatlicher Gerichte des Heimatstaates durch den Flüchtling ist daher ein starkes Indiz für die Verbesserung der Beziehungen. Allerdings kann unter gewissen Umständen der Flüchtling dazu gezwungen sein. Probleme können sich für ihn vor allem dann ergeben, wenn er im Heimatstaat einen Scheidungsprozess führen will. Das Bundesgericht (BGE 105 II 6) hat die Frage offen gelassen, ob die Prozessführung zum Verlust der Flüchtlingseigenschaft führe, meint aber, es müsse ernstlich damit gerechnet werden. Das Bundesgericht anerkennt aber, dass es beachtliche Gründe geben kann, den Heimatstaat als Gerichtsstand zu wählen, z.B. wegen der Rechtsstellung noch in der Heimat lebender minderjähriger Kinder, wegen Fragen des ehelichen Güterstandes oder des späteren Erbrechts, sowie in einem Prozess um die eigene Rehabilitierung oder Amnestierung etc. Nach der Praxis der Schweizer Asylbehörden scheint die Führung eines Scheidungsprozesses im Heimatstaat nur das Gewicht eines Indizes zu haben; die Praxis ist aber unklar und schwankend (siehe *Werenfels*, S. 310ff mit weiteren Hinweisen).

- Besuchsreisen in den Heimatstaat

Nach herrschender *Lehre* sind Heimatreisen nicht ohne weiteres als Unterschutzstellung zu betrachten (siehe *Grahl-Madsen*, Bd. I, S. 384). Jedenfalls kann aus einer solchen Reise nicht automatisch auf die Normalisierung der Beziehungen zum Heimatstaat geschlossen werden. Weitere Umstände, wie häufige Reisen, langer Aufenthalt u.ä., können aber diesen Schluss aufdrängen, nicht jedoch heimliche Reisen, z.B. um die alten oder kranken Eltern zu besuchen. Das UNHCR empfiehlt, Fälle dieser Art nach den jeweiligen Umständen zu beurteilen (UNHCR, Handbuch, Ziff. 125).

Nach *ständiger Praxis* der Schweizer Behörden wird das Asyl und die Flüchtlingseigenschaft bei einer Besuchsreise ins Heimatland automatisch entzogen, ohne dabei auf die Motive des Flüchtlings einzugehen. Nur bei besonderen in der Person der Betroffenen liegenden Umständen (hohes Alter, gesundheitliche Probleme) sehen die Behörden in Einzelfällen ausnahmsweise von einem Widerruf ab, da hier die Konsequenzen (Sozialversicherung) umso härter wären. Betagten (ab dem 75. Altersjahr) wird eine einmalige Heimatreise erlaubt (weitere Ausnahmen und Hinweise finden sich bei *Werenfels,* S. 323f). Die Praxis der Asylbehörden (ebenso des Bundesgerichts, BGE 110 Ib 208) ist hier wenig differenziert und berücksichtigt eventuell bestehende beachtliche Gründe für eine Besuchsreise zu wenig. Aus Besuchsreisen lässt sich im übrigen auch nicht automatisch auf den Wegfall der Verfolgungsgefahr schliessen.

- Weitere Fälle

Im weiteren wurden in der Praxis folgende Handlungen als Unterschutzstellung bezeichnet *(Werenfels S.* 309f): Wirtschafts- und enge Handelsbeziehungen mit Partnern im Verfolgerstaat, regelmässige intensive Kontakte mit heimatlichen Behörden oder der mehrmalige Besuch von Veranstaltungen, die durch die offizielle Vertretung des Heimatstaates in der Schweiz organisiert wurden. Als vereinbar mit der Flüchtlingseigenschaft wurden folgende Handlungsweisen erachtet: Das Stellen von Einladungsgesuchen für Verwandte auf der Vertretung des Heimatstaates oder die Beschaffung eines Führerausweises bei den Heimatbehörden.

2.3. Freiwilliger Wiedererwerb der verlorenen Staatsbürgerschaft (Art. 1C Ziff. 2 FK)

Diese Klausel bezieht sich auf Fälle, in denen ein Flüchtling freiwillig die Staatsangehörigkeit des Landes wiedererlangt, das ihn verfolgt hatte. Vorausgesetzt ist also, dass der Flüchtling die Staatsbürgerschaft einmal verloren hatte und sie freiwillig, also nicht bloss durch ein Gesetz oder einen Beschluss des Verfolgerstaates, wiedererlangt. Eine ausdrückliche Annahme der Staatsangehörigkeit muss vorausgesetzt werden, damit das Asyl widerrufen werden kann.

Beendigung des Asyls

2.4. Erwerb neuer Staatsbürgerschaft (Art. 1C Ziff. 3 FK)

Meistens handelt es sich bei Anwendung dieser Bestimmung um den Asylstaat, der dem Flüchtling die Staatsbürgerschaft verleiht. Falls der Betroffene die Nationalität später wieder verliert, lebt nach allgemeiner Überzeugung die Rechtsstellung als Flüchtling wieder auf (UNHCR, Handbuch, Ziff. 132). Falls der Flüchtling die schweizerische Staatsbürgerschaft erwirbt, wird von einem förmlichen Widerruf abgesehen (zur Einbürgerung siehe im übrigen hinten S. 387).

2.5. Freiwillige Rückkehr und Niederlassung im Heimatstaat (Art. 1C Ziff. 4 FK)

"Rückkehr und Niederlassung" bedeutet mehr als blosses Betreten des betreffenden Staatsgebietes (zu Besuchsreisen siehe oben Ziff. 2.2.). Der Flüchtling muss zurückkehren mit der Absicht der dauernden Wohnsitznahme. Falls der Rückkehrer im Heimatstaat wieder verfolgt wird, muss er von neuem aufzeigen können, dass er immer noch begründete Furcht vor Verfolgung hat. In der Praxis sind Widerrufsentscheide gestützt auf Ziff. 4 selten, da Flüchtlinge, die in ihren Nationalstaat zurückkehren wollen, meist auf das Asyl und ihre Anerkennung als Flüchtling verzichten, um ihre Nationalpässe von den Bundesbehörden ausgehändigt zu bekommen. Der Widerrufsentscheid wird auch nur getroffen, wenn die betreffende Person wieder in die Schweiz einreist, da ein Ausländer oder eine Ausländerin durch die Zustellung der Widerrufsverfügung in seinem Heimatstaat erneut gefährdet werden könnte.

2.6. Wegfall der fluchtbegründenden Umstände (Art. 1C Ziff. 5 und 6 FK)

Gemäss Ziffern 5 und 6 von Art. 1C FK verlieren Flüchtlinge ihren Status, wenn ihnen nach dem Wegfall der die Flüchtlingseigenschaft begründenden Umstände wieder zugemutet werden kann, sich unter den Schutz des Heimatstaates zu stellen bzw. in das Land ihres früheren Wohnsitzes zurückzukehren. Ziff. 5 gilt für Flüchtlinge, die noch die Staatsangehörigkeit des Verfolgerstaates besitzen, Ziff. 6 regelt den gleichen Sachverhalt für staatenlose Flüchtlinge.

Der "Wegfall der Umstände" bezieht sich auf grundlegende Veränderungen im Heimatstaat, aufgrund derer man annehmen kann, dass der Anlass für die begründete Furcht nicht länger besteht, etwa ein Regimewechsel oder eine Demokratisierung des Staates. Diese Beendigungklauseln sollten aber erst dann angewendet werden, wenn sich die Veränderungen im Herkunftsstaat stabilisiert haben. Eine generelle Amnestie ist nur bedingt ein taugliches Indiz für den Wegfall staatlicher Verfolgung, wenn sie nicht von einer allgemeinen politischen Liberalisierung begleitet wird oder sich die Haltung der Bevölkerung z.B. zu Minderheiten nicht ändert. Trotz grundlegender Veränderung können Mitglieder gewisser politischer Organisationen oder Angehörige von Minderheiten weiterhin gefährdet bleiben. Daher darf bei einer grundlegenden Änderung im Herkunftsstaat nicht allen Flüchtlingen automatisch die Flüchtlingseigenschaft aberkannt werden; sie darf nur Anlass sein zu prüfen, ob die Voraussetzungen der Flüchtlingseigenschaft weiterhin gegeben sind.

Fraglich ist, ob einem Opfer schwerster Verfolgung überhaupt in Anwendung von Ziff. 5 und 6 die Flüchtlingseigenschaft aberkannt werden kann. Der schweizerische Flüchtlingsbegriff berücksichtigt ja auch *bereits erlittene Nachteile* und stellt nicht nur auf die zukünftige Gefährdung ab (siehe S. 72). Auch humanitäre Gründe rechtfertigen es, Flüchtlingen, die schwerste Verfolgung erlitten haben, weiterhin unter den Flüchtlingsstatus zu belassen, da eine Vermutung besteht, dass sich diese aus verständlichen Gründen nicht dem Schutz des ehemaligen Verfolgerstaates unterstellen wollen.

Wenn die Behörde zum Schluss kommt, bei Flüchtlingen eines bestimmten Landes könne grundsätzlich von einem Wegfall der fluchtbegründenden Umstände gesprochen werden, ergeht an die Betroffenen die Aufforderung, mit ihrem Heimatstaat wieder Beziehungen anzuknüpfen oder aber die Gründe darzulegen, die eine weitere Aufrechterhaltung des Flüchtlingsstatus rechtfertigen. Das Bundesamt prüft, ob neue Gründe vorliegen und auch, ob der Entscheid für die Betroffenen unzumutbare Nachteile mit sich bringt; dabei wird insbesondere berücksichtigt, ob der Ausländer bzw. die Ausländerin trotz des Widerrufs in der Schweiz bleiben kann.

Die Schweiz widerrief in den siebziger und frühen achtziger Jahren gegenüber Griechen, Spaniern und Portugiesen das Asyl. Die meisten Flüchtlinge aber verzichteten von sich aus auf das Asyl und kehrten freiwillig zurück. In neuerer Zeit wurde Flüchtlingen aus Argentinien, Haiti, Bolivien und Uruguay das Asyl widerrufen. Im Moment ist dies vor allem bei Flüchtlingen aus Chile, Polen, Ungarn und der Tschechoslowakei der Fall. In einer Pressemitteilung von Dezember 1989 haben die Asylbehörden allerdings verlauten lassen, das Asyl werde erst entzogen, wenn sich die positive Lage im betreffenden Heimatstaat über zirka ein bis zwei Jahre hinweg stabilisiert habe. Damals wurde erklärt, im Moment würde gegenüber Flüchtlingen aus dem Ostblock das Asyl noch nicht widerrufen (NZZ, 20.12.89).

2.7. KRITIK

U.E. sollte mit gleicher Sorgfalt wie bei der Frage der Asylgewährung geprüft werden, ob jemandem das Asyl entzogen werden kann. Das Verhalten der Betroffenen resp. die veränderte Situation sollte nur Anlass sein, neu und umfassend zu prüfen, ob noch begründete Furcht vor Verfolgung oder beachtenswerte Gründe für die Nichtannahme des Schutzes des ehemaligen Verfolgerstaates bestehen. Die Praxis scheint aber in vielen Fällen einem Automatismus zu erliegen, wonach ein einzelnes Indiz zur Beendigung des Asyls führt, ohne dass sämtliche Umstände berücksichtigt und abgewogen werden.

Statistisches

Im **Jahre 1989** wurde *821* Personen in der Schweiz Asyl gewährt (wovon 197 Familienzusammenführungen und 167 Asylerteilungen durch Sonderaufnahmeaktionen). Im gleichen Zeitraum wurde *569* anerkannten Flüchtlingen, v.a. aus Chile, Polen, Bolivien und der Türkei das Asyl entzogen oder der Anspruch darauf erlosch.

Im **Jahre 1990** erhielten *883* Personen Asyl (wovon 155 Familienzusammenführungen und 312 Asylerteilungen durch Sonderaktionen). Im gleichen Jahr wurde *924* anerkannten Flüchtlingen, v.a. aus Chile, Polen, Tschechoslowakei, Ungarn und der Türkei das Asyl entzogen oder der Anspruch darauf erlosch (nach Art. 41 und 42 AsylG).

D. ASYLVERFAHREN

I. ÜBERSICHT

Am Anfang des Asylverfahrens steht die *Einreichung des Asylgesuches*. Das Asylgesetz sieht folgende Möglichkeiten vor: Das Gesuch kann entweder bei der Einreise an einem geöffneten Grenzübergang (siehe hinten S. 239ff), am Flughafen (hinten S. 245ff) oder im Ausland bei einer schweizerischen Vertretung gestellt werden (hinten S. 255ff), ferner im Inland, und zwar von Ausländerinnen und Ausländern, die sich mit einer Aufenthaltserlaubnis bereits in der Schweiz befinden (hinten S. 250) oder illegal eingereist sind (hinten S. 251ff).

Mit Ausnahme der Asylsuchenden, die mit einer ordentlichen Aufenthaltsbewilligung in der Schweiz leben, haben sich alle Gesuchstellerinnen und Gesuchsteller in einer *Empfangsstelle* zu melden (hinten S. 259ff). Dort werden ihre Personalien aufgenommen, sie werden erkennungsdienstlich behandelt und es wird aufgrund einer Befragung entschieden, ob sie den weiteren Verlauf des Verfahrens in der Schweiz abwarten können oder gestützt auf Art. 19 Abs. 2 AsylG während des Verfahrens (siehe hinten S. 331ff) weggewiesen werden, oder ob gar auf ihr Asylgesuch nicht eingetreten wird (gemäss Art. 16 AsylG; hinten, S. 292ff).

Falls die Asylsuchenden während des Verfahrens in der Schweiz bleiben können, werden sie durch die Empfangsstelle einem *Kanton zugewiesen* (siehe hinten S. 266ff).

Im Kanton werden die Asylsuchenden *einlässlich* zu ihren Asylgründen *befragt* (sogenannte Anhörung, siehe hinten S. 277ff). Oft bleibt die kantonale Befragung die einzige Möglichkeit der Asylsuchenden, sich mündlich zu ihren Asylgründen zu äussern. Das *Bundesamt* hat allerdings auch die Möglichkeit, Asylsuchende *direkt* zu befragen (hinten S. 272 und S. 291).

Aufgrund der einlässlichen Befragung erfolgt eine *Triage*: Es wird festgelegt, wie die Dossiers behandelt werden. Dabei gibt es folgende Möglichkeiten: Nichteintreten auf das Asylgesuch, wenn ein Grund von Art. 16 AsylG vorliegt, Ablehnung ohne weitere Abklärungen, Asylgewährung und vorläufige Aufnahme ohne weitere Abklärungen, weitere Abklärungen (hinten S. 270ff). In der Praxis wird allerdings die Triage bisher nicht nach der einlässlichen Befragung, sondern nach der Befragung an der Empfangsstelle vorgenommen.

Das Bundesamt für Flüchtlinge entscheidet über das Asylgesuch (hinten S. 291ff), wobei es im Rahmen weiterer Abklärungen allenfalls die Asylsuchenden ein zweites Mal befragt. Mit dem AVB von 1990 ist neu auch die Möglichkeit hinzu gekommen, dass die kantonalen Behörden nach ihrer einlässlichen Befragung den Asylentscheid zuhanden des BFF unterschriftsreif vorbereitet (hinten S. 289f). Der Entscheid kann schriftlich oder mündlich eröffnet werden, eine nur summarische Begründung ist möglich. Das Bundesamt entscheidet auch, ob einer allfälligen Beschwerde die aufschiebende Wirkung zukommt (hinten S. 309f).

Gegen den Asylentscheid des BFF kann beim Beschwerdedienst des EJPD, nach der Einführung einer unabhängigen Rekurskommission bei dieser, Beschwerde geführt werden (siehe hinten S. 315ff). Nach einer Ablehnung der Beschwerde stehen noch ausserordentliche Rechtsmittel und Rechtsbehelfe (siehe hinten S. 323ff), schliesslich die Beschwerde an die Europäische Kommission für Menschenrechte (siehe hinten S. 326ff offen.

Die Wegweisung aus der Schweiz, nötigenfalls die Rückschaffung in den Herkunftsstaat, wird vollzogen, wenn bei Asylsuchenden, die die Flüchtlingseigenschaft nicht erfüllen, keine Wegweisunghindernisse entgegenstehen oder kein Härtefall vorliegt, der eine humanitäre Aufenthaltsbewilligung rechtfertigen würde (hinten S. 347ff).

Das ganze Verfahren muss den verfassungsrechtlichen Verfahrensgarantien und den Garantien des Verwaltungsverfahrensgesetzes des Bundes (VwVG; siehe hinten S. 213ff) und den ergänzenden Regeln des Bundeszivilprozesses (BZP) betreffend Beweisverfahren genügen. Das VwVG ist sowohl auf das kantonale Verfahren, wie auch auf das Verfahren vor den Bundesbehörden anwendbar, sofern das Asylgesetz nichts davon abweichendes enthält.

Asylsuchende können sich während des Verfahrens verbeiständen lassen; der Rechtsvertreter braucht nicht Rechtsanwalt zu sein. In der Begleitung und Betreuung von Asylsuchenden während des Verfahrens spielen die Hilfswerke und deren Vertreterinnen und Vertreter an den Befragungen eine bedeutende Rolle (hinten S. 355ff).

Übersicht Asylverfahren

Schema Asylverfahren nach dem Inkrafttreten des AVB vom 22. Juni 1990

Einreichung des Asylgesuchs

- Ausland
- Inland
- Grenze/Flughafen
- Illegale Einreise

↓

Empfangsstelle

- Wegweisung
- Verteilung Kanton

↓

Einlässliche Befragung (innert 20 Tagen)

- *Kant. Fremdenpolizei*
- *BFF*
- *Kant. Fremdenpolizei mit Entscheidvorbereitung*

↓

Triage BFF

- Nichteintreten (innert 6 Wochen)
- Sofortiger Entscheid (negativ: 10 Tage nach Befragung/positiv)
- Weitere Abklärungen

Entscheid BFF

- Wegweisung
- Vorläufige Aufnahme
- Asyl
- Aufenthaltsbewilligung

↓

Rekurskommission / Beschwerdedienst EJPD

II. VERFAHRENSRECHTE UND VERFAHRENSGRUNDSÄTZE

LITERATUR: *Bois*, Procédures applicables aux requérants d'asile, SJZ 1988, S. 77ff; *Cottier*, Der Anspruch auf rechtliches Gehör, recht 1984/1, S. 1ff und recht 1984/4, S. 122ff; *Dürig*, Beweismass und Beweislast im Asylrecht, München 1990; *Gygi*, Bundesverwaltungsrechtspflege, Bern 1983, S. 199ff und 269ff; *Huguenin*, Droit d'être entendu et consultation du dossier dans la procédure d'asile, ASYL 1986/4, S. 2ff; *Kälin*, Grundriss, S. 256ff, S. 286ff und S. 291ff; *derselbe*, Textbausteine, S. 435ff; *Kölz*, Prozessmaximen im schweizerischen Verwaltungsprozess, Zürcher Schriften zum Verfahrensrecht, 2. Auflage, Zürich 1974; *Müller*, Die Grundrechte der schweizerischen Bundesverfassung, Bern 1991; *Pfeiffer*, Der Untersuchungsgrundsatz und die Offizialmaxime im Verwaltungsverfahren, Basel 1980; *Raess-Eichenberger*, S. 129-160; *Saladin*, Das Verwaltungsverfahrensrecht des Bundes, Basel 1979, S. 92ff; *Villiger*, Die Pflicht zur Begründung von Verfügungen, ZBl 1989, S. 137ff; *Werenfels*, S. 132ff und 148ff.

Laut Art. 2 AsylG gewährt "die Schweiz ... Flüchtlingen auf Gesuch hin nach diesem Gesetz Asyl". Gemäss der Botschaft zum Asylgesetz (BBl 1977 II 115) statuiert diese Bestimmung eine Verpflichtung des Bundes zu "gesetzlich normiertem Handeln". Asylsuchende haben somit das Recht auf Beachtung der ihnen zustehenden Verfahrensrechte aus Asylgesetz, Verwaltungsverfahrensgesetz des Bundes (VwVG) und Verfassung (BV) und das Recht auf Einhaltung der Verfahrensgrundsätze.

1. VERFAHRENSRECHTE

1.1. ALLGEMEINES

Asylsuchenden stehen in allen Verfahrensstufen (mit Ausnahmen bei der Einreise, unten S. 244) bestimmte *Verfahrensrechte* zu. Teilweise werden diese Rechte aus Art. 4 BV abgeleitet, teilweise sind sie im VwVG, das für das Asylverfahren gilt, soweit das Asylgesetz nichts anderes bestimmt (Art. 12 AsylG), oder im Asylgesetz selbst vorgeschrieben. Überragende Bedeutung kommt dabei dem Anspruch auf *Gewährung des rechtlichen Gehörs* zu, der in Art. 29 VwVG formuliert ist und dessen Teilgehalte in Art. 30ff VwVG ausgeführt sind. Das *Bundesgericht* hat zudem in seiner

Rechtsprechung zu *Art. 4 BV*, aus dem ein Anspruch auf rechtliches Gehör abgeleitet wird, einige Grundsätze zum rechtlichen Gehör entwickelt.

Generell soll der Anspruch auf rechtliches Gehör garantieren, dass die Betroffenen effektiv am Verfahren teilnehmen und auf den Prozess der Entscheidfindung Einfluss nehmen können; die Entscheidung soll nicht einfach über ihren Kopf hinweg erfolgen. Die Mitwirkung der Betroffenen soll auch eine richtige Entscheidung garantieren, wofür es nötig ist, dass sie ihre Argumente vorbringen können. Schliesslich ist die Bereitschaft, den Entscheid zu akzeptieren sicher grösser, wenn die Betroffene das Gefühl echter Teilnahme und effektiven Einflusses gehabt haben und ihre Würde im Verfahren respektiert worden ist.

Der Anspruch auf rechtliches Gehör besteht unabhängig davon, ob seine Beachtung im konkreten Fall einen Einfluss auf den Entscheid hat oder nicht, also ob das Resultat auch bei Nichtbeachtung des Gehörsanspruches gleich negativ ausgefallen wäre (sogenannt formelle Natur des rechtlichen Gehörs). Zum Bestand des rechtlichen Gehörs, wie er durch Lehre und Rechtsprechung entwickelt worden ist, zählen insbesondere *folgende Garantien*:

- Der Anspruch auf vorgängige Stellungnahme, Anhörung und Berücksichtigung der Vorbringen (unten S. 215ff).

- Das Recht auf Akteneinsicht (unten S. 217ff).

- Der Anspruch auf einen begründeten Entscheid (siehe unten S. 220ff).

- Der Anspruch auf Teilnahme am Beweisverfahren, unter Einschluss des Rechts, Beweisanträge zu stellen (siehe dazu die Ausführungen zum Beweisrecht, unten S. 228ff).

- Das Recht, sich verbeiständen und vertreten zu lassen (siehe dazu hinten, S. 355ff); eine Besonderheit des Asylverfahrens stellt das Recht der Asylsuchenden auf Teilnahme eines Hilfswerksvertreters bzw. einer Hilfswerksvertreterin dar (hinten S. 359ff).

- Das Recht auf einen Dolmetscher (siehe hinten S. 282ff).

1.2. ANSPRUCH AUF VORGÄNGIGE STELLUNGNAHME, ANHÖRUNG UND BERÜCKSICHTIGUNG DER VORBRINGEN

1.2.1 Grundsätze

Gemäss Art. 30 Abs. 1 VwVG hört die Behörde die Parteien an, bevor sie verfügt. Daraus folgt ein Anspruch der Betroffenen darauf, ihren Standpunkt zu allen relevanten Fragen des Falles einbringen zu können. Verletzt ist dieser Anspruch, wenn die Behörde sich auf Tatsachen und Beweisergebnisse stützt, ohne den Gehörsberechtigten Gelegenheit gegeben zu haben, dazu Stellung zu nehmen. Die Möglichkeit zur Stellungnahme muss gewährt werden, *bevor* ein Entscheid gefällt wird.

Das rechtliche Gehör beinhaltet weiter den Anspruch der Betroffenen, in ihren Vorbringen auch tatsächlich gehört und ernstgenommen zu werden. Die Behörde ist verpflichtet, die Vorbringen und Stellungnahmen der Verfahrensbeteiligten sorgfältig und gewissenhaft zu prüfen. Immerhin muss es sich um Äusserungen handeln, die zur Klärung des rechtserheblichen Sachverhaltes geeignet und erheblich erscheinen. Die Form der Anhörung muss gewährleisten, dass die Beteiligten ihre Schilderung des Sachverhaltes und ihre Argumente möglichst gut einbringen können. Verspätete Vorbringen, die ausschlaggebend erscheinen, kann die Behörde trotz der Verspätung berücksichtigen (Art. 32 Abs. 2 VwVG; zum Problem des "Nachschiebens von Asylgründen" siehe unten S. 226 und vorne S. 145ff).

1.2.2. Anwendung auf das Asylverfahren

Im *Asylverfahren* bedeutet der Anspruch auf vorgängige Stellungnahme, Anhörung und Berücksichtigung insbesondere, dass den Asylsuchenden die Möglichkeit zu geben ist, ihre Argumente und ihre Sicht zu schildern. Wenn sich in der Befragung aus der Sicht des Behörde erweist, dass die Vorbringen des Gesuchstellers oder der Gesuchstellerin nicht den Tatsachen entsprechen, muss sie ihn bzw. sie damit konfrontieren und Gelegenheit geben, die *Tatsachenwidrigkeit* zu begründen. Ebenso sind Asylsuchende mit *Widersprüchen* in der Befragung oder zwischen zwei oder mehreren Befragungen zu konfrontieren, und es ist ihnen Gelegenheit zu geben, zu den Widersprüchen Stellung nehmen zu können. Falls dies in der Befragung verpasst wird, muss den Asylsuchenden die Möglichkeit einer späteren Stellungnahme eingeräumt werden. Ebenso gilt in Fällen, in denen erst *nachträglich*, z.B. durch Abklärungen in den Herkunftsländern,

Widersprüche auftauchen, dass Asylsuchenden Gelegenheit zu geben ist, sich schriftlich dazu zu äussern (so auch der Entscheid des Bundesrates vom 14.12.1987, erwähnt bei *Bois*, Droit de consulter le dossier, ASYL 1988/1, S. 15; gleicher Ansicht auch die GPK des Nationalrates, Bericht 1987, Amtl. Bull. NR 1987, S. 757 und die Petitions- und Gewährleistungskommission des Nationalrates, Bericht vom 13.1.1989, Amtl. Bull. NR 1989, S. 571f, mit der Bemerkung, dass die zuständigen Behörden die Empfehlungen der GPK bisher nie klar akzeptiert haben). Den Entscheiden des BFF ist indessen selten zu entnehmen, ob den Betroffenen diese Gelegenheit eingeräumt wurde.

Bezüglich des Anspruches auf vorgängige Anhörung und Stellungnahme ergeben sich in der Asylpraxis besondere Probleme bei *sachverhaltsbezogenen Textbausteinen*, d.h. bei Textbausteinen, die Antworten der verfügenden oder entscheidenden Instanz auf typische Sachverhaltsvorbringen der Asylsuchenden enthalten (so z.B. N 164'597, Entscheid des DFW vom 31.5.1989: "Es fehlt die gesetzliche Grundlage, Personen zum Dienst als Dorfwächter oder Dorfschützer zu zwingen"). Wo solche verwendet werden, muss nicht nur sorgfältig abgeklärt werden, ob die darin gemachten allgemeinen Aussagen auf den konkreten Fall zutreffen, sondern es muss den Asylsuchenden auch mitgeteilt werden, von welchen Sachverhaltsfeststellungen die Behörde ausgeht, und *sie müssen Gelegenheit erhalten, sich zum Inhalt dieser Textbausteine äussern* und allenfalls Gegenbeweis führen zu können (*Kälin*, Textbausteine, S. 456, mit weiteren Hinweisen auf die Gefahren computergestützter Rechtsanwendung, S. 439ff. Zu den Textbausteinen allgemein siehe vorne S. 151f und hinten S. 312f). Diese Gelegenheit erhalten Asylsuchende in der Praxis äusserst selten.

Die *mündliche Befragung* ist sicher die angemessene Form der Anhörung im Asylverfahren. Problematisch an der heutigen Regelung ist aber, dass das BFF oft nicht selbst befragt und die mündliche Anhörung sich meist auf die Befragung beim Kanton beschränkt, dem keine Entscheidkompetenz zukommt. Gerade für die Beurteilung der Glaubwürdigkeit ist aber die direkte Begegnung zwischen Asylbewerberin oder Asylbewerber und entscheidendem Sachbearbeiter oder zur Sachbearbeiterin in der Regel unabdingbar (vgl. dazu hinten S. 285f).

Bezüglich der vorgängigen Anhörung zum *Beweisergebnis* gelten die oben gemachten Ausführungen: Es ist Asylsuchenden Gelegenheit zu geben, dazu Stellung nehmen zu können. Der AVB von 1990 hat insofern eine Abweichung zu der allgemeinen Regelung im VwVG (Art. 19 VwVG i.V. mit Art. 57 und 58 BZP für Sachverständige) gebracht, als gemäss Art. 12c ein Gesuchsteller bzw. eine Gesuchstellerin nicht vorgängig zur *Beweisan-*

ordnung Stellung nehmen kann, wenn zur Ermittlung des Sachverhaltes ein Beweisverfahren durchgeführt wird (vgl. dazu *Kälin*, Grundriss, S. 268; zum Beweisverfahren unten, S. 228ff).

Im Verfahren bei *Nichteintretensentscheiden* gemäss Art. 16 AsylG wird dem Grundsatz des rechtlichen Gehörs insofern Rechnung getragen, als nach Art. 14 Abs. 1 AsylVE in Fällen, in denen im Verlauf des Verfahrens Sachverhalte bekannt werden, die zu einem Nichteintretensentscheid gemäss *Art. 16 Abs. 1 lit. b, c oder e* führen können, dem Gesuchsteller bzw. der Gesuchstellerin das rechtliche Gehör zu den Sachverhalten gewährt wird, die für den Nichteintretensgrund wesentlich sind (siehe dazu im übrigen hinten, S. 299ff).

1.3. RECHT AUF AKTENEINSICHT

1.3.1. Anspruch auf Akteneinsicht

Das verfassungsmässige Recht auf Akteneinsicht ist in den Art. 26-28 VwVG konkretisiert. Die Akteneinsicht soll es den Betroffenen ermöglichen, ihr Äusserungsrecht wirksam wahrzunehmen und zu überprüfen, ob der Entscheid rational gefällt worden und nachvollziehbar ist. Voraussetzung für ein effektives Akteneinsichtsrecht ist, dass die Akten systematisch geführt werden und alle Grundlagen des Entscheides enthalten. Nur so können die Betroffenen ersehen, ob die ihnen gezeigten Akten vollständig sind oder einzelne Teile vorenthalten wurden.

Gemäss Art. 26 VwVG hat die Partei *oder* deren Vertreter Anspruch darauf, in ihrer Sache folgende Akten am Sitze der verfügenden (BFF, Rekurskommission oder Beschwerdedienst; bei nicht ortsansässigen Anwälten werden in der Praxis die Akten per Post zugestellt) oder einer durch diese zu bezeichnenden kantonalen Behörde einzusehen:

  a) die eigenen Eingaben und die Vernehmlassungen von Behörden;

  b) alle als Beweismittel dienenden Aktenstücke;

  c) Niederschriften eröffneter Verfügungen.

1.3.2 Schranken der Akteneinsicht

Nach Art. 27 Abs. 1 VwVG darf die Behörde die Einsichtnahme in die Akten nur verweigern, wenn

> a) wesentliche Interessen des Bundes oder der Kantone, insbesondere die innere oder äussere Sicherheit der Eidgenossenschaft, die Geheimhaltung erfordern;
> b) wesentliche private Interessen, insbesondere von Gegenparteien, die Geheimhaltung erfordern;
> c) das Interesse einer noch nicht abgeschlossenen amtlichen Untersuchung es erfordert.

Dabei darf sich die Geheimhaltung nur auf die Aktenstücke erstrecken, für die Geheimhaltungsgründe bestehen, respektive nur auf die Teile eines Aktenstückes, für die Geheimhaltungsgründe bestehen (Art. 27 Abs. 2 VwVG). Die Einsicht darf *nie verweigert werden* in die eigenen Eingaben von Asylsuchenden, in ihre als Beweismittel eingereichten Urkunden und ihr eröffnete Verfügungen (vgl. dazu ASYL 1991/1, S. 18). Die Einsichtnahme in Protokolle über eigene Aussagen darf nur bis zum Abschluss der Untersuchung verweigert werden (Art. 27 Abs. 3 VwVG). Falls die Einsichtnahme in ein Aktenstück verweigert wird, darf darauf zum Nachteil der Betroffenen nur abgestellt werden, wenn die Behörde von dessem *wesentlichen Inhalt* mündlich oder schriftlich Kenntnis gegeben und ausserdem die Gelegenheit gegeben hat, sich zu äussern und Gegenbeweismittel zu bezeichnen (Art. 28 VwVG). Beim Entscheid über die Verweigerung der Akteneinsicht ist im Einzelfall eine Interessenabwägung vorzunehmen.

1.3.3. Anwendung auf das Asylverfahren

Aufgrund der besonderen Schwierigkeiten mit den Beweismitteln und Informationsgrundlagen im Asylverfahren "bildet das Akteneinsichtsrecht des Gesuchstellers eine besonders wichtige Voraussetzung für die Wahrung seiner Rechte" wie die GPK des Nationlrates festgehalten hat (Bericht von 1987, Amtl. Bull. NR 1987, S. 756). Die GPK hat für das Asylverfahren festgehalten, der Entscheid darüber, welche entscheidrelevanten Unterlagen im Original oder in einer Kopie unter Abdeckung geheimhaltungswürdiger Angaben über die Quelle dem Gesuchsteller bzw. der Gesuchstellerin zur Einsicht offenstehen sollen, müsse in einer Güterabwägung getroffen werden. Die Praxis des Bundesgerichtes verlange dabei in jedem Einzelfall eine begründete Entscheidung. Ebenso hat die Petitions- und Gewährleistungskommission des Nationalrates festgehalten, Art. 4 BV verlange nach der Rechtsprechung des Bundesgerichts (BGE 110 Ia 85 E.4b) von der zuständigen Behörde bei jeder Beschränkung des Einsichtsrechts eine Einzelfallentscheidung (Amtl. Bull. NR 1989, S. 571).

Der DFW (heute BFF) hat nach den Empfehlungen der parlamentarischen Kommissionen eine interne Weisung über das Akteneinsichtsrecht erlassen. Trotzdem hört man immer wieder Klagen über eine sehr restriktive Einsichtnahmepraxis, besonders wenn es sich um *Berichte der schweizerischen Botschaften* in den Herkunftsländern der Asylsuchenden handelt, die das Bundesamt gemäss Art. 16c Abs. 1 AsylG einholen kann: Oft wird hier die Akteneinsicht generell verweigert, obwohl gerade diese Auskünfte für das Asylverfahren meist von entscheidender Bedeutung sind. Viele Entscheide enthalten lediglich die Formulierungen "nach unserer zuverlässigen Information" oder "gemäss gesicherten Erkenntnissen" etc. Man wird zugeben, dass bei den Auskünften der schweizerischen Vertretungen im Ausland berechtigte Geheimhaltungsinteressen bestehen, was z.B. den Schutz von Informanten oder gewisse wichtige Detailinformationen, die man nicht verbreiten möchte (vgl. den Entscheid des Bundesrates vom 24.6.1987, VPB 1987/51, S. 243ff) betrifft. Auch bewegen sich die Behörden bei ihrer Informationsbeschaffung in den Herkunftsländern oft in der Grauzone des völkerrechtlich Zulässigen. Angesichts der fatalen Folgen, die falsche Auskünfte aber haben können, dürfen in solchen Fällen allenfalls einzelne Teile und Namen von Informanten abgedeckt werden, und die Asylsuchenden sind über diese Punkte wenigstens in den Grundzügen zu informieren (*Kälin*, Grundriss, S. 269f).

Einsicht in *kantonale Befragungsprotokolle* wird vor der BFF-Befragung mit Hinweis auf die laufende Untersuchung nicht gewährt, um den Asylsuchenden die Möglichkeit zu nehmen, allfälligen Widersprüchen zu entgehen (VPB 48/1984, Nr. 52, S. 394ff). Nach Abschluss der Untersuchung, also unmittelbar vor dem BFF-Entscheid, besteht aber kein solcher Grund mehr. Es kann sich unter Umständen empfehlen, schon vor dem erstinstanzlichen Entscheid ein Gesuch um Akteneinsicht zu stellen, um auf diesen noch Einfluss nehmen zu können. Im Asylverfahren sind Gesuche im erstinstanzlichen Verfahren an den BFF, im Beschwerdeverfahren an das EJPD zu richten. Ein ablehnender Entscheid um Akteneinsicht kann selbständig angefochten werden (Art. 45 Abs. 2 lit. e VwVG).

Der Beschwerdedienst des EJPD hat dazu in einem Entscheid vom 20.3.1986 (i.S. H.K.M., Rek. 85'4731, abgedruckt in ASYL 1986/2, S. 14) festgehalten, von einer Verletzung des rechtlichen Gehörs könne dann nicht die Rede sein, wenn sich die Vorinstanz auf *allgemein zugängliche*

Quellen stütze. Allerdings müsse diese zumindest die Quelle benennen, auf die sie sich bei seinen Entscheiden stütze.

Wie bereits erwähnt, ist eine wesentliche Voraussetzung für eine effektive Ausübung des Akteneinsichtsrechts, dass die *Akten systematisch geführt* werden und alle Grundlagen des Entscheides enthalten. Nur so können die Betroffenen ersehen, ob die ihnen gezeigten Akten vollständig sind oder ihm einzelne Teile vorenthalten wurden. Insbesondere muss zu diesem Zweck das *Dossier paginiert* werden. Immer wieder wird aber die Aktenführung des DFW (bzw. heute BFF) und des Beschwerdedienstes EJPD kritisiert, da u.a. kein paginiertes Dossier geführt wird und dieses deshalb nicht auf Vollständigkeit überprüft werden kann (vgl. etwa *Gattiker/Tellenbach*, Beschwerden sieben, ASYL 1989/3, S. 9 und *Sohm*, Ein Erlebnisbericht, ASYL 1989/3, S. 12, mit Kritik an der Praxis des EJPD zur Akteneinsicht). Diese Kritik ist auch von der parlamentarischen Untersuchungskommission PUK (Bericht vom 22.11.1989, S. 215) erhoben worden. Laut Bericht der GPK des Nationalrates vom 12.11.1990, Ziff. 25, hat das EJPD versichert, die systematische Erfassung der Akten sei beschlossen und alle Dossiers würden entsprechende Verzeichnisse erhalten.

Zum Problem der Akteneinsicht in die Textbausteinsammlung des DFW bzw. BFF siehe *Kälin*, Textbausteine, S. 456; weitere Einzelheiten zur Akteneinsicht im Beschwerdeverfahren (Zustellung der Protokolle auf Gesuch hin) finden sich hinten, S. 321f.

1.4. RECHT AUF BEGRÜNDUNG

1.4.1. Allgemeines

Gemäss Art. 34 VwVG eröffnet die Behörde ihre Verfügungen den Parteien schriftlich. Nur Zwischenverfügungen kann sie mündlich eröffnen, muss sie aber schriftlich bestätigen, wenn eine Partei dies verlangt. Das *Asylgesetz* in der Fassung vom AVB von 1990 erlaubt nun aber in Abweichung davon, dass Verfügungen und Entscheide "in geeigneten Fällen mündlich eröffnet und summarisch begründet werden" können; die mündliche Eröffnung ist samt Begründung protokollarisch festzuhalten und dem Gesuchsteller bzw. der Gesuchstellerin ist ein Protokollauszug auszuhändigen (Art. 12d AsylG; zur mündlichen Eröffnung siehe hinten, S. 307). Ansonsten gilt aber die Regel von Art. 35 VwVG, wonach schriftliche Verfügungen zu begründen sind, ausser wenn sie den Begehren der Parteien voll entsprechen. Allerdings können Asylsuchende gemäss Art.

35 Abs. 3 VwVG auch bei einem positiven Entscheid eine Begründung verlangen. Der Anspruch auf Begründung der Verfügung ergibt sich im übrigen auch aus Art. 4 BV, als Teilgehalt des Anspruchs auf rechtliches Gehör. Im folgenden soll ausgeführt werden, welche *Anforderungen an die Begründungsdichte* zu stellen sind.

1.4.2. Anforderungen des Bundesgerichtes an die Begründung

Das Bundesgericht legt in seiner Rechtsprechung zu Art. 4 BV für die Dichte der Begründung keine einheitlichen Mindeststandards fest, sondern setzt die Anforderungen "unter Berücksichtigung aller Umstände des Einzelfalles sowie der Interessen der Betroffenen" fest. Verlangt wird auf jeden Fall eine Begründung, die so detailliert und deutlich ist, dass die Betroffenen "sich über die Tragweite des Entscheides ein Bild machen" und ihn gegebenenfalls sachgerecht anfechten können. Damit wird die Transparenz des Entscheidungsprozesses, die Legitimität der Entscheidung und die Akzeptanz bei den Betroffenen erhöht. Die Begründung dient aber auch der Behörde selbst, die Richtigkeit des Ergebnisses anhand der Motive zu kontrollieren (BGE 112 Ia 109f).

Die Behörde muss sich zwar nicht "ausdrücklich mit jeder tatbeständlichen Behauptung und jedem rechtlichen Einwand auseinandersetzen. Vielmehr kann sie sich auf die für den Entscheid wesentlichen Gesichtspunkte beschränken". Bezüglich der *Kriterien für die Begründungsdichte* hat das Bundesgericht den Grundsatz entwickelt, dass die verfassungsmässige Begründungsdichte abhängig ist von der Entscheidungsfreiheit der Behörde und der Eingriffsintensität des Entscheides:

> "Je grösser der Spielraum, welcher der Behörde infolge Ermessens und unbestimmter Rechtsbegriffe eingeräumt ist ... und je stärker der Entscheid in individuelle Rechte eingreift..., desto höhere Anforderungen sind an die Begründung des Entscheides zu stellen" (BGE 112 Ia 110).

1.4.3. Anwendung auf das Asylverfahren

Im Asyl- und insbesondere im *Wegweisungsverfahren* sind damit die Anforderungen an die Begründungspflicht hoch. Dieses Verfahren ist durch die ausserordentlich weitgehende Anwendung *unbestimmter Rechtsbegriffe* (wie z.B. Art. 3 AsylG), teilweise sehr *komplexe Sachverhalte* und die sehr hohen auf dem Spiel stehenden *Rechtsgüter* (Eingriffe in Leib, Leben und Freiheit) geprägt, was zu besonders sorgfältiger Begründung zwingt. Eine Analyse von erstinstanzlichen Asylentscheiden des DFW (heute BFF; siehe dazu *Hausammann/Achermann*, Gutachten) hat aber gezeigt, dass die Begründungen diesen Anforderungen teilweise nicht zu genügen vermögen. So bestehen die Begründungen zur Möglichkeit und Zumutbarkeit der Wegweisung, wo es um besonders hochwertige Rechtspositionen geht, regelmässig nur aus Textbausteinen, auch wenn sich besondere Probleme bezüglich Wegweisungsschranken ergeben. Allgemein bestehen die erstinstanzlichen Asylentscheide zu einem grossen Teil aus Textbausteinen (siehe auch hinten S. 312f; zur Begründungspflicht siehe auch den Entscheid des Bundesrates vom 16.8.1989, abgedruckt in ASYL 1989/4, S. 16).

Für die Verwendung von *Textbausteinen* bestehen dort Grenzen, wo eine genaue Abklärung des Sachverhaltes unterbleibt (siehe dazu die Botschaft zur 1. Asylgesetzrevision, BBl 1983 III, S. 787) und wo eine dem Einzelfall angemessene Differenzierung dem Entscheid nicht entnommen werden kann (*Cottier*, S. 127). Der Gesuchsteller oder die Gesuchstellerin soll dem Entscheid entnehmen können, dass *sein* bzw. ihr Fall beurteilt worden ist. Teilweise bestehen aber Asylentscheide nur aus einem oder zwei Textbausteinen zur Frage der Asylgewährung, obwohl es sich teilweise um ziemlich komplexe Sachverhalte handelt, oder zwei Asylentscheide lauten genau gleich, obwohl die geltend gemachten Sachverhalte verschieden sind.

Das neue *Asylgesetz* in der Fassung vom AVB von 1990 sieht folgende Ausnahmen von den hohen Anforderungen an die Begründungsdichte vor: Entscheide können in geeigneten Fällen mündlich eröffnet und summarisch begründet werden (Art. 12d Abs. 1 AsylG). Bei den "geeigneten Fällen" wird es sich vor allem um Nichteintretensentscheide und Ablehnungen ohne weitere Abklärungen handeln. Bei diesen beiden Kategorien sind aber auch bei schriftlicher Begründung die Anforderungen herabgesetzt: Nichteintretensentscheide gemäss Art. 16 AsylG sind zumindest *summarisch* zu begründen (Abs. 3); das gleiche gilt bei der Ablehnung von Asylgesuchen ohne weitere Abklärungen (Art. 16a Abs. 2 AsylG). Bei offensichtlich unbegründeten Beschwerden kann der Beschwerdeentscheid ebenfalls summarisch begründet werden (Art. 46d AsylG). In all diesen Fällen gelten aber die Anforderungen des Bundesgerichts auch, wenn es sich etwa um einen komplexen Sachverhalt handelt.

2. VERFAHRENSGRUNDSÄTZE

2.1. UNTERSUCHUNGSGRUNDSATZ

Im Verwaltungsverfahren und damit auch im Asylverfahren gilt der *Untersuchungsgrundsatz*: Laut Art. 12 VwVG stellt die Behörde "den Sachverhalt von Amtes wegen fest". Der Untersuchungsgrundsatz bedeutet, dass die zuständige Behörde zur richtigen und vollständigen Ermittlung und Feststellung des rechtserheblichen Sachverhaltes verpflichtet ist; sie darf nur auf Tatsachen abstellen, von deren Existenz sie sich überzeugt hat. Sie ist aber nicht verpflichtet, jedes noch so entfernte Argument zu untersuchen; im Asylverfahren kann sich die Behörde auf die Untersuchung der Fakten beschränken, die für die Asylgewährung erheblich sind. Für das Asylverfahren ergibt sich aus dem Untersuchungsgrundsatz die Pflicht der Behörden zu einer korrekten Befragung, zu einer umfassenden Sachverhaltsabklärung, zu einer systematischen Sammlung von Informationen und zur Überprüfung und Abklärung aller Indizien, die für eine Asylgewährung sprechen. Ein Befrager oder eine Befragerin hat also auch nach allen Elementen zu forschen, die zugunsten von Asylsuchenden sprechen. So darf die Aussage eines Asylbewerbers, er sei gefoltert worden, und an seinem Körper seien noch Spuren erkenntlich, nicht einfach ignoriert werden, weil er sich kurz zuvor in einem kapitalen Punkt widersprochen hat (*Gattiker*, Asyl- und Wegweisungsverfahren, S. 33f).

Art. 16c AsylG verpflichtet denn auch die Behörden, die "notwendigen zusätzlichen Abklärungen" zu treffen, wenn es sich nicht um einen Fall nach Art. 16 (Nichteintreten) oder 16a und 16b AsylG (Ablehnung, Asyl oder vorläufige Aufnahme ohne weitere Abklärungen) handelt. Bei *Nichteintretensgründen* gilt der Untersuchungsgrundsatz generell nur, soweit es um die Prüfung des Vorliegens eines solchen Grundes geht.

Unabhängig vom Untersuchungsgrundsatz haben Asylsuchende die *Beweislast* zu tragen. Das bedeutet, dass ein Asylgesuch abgelehnt wird, wenn der rechtserhebliche Sachverhalt, also die Flüchtlingseigenschaft, nicht nachgewiesen oder zumindest glaubhaft gemacht werden kann (Art. 12a AsylG, siehe vorne S. 135ff). Der Nachweis obliegt den Asylsuchenden. Diese Regel greift aber erst Platz, "wenn es sich als unmöglich erweist, im Rahmen der Untersuchungsmaxime auf Grund einer Beweiswürdigung einen Sachverhalt zu eruieren, der zumindest die Wahrscheinlichkeit für sich hat, der Wirklichkeit zu entsprechen" (BGE 105 V 216). Der Untersuchungsgrundsatz mildert daher zwar nicht die Beweislast der Parteien, aber immerhin die *Beweisführungslast*, indem der Asylbewerber oder die Asylbewerberin nicht allein für die Beibringung und Nennung der

Beweismittel verantwortlich ist, sondern auch die Behörde danach forschen muss. Je schwieriger der Nachweis für die Asylsuchenden zu erbringen ist, umso stärker gilt die Untersuchungspflicht der Behörden. Die Regel von Art. 12a AsylG, wonach u.U. *Glaubhaftmachung* genügt, relativiert im übrigen den Untersuchungsgrundsatz zugunsten der Asylsuchenden, indem nämlich die Behörde auch auf Tatsachen abstellen darf, von denen sie nicht völlig überzeugt ist, sondern die sie mit überwiegender Wahrscheinlichkeit für gegeben hält.

Der Gebrauch von *Textbausteinen* in der Praxis des BFF darf nicht dazu führen, dass eine genaue Sachverhaltsabklärung unterbleibt. Sachverhaltsbezogene Textbausteine (siehe vorne S. 151f) dürfen nur als Formulierungshilfe verwendet werden, wenn die Abklärungen des Sachbearbeiters zum gleichen Resultat führen. Wo sachverhaltsbezogene Textbausteine verwendet werden, verlangt der Untersuchungsgrundsatz, dass sorgfältig abgeklärt wird, ob die darin gemachten Aussagen auf den konkreten Fall überhaupt zutreffen (*Kälin*, Textbausteine, S. 456).

Beschränkt wird der Untersuchungsgrundsatz im Asylverfahren durch die *Pflicht* der Asylsuchenden zur *Mitwirkung* bei der Erstellung des Sachverhaltes (siehe unten).

2.2. MITWIRKUNGSPFLICHT

2.2.1. Die einzelnen Mitwirkungspflichten

Nach der allgemeinen Regel von Art. 13 Abs. 1 VwVG sind die Parteien "verpflichtet, an der Feststellung des Sachverhaltes mitzuwirken". Grundgedanke ist, dass eine Behörde den Sacherhalt nicht selber ermitteln muss, wenn Asylsuchende die notwendige Mitwirkung verweigert. Die Mitwirkungspflicht beantwortet teilweise auch die Frage, welche Beweismittel Asylsuchende beibringen müssen. Art. 12b AsylG übernimmt die Bestimmung des Verwaltungsverfahrensgesetzes für das Asylverfahren und schreibt detailliert *wesentlich verstärkte Mitwirkungspflichten* vor:

- Asylsuchende haben ihre *Identität offenzulegen, Reisepapiere* und *Identitätsausweise abzugeben* (Abs. 1, lit. a und b), und zwar gemäss Art. 14 Abs. 2 AsylG bereits an der Empfangsstelle. Die Angaben über die eigene Person müssen richtig sein. Verletzt ist die Mitwirkungspflicht, wenn Asylsuchende Reisepapiere und Identitätsausweise verstecken

Verfahrensrechte und Verfahrensgrundsätze 225

oder vernichten, letzteres allerdings nur, sofern sie dies im Geltungsbereich des Asylgesetzes, also in der Schweiz machen (*Kälin*, Grundriss, S. 293). Asylsuchende haben sich in der Empfangsstelle im übrigen erkennungsdienstlich behandeln zu lassen (Art. 14 Abs. 2 AsylG).

- Bei der *Anhörung* müssen Asylsuchende *angeben, weshalb sie um Asyl ersuchen* (Abs. 1 lit. c). "Anhörung" bezieht sich dabei nach richtiger Auslegung auf die Anhörung zu den Asylgründen gemäss Art. 15 AsylG durch den Kanton oder das Bundesamt (analoge Anwendung von Art. 15 AsylG). Die Befragung in der Empfangsstelle gemäss Art. 14 Abs. 2 AsylG ist keine "Anhörung" im Sinne des Asylgesetzes, sondern nach der Begriffswahl des Asylgesetzes eine "Erhebung"; daher gilt dort keine umfassende Pflicht zur Angabe der Asylgründe (*Kälin*, Grundriss, S. 293; vgl. dazu unten S. 261ff). Verletzt ist die Mitwirkungspflicht nur bei der Weigerung, zu Fragen Auskunft zu geben. Vage und unsubstantiierte Aussagen (siehe vorne, S. 141) hingegen sind keine Verstösse gegen die Mitwirkungspflicht, können aber die Glaubwürdigkeit der Aussagen beeinträchtigen.

- Allfällige Beweismittel sind von den Asylsuchenden vollständig zu bezeichnen und unverzüglich einzureichen, oder, soweit dies zumutbar erscheint, müssen Asylsuchende sich darum bemühen, sie innerhalb einer angemessenen Frist zu beschaffen (Abs. 1 lit. d; siehe dazu unten, S. 228ff).

- Laut Art. 12b Abs. 3 AsylG kann die Behörde "vom Gesuchsteller verlangen, für die Übersetzung fremdsprachiger Dokumente besorgt zu sein", dies allerdings nur, sofern es unter Berücksichtigung der finanziellen Situation den Asylsuchenden zumutbar ist (Weisung Asyl 20.1. über wichtige Grundsätze im Asylverfahren, Ziff. 4). Laut Weisung Asyl 22.1 über die Anhörung im Kanton, Ziff. 3.1.4, hat der befragende Beamte, falls ihm Dokumente in einer fremden Sprache vorgelegt werden, durch gezielte Fragen die Asylrelevanz derselben abzuklären. Eventuell kann der Dolmetscher die Dokumente auch sofort übersetzen, wenn sie nicht zu umfangreich sind. Andernfalls wird dem Gesuchsteller bzw. der Gesuchstellerin eine Frist zur Übersetzung angesetzt (in der Regel 20 Tage), bei Mittellosigkeit werden die wichtigen Inhalte von Amtes wegen übersetzt.

- Asylsuchende, die sich in der Schweiz aufhalten, sind verpflichtet, sich während des Verfahrens den kantonalen Behörden oder dem Bundesamt zur Verfügung zu halten. Sie müssen die Adresse und jede Änderung derselben der kantonalen Behörde sofort mitteilen (Art. 12b Abs. 4 AsylG). Nach Art. 12e Abs. 1 AsylG gilt "eine Zustellung oder Mitteilung an die letzte bekannte Adresse des Gesuchstellers oder an den von ihm bevollmächtigten Vertreter ... mit Ablauf der ordentlichen siebentägigen Abholfrist als rechtsgültig".

- In der *Asylverordnung* finden sich weitere Mitwirkungspflichten für Asylsuchende: Die Pflicht, nach bewilligter Einreise oder nach Asylgesuchseinreichung im Inland sich innert 24 Stunden in der Empfangsstelle zu melden (Art. 4 Abs. 3 AsylVE und Art. 6 Abs. 3 AsylVE), bei Einreiseverweigerung die Pflicht, sich innert zehn Tagen bei einer schweizerischen Vertretung im Ausland zu melden, ansonsten das Asylgesuch abgeschrieben wird (Art. 5 Abs. 2 AsylVE), weiter die Pflicht, sich in der Empfangsstelle zur Verfügung der Behörden zu halten (Art. 7 AsylVE) und die Pflicht, sich nach dem Verteilentscheid in der Empfangsstelle innert 24 Stunden im Kanton zu melden (Art. 10 AsylVE).

2.2.2. Grenzen der Mitwirkungspflicht

Bei den Mitwirkungpflichten sind gewisse *Grenzen* zu beachten: Nach Art. 12b Abs. 2 AsylG ist die Mitwirkungspflicht nicht verletzt, "wenn der Gesuchsteller sie *unverschuldet* nicht erfüllen konnte". Das ist z.B. in folgenden Fällen gegeben:

- Art. 12b Abs. 1 lit. c verlangt, dass der Gesuchsteller bzw. die Gesuchstellerin bei der Anhörung angeben muss, weshalb er bzw. sie um Asyl ersucht. Später gemachte Aussagen oder geltend gemachte Gründe werden nach der Praxis als "Nachschieben von Asylgründen" taxiert und für unglaubwürdig erachtet (siehe vorne S. 145ff). Wie andernorts ausgeführt (siehe S. 263f und S. 286ff), gibt es verschiedene Gründe, die verspätete Vorbringen als entschuldbar erscheinen lassen. Besonders Folteropfer oder schwer traumatisierte Personen sind oft unfähig, in einem frühen Verfahrensstadium über ihre Erlebnisse zu berichten. Zu beachten ist hier im übrigen die Regel von Art. 32 Abs. 2 VwVG, wonach die Behörde "verspätete Vorbringen, die ausschlaggebend erscheinen" trotz Verspätung berücksichtigen kann. Der Bundesrat hat in einem Entscheid ausgeführt, es handle sich dabei um eine Verpflichtung, wenn die Vorbringen tatsächlich ausschlaggebend seien (Entscheid vom 5.4.1978, VPB 1978/42, Nr. 98, S. 445f; vgl. auch *Kälin*, Grundriss, S. 293 und 297f).

- Entschuldbar kann ein *Nichterscheinen* an einer Befragung z.B. sein, wenn die Vorladung von der Heimleitung einem Gesuchsteller bzw. einer Gesuchstellerin versehentlich nicht weitergegeben wurde, wenn der Zug Verspätung hatte, bei Krankheit oder Unfall. Dass Asylsuchende anfänglich eine *falsche Identität* angeben, kann ebenfalls seine

Gründe haben. Eine Verletzung der Mitwirkungspflicht ist anzunehmen, wenn mit der falschen Identität zu verheimlichen versucht wird, dass bereits einmal in der Schweiz oder in einem andern europäischen Land ein Asylgesuch eingereicht oder ein Asylverfahren durchlaufen worden ist. Hingegen ist es durchaus einfühlbar, wenn Asylsuchende, die nur mit einem gefälschten Pass ausreisen konnten, dies an der Empfangsstelle nicht zugeben, weil sie Angst haben, dass die schweizerischen Behörden dies für suspekt halten. Eventuell ist einem Gesuchsteller oder einer Gesuchstellerin solches auch von Schleppern empfohlen worden, ohne dass er bzw. sie sich über die Konsequenzen im klaren war. Oft kommt es auch vor, dass Schlepper Asylsuchende zur Rückgabe oder *Vernichtung von Identitätspapieren* zwingen. Jedenfalls ist in solchen und ähnlichen Fällen *genau abzuklären*, wieso ein Gesuchsteller oder eine Gesuchstellerin eine Mitwirkungspflicht verletzt hat.

- In der Praxis stellen sich häufig Probleme mit politisch aktiven Asylsuchenden, die Auskunft über Namen von Parteimitgliedern oder Aktivisten verweigern. Hier ist die Praxis der Asylbehörden sehr streng und hält Asylsuchenden diese Weigerung oft als Verletzung der Mitwirkungspflicht entgegen, obwohl das Verhalten durchaus verständlich ist, solange die Personen, deren Namen verheimlicht wird, noch im Verfolgerstaat aktiv sind. Anders ist die Lage, wenn es um Personen geht, die allgemein bekannt sind, sich schon in den Händen der Verfolger befinden oder ausserhalb des Verfolgerstaates in Sicherheit leben.

- Keine Verletzung der Mitwirkungspflicht liegt vor, wenn Asylsuchende sich um die Beibringung der Beweise bemüht haben, dies ihnen aber nicht gelungen ist (siehe im übrigen unten S. 228ff). Das Gesetz sieht nämlich ausdrücklich vor, Asylsuchende müssten sich darum bemühen, soweit dies zumutbar erscheine (Art. 12b Abs. 1 lit. d).

- Das *Merkblatt für Asylsuchende*, das von den Behörden abgegeben wird und eine Aufzählung der Mitwirkungspflichten enthält, führt u.a. aus, dass auf ein Gesuch nicht eingetreten und gleichzeitig ohne weitere Prüfung der Asylgründe die Wegweisung verfügt werde, wenn sich jemand nicht innert bestimmten Fristen in der Empfangsstelle oder beim Kanton melde. Richtig ist, dass Verletzungen der Mitwirkungspflicht ein Nichteintreten oder eine Ablehnung des Asylgesuches wegen mangelnder Glaubwürdigkeit des Gesuchstellers oder der Gesuchstellerin zur Folge haben könnnen. *Verkannt* wird indessen, dass Verletzungen der Mitwirkungspflicht für den *Wegweisungspunkt* keine Rolle spielen. Da bei der Wegweisung in eine Rechtsstellung eingegriffen wird, die durch Art. 33 FK und Art. 3 EMRK garantiert wird (siehe vorne S. 175ff), muss immer *von Amtes wegen* geprüft werden, ob Wegweisungshindernisse vorliegen, es sei denn, der Gesuchsteller oder die Gesuchstellerin verunmögliche es den Behörden gänzlich, seine bzw. ihre Situation zu prüfen (so *Kälin*, Grundriss, S. 262f; zu den Nichteintretensgründen im übrigen hinten, S. 292ff).

2.2.3. Folgen der Verletzung der Mitwirkungspflicht

Bei *grober und vorsätzlicher* Verletzung der Mitwirkungspflicht wird auf das Asylgesuch nicht eingetreten (Art. 16 Abs. 1 lit. e). Dasselbe gilt, wenn Asylsuchende die Identität verheimlichen und dies aufgrund des Ergebnisses der erkennungsdienstlichen Behandlung feststeht (Art. 16 Abs. 1 lit. b AsylG). Andere Verletzungen der Mitwirkungspflicht können die *Glaubwürdigkeit* der Vorbringen der Asylsuchenden beeinträchtigen (zur Glaubhaftmachung siehe vorne S. 137ff), dies inbesondere beim Einreichen gefälschter Beweismittel wie Haftbefehlen, Identitätspapieren etc. oder beim Vorenthalten persönlicher Dokumente.

2.3. BEWEISMITTEL UND BEWEISVERFAHREN

2.3.1. Pflicht zur Einreichung von Beweismitteln

Nach der Regelung von Art. 12b Abs. 1 lit. d müssen Asylsuchende allfällige Beweismittel vollständig bezeichnen und unverzüglich einreichen. Falls sie die Beweismittel noch nicht erhalten haben, müssen sie sich darum bemühen, soweit es zumutbar erscheint, sie innerhalb einer angemessenen Frist zu beschaffen. Diese Regelung beschränkt die *Untersuchungspflicht* der Behörde, indem Asylsuchende, soweit es ihnen möglich und zumutbar ist, bei der Beschaffung der rechtserheblichen Beweismittel mitzuwirken haben. Sofern die Behörde *sachliche Gründe* hat, darf sie vom Gesuchsteller oder von der Gesuchstellerin also mehr als nur Glaubhaftmachen verlangen. Die erhöhten Beweisanforderungen müssen aber im Einzelfall begründbar und für die Asylsuchenden zumutbar sein.

Daraus folgt andererseits, dass die *Behörde u.U. verpflichtet* ist, sich selber um Beweismittel zu bemühen, wenn dies den Asylsuchenden nicht möglich oder nicht zumutbar ist, die Behörde hingegen ohne grössere Schwierigkeiten an die Beweismittel herankommen kann (z.B. über die diplomatischen Vertretungen im Ausland). Asylsuchende können in solchen Fällen auch *Beweisanträge* stellen. Der Untersuchungsgrundsatz mildert insofern ihre *Beweisführungslast*.

Falls es weder dem Gesuchsteller resp. der Gesuchstellerin noch der Behörde gelingt, an Beweismittel heranzukommen, muss in konkreten Fall Glaubhaftmachung genügen. Falls es den Asylsuchenden aber auch nicht gelingt, die Flüchtlingseigenschaft glaubhaft zu machen, tragen sie die Folgen der *Beweislosigkeit*, d.h. das Gesuch wird abgelehnt.

Bezüglich *Fristen* zur Einreichung von Beweismitteln bestimmt Art. 12b Abs. 1 lit. d AsylG, dass Beweise *unverzüglich* eingereicht werden müssen oder, bei Beweismitteln, die noch nicht in den Händen der Asylsuchenden sind, innerhalb einer *angemessenen Frist*. Gemäss Weisung Asyl 22.1. über die Anhörung im Kanton, Ziff. 3.1.3, prüft der kantonale Beamte zuerst mit gezielten Fragen, ob die geltend gemachten Beweismittel tatsächlich existieren und ob asylrelevante Fragen betroffen sind. Die zur Einreichung anzusetzenden Fristen betragen 7 Tage bei Beweisen im Inland und 30 Tage bei Beweisen im Ausland. Im *Beschwerdeverfahren* gelten gemäss Art. 46c Abs. 2 AsylG diese Fristen von Gesetzen wegen; auch Gutachten sind binnen 30 Tagen zu beschaffen. Falls aber Beweismittel erst nach diesen Fristen eingereicht werden, müssen sie analog Art. 32 Abs. 2 VwVG (betreffend verspäteter Vorbringen, siehe oben S. 215) berücksichtigt werden. Die Einhaltung dieser Praxis hat das EJPD der Geschäftsprüfungskommission des Nationalrates versichert (Bericht der GPK vom 12.11.1990, S. 12f). Auch wenn ein Gesuchsteller bzw. eine Gesuchstellerin die ihm bzw. ihr von den zuständigen Behörden gesetzte Frist verpasst hat, ist es dennoch unbedingt zu empfehlen, die Beweismittel nachträglich einzureichen.

Eingereichte Dokumente werden von den Behörden *sichergestellt*; den Asylsuchenden wird eine Bestätigung über die sichergestellten Urkunden ausgehändigt (Art. 18d AsylG; vgl. die Weisung 23.4. über die Sicherstellung von Urkunden während des Asylverfahrens).

2.3.2. Arten von Beweismitteln

Die generelle Regel von Art. 12b Abs. 1 lit. d AsylG bezüglich Möglichkeit und Zumutbarkeit der Einreichung von Beweismitteln ist je nach Beweismittel differenziert zu betrachten. Gemäss Art. 12 VwVG (im Asylverfahren gemäss Art. 12 AsylG anwendbar) bedient sich die Behörde "nötigenfalls folgender Beweismittel":

a) Urkunden;
b) Auskünfte der Parteien;
c) Auskünfte von Zeugen oder Drittpersonen;
d) Augenschein;
e) Gutachten von Sachverständigen.

Im Zentrum des Beweisverfahrens steht im Asylverfahren die *Befragung* der Asylsuchenden zu ihren Asylgründen durch die kantonale Behörde und allenfalls das BFF (siehe dazu hinten S. 277ff und S. 304ff). Neben den Aussagen der Asylsuchenden sind im Asylverfahren *Urkunden* als Beweismittel sehr wichtig. Insbesondere ist das Beibringen solcher Beweise für Asylsuchende, die den Sachverhalt nicht überzeugend schildern konnten, oft die einzige Chance, dennoch Asyl zu erhalten. Auch im Beschwerdeverfahren kommt nachträglich eingereichten Beweismitteln eine grosse Bedeutung zu, erst recht in einem Revisions- oder Wiedererwägungsverfahren. Bezüglich Möglichkeit und Zumutbarkeit der Beweismitteleinreichung stellen sich bei Urkunden aus dem Heimatland besondere Probleme für Asylsuchende (siehe unten Ziff. 2.3.3.). In einzelnen Fällen ist es notwendig, Gutachten von Sachverständigen einzuholen (siehe unten Ziff. 2.3.4.). Augenschein und Auskünfte von Zeugen haben im Asylverfahren hingegen keine resp. eine sehr untergeordnete Bedeutung (unten Ziff. 2.3.5.).

2.3.3. Urkunden

- Beschaffung von schriftlichen Beweisen aus dem Heimatland

Schriftliche Beweismittel, die sich *in Händen der Asylsuchenden befinden*, sind den Behörden einzureichen, wie dies die Mitwirkungspflicht verlangt. Oft werden Asylsuchende gemäss Art. 12b Abs. 1 lit. d aufgefordert, sich um die Beibringung von Beweismitteln wie Urteilen, Haftbefehlen, Gerichtsvorladungen, Identitätsnachweisen, Familienregisterauszügen etc. zu bemühen. Dies kann aber mit grossen Schwierigkeiten verbunden sein, teils aus technischen Gründen, teils kann in gewissen Fällen die Einholung von Dokumenten Familienangehörige oder Gesinnungsgenossen in den Herkunftsländern gefährden. Wenn diese Gefahr besteht, sollte auf die Aufforderung zur Beibringung verzichtet werden; es darf auch nicht vorkommen, dass Familienangehörige zu illegalem Verhalten (etwa Bestechung) angehalten werden. Falls die Beibringung trotz Bemühungen des Gesuchstellers oder der Gesuchstellerin nicht gelingt, sind die Behörden je nach den Umständen verpflichtet, selber Abklärungen zu treffen (so sinngemäss auch *Werenfels*, S. 138), oder es müssten die Vorbringen, wenn sie plausibel scheinen, auch ohne deren Vorliegen als glaubwürdig erachtet werden. Die Asylsuchenden haben indessen mindestens *darzulegen*, weshalb sie nicht an die verlangten Urkunden herangekommen sind.

Die schweizerischen Asylbehörden gehen *in der Praxis* aufgrund individueller Länderbeurteilungen, meist davon aus, dass das Beibringen von Beweisen machbar und zumutbar ist. Nach einer Formulierung in Asylentscheiden soll es z.B. Personen, die in der Türkei angeklagt werden, "mit Hilfe eines legitimierten Rechtsvertreters innert kürzester Zeit" möglich sein, entsprechende Belege zu beschaffen (N 161'020, Entscheid des DFW vom 30.3.1989). Nach Ansicht der Asylbehörden ist es in der Türkei "jeder Person, die im Rahmen eines Strafverfahrens angeklagt bzw. verurteilt worden ist, möglich und zumutbar, die entsprechende Anklageschrift und das Urteil zu beschaffen" (N 160'739, Entscheid des DFW vom 8.3.1989). Oft wird schon in der kantonalen Befragung Asylsuchenden eine Frist von 30 Tagen gesetzt, um die Beweismittel zu beschaffen, mit der Drohung, sonst aufgrund der Aktenlage zu entscheiden. Wenn in der Praxis ein Gesuchsteller oder eine Gesuchstellerin den Behörden keine Identitätspapiere zukommen lässt und damit die Identität nicht feststeht, oder wenn Asylsuchende andere verlangte Urkunden nicht beibringen können, muss gemäss einer Formulierung in Asylentscheiden die "Glaubwürdigkeit generell bezweifelt werden" (z.B. N 143'975, Entscheid des DFW vom 27.4.1989). In andern Entscheiden heisst es: "Überdies hat der Gesuchsteller die weiteren, anlässlich der kantonalen Einvernahme versprochenen Dokumente nicht eingereicht. Damit hat er nicht nur seine Mitwirkungspflicht gem. Art. 13 VwVG verletzt, sondern Grund zur Annahme geliefert, dass die genannten Dokumente nicht existieren" (Entscheid des DFW vom 9.3.1989, N 157'330). Das EJPD hat allerdings in einem Entscheid (vom 20.2.1990, i.S. S.C., Rek. 89'5478) festgehalten, es gehe nicht an, ein Gesuch abzuweisen, weil entsprechende Nachweise nicht erbracht werden: Dass der Beschwerdeführer die nach Meinung des DFW (heute BFF) in der Türkei offenbar leicht erhältlichen Dokumente nicht eingereicht habe, könne zwar ein Indiz gegen die Glaubwürdigkeit darstellen, entbinde indessen die Vorinstanz nicht, die Vorbringen des Beschwerdeführers materiell zu prüfen. Wenn der DFW (heute BFF) ein Begehren allein deshalb ablehne, weil Dokumente nicht eingereicht wurden, habe er sein Ermessen nicht pflichtgemäss ausgeübt.

Asylsuchenden ist zu empfehlen, vor Ablauf der eingeräumten Frist für die Einreichung von Dokumenten, wenn sie diese nicht beibringen können, dem BFF (resp. im Beschwerdeverfahren dem EJPD) zu schreiben, wieso sie die Dokumente nicht erhalten haben und einreichen können. Dabei sollten Beweise für unternommene Anstrengungen beigelegt werden (z.B. Kopien von Briefen an die Familie oder an einen Anwalt im

Heimatstaat) oder z.B. begründet werden, weshalb die Beschaffung der Beweise für die Angehörigen eine Gefahr bedeutet hätte. Falls ein Gesuchsteller oder eine Gesuchstellerin begründete Anhaltspunkte hat, dass die Dokumente später noch eintreffen werden, muss er bzw. sie um Verlängerung der Frist zur Einreichung von Beweismitteln ersuchen; auch dies ist zu begründen, insbesondere worauf sich die Hoffnung stützt, dass die Dokumente noch kommen. Falls die Beweise dennoch nicht beigebracht werden können, aber hinreichende Entschuldigungsgründe bestehen, müssen die Behörden, wie oben ausgeführt, selber Untersuchungen anstellen oder die Vorbringen, wenn sie plausibel scheinen, als glaubwürdig erachten.

- *Gefälschte Beweismittel*

Das Einreichen gefälschter Beweismittel erschüttert die Glaubwürdigkeit von Asylsuchenden stark. Nach Art 12a Abs. 3 AsylG sind Vorbringen unglaubhaft, die massgeblich auf gefälschte oder verfälschte Beweismittel abgestützt werden. Gemäss einer Formulierung in Asylentscheiden lässt dies den Schluss zu, "dass er (bzw. sie) die angeblichen ernsthaften Nachteile im Sinne des Asylgesetzes nicht erlitten hat. Erfahrungsgemäss greifen nämlich tatsächlich Verfolgte nicht zu solchen Machenschaften, um ihre Verfolgungssituation den schweizerischen Asylbehörden zu erklären" (N 154'562, Entscheid des DFW vom 5.4.1989, ohne weitere Prüfung der Asylvorbringen).

Das Einreichen zweifelhafter Dokumente ist daher sehr unklug. Den Behörden ist es in der Regel ein Leichtes, Fälschungen zu erkennen. Allerdings ist der absolute Schluss von der Verwendung gefälschter Dokumente auf die fehlende Flüchtlingseigenschaft unzulässig. Es ist möglich, dass ein Flüchtling aus Verzweiflung oder auf Rat eines Dritten ausreichende Fluchtgründe durch gefälschte Dokumente verbessern oder belegen will. Anwältinnen und Anwälten ist jedenfalls zu empfehlen, Haftbefehle, Strafurteile etc. zuerst von einem Experten oder einer Expertin prüfen zu lassen.

- *Briefe aus dem Heimatland*

Briefe aus dem Heimatland haben in der Praxis eine geringe Aussagekraft. Nach *Werenfels* (S. 140) sind Briefe als Beweismittel nur ernstzunehmen, wenn sie im Original vorliegen, der datierte und gestempelte Briefumschlag beiliegt, Absender und Empfänger erkennbar sind und sie in das Asylverfahren eingebracht werden, sobald sie verfügbar sind.

2.3.4. *Gutachten von Sachverständigen*

Gutachten von Sachverständigen drängen sich im Asylverfahren vor allem auf, wenn Asylbewerberinnen und Asylbewerber vorbringen, sie seien im Verfolgerstaat gefoltert worden. Asylsuchende oder ihre Rechtsvertreter bzw. Rechtsvertreterinnen können einen Antrag auf medizinische Untersuchung stellen. Allerdings werden solche Anträge in der Praxis meist nicht zugelassen und die Asylsuchenden werden aufgefordert, sich selbst ein Arztzeugnis zu verschaffen. Asylbewerber und Asylbewerberinnen können sich bei den Beratungsstellen oder bei amnesty international (siehe die Adressen hinten, S. 422ff). Namen und Adressen von spezialisierten Ärztinnen und Ärzten beschaffen, wobei die Beratungsstellen in Zweifelsfällen die Betroffenen vorher wohl zu einem Allgemeinpraktiker schicken. Der BFF lässt in der Regel erst im Anschluss an ein privates ärztliches Gutachten ein Amtsgutachten anordnen (meist beim Gerichtsmedizinischen Institut der Universität Bern). Für das Verfahren finden gemäss Art. 19 VwVG ergänzend die Regeln des Bundeszivilprozesses des Bundes (BZP) Anwendung (Art. 57 - 61 BZP), mit der Ausnahme von Art. 12c AsylG, wonach der Gesuchsteller zur Beweisanordnung der Behörde nicht vorgängig Stellung nehmen kann (bezüglich Sachverständigengutachten siehe im übrigen den Aufsatz von *Saladin*, Rechtliche Anforderungen an Gutachten, Festgabe Max Kummer, Bern 1980. S. 657ff).

Im Unterschied zu vielen ausländischen Asylbehörden, insbesondere zu den deutschen Gerichten, holen die schweizerischen Behörden unseres Wissens nie auf Antrag von Asylsuchenden ein Gutachten bei Länderspezialisten -oder spezialistinnen z.B. über die Gefährdungssituation einer bestimmten ethnischen oder anderen Gruppe oder über die Verhör- und Haftpraktiken in einem Herkunftsland ein.

2.3.5. *Auskünfte oder Zeugnis von Drittpersonen*

Nur in ganz seltenen Fällen nehmen die schweizerischen Asylbehörden die Gelegenheit wahr, Zeugen zu befragen. Nach *Werenfels* (S. 140), sind Zeugeneinvernahmen im Asylverfahren selten zur Wahrheitsfindung geeignet. Biete der Gesuchsteller Zeugen an, so seien sie kaum je unbeeinflusst. Diese Auffassung verkennt, dass dies in der Regel in jedem Verfahren für Zeugen gilt, die von einer Partei genannt werden; dennoch werden aber in andern Verfahren Zeugen einvernommen. U.E. sind durchaus Fälle vorstellbar, in denen in der Schweiz lebende Zeugen für die Beurteilung der Glaubwürdigkeit der Asylsuchenden einiges beitragen könnten.

Oft werden Angehörige von Asylsuchenden, die eigene Gesuche gestellt haben, unfreiwillig faktisch zu Zeugen, indem sie zu diesen Personen befragt werden. U.E. haben Asylsuchende, wenn sie über Angehörige nach Umständen befragt werden, die mit ihrem eigenem Gesuch nichts zu tun haben, das Recht auf Aussageverweigerung (Art. 16 VwVG i.V. mit Art. 42 BZP).

III. EINREISE UND GESUCHSTELLUNG

LITERATUR: *Gattiker*, Asyl- und Wegweisungsverfahren, S. 7ff; *derselbe*, Aus den Augen, aus dem Sinn, ASYL 1988/1, S. 6ff; *Kälin*, Grundriss, S. 249ff; *Kälin/Stöckli*, Das neue Asylverfahren, ASYL 1990/3, S. 3ff; *Raess-Eichenberger*, S. 34ff; *Stöckli*, Ausschluss illegal eingereister Asylbewerber, ASYL 1989/4, S. 3ff; *Thürer*, S. 1341ff; *Werenfels*, S. 148ff.

RECHTSGRUNDLAGEN: Art. 13 - 13f AsylG; Art. 4, 5 und 6 AsylVE; Weisungen vom 20.12.1990 zum Asylgesetz: Asyl 20.1 über wichtige Grundsätze im Asylverfahren; Asyl 21.1 über die Entgegennahme von Asylgesuchen in der Schweiz; Asyl 21.2 über die Entgegennahme und Behandlung von Asylgesuchen am Flughafen; Asyl 21.3 über die Entgegennahme und Behandlung von Asylgesuchen durch schweizerische Vertretungen im Ausland.

1. ASYLGESUCHSEINREICHUNG

Das Asylgesetz sieht drei mögliche Orte für die Asylgesuchseinreichung vor. Danach unterscheidet sich auch das darauf folgende Verfahren:

- Einreichung des Asylgesuches bei der Einreise an einem geöffneten Grenzübergang (unten Ziff. 3).

- Einreichung des Asylgesuches im Inland, entweder im Kanton oder an der Empfangsstelle (siehe unten Ziff. 4).

- Asylgesuchseinreichung im Ausland (unten Ziff. 5).

2. FORM DER ASYLGESUCHSSTELLUNG

2.1. GRUNDSÄTZE

Mit der Stellung eines Asylgesuches ist das einzige Erfordernis erfüllt, das für die Einleitung eines Asylverfahrens nötig ist. Die Stellung des Asylgesuches ist an *keine Formvorschriften* gebunden. Gemäss Art. 13 AsylG liegt ein Asylgesuch vor, wenn der Ausländer schriftlich, mündlich oder auf andere Weise zu erkennen gibt, dass er die Schweiz *um Schutz vor Verfolgung* ersucht (Art. 13 AsylG; zum Begriff "um Schutz vor Verfolgung ersuchen" siehe hinten, S. 292f). Der Asylbewerber oder die Asylbewerberin muss also nicht das Wort "Asyl" sagen können. Der Wille, um Schutz vor Verfolgung zu ersuchen, kann auch durch entsprechende Handzeichen zum Ausdruck gebracht werden (Weisung Asyl 20.1, Ziff. 1).

Ein *Anspruch* auf *Entgegennahme* des Asylgesuches und auf *Durchführung* des Asylverfahrens ergibt sich aus Art. 2 AsylG, wonach "die Schweiz ... Flüchtlingen auf Gesuch hin Asyl" gewährt. Auch der Anspruch auf rechtliches Gehör gemäss Art. 4 BV (siehe dazu vorne S. 213ff) beinhaltet eine solche Garantie. Daher sind Asylgesuche von den Grenzbeamten oder einer kantonalen Behörde immer an das Bundesamt weiterzuleiten, das dann über das weitere Verfahren entscheidet.

2.2. SCHRIFTLICHES ASYLGESUCH

Asylsuchende, die ein schriftliches Gesuch einreichen wollen, sollten sich den Inhalt gut überlegen. Widersprüche zwischen schriftlichem Asylgesuch und späteren Befragungsaussagen führen in der Praxis meist zur Abweisung des Gesuches, weil dadurch die Glaubwürdigkeit des Asylbewerbers oder der Asylbewerberin erschüttert wird. Dasselbe kann geschehen, wenn das schriftliche Asylgesuch nicht vollständig ist und in der Befragung weitere Fluchtgründe vorgebracht werden. Die Praxis behandelt die späteren Vorbringen als "Nachschieben von Asylgründen", denen von vornherein geringe Glaubhaftigkeit zugebilligt wird (vgl. dazu die Ausführungen zur Glaubhaftmachung der Flüchtlingseigenschaft, vorne S. 135ff). Eine gute Orientierung darüber, welche Angaben zu den Fluchtgründen und allfälligen politischen Aktivitäten in ein Asylgesuch gehören, bietet das Befragungsschema bei kantonalen Befragungen (siehe hinten S. 279ff).

Es kommt ab und zu vor, dass Asylsuchende durch einen Anwalt ein schriftliches Asylgesuch einreichen lassen. Soweit es sich dabei allerdings nur um formularartige Eingaben handelt, die bloss oberflächlich auf die Asylgründe eingehen, schaden solche Asylsuchenden aus den oben angeführten Gründen in der Regel mehr, als dass sie ihnen nützen (zur Rechtsvertretung siehe im übrigen hinten S. 355ff).

2.3. ASYLGESUCHE VON FRAUEN UND KINDERN

2.3.1. Frauen

In der Praxis werden *Asylgesuche von Frauen*, die mit ihrem Ehemann einreisen oder ihm später nachreisen, in dessen Gesuch eingeschlossen, sofern sie nicht ausdrücklich Gegenteiliges verlangen; es wird nur ein Dossier unter derselben Aktennummer geführt. Bei der Befragung in der Empfangsstelle (siehe hinten, S. 261ff) enthält das Befragungsschema eine Rubrik "eingeschlossen in das Gesuch" (Frage 8), bevor nach den Fluchtgründen gefragt wird. Frauen beantworten diese Frage in aller Regel mit Ja beantworten, da ihnen die Bedeutung nicht bewusst ist. Ein "Ja" wird in der Praxis allerdings immer häufiger so interpretiert, die Frau habe keine eigenen Asylgründe und sie ersuchend nur um Asyl gemäss Art. 3 Abs. 3 AsylG (siehe vorne S. 124ff). Das Gesuch der Frau wird in der Folge meist nur hinsichtlich der Aussagen des Mannes geprüft. Teilweise wird die Frau durch die Kantone nicht einmal selbst zu ihren Asylgründen befragt.

Es wird viele Fälle geben, in denen die Frau eines Gesuchstellers tatsächlich keine eigene Verfolgungssituation geltend macht und ausschliesslich in die Schweiz gekommen ist, um mit ihrem Mann zusammenzusein. Das Vorgehen des BFF beim Einschluss in das Asylgesuch ist allerdings sehr problematisch, da die Frau - bevor sie überhaupt zu eigenen Gründen befragt wird - erklären muss, ob sie in das Gesuch ihres Mannes eingeschlossen werden möchte. In der Folge hat sie u.U. gar nicht mehr die Möglichkeit, eine eigene Gefährdung, auch nicht im Wegweisungspunkt, darzustellen. Es müsste daher vorab umfassend abgeklärt werden, ob die Frau nicht doch allenfalls eigene Gründe hat, bevor sie in das Gesuch des Mannes eingeschlossen wird. Ein Verzicht auf eine Befragung im Kanton ist im übrigen unter dem Gesichtspunkt von Art. 15 AsylG, der für alle Asylsuchende eine Befragung vorsieht, höchst problematisch. U.E. darf höchstens darauf verzichtet werden, wenn die Frau dazu schriftlich ihr Einverständnis gegeben hat und ausdrücklich auf die Folgen eines Verzichts hingewiesen worden ist.

In Fällen, in denen die Frau eigene Verfolgungsgründe geltend macht, empfiehlt sich u.U. ein völlig getrenntes Verfahren, wenn das Ehepaar nicht dieselben Gegebenheiten geltend macht. Die Befragung müsste separat durchgeführt werden und auch der Entscheid jedem der Beiden einzeln zugestellt werden. Dies ist vor allem dann von grosser Bedeutung, wenn eine Frau nicht möchte, dass ihr Mann alle ihre Asylgründe erfährt (z.B. dass sie vergewaltigt worden ist). Ein gemeinsames Verfahren kann auch dann problematisch sein, wenn sich das Ehepaar während des Asylverfahrens trennt oder scheiden lässt. Ein getrenntes Verfahren bei Anzeichen eigener Verfolgung der Frau garantiert zudem besser, dass das Asylgesuch der Frau nicht nur als Anhängsel des Ehemannes behandelt wird und das Gesuch im gleichen Aufwisch erledigt wird (zum Thema Frauenflüchtlinge siehe im übrigen vorne S. 113ff).

2.3.2. Kinder

Kinder oder Jugendliche, die mit ihren Eltern oder einem Elternteil einreisen, werden in deren Asylgesuch eingeschlossen. Falls sie jünger als 18 Jahre sind, werden sie nicht zu den Asylgründen befragt. Für Jugendliche, die selbst Verfolgung erlitten haben, sieht das Frageschema in der Empfangsstelle vor, dass dies angegeben werden kann. Andernfalls handelt es sich um Gesuche gemäss Art. 3 Abs. 3 AsylG (Einbezug in die Flüchtlingseigenschaft).

Besondere Probleme stellen sich bei der Behandlung von Asylgesuchen von *unbegleiteten* Minderjährigen. Die Gründe, weshalb sich Jugendliche ohne Begleitung von erwachsenen Familienmitglieder auf die Flucht begeben, sind noch kaum erfasst; ein Teil flieht vor drohender Zwangsrekrutierungen (früher im Iran; heute v.a. in Sri Lanka oder Aethiopien, vereinzelt auch in der Türkei). Ihre Zahl nimmt zu.

Die Behandlung der Asylgesuche von unbegleiteten Minderjährigen richtet sich nach einer *Weisung* des DFW vom 30.10.1989. Danach können Minderjährige ein Asylgesuch stellen, soweit sie *urteilsfähig* sind. Die Einreichung eines Asylgesuches gilt als ein sogenannt "höchstpersönliches" Recht, d.h. ein Recht, das einem Menschen um seiner Persönlichkeit willen zusteht (Art. 19 Abs. 2 ZGB) und keine Vertretung erlaubt." Urteilsfähigkeit wird angenommen, wenn eine Person sich in einem geistigen Zustand befindet, dass sie in der Lage ist "vernunftsgemäss" zu handeln (siehe z.B. *Tuor/Schnyder*, Das schweizerische Zivilgesetzbuch, 10. Aufl., Zürich 1986, S. 69ff). Die Urteilsfähigkeit ist damit nicht von einem bestimmten Alter abhängig. Asylgesuche Minderjähriger werden gemäss Weisung prioritär behandelt, um den speziellen Integrations- bzw. nach abgelehntem Asylentscheid Desintegrationsproblemen vorzubeugen.

In den Empfangsstellen werden Angaben über das Alter und allenfalls über die Anwesenheit von nahen Verwandten in der Schweiz erhoben. Sind die Behörden über das Alter eines Jugendlichen im Ungewissen, kann eine medizinische Untersuchung angeordnet werden. Das Wissen um das Alter ist insbesondere für den Entscheid wichtig, ob noch eine Schulpflicht besteht und/oder ob der bzw. die Minderjährige arbeiten darf (gemäss Art. 30 des Bundesgesetz über die Arbeit in Industrie, Gewerbe und Handel [Arbeitsgesetz], SR 822.11, dürfen Jugendliche in der Regel vor dem vollendeten 15. Altersjahr nicht beschäftigt werden).

Ist die Urteilsfähigkeit nicht gegeben, so die erwähnte Weisung, "entscheidet *allein das Kindeswohl* über die Frage einer weiteren Anwesenheit in der Schweiz oder die Rückführung zu den Eltern oder Erziehungsberechtigten". Die im Kanton zuständige Behörde, normalerweise die Vormundschaftsbehörde, beurteilt die Frage, ob ein Asylgesuch gestellt oder ob eine sofortige Heimkehr angeordnet werden soll. Der Kanton teilt dem BFF das Resultat seiner Beurteilung mit; dieses entscheidet zusammen mit der entsprechenden Vormundschaftsbehörde, welche Lösung für das Wohl des Kindes besser ist (bezüglich Rechtsstellung siehe im übrigen hinten S. 372f).

3. ASYLGESUCH AN DER GRENZE

3.1. ALLGEMEINES

Mit der Revision des Asylgesetzes durch den AVB vom 22.6.1990 sind die umstrittenen *Grenztore* (bezeichnete Grenzübergänge) abgeschafft worden, die sich als Fehlschlag erwiesen haben. Ein Asylgesuch kann neu *an jedem geöffneten Grenzübergang* gestellt werden (Art. 13a AsylG). Neben der Asylgesuchstellung im Ausland (Art. 13a und 13b AsylG) und im Inland für Personen mit einer Anwesenheitsbewilligung in der Schweiz (Art. 13f Abs. 1 AsylG) stellt dies den gesetzlichen Regelfall dar. Die Gesuchstellung am *Flughafen* ist ebenfalls ein Gesuch an der Grenze; allerdings gelten bestimmte Sonderregeln (siehe unten Ziff. 3.3.).

3.2. EINREISE

Nach bisherigem Recht konnte der Grenzbeamte in gewissen Fällen selber die Einreise bewilligen. Der AVB von 1990 hat auch hier eine Änderung gebracht: *Zuständig zur Erteilung und Verweigerung der Einreisebewilligung ist in jedem Fall das Bundesamt.* Der Grenzbeamte *muss* das Gesuch entgegennehmen und an das BFF weiterleiten.

3.2.1. Befragung an der Grenze

Wenn ein Asylsuchender oder eine Asylsuchende an der Grenze ein Gesuch einreicht, führt der Grenzbeamte führt zuerst nach einem Frageschema (Anhang 9 zur Weisung Asyl 21.1) eine Kurzbefragung, die als Grundlage des Einreiseentscheides durch den BFF dienen soll, zu folgenden Punkten durch: Personalien, Ausweispapiere, enge Beziehungen zu in der Schweiz oder in Drittstaaten lebenden Personen, Reisedokumente, Reiseweg, letzter Aufenthaltsstaat, Ausreisemotivation (Fluchtgründe), Gefängnisaufenthalte, frühere Aufenthalte oder Asylgesuche in der Schweiz oder in einem Drittsstaat. Wie allfällige Sprachprobleme dabei gelöst werden, ist unklar. Die Asylsuchenden werden ferner durch RIPOL überprüft, ein Computerfahndungssystem, dessen Datenbank ausgeschriebene Personen enthält (Haftbefehle, Aufenthaltsnachforschungen, Einreisesperren, Ausweisungen). Die Ausweise und Dokumente dürfen vom Grenzbeamten nicht eingezogen werden, sondern sind von den Asylsuchenden in der Empfangsstelle abzugeben. Der Beamte hat allerdings, sofern möglich, Kopien davon zu erstellen.

Danach benachrichtigt der Grenzbeamte telephonisch das BFF, das gleichentags über die Einreise entscheidet (siehe auch die Pikettnummern des BFF im Anhang 10 der Weisung Asyl 21.1 zum Asylgesetz; hinten S. 419 finden sich die wichtigsten Telefonnummern, unter denen man das BFF bei Problemen an der Grenze erreichen kann).

3.2.2. Fälle, in denen die Einreise bewilligt werden muss

Erteilt werden *muss* die Einreisebewilligung unter folgenden Voraussetzungen (Art. 13c AsylG):

- Es ist kein anderes Land *staatsvertraglich zur Behandlung* des Asylgesuches *verpflichtet*.

- Falls dies nicht der Fall ist, wird die Einreise bewilligt, wenn der Ausländer oder die Ausländerin, die an der Grenze um Asyl ersuchen, das zur Einreise erforderliche *Ausweispapier* oder *Visum* besitzen, oder

- der Ausländer bzw. die Ausländerin im Land, aus dem sie *direkt* in die Schweiz gelangt sind, aus einem Grund nach Art. 3 Abs. 1 AsylG gefährdet oder von unmenschlicher Behandlung bedroht erscheinen, oder glaubhaft machen können, dass das Land, aus dem sie direkt kommen, sie in Verletzung des Grundsatzes der Nichtrückschiebung zur Ausreise in ein Land zwingen würde, in dem sie gefährdet erscheinen.

- Schliesslich wird die Einreise auch bewilligt, wenn die Schweiz staatsvertraglich zur Behandlung des Asylgesuches verpflichtet ist, unabhängig davon, ob die andern Voraussetzungen erfüllt sind.

Bei den angesprochenen *Staatsverträgen* handelt es sich um sogenannte *Erstasylabkommen*. Bisher ist die Schweiz noch keinem solchen Abkommen beigetreten, allerdings dürfte die Schweiz in absehbarer Zeit dem *Dubliner Erstasylabkommen* beitreten (siehe dazu ausführlich vorne, S.

Einreise und Gesuchstellung 241

48ff). Bis dies soweit ist (voraussichtlich in einem bis zwei Jahren), spielt diese Bestimmung keine Rolle. Die *Schubabkommen* (siehe unten S. 252) hingegen verpflichten die Staaten nicht zur Asylgesuchsprüfung.

Die wenigsten Asylsuchenden werden die weitere Voraussetzung erfüllen und über die erforderlichen *Ausweispapiere oder Visa* verfügen. Für die Angehörigen praktisch aller "flüchtlingsproduzierender Staaten" besteht eine Visumspflicht. Überdies zeitigen die europäischen Harmonisierungsbestrebungen zur Vereinheitlichung der Visa-Politik (siehe vorne S. 48ff) erste Vorwirkungen: Im November 1990 hat der Bundesrat beschlossen, für Angehörige aus den Maghreb-Staaten die Visumspflicht einzuführen; gegenüber Osteuropäern war die Praxis schon früher verschärft worden. Der Ausländer oder die Ausländerin ist zudem an den im Visum festgelegten Zweck gebunden, d.h. das Visum muss *zum Zwecke der Asylgesuchseinreichung* ausgestellt worden sein, sonst wird die Einreise nicht bewilligt (Art. 2 Abs. 2 der Verordnung über die Einreise und Anmeldung der Ausländer vom 10.4.1946, SR 142.211). Wer nur ein *Touristenvisum* hat und in die Schweiz einreisen will, um im Landesinnern ein Asylgesuch zu stellen, muss damit rechnen, zurückgewiesen zu werden, wenn er bzw. sie nicht über genügend Mittel verfügt, um einen Ferienaufenthalt als glaubhaft erscheinen zu lassen.

Unter dem Land, aus dem der Ausländer *direkt* in die Schweiz gelangt, ist ein Nachbarstaat zu verstehen (Art. 4 Abs. 1 AsylVE; für den Spezialfall Flughafen siehe unten). Eine unmittelbare Gefährdung in einem Nachbarstaat ist aber momentan kaum denkbar. Allerdings wäre die Lage neu zu prüfen, wenn z.B. ein Nachbarstaat die Todesstrafe wieder einführen würde.
   Das Gesetz schreibt weiter die Prüfung vor, ob nicht der Nachbarstaat allenfalls unter Verletzung des Refoulement-Verbotes Asylsuchende in ihre Heimatstaaten zurückschickt, wo ihnen Folter oder unmenschliche Behandlung droht; falls konkrete Anzeichen dafür bestehen, muss die Einreise bewilligt werden. Allerdings wird im Einzelfall keine Zusicherung des Nachbarstaates eingeholt, dass dieser Asylsuchende nicht ohne Überprüfung der Gefährdung abschiebt, und es sind daher schon Fälle vorgekommen, wo Flüchtlinge ohne Abklärung des Risikos heimgeschafft wurden (siehe die Fälle und die Kritik der herrschenden Praxis bei *Gattiker*, Aus den Augen, aus dem Sinn, S. 10ff).

Bezüglich der Folgen einer Bewilligung oder Verweigerung der Einreise siehe unten, Ziff. 3.2.4. und 3.2.5.).

3.2.3. Fälle, in denen die Einreise bewilligt werden kann

Gemäss Art. 13c Abs. 3 kann der Bundesrat weitere Fälle bestimmen, in denen die Einreise bewilligt wird. Art. 4 Abs. 2 AsylVE regelt, in welchen Fällen das Bundesamt die Einreise bewilligen *kann*:

- Wenn ein Gesuchsteller oder eine Gesuchstellerin *enge Beziehungen* zu Personen hat, die in der Schweiz leben, oder

- nicht direkt an die Schweizergrenze gelangt ist, aber glaubhaft macht, er bzw. sie habe den Herkunfts- oder Heimatstaat aus einem Grund nach Art. 3 Abs. 1 AsylG verlassen, und *nachweist*, dass er bzw. sie ohne Verzug an die Schweizer Grenze gelangt ist.

Festzuhalten ist also, dass Asylsuchende, die auf dem Landweg an die Schweizer Grenze gelangt sind, *keinen Anspruch* auf Einreise haben, wenn sie ohne erforderliche Papiere kommen; *auch echte Flüchtlinge können rechtmässig an der Grenze zurückgewiesen werden,* da sie nicht direkt aus dem Verfolgerstaat oder einem Staat, der den Grundsatz der Nichtrückschiebung verletzt, kommen.

Die "kann-Formulierung" weist darauf hin, dass es sich bei der Einreisebewilligung in diesen Fällen um einen *Ermessensentscheid* handelt. Das bedeutet aber nicht, dass die Verwaltung nach Belieben entscheiden kann. Ermessen bedeutet immer auch *pflichtgemässes Ermessen*. Bei dessen Ausübung sind alle gesetzlichen und verfassungsrechtlichen Rechtsgrundsätze zu beachten, insbesondere das Rechtsgleichheitsgebot. So wird das Ermessen rechtsfehlerhaft ausgeübt, wenn grundsatzlos bald so und bald anders entschieden wird (BGE 98 Ia 466). Rechtsfehlerhaft wird es auch ausgeübt, wenn die für den Entscheid wesentlichen Sachverhaltselemente nicht genügend abgeklärt werden (100 Ib 367). Notwendig wäre, dass das BFF Richtlinien erlassen würden, unter welchen Voraussetzungen Asylsuchenden, die sich an der Grenze melden, die Einreise bewilligt wird.

Die *Praxis* orientiert sich nach einer Auskunft des Delegierten (heute BFF) ungefähr an folgenden Grundsätzen:

- Unter "enge Beziehungen zu Personen, die in der Schweiz leben" versteht das BFF die Familie im engeren Sinn (Ehegatten, minderjährige Kinder); kumulativ - dies ist allerdings durch den Wortlaut nicht abgedeckt - erforderlich ist eine Gefährdung im Herkunftsland. So genügt beispielsweise nicht für eine Einreisebewilligung, dass eine Frau geltend macht, sie selber sei nicht verfolgt, aber ihr Mann sei in der Schweiz, wenn das Gesuch ihres Mannes hier erstinstanzlich schon abgelehnt worden ist. Wenn hingegen die Person, die in der Schweiz lebt, anerkannter Flüchtling ist, ist die Praxis grosszügiger und erlaubt auch andern Verwandten (Brüdern, Eltern) die Einreise.

- "Ohne Verzug an die Schweizer Grenze gelangen" bedeutet rasche Durchquerung von Drittländern in der stetigen Absicht, in der Schweiz ein Asylgesuch zu stellen. Dies ist aufgrund der geänderten Asylverordnung neu *nachzuweisen* (Art. 4 Abs. 2 lit. b AsylVE; früher genügte Glaubhaftmachung), etwa durch Reisebelege. Das Bundesamt geht offenbar davon aus, dass Menschen auf der Flucht Fahrkarten etc. aufbewahren. Damit wird die Möglichkeit der legalen Einreise noch weiter erschwert. Problematisch ist auch, wie generell bei der Befragung an der Grenze die Tatsache, dass es oft aus sprachlichen Gründen kaum möglich sein dürfte, sich über die Glaubhaftmachung der Aussagen klar zu werden. Ein Dolmetscher dürfte selten zur Verfügung stehen. Da sich in diesen Fällen der Sachverhalt nur ungenügend abklären lässt, sollte die Bewilligung zur Einreise in allen Zweifelsfällen erteilt werden.

Zu wünschen ist, dass die Praxis des BFF in eine Verwaltungsverordnung gekleidet wird; dies würde einerseits eine rechtsgleiche Anwendung garantieren, anderseits auch die Rechtssicherheit für die Asylsuchenden erhöhen und vielleicht mehr dazu bewegen, ihr Gesuch an der Grenze einzureichen. Heute ist es jedenfalls so, dass der *weitaus grösste Teil der Asylsuchenden* das Gesuch nicht an der Grenze einreicht, sondern illegal in die Schweiz einreist (siehe dazu unten S. 250ff).

3.2.4. Einreisebewilligung

Bei Bewilligung der Einreise durch das Bundesamt stellt der Grenzbeamte einen zeitlich befristeten Passierschein aus (vgl. Anhang 2 zur Weisung Asyl 21.1) und weist die Asylsuchenden an eine Empfangsstelle, wo sie sich innert 24 Stunden zu melden haben (Art. 4 Abs. 3 AsylVE). Auf dem Passierschein wird auf die Folgen verspäteter Meldung hingewiesen: Eine solche kann zur Folge haben, dass auf das Asylgesuch nicht eingetreten und der sofortige Vollzug der Wegweisung angeordnet wird (siehe dazu S. 292ff und S. 301ff). Mittellosen Asylsuchenden wird bei Bedarf ein Transportgutschein ausgehändigt.

3.2.5. Einreiseverweigerung

Fehlen die Voraussetzungen (d.h. in der Praxis meist das erforderliche Visum), verweigert das Bundesamt die Einreise. Der Grenzposten ist *verpflichtet* darauf hinzuweisen, dass die Abgewiesenen ein Asylgesuch bei einer schweizerischen Vertretung im Ausland einreichen können (Art. 5 Abs. 1 AsylVE). Das Verfahren richtet sich dann nach Art. 13b AsylG (siehe unten S. 255ff). Asylsuchende erhalten ein Merkblatt mit diesen Angaben (Anhang 5 zur Weisung Asyl 21.1.), das die Adressen der schweizerischen Vertretungen im benachbarten Ausland enthält. Der weitere Verlauf des Verfahrens ist allerdings wenig aussichtsreich, da die Voraussetzungen für einen ablehnenden Endentscheid gemäss Art. 6 AsylG geschaffen werden (siehe S. 154ff).

Entscheide über Asylgesuche an der Grenze gelten als sofort vollstreckbare Verfügungen im Sinne von Art. 3 lit. f VwVG. Infolgedessen findet das VwVG und dessen Verfahrensgrundsätze wie Eröffnung, Begründung etc. keine Anwendung (zur Rechtsvertretung an den Grenzen siehe im übrigen hinten S. 358). Umstritten ist, ob gegen die Verweigerung der Einreise Beschwerde erhoben werden kann. So kommt die *Petitions- und Gewährleistungskommission des Nationalrates* in ihrem Bericht vom 13.1.1989 (Amtl. Bull. NR 1989, S. 571) zum Schluss, bei der Einreiseverweigerung handle es sich nicht um eine Verfügung i.S. von Art. 5 VwVG, daher könne dagegen auch keine Beschwerde erhoben werden. Die Lehre ist anderer Ansicht (*Gattiker*, ASYL 1988/1, S. 8; *Kälin*, Grundriss, S. 279; *Sulger-Büel*, Vollzug von Fernhalte- und Entfernungsmassnahmen gegenüber Fremden, Zürich 1984, S. 82; *Thürer*, S. 1365). U.E. bedeutet die Anwendbarkeit von Art. 3 lit. f VwVG zwar, dass gewisse Verfahrensgarantien nicht gelten; es ist aber kein Grund ersichtlich, wieso gegen die Verweigerung der Einreise nicht Beschwerde geführt werden könnte. Die Massnahme kann ja mangels aufschiebender Wirkung einer Beschwerde trotzdem sofort vollzogen werden; eine nachträgliche Kontrollmöglichkeit bietet mehr Gewähr für eine richtige Rechtsanwendung in den Grenzübergängen. Chancen werden allerdings die wenigsten Beschwerden haben.

Wer an der Grenze zurückgewiesen wird, erhält in der Regel den sogenannten *R-Stempel* in seinen Pass (R für Refoulé). Damit soll die Personenkontrolle durch die Fremdenpolizei erleichtert werden. Der R-Stempel ist sehr umstritten; nach Auffassung der *Petitions- und Gewährleistungskommission des Nationalrates* hat diese Massnahme diskriminatorischen Charakter. Der Stempel wecke schlimme Assoziationen mit dem Judenstempel und klassifiziere den Träger im internationalen Verkehr zu einem Menschen minderer Klasse (Amtl. Bull. NR 1989, S. 573; siehe auch a.a.O. S. 574ff). Der R-Stempel wird wohl in nächster Zeit abgeschafft und durch eine andere Lösung (Informatik) ersetzt werden.

> **1988** wurden an den bezeichneten Grenzübergängen offiziell **277** Gesuche registriert (plus 198 an Flughäfen). In *67%* der Fälle wurde die Einreise bewilligt. Die Gesamtzahl der 1988 eingereichten Gesuche betrug 16'726.
>
> **1989** wurden an den Grenzübergängen **682** Gesuche eingereicht (plus 306 an Flughäfen). Die Einreise wurde in *32%* der Fälle bewilligt. Die Gesamtzahl der Asylgesuche 1989 betrug 24'425.
>
> **1990** waren es **538** Gesuche an der Grenze (dazu kommen 468 Gesuche an Flughäfen). Die Einreise wurde in *51%* der Fälle bewilligt. Die Gesamtzahl der Gesuche betrug 1990 35'836.
>
> (Quelle: BFF)

3.3. ASYLGESUCHE AN FLUGHÄFEN

3.3.1. Grundsätze

Bei Flughäfen handelt es sich auch um Grenzübergänge; Art. 13d Abs. 1 AsylG verweist auf die Regeln von Art. 13c AsylG. Grundsätzlich gelten daher die *gleichen Einreisebedingungen* wie bei Personen, die auf dem Landweg an die Schweizergrenze gelangen. Es gibt also Fälle, in denen die Einreise bewilligt werden muss, und Fälle, in denen die Bewilligung erteilt werden kann (oben, Ziff. 3.2.2. und Ziff. 3.2.3.).

Zuständig zum Entscheid über die Einreise ist auch hier nur das Bundesamt. Bei Asylgesuchen an Flughäfen besteht aber die spezielle Situation, dass Asylsuchende u.U. direkt in den Heimatstaat zurückgeschafft werden. Daher sieht das Asylgesetz bezüglich Wegweisung besondere Regeln vor. Entscheidend für die Rechtsanwendung ist, ob ein Gesuchsteller bzw. eine Gesuchstellerin in einen Drittstaat weggewiesen werden kann oder ob der Vollzug der Wegweisung in den Herkunftsstaat angeordnet wird. Im Gegensatz zum Verfahren an der Grenze, wo bei Einreiseverweigerung das Asylgesuch neu bei einer schweizerischen Auslandvertretung eingereicht werden kann, gilt bei der Gesuchstellung am Flughafen, dass das Verfahren auch bei Einreiseverweigerung seinen Fortgang nimmt; es kann vom Ausland her *fortgesetzt* werden (Art. 5 Abs. 2 AsylVE).

3.3.2. Voraussetzungen

Bei den Voraussetzungen, unter denen eine Einreisebewilligung erteilt werden *muss*, ist speziell zu erwähnen, dass unter dem Land, aus dem der Gesuchsteller bzw. die Gesuchstellerin *direkt* eingereist ist, der Staat zu verstehen ist, aus dem der Abflug in die Schweiz erfolgt ist (Art. 4 Abs. 1 AsylVE). Auch bei dazwischenliegenden kurzen Transitaufenthalten in andern Flughäfen bleibt die Anreise eine direkte im Sinne des Gesetzes. Wenn es sich beim Abflugstaat um den Verfolgerstaat handelt, ist in diesen Fällen die Einreise also zu bewilligen, wenn Asylsuchende die Gefährdung glaubhaft machen können, auch wenn sie nicht über das notwendige Visum verfügt. In übrigen werden auch Asylsuchende, die auf dem Luftweg in die Schweiz einreisen, selten über die nötigen Papiere, insbesondere das Visum zwecks Asylgesuchseinreichung, verfügen (siehe oben Ziff. 3.2.2.).

Seit 1.2.1988 gilt für Staatsangehörige von Afghanistan, Angola, Äthiopien, Bangladesh, Chile, Ghana, Iran, Pakistan, Sri Lanka und Zaire eine Transitvisumspflicht, d.h. sie brauchen für einen Transitaufenthalt (Aufenthalt zum Weiterflug vom gleichen Flughafen aus) ebenfalls ein Visum (Art. 2 Abs. 4 der Verordnung über Einreise und Anmeldung der Ausländer, SR 142.211). Die Behörden sind teilweise sogar dazu übergegangen, die Passagiere schon an der Flugzeugtüre zu kontrollieren, damit Ausländer ohne gültiges Transitvisum nicht aussteigen können, weil andere Staaten offenbar Transitaufenthalte schon als "Einreise" ansehen und dann die Asylsuchenden in die Schweiz zurücksenden, obwohl eigentlich der Zielflughafen zuständig wäre (*Tages Anzeiger* vom 15.4.1989). Dabei kann die Situation entstehen, dass Flüchtlinge von Land zu Land geschoben werden. Ein solches Verhalten könnte nach der Praxis zu Art. 3 EMRK eine unmenschliche Behandlung darstellen (*Kälin*, Non-refoulement, S.179) und den Flüchtenden ein Recht auf Einreise zwecks Asylgesuchseinreichung geben.

Fluggesellschaften, die Passagiere ohne gültige Visa transportieren, sind verpflichtet, diese auf ihre Kosten wieder zurückzufliegen. Diese Pflicht ergibt sich aus Anhang 9 des Abkommens über die internationale Zivilluftfahrt von Chicago vom 7.12.1944 (zur Rolle der Fluggesellschaften allgemein siehe The Role of Airline Companies in the Asylum Procedure, Hrsg. Danish Refugee Council, Kopenhagen 1988; deutsche Übersetzung in: ZDWF-Schriftenreihe Nr. 34, Dokumention zur Tagung "Sichtvermerkspflicht, Sanktion gegen Beförderungsunternehmen und Asylrecht", Bonn 1989, Anhang I).

3.3.3. Verfahren

Die zuständige Behörde (Flughafenpolizei) nimmt die nötigen Abklärungen vor (Überprüfung der Personalien durch RIPOL, Feststellung des Reiseweges). In jedem Fall, ob die Einreise bewilligt wird oder nicht, findet eine erkennungsdienstliche Behandlung statt (Art. 13d Abs. 1 AsylG; Weisung Asyl 21.2, Ziff. 1.3). Weiter überprüft die Flughafenpolizei die Möglichkeit einer Weiterreise in einen Drittstaat. Daraufhin setzt sie sich mit dem (gemäss Piketliste) zuständigen Beamten des BFF in Verbindung. Entweder bewilligt dieses die Einreise sofort oder aber es ordnet eine *Befragung* an, die durch die Flughafenpolizei durchgeführt wird. Anhand eines Frageschemas (Anhang 3 zur Weisung Asyl 21.2) werden die Personalien aufgenommen in etwa die gleichen Fragen gestellt, wie beim Verfahren an der Grenze (siehe oben Ziff. 3.2.1.), also auch Fragen zu den Asylgründen und Beziehungen zu in der Schweiz oder in einem Drittstaat lebenden Personen und zum Reiseweg. Gefragt wird insbesondere, was der Gesuchsteller bzw. die Gesuchstellerin bei einer allfälligen Rückkehr konkret zu befürchten hätte, und es werden Erkenntnisse über nächste Rück- oder Weiterflugsmöglichkeiten aufgenommen. Die Flughafenpolizei muss dabei, sofern nötig, einen Dolmetscher resp. eine Dolmetscherin beiziehen. Obwohl es sich um eine voll ausgebaute Befragung handelt, sind Hilfswerksvertreterinnen oder Hilfswerksvertreter nicht anwesend. Insgesamt finden die Vorschriften von Art. 15 und 15a AsylG keine Anwendung (Weisung Asyl 21.2, Ziff. 3.3). Von den Asylsuchenden wird eine Ermächtigung eingeholt, Auskünfte bei ausländischen Asylbehörden einholen zu können (Weisung Asyl 21.2, Anhang 3). Nach Abschluss der Befragung wird das Protokoll umgehend dem BFF übermittelt. Dieses entscheidet gestützt darauf über die Einreise.

3.3.4 Einreisebewilligung

Die Einreise kann entweder aufgrund der ersten Erhebungen oder nach der Befragung (siehe oben) bewilligt werden, und zwar aufgrund der Kriterien für die Einreise an der Grenze (oben Ziff. 3.2.). Die Asylsuchenden werden in die nächstgelegene Empfangsstelle gewiesen, und es wird ihnen von der Flughafenpolizei ein zeitlich befristeter Passierschein ausgestellt, mit der Aufforderung sich innert 24 Stunden bei der Empfangsstelle zu melden. Die Identitäts- und Reisepapiere sind erst in der Empfangsstelle abzugeben (vgl. im übrigen oben Ziff. 3.2.4).

3.3.5. Einreiseverweigerung

- Asylsuchende werden gemäss Art. 13d Abs. 2 AsylG vom Bundesamt *vorsorglich weggewiesen*, wenn die Weiterrreise *in einen Drittstaat* möglich, zulässig und zumutbar ist, namentlich wenn

> "a. dieser Staat vertraglich für die Behandlung des Asylgesuches zuständig ist;
> b. sich der Gesuchsteller dort vorher einige Zeit aufgehalten hat oder
> c. dort nahe Angehörige oder andere Personen leben, zu denen der Gesuchsteller enge Beziehungen hat".

Diese Bestimmungen entsprechen den Voraussetzungen an eine vorsorgliche Wegweisung während des Verfahrens (siehe dazu hinten S. 331ff). Damit wird dem Umstand Rechnung getragen, dass für Asylsuchende, die mit dem Flugzeug in die Schweiz gekommen sind und nicht in den Herkunftsstaat zurückgebracht werden, die gleiche Rechtslage gilt, wie für Asylsuchende, die auf dem Landweg gekommen sind. Der Gesuchsteller bzw. die Gesuchstellerin erhält einen schriftlichen Entscheid, dessen Empfang er bestätigen muss. Dabei ist die vorsorgliche Wegweisung gemäss Art. 13d Abs. 3 AsylG sofort vollstreckbar, wenn das Bundesamt nichts anderes verfügt. Ob die Wegweisung beim EJPD oder als bei der Rekurskommission anzufechten ist, ist nicht klar (vgl. *Kälin*, Grundriss, S. 279f), der Entscheid jedenfalls muss im Ausland abgewartet werden; die Erfolgsaussichten sind äusserst gering. Wie bereits erwähnt, läuft das Asylverfahren im Prinzip weiter. Melden sich die Asylsuchenden allerdings nicht binnen 10 Tagen bei einer schweizerischen Vertretung, wird das Asylgesuch als gegenstandslos abgeschrieben (Art. 5 Abs. 2 AsylVE). Wenn bei einem künftigen Erstasylabkommen ein anderer Staat zur Gesuchsprüfung zuständig ist, kann nach der Wegweisung auch ein Nichteintretensentscheid gefällt werden (Art. 16 Abs. 1 lit. c).

Unter Umständen kann der Vollzug der *Wegweisung in den Heimat- oder Herkunftsstaat* angeordnet werden. Voraussetzung dafür ist, dass die Asylsuchenden die Gefährdung im Herkunftsstaat, aus dem sie direkt an

Einreise und Gesuchstellung

gereist sind, nicht haben glaubhaft machen können und dass sich kein Drittstaat findet, der die Asylsuchenden zurücknimmt oder aufnimmt. Dies ist in der Regel immer dann der Fall, wenn die Asylsuchenden über kein Visum für einen Drittstaat verfügen (vgl. oben Ziff. 3.3.2.). Da ein Flüchtling so unter Umständen direkt in den Verfolgerstaat zurückgeflogen wird, kann ein Fehlentscheid fatale Folgen haben. Besondere Anforderungen sind daher an die Verfahrensgarantien zu stellen. Das Gesetz sieht daher für solche Fälle vor, dass der Vollzug der Wegweisung ins Herkunftsland nur angeordnet werden kann, wenn dem Gesuchsteller dort nach der *übereinstimmenden Auffassung des BFF und des UNHCR offensichtlich keine Verfolgung droht* (Art. 13d Abs. 4 AsylG). Das gleiche muss gelten, wenn die Gefahr besteht, dass der Staat, in den weggewiesen wird, das non-refoulement-Prinzip verletzt und die Rückschaffung in den Verfolgerstaat vornimmt. In der Regel wird das UNHCR vom BFF per Telefax kontaktiert und zu einer Stellungnahme aufgefordert. Das UNHCR kann den Asylsuchenden über die Flughafenbehörden Zusatzfragen stellen lassen oder ihnen durch *eigene Vertreter* Fragen stellen lassen. Falls das UNHCR die Auffassung des BFF teilt, kann das Bundesamt das Asylgesuch ablehnen und gestützt auf Art. 15d Abs. 4 AsylG die Wegweisung sofort vollziehen. Falls das UNHCR zu einem andern Schluss als das BFF kommt, wird die Einreise durch das Bundesamt bewilligt, falls die Betroffenen nicht in einen Drittstaat weggewiesen werden können. Sie werden in eine Empfangsstelle gewiesen.

Die Adressen der vom UNHCR beauftragten Juristinnen und Juristen finden sich im Anhang, hinten S. 421. Die Vertreter und Vertreterinnen des UNHCR können indessen von jedermann, insbesondere von den Betroffenen selbst, eingeschaltet werden.

1988 wurden an Flughäfen **198** Asylgesuche gestellt; die Einreise wurde in *51%* der Fälle bewilligt.

1989 waren es **306** Gesuche an Flughäfen; bewilligt wurde die Einreise noch in *36%* der Fälle.

1990 schliesslich waren es **468** Gesuche an Flughäfen; die Quote der Einreisebewilligungen belief sich nur noch auf *30%* der Fälle.

(Quelle: BFF)

4. ASYLGESUCH IM INLAND

Bei Asylgesuchen im Inland sind drei Konstellationen auseinanderzuhalten:

4.1. AUSLÄNDER MIT KANTONALER ANWESENHEITSBEWILLIGUNG

Bei Ausländerinnen und Ausländern, die sich mit einer *kantonalen Anwesenheitsbewilligung* in der Schweiz befinden (Niedergelassene, Jahresaufenthalter) kann es vorkommen, dass während ihres Aufenthaltes asylbegründende Umstände eintreten (z.B. bei einem Umsturz im Heimatland). Flüchtlinge aufgrund solcher sog. Nachfluchtgründe (siehe dazu S. 111ff und S. 168f) werden als *réfugiés sur place* bezeichnet. Das Asylgesuch ist in diesem Fall an die zuständige Behörde - in der Regel die Fremdenpolizei - des Kantons zu richten, von dem sie ihre Anwesenheitsbewilligung erhalten haben (Art. 13f Abs. 2 AsylG). Der bisherige Aufenthaltskanton bleibt für die Dauer des Asylverfahrens zuständig. Die Aufenthaltsbewilligung bleibt hierbei gültig und kann gemäss den gewöhnlichen fremdenpolizeilichen Bestimmungen verlängert werden (Art. 12f Abs. 3 AsylG).

Die kantonale Behörde übernimmt im übrigen alle Funktionen, die sonst der Empfangsstelle vorbehalten sind: Sie macht die erkennungsdienstliche Behandlung, zieht Identitätspapiere und andere Dokumente ein und stellt die Bescheinigung über das Asylgesuch aus. Der Ausländerausweis muss während der Dauer des Asylverfahrens deponiert werden. Die kantonale Behörde teilt den Asylsuchenden das "Merkblatt für Asylsuchende" aus, auf dem auf die Verfahrensrechte und Verfahrenspflichten hingewiesen wird und führt eine Befragung durch (praktisch gleiches Schema wie in der Empfangsstelle, siehe unten S. 262f).

Asylgesuche von Personen, die sich *im Gefängnis* befinden (Untersuchungshaft, Strafvollzug), werden nach der Praxis *beim BFF eingereicht*; es handelt sich dabei um einen Sonderfall.

4.2. LEGAL EINGEREISTE

Für Ausländer und Ausländerinnen, die zwar legal eingereist sind, aber *keine Anwesenheitsbewilligung* besitzen (Touristen, Geschäftsreisende, Künstler, Sportler) gelten für die Einreichung des Gesuches die gleichen Regeln wie für illegal eingereiste Asylsuchende (siehe unten). Sie haben

Einreise und Gesuchstellung 251

ihr Asylgesuch bei einer Empfangsstelle einzureichen (Art. 6 Abs. 1 AsylVE). Die Behörde, bei der sich die Asylsuchenden melden (meist die Polizei), stellt die Personalien fest, weist sie der nächstgelegenen Empfangsstelle zu, bei der sie sich innert 24 Stunden zu melden haben, und zieht die Ausweispapiere ein, die dann der Empfangsstelle zustellt werden (Art. 6 Abs. 2 AsylVE). Die Empfangsbescheinigung dient als zeitlich befristeter Passierschein.

4.3. ILLEGAL EINGEREISTE

4.3.1. Einreichung des Asylgesuches

Im Gesetz ist der Fall der Asylgesuchseinreichung durch illegal Eingereiste nicht vorgesehen, obwohl dies den Regelfall darstellt. Art. 13f AsylG ermächtigt aber den Bunderat, für die "übrigen Fälle" - worunter eben die illegal Eingereisten fallen - das Verfahren zu regeln und festzulegen, wo das Gesuch einzureichen ist. Art. 6 AsylVE enthält die Ausführungsbestimmungen: Illegal Eingereiste müssen ihr Asylgesuch bei einer Empfangsstelle einreichen (Abs. 1). Meldet sich der Ausländer oder die Ausländerin aber zuerst bei einer kantonalen oder eidgenössischen Behörde, müssen diese zunächst die Personalien feststellen und die Asylsuchenden der nächstgelegenen Empfangsstelle zuweisen. Schliesslich haben sie ihnen einen zeitlich befristeten Passierschein auszustellen (Abs. 2). Die Asylsuchenden sind verpflichtet, sich innert 24 Stunden in der Empfangsstelle zu melden (Abs. 3); läuft die Frist an einem Samstag, Sonntag oder Feiertag aus, wird sie auf den nächsten Werktag verlängert. Die Reise- und Identitätspapiere sind erst in der Empfangsstelle abzugeben; auch die erkennungsdienstliche Behandlung findet erst dort statt (siehe im übrigen auch oben für die über einen Grenzposten eingereisten, S. 243).

4.3.2. Anhaltung bei illegaler Einreise

Gemäss Art. 13e Abs. 1 AsylG wird ein Gesuchsteller, wenn er "bei der illegalen Einreise im grenznahen Raum angehalten" wird, von den kantonalen Polizeiorganen den zuständigen Behörden des Nachbarstaates übergeben. Falls aber die Übergabe an den Nachbarstaat nicht möglich ist oder wenn der Gesuchsteller dort nach einem Grund von Art. 3 Abs. 1 AsylG gefährdet oder von unmenschlicher Behandlung bedroht erscheint (ein sehr unwahrscheinlicher Fall), wird er an eine Empfangsstelle gewiesen. In Fällen illegaler Anhaltung ist also das Bundesamt für Flüchtlinge, obwohl es sich um Asylsuchende handelt, nicht beteiligt. Bei der Übergabe an den Nachbarstaat handelt es sich um eine sofortige Rückweisung ohne förmliches Verfahren (*Gattiker*, Aus den Augen, aus dem Sinn, S. 7).

Was unter den Begriffen "*bei* der illegalen Einreise" und "grenznaher Raum" zu verstehen ist, erläutert die Botschaft zum AVB (BBl 1990 II 630) folgendermassen:

> "In räumlicher Hinsicht findet das Verfahren nach Artikel 13e in einem Gebiet Anwendung, in dem regelmässig Aufgaben der Grenzüberwachung wahrgenommen werden. In der Regel handelt es sich dabei um eine Zone von einigen hundert Metern bis wenigen Kilometern, was jedoch von der jeweiligen Topographie des Grenzverlaufs abhängig ist. In zeitlicher Hinsicht muss zwischen der Anhaltung und dem illegalen Grenzübertritt ein klarer Zusammenhang bestehen, was nichts anderes heisst, als dass der illegal Einreisende 'in flagranti' angehalten wird".

Sofern die Rückgabe unter diesen Voraussetzungen *möglich* ist, wird sie durchgeführt. Dabei ist die Rückschiebung nach Frankreich, der BRD und Österreich aufgrund der sogenannten Schubabkommen in der Regel immer möglich (vgl. vorne S. 52 und hinten S. 333). Werden Asylsuchende in den Nachbarstaat zurückgeschafft, informieren sie die Polizeiorgane vorher mit einem Merkblatt über den nächstgelegenen bezeichneten Grenzübergang, wo das oben (Ziff. 3.2.) beschriebene Verfahren seinen Lauf nimmt. Zurückgeschaffte Asylsuchende erhalten in der Regel einen "R-Stempel" in ihren Pass (siehe oben Ziff. 3.2.5.).

Falls die Übergabe an den Nachbarstaat *nicht möglich* ist, werden Asylsuchende in eine Empfangsstelle eingewiesen, ebenso wenn sie im Nachbarstaat gefährdet wären (Art. 13e Abs. 2 AsylG). Alle unsere Nachbarländer sind zwar an das non-refoulement-Gebot gebunden, es ist allerdings bekannt, dass sie ab und zu Rückschiebungen ohne weitere Überprüfung vornehmen (*Gattiker*, Aus den Augen, aus dem Sinn, S. 10ff). Die übergebenden Grenzorgane haben in so einem Fall sicherzustellen, dass die Nachbarstaaten Kenntnis vom Willen der Asylsuchenden erhalten, dass diese ein Asylgesuch stellen wollen.

Asylsuchende, die sich nach erfolgter illegaler Einreise an eine Polizeibehörde wenden und sich *nicht mehr in der Grenzzone* befinden, werden zwecks Einreichung des Asylgesuches an die nächstgelegene Empfangsstelle gewiesen. Die illegale Einreise hat also nur Konsequenzen, wenn Asylsuchende unmittelbar im grenznahen Raum angehalten werden. Allerdings sind *Wegweisungen während des Verfahrens* auch später möglich

Einreise und Gesuchstellung

(Art. 19 Abs. 2 AsylG; siehe hinten S. 331ff). Illegal eingereiste Asylsuchende können zudem u.U. strafrechtlich belangt werden (siehe unten*).*

> Weitaus der grösste Teil der Asylsuchenden reist illegal in die Schweiz ein:
>
> **1989** haben bloss **988** von **24'425** Asylsuchenden ihr Gesuch an der Grenze eingereicht
>
> **1990** haben **1'006** Asylsuchende an der Grenze ein Asylgesuch gestellt, bei einer Gesamtzahl von **35'836** Gesuchen

Dazu, wie die Asylbewerberinnen und Asylbewerber überhaupt in die Schweiz gelangen, insbesondere über Schlepperorganisationen, siehe u.a. *Bucher/Hartmann*, Flucht, Luzern 1988, Nr. 31 und die Beiträge im Buch "Reise der Hoffnung, Flucht, Schleppertum und schweizerische Asylpolitik, Zürich 1990). Dies besagt aber nichts darüber, ob es sich dabei um "echte Flüchtlinge" handelt oder nicht, vgl. die Untersuchung von 76 Asylerteilungen im Jahre 1986: Höchstens 19 von diesen anerkannten Flüchtlingen sind seinerzeit legal eingereist (*Stöckli*, Die kantonalen Protokolle als Basis für einen Asylentscheid, ASYL 1987/1, S. 13). Mangels erforderlicher Papiere ist es für die meisten Asylsuchenden die einzige Möglichkeit, überhaupt in der Schweiz ein Asylgesuch stellen zu können. Das Risiko, an der Grenze zurückgewiesen zu werden, dürfte zu gross sein.

4.4. EXKURS: BESTRAFUNG WEGEN ILLEGALER EINREISE

LITERATUR: *Grahl-Madsen*, Bd. II, S. 195ff; *Lieber*, Zur Bestrafung illegal eingereister Asylbewerber, ASYL 1986/1, S. 2ff; *Robinson*, S. 151ff; *Stöckli*, Bestrafung von Asylbewerbern wegen illegaler Einreise - die Praxis der Kantone, ASYL 1987/3, S. 10ff; *derselbe*, Bestrafung wegen illegaler Einreise - Ende in Sicht?, ASYL 1988/2, S. 14f.

Gemäss Art. 23 Abs. 1 ANAG kann unter anderem mit Gefängnis und eventuell zusätzlich mit Busse bis zu 10'000 Franken bestraft werden, wer rechtswidrig das Land betritt. Darunter fallen alle Asylsuchenden, die unter Umgehung der Grenzübergänge ohne gültige Papiere in die Schweiz einreisen. Indessen wird *nicht jeder und jede illegal Eingereiste bestraft*. Einerseits enthält das ANAG selber einen Strafausschliessungsgrund: Nach Art. 23 Abs. 3 sind in die Schweiz Geflüchtete straflos, wenn die Art und Schwere der Verfolgung den rechtswidrigen Grenzübertritt rechtfertigen. Die Tragweite dieser Bestimmung ist allerdings unklar (*Lieber*, ASYL 1986/1, S. 3).

Andererseits enthält auch die Flüchtlingskonvention (siehe dazu vorne S. 40ff) einen Ausschlussgrund: Nach Art. 31 Ziff. 1 ergreifen die vertragsschliessenden Staaten wegen illegaler Einreise oder unrechtmässigen Aufenthaltes keine Strafmassnahmen *gegen Flüchtlinge*, die *unmittelbar* aus einem Gebiet kommen, wo ihr Leben oder ihre Freiheit im Sinne von Art. 1 bedroht war, sofern sie sich *unverzüglich* den Behörden stellen und *triftige Gründe* für ihre illegale Einreise oder Anwesenheit darlegen. Dieser Ausschlussgrund ist unmittelbar anwendbar (BGE vom 14.12.1988, i.S. F.B., abgedruckt in ASYL 1989/1, S. 13f).

- Der Strafausschluss setzt also voraus, dass es sich beim Ausländer bzw. der Ausländerin um einen *Flüchtling* im Sinne der Flüchtlingskonvention handelt. Nach heutiger Praxis wird die Flüchtlingseigenschaft vorfrageweise von den Gerichten überprüft (BGE vom 21.8.1986 i.S. F.u.C., BGE 112 IV 115; siehe die Kritik bei *Lieber*, ASYL 1986/1, S. 3 und *derselbe*, ASYL 1987/1, S. 14).

- Weiter vorausgesetzt ist eine *unmittelbare Einreise* aus dem Verfolgerland. Als solche gilt nicht nur die direkte Einreise aus dem Nachbarstaat, sondern auch die Durchreise durch Transitstaaten ohne längere Unterbrüche (so auch die Ansicht des UNHCR, siehe *Stöckli*, ASYL 1988/2, S. 14). Massgebend ist der Zeitablauf zwischen Verlassen des Verfolgerlandes und illegalem Grenzübertritt. Für das schweizerische Recht kann auf Art. 6 AsylG und Art. 2 AsylVE verwiesen werden, wonach bei 20 Tagen Aufenthalt in einem Drittstaat noch von einer direkten Einreise auszugehen ist. Die Frage, was als unmittelbare Einreise gilt, ist allerdings vom Bundesgericht bisher offengelassen worden.

- Der Flüchtling muss sich weiter *unverzüglich* bei den Behörden des Zufluchtstaates melden. Nach Ansicht des UNHCR gibt es unter Berücksichtigung der besonderen Situation eines Flüchtlings, im besonderen der häufigen Angst vor Behörden, Sprachproblemen, Informationsmangel und allgemeiner Unsicherheit und der Tatsache, dass diese und andere Umstände von einem Flüchtling zum andern stark variieren können, keine genaue Zeitlimite (zitiert nach BGE vom 14.12.1989 i.S. F.B., ASYL 1989/1, S. 14). Die Schweizer Praxis ist hier sehr streng: Im Entscheid vom 14.12.1988 i.S. F.B. entschied das Bundesgericht in einem Fall, in dem die Flüchtlingseigenschaft des Gesuchstellers ausser Zweifel stand, eine Gesuchstellung am Dienstag nach der Einreise am Samstag sei nicht mehr unverzüglich und bestätigte die Strafe von 14 Tagen Gefängnis bedingt (siehe die Kritik von *Stöckli*, ASYL 1989/1, S. 14f).

- Was unter *triftigen Gründen* für eine illegale Einreise zu verstehen ist, ist nicht sehr klar. Jedenfalls sind die Umstände jedes einzelnen Falles anzusehen. Nach *Lieber* (ASYL 1986/1, S. 4) kann bei gegebener Flüchtlingseigenschaft dies nur noch in der Unmöglichkeit der legalen Einreise gesehen werden. Zu berücksichtigen ist insbesondere, dass Menschen auf der Flucht oft keine Zeit haben, sich um die nötigen Papiere zu bemühen oder schon vorher keine Identitätspapiere besessen haben.

In Zusammenhang mit der Bestrafung für illegale Einreise ist darauf hinzuweisen, dass gemäss Art. 23 Abs. 1 ANAG auch mit Gefängnis bis zu 6 Monaten und u.U. mit Busse bis zu 10'000 Franken bestraft wird, wer die rechtswidrige Ein- oder Ausreise erleichtert oder vorbereiten hilft (sogenanntes "Schleppen"). Falls dies in Bereicherungsabsicht geschieht, ist die Strafe Gefängnis (bis zu 3 Jahren) und Busse bis zu 100'000 Franken. Die gleiche Strafdrohung gilt, wenn der Täter zwar ohne Bereicherungsabsicht handelt, aber für eine Vereinigung oder Gruppe tätig ist, die sich zur fortgesetzten Begehung dieser Tat zusammengefunden hat (Art. 23 Abs. 2 ANAG). Nach Art. 23 Abs. 3 ANAG ist die Hilfe immerhin dann straflos, wenn sie aus achtenswerten Beweggründen geleistet wird.

5. ASYLGESUCHE IM AUSLAND

Das Asylgesetz sieht die Möglichkeit vor, Asylgesuche im Ausland zu stellen (Art. 13a und 13b AsylG). Eingereicht werden kann das Gesuch bei einer schweizerischen Vertretung im Ausland (Botschaften oder Konsulate). Prinzipiell läuft das Asylverfahren dann im Ausland weiter. Die schweizerische Vertretung befragt den Gesuchsteller bzw. die Gesuchstellerin gemäss einem Frageschema zu den Asylgründen (Weisung Asyl 21.3, Anhang 1). Die Unterlagen werden dann mit einem ergänzenden Bericht dem Bundesamt überwiesen (Art. 13b Abs. 1 AsylG), das über das Gesuch entscheidet.

In Fällen, in denen Personen nicht zugemutet werden kann, im Wohnsitz- oder Aufenthaltsstaat zu bleiben oder in ein anderes Land auszureisen, bewilligt das Bundesamt die *Einreise zur Abklärung des Sachver-*

haltes (Art. 13b Abs. 2 AsylG). In ganz dringenden Fällen, in denen Ausländer glaubhaft machen, dass eine unmittelbare Gefahr für Leib, Leben oder Freiheit gemäss Art. 3 Abs. 1 AsylG besteht, kann das Departement auch die schweizerischen Vertretungen ermächtigen, Ausländern die Einreise zu bewilligen (Art. 13b Abs. 3 AsylG). In solchen dringenden Fällen kann die Vertretung aber auch auf eine detaillierte Befragung verzichten und das Gesuch auf schnellem Weg dem Bundesamt zum Entscheid unterbreiten (Weisung Asyl 21.3, Ziff. 1.3.). Die Verweigerung der Einreisebewilligung ist als Zwischenverfügung selbständig beim *EJPD* (nicht bei der Rekurskomission) anfechtbar, wenn sie einen nicht wiedergutzumachenden Nachteil bewirkt (Art. 46a AsylG).

Diesen Grundsätzen lassen sich folgende Konsequenzen entnehmen:

- In Fällen, in denen Asylsuchende an der Grenze abgewiesen und angehalten werden, ihr Gesuch bei einer schweizerischen Vertretung in einem Nachbarstaat einzureichen (siehe oben Ziff. 3.2.5.), besteht in der Regel keine konkrete Gefährdung; der Aufenthalt im Drittstaat wird in der Praxis auch als zumutbar erachtet. Daher wird die Einreise zur Abklärung des Sachverhaltes kaum bewilligt. Das Asylgesuch wird in der Folge wegen Drittstaataufenthaltes abgelehnt (Art. 6 AsylG, siehe dazu vorne S. 154ff), unabhängig vom Ausmass der Verfolgung im Heimatstaat, ausser es bestehe eine besondere Beziehungsnähe zur Schweiz (*Werenfels*, S. 143f).

- Dies gilt auch bei Gesuchen aus Drittstaaten (Erstasylstaaten) allgemein, ob es sich dabei um Nachbarstaaten oder weit entfernte Staaten handelt. Asyl erteilt wird auch hier nur, wenn eine besondere Beziehungsnähe zur Schweiz besteht und der Gesuchsteller oder die Gesuchstellerin die Flüchtlingseigenschaft erfüllt.

- Bei Personen, die an Flughäfen vorsorglich in einen Drittstaat weggewiesen worden sind (siehe oben Ziff. 3.3.5.), gilt das Asylgesuch als gestellt. Die Betroffenen müssen sich allerdings innerhalb von 10 Tagen bei einer schweizerischen Vertretung melden, ansonsten das Gesuch als gegenstandlos abgeschrieben wird (Art. 5 Abs. 2 AsylVE). Melden sich die Asylsuchenden, läuft das Verfahren weiter, der Entscheid ist aber in aller Regel aufgrund von Art. 6 AsylG negativ, es sei denn, die Flüchtlingseigenschaft sei erfüllt und eine besondere Beziehungsnähe zu Personen in der Schweiz vorhanden.

- Bei Personen, die vom Flughafen direkt in ihre Herkunftsstaaten zurückgebracht werden (siehe oben Ziff. 3.3.5.), ist unklar, ob Art. 5 AsylVE ebenfalls gilt (die Marginale spricht dagegen). Jedenfalls können sie im Herkunftsland erneut ein Asylgesuch einreichen, die

Chancen sind jedoch äusserst minim, da die fehlende Gefährdung bereits einmal vom BFF und vom UNHCR als offensichtlich bezeichnet worden ist (Art. 13d Abs. 4 AsylG).

- Der negative Asylentscheid, den Asylsuchende im Ausland erhalten, wird in jedem Fall vom BFF gefällt und ist nach den üblichen Regeln des Asylverfahrens anfechtbar (siehe hinten S. 315ff). Zu beachten ist aber, dass Asylsuchende gegenüber der Vertretung ein Zustellungsdomizil zu bezeichnen haben, ansonsten das Gesuch als gegenstandslos abgeschrieben wird.

1988 wurden insgesamt **150** Gesuche bei einer schweizerischen Auslandsvertretung eingereicht. In **40** Fällen wurde die Einreise zur Abklärung des Sachverhaltes bewilligt. Die restlichen Gesuche wurden negativ entschieden oder als gegenstandslos abgeschrieben.

1989 waren es **93** Gesuche; bei **16** davon wurde die Einreise bewilligt

1990 schliesslich baten **200** Asylsuchende bei einer Auslandvertretung um Asyl. In **88** Fällen wurde die Einreise bewilligt.

IV. DAS VERFAHREN IN DER EMPFANGSSTELLE

LITERATUR: *Gattiker*, Asyl- und Wegweisungsverfahren, S. 9ff; *derselbe,* Aus den Augen, aus dem Sinn, ASYL 1988/1, S. 6ff; *Kälin,* Grundriss, S. 252f; *Raess-Eichenberger*, S. 53-60; *Kälin/Stöckli,* Das neue Asylverfahren, ASYL 1990/3, S. 4; *Schneider,* La procédure aux centres d'enregistrement: un examen critique, ASYL 1988/3, S. 12ff.

RECHTSGRUNDLAGEN: Art. 14, 14a und 14b und 19 AsylG; Art. 7-10 AsylVE; Weisungen zum Asylgesetz Asyl 22.1 über die Anhörung im Kanton, Asyl 23.1 über die erkennungsdienstliche Behandlung von Asylbewerbern und Asyl 23.3 über die Verteilung der Asylbewerber auf die Kantone und über die Bescheinigung Asylgesuch.

1. MELDUNG AN DER EMPFANGSSTELLE

Mit Ausnahme der Asylsuchenden, die sich mit einer kantonalen Anwesenheitsbewilligung in der Schweiz befinden (siehe oben S. 250), haben alle andern Gesuchstellerinnen und Gesuchsteller zunächst eine Empfangsstelle aufzusuchen. Asylsuchende, denen die Einreise an der Grenze bewilligt wird, werden vom Grenzbeamten an eine Empfangsstelle gewiesen (siehe oben S. 243). Illegal eingereiste Asylsuchende werden durch die Behörde, bei der sie sich melden, der nächstgelegenen Empfangsstelle zugewiesen (siehe oben S. 251).

Empfangsstellen sind vom *Bundesamt* (BFF) *geführte Kollektivunterkünfte* für ca 40-80 Personen, wo die Asylgesuche der neu eingereisten Asylsuchenden *registriert* werden, ihre *Identität* festgestellt wird und eine erste *summarische Befragung* stattfindet (vgl. Art. 14 AsylG). Hier kann der für den weiteren Verlauf des Verfahrens wesentliche Entscheid getroffen werden, ob der bzw. die Asylsuchende den *Ausgang des Verfahrens in der Schweiz abwarten* darf oder in einen Drittstaat weggewiesen wird (Art. 19 AsylG, siehe dazu hinten S. 331ff). Falls der Gesuchsteller bzw. die Gesuchstellerin in der Schweiz bleiben kann, erfolgt hier der *Verteilentscheid* auf den Kanton, in dem sich die Asylsuchenden während des Verfahrens aufzuhalten haben. Unter Umständen wird im Anschluss an die Befragung in der Empfangsstelle auch ein *Nichteintretensentscheid* (siehe unten S. 262 und hinten S. 292ff) vorbereitet.

Gemäss Art. 14 Abs. 4 AsylG wird der Gesuchsteller "auf seine Rechte und seine Pflichten hingewiesen". Dies ist gerade angesichts der vielfältigen Mitwirkungspflichten (siehe S. 224ff) und der Möglichkeiten eines schnellen Verfahrens von grosser Bedeutung. Gemäss *Kälin* (Grundriss, S. 253) hängt die Qualität und die Rechtstaatlichkeit der Verfahren stark davon ab, wie gut und verständlich die Information erfolgt. Das den Asylsuchenden vom BFF abgegebene Merkblatt enthält sehr wenig bezüglich Verfahrensrechte, dafür eine ausführliche Liste der Mitwirkungspflichten. In der Praxis wird das Mitteilungsblatt zudem nicht etwa immer vom BFF während der Befragung abgegeben und übersetzt, sondern oft vom betreuenden Hilfswerk, dessen Vertreter oft auch keine Zeit hat, dieses zu erläutern. Daher wird das Merkblatt kaum verstanden.

In der Empfangsstelle, wo sich die Asylsuchenden einige Tage aufhalten, unterstehen sie einer *Hausordnung*. Gemäss Art. 7 AsylVE haben sich die Asylsuchenden in der Empfangsstelle den Behörden zur Verfügung zu halten; das Verlassen der Empfangsstelle richtet sich nach den Bestimmungen der Hausordnung, die vom Bundesamt erlassen wird (vgl. dazu auch hinten S. 368).

Im Moment gibt es vier *Empfangsstellen*: Basel, Genf, Chiasso und Kreuzlingen (siehe die Adressen hinten S. 419). Wegen der dauernden Überlastung hat das BFF sogenannte *Transitzentren* mit der Funktion einer Empfangsstelle geöffnet (Altstätten SG, Goldswil BE, Arbedo TI und Gorgier NE). Diese Zentren dienen der Registrierung und Verteilung der Asylsuchenden, nehmen allerdings keine Asylgesuche entgegen; die Asylsuchenden haben sich in den vier ordentlichen Empfangsstellen zu melden, wo sie dann weitergewiesen werden (zu den verschiedenen Zentren siehe auch ASYLON Nr. 2 1989, S. 8). Weitere Zentren sind geplant; zusätzlich sollen in den Standortkantonen der vier ordentlichen Empfangsstellen Notschlafstellen eingerichtet werden. Die Betreuung in den Empfangsstellen erfolgt teilweise durch die Hilfswerke.

2. IDENTIFIZIERUNG IN DER EMPFANGSSTELLE

Gemäss Art. 14 Abs. 2 AsylG erhebt die Empfangsstelle die Personalien der Asylsuchenden. Sie werden von den Behörden des Standortkantons erkennungsdienstlich behandelt. Reisepapiere und Identitätsausweise werden zu den Akten genommen.

Bezüglich erkennungsdienstlicher Behandlung besteht eine Weisung des EJPD (Asyl 23.1.). Darin wird ausgeführt, dass die zuständige Behörde

(Polizei) des Standortkantons namentlich die Fingerabdrücke abnimmt und die Asylsuchenden fotografiert. Über die Verwendung der gewonnenen Daten enthält Art. 12 AsylVE weitere Bestimmungen. Danach speichert das BFF in Zusammenarbeit mit der Bundesanwaltschaft die Daten, um die *Identität* der Asylsuchenden festzuhalten, zu prüfen, ob der gleiche Gesuchsteller bzw. die gleiche Gesuchstellerin sich *bereits einmal um Asyl beworben* hat, ob erkennungsdienstliche Angaben vorliegen, welche die *Aussagen* der Asylsuchenden *bestätigen oder widerlegen*, und schliesslich ob erkennungsdienstliche Angaben vorliegen, welche die *Asylwürdigkeit* der Betreffenden in Frage stellen (Art. 12 Abs. 1 AsylVE). Zur Identifizierung der Asylsuchenden dürfen die zuständigen Behörden dabei nicht mit dem Heimatstaat oder einem andern Staat, bei dem Gefahr besteht, dass er die Daten an den Heimatstaat weiterleitet, Kontakt aufnehmen (Art. 12 Abs. 2 AsylVE). Zum *Schutz der Daten* führt die Bestimmung weiter aus, dass die erhobenen Daten ohne zugehörige Personalien gespeichert werden, und dass sie von den zuständigen Behörden zur Erfüllung der Aufgaben nach dem Asylrecht verwendet werden dürfen. Falls der begründete Verdacht besteht, dass Asylsuchende ein *Verbrechen oder Vergehen* begangen haben, kann das Bundesamt die zuständigen Strafverfolgungsorgane informieren (Art. 12 Abs. 3 AsylVE). Gemäss Art. 12 Abs. 4 AsylVE schliesslich werden die Daten mit der Bewilligung des Asylgesuches, spätestens aber zehn Jahre nach Ablehnung, Rückzug oder Abschreibung des Asylgesuches oder nach einem Nichteintretensentscheid *gelöscht*.

3. DIE BEFRAGUNG IN DER EMPFANGSSTELLE

3.1. DIE FUNKTION DER EMPFANGSSTELLENBEFRAGUNG

In der Empfangsstelle erfolgt neben der Registrierung des Asylgesuches und der erkennungsdienstlichen Behandlung eine erste *summarische Befragung* durch einen Beamten oder eine Beamtin des BFF. Laut Art. 14 Abs. 2 AsylG erhebt die Empfangsstelle die Personalien und kann zudem den Gesuchsteller *summarisch* zum Reiseweg befragen und zu den Gründen, warum er sein Land verlassen hat. In der Praxis hat die Befragung an der Empfangsstelle folgende Funktionen:

- In erster Linie dient diese Befragung dem Entscheid, ob der Gesuchsteller oder die Gesuchstellerin das weitere Verfahren in der Schweiz abwarten kann oder gestützt auf Art. 19 Abs. 2 AsylG vorsorglich weggewiesen wird. Nach Art. 14 Abs. 3 ist das Bundesamt befugt, "alle Informationen zu erheben, die für einen Entscheid über den Aufenthalt des Gesuchstellers in der Schweiz während des Verfahrens wesentlich sind" (siehe unten Ziff. 4).

- Die Befragung an der Empfangsstelle liefert zweitens die Grundlagen für den Zuweisungsentscheid an den Kanton; dafür müssen familiäre Bindungen eruiert werden (siehe unten Ziff. 4).

- Schliesslich dient die Befragung in der Praxis auch dazu, die Triage in Verfahren mit weiteren Abklärungen oder ohne weitere Abklärungen (klar positive und klar negative Entscheide) oder in Nichteintretensverfahren vorzunehmen (siehe unten Ziff. 5; zu den Nichteintretensentscheiden hinten S. 292ff).

- Oft wird das Empfangsstellenprotokoll auch dazu gebraucht, die Glaubwürdigkeit der Aussagen der Asylsuchenden beim Vergleich mit späteren Aussagen zu überprüfen (unten Ziff. 3.3.).

3.2. DIE DURCHFÜHRUNG DER BEFRAGUNG

Für die Befragung steht den Beamtinnen und Beamten des BFF ein Frageschema zur Verfügung. Folgende Angaben werden erhoben:

- Personalien (Name, Namen der Eltern, Geburtsdatum, Heimatort, Ethnie, Zivilstand, Identität des Ehepartners, Konfession, Beruf, Sprachfähigkeiten, im Gesuch eingeschlossene Kinder, Verwandte im Heimatstaat und in der Schweiz oder in Drittstaaten)

- Ausweispapiere (Pass und Identitätskarte, Datum und Ort der Ausstellung, Gültigkeit, legal oder illegal erlangt, echt oder gefälscht, ob dem Schlepper abgegeben; Visa, andere Ausweispapiere; Möglichkeit der Nachbeschaffung von Papieren mit Fristansetzung)

- Fluchtgründe (die Frage lautet: Warum haben Sie ihr Heimatland verlassen und warum sind Sie in die Schweiz gekommen? Gibt es weitere Gründe?) und vorgelegte Beweismittel

- Reiseweg (Ausreisedatum, Transit, Einreisedatum, Datum der Gesuchseinreichung, Umstände der Einreise, bereits anderweitige Auslandaufenthalte)

Weitere Fragen betreffen eine allfällige Rückschiebung. Im weiteren wird in der Regel eine Ermächtigung der Asylsuchenden eingeholt, damit die Schweizer Asylbehörden gegebenenfalls in einem Drittstaat Auskünfte über ein von diesen eventuell dort bereits gestelltes Asylgesuch einholen können. Eine Verweigerung der Zustimmung dürfte die Glaubwürdigkeit der Person vermindern. Das Protokoll der Empfangsstellenbefragung wird den Asylsuchenden, wie nach der kantonalen Befragung, rückübersetzt (vgl. die Empfehlungen dort, S. 284f)

In einem Schreiben vom 9.12.1988 hat der DFW (heute BFF) gegenüber den Empfangsstellen folgende Richtlinien zur Befragung zu den Asylgründen erlassen (Quelle: SFH, Informationsmagazin für HilfswerksvertreterInnen, Nr. 1/89):

- Die Befragung zu den Asylgründen kurz und fair zu halten.
- Die Aussagen der Asylsuchenden kommentarlos zu protokollieren und Wertungen zu unterlassen.
- Auf Unglaubwürdigkeiten bei krassen Widersprüchen hinzuweisen.
- Auf einer spezifizierten Darstellung der persönlichen, konkreten Verfolgung zu beharren, auch Aussageverweigerungen oder Schweigen im Protokoll aufzunehmen.
- Ev. Folterspuren fotografisch festzuhalten oder zu beschreiben.

3.3. PROBLEMATIK DER EMPFANGSSTELLENBEFRAGUNG

Problematisch an der Empfangsstellenbefragung sind neben der Frage zum Einbezug der Frau in das Asylgesuch des Mannes (siehe oben S. 236f) die Fragen zu den *Fluchtgründen*. In vielen Entscheiden wird das Protokoll dieser Befragung dazu gebraucht, um *Widersprüche* zu späteren Befragungen festzustellen und gestützt darauf ein Asylgesuch wegen Unglaubwürdigkeit abzulehnen; dabei genügen teilweise schon geringe Widersprüche (*Schneider*, ASYL 1988/3, S. 13; *Hausammann/Achermann*, Gutachten, S. 19ff). Ebenfalls wegen Unglaubwürdigkeit abgelehnt werden Gesuche, wenn der Gesuchsteller oder die Gesuchstellerin in der Empfangsstelle wichtige Fluchtursachen nicht erwähnt und *erst später vorbringt*; solche Entscheide sind u.E. unhaltbar (vgl. dazu auch die Ausführungen zur Glaubhaftmachung vorne S. 145ff und den Entscheid des EJPD vom 18.9.1989, abgedruckt in ASYL 1989/4, S. 18, wonach das Empfangsstellenprotokoll aufgrund des summarischen Charakters lediglich in einem beschränkten Rahmen bei der Beurteilung der Glaubwürdigkeit verwendet werden kann). Das Bundesamt scheint indessen seine Praxis weiterzuführen (siehe z.B. den Entscheid vom 9.8.1990, N 130'153, in ASYL 1990/3, S. 18; allerdings noch vom DFW erlassen, aber schon unter neuem Recht).

Die Befragung an der Empfangsstelle zeichnet sich durch Oberflächlichkeit aus; den Asylsuchenden wird meist versichert, sie könnten dann später detaillierte Auskünfte machen. Bei der Befragung ist in der Regel kein Vertreter eines Hilfswerkes anwesend. Die *Geschäftsprüfungskommission des Nationalrates* hat mehrmals auf diese Problematik hingewiesen und die Praxis des DFW bzw. BFF kritisiert. Im Bericht vom 11.4.1990 (BBl 1990 II 784) hält die GPK fest, die Befragung zu den Fluchtgründen dürfe *keine Beweismittelqualität* beanspruchen. Die erste und zweite Befragung sei durch ungleiche Sorgfalt, Sachkenntnis und zeitliche Dauer geprägt. Im Bericht vom 12.11.1990 (S. 7) wiederholt die GPK ihre Kritik und führt aus, der Bundesbeschluss zum Asylverfahren beschränke die Befragung in der Empfangsstelle auf die Personalien, den Reiseweg und die Gründe, wegen denen der Gesuchsteller sein Land verlassen hat. In seiner Antwort hält das EJPD fest, falls Angaben des Gesuchstellers in der Empfangsstelle in einem unlösbaren Widerspruch zu den Erklärungen anlässlich der Anhörungen zu den Asylgründen stünden, komme man nicht umhin, dies bei der Würdigung der Glaubwürdigkeit zu berücksichtigen (S. 13).

Solange das BFF an seiner Praxis festhält, ist zunächst einmal zu fordern, dass bei den Fragen zu den Fluchtgründen die Anworten wörtlich und die konkret gestellten Fragen auch protokolliert werden; nur so können die Aussagen richtig interpretiert werden. Ebenfalls protokolliert werden müsste der Satz "Das Weitere können Sie dann bei der kantonalen Befragung erzählen". Angesichts des knappen Platzes, der für die Antwort eingeräumt wird und angesichts der kurzen Zeit, die für die Befragung zur Verfügung steht, ist dies ein absolutes *Minimalerfordernis*. Gesuchstellerinnen und Gesuchstellern ist dringend zu raten, bei dieser Befragung möglichst vollständige Angaben über *alle wichtigen Fluchtgründe* zu machen (die am schwersten wiegenden, gegen die Asylsuchenden selbst gerichteten Handlungen und Ereignisse, die sich kurz vor der Ausreise ereignet haben), inklusive allfälliger politischer Aktivitäten, die im Zusammenhang mit der Verfolgung stehen).

Legitim ist u.E. die Frage nach Ausreisegründen nur insoweit, als festzustellen ist, ob überhaupt ein Asylgesuch vorliegt und ob solche Gründe sinngemäss geltend gemacht werden, damit das Bundesamt abschätzen kann, ob allenfalls ein Nichteintretensentscheid zu fällen ist.

Im übrigen haben die - oft auf wenig überzeugende Art - zustandegekommenen Aussagen eine weitere schwerwiegende Konsequenz, insoweit sie als Grundlage für die *Triage* verwendet werden (siehe unten S. 270ff).

Ausführungen zur Rechtsvertretung in der Empfangsstelle und zu den Delegierten, die im Auftrag der Hilfswerke die Empfangsstellen besichtigen, finden sich hinten S. 355ff.

4. DER ENTSCHEID ÜBER DEN VERBLEIB IN DER SCHWEIZ UND DIE ZUWEISUNG AN DEN KANTON

4.1. VERBLEIB IN DER SCHWEIZ

Nach Art. 14 Abs. 3 AsylG ist das Bundesamt befugt, "alle Informationen zu erheben, die für einen Entscheid über den Aufenthalt des Gesuchstellers in der Schweiz während des Verfahrens wesentlich sind". Angesprochen ist damit der vom BFF zu fällende Entscheid über den Aufenthalt des Gesuchstellers bzw. der Gesuchstellerin während des Verfahrens. Nach Art. 19 Abs. 2 AsylG kann ein Asylsuchender oder eine Asylsuchende nämlich vorsorglich weggewiesen werden, wenn die Weiterreise in einen Drittstaat möglich, zulässig und zumutbar ist, namentlich wenn ein anderer Staat staatsvertraglich für die Behandlung des Asylgesuches zuständig ist, wenn sich der Gesuchsteller oder die Gesuchstellerin vorher dort einige Zeit aufgehalten hat oder dort nahe Angehörige oder andere Personen leben, zu denen eine enge Beziehung vorhanden ist. Wegweisungsentscheide gestützt auf diesen Artikel werden in der Regel im Anschluss an die Empfangsstellenbefragung getroffen, sind aber auch im späteren Verfahren möglich (zu den Voraussetzungen einer vorsorglichen Wegweisung und zu den Anfechtungsmöglichkeiten siehe im übrigen hinten, S. 331ff).

Ansonsten kann jemand, der in der Schweiz ein Asylgesuch gestellt hat, grundsätzlich bis zum Abschluss des Verfahrens hier bleiben, ausser der Beschwerde werde nach erstinstanzlicher Ablehnung des Asylgesuches die aufschiebende Wirkung entzogen (Art. 47 AsylG; siehe dazu hinten S. 317f).

Immer wieder hört man davon, dass in der Empfangsstelle versucht werde, Gesuchstellerinnen und Gesuchsteller zum Rückzug des Asylgesuches zu bewegen. Asylsuchende mit Asylgründen sollten sich aber auf keinen Fall darauf einlassen. Folge wäre die sofortige Rückschiebung in einen Drittstaat oder die Heimschaffung (zu dieser Problematik siehe auch den Bericht der Geschäftsprüfungskommission des Nationalrates vom 12.11.1990, S. 8f; die GPK führt aus, es wäre scharf zu verurteilen, wenn Asylsuchende in den Empfangsstellen unter Druck gesetzt würden, ihr

Gesuch zurückzuziehen und verlangt in diesem Zusammenhang, dass die Zentren für die Hilfswerke offen zugänglich sein müssen).

4.2. ZUWEISUNG AN DEN KANTON

Wenn feststeht, dass Asylsuchende das Ende des Asylverfahrens in der Schweiz abwarten können, *weist das BFF sie einem bestimmten Kanton zu,* wo sie sich während der Dauer des Verfahrens aufzuhalten haben (sogenannter Verteilentscheid). In diesem Kanton müssen sich die Asylsuchenden innerhalb von 24 Stunden bei der im Entscheid bezeichneten Behörde melden (Art. 10 AsylVE). Die Verteilung auf die Kantone erfolgt aufgrund eines in der Asylverordnung festgehaltenen Verteilschlüssels (Art. 9 Abs. 2 AsylVE i.V. mit Art. 14a Abs. 2 AsylG). Innerhalb des Kantons werden die Asylsuchenden wiederum in der Regel auf die Gemeinden verteilt.

4.2.1. Verteilentscheid

Nach Art. 14a Abs. 3 AsylG trägt das BFF beim Verteilentscheid auf die Kantone den *schützenswerten Interessen* der Kantone und *der Gesuchsteller* Rechnung und berücksichtigt insbesondere den Grundsatz der Einheit der Familie. Gemäss dem erläuternden Bericht zur Asylverordnung vom 6.5.1987, S. 5 (zu Art. 11), fallen auch "sprachliche Elemente, berufliche Fähigkeiten etc." darunter; bei der Ausgestaltung der Praxis werde der Delegierte (heute BFF) eng mit den Kantonen zusammenarbeiten, damit bei der Verteilung *allseits* befriedigende Resultate erzielt werden könnten.

Die Praxis des BFF sieht leider anders aus. Zum einen wird auf sprachliche oder berufliche Fähigkeiten keine besondere Rücksicht genommen. Zum andern handhabt das BFF den Grundsatz der Einheit der Familie sehr restriktiv, indem "Familie" folgendermassen definiert wird: Ehepaare, unmündige Kinder, eventuell schwerkranke und pflegebedürftige weitere Familienmitglieder. Als Minderjährige, die den Eltern zugeteilt werden, gelten seit einem Entscheid des EJPD vom 6.10.1989 i.S. F.G., Rek. 89 3609 (abgedruckt in ASYL 1989/4, S. 14), Kinder bis 20. Altersjahr. Bei den übrigen Verwandtschaftsbeziehungen (Geschwister, Eltern von Erwachsenen, erwachsene Kinder) wird auf den Grundsatz der Einheit der Familie überhaupt keine Rücksicht genommen, selbst dann nicht, wenn Asylsuchende bereit sind, für den Lebensunterhalt ihrer Verwandten aufzukommen. Kinder werden z.T. in andere Kantone zugewiesen als ihre sich bereits hier befindlichen Verwandten. Das BFF trennt und plaziert sogar *nur religiös verheiratete türkische Ehepaare* (sog. Imam-Ehen), wenn sie keine gemeinsamen Kinder haben, in verschiedenen

Kantonen (ASYLON Nr. 2, 1989, S. 12). In einem Wiedererwägungsentscheid allerdings änderte der DFW (heute BFF) eine Zuweisungsverfügung ab und wies eine Frau nachträglich dem Kanton zu, wo sich ihr Verlobter aufhielt (siehe ASYL 1990/2, S. 12f).

U.E. ist die restriktive Praxis des BFF *gesetzeswidrig, unsinnig und unmenschlich*. Der Wortlaut spricht von den "schützenswerten Interessen der Kantone *und* der Gesuchsteller"; ein Vorrang wird dabei nicht eingeräumt. Klar ergibt sich auch aus dem Wortlaut ("insbesondere"), dass neben der Einheit der Familie weitere Interessen der Asylsuchenden zu berücksichtigen sind. Die Botschaft zur 2. Asylgesetzrevision erachtet die Rücksichtnahme auf die Einheit der Familie als Selbstverständlichkeit (BBl 1986 I S. 21). Der Berichterstatter der Nationalratskommission *Fischer* führte aus, bei der Verteilung werde man sicher auch familiäre Banden berücksichtigen; wörtlich: "Ich kann mir vorstellen, dass bei der Zuteilung *auch die Grossfamilie* mitberücksichtigt wird, sei es bei einer privaten Unterbringung oder bei einer Unterbringung in einem Zentrum" (Amtl. Bull. NR, 1986, S. 298). Unsinnig ist die Praxis daher, weil Asylsuchende sich dadurch kaum abschrecken lassen. Dafür muss der Staat die Kosten tragen, wenn z.B. Kinder in einem Heim untergebracht werden müssen, obwohl sie bei Verwandten wohnen könnten; die Beherbergungsprobleme tragen die Kantone. Man zwingt schliesslich die Asylsuchenden, von der Fürsorge abhängig zu sein; deren Kosten werden den Asylsuchenden später in Rechnung gestellt. Dass Zuweisungen ohne Berücksichtigung von Familienbanden den humanitären Prinzipien widersprechen, liegt auf der Hand. Das Auseinanderreissen von Familien fördert die psychische Destabilisierung von Asylsuchenden in der Schweiz, zumal diese oft aus kulturellen Systemen kommen, in denen Familie und Sippe im Zentrum stehen, und verhindert Integration. Die Folgen müssen dann oft mit therapeutischen Massnahmen behoben werden (siehe dazu *Wicker*, Bemerkungen zu einer ethnozentrierten Sozialpolitik, in: Migrationen aus der Dritten Welt, Bern 1989, S. 173ff). Die administrativen Schwierigkeiten bei der gleichmässigen Zuteilung sollten daher angesichts der persönlichen Interessen der Asylsuchenden eindeutig geringer veranschlagt werden. Im übrigen ist auch den Kantonen mit einer wenig durchdachten Zuweisungspolitik nicht gedient. Kleinere Kantone, die eine Vielzahl verschiedener Nationalitäten aufzunehmen haben, dürften dadurch unnötigerweise grössere Probleme mit der Einschulung von Kindern, der Betreuung etc. erhalten.

Unter Umständen verstösst die Praxis, auch religiös verheiratete Ehepaare oder minderjährige Geschwister zu trennen, gegen *Art. 8 EMRK*. Diese Bestimmung schützt das Familienleben. Unter Familie ist nach der

Rechtsprechung des Europäischen Gerichthofes und der Europäischen Kommission für Menschenrechte "die famille naturelle" zu verstehen. Art. 8 findet dabei Anwendung auf das Familienleben der "legitimen Familie" ebenso wie der "illegitimen Familie". Entscheidend ist, ob die Personen zusammleben und sich gegenseitig Unterhalt gewähren. Nach der Rechtsprechung der Strassburger Organe ist der Begriff Familie im übrigen nicht auf die Kleinfamilie von Eltern und Kindern beschränkt ist. Im Fall Marckx (Urteil vom 13.6.1979, EuGRZ 1979, S. 454ff) hat der Gerichtshof festgehalten, Familienleben umfasse die Beziehungen zwischen "nahen Verwandten", die in der Familie eine wesentliche Rolle spielen können, wie die zwischen Grosseltern und Kindern (siehe dazu u.a. *Frowein/Peukert*, EMRK-Kommentar, S. 200ff; zu Art. 8 EMRK siehe im übrigen S. 46ff). Bei Asylsuchenden aus andern Kulturen ist zudem zu beachten, dass die Familienbande oft noch viel enger als bei europäischen Familien ist. Art. 8 EMRK schützt im übrigen auch das *Privatleben*. Auch unter diesem Titel sind Eingriffe in die persönlichen Beziehungen u.U. nicht zulässig.

Der Anspruch auf Achtung des Familienlebens ist allerdings nicht absolut geschützt. Gemäss Art. 8 Abs. 2 EMRK ist ein Eingriff aber nur statthaft, soweit der Eingriff gesetzlich vorgesehen ist und eine Massnahme darstellt, die in einer demokratischen Gesellschaft für die nationale Sicherheit, die öffentliche Ruhe und Ordnung, das wirtschaftliche Wohl des Landes, die Verteidigung der Ordnung und zur Verhinderung von strafbaren Handlungen, zum Schutz der Gesundheit oder Moral oder zum Schutz der Rechte und Freiheiten anderer notwendig ist. Solche Rechtfertigungsgründe liegen bei einem Zuweisungsentscheid keine vor. Soweit also in das Familienleben *eingegriffen* wird (was wohl nach einer Trennung von einer gewissen voraussichtlichen Dauer gegeben ist, wenn die Besuchsmöglichkeiten erschwert sind) liegt eine Verletzung von Art. 8 EMRK vor. Die Europäische Komission wird sich in nächster Zeit mit einem derartigen Fall aus der Schweiz befassen müssen.

4.2.2. Anfechtung des Zuweisungsentscheides

Bis zur Revision des Asylgesetzes durch den AVB von 1990 war die rechtliche Natur des Zuweisungsentscheides unklar (siehe dazu die 1. Auflage dieses Buches, S. 134 und das Gutachten von *Hauser und Saladin*, ASYL 1989/4, S. 13). Art. 14a Abs. 4 AsylG klärt nun insofern die Lage, als festgehalten wird, das Bundesamt entscheide *endgültig*. Eine Anfechtung mit dem Asylentscheid ist nicht möglich, daher handelt es sich um einen Endentscheid. Wo allerdings ein Verteilentscheid gegen Art. 8 EMRK verstösst (siehe oben), muss nach Art. 13 EMRK eine *wirksame Beschwerde bei einer nationalen Instanz* eingelegt werden können (dies ist bei allen Konventionsverletzungen gefordert; vgl. dazu *Schweizerische Juristische Kartothek*, Die Europäische Menschenrechtskonvention, bearbeitet von *Malinverni*, Karte Nr. 1383). In einem Zwischenentscheid vom 19.9.1990 betreffend unengeltliche Prozessführung hat das Bundesgericht ausgeführt, in so einem Fall wäre die Beschwerde an das EJPD zu richten. Die Beschwerdefrist beträgt in diesem Fall 30 Tage (Anfechtung eines Endentscheides). Der Entscheid des EJPD ist dann eventuell ans Bundesgericht weiterziehbar (siehe dazu *Kälin*, Grundriss, S. 281f). Auch wenn ein Gesuchsteller oder eine Gesuchstellerin Beschwerde einreicht, muss er bzw. sie sich trotzdem fristgerecht im zugewiesenen Kanton melden, da der Beschwerde keine aufschiebende Wirkung erteilt wird. Für die Anfechtung der *innerkantonalen Zuteilung* der Asylsuchenden an die Gemeinden ist das kantonale Recht zu beachten.

Gemäss Weisung Asyl 52.1 über die Regelung des Aufenthaltes, Ziff. 1.1.3, wird ein Kantonswechsel vom Bundesamt angeordnet, falls infolge Heirat (zwischen Asylsuchenden oder mit andern Personen) ein Kantonswechsel notwendig wird.

4.2.3. Gesuch an den Kanton um Umteilung

Falls Asylsuchende gute Gründe für einen Kantonswechsel haben, aber durch Art. 8 EMRK nicht geschützt sind, wie wenn z.B. ein Gesuchsteller eine mit einem Schweizer verheiratete Schwester in einem andern Kanton hat, wenn ein minderjähriger Asylsuchender andere Verwandte in andern Kantonen hat, zu denen er nicht die von der Rechtsprechung zu Art. 8 EMRK geforderte enge Beziehung hat etc. In so einem Fall kann ein Gesuchsteller oder eine Gesuchstellerin den Kanton, in den gerne gewechselt würde, um Aufnahme während des Verfahrens ersuchen. Das Gesuch ist an die zuständige Polizeibehörde (meist Fremdenpolizei) des gewünschten Aufenthaltskanton zu richten und möglichst gut zu begründen (neben bestehenden familiären Banden oder anderen besonders engen Beziehungen zu Personen im Aufnahmekanton z.B. auch, ob eine Unterkunft schon bereit stehen würde, ob die Betreffenden einen Arbeitsplatz hätten oder von den Verwandten unterstützt würden, so dass sie dem Aufnahmekanton nicht zur Last fallen). Falls der Aufnahmekanton zustimmt, steht einem Kantonswechsel kaum mehr etwas im Wege, da der bisherige Aufenthaltskanton in der Regel um jede Entlastung froh ist. Das Bundesamt hat kein Einspracherecht, was sich aus Art. 14a Abs. 1 AsylG ergibt, wonach sich die Kantone primär selber über die Verteilung der Asylsuchenden einigen.

4.2.4. Durchführung der Zuweisung

Ab Aushändigung des Zuweisungsentscheides haben sich die Asylsuchenden innert einer Frist von 24 Stunden im betreffenden Kanton bei der im Zuweisungsentscheid erwähnten kantonalen Stelle zu melden (Art. 10 AsylVE). Sie erhalten von der Empfangsstelle einen Passierschein. Art. 20 AsylG gibt den Bundesbehörden oder kantonalen Behörden die Kompetenz, den Asylsuchenden einen Aufenthaltsort zuzuweisen und sie insbesondere in einem Aufnahmezentrum unterzubringen, was in aller Regel geschieht. Der zugewiesene Aufenthaltsort gilt als Postzustelladresse, bis der Kanton dem BFF die neue Adresse mitteilt. Spätere Adressänderungen müssen die Asylsuchenden selber der kantonalen Stelle melden.

Die ausgehändigte Rechtsbelehrung droht den Asylsuchenden, die sich innert Frist nicht bei der kantonalen Stelle melden, als einschneidendste Säumnisfolge an, dass das BFF das Asylgesuch als gegenstandslos abschreibt oder nicht darauf eintritt, und dass der Gesuchsteller oder die Gesuchstellerin allenfalls aus der Schweiz ausgeschafft oder in den Heimatstaat zurückgeschafft wird (siehe dazu hinten S. 292ff).

5. TRIAGE UND WEITERER VERFAHRENSABLAUF

5.1. DIE TRIAGE GEMÄSS ASYLGESETZ

Das neue Asylgesetz in der Fassung des AVB von 1990 sieht vor, dass im Anschluss an die *Anhörung zu den Asylgründen* gemäss Art. 15 AsylG über das weitere Verfahren entschieden wird. Die Botschaft führt dazu aus (BBl 1990 II 631):

> " [die angestrebte Beschleunigung des erstinstanzlichen Verfahrens] beruht auf dem Prinzip, dass jeder Asylsuchende im Beisein eines Hilfswerksvertreters in der Regel vom Sachbearbeiter, der den Entscheid vorbereiten wird, möglichst bald nach der Einreise angehört wird (Unmittelbarkeitsprinzip). Aufgrund der Anhörung soll eine Triage erfolgen, die eine schnelle Erledigung der klar negativen und klar positiven Fälle erlaubt und überdies Personen vom Asylverfahren möglichst früh ausscheidet, welche nicht Schutz vor asylbeachtlicher Verfolgung, sondern vor den allgemeinen Folgen von Krieg, Bürgerkrieg oder inneren Un-

ruhen suchen. Für letztere kann der Bundesrat nach dem vorgeschlagenen Artikel 14a Abs. 5 ANAG die vorläufige Aufnahme vorsehen".

Nach dem beabsichtigten Modell soll also die *Anhörung* darüber entscheiden, welchen weiteren Verlauf das Verfahren nimmt. Folgende Varianten sind dabei möglich:

- Liegt ein Grund nach Art. 16 AsylG vor, wird auf das Gesuch nicht eingetreten. Ein *Nichteintretensentscheid* kann gemäss Botschaft (BBl 1990 II 632) aber auch schon nach der Befragung in der Empfangsstelle gefällt werden, "indem unmittelbar im Anschluss daran nach Beizug eines Hilfswerksvertreters gemäss Art. 15 die einlässliche Anhörung durchgeführt" wird, wenn sich in der Empfangsstellenbefragung Anhaltspunkte für Nichteintretensgründe ergeben (siehe hinten S. 292ff).

- Wird *aufgrund der Anhörung* zu den Asylgründen *offensichtlich*, dass der Gesuchsteller bzw. die Gesuchstellerin weder beweisen noch glaubhaft machen kann, dass sie Flüchtlinge sind, und ihrer Wegweisung keine Gründe entgegenstehen, wird das Gesuch *ohne weitere Abklärungen abgelehnt* (Art. 16a AsylG; siehe hinten S. 303).

- Stellt sich hingegen *aufgrund der Anhörung* heraus, dass ein Gesuchsteller oder eine Gesuchstellerin nachweisen oder glaubhaft machen kann, dass sie Flüchtlinge sind, und liegt kein Ausschlussgrund vor, wird *Asyl ohne weitere Abklärungen gewährt* (Art. 16b Abs. 1 AsylG). Falls sich aufgrund der Anhörung erweist, dass zwar kein Asyl gewährt werden kann, der Vollzug der Wegweisung aber nicht möglich, nicht zulässig oder nicht zumutbar ist, so wird *ohne weitere Abklärungen die vorläufige Aufnahme angeordnet* (Art. 16b Abs. 2 AsylG; siehe hinten S. 304).

- In den übrigen Fällen hat das Bundesamt gemäss Art. 16c Abs. 1 AsylG die *notwendigen zusätzlichen Abklärungen zu* treffen, so z.B. die Asylsuchenden ergänzend anzuhören (siehe hinten S. 304ff).

5.2. DIE TRIAGE IN DER PRAXIS

Oben ist dargestellt, wie das Triageverfahren nach dem Willen des Gesetzgebers verlaufen soll. Die Praxis ist aber vom Grundsatz abgewichen, wonach aufgrund der *Anhörung* die weitere Behandlungsart der Gesuche festgelegt werden soll.

Gemäss Weisung Asyl 22.1 über die Anhörung im Kanton vom 20.12.1990 entscheidet das Bundesamt *gestützt auf die Erhebungen in der Empfangsstelle* über die Zuständigkeit zur Durchführung der Anhörung und deren Priorität, "bis die vom Gesetzgeber vorgeschriebene beschleunigte Behandlung sämtlicher Asylgesuche von allen Instanzen erreicht wird" (Ziff. 1.1). Dies dürfte angesichts des Pendenzenbergs bei den Kantonen noch längere Zeit so bleiben, . Die Triage aufgrund des Empfangsstellenprotokolls führt damit mehr oder weniger zum alten "Verfahren 88" zurück (zu diesem Verfahrensmodell siehe *Stöckli*, Änderung der Asylverordnung, ASYL 1988/4, S. 12f und die erste Auflage dieses Buches, S. 151ff). Das Verfahren 88' hatte sich in der Praxis kaum bewährt, vor allem weil die Triage aufgrund des Empfangsstellenprotokolls sehr unzuverlässig war und viele Gesuche im Nachhinein umgeteilt werden mussten oder Streit mit den Rechtsvertretern über diese Frage entstand (siehe auch die Ausführungen oben S. 263f über die Problematik der Empfangsstellenbefragung). Die *Neuauflage* mit dem Unterschied, dass die Behörden Nichteintretensentscheide fällen können, ist u.E. ebenso problematisch und dürfte die angestrebte Verfahrensbeschleunigung teilweise vereiteln, auf jeden Fall aber nicht zur gewünschten Stärkung der Legitimität des Asylverfahrens beitragen.

Die erwähnte Weisung (Asyl 22.1) sieht im Rahmen der Vortriage aufgrund der Empfangsstellenbefragung drei Kategorien vor:

- I: *Anhörung durch den Bund*. Es handelt sich um Gesuche, bei denen gestützt auf Art. 15 Abs. 3 AsylG die *Anhörung direkt durch den Bund* durchgeführt wird (siehe unten Ziff. 5.3.) oder bei denen ein *Nichteintretensentscheid* gegebenenfalls ohne Anhörung möglich ist (Art. 16 AsylG i.V. mit Art. 14 AsylVE; vgl. dazu hinten S. 300), wobei der Entscheid jedoch *nicht in der Empfangsstelle* gefällt werden kann, weil der Vollzug nicht sichergestellt ist (z.B. keine Reisepapiere). Gemäss Weisung erfolgt die Zuweisung in den Kanton lediglich zur Unterbringung, gegebenenfalls zur Entscheideröffnung und zum Vollzug einer allfälligen Wegweisung.

- II: *Prioritäre Anhörung im Kanton*. Es handelt sich um Gesuche aus Herkunftsländern, bei denen der Vollzug einer allfälligen *Wegweisung* voraussichtlich *keine besonderen Schwierigkeiten* mit sich bringt und bei denen sich aus dem Empfangsstellenprotokoll keine Hinweise ergeben, dass besondere Abklärungen notwendig sein werden. Ebenfalls in diese Gruppe fallen Gesuche, bei denen voraussichtlich nach Durchführung einer Anhörung gemäss Art. 15 AsylG ein *Nichteintretensentscheid* getroffen werden kann (siehe hinten S. 292ff). Diese Gruppe ist durch die kantonale Behörde, das Bundesamt und die Beschwerdeinstanz *prioritär* zu behandeln und wird mit einer speziellen Dossierfarbe gekennzeichnet. Gemäss Weisung hat die Anhörung innert der 20-tägigen Frist prioritär zu erfolgen. Gestützt auf das kantonale Protokoll erfolgt dann die Feintriage durch das Bundesamt. In einem Kreisschreiben vom 25.6.1990 hat der DFW darauf hingewiesen, gemäss bisheriger Praxis zum Verfahren 88' seien durch die Kantone prioritär Asylsuchende aus der Türkei, Jugoslawien, Polen, Indien, Pakistan, Bangladesh, Angola, Ghana und Zaire anzuhören.

- III: *Ordentliche Anhörung im Kanton*. Es handelt sich um Asylsuchende, bei denen bereits das Empfangsstellenprotokoll erwarten lässt, dass *zusätzliche Untersuchungsmassnahmen* notwendig sind (Art. 16c AsylG) oder die aus Herkunftsländern kommen, bei denen der *Vollzug* der Wegweisung erfahrungsgemäss *Schwierigkeiten* bereitet. Die Anhörung erfolgt erst, wenn die Asylsuchenden der Kategorie II befragt worden sind. Nach Aussagen des Bundesamtes sollen ca. 60% der Asylsuchenden unter die Kategorie III fallen. Bei den Ländern, in denen der Vollzug der Wegweisung Schwierigkeiten bereitet, handelt es sich hauptsächlich um Asylsuchende aus Kriegs- oder Bürgerkriegsgebieten (im Moment Afghanistan, Irak, Libanon, Sri Lanka, Äthiopien, Somalia, Liberia, sowie - obwohl kein Bürgerkriegsgebiet - der Iran).

In der Praxis dürften ausserdem noch weitere Kriterien für beschleunigte Verfahren existieren, die manchmal von Kanton zu Kanton verschieden sind (z.B. prioriäre Befragung von Straffälligen, von Familien mit Kindern wegen der Aufenthalts- und Schulprobleme).

Auf dem *Verteilentscheid* wird ein entsprechender Vermerk angebracht (I, II oder III), um dem Kanton die Einstufung zur Kenntnis zu bringen. Der Entscheid, in welche Kategorie eingeteilt wird, ist keine Zwischenverfügung und daher nicht anfechtbar. Die Triage erfolgt im übrigen *beim Bundesamt in Bern*.

Insbesondere der Umschreibung der Kategorie III lässt sich entnehmen, dass der Wille des Gesetzgebers z.T. völlig verkehrt worden ist. Die Triage hätte gerade auch Asylsuchende aus Bürgerkriegsgebieten möglichst rasch aus dem Verfahren nehmen sollen, jedoch wird gerade diese Kategorie ins Verfahren mit weiteren Abklärungen gewiesen. Auch von einer Trennung von klar positiven und klar negativen Fällen ist den Weisungen nichts zu entnehmen. Asylsuchende, die einen klar positiven Entscheid zu erwarten hätten, fallen ebenfalls unter die Kategorie III, die *nicht prioritär* behandelt wird.

5.3. Das Verfahren der Anhörung

Gemäss dem neuen Asylverfahren in der Fassung des AVB von 1990 sollen die Asylsuchenden innert 20 Tagen zu ihren Asylgründen angehört werden. Dabei handelt es sich aber um eine blosse Ordnungsfrist, deren Ablauf keine Konsequenzen hat. Das neue Asylverfahren sieht folgende Möglichkeiten für die Anhörung vor:

- Als Regelfall gilt wie bis anhin die Anhörung durch den Kanton (Art. 15 Abs. 1 AsylG; siehe hinten S. 277ff).

- Während im Normalfall das Bundesamt (BFF) den Entscheid über das Asylgesuch aufgrund der kantonalen Protokolle vorbereitet und fällt, sieht nun Art. 15 Abs. 4 AsylG neu vor, dass kantonale Beamte unter der Leitung des BFF Entscheide gemäss den Artikeln 16-16b (Asylentscheide ohne weitere Abklärungen und Nichteintretensentscheide) zuhanden des BFF *vorbereiten* können (siehe hinten S. 289f). In der gleichen Bestimmung ist auch die Möglichkeit vorgesehen, dass Asylsuchende in gewissen (vor allem kleineren) Kantonen nur vom Bundesamt angehört werden.

- Gemäss Art. 15 Abs. 3 AsylG kann das Bundesamt die Asylsuchenden direkt anhören (siehe hinten S. 291). Diese Variante soll, soweit organisatorisch möglich, gefördert werden. Die Anhörung findet entweder in der Empfangsstelle (vor allem bei Nichteintretensentscheiden) oder dann am Sitz des BFF in Bern oder Fribourg statt.

V. DER VERFAHRENSABSCHNITT IM KANTON

LITERATUR: *Civelli/Mächler*, Die Befragung - Kernstück des Asylverfahrens, NZZ vom 28.8.1989; *Gattiker*, Asyl- und Wegweisungsverfahren, S. 11f; *Kälin*, Grundriss, S. 255ff; *Kälin/Stöckli*, Das neue Asylverfahren, ASYL 1990/3, S. 4f; *Raess-Eichenberger*, S. 61-70 (die Spezialliteratur zur Befragungssituation findet sich unten S. 286f).

RECHTSQUELLEN: Art. 15 AsylG; Art. 8 und 13 AsylVE; Weisungen zum Asylgesetz Asyl 22.1 über die Anhörung im Kanton und 23.3 über die Verteilung der Asylbewerber auf die Kantone und über die Bescheinigung Asylgesuch.

1. ALLGEMEINES ZU DEN AUFGABEN DES KANTONS IM VERFAHREN

Im Zentrum des Verfahrensabschnittes im Kanton steht die *Anhörung* (einlässliche Befragung) der Asylsuchenden zu ihren Asylgründen (unten Ziff. 2). Laut Art. 15 Abs. 1 AsylG sollte die Anhörung innert 20 Tagen nach der Gesuchstellung erfolgen; es handelt sich dabei nur um eine Ordnungsfrist. Immerhin sind die Kantone damit beauftragt, die organisatorischen und personellen Voraussetzungen dazu zu schaffen. Die Asylstatistik 1990 zeigt jedenfalls, dass gewisse Kantone prozentual zur Zahl der zugewiesenen Asylsuchenden überproportional viele pendente Fälle haben (so z.B. der Kanton Zürich). Neu haben die Kantone auch die Möglichkeit, den Asylentscheid zuhanden des Bundesamtes vorzubereiten (Art. 15 Abs. 4 AsylG; siehe unten S. 289f).

Die Anhörung im Kanton ist für das Asylverfahren insofern von *sehr grosser Bedeutung*, als der grösste Teil der Asylsuchenden (mit Ausnahme gewisser Nichteintretensentscheide nach Direktbefragungen durch den Bund) im Kanton befragt wird und das Protokoll der Anhörung in den meisten Fällen die *entscheidende Grundlage* für die Beurteilung des Asylgesuches darstellt.

Das Asylgesetz sieht im Anschluss an die Anhörung eine *Triage* vor, die den weiteren Verlauf des Verfahrens bestimmt (Aufteilung in klar positive oder klar negative Fälle, Fälle mit weiteren Abklärungen und Nichteintretensfälle). Die Praxis nimmt die Triage allerdings bereits im Anschluss an die Befragung in der Empfangsstelle vor (siehe vorne S. 271ff).

Daneben kommen der zuständigen kantonalen Behörde (in der Regel die kantonale Fremdenpolizei) weitere Aufgaben *im Rahmen des Asylverfahrens* zu:

- Gemäss Art. 8 AsylVE erhalten Asylsuchende, die sich voraussichtlich bis zum Abschluss des Verfahrens in der Schweiz aufhalten, eine befristete *Bescheinigung* über die Einreichung des Asylgesuches. Diese gilt gegenüber allen kantonalen und eidgenössischen Behörden als Ausweispapier; allerdings berechtigt sie nicht zum Grenzübertritt. Die Bescheinigung wird eingezogen, wenn der Gesuchsteller oder die Gesuchstellerin die Schweiz verlässt oder das Anwesenheitsverhältnis fremdenpolizeilich geregelt wird. Gemäss der Weisung Asyl 23.3. "über die Bescheinigung Asylgesuch" wird die Bescheinigung von der Empfangsstelle vorbereitet. Der Kanton vervollständigt das Papier und händigt es dem Gesuchsteller bzw. der Gesuchstellerin aus. Das erste Mal wird die Gültigkeitsdauer auf drei Monate festgelegt, später jeweils maximal für zwölf Monate verlängert. Auf der Bescheinigung werden die Adresse und Adressänderungen vermerkt, ebenso die Durchführung der grenzsanitarischen Untersuchung (siehe unten). Die Weisung widerspricht insofern der Verordnung, als gemäss Art. 8 Abs. 2 AsylVE die Bescheinigung erst eingezogen wird, wenn der Gesuchsteller *die Schweiz verlässt* oder eine fremdenpolizeiliche Aufenthaltsbewilligung erhält. Gemäss Weisung wird die Bescheinigung allerdings bereits nach *Abschluss des Verfahrens* - d.h. nach Rechtskraft des Wegweisungsentscheides - eingezogen. Da aber nach der Praxis des BFF in gewissen Fällen der Aufenthalt von abgewiesenen Asylsuchenden *toleriert* wird (siehe dazu vorne S. 192ff), könnte dies für die Betroffenen zu grossen Schwierigkeiten führen, ebenso bei mehrmonatigen Ausreisefristen während der Dauer der Frist.
- Die *erkennungsdienstliche Behandlung* wird durch die Behörden des Standortkantons der Empfangsstellen vorgenommen (Art. 14 Abs. 1 AsylG; siehe oben S. 260f).
- Neben der Unterbringung der Asylsuchenden und der Fürsorge (siehe hinten S. 369ff) ist der Kanton zuständig für die *grenzsanitarische Untersuchung*. Diese erfolgt im Anschluss an die Zuteilung der Asylsuchenden an die Kantone. Für die Durchführung bestehen Weisungen des Bundesamtes für Gesundheitswesen. Eine Arbeitsbewilligung im Kanton darf erst nach dieser Untersuchung erteilt werden. Auf der Asylbescheinigung wird bestätigt, dass die Untersuchung durchgeführt worden ist.

- Die Kantone sind im weiteren in das Asylverfahren insofern involviert, als sie über die Fremdenpolizei die *vorläufige Aufnahme oder die Internierung* von Asylsuchenden beantragen können (Art. 18 Abs. 3 AsylG und Art. 14b Abs. 1 ANAG). Die Kantone können sodann die vorläufige Aufnahme jeweils um zwölf Monate verlängern (Art. 14c Abs. 1 ANAG). Zuständig sind die Kantone auch für die Erteilung einer *humanitären Aufenthaltsbewilligung* gemäss Art. 13 lit.f BVO, unter Vorbehalt der Zustimmung des Bundesamtes für Ausländerfragen (siehe hinten S. 347ff). Am Ende des Verfahrens sind die Kantone zuständig zum *Vollzug* der Wegweisung, wenn das Asylgesuch abgelehnt wird und keine Wegweisungsschranken entgegenstehen (Art. 18 Abs. 2 AsylG; siehe hinten S. 338ff).

2. DIE ANHÖRUNG IM KANTON

2.1. ALLGEMEINES

Wie oben erwähnt, kommt dieser Anhörung zentrale Bedeutung zu. Ziel ist eine umfassende Abklärung des Sachverhaltes und ein umfassendes, zuverlässiges Protokoll; insbesondere sind alle wesentlichen Fragen zur Beurteilung der Flüchtlingseigenschaft (siehe vorne S. 71ff) und zum Bestehen allfälliger Wegweisungshindernisse (siehe vorne S. 171ff) zu stellen. Es muss im Interesse aller Beteiligten sein (auch des Hilfswerksvertreters bzw. der Hilfswerksvertreterin, siehe hinten S. 159ff), dass alle für den Entscheid relevanten Fragen zur Sprache kommen. Über das Asylgesuch entscheidet aber in jedem Fall das Bundesamt (Art. 11 Abs. 1 AsylG), auch wenn der Kanton allenfalls die Möglichkeit benützt, gemäss Art. 15 Abs. 4 AsylG die Entscheide vorzubereiten (siehe unten S. 289f).

2.2. TEILNEHMER UND TEILNEHMERINNEN AN DER ANHÖRUNG

An der Anhörung (Befragung) nehmen teil: Der Gesuchsteller oder die Gesuchstellerin, ein Beamter oder eine Beamtin des Kantons als Befragende, falls nötig ein Dolmetscher oder eine Dolmetscherin (siehe unten S. 282ff), schliesslich ein Vertreter oder eine Vertreterin eines Hilfswerkes (Art. 15a AsylG). Die Asylsuchenden können sich überdies von einem Dolmetscher und einem Vertreter eigener Wahl vertreten lassen (Art. 15 Abs. 1 AsylG; zur Vertretung und Hilfswerksvertretung siehe hinten S. 355ff).

Alle Teilnehmer unterstehen einer strengen *Verschwiegenheitspflicht*; diese gilt selbstverständlich über die Befragung hinaus. Keine Behörde darf sich unter Preisgabe der Identität des Asylsuchenden mit Behörden des Herkunftsstaates in Verbindung setzen. Den Asylsuchenden wird versichert, dass nichts, was sie im Laufe des Verfahrens vorbringt, ihren heimatlichen Behörden zur Kenntnis gelangen wird.

2.3. ANWENDBARES VERFAHRENSRECHT

Anwendbar ist das Verwaltungsverfahrensrecht *des Bundes* (VwVG), nicht etwa kantonales Verfahrensrecht (Art. 12 AsylG); dies bedeutet insbesondere, dass sich ein Asylsuchender überall auch von einem juristischen Laien verbeiständen und vertreten lassen kann (Art. 11 VwVG).

Den Asylsuchenden stehen alle Verfahrensrechte zu, die das VwVG gewährt, ausser das Asylgesetz enthalte davon abweichende Vorschriften. Zu erwähnen ist insbesondere der Anspruch auf rechtliches Gehör und die daraus abgeleiteten Rechte. Asylsuchende haben auch verschiedene Mitwirkungspflichten und die Pflicht, die Wahrheit zu sagen (zu den Verfahrensrechten und Verfahrenspflichten siehe vorne S. 213ff).

2.4. VORLADUNG ZUR ANHÖRUNG

In der Regel erfolgt die Vorladung der Asylsuchenden *schriftlich* (siehe das Muster der Vorladung in Weisung Asyl 22.1, Anhang 2). Falls Asylsuchende einen Rechtsvertreter haben, ergeht die Vorladung an diesen. Die schriftliche Vorladung erfolgt nur gegen *Empfangsbestätigung* oder Rückschein. Bei der Vorladung werden die Asylsuchenden aufgefordert, sämtliche *Dokumente*, die der Abklärung des Asylgesuches dienen, zur Anhörung mitzubringen. Im Falle des Nichterscheinens wird damit gedroht, wegen Verletzung der Mitwirkungspflicht nicht auf das Gesuch einzutreten und die *Wegweisung* in den Herkunftsstaat zu verfügen und eventuell *sofort zu vollziehen* (siehe dazu hinten S. 301ff). Die Vorladung wird an die letzte bekannte Adresse der Asylsuchenden geschickt. Wird sie nicht fristgerecht innerhalb von sieben Tagen abgeholt oder kommt sie als unzustellbar zurück, gilt sie dennoch als rechtskräftig zugestellt (Art. 12e Abs. 1 AsylG). Bei Nichterscheinen oder Nichtzustellung der Vorladung werden die Akten vom Kanton an das Bundesamt weitergeleitet.

Unter gewissen Umständen können Asylsuchende aber auch *kurzfristig vorgeladen* werden, so z.B. wenn ein Vorgeladener nicht zur Anhörung erschienen ist. Allerdings müssen für diese sogenannte *ad-hoc Vorladung* gewisse Bedingungen erfüllt sein, auf die sich Asylsuchende berufen können, falls sie nicht befragt werden wollen (vgl. Weisung Asyl 22.1., Ziff. 2.3.): Es darf noch keine andere Vorladung auf einen späteren Zeitpunkt erfolgt sein; der Asylbewerber oder die Asylbewerberin darf noch keinen Rechtsvertreter bzw. keine Rechtsvertreterin bestimmt haben, ausser diesen sei es möglich, ebenfalls kurzfristig an der Befragung teilzunehmen; die Asylsuchenden müssen mindestens eine halbe Stunde vorher telefonisch vorgeladen worden sein; falls die Vorladungsfrist kürzer als ein halber Tag ist, müssen die Asylsuchenden abgeholt werden. Je länger ein Asylsuchender oder eine Asylsuchende in der Schweiz lebt, umso weniger ist es ihm bzw. ihr zumutbar, kurzfristig zu einer Befragung aufgeboten zu werden; in den ersten drei Monaten spielt dies keine Rolle.

Zur Vorladung der Hilfswerksvertreterinnen und -vertreter, insbesondere zur Möglichkeit der einzelfallunabhängigen Vorladung siehe hinten, S. 359f.

2.5. DURCHFÜHRUNG DER ANHÖRUNG

Der kantonale Beamte vernimmt die Asylsuchenden gemäss einem *Frageschema* des Bundesamtes (Weisung Asyl 22.1, Anhang 3 für gewöhnliche Befragungen, Anhang 6 für Asylsuchende aus Safe-Countries gemäss Art. 16 Abs. 2 AsylG; siehe dazu hinten S. 298f). Gemäss der Weisung 22.1, Ziff. 3.1, ist Asylsuchenden Gelegenheit zu geben, ihre Gründe *abschliessend* zu nennen und die *konkreten Umstände* ihrer Verfolgungs- bzw. Gefährdungssituation darzulegen. Soweit zur Abklärung des asylrelevanten Sachverhaltes erforderlich, stellt der Beamte bzw. die Beamtin die zweckmässigen Fragen. Die Weisung führt aus, es sei darauf zu achten, dass die geltend gemachte Verfolgungssituation in sachlicher, örtlicher und zeitlicher Hinsicht *vollständig* wiedergegeben wird. Zu Beginn der Anhörung werden die Asylsuchenden denn auch, nach Vorstellung der anwesenden Personen, auf ihre Mitwirkungspflichten und die Verschwiegenheitspflicht der Anwesenden hingewiesen. Asylsuchende haben die ihnen gestellten Fragen zu beantworten; falls sie sich ohne erkennbaren Grund weigern, Auskunft zu geben, kann nach erfolgloser Mahnung die Anhörung abgebrochen werden.

Die Befragung erfolgt zu folgenden Punkten:

- *Vorfragen* (Überprüfung der Personalien und der Identität mit der Aufforderung, dem BFF innert 10 Tagen den Reisepass oder ein anderes amtliches Dokument einzusenden, falls dies noch nicht geschehen ist; Erwerbstätigkeit in der Schweiz; Rechtsvertretung in der Schweiz oder im Ausland).

- *Bildungsgang und bisherige Arbeitsstellen* (von wann bis wann, Art und Ort der Schule, Abschluss, berufliche Tätigkeit, Stellung, Arbeitgeber, Ort, Höhe des Verdienstes, Vermögen, Schulden etc).

- *Militärdienst* (Militärische Ausbildung, Dauer, Weiterausbildung, Dienstleistungen, Einteilung, Funktion etc.).

- *Gerichtliche Bestrafungen oder hängige Strafverfahren* (Jahr der Einleitung der Strafverfolgung, Jahr der Verurteilung, zuständige Staatsanwaltschaft, urteilendes Gericht, Anschuldigung, Grund der Verurteilung, ausgefällte Strafe und Nebenstrafe, Rechtsmittel, Strafvollzug: Dauer, Anstalt, Schilderung des Anstaltslebens, Tagesablauf, Räumlichkeiten).

- *Kontakte zu Staatssicherheitsdiensten* (Anwerbung, Versuch zur Anwerbung).

- *Asylbegründung*: Gemäss der Weisung soll der kantonale Beamte, eventuell unter Zuhilfenahme von länderspezifischen Fragebogen, die Asylsuchende zu den Schwierigkeiten befragen, die sie persönlich im Heimatstaat gehabt haben. Asylsuchende sollen *alle* Gründe nennen, die sie zur Flucht bewogen haben. Falls Asylsuchende nur auf allgemeine Zustände hinweisen, müssen durch den Beamten bzw. die Beamtin entsprechende Vorhalte gemacht werden, damit ersichtlich wird, ob die Asylsuchenden glaubhaft machen können, dass sie persönlich ernsthaften Nachteilen ausgesetzt gewesen waren oder solche zu befürchten hatten. Weiter wird nach der Art der erlittenen und der Art der zu befürchtenden Nachteile gefragt, ebenfalls danach, wer die Nachteile zugefügt hat, bzw. von wem diese zu befürchten wären. Wenn der Gesuchsteller oder die Gesuchstellerin Inhaftierungen oder andere Verfolgungsmassnahmen geltend macht, muss präzisiert werden, wann, wo, wie oft, warum, durch wen, mit wem, wie lange, unter welchen Umständen dies geschah; bei Misshandlungen: wie, wann, wo, durch wen, sind heute noch Spuren sichtbar? Des weiteren: Wo hat sich der Gesuchsteller bzw. die Gesuchstellerin zwischen der zeitlich zuletzt geltend gemachten Verfolgungsmassnahme und der Ausreise aufgehalten? Wurde er oder sie vor einen Richter geführt, wann war dies, welches waren oder sind die Anklagepunkte, wie lautete das

Urteil und welches ist die Adresse des Anwaltes bzw. der Anwältin, der ihn bzw. sie allenfalls vertreten hat? Probleme naher Angehöriger im Heimatland?

- *Politische Aktivitäten*: Gefragt wird nach Mitgliedschaft in politischen Bewegungen, Eintritt und Austritt in Parteien, Gewerkschaften, Jugendverbänden mit politischem Charakter, in anderen Organisationen; konkrete Stellung und genaue Tätigkeit der Asylsuchenden, Funktion, aktive Mitgliedschaft oder Sympathisant? Detailangaben über Namen von Parteimitgliedern, Führerinnen oder Führern etc., Partei und Organisationsziele, Slogans, Embleme, Strukturen, wichtige Mitglieder, Kontaktpersonen, Kontaktorte wie Parteibüros, Versammlungsorte etc., politische Aktivitäten naher Angehöriger.

- *Religiöse Aktivitäten* (Mitgliedschaft bei religiösen Vereinen, Gemeinschaften oder Bewegungen, konkrete Stellung und genaue Tätigkeit der Asylsuchenden, Kontaktpersonen und Kontaktorte - Kirchen, Versammlungsorte etc. -, Angaben über wichtige Mitglieder dieser Bewegungen).

Zum Schluss der Befragung wird den Asylsuchenden die Möglichkeit zu Ergänzungen gegeben. Er wird sodann darauf hingewiesen, dass für das Bundesamt nun die Vermutung bestehe, dass sie ihre Ausreise- und Asylgründe vollumfänglich dargelegt hätten und dass möglicherweise das Bundesamt seinen Entscheid allein auf die bei der Befragung gemachten Aussagen stützt und sie nicht mehr zu einer Zweitbefragung aufbietet. Danach wird der Gesuchsteller bzw. die Gesuchstellerin über das weitere Verfahren orientiert: In einiger Zeit werde er bzw. sie einen Asylentscheid erhalten oder über den Verfahrensgang orientiert werden.

Die Asylsuchenden erhalten sodann Gelegenheit, *zur allfälligen Wegweisung oder Heimschaffung Stellung zu nehmen* und auszuführen, ob es noch andere als die geltend gemachten Gründe gebe, die allenfalls gegen die Rückschaffung in den Heimatstaat sprechen. Falls dies noch nicht in der Empfangsstelle geschehen ist, holt der Beamte bzw. die Beamtin von den Asylsuchenden die schriftliche Einwilligung ein, im Ausland Informationen über einen allfälligen Aufenthalt in Drittstaaten einholen und in die Akten eines dort gestellten Asylgesuches Einsicht nehmen zu können.

Über die Anhörung wird ein *Protokoll* geführt. Die Weisung Asyl 22.1 schreibt vor, dass die Aussagen über die persönliche Situation zusammengefasst werden können; in *allen asylrelevanten Punkten* seien aber sowohl die *Fragen wie auch die Antworten genau* zu protokollieren. Nach Abschluss der Einvernahme werden die Erklärungen der Asylsuchenden Satz für Satz vorgelesen und rückübersetzt. Mit der Unterzeichnung des Protokolls bestätigen Asylsuchende, dass dieses ihren Äusserungen entspricht und dass alle Gründe des Asylgesuches abschliessend festgehalten sind und nichts mehr beizufügen sei. Das Protokoll wird vom Beamten oder der Beamtin, dem Gesuchsteller bzw. der Gesuchstellerin sowie vom Dolmetscher oder von der Dolmetscherin unterzeichnet. Der Vertreter bzw. die Vertreterin des Hilfswerkes bestätigt die Mitwirkung auf einem separaten Beiblatt; es können dort Einwände angebracht und weitere Abklärungen anregt werden (Art. 15a Abs. 5 AsylG; siehe hinten S. 262).

Im Protokoll festzuhalten sind auch Fristansetzungen zur Beibringung von Übersetzungen (siehe oben S. 225) oder Beweismitteln, ferner bereits beigebrachte Beweismittel (zu den Beweismitteln, der Pflicht zur Beibrigung und den Säumnisfolgen siehe oben S. 228ff). Die Frist zur Beibringung der Beweise wird *auf Verlangen* schriftlich bestätigt, was Asylsuchenden zu empfehlen ist.

Der Kanton leitet darauf das Protokoll und die übrigen Akten an das Bundesamt weiter, das über den weiteren Verfahrensablauf entscheidet.

Bei Gesuchstellerinnen und Gesuchstellern aus sogenannten *Safe-Countries* (Art. 16 Abs. 2 AsylG) wird ein anderes Frageschema verwendet (Anhang 6 zur Weisung Asyl 22.1), das nur Vorfragen, Fragen zum Bildungsgang und bisherigen Arbeitsstellen und Fragen zur *Asylbegründung* und Kontakten zu Staatssicherheitsdiensten enthält. Die Asylsuchenden werden darauf hingewiesen, dass ihr Land für die schweizerischen Asylbehörden als verfolgungssicher gelte, weshalb in der Regel nicht auf Gesuche aus solchen Staaten eingetreten werde. Asylsuchende haben darauf die Gründe anzugeben, die gegen diese *Regelvermutung* sprechen. Es müssen konkrete Umstände geschildert werden (vgl. die Fragen oben zur Asylbegründung). Schliesslich wird darauf hingewiesen, dass im Falle eines Nichteintretens die Schweiz sofort zu verlassen sei und einer Beschwerde die aufschiebende Wirkung entzogen würde (zu diesem Nichteintretensgrund siehe hinten S. 298f; zum Vollzug der Wegweisung hinten S. 336ff).

2.6. DOLMETSCHER

Gemäss Art. 15 Abs. 1 AsylG zieht die kantonale Behörde nötigenfalls einen Dolmetscher bei. In einem Entscheid vom 15.2.1989 (VPB 54/1990, S. 131f) hat das EJPD festgehalten, zur Wahrung des rechtlichen Gehörs und einer fehlerfreien Feststellung des Sachverhaltes müsse der Bewerber sich frei und möglichst leicht ausdrücken können, gegebenenfalls in seiner Muttersprache. Es wies die Beschwerde eines Ghanaers gut, der in englischer Sprache befragt worden war.

Asylsuchende können sich überdies von einem Dolmetscher oder einer Dolmetscherin eigener Wahl begleiten lassen. Diese dürfen allerdings nicht selber *Asylsuchende* sein; anerkannte Flüchtlinge oder ehemalige Asylsuchende, die eine Aufenthaltsbewilligung erhalten haben, sind hingegen zugelassen. Die von Asylsuchenden mitgebrachten Dolmetscher haben allerdings keine Verfahrensrechte und können den amtlichen Dolmetscher *nicht ersetzen*. Sie dienen mehr der Kontrolle der Übersetzung für die Asylsuchenden. Zudem muss der eigene Dolmetscher selber bezahlt werden.

Nur für die *amtlichen Dolmetscher* gelten die Ausstandsregeln von Art. 10 VwVG; danach darf der Dolmetscher oder die Dolmetscherin in der Sache keine persönlichen Interessen haben, nicht befangen sein oder mit den Asylsuchenden verwandt oder verschwägert sein. Wegen der Besonderheit des Asylverfahrens darf es sich auch nicht um eine Person handeln, die mit den Behörden des Verfolgerlandes engere Beziehungen oder Kontakte hat. Neben den sprachlichen Voraussetzungen müssen die amtlichen Dolmetscher Gewähr dafür bieten, dass sie ihre Arbeit objektiv verrichten. Es steht ihnen insbesondere *nicht zu*, *Aussagen zu interpretieren* oder bloss zusammengefasst wiederzugeben oder gar in eigener Regie Fragen zu stellen oder gestellte Fragen abzuändern (Weisung Asyl 22.1, Ziff. 3.3.2). Der Dolmetscher hat die Pflicht, am Ende der Anhörung die Aussagen rückzuübersetzen und das Protokoll zu unterzeichnen.

Ein Merkblatt des DFW (heute BFF) für Dolmetscher- und Übersetzungstätigkeiten in der Abteilung Flüchtlinge vom 29.7.1986 weist die Dolmetscher an, satz- bzw. absatzweise zu übersetzen, die Ich-Form zu verwenden, die Aussagen wortgetreu wiederzugeben, alles zu übersetzen (keine Zusammenfassungen, auch Antworten übersetzen, die an der Frage vorbeigehen), keine selbständigen Fragen zu stellen, die Aussagen nicht zu interpretieren. Kontakte von Dolmetschern mit Asylsuchenden seien nicht erwünscht.

In der Praxis ist es auch schon vorgekommen, dass bei kurdischen Ehepaaren, bei denen der Mann türkisch sprach, die Frau hingegen nur kurdisch, mangels kurdischem Dolmetscher der Mann die Aussagen der Frau übersetzen musste. Ein solches Vorgehen ist gesetzeswidrig, weil wie erwähnt der Dolmetscher nicht Asylsuchender sein darf und auch nicht mit der zu befragenden Person verwandt sein darf. Zudem hindert dieses

Vorgehen die Frau u.U. über Erlittenes, das sie dem Mann nicht mitteilen möchte, zu sprechen (siehe dazu auch vorne S. 237).

2.7. RATSCHLÄGE FÜR DIE BEFRAGUNG

Asylsuchenden ist unbedingt zu empfehlen, alles vorzubringen, was ihnen in ihrer Heimat zugestossen ist, jede Verhaftung, Misshandlung, Diskriminierung etc. Auch Ereignisse geringerer Intensität können bei einer Gesamtbetrachtung asylrelevant werden. Von Bedeutung kann auch Verfolgung durch Private sein, was allenfalls unter dem Aspekt von Art. 3 EMRK eine Rolle spielen kann (siehe vorne S. 179ff). Im übrigen sollten Asylsuchende alle Gründe vorbringen, die eine Rückschaffung ins Heimatland als *besondere Härte* erscheinen lassen und ausführen, welche Schwierigkeiten sie bei einer Rückkehr erwarten. Bei Fragen, auf die Asylsuchende die Antwort nicht sicher wissen (z.B. Daten), sollte unbedingt darauf hingewiesen werden, dass man es nicht mehr genau wisse; ansonsten führen spätere widersprechende Antworten zu einer Verminderung der Glaubwürdigkeit.

Beweismittel zu den Verfolgungsgründen und Dokumente, die die Identität nachweisen, sind von den Asylsuchenden unbedingt einzureichen, falls sie im Besitz derselben sind oder sie diese wenn irgendwie möglich aus der Heimat holen lassen können. Um die Beschaffung solcher Dokumente und Urkunden sollten sich Asylsuchende schon vor der kantonalen Befragung bemühen, denn in der Regel werden sehr kurze Fristen für die Beschaffung derselben angesetzt (Art. 46c Abs. 2 AsylG). Einzureichen sind die Originale, es empfiehlt sich aber, eine Kopie für sich selber zu machen. Beweismittel können aber, wenn sie nicht rechtzeitig eintreffen, auch später noch nachgereicht werden, nötigenfalls auch noch im Beschwerdeverfahren. Die Asylsuchenden müssen aber begründen, wieso die Beweismittel nicht rechtzeitig eingetroffen sind. Vor Ende der angesetzten Frist sollte - falls die Beweismittel noch nicht angekommen sind - in einem eingeschriebenen Brief zuhanden des BFF erklärt werden, weshalb die Frist nicht eingehalten werden kann. Falls Asylsuchende die Papiere nicht einreichen und keine Erklärung dazu abgeben, stellt das BFF ihre Glaubwürdigkeit generell in Zweifel (siehe dazu vorne S. 231f; zu den Beweismitteln allgemein vorne S. 228ff).

Mit der Unterschrift am Ende der Befragung bestätigt der Gesuchsteller bzw. die Gesuchstellerin, dass das Protokoll seinen bzw. ihren Aussagen entspricht und dass alle Gründe des Asylgesuches abschliessend festgehalten sind. Falls Asylsuchende beim *Rückübersetzen* das Gefühl haben,

Verfahren im Kanton 285

dass das Protokoll ungenau, unvollständig oder falsch ist (auch scheinbar geringe Abweichungen genügen), müssen sie dies unbedingt korrigieren lassen. Auch der Hilfswerksvertreter bzw. die Hilfswerksvertreterin hat auf solche Ungenauigkeiten hinzuweisen.

2.8. PROBLEMATIK DER KANTONALEN BEFRAGUNG

Die vom Bunderat eingesetzte Expertenkommission, die den AVB vorbereitete, hatte vorgeschlagen, dass grundsätzlich nur noch Bundesbeamte die Befragung zu den Asylgründen durchführen sollten (BBl 1990 II 633). Der Bundesrat selbst führte in der Botschaft zum AVB (am gleichen Ort) an, das Hauptelement der Verfahrensbeschleunigung des Asylverfahrens liege in der möglichst baldigen, einlässlichen Anhörung des Gesuchstellers durch einen für die Vorbereitung des Entscheides zuständigen Sachbearbeiter (sog. *Unmittelbarkeitsprinzip*). Das Departement hat sich allerdings aus schlecht nachvollziehbaren Gründen dagegen gewehrt (siehe *Stöckli*, Warum wehrt sich der DFW gegen die direkte Bundesbefragung?, ASYL 1990/2, S. 2) und der Bundesrat ist ihm soweit gefolgt, als es die kantonale Anhörung nach wie vor als Regelfall vorgesehen hat. Damit ist das Unmittelbarkeitsprinzip gerade *nicht* verwirklicht worden.

Dabei liegt besonders bei der fehlenden Unmittelbarkeit *die* Schwachstelle des Verfahrens, indem nämlich ein Beamter oder eine Beamtin die Befragung durchführt, die nachher mit dem Entscheid nichts zu tun haben und nicht direkt dafür verantwortlich sind. Die Befragung durch kantonale Beamte hat dabei folgende Nachteile, wobei von Kanton zu Kanton beträchtliche Unterschiede bestehen und es durchaus auch gute kantonale Befragerinnen und Befrager gibt:

- Die Kantone können mangels genügender Kapazitäten ihre Beamtinnen und Beamten viel weniger als der Bund auf bestimmte Länder spezialisieren. Je mehr Fachwissen bezüglich einzelner Herkunftsländer, desto besser die Qualität der Sachverhaltsermittlung. Wer die Verhältnisse in einem Land kennt, kann bei Tatsachenwidrigkeit, Widersprüchen etc. besser nachfragen. Gedient ist dadurch auch den Asylsuchenden, indem sie allfällige Missverständnisse ausräumen können und das rechtliche Gehör zu negativen Punkten erhalten. Falls die Widersprüche oder Missverständnisse nicht geklärt werden, erhalten die Asylsuchenden bei Missverständnissen und scheinbaren Widersprüchen einfach einen negativen Entscheid des Bundesamtes.

- Die Protokolle der kantonalen Anhörungen lassen vielfach zu wünschen übrig (mit grossen Unterschieden zwischen einzelnen Kantonen). Nach wie vor gibt es sehr summarisch gehaltene Protokolle. Oft liegt es auch an der fehlenden sprachlichen Ausdrucksfähigkeit der protokollierenden Beamten und Beamtinnen, dass Aussagen, die in der Befragung durchaus plausibel schienen, nun plötzlich den Anschein von Unglaubwürdigkeit erwecken. Indem die Person des Befragers von derjenigen des Beurteilenden getrennt wird, geht der unmittelbare Eindruck als wesentliches Element zur Beurteilung der Glaubwürdigkeit verloren.

- Da der Beamte nicht über das Asylgesuch entscheiden muss, ist er auch weniger motiviert, allfällige Widersprüche zu klären und detaillierte Auskünfte zu erhalten. Das fehlende Interesse äussert sich z.B. auch daran, dass einige Kantone intern die Anhörungszeit auf eine bestimmte Dauer beschränkt haben.

- Unbefriedigend ist u.E. die Befragung zu allfälligen Wegweisungshindernissen gehalten. Obwohl es sich um ein wesentliches Element der Gesuchsprüfung handelt, erscheint die Frage ganz am Schluss, nachdem die eigentliche Befragung beendet ist. Meist begnügen sich die Beamtinnen und Beamten mit einer kurzen Antwort ohne Untersuchung der Gefährdungssituation bei einer allfälligen Rückschaffung; diese Kritik gilt im übrigen aber auch für die Bundesbefragung.

Abhelfen lässt sich einigen dieser Missstände, indem das Bundesamt direkt die Anhörung durchführt oder aber, wie dies vorgesehen ist, der Kanton auch den Entscheid vorbereitet (siehe unten Ziff. 4). Damit könnte das Verfahren um einiges schneller, besser und fairer gestaltet werden.

3. SCHWIERIGKEITEN BEI DER BEFRAGUNG VON ASYLSUCHENDEN

LITERATUR: *Bierbrauer*, Rechtskulturelle Verständigungsprobleme. Ein rechtspsychologisches Forschungsprojekt zum Thema Asyl, Zeitschrift für Rechtssoziologie 11, 1990, S. 197ff; *CHRICA/FMCARP*, Political Asylum - A Handbook for Legal and Mental Health Workers, San Francisco 1987; *Civelli/Mächler*, Die Befragung - Kernstück des Asylverfahrens, NZZ vom 28.8.1989; *Civelli*, Wie überprüft der DFW die Glaubwürdigkeit von Asylbewerbern?, ASYLON Nr. 2, 1989, S. 4f; *Diagnostisches und Statistisches Manual* Psychischer Störungen DSM-III-R, übersetzt nach der Revision der dritten Auflage des Diagnostic and Statistical Manual of Mental Disorders der American Psychiatric Association, Weinheim und Basel 1989,

S. 304ff (Ausführungen zur Posttraumatischen Belastungsstörung); *Kälin*, Missverständnisse im Asylverfahren, in: Däpp/Karlen (Hrsg.), Asylpolitik gegen Flüchtlinge, Basel 1984, S. 355ff; *derselbe*, Troubled Communication: Cross-Cultural Misunderstandings in the Asylum Hearing, International Migration Review, 1986, S. 230ff; *derselbe*, Anforderungen an den Asylverfahren, Vortrag gehalten an der Tagung "Folter und Asyl", 10/11. Juni 1988 in Bern; *derselbe*, Grundriss, S. 297f und S. 317ff; *Kot*, The Impact of Culturel Factors on Credibility in the Asylum Context, Hrsg. vom Father Moriarty Central American Refugee Project, San Fransisco 1988; *Miserez* (Hrsg.), The Trauma of Exile, Dordrecht/Boston/London, 1987 (mit verschiedenen sehr interessanten Beiträgen zur Situation von misshandelten Flüchtlingen); *Münch*, Wider die Hektik im Asylverfahren, ASYL 1990/3, S. 14ff; *Steiner*, Psychologische Schwierigkeiten bei der Befragung von Asylbewerbern, NZZ vom 12.7.1989; *dieselbe*, Die fremdenpolizeiliche Befragung von Asylbewerbern aus psychologischer Sicht, Zeitschrift für öffentliche Fürsorge, I. Teil 1989 Nr. 11, S. 170ff, II. Teil 1989 Nr. 12, S. 182ff; UNHCR, Handbuch, Ziff. 195ff; *Vluchtlingen Werk*, Sexual Violance: You have hardly any future left. Female refugees and sexual violence, Amsterdam 1987 (für weitere Literatur zur Situation von Frauenflüchtlingen siehe vorne S. 113f).

Die meisten Asylsuchenden kommen heute aus aussereuropäischen Kulturen. Dadurch sind die Kommunikationsprobleme gewachsen, und die Gefahr von Missverständnissen ist grösser geworden. Die Gründe für Widersprüche und Unklarheiten in der Befragung können vielfältiger Art sein: Folgen von Misshandlungen, Sprachschwierigkeiten, Übersetzungsfehler, interkulturelle oder psychologische Kommunikationsprobleme oder schlicht Missverständnisse.

- Eine Vielzahl von Studien belegt, dass *Folteropfer* grosse Schwierigkeiten haben, über ihre Erlebnisse zu berichten. Oft sind sie erst nach längerer Zeit, und erst wenn sie Vertrauen gefasst haben, fähig, über ihre Erfahrungen zu sprechen (siehe z.B. *Jespen*, in *Miserez*, S. 83). Viele Folteropfer leiden an der sogenannten *Posttraumatischen Belastungsstörung*. Gemäss dem *Diagnostischen und Statistischen Manual* psychischer Störungen (S. 304ff) gehört zu den häufigsten Traumata entweder eine ernsthafte Bedrohung des eigenen Lebens bzw. der körperlichen Integrität (etwa Folter und Vergewaltigung), ernsthafte Bedrohung oder Schädigung der eigenen Kinder, des Ehepartners bzw. naher Verwandter oder Freunde, plötzliche Zerstörung des eigenen Zuhauses bzw. der Gemeinde. Das Trauma kann allein oder mit anderen zusammen erlebt werden (z.B. militärische Gefechte). Folterungen erzeugen das Symptom häufig. Das traumatisierende Erlebnis kann auch auf verschiedene

Arten wiedererlebt werden (z.B. häufig wiederholte Erinnerungen an das Ereignis oder Zustände, in denen das Ereignis noch einmal *durchlebt* wird). Zudem vermeidet die Person meistens von sich aus Gedanken oder Gefühle an das traumatische Erlebnis oder Situationen, die Erinnerungen daran hervorrufen. Zu den Folgen gehören auch Gedächtnisschwäche oder Konzentrationsschwierigkeiten. Die typischen Reaktionen werden gemäss Manual oft noch verstärkt oder ausgelöst, wenn Personen mit Situationen konfrontiert werden, die dem ursprünglichen Trauma ähneln oder es symbolisieren. Eine solche Situation kann sicher auch die Befragung darstellen (das Auftreten einer staatlichen Autorität kann Erinnerungen an Repressionskräfte im Heimatland wekken; siehe auch *Kälin*, Grundriss, S. 297f). Gemäss Manual (S. 307f) gehören zu den diagnostischen Kriterien etwa auch die Unfähigkeit, sich an einen wichtigen Bestandteil des Traumas zu erinnern, und eingeschränkte Affekte.

- Wie ausgeführt leiden nicht nur Folteropfer unter der Posttraumatischen Belastungsstörung; sie kann bei allen Menschen auftreten, die einem traumatischen Stresssymptom ausgesetzt waren. Viele Erfahrungen zeigen z.B., dass *vergewaltigte Frauen* grosse Mühe haben, ihre Erlebnisse Aussenstehenden überhaupt preiszugeben. Oft verschweigen Frauen auch eine Vergewaltigung aus Angst vor Verstossung durch den Ehemann oder die Familie. Zu prüfen wäre bei Opfern von Vergewaltigungen und Folter- opfern angesichts der Schwierigkeiten in der Befragung, ob nicht vermehrt das Zeugnis von ÄrztInnen und PsychologInnen ins Verfahren eingebracht werden könnte. Zu fordern ist folgendes: Wenn *konkrete Anzeichen* (z.B. wegen des Verhaltens in der Befragung oder einer Mitteilung durch Betreuerinnen und Betreuer) dafür bestehen, dass Gesuchstellerinnen vergewaltigt oder Asylsuchende gefoltert wurden, und es sich zeigt, dass die Betroffenen unfähig sind, über ihr traumatisches Erlebnis zu berichten, sollte auf eine Befragung dazu verzichtet werden und auf ein zu erstellendes Gutachten von PsychologInnen, PsychiaterInnen oder Ärztinnen abgestellt werden (siehe auch das Modell in den Niederlanden, *Vluchtlingen Werk*, Sexual Violance).

- Mehr noch als Männer haben *Frauen* in den Befragungen grosse Schwierigkeiten, sich einer Befragerin oder einem Befrager anzuvertrauen, wenn sie aus einer Kultur stammen, in der es sich nicht gehört, Fremden gegenüber offen alles zu erzählen. Vor allem Frauen haben in der Schweiz oft zum ersten Mal in ihrem Leben Kontakt zu einer Behörde. Wenn der Befrager ein Mann ist, sind die Schwierigkeiten in der Befragung noch grösser. Verlangt werden sollte auf jeden Fall, dass eine

Frau immer durch eine Frau befragt wird, und dass auch die übrigen Verfahrensbeteiligten (Dolmetscherin, Hilfswerksvertreterin) Frauen sind. Das BFF befolgt dies meist, sofern es sich nicht um eine Befragung von Ehepaaren handelt. In den Kantonen ist dies aber nicht gewährleistet, was angesichts der steigenden Bedeutung der kantonalen Befragung problematisch ist.

- Menschen, die aufgrund schlechter Erfahrungen mit den Behörden ihres Landes Verfolgung befürchten, haben unter Umständen auch gegenüber schweizerischen Behörden Angst offen zu sprechen. *Mitglieder von verbotenen Parteien* und Organisationen stehen gegenüber diesen Gruppen unter Geheimhaltungspflicht und sind kaum bereit, Namen und Struktur ihrer Partei preiszugeben. Allgemein haben Gesuchstellerinnen und Gesuchsteller aus fremden Kulturen Mühe, unser Rechtssystem, z.B. auch die Bedeutung einer Befragung, zu begreifen.

- Ungenaue Angaben, Widersprüche oder vermeintliche Lügen (siehe dazu das Beispiel bei *Wicker*, in *Miserez*, S. 164) können auch kulturell bedingt sein, so z.B. die Unfähigkeit, sich genau an Daten zu erinnern. Widersprüchliche Zeitangaben können wegen Fehlern bei der Übertragung eines Datums, z.B. des islamischen Kalenders in den unsrigen, entstehen. Die Vorstellung von "Zeit" ist in vielen aussereuropäischen Kulturen anders als bei uns. Widersprüche können schliesslich auch daraus entstehen, dass Asylsuchende Fragen nicht verstehen oder Befrager Antworten falsch interpretieren, weil die verwendeten Begriffe in beiden Kulturen etwas Unterschiedliches bedeuten (weitere Beispiele siehe bei *Kälin*, Missverständnisse im Asylverfahren; siehe auch die Ausführungen zu den Erkenntnissen der Aussagepsychologie in Straf- und Zivilprozessen, vorne S. 144).

4. ENTSCHEIDVORBEREITUNG DURCH DEN KANTON

Laut Art. 15 Abs. 4 AsylG kann das Departement im Einverständnis mit den Katonen festlegen, dass kantonale Beamte unter der Leitung des Bundesamtes Entscheide gemäss den Artikeln 16-16b vorbereiten. Der Kanton kann also in Nichteintretensfällen und in Fällen von Verfahren ohne weitere Abklärungen Entscheide unterschriftsreif zuhanden des Bundesamtes vorbereiten. Die Verantwortung des Entscheides liegt aber allein beim Bundesamt. Voraussetzung ist eine Ermächtigung des Departementes (EJPD). Gemäss Art. 13 AsylVE regelt das Departement die inhaltlichen und organisatorischen Grundsätze für die Vorbereitung von

Asylentscheiden sowie den Informationsaustausch zwischen dem Bundesamt und den Kantonen. Im Beschwerdeverfahren kann das Bundesamt beim Kanton, der den Entscheid vorbereitet hat, eine Vernehmlassung einholen, welche als Vorbereitung der BFF-Vernehmlassung zu verstehen ist.

Ein konkretes Projekt läuft im Kanton Graubünden, das erste Erkenntnisse über die Entscheidvorbereitung durch die Kantone vermitteln soll. Verschiedene andere Kantone, so Genf, St. Gallen und Neuenburg, haben ebenfalls ihr Interesse an einer Entscheidvorbereitung angemeldet.

VI. VERFAHREN VOR DEM BUNDESAMT UND ERSTINSTANZLICHER ASYLENTSCHEID

LITERATUR: *Bois,* La non-entrée en matière selon l'art. 16 I litt. a LAS et le recours contre le retrait de l'effet suspensif, ASYL 1990/4, S. 11f; *Gattiker,* Asyl- und Wegweisungsverfahren, S. 11ff und S. 16ff); Bericht der *Geschäftsprüfungskommission* des Nationalrates vom 18.11.1987 an den Bundesrat zur Automation von Textteilen einer Entscheidung insbesondere im Asylverfahren, BBl 1988 II, S. 708ff; *Kälin,* Grundriss, S. 255ff und S. 284ff; *derselbe,* Textbausteine, ZSR 107, 1988, S. 435ff; *Kälin/Stöckli,* Das neue Asylverfahren, ASYL 1990/3, S. 4ff; *Raess-Eichenberger,* S. 71-76; *Werenfels,* S. 157-160.

RECHTSQUELLEN: Art. 15, 16-18 AsylG; Art. 14-16 AsylVE.

1. ÜBERBLICK

Im Zentrum dieses Verfahrensabschnittes steht der *Asylentscheid.* Dieser wird je nach eingeschlagener Verfahrensart gefällt

- als *Nichteintretensentscheid* (Art. 16 AsylG; siehe unten Ziff. 2);

- als *Ablehnung ohne weitere Abklärungen* oder als Asylgewährung oder vorläufige Aufnahme ohne weitere Abklärungen (Art. 16a und 16b AsylG; siehe unten S. 303f);

- als *Entscheid nach weiteren Abklärungen* (Art. 16c AsylG; siehe unten S. 304ff). Das Bundesamt kann dabei u.a. bei schweizerischen Vertretungen Auskünfte einholen, die Asylsuchenden durch den Kanton ergänzend befragen oder sie *selber anhören.*

- Schliesslich hat das Bundesamt gemäss Art. 15 Abs. 3 auch die Möglichkeit, Asylsuchende *direkt anzuhören,* entweder in der Empfangsstelle oder auch am Sitz des Bundesamtes.

Für die *Eröffnung* und *Begründung* der Asylentscheide stehen folgende Möglichkeiten zur Verfügung:

- Nichteintretensentscheide müssen zumindest *summarisch begründet* werden (Art. 16 Abs. 3 AsylG).

- Ablehnungen ohne weitere Abklärungen müssen ebenfalls zumindest summarisch begründet werden (Art. 16a Abs. 2 AsylG).

- Nach Art. 12d Abs. 1 AsylG können Verfügungen und Entscheide in geeigneten Fällen mündlich eröffnet und summarisch begründet werden.

Lehnt das Bundesamt ein Asylgesuch ab oder tritt es nicht darauf ein, so verfügt es in der Regel die Wegweisung aus der Schweiz und ordnet den Vollzug an (Art. 17 Abs. 1 AsylG). Mit andern Worten wird bei negativem Ausgang des Verfahrens gleichzeitig mit dem Asylentscheid auch der *Wegweisungsentscheid* gefällt. Die Betroffenen enthalten eine Wegweisungsverfügung (Art. 17a AsylG).

Falls der Vollzug der Wegweisung nicht möglich, nicht zulässig oder nicht zumutbar ist, so verfügt das Bundesamt die vorläufige Aufnahme oder die Internierung (Art. 18 Abs. 1 AsylG). U.U. besteht auch die Möglichkeit einer humanitären Aufenthaltsbewilligung, die in der Regel frühestens nach vier Jahren erteilt werden kann (Art. 17 AsylG; vgl. hinten S. 347ff).

2. NICHTEINTRETENSENTSCHEIDE

Ein Asylgesuch kann nicht nur durch einen *materiellen Entscheid*, sondern auch durch einen Nichteintretensentscheid erledigt werden. Schon unter bisherigem Recht wurde ein Nichteintretensentscheid gefällt, wenn Asylsuchende asylfremde Gründe vorbrachten, ein Asylgesuch rechtsmissbräuchlich stellten oder die notwendige und zumutbare Mitwirkung verweigerten (Art. 13 Abs. 2 VwVG). Mit der Änderung des Asylgesetzes durch den AVB von 1990 sind nun die Nichteintretensgründe in Art. 16 AsylG *abschliessend* aufgezählt worden (BBl 1990 II 638).

2.1. FEHLEN EINES ASYLGESUCHES

Gemäss Art. 16 Abs. 1 lit. a AsylG wird auf ein Asylgesuch nicht eingetreten, wenn der Gesuchsteller *kein Asylgesuch im Sinne von Art. 13 AsylG* stellt. Laut Art. 13 AsylG liegt ein Asylgesuch vor, "wenn der Ausländer schriftlich, mündlich oder auf andere Weise zu erkennen gibt, dass er die Schweiz um Schutz vor Verfolgung ersucht". Laut Botschaft zum AVB ist von einem *weiten Verfolgungsbegriff* auszugehen (BBl 1990 II 625). Dieser Nichteintretensgrund darf nicht dazu gebraucht werden, bloss *aussichtslose* Gesuche vom Verfahren auszuschliessen (*Kälin/Stöckli*, S. 6).

Der Nichteintretensgrund ist auf Asylsuchende anwendbar, die z.B. erklären, nur wegen der wirtschaftlichen Situation ihr Heimatland verlassen zu haben und Arbeit in der Schweiz suchen, oder die vorbringen, Verwandte in der Schweiz besuchen zu wollen. Dabei ist allein auf die Vorbringen der Asylsuchenden abzustellen, nicht auf die allenfalls dahinter liegenden wahren Motive; diese abzuklären ist die Aufgabe des Asylverfahrens. Ob die Vorbringen glaubwürdig klingen oder nicht, spielt keine Rolle. Für das Vorliegen eines Asylgesuches genügt die *irgendwie geäusserte Behauptung, Schutz vor Verfolgung suchen zu wollen* (Kälin/Stöckli, S. 6). Es ist also auch auf Gesuche einzutreten, in denen vorgebracht wird, wegen der allgemeinen Bürgerkriegssituation geflohen zu sein. Ebenso ist auf Gesuche einzutreten, in denen einem Gesuchsteller oder einer Gesuchstellerin ein Strafverfahren zwar aus gemeinrechtlichen Gründen droht, aber wegen ihrer politischen Haltung schärfere Strafe drohen könnte. Allgemein fallen alle Vorbringen darunter, die die Wegweisung als unzulässig (z.B. Art. 3 EMRK), als unmöglich oder als unzumutbar im Sinne von Art. 14a ANAG erscheinen lassen (siehe dazu vorne S. 171ff).

Das BFF (bzw. vorher der DFW) ist in seiner bisherigen Praxis in einer Vielzahl von Fällen von einer *falschen Auslegung* von Art. 16 Abs. 1 lit. a AsylG ausgegangen. Regelmässig wird ausgeführt, ein Asylgesuch gemäss Art. 13 AsylG liege vor,

> "...wenn der Ausländer zu erkennen gibt, dass er die Schweiz um Schutz vor Verfolgung ersucht. In der Botschaft zum (...) AVB (...) wird festgehalten, dass bei der Beurteilung, ob ein Asylgesuch vorliegt, von einem weiten Verfolgungsbegriff auszugehen ist. Eine Verfolgung, bei deren Vorliegen ein Ausländer nach dem Willen des Gesetzgebers Schutz, welcher ihm durch das Institut des Asyls gewährt wird, beanspruchen kann, ist dann gegeben, wenn der Betroffene in seinem Heimatstaat oder im Land, wo er zuletzt wohnte, wegen seiner Rasse, Religion, Nationalität, Zugehörigkeit zu einer bestimmten sozialen Gruppe, oder seiner politischen Anschauungen ernsthaften Nachteilen ausgesetzt ist oder begründete Furcht hat, solchen Nachteilen ausgesetzt zu werden (Art. 3 AsylG).
> Wie aus den Akten hervorgeht, sucht der Gesuchsteller in der Schweiz jedoch nicht Schutz vor Verfolgung aus einem der oben erwähnten Gründen. Er stellte sein Gesuch vielmehr in der Absicht, damit den von ihm geltend gemachten schlechten wirtschaftlichen Gegebenheiten in seinem Heimatland auszuweichen" (siehe z.B. N 204'479, Entscheid des BFF vom 14.11.1990).

Damit geht das BFF eben gerade nicht von einem weiten Verfolgungsbegriff aus, sondern vom engen von Art. 3 AsylG. Noch krasser sind Entscheide, in denen ausgeführt wird:

> "Eine Beeinträchtigung gilt nur dann als Verfolgung, wenn sie von den staatlichen Behörden ausgeht oder zumindest in deren Verantwortungsbereich fällt (...)" (z.B. N 195'484, Entscheid des DFW vom 26.7.1990).

Damit verlangt die erstinstanzliche Asylbehörde für das Erfüllen des "weiten Verfolgungsbegriffes" gar eine Verfolgung im Sinne ihrer sehr umstrittenen Praxis zur staatlichen Verfolgung (vgl. *Bois*, ASYL 1990/4, S. 11f; zur staatlichen Verfolgung vorne S. 82ff). Gestützt auf diese falsche Lesart ist der DFW bzw. das BFF auf Asylgesuche nicht eingetreten, in denen ein Pole vorbrachte, als ehemaliger kommunistischer Gewerkschaftsführer diskriminiert zu sein (eine Frage der mangelnden Intensität der Verfolgung) oder eine Rumänin Angst vor der Rückkehr hatte, weil sie wegen des Asylgesuchs in der Schweiz mit Inhaftierung zu rechnen hätte (im übrigen brachte sie auch vor, dass sie wegen ihrer Zugehörigkeit zur Pfingstmission nur Hilfsarbeit machen konnte). Krass sind Entscheide, in denen auf Asylgesuche nicht eingetreten wurde, in denen Asylsuchende die Befürchtung vorbrachten, wegen Desertion zu drei Jahren Gefängnis verurteilt zu werden (die Beispiele sind alle erwähnt in ASYL 1990/3, S. 17).

2.2. VERHEIMLICHUNG DER IDENTITÄT

Nach Art. 16 Abs. 1 lit. b AsylG wird auf ein Gesuch nicht eingetreten, "wenn der Gesuchsteller seine Identität verheimlicht und dies aufgrund des Ergebnisses der erkennungsdienstlichen Behandlung feststeht". Damit wird bei Art. 12b Abs. 1 lit. a AsylG angeknüpft, wonach zur Mitwirkungspflicht gehört, die Identität offenzulegen. Im Gegensatz zu anderen Mitwirkungspflichten, die gemäss Art. 16 Abs. 1 lit. e AsylG vorsätzlich in grober Weise verletzt sein müssen, ist dies hier keine Voraussetzung.

U.E. darf dieser Nichteintretensgrund nur angewendet werden, wenn Asylsuchende mit der Verheimlichung der Identität bezwecken, die Tatsache zu vertuschen, dass sie unter anderer Identität bereits einmal in der Schweiz oder in einem Drittstaat ein Asylverfahren durchlaufen haben, oder dass ein Verfahren unter anderem Namen in der Schweiz oder anderswo hängig ist. In diesen Fällen ist entweder schon einmal darüber befunden worden, dass eine Wegweisung das Refoulement-Verbot nicht verletzten würde oder aber ein anderer Staat, der sich in der Regel auch an das non-refoulement-Prinzip hält, müsste die Betroffenen zurücknehmen. *Kein* Nichteintretensentscheid dürfte demnach gefällt werden, wenn ein Asylsuchender mit einem gefälschten Pass einreist, dies aber - aus Angst etwa deswegen als kriminell zu gelten - zu Beginn des Verfahrens nicht zugibt. In jedem Fall müssen die Umstände abgeklärt werden und den Asylsuchenden ist das rechtliche Gehör zu gewähren. Illustrativ, wie gefährlich eine automatische Anwendung dieses Nichteintretensgrundes sein kann, ist folgener Fall (N 206'895, Entscheid des BFF vom 25.1.1991): Ein libanesischer Gesuchsteller wurde am schweizerischen Aufenthaltsort von politischen Gegnern bedroht; ein Kantonswechsel wurde ihm nicht bewilligt. Deshalb tauchte er unter und stellte unter anderem Namen ein neues Asylgesuch. Das erste Gesuch wurde abgeschrieben, auf das zweite Gesuch wurde nicht eingetreten, und der Gesuchsteller wurde in den Libanon zurückgeschafft, ohne dass die Zulässigkeit der Wegweisung geprüft wurde. Es wurde lediglich ausgeführt, damit eine Prüfung der Zulässigkeit der Wegweisung (Art. 33 FK und Art. 3 EMRK) überhaupt stattfinden könne, müsse die Identität des Gesuchstellers feststehen. Dem Gesuchsteller wurde entgegengehalten:

> "Durch die Verheimlichung der Identität haben Sie nicht dargelegt, dass Ihre Person in Verbindung gebracht werden kann mit irgendwelchen Verfolgungshandlungen im Sinne des Asylgesetzes. Somit steht unter diesem Gesichtspunkt dem Vollzug einer Wegweisung in den Libanon nichts entgegen".

Dass mit solchen Entscheiden die Gefahr, dass der Betroffene unmenschlicher Behandlung ausgesetzt wird, in Kauf genommen wird, liegt auf der Hand. Zu erinnern ist hier an die absolute Geltung von Art. 3 EMRK: Das Verbot gilt auch dann, wenn eine Person Verfahrenspflichten verletzt hat (siehe vorne S. 184). Nur wenn feststeht, dass die behauptete Identität falsch ist und die richtige nicht festgestellt worden ist, kann, sofern keine generelle Gefährdung bei Heimschaffung im Heimatland besteht, diese vollzogen werden.

2.3. HÄNGIGES ODER ERLEDIGTES ASYLGESUCH

Gemäss Art. 16 Abs. 1 lit. c AsylG wird auf ein Gesuch nicht eingetreten, "wenn der Gesuchsteller in ein Land ausreisen kann, in welchem bereits ein Asylgesuch hängig ist oder das staatsvertraglich für die Durchführung des Asyl- und Wegweisungsverfahren zuständig ist und das ihn nicht zur Ausreise in ein Land zwingt, in welchem er verfolgt oder unmenschlicher Behandlung ausgesetzt würde". Diese Bestimmung schliesst also Personen vom Asylverfahren aus, die bereits im *Ausland* ein Verfahren durchlaufen oder dort hängig haben. Nichteintreten ist dabei unter folgenden Voraussetzungen möglich:

- Falls die Schweiz einem sogenannten Erstasylabkommen beitritt (im Vordergrund steht das Dubliner Erstasylabkommen, siehe vorne S. 48ff) und der Gesuchsteller oder die Gesuchstellerin in einem Vertragsstaat dieses Abkommens ein Asylverfahren durchlaufen oder noch hängig hat, kann die Schweiz den Betroffenen zurückgeben (so z.B. vorgesehen in Art. 10 des Dubliner Abkommens). Voraussetzung ist allerdings, dass der andere Staat sich an das non-refoulement-Prinzip hält. Ein Indiz für mögliche Verletzungen des non-refoulement-Prinzips können z.B. wesentlich tiefere Asylanerkennungsquoten im betreffenden Staat sein oder Berichte über stattgefundene Verletzungen.

- Falls kein solches Abkommen besteht, muss die Schweiz in jedem Fall das Asylgesuch eines andernorts *abgewiesenen* Asylsuchenden prüfen, falls kein anderer Nichteintretensgrund vorliegt. Das negative Resultat des andern Asylverfahrens bildet dabei nur ein Indiz für die Beurteilung des Asylgesuches in der Schweiz (siehe dazu S. 132). Bei im Ausland *hängigen* Asylgesuchen können Asylsuchende, wenn kein Erstasylabkommen mit diesen Staaten besteht, nur zurückgegeben werden, falls ein Schubabkommen dies zulässt (innert Fristen von 4 - 6 Monaten; siehe dazu S. 333).

Nach Art. 16 Abs. 1 lit. d AsylG wird auf ein Gesuch nicht eingetreten, "wenn der Gesuchsteller bereits *in der Schweiz* ein Asylverfahren erfolglos durchlaufen oder sein Gesuch zurückgezogen hat oder während des hängigen Asylverfahrens in den Heimat- oder Herkunftsstaat zurückgekehrt ist und nicht glaubhaft machen kann, dass in der Zwischenzeit Ereignisse eingetreten sind, die für die Flüchtlingseigenschaft relevant sind". Es muss also nicht bewiesen werden, dass die Flüchtlingseigenschaft bei den Betroffenen vorliegt, sondern nur glaubhaft gemacht werden, dass neue verfolgungsrelevante Ereignisse eingetreten sind (*Kälin/Stöckli*, S. 7).

Ziehen Asylsuchende ihr Asylgesuch zurück, stehen sie wie gewöhnliche Ausländer bzw. Ausländerinnen da, und sie werden ausgewiesen, wenn sie nicht eine andere Anwesenheitsberechtigung in der Schweiz haben (z.B eine Jahresaufenthaltsbewilligung). Das Asylgesuch wird vom BFF abgeschrieben. In der früheren Praxis des DFW wurde ein neues Asylgesuch nach einem Rückzug wie ein Wiedererwägungsgesuch behandelt, und es wurde nur darauf eingetreten, falls Rückkommensgründe geltend gemacht wurden (siehe auch *Werenfels*, S. 161f).

Zu beachten ist, dass bei einer erneuten Gesuchseinreichung *genau abzuklären* ist, *weshalb* das Asylgesuch zurückgezogen wurde. Gemäss *Werenfels* (S. 161f) kann die Tatsache des Rückzuges des Asylgesuches nicht als Vermutung gelten, dass die im ersten Asylgesuch aufgeführten Asylgründe inexistent seien. In diesem Sinn hat auch das EJPD entschieden (Entscheid vom 21.5.1987 i.S. C.P., Rek. 87'0580, abgedruckt in ASYL 1988/2, S. 15f). Es kann z.B. vorkommen, dass sich ein Asylsuchender mit einer Schweizerin verheiratet und darauf sein Gesuch zurückzieht, nach einer allfälligen Scheidung aber ohne Schutz dasteht und ein neues Asylgesuch einreicht. Ebenso ziehen viele Asylsuchende, die eine humanitäre Aufenthaltsbewilligung bekommen, ihr Gesuch zurück (meist auf Aufforderung durch die zuständigen Behörden). Auch in diesem Fall muss ein neues Asylgesuch geprüft werden.

2.4. Vorsätzliche grobe Verletzung der Mitwirkungspflicht

Gemäss Art. 16 Abs. 1 lit. d AsylG wird auf ein Gesuch nicht eingetreten, "wenn der Gesuchsteller seine Mitwirkungspflicht vorsätzlich in grober Weise verletzt". Dabei kommen alle Verstösse gegen die Mitwirkungspflicht in Betracht, wie sie in Art. 12b AsylG aufgezählt sind; zusätzlich nach Praxis des BFF auch etwa die Pflicht, sich nach dem Verteilentscheid in der Empfangsstelle innerhalb von 24 Stunden im Kanton zu melden oder auch die Pflicht, an der Befragung zu erscheinen (zur Mitwirkungspflicht siehe vorne S. 224ff). Allerdings muss die Verletzung der Mitwirkungspflicht gemäss Wortlaut *vorsätzlich in grober Weise* erfolgen. Laut Art. 12b Abs. 2 AsylG ist die Mitwirkungspflicht zudem nicht verletzt, wenn der Gesuchsteller sie *unverschuldet* nicht erfüllen konnte (dies ist z.B. der Fall, wenn Beweismittel nicht rechtzeitig eingereicht werden konnten; siehe dazu vorne S. 228ff). Gemäss *Kälin* (Grundriss, S. 261f) ist im Einzelfall unter Würdigung aller Umstände zu prüfen, wann diese Voraussetzungen erfüllt sind, wobei den Asylsuchenden der *Vorsatz nachzuweisen* ist. Fahrlässigkeit, etwa das Verpassen des Zuges auf dem Weg zur Anhörung, genügt nicht. Der Begriff der groben Verletzung ist restriktiv auszulegen, da hohe Rechtsgüter auf dem Spiel stehen. Der grobe Verstoss gegen die Mitwirkungspflicht muss zudem *kausal* sein für eine *erhebliche Erschwerung* des Verfahrens. Der Vorsatz muss sich auch auf die Qualifikation der Mitwirkungspflicht als "grob" beziehen: Hat der Gesuchsteller eine einfache Mitwirkungspflichtverletzung gewollt oder in Kauf genommen (Eventualvorsatz), so hat er die Konsequenzen nur insoweit zu tragen, als sie Ausfluss des vom Vorsatz umfassten sind.

Beim Nichteintreten auf ein Asylgesuch wegen Verletzung der Mitwirkungspflicht ist in jedem Fall die *Zulässigkeit der Wegweisung uneingeschränkt zu prüfen.* Art. 3 EMRK gilt absolut und auch Art. 33 FK sieht kein Abweichen vor bei Verletzung der Mitwirkungspflicht. Wenn Anzeichen für eine mögliche Verletzung dieser Bestimmungen bestehen, *muss* die Behörde diese untersuchen. Nur wenn sich ein Asylsuchender einer Abklärung völlig entzieht, kann die Wegweisung ohne weitere Abklärung verfügt werden.

2.5. Herkunft aus einem Staat mit Verfolgungssicherheit (Safe-Countries)

Gemäss Art. 16 Abs. 2 AsylG wird schliesslich auf ein Asylgesuch nicht eingetreten, wenn der Gesuchsteller aus einem Staat stammt, in welchem nach den Feststellungen des Bunderates "Sicherheit vor Verfolgung besteht" und die *Anhörung* keine Hinweise auf Verfolgung ergibt. Der Bundesrat bezeichnet diese Staaten mittels Bundesratsbeschluss und überprüft entsprechende Beschlüsse periodisch.

Die Botschaft führt dazu aus, der Bundesrat habe damit die Möglichkeit, für bestimmte Herkunftsländer von Asylbewerbern festzustellen, dass dort sowohl eine Verfolgung nach Art. 3 AsylG als auch eine unmenschliche Behandlung im Sinne von Art. 3 EMRK ausgeschlossen werden kann, *"weil der betreffende Staat Menschenrechtsverletzungen nach rechtstaatlichen Grundsätzen ahndet"*. Gemeint sind Staaten, "in denen die Verbesserung der demokratischen Verhältnisse zwar eingetreten ist, jedoch die Wanderungsbewegung aufgrund der wirtschaftlichen Situation nach wie vor anhält" (BBl 1990 II 625f). Im Parlament versicherte Bundesrat Koller, er wolle "diese Bestimmung wirklich nur als *ultima ratio* für einen Fall, dass plötzlich beispielsweise an unseren Grenzen (...) Tausende von Ungarn stehen und Asyl in unserem Land verlangen würden" (Amtl.Bull. NR 1990, S. 836).

Ende Oktober 1990 hat nun der Bundesrat die *Tschechoslowakei, Polen und Ungarn* zu sogenannten "Safe-Countries" erklärt. Es waren zwar nicht Tausende von Ungarn an der Grenze gestanden, aber immerhin hatten bis Ende September 1990 12 Ungarn, 20 Tschechoslowaken und 489 Polen ein Asylgesuch gestellt. Am 18.3.1991 sind neu *Bulgarien, Indien und Algerien* als verfolgungssichere Länder dazugekommen. Im Jahre 1990 hatten 73 Algerier, 681 Bulgaren und 1828 Inder ein Asylgesuch gestellt.

In letzter Zeit haben verschiedene Parteien und Kantone verlangt, weitere Länder als verfolgungssicher zu bezeichnen, darunter etwa Rumänien, Pakistan, Jugoslawien, die Türkei (Vorschlag der Zürcher Regierung), die Sowjetunion (Vorschlag von Bundesrat Koller) - ausnahmslos demokratische Rechtsstaaten würde man meinen, die "Menschenrechtsverletzungen nach rechtstaatlichen Grundsätzen ahnden". Vergessen wird dabei, dass in vielen der genannten Staaten immer noch schwere Menschenrechtsverletzungen vorkommen, die teilweise vom Staat ausgehen (Baltikum, Punjab), teilweise von untereinander verfeindeten Bevölkerungsgruppen (Jugoslawien, Rumänien, Karabach in der UdSSR) und die die Zentralmacht nicht ahnden kann oder nicht ahnden will, wie etwa die Vorgänge im Baltikum gezeigt haben. Vergessen wird auch, dass nach schweizerischem Asylgesetz auch Flüchtling ist, wer schwere Nachteile erlitten hat (siehe vorne S. 72). Wenn nun Oppositionelle nach langjährigen Aufenthalten in Gefängnissen oder psychiatrischen Anstalten in die Schweiz kommen, nachdem sich der betreffende Staat demokratisiert hat, müssten sie mit einem Nichteintretensentscheid rechnen.

Immerhin schliesst die Bestimmung nicht aus, dass Angehörige aus verfolgungssicheren Staaten dennoch Asyl erhalten können. Die Verfolgungssicherheit gilt nur als eine *widerlegbare Vermutung*. Falls glaubwürdige Hinweise auf Verfolgung vorliegen, ist auf das Gesuch einzutreten und zu prü- fen, ob die Flüchtlingseigenschaft gegeben ist (*Kälin*, Grundriss, S. 265).

2.6. DAS NICHTEINTRETENSVERFAHREN

Nichteintretensentscheide können nach Einreichung des Asylgesuches *bis zum Abschluss des erstinstanzlichen Verfahrens* ergehen. Bei Asylsuchenden aus verfolgungssicheren Ländern ist ein Nichteintretensentscheid auch noch im Beschwerdeverfahren möglich, falls während der Hängigkeit der Beschwerde ein Land als verfolgungssicher erklärt wird (gemäss Art. 16 Abs. 2 AsylG "wird auf seine Beschwerde nicht eingetreten"). Allerdings dürfen keine Anhaltspunkte für Verfolgung vorliegen. Das Gesetz sieht zwar vor, dass Nichteintretensentscheide in der Regel innert sechs Wochen nach der Gesuchstellung zu treffen sind; dabei handelt es sich aber um eine blosse Ordnungsfrist, auf die sich Asylsuchende nicht berufen können. Ein Nichteintretensentscheid kann nach der Anhörung beim Kanton, nach der direkten Anhörung durch das BFF oder im Anschluss an die Empfangsstellenbefragung durch das BFF erfolgen.

Im Vordergrund stehen Nichteintretensentscheide in den *Empfangsstellen* bzw. in den *Transitzentren*. Nach der Befragung zu allfällig vorhandenen Nichteintretensgründen wird das Protokoll zum BFF nach Bern geschickt, das gegebenfalls den Nichteintretensentscheid fällt. Der Entscheid muss gemäss Art. 16 Abs. 3 *zumindest summarisch* begründet werden. Er wird dann in der Empfangsstelle, oder, falls der oder die Asylsuchende inzwischen einem Kanton zugewiesen worden ist, dort eröffnet. Falls beim Asylsuchenden Reisepapiere vorhanden sind, wird der Entscheid in der Regel in der Empfangsstelle eröffnet. Der bzw. die Asylsuchende hat eine Empfangsbestätigung zu unterzeichnen; darauf werden die Ausweisschriften ausgehändigt.

Unbestritten ist, dass Asylsuchenden bei Auftauchen von Nichteintretensgründen immer das rechtliche Gehör gewährt werden muss (Art. 14 Abs. 1 AsylVE; zum rechtlichen Gehör siehe vorne S. 215ff). Umstritten war und ist, ob die Befragung oder Anhörung zu den Nichteintretensfällen gemäss Art. 15 und 15a AsylG erfolgen muss, also u.a. in Anwesenheit eines Hilfswerksvertreters oder einer Hilfswerkvertreterin (siehe dazu *Kälin/Stöckli*, S. 4f). Gemäss Art. 14 AsylVE findet keine Anhörung mit Anwesenheit eines Hilfswerksvertreters statt, wenn im Verlaufe des Verfahrens Sachverhalte bekannt werden, die zu einem Nichteintretensentscheid gemäss *Art. 16 Abs. 1 lit. b, c oder e* führen. Beim Nichteintretensgrund von Art. 16 Abs. 1 *lit. d* gilt dieselbe Regelung, wenn die Asylsuchenden nach oder während eines ersten Asylverfahrens nicht in ihren Herkunfts- oder Heimatstaat zurückgekehrt sind. Immerhin wird in diesen Fällen auch ein Protokoll geführt, das zurückübersetzt werden muss.

Falls ein Asylsuchender bzw. eine Asylsuchende in der Zwischenzeit zurückgekehrt ist oder falls es sich um Nichteintretensfälle gemäss Art. 16 Abs. 1 lit. a (kein Asylgesuch) oder Art. 16 Abs. 2 AsylG (verfolgungssicherer Staat) handelt, findet eine *Anhörung gemäss Art. 15 AsylG* statt und es muss auch ein Hilfswerksvertreter oder eine Hilfswerksvertreterin anwesend sein. Falls dieser bzw. diese im konkreten Fall der Ansicht ist, dass kein Nichteintretensentscheid gefällt werden sollte, sind seine resp. ihre Einwände auf dem Zusatzblatt zum Protokoll anzubringen, auf welchem die Mitwirkung bestätigt werden muss. Dieses Blatt wird zusammen mit dem Protokoll nach Bern geschickt (zur Hilfswerksvertretung siehe im übrigen hinten S. 359ff).

2.7. ENTZUG DER AUFSCHIEBENDEN WIRKUNG EINER BESCHWERDE UND SOFORTIGER VOLLZUG

Im Nichteintretensentscheid wird regelmässig folgendes verfügt:
1. Auf Ihr Asylgesuch wird nicht eingetreten.
2. Sie werden aus der Schweiz weggewiesen.
3. Die haben die Schweiz nach Eröffnung dieses Entscheides unverzüglich zu verlassen.
4. Die Fremdenpolizei des Kantons X wird mit dem Vollzug der Wegweisung beautragt.
5. Einer allfälligen Beschwerde gegen diese Verfügung wird die aufschiebende Wirkung entzogen. Die Verfügung ist damit sofort vollstreckbar.

Ergeht ein Nichteintretensentscheid mit Wegweisungsverfügung, *kann* das BFF gemäss Art. 47 AsylG einer Beschwerde *die aufschiebende Wirkung entziehen* (siehe dazu hinten S. 312f). Dies wird in der Praxis fast ausnahmslos getan, obwohl nach der Lehre in jedem Fall eine Güterabwägung vorzunehmen wäre, ob das öffentliche Interesse an einem schnellen Vollzug die Interessen des Betroffenen überwiegen (siehe etwa *Saladin*, Verwaltungsverfahrensrecht, S. 206; *Thürer*, S. 1428). Sehr problematisch ist, dass das BFF neben dem Entzug der aufschiebenden Wirkung auch immer verfügt, die Betroffenen hätten die Schweiz *unverzüglich zu verlassen*. Die Verfügung wird als sofort vollstreckbar bezeichnet und die kantonale Behörde mit dem sofortigen Vollzug der Wegweisung beauftragt. Die Anordnung einer sofortigen Vollstreckung ist aber aus folgenden Gründen *gesetzeswidrig*:

- Zunächst einmal sieht Art. 47 Abs. 2 AsylG ausdrücklich vor, dass gegen den Entzug der aufschiebenden Wirkung ein *Begehren um Wiederherstellung der aufschiebenden Wirkung* möglich ist. Die Beschwerdeinstanz hat darüber ohne Verzug zu entscheiden. Daraus ergibt sich zwingend, dass die Möglichkeit, ein solches Begehren zu stellen, eingeräumt werden muss. Das Begehren um Wiederherstellung der aufschiebenden Wirkung wird notgedrungen alle Elemente einer Beschwerde gegen einen Nichteintretensentscheid enthalten müssen, also neben der Begründung, warum die aufschiebende Wirkung zu erteilen ist, auch die Begründung, warum zu Unrecht ein Nichteintretensentscheid gefällt wurde. *Bis über das Begehren entschieden ist, darf die Wegweisung nicht vollzogen werden.* Falsch ist daher Ziff. 5.2.1 der Weisung Asyl 31 über den Vollzug der Wegweisung während oder nach Abschluss des Asylverfahrens, wonach der Kanton zum Vollzug der Wegweisung verpflichtet ist, solange die Beschwerdeinstanz die Aussetzung des Vollzugs nicht anordnet. Hinzuweisen ist hier auf Art. 13 EMRK, der verlangt, dass bei einer Verletzung der EMRK-Rechte der Verletzte das Recht hat, eine wirksame Beschwerde bei einer nationalen Instanz einzulegen (zur EMRK siehe vorne S. 42ff). Falls also jemand behauptet, und die Rüge nicht unplausibel erscheint, dass eine Wegweisung gegen Art. 3 EMRK (siehe dazu vorne S. 179ff) verstossen würde, muss ihm eine Beschwerdemöglichkeit eingeräumt werden (vgl. dazu das Urteil des Europäischen Gerichtshofes 27.4.1988, Série A, Bd. 131 und vgl. dazu *Schweizerische Juristische Kartothek*, Die Europäische Menschenrechtskonvention, bearbeitet von *Malinverni*, Karte Nr. 1383). Beschwerden, denen keine aufschiebende Wirkung zukommt, sind im übrigen Endentscheide gemäss Art. 26 EMRK, und es kann gegen sie in Strassburg direkt Beschwerde geführt werden.

- Sofort vollstreckbar kann der Vollzug der Wegweisung auch aus dem Grund nicht sein, weil gemäss Wortlaut von Art. 17a lit. b AsylG die *Wegweisungsverfügung* die Festsetzung des Tages enthalten muss, bis zu dem der Gesuchsteller schweizerisches Gebiet verlassen muss.

- Der *Zeitraum*, der Asylsuchenden nach einem Nichteintretensentscheid für ein allfälliges Begehren um Wiederherstellung der aufschiebenden Wirkung gewährt werden muss, kann zwar sehr kurz sein. Da in der Wegweisungsverfügung aber der Tag, *bis zu dem* der Gesuchsteller die Schweiz verlassen muss, enthalten sein muss, kann dies frühestens der dem Erlass der Verfügung folgende Tag sein. Asylsuchenden ist überdies Gelegenheit zu geben, in einen Drittstaat weiterzureisen, insbesondere wenn sie über genügend finanzielle Mittel und die notwendigen Reisepapiere verfügen (siehe dazu auch den in ASYL 1990/3, S. 17, geschilderten Fall N 197'181). U.E. ist die Frist so zu bemessen, dass die Betroffenen die Möglichkeit haben, sich mit einem Rechtsvertreter oder einer Rechtsvertreterin oder mit einer Beratungsstelle in Verbindung zu setzen. Daher muss die Frist mindestens *einen Werktag* enthalten.

- Dass das Vorgehen des Bundesamtes gesetzeswidrig ist, zeigt auch eine *systematische* Auslegung des Asylgesetzes. Der Gesetzgeber hat in einigen Fällen die sofortige Vollstreckbarkeit vorgesehen: Bei Rückweisungen an der Grenze (Art. 13c AsylG; siehe vorne S. 244), an Flughäfen bei vorsorglichen Wegweisungen in Drittstaaten (Art. 13d Abs. 3 AsylG), bei Übergaben an die Behörden des Nachbarlandes gemäss Art. 13e AsylG (vgl. vorne S. 251f), bei vorsorglichen Wegweisungen in Drittstaaten (Art. 19 Abs. 3 AsylG); mithin handelt es sich ausschliesslich um Fälle, wo die Wegweisung in (in der Regel) sichere Drittstaaten geschieht. Nur in Fällen von Wegweisungen am Flughafen, bei denen die Wegweisung in den Heimat- oder Herkunftsstaat angeordnet wird, erfolgt der sofortige Vollzug nicht in einen Drittstaat (Art. 13d Abs. 4 AsylG). Allerdings hat hier der Gesetzgeber die besondere Sicherung eingebaut, dass nämlich das UNHCR seine Zustimmung geben muss (siehe dazu vorne S. 248f). Das UNHCR könnte sonst umgangen werden, indem die Asylsuchenden vom Flughafen geholt und in der Empfangsstelle befragt werden, darauf ein Nichteintretensentscheid gefällt wird - ohne Anhörung mit Anwesenheit eines Hilfswerksvertreters oder einer Hilfswerksvertreterin - und die Asylsuchenden darauf in den Verfolgerstaat zurückschafft werden. Dies kann aber nicht die Meinung gewesen sein (zur ganzen Kontroverse des sofortigen Vollzugs der Wegweisung nach Nichteintretensentscheiden siehe *Bois*, ASYL 1990/4, S. 12; *Kälin/Stöckli*, S. 9f; *Kälin*, Grundriss, S. 276ff; *Stöckli*, Ausreisefristen bei Nichteintretensentscheiden, ASYL 1991/1, S. 3ff).

3. ABLEHNUNG, ASYL ODER VORLÄUFIGE AUFNAHME OHNE WEITERE ABKLÄRUNGEN

Gemäss Art. 16a Abs. 1 AsylG wird ein Gesuch "ohne weitere Abklärungen *abgelehnt*", wenn *aufgrund der Anhörung offensichtlich wird*, "dass der Gesuchsteller weder beweisen noch glaubhaft machen kann, dass er ein Flüchtling ist, und seiner Wegweisung keine Gründe entgegenstehen". Der Entscheid ist gemäss Abs. 2 in der Regel innert zehn Tagen seit der Anhörung zu treffen und muss zumindest summarisch begründet werden. Beim Verfahren der "Ablehnung ohne weitere Gründe" findet *kein Beweisverfahren* statt. Es wird aufgrund der protokollierten Aussagen des Gesuchstellers oder der Gesuchstellerin und seiner allfällig beigebrachten Beweismittel ein negativer Entscheid gefällt. Das Verfahren ist anwendbar auf *offensichtlich unbegründete Fälle*, was dann gegeben ist, wenn die Aussagen der Asylsuchenden z.B. krass unglaubwürdig sind, wenn die Flüchtlingseigenschaft offensichtlich nicht vorliegt (z.B. weil zu geringe Eingriffe, etwa eine Degradierung im Beruf, geltend gemacht werden) und wenn die Wegweisung offensichtlich zu keiner Gefährung führt, im übrigen weiter auf Fälle, wo der Sachverhalt vollständig festgestellt ist, d.h. keinerlei Ergänzungen bedarf. Wie bereits erwähnt, sollte die Triage nach der *Anhörung* (im Kanton oder durch das BFF) erfolgen, im Gegensatz zum Verfahren 88' (so auch die Botschaft zum AVB, BBl 1990 II 639). Im Moment entscheiden aber die Befragung in der Empfangsstelle und das Herkunftsland über eine prioritäre Befrgung (siehe vorne S. 272ff).

Laut Art. 16b Abs. 1 AsylG wird einem Gesuchsteller "ohne weitere Abklärungen *Asyl gewährt*", wenn er aufgrund der Anhörung "nachweisen oder glaubhaft machen kann, dass er Flüchtling ist" und kein Asylausschlussgrund vorliegt. Wenn also gemäss Art. 12a AsylG die Behörde die Flüchtlingseigenschaft mit überwiegender Wahrscheinlichkeit für gegeben hält, kann sie Asyl ohne weitere Abklärungen gewähren. Auch hier wird die verunglückte Triageregelung aber verhindern (siehe oben S. 272ff), dass eindeutig positive Fälle rasch Asyl erhalten.

Gemäss Art. 16b Abs. 2 AsylG kann ein Gesuchsteller ohne weitere Abklärungen *vorläufig aufgenommen* werden, wenn sich bereits aufgrund der Anhörung erweist, dass kein Asyl gewährt werden kann, der Vollzug der Wegweisung aber nicht möglich, nicht zulässig oder nicht zumutbar ist (siehe dazu vorne S. 171ff). Es wird zwar ein Wegweisungsentscheid getroffen, anstelle der Ansetzung einer Ausreisefrist aber die vorläufige Aufnahme angeordnet. Gegen die Ablehnung des Asylgesuches kann indessen immer noch Beschwerde geführt werden, was allerdings nur zu empfehlen ist, wenn die Betroffenen gewisse Aussichten auf Asyl haben. Der Bundesrat hat gemäss Art. 14a Abs. 5 ANAG zudem die Möglichkeit, Gruppen von Asylsuchenden (z.B. Gewaltflüchtlinge) vorläufig aufzunehmen. Nach der *gegenwärtigen Triagepraxis* kommen Asylsuchende, die Aussicht auf eine vorläufige Aufnahme hätten (Personen, die aus Bürgerkriegsgebieten stammen), aber in die Gruppe der nicht prioritär zu behandelnden Fälle (vgl. vorne S. 273). Vorgesehen war aber, solche Fälle möglichst schnell aus dem Asylverfahren zu nehmen und dieses so zu entlasten (*Kälin*, Grundriss, S. 266).

4. ENTSCHEID NACH WEITEREN ABKLÄRUNGEN

Gemäss Art. 16c Abs. 1 AsylG trifft das Bundesamt "in den übrigen Fällen", in denen also weder Nichteintretensgründe vorliegen noch offensichtlich positive oder negative Fälle, *"die notwendigen zusätzlichen Abklärungen*. Nach Angaben des Bundesamtes fallen ca. 60% aller Gesuche in diese Kategorie. Bei den Abklärungen kann es sich um das Einholen von Auskünften bei schweizerischen Vertretungen handeln oder um eine ergänzende Anhörung durch das Bundesamt oder den Kanton. Diese Aufzählung ist indessen nicht abschliessend (BBl 1990 II 640). Weitere Abklärungen können etwa sein: Gerichtsmedizinische Gutachten (bei Gesuchstellern und Gesuchstellerinnen, die vorbringen, gefoltert worden zu sein), Befragung von Zeugen (in der Praxis aber selten; siehe vorne S. 233f) oder die Überprüfung von Urkunden. Eine Anhörung durch das Bundesamt ist u.E. auch notwendig, wenn die Anhörung beim Kanton Mängel aufwies, indem z.B. das Protokoll ungenügend ist oder die Übersetzung schlecht war, der Sachverhalt zu wenig abklärt wurde.

Für die ergänzende Anhörung durch das Bundesamt gelten *dieselben Regeln* wie für die Anhörung beim Kanton (Art. 15 und 15a AsylG). Dies bestimmt Art. 16 Abs. 1 AsylVE ausdrücklich. Das bedeutet, dass immer ein Hilfswerkvertreter oder eine Hilfswerkvertreterin anwesend sein muss und dass ein *Protokoll* geführt wird, das zuletzt *zurückübersetzt* werden muss, was vor der Revision durch den AVB nicht der Fall war. Ein Entscheid des EJPD hat dies ausdrücklich bestätigt (Rek. 90 6141, Entscheid vom 28.12.1990, abgedruckt in ASYL 1991/1, S. 18). In der Praxis soll es allerdings immer wieder vorkommen, dass eine Rückübersetzung unterlassen wird. Gemäss dem erwähnten Entscheid des EJPD ist dies ein *Kassationsgrund*. Dem Vernehmen nach sollen sich allerdings das BFF mit dem Beschwerdedienst insofern abgesprochen haben, als für *Gesuche vor dem 22.6.1990* (Inkrafttreten des AVB) bei Befragungen durch das BFF keine Protokollierungspflicht gilt. Dies wird mit den Übergangsbestimmungen zum AVB begründet, da nach deren Art. 2 die Art. 16-16c AsylG nur auf neue Gesuche angewendet werden, die nach dem Inkrafttreten des AVB getroffen worden sind. Diese Auslegung ist haltlos, da diese Übergangsbestimmung lediglich sicherstellen will, dass nicht nachträglich eine Triage (mit der Möglichkeit eines Nichteintretensentscheides gemäss Art. 16 AsylG) erfolgt; die Protokollierungs- und Rückübersetzungspflicht berührt allerdings keine übergangsrechtliche Probleme. Die Absprache zwischen dem BFF und dem Beschwerdedienst desavouiert auch den oben erwähnten Entscheid des Beschwerdedienstes, der zu einem entgegengesetzten Schluss kommt. Vom Standpunkt der Rechtssicherheit her ist dieses Vorgehen äusserst problematisch und zeigt einmal mehr auf, wie unselbständig der Beschwerdedienst des EJPD entscheidet.

Anders als in der kantonalen Befragung gehen die Beamtinnen und Beamten des BFF nicht nach einem vorgegebenen Frageschema vor. Nach Personalien u.ä. wird meist nicht mehr gefragt, da diese Angaben schon im kantonalen Protokoll festgehalten sind. Der eindeutige Schwerpunkt liegt auf der Befragung zu den Fluchtmotiven. Falls sich zwischen den Befragungen an der Empfangsstelle, im Kanton und durch das BFF Widersprüche ergeben, kann dies zur Abweisung des Gesuches wegen mangelnder Glaubwürdigkeit der Asylsuchenden führen (Kritik siehe vorne S. 143ff). Wenn neue wesentliche Tatsachen bekannt werden, zu denen der Gesuchsteller oder die Gesuchstellerin noch nicht Stellung nehmen konnte, muss ihnen als Ausfluss des rechtlichen Gehörs (siehe vorne S. 215ff) Gelegenheit gegeben werden, sich dazu zu äussern.

Für die Beurteilung der Vorbringen von Asylsuchenden ist eine möglichst zuverlässige Information über das Herkunftsland und über den konkreten Fall von grösster Bedeutung. Das BFF verfügt einerseits über eine allgemeine Länderdokumentation für die wichtigsten Herkunftsländer. Andererseits werden im Rahmen weiterer Abklärungen zur Überprüfung im Einzelfall die schweizerischen Botschaften im Herkunftsland um Auskunft ersucht. Soweit eine Botschaft die Frage nicht selber beantworten kann, erkundigt sie sich bei Vertrauensanwälten oder anderen Stellen (Bericht der *Geschäftsprüfungskommission des Nationalrates* 1987, Amtl. Bull. NR 1987, S. 49f). Gemäss GPK (a.a.O.) ist die Qualität der Berichte der einzelnen Botschaften unterschiedlich. Dieses Verfahren berge die Gefahr von Missverständnissen in sich. Auch aus Hilfswerkskreisen wird immer wieder bemängelt, dass gewisse Botschaften sehr unsorgfältig recherchieren (zum Problem der Akteneinsicht in Botschaftsabklärungen siehe vorne S. 219; vgl. auch ASYL 1991/2).

Nach Art. 15 AsylVE holt das Bundsamt zudem in geeigneten Fällen die Stellungnahme des UNO-Hochkommissariates für Flüchtlinge ein.

5. ERÖFFNUNG UND BEGRÜNDUNG DES ASYLENTSCHEIDES

5.1. ALLGEMEINES

Grundlage für den erstinstanzlichen Asylentscheid bilden die Protokolle der verschiedenen Befragungen, Beweismittel, die Asylsuchende eingereicht haben, Abklärungen des BFF, vor allem Auskünfte, die es im Herkunftsland einholt, und seine Länderdokumentation.

Im Normalfall wird der Asylentscheid schriftlich eröffnet (Art. 34 VwVG). Das neue Asylverfahren in der Fassung des AVB von 1990 sieht aber Ausnahmen vor: Gemäss Art. 12d Abs. 1 AsylG können Verfügungen und Entscheide in geeigneten Fällen *mündlich eröffnet* und *summarisch begründet* werden. Die mündliche Eröffnung ist dabei samt Begründung protokollarisch festzuhalten und dem Gesuchsteller bzw. der Gesuchstellerin ist ein Protokollauszug auszuhändigen. Laut Botschaft zum AVB (BBl 1990 II 622) sind "geeignete Fälle" insbesondere Gesuche an der Grenze, Nichteintretensfälle, offensichtlich unbegründete Asylgesuche, die ohne weitere Abklärungen abgelehnt werden, Entscheide über ausserordentliche Rechtsmittel und Rechtsbehelfe. Die mündliche Eröffnung sei dort angezeigt,

> "wo die Begründung keinerlei Schwierigkeiten mit sich bringt, weil der rechtserhebliche Sachverhalt ohne weiteres

unter die gesetzlichen Bestimmungen subsumiert werden kann. Beispielsweise dann, wenn ein wesentliches Element der Flüchtlingseigenschaft im Sinne von Artikel 3 nicht gegeben ist oder die Begründung krass widersprüchlich ausfällt."

Mündlich eröffnet werden Entscheide in der Praxis vor allem nach Direktbefragungen durch das Bundesamt in Bern oder in der Zweigstelle Fribourg oder nach Nichteintretensentscheiden in der Empfangsstelle. Der Kanton, dem ja keine Entscheidkompetenz zukommt, kann nicht selber mündlich eröffnen. Die mündliche Eröffnung muss dem Gesuchsteller oder der Gesuchstellerin in eine ihm resp. ihr verständliche Sprache übersetzt werden.

Bezüglich *Begründungsdichte* sehen zudem Art. 16 Abs. 3 und Art. 16a Abs. 2 AsylG auch bei schriftlicher Begründung vor, dass Nichteintretensentscheide und Ablehnungen ohne weitere Abklärungen *zumindest summarisch begründet* werden müssen. Summarische Begründung bedeutet, dass vorwiegend auf jene Punkte der Gesuchs- und Beschwerdebegründung Bezug zu nehmen ist, die die offensichtliche Begründetheit bewirken (BBl 1990 II 663 für das Beschwerdeverfahren). Nach einem Aktionsplan des Bundesrates vom März 1991 zur Beschleunigung des Asylverfahrens sollen in Zukunft summarische Begründungen zum Normalfall werden, ein Vorgehen, dass dem Willen des Gesetzgebers klar widerspricht.

Der Asylentscheid wird dem Gesuchsteller bzw. der Gesuchstellerin eröffnet; falls Asylsuchende aber einen Anwalt oder eine Anwältin haben oder sich von einer andern Person vertreten lassen, erfolgt die *Mitteilung nur an die Rechtsvertretung* (Art. 12e Abs. 1 AsylG). Wird ein Gesuchsteller oder eine Gesuchstellerin von mehreren bevollmächtigten Personen vertreten und bezeichnen diese keine gemeinsame Zustelladresse, so stellt die Behörde ihre Mitteilungen (Vorladungen, Verfügungen und Asylentscheide) dem vom Gesuchsteller bzw. von der Gesuchstellerin zuerst bezeichneten Vertreter zu (Art. 12e Abs. 2 AsylG).

5.2. POSITIVER ASYLENTSCHEID

Falls die Voraussetzungen vorliegen, wenn also ein Gesuchsteller oder eine Gesuchstellerin die Flüchtlingseigenschaft nachgewiesen oder glaubhaft gemacht hat und keine Asylausschlussgründe entgegenstehen, *muss* Asyl gewährt werden (vgl. *Kälin*, Grundriss, S. 155f).

Falls der Asylentscheid positiv ausfällt, erhält der Gesuchsteller oder die Gesuchstellerin nur das sogenannte *Dispositiv* des Entscheides. Dieses enthält die Bezeichnung der entscheidenden Behörde und die Verfügung, dass Asyl gewährt worden ist. Der Entscheid enthält aber keine Begründung, denn gemäss Art. 35 Abs. 3 VwVG sind schriftliche Verfügungen nicht zu begründen, wenn sie den Begehren der Parteien voll entsprechen. Immerhin kann eine schriftliche Begründung vom BFF verlangt werden.

> **1988** erhielten in der Schweiz **680** Personen Asyl, dabei inbegriffen *227* Personen, die im Rahmen von Familienzusammenführungen Asyl erhielten. Die Gesamtzahl der in diesem Jahr eingereichten Gesuche betrug **16'726**.
>
> **1989** erhielten noch **654** Personen Asyl, inbegriffen *197* Familienzusammenführungen. Die Gesamtzahl der Gesuche betrug **24'425**.
>
> **1990** schliesslich waren es noch ganze **571** Personen, inbegriffen *155* Familienzusammenführungen, die Asyl erhielten. Insgesamt wurden in diesem Jahr **35'836** Gesuche gestellt.
>
> Zusätzlich sind in Sonderaktionen, also ohne Gesuchstellung und ohne Durchführung eines Asylverfahrens, Flüchtlinge unter gleichzeitiger Asylgewährung aufgenommen werden, nämlich 1988 151, 1989 167 und 1990 312 Personen.

5.3. NEGATIVER ASYLENTSCHEID MIT WEGWEISUNG

5.3.1. Ohne Entzug der aufschiebenden Wirkung einer Beschwerde

Gemäss Art. 17 Abs. 1 AsylG verfügt das Bundesamt in der Regel die Wegweisung aus der Schweiz und ordnet den Vollzug an, falls es ein Asylgesuch ablehnt oder nicht darauf eintritt. Nach Art. 17a AsylG ist für die Wegweisungsverfügung *neu* (Änderung durch den AVB von 1990) der Inhalt festgesetzt. Danach muss die Wegweisungsverfügung enthalten: a) die Verpflichtung, die Schweiz zu verlassen; b) die Festsetzung des Tages, bis zu dem der Gesuchsteller schweizerisches Gebiet verlassen muss. Im Falle der Anordnung einer vorläufigen Aufnahme oder Internierung wird die Frist im Zeitpunkt der Aufhebung bestimmt; c) die Androhung von Zwangsmitteln im Unterlassungsfall; d) die Bezeichnung der Staaten, in welche der Gesuchsteller nicht zurückgeführt werden darf; e) die Anordnung einer allfälligen Ersatzmassnahme anstelle des Vollzugs; die Bezeichnung des für den Vollzug der Wegweisung oder der Ersatzmassnahme zuständigen Kantons. Neu stellt das BFF auch in jedem Entscheid fest, ob ein Asylsuchender unabhängig von der Frage der Asylgewährung die Flüchtlingseigenschaft erfüllt oder nicht, was insbesondere wichtig ist für Fälle, wo der Gesuchsteller oder die Gesuchstellerin zwar Flüchtling im Sinne von Art. 3 AsylG ist, aber wegen eines Asylausschlussgrundes kein Asyl erhält (siehe vorne S. 153ff).

Ein negativer Asylentscheid sieht danach in der Regel so aus: Das Bundesamt verfügt

1. Der Gesuchsteller erfüllt die Flüchtlingseigenschaft nicht.
2. Das Asylgesuch wird abgelehnt.
3. Der Gesuchsteller wird aus der Schweiz weggewiesen
4. Der Gesuchsteller hat die Schweiz - unter Androhung der Ausschaffung im Unterlassungsfall - bis zum Tage X zu verlassen
5. Der Kanton Y wird mit dem Vollzug der Wegweisung beauftragt.

Dem Dispositiv schliesst sich eine *Rechtsmittelbelehrung* an, die besagt, dass gegen den Entscheid des BFF innert 30 Tagen beim EJPD (resp. nach deren Einsetzung bei der unabhängigen Rekursinstanz) Beschwerde erhoben werden kann. Falls der Entscheid nicht binnen Frist angefochten wird, wird er rechtskräftig und die betreffenden Asylsuchenden können, wenn sie die Schweiz nicht in der angegebenen Zeit verlassen, heimgeschafft werden. Der Entscheid enthält sodann eine Schilderung des *Sachverhaltes*, wie ihn der Gesuchsteller oder die Gesuchstellerin in den Befragungen oder in schriftlichen Eingaben vorgebracht hat; die Schilderung besteht in der Regel aus einer halben bis zu einer ganzen Seite, manchmal wird für den Sachverhalt auch ganz auf die Begründung verwiesen. Die *Begründung* führt aus, wieso das Asylgesuch negativ entschieden worden ist und ob die Gesuchstellerin oder der Gesuchsteller heimgeschafft werden kann. Der Teil zur Begründung der *Wegweisung* besteht regelmässig nur aus Textbausteinen.

5.3.2. Entzug der aufschiebenden Wirkung der Beschwerde

In der Regel kommt einer Beschwerde aufschiebende Wirkung zu, die jedoch sowohl von der verfügenden wie auch von der Beschwerdeinstanz entzogen werden kann (Art. 55 VwVG). Neu sieht nun auch das Asylgesetz ausdrücklich vor, dass das *Bundesamt insbesondere* Beschwerden gegen *Nichteintretensentscheide* die aufschiebende Wirkung entziehen kann (siehe dazu oben S. 301f). Soweit erkennbar, hat das BFF bisher nur Beschwerden gegen Nichteintretensentscheide (dafür dort in jedem Fall) die aufschiebende Wirkung entzogen, nicht jedoch in andern Fällen, obwohl ihm das Wort *"insbesondere"* dazu die Kompetenz geben würde. Im Aktionsprogramm des Bundesrates vom März 1991 ist nun zwecks Beschleunigung des Asylverfahrens allerdings vorgesehen, dass auch in anderen Fällen vermehrt einer Beschwerde die aufschiebende Wirkung entzogen werden soll.

In Fällen, wo das Bundesamt die aufschiebende Wirkung entzieht, wird dies im Dispositiv des Asyl- und Wegweisungsentscheides festgehalten (zum sofortigen Vollzug siehe oben S. 301f).

5.4. Negativer Asylentscheid ohne Wegweisung

Nicht in jedem Fall wird ein Asylsuchender, dessen Gesuch abgelehnt wird, auch aus der Schweiz weggewiesen. Bestimmte Schranken können dies verbieten (siehe vorne S. 171ff). Je nach Grund, der eine Wegweisung verhindert, wird eine vorläufige Aufnahme oder eine Internierung angeordnet. Im übrigen besteht die Möglichkeit, dass Asylsuchende während des Verfahrens eine humanitäre Aufenthaltsbewilligung erhalten.

5.4.1. Vorläufige Aufnahme

Zu unterscheiden ist, ob Asylsuchende die Flüchtlingseigenschaft erfüllen, aber wegen Asylausschlussgründen kein Asyl erhalten, oder keine Flüchtlinge sind, aber andere Gründe einer Wegweisung entgegenstehen.

- Bei Personen, die die Flüchtlingseigenschaft erfüllen, wird dies *festgestellt*, gleichzeitig aber das Asylgesuch abgelehnt, weil ein Asylausschlussgrund besteht (zur Rechtstellung der vorläufig aufgenommenen Flüchtlinge siehe hinten S. 396ff).

- Bei Asylsuchenden, die keine Flüchtlinge sind, wird dies festgestellt und das Asylgesuch ebenfalls abgelehnt (zur Rechtstellung siehe hinten S. 399ff).

- Immer wird die *Wegweisung* verfügt - sie ist Voraussetzung für die Anordnung der vorläufigen Aufnahme, da letztere eine Ersatzmassnahme für eine undurchführbare Wegweisung darstellt. Es wird der Staat bezeichnet, in den keine Ausschaffung erfolgen darf. Falls sich kein Drittstaat findet, der die Betroffenen übernimmt, wird die vorläufige Aufnahme verfügt. Weiter wird im Dispositiv darauf hingewiesen, dass bei einer Aufhebung der vorläufigen Aufnahme der Betreffende die Schweiz zu verlassen hat. Der zuständige Kanton wird mit dem Vollzug der späteren Wegweisung schon im Entscheid beauftragt.

> Im Jahre 1988 wurden insgesamt 312 Personen vorläufig aufgenommen, 1989 noch 277. 1990 schliesslich wurden nur noch 127 vorläufige Aufnahmen verfügt.

5.4.2. Internierung

Das Bundesamt verfügt die Ablehnung des Gesuches; die weitere Anwesenheit in der Schweiz wird durch eine Internierungsverfügung geregelt (zur Rechtsstellung siehe hinten S. 404f). Gegen die Anordnung einer Internierung *kann direkt* die Verwaltungsgerichtsbeschwerde an das Bundesgericht erhoben werden (Art. 20 Abs. 1bis ANAG). 1989 und 1990 wurden keine Internierungen verfügt.

5.4.3. Humanitäre Bewilligung

Nach altem Recht war die Erteilung einer humanitären Bewilligung gemäss Art. 13f BVO auch nach rechtskräftigem Asylentscheid möglich (siehe dazu hinten S. 347f). In diesem Fall verfügte das Bundesamt in Wiedererwägung des Wegweisungsentscheides die *Aufhebung der Wegweisungverfügung*. Falls die humanitäre Bewilligung während des Asylverfahrens erteilt wird (zu den Voraussetzungen siehe vorne S. 347ff), läuft das Asylverfahren weiter. Oft ziehen indessen Asylsuchende nach einer humanitären Bewilligung oder im Hinblick auf die Erteilung einer solchen ihr Asylgesuch zurück, worauf das Asylgesuch abgeschrieben wird (zu den Gefahren eines Rückzuges siehe indessen oben S. 296f; zur Rechtstellung der humanitär Aufgenommmenen siehe hinten S. 406).

> Im Jahr 1988 wurden 2'036 humanitäre Aufnahmen ausgesprochen, 1989 waren es 1'950. 1990 wurde 4'879 Asylsuchenden eine Aufenthaltsbewilligung aus humanitären Gründen erteilt.

6. KRITIK AN DER BEGRÜNDUNGSPRAXIS DES BUNDESAMTES

Wie bereits ausgeführt, sind die Anforderungen an die Begründungsdichte in Asylentscheiden relativ hoch (siehe oben S. 221f). Gemäss BGE 112 Ia 110 sind desto höhere Anforderungen an die Begründung eines Entscheides zu stellen, "je grösser der Spielraum ist, welcher der Behörde infolge Ermessens und unbestimmter Rechtsbegriffe eingeräumt ist... und je stärker der Entscheid in die individuellen Rechte eingreift". Dies gilt im Asylverfahren in besonderem Masse und zwingt zu besonders sorgfältiger Begründung. Die Begründungen der Asylentscheide des BFF vermögen aber diesen Anforderungen oft nicht zu genügen. Gerade Juristinnen und Juristen, die an andere Entscheide von Verwaltungsbehörden gewöhnt sind, werden beim Erhalt eines Asylentscheides bemerken, dass diese nicht dem üblichen Standard entsprechen. Damit ist aber nicht gesagt, dass auch die Entscheidung selber falsch sein muss. Nur wird durch die mangelhafte Begründung die Nachvollziehbarkeit, Verständlichkeit und Anfechtbarkeit erschwert oder verunmöglicht (siehe zum ganzen und zur nachfolgend erwähnten Praxis *Hausammann/Achermann*, Gutachten zur Entscheidpraxis des DFW, erstattet dem Schweizerischen Roten Kreuz, 1989, zu beziehen bei der SFH Zürich).

- Die Entscheide des BFF bestehen zu einem grossen Teil aus Textbausteinen. Viele Entscheide wirken daher formelhaft, starr und nichtssagend. Bei der Vielzahl von Verfügungen, die das BFF treffen muss, ist der Einsatz von Textbausteinen zwar durchaus geboten. Die Verwendung von Textbausteinen findet dort ihre Grenze, wo eine dem Einzelfall angemessene Differenzierung dem Entscheid nicht mehr entnommen werden kann (*Cottier*, Der Anspruch auf rechtliches Gehör, recht 1984, S. 127). Der Gesuchsteller oder die Gesuchstellerin soll dem Entscheid entnehmen können, dass *sein* bzw. *ihr* Fall beurteilt worden ist. Diesem Erfordernis genügt ein Teil der Entscheide nicht. Es ist vorgekommen, dass mehrere Entscheide gleich lauteten, obwohl die Sachverhalte verschieden waren. Manche Entscheide bestehen praktisch nur aus Textbausteinen.

- Den Entscheiden kann kaum entnommen werden, ob den Asylsuchenden in der Befragung oder nachträglich, beim Auftauchen neuer Aspekte oder nach Abklärungen des BFF, das rechtliche Gehör zu diesen Fragen gewährt worden ist.

- Viele Entscheide sind unsorgfältig begründet und wenig stringent aufgebaut. Oft lässt sich einem Entscheid nicht entnehmen, aus welchen Teil eines Landes, z.B. aus welcher Provinz Asylsuchende kommen,

obwohl dies etwa bei türkischen Gesuchstellerinnen und Gesuchstellern nicht unerheblich ist.
- Die Begründungen zur Frage der Zulässigkeit oder Zumutbarkeit der Wegweisung sind selten befriedigend. Sie bestehen fast ausschliesslich aus Textbausteinen (ca. zwei Seiten). Die Frage der Wegweisung stellt, soweit es um die Prüfung des Refoulement - Verbotes von FK und EMRK geht, einen Eingriff in eine Rechtsposition dar, bei der es um hochwertige Rechtsgüter geht. Dies würde eine besonders sorgfältige Begründung verlangen.
- Gezeigt hat sich, dass eine mündliche Eröffnung nicht unbedingt ein Nachteil für die Qualität der Begründung ist, da weniger mit Textbausteinen gearbeitet und mehr auf den Sachverhalt Bezug genommen wird.
- Angesichts der teilweise mangelhaften Qualität der Entscheidbegründungen des Bundesamtes ist die vom Vorsteher des EJPD anlässlich der Asylkonferenz vom 22.3.1991 im Rahmen eines Aktionsprogrammes vorgeschlagene Massnahme, wonach die *Summarbegründung Normalfall* und die *Begründungsdichte herabgesetzt* wird, unverständlich. Abgesehen von der Tatsache, dass bei vielen Begründungen der unterste Standard bereits erreicht ist, wird mit dem "Normalfall Summarbegründung" eine *gesetzeswidrige Praxis* vorgeschlagen, da die summarische Begründung nur für ganz bestimmte Kategorien von Fällen gesetzlich vorgesehen ist. Die allgemeine Herabsetzung der Begründungsdichte in Asyl- und Wegweisungsentscheiden verstösst gegen *Verfassungsrecht*: Art. 4 BV verlangt, dass die Begründungen, je stärker der Entscheid in individuelle Rechte eingreift, desto höheren Anforderungen genügen müssen (BGE 112 Ia 110; siehe dazu vorne S. 221f).

VII. DAS BESCHWERDEVERFAHREN

1. ÜBERSICHT

Gegen den Asylentscheid des BFF steht als ordentliches Rechtsmittel nur *eine* Beschwerde offen. Sie ist vorderhand an das EJPD zu richten (vgl. die Übergangsbestimmungen zum AVB, Art. 3), nach Einsetzung einer unabhängigen Rekurskommission an diese. Der Entscheid ist endgültig (Art. 11 Abs. 2 AsylG)

Neben dem ordentlichen Rechtsmittel stehen dem Asylsuchenden folgende ausserordentliche Rechtsmittel und Rechtsbehelfe offen:

- Revision (unten S. 323f)

- Wiedererwägung (unten S. 324)

- Aufsichtsbeschwerde (unten S. 325).

Ausserdem ist gegen den letztinstanzlichen Wegweisungsentscheid des EJPD auch eine Beschwerde an die Europäische Kommission für Menschenrechte möglich (unten S. 326ff).

2. DIE BESCHWERDE GEGEN NEGATIVE ASYLENTSCHEIDE

LITERATUR: *Däpp*, Asylbeschwerden zu bearbeiten ist keine Lebensaufgabe, ASYL 1989/3, S. 3ff; *Gattiker/Tellenbach*, Beschwerden sieben - sieben Beschwerden, ASYL 1989/3, S. 7ff (mit Antwort des Beschwerdedienstes in ASYL 1990/1, S. 12ff); *Gygi*, Bundesverwaltungsrechtspflege, 2. Auflage, Bern 1983, S. 145ff und S. 217ff; *Kälin*, Grundriss, S. 273ff; *Kälin/Stöckli*, ASYL 1990/3, S. 8ff; *Raess-Eichenberger*, S. 77ff; *Saladin*, Das Verwaltungsverfahrensrecht des Bundes, Basel 1979, S. 163ff; *Sohm*, Der Beschwerdedienst tut sich schwer - ein Erlebnisbericht, ASYL 1989/3, S. 11f.

RECHTSQUELLEN: Art. 11, Art. 46 - 47 AsylG; Bundesgesetz über das Verwaltungsverfahren (VwVG).

2.1. DIE BEIDEN BESCHWERDEINSTANZEN

Durch den AVB von 1990 ist eine *unabhängige Rekurskommission* eingeführt worden. Damit ist ein oft kritisierter verfassungswidriger Zustand behoben worden (vgl. z.B. *Bolz*, Der Ausschluss der Verwaltungsgerichtsbeschwerde im Asylrecht, ASYL 1988/3, S. 3ff und *Saladin*, Staatsrechtliche und völkerrechtliche Gründe für eine unabhängige Beschwerdeinstanz, ASYL 1988/3, S. 7ff).

Die unabhängige Rekurskommission ist allerdings noch nicht eingesetzt worden. Voraussichtlich wird sie aber im Frühjahr 1992 ihre Arbeit aufnehmen. Der Bundesrat wird die Mitglieder wählen, ihre Stellung und die Organisation der Kommission regeln. Er kann auch ergänzende Verfahrensvorschriften erlassen, namentlich über mündliche Verhandlungen, die mündliche Eröffnung von Verfügungen und das summarische Verfahren (Art. 11 Abs. 4 AsylG). Ein Modell sieht vor, dass die Kommission aus sieben Kammern besteht, die sich jeweils aus einem Präsidenten und drei Richtern zusammensetzen, die nicht im Dienste des Bundes stehen dürfen. Die Kommission soll mit einem Personalbestand von 221 Personen jährlich etwa 20'000 Rekurse behandeln können.

Bis zu diesem Zeitpunkt bleibt der Beschwerdedienst des EJPD einzige Beschwerdeinstanz. Deren Entscheid ist endgültig (Art. 11 Abs. 2 i.V. mit Art. 3 der Übergangsbestimmungen zum AVB). Nach Ablehnung der Beschwerde oder beim Verzicht auf ein Rechtsmittel erwächst der abweisende Asylentscheid in Rechtskraft und die Wegweisung kann vollzogen werden (siehe unten S. 336ff).

Die unabhängige Rekurskommission wird gemäss Art. 11 Abs. 2 aus mehreren Kammern bestehen und endgültig über Beschwerden gegen Entscheide des Bundesamtes entscheiden über:

    a. Verweigerung des Asyls und Nichteintreten auf ein Asylgesuch;
    b. Wegweisung;
    c. Beendigung des Asyls.

Gemäss Art. 11 Abs. 5 wird (nach Einsetzung der Rekurskommission) der Beschwerdedienst des EJPD über andere Beschwerden gegen Verfügungen des Bundesamtes, die gestützt auf das Asylgesetz ergehen, entscheiden, und zwar unter Vorbehalt von Weisungen des Bundesrates. Anwendungsfälle sind etwa Beschwerden im Bereich des Fürsorgerechts, Beschwerden gegen Einreiseverweigerungen an der Grenze (Art. 13c

AsylG), gegen Wegweisungen am Flughafen (Art. 13d AsylG) und vorsorsorglichen Wegweisungen während des Verfahrens (Art. 19 AsylG), wobei in diesen beiden Fällen nicht klar ist, ob das EJPD oder die Rekurskommission zuständig sein wird (*Kälin*, Grundriss, S. 280, der die Rekurskommission für zuständig hält).

2.2. AUFSCHIEBENDE WIRKUNG

Die Einreichung einer Beschwerde gegen den Asylentscheid hat in der Regel *aufschiebende Wirkung* (Art. 55 Abs. 1 VwVG), d.h. eine mit dem negativen Asylentscheid ausgesprochene Wegweisung kann nicht vollzogen werden. Einige andere Verfügungen, wie etwa die Rückweisung an der Grenze, können sofort vollstreckt werden (siehe oben S. 302f). In gewissen Fällen kann allerdings sowohl die verfügende Behörde (das BFF) wie auch die Beschwerdebehörde (Rekurskommission oder EJPD) der Beschwerde die aufschiebende Wirkung entziehen (Art. 55 Abs. 2 VwVG).

Das Gesetz selbst nennt allerdings die Voraussetzungen nicht, unter denen dies möglich sein soll. Nach der Lehre kann die aufschiebende Wirkung entzogen werden, wenn überwiegende Interessen die sofortige Wirksamkeit der Verfügung als vordringlich erscheinen lassen (*Thürer*, S. 1428). Nicht angebracht ist der Entzug der aufschiebenden Wirkung, wenn dadurch der Rechtsschutz illusorisch wird (*Saladin*, S. 206). Ein nicht wiedergutzumachender Nachteil ist zu vermeiden (*Gygi*, S. 245). In Fällen, in denen das Prinzip der Nichtrückschiebung geltend gemacht wird, dürfte der Entzug kaum je gerechtfertigt sein (*Thürer*, S. 1428). Hinzuweisen ist auch auf Art. 13 EMRK, der verlangt, dass jedem Individuum, das einigermassen glaubhaft vorbringt, dass seine Konventionsrechte (v.a. Art. 3 EMRK) verletzt sind, eine wirksame Beschwerdemöglichkeit zukommen muss, was einer Ausschaffung während des Beschwerdverfahrens entgegensteht. Der Entzug der aufschiebenden Wirkung ist im übrigen eine Zwischenverfügung und kann selbständig bei der Beschwerdebehörde angefochten werden (Art. 45 Abs. 2 lit.g VwVG; die Beschwerdefrist beträgt 10 Tage). Falls die aufschiebende Wirkung von der Beschwerdebehörde nicht wiederhergestellt wird, kann die Wegweisung sofort vollzogen werden - die Beschwerde allerdings muss behandelt werden.

Gemäss Art. 47 Abs. 1 AsylG kann zudem das Bundesamt *insbesondere* Beschwerden gegen Nichteintretensentscheide die aufschiebende Wirkung entziehen, was in aller Regel auch geschieht. Nach der Praxis des BFF wird damit, in falscher Auslegung des Gesetzes, die Wegweisung *sofort vollstreckbar*. Indessen muss nach richtiger Auslegung den Betroffenen ermöglicht werden, ein Begehren um Wiederherstellung der aufschiebenden Wirkung zu stellen, über das dann von der Beschwerdeinstanz ohne Verzug zu entscheiden ist (Art. 47 Abs. 2 AsylG; zum ganzen ausführlich vorne S. 301f). Auch hier gilt aber, dass eine Beschwerde weiterbehandelt werden muss, auch wenn der bzw. die Betroffene in der Zwischenzeit mangels aufschiebender Wirkung der Beschwerde ausgeschafft worden ist. Voraussetzung ist, dass er bzw. sie ein Zustellungsdomizil bezeichnet (z.B. auch bei einem Vertreter in der Schweiz).

2.3. SPEZIELLE VERFAHRENSREGELN

Wie oben bereits erwähnt, wird der Bundesrat für die zu schaffende Rekurskommission ergänzende Verfahrensvorschriften erlassen, "namentlich über mündliche Verhandlungen, die mündlich Eröffnung von Verfügungen und das summarische Verfahren" (Art. 11 Abs. 3). Die mündliche Eröffnung bei Entscheiden des EJPD ist hingegen nicht möglich (siehe *Kälin*, Grundriss, S. 284).

Daneben enthält das Asylgesetz einige weitere Regeln, die von den ansonsten geltenden Bestimmungen des VwVG abweichen (Art. 46a - 46e AsylG):

- So können Zwischenverfügungen, die in Anwendung von Art. 13-19 AsylG ergehen, nur mit Beschwerde gegen die Endverfügung angefochten werden; selbständig anfechtbar sind sie lediglich, sofern es sich um vorsorgliche Massnahmen (z.B. vorsorgliche Wegweisung während des Verfahrens gemäss Art. 19 Abs. 1 AsylG) oder um Verfügungen, mit denen das Verfahren sistiert wird handelt und sofern sie einen nicht wieder gutzumachenden Nachteil bewirken.

- Über Beschwerden gegen Nichteintretensentscheide (Art. 16 AsylG; siehe aber den Entzug der aufschiebenden Wirkung, oben S. 301ff) und gegen Ablehnungen von Asylgesuchen ohne weitere Abklärungen (offensichtlich unbegründete Fälle gemäss Art. 16a AsylG) ist in der Regel innert sechs Wochen zu entscheiden (Art. 46b AsylG). Es handelt sich allerdings um eine Ordnungsfrist, deren Nichteinhaltung keine weiteren Konsequenzen hat.

- Gemäss Art. 46c Abs. 1 beträgt die Nachfrist für die *Verbesserung der Beschwerde* sieben Tage. Die Frist für die Beibringung von Beweismitteln dauert sieben Tage, wenn der Beweis im Inland, und 30 Tage, wenn er im Ausland beschafft werden muss. Gutachten sind binnen 30 Tagen beizubringen (Art. 46c Abs. 2 AsylG). Zu beachten ist allerdings, dass gemäss Art. 32 Abs. 2 VwVG verspätete Parteivorbringen (worunter auch Beweismittel fallen) trotz Verspätung zu berücksichtigen sind (vgl. vorne S. 226). Laut Art. 46c Abs. 3 AsylG kann eine weitere Frist gewährt werden, wenn der Beschwerdeführer oder sein Vertreter *namentlich* wegen Krankheit oder Unfall daran gehindert sind, innert Frist zu handeln.

- Gemäss Art. 46d kann bei *offensichtlich unbegründeten Beschwerden* auf den Schriftenwechsel verzichtet werden, d.h. das BFF wird nicht zur Stellungnahme aufgefordert. Der Beschwerdeentscheid ist in solchen Fällen nur *summarisch* zu begründen.

- Nach Art. 46e schliesslich werden keine Kostenvorschüsse für das Beschwerdeverfahren erhoben.

- Ansonsten gelten für das Beschwerdeverfahren die allgemeinen Grundsätze des Verwaltungsverfahrens; Asylsuchenden stehen daher auch alle Verfahrensrechte, die sich aus dem Anspruch auf rechtliches Gehör ergeben, wie etwa das Akteneinsichtsrecht, offen (siehe vorne S. 213ff).

2.4. BESCHWERDEGRÜNDE

Mit Beschwerde *beim Beschwerdedienst EJPD* gerügt werden kann die Verletzung von Bundesrecht, einschliesslich Überschreitung oder Missbrauch des Ermessens; unrichtige oder unvollständige Feststellung des rechtserheblichen Sachverhaltes; Unangemessenheit des Entscheides (Art. 49 VwVG). Die Beschwerde richtet sich gegen die Verfügung (Entscheid) des BFF, also gegen die Asylverweigerung und/oder die Nichtgewährung der vorläufigen Aufnahme und/oder die Wegweisung. Das EJPD entscheidet dabei unter Vorbehalt von Weisungen des Bundesrates (alt Art. 11 AsylG).

Bei einer Beschwerde an die Rekurskommission werden folgende Rügen möglich sein (Art. 11 Abs. 3 AsylG):

    a. Verletzung von Bundesrecht einschliesslich Missbrauch und Überschreitung des Ermessens;
    b. unrichtige oder unvollständige Feststellung des rechtserheblichen Sachverhaltes;
    c. Unangemessenheit, bei deren Beurteilung die Rekurskommission an die Richtlinien und besonderen Weisungen des Bundesamtes gebunden ist.

Laut lit. c wird also in *Ermessensfragen* der Bundesrat der Rekurskommission Weisungen erteilen können (siehe *Kälin*, Grundriss, S. 274f). Um Ermessensfragen handelt es sich etwa bei Art. 5 AsylG (Zweitasyl) oder bei Art. 6 Abs. 2 AsylG (Asylgesuche aus dem Ausland). Bei *unbestimmten Rechtsbegriffen* hingegen wird der Bundesrat kein Weisungsrecht haben. Unbestimmte Rechtsbegriffe enthalten etwa Art. 3 AsylG (ernsthafte Nachteile, begründete Furcht, unerträglicher psychischer Druck) und Art. 8 AsylG (verwerfliche Handlungen). Bei der Auslegung dieser Begriffe wird die Rekurskommission daher frei sein. Ebenso wird sie die Gesetzmässigkeit der Asylverordnung im konkreten Anwendungsfall überprüfen müssen, soweit es um Rechtsfragen geht.

2.5. EINREICHUNG DER BESCHWERDE UND BESCHWERDESCHRIFT

Im Normalfall (aufschiebende Wirkung der Beschwerde, siehe oben Ziff. 2.2.) ist die Beschwerdeschrift innert der *Frist von 30 Tagen* einzureichen (Art. 50 VwVG; eingeschriebene Sendung empfiehlt sich). Die Frist *beginnt am Tag nach dem Erhalt des Entscheides zu laufen*. Fällt der letzte Tag auf einen Samstag, einen Sonntag oder einen Feiertag, so läuft die Frist am nächsten Werktag ab (Art. 20 VwVG). Die Beschwedeschrift muss spätestens am letzten Tag der Frist der Behörde eingereicht oder auf der Post aufgegeben worden sein (Art. 21 VwVG). Massgebend ist das Datum des Poststempels. Die Beschwerdefrist kann nicht erstreckt werden (Art. 22 Abs. 1 VwVG). Falls die Frist verpasst wird, kann diese nur wiederhergestellt werden, wenn der Gesuchsteller bzw. die Gesuchstellerin oder deren Vertreter bzw. Vertreterin unverschuldet abgehalten worden ist, innert der Frist zu handeln (zum Beispiel durch eine schwere Erkrankung). In diesem Fall ist binnen 10 Tagen nach Wegfall des Hindernisses ein begründetes Gesuch um Wiederherstellung der Frist beim EJPD und gleichzeitig die Beschwerde einzureichen (Art. 24 VwVG).

Die Beschwerdeschrift muss das *Rechtsbegehren* enthalten (auf Aufhebung des vorinstanzlichen Entscheides), eine *Begründung* mit Angabe der Beweismittel und die *Unterschrift* des Beschwerdeführers bzw. der Beschwerdeführerin oder deren Vertretung. In der Begründung ist sehr sorgfältig darzulegen, wieso der Entscheid des BFF geltendes Recht verletzt, wieso der Sachverhalt unrichtig festgestellt worden ist, wieso kein Nichteintretensgrund vorlag, wieso das BFF einen falschen Glaubwürdigkeitsmassstab festgelegt hat, weshalb es den Flüchtlingsbegriff von Art. 3 AsylG falsch ausgelegt hat etc., insbesondere auch, was gegen eine Rückschaffung ins Heimatland spricht. Wenn möglich, sind *neue Beweismittel einzureichen* (siehe dazu allerdings die Fristen gemäss Art. 46c AsylG, oben Ziff. 2.3.). Der angefochtene Entscheid und die Beweismittel sind beizulegen (Art. 52 Abs. 1 VwVG). Die Beschwerdeschrift ist *im Doppel* einzureichen (Art. 51 VwVG). Falls die Beschwerde diesen Anforderungen nicht genügt, räumt die Beschwerdeinstanz dem Beschwerdeführer eine Nachfrist zur Verbesserung ein (Art. 52 Abs. 2 VwVG; gemäss Art. 46c Abs. 1 AsylG sieben Tage). Die Beschwerde ist im übrigen in einer der *drei Amtssprachen* (deutsch, französisch oder italienisch) einzureichen.

Im Anhang (hinten S. 431f) findet sich ein Muster für den Aufbau einer Beschwerde.

Hilfe für die Abfassung einer Beschwerde bieten die Beratungsstellen der Hilfswerke und andere Organisationen (siehe hinten S. 365 und die Adressen im Anhang S. 421ff).

Angesichts der geringen Chancen einer erfolgreichen Beschwerdeführung ist vor einer allfälligen Beschwerdeeinreichung abzuwägen, ob eine Verlängerung des Aufenthaltes z.B. die Kosten des Verfahrens überwiegt, ob die gewonnene Zeit zur Suche nach Alternativen genützt werden kann (Weiterwanderung), ob eine Rückkehr ins Heimatland jetzt nicht einfacher zu bewerkstelligen wäre als erst in einigen Monaten z.B. wegen Ablaufens von Reisepapieren.

2.6. BESCHWERDEVERFAHREN

Nach der Beschwerdeeinreichung geht das Verfahren folgendermassen weiter:

Während unter altem Recht die Beschwerdeinstanz zunächst einen Kostenvorschuss erhob (Art. 63 Abs. 4 VwVG), sieht nun Art. 46e AsylG vor, dass *keine Kostenvorschüsse* für das Beschwerdeverfahren erhoben werden.

Um die Protokolle der Befragungen und die andern Dokumente einzusehen, auf die das BFF seinen Entscheid stützt, ist beim BFF ein Gesuch um *Akteneinsicht* zu stellen (mit eingeschriebenem Brief; bei Rechtsvertretung unter Beilage der Vollmacht). Gemäss Art. 26 VwVG besteht ein Anspruch darauf, die Akten einzusehen. Das BFF stellt gemäss seiner Praxis die Akten in einer Fotokopie gegen eine geringe Gebühr zu. In gewissen, im Gesetz genannten Gründen (Art. 27 VwVG) darf die Einsichtnahme in Akten verweigert werden, wenn wesentliche Interessen des Bundes, der Kantone, Privater oder der noch nicht abgeschlossenen Untersuchung es erfordern (zur Massgeblichkeit geheimer Akten siehe Art. 28 VwVG). Wenn das BFF nur ungenügend Akteneinsicht gewährt, kann dagegen selbständig Beschwerde beim EJPD geführt werden (Art. 45 Abs. 2 lit.e; Frist 10 Tage). Dieses Vorgehen empfiehlt sich. Akteneinsicht kann im übrigen auch beim EJPD verlangt werden. Die Praxis zur Akteneinsichtsgewährung beim DFW (heute BFF) und EJPD ist schon verschiedentlich kritisiert worden (*Huguenin*, Droit d'être entendu et consultation du dossier dans la procédure d'asile, ASYL 1986/4, S. 2f; *Bois*, Droit de consulter le dossier, ASYL 1988/1, S. 15; *Gattiker/Tellenbach*, Beschwerden sieben - sieben Beschwerden, ASYL 1989/3, S. 9; *Sohm*, Der Beschwerdedienst tut sich schwer, ASYL 1989/3, S. 12; Bericht der Geschäftsprüfungskommission des Nationalrates vom 12.11.1990, S. 12, Ziff. 25; vgl. auch die BFF-Vernehmlassung in ASYL 1991/1, S. 18 mit Kommentar; zur Akteneinsicht siehe im übrigen vorne S. 217ff).

Die Beschwerdeinstanz bringt die Beschwerde dem BFF zur Kenntnis und lädt es zur *Vernehmlassung* ein (Art. 57 VwVG; gemäss Art. 46d AsylG kann bei offensichtlich unbegründeten Beschwerden auf den Schriftenwechsel verzichtet werden). In der Regel lässt es das BFF bei der standardisierten Antwort bewenden, dass die Beschwerde keine neuen Tatsachen beinhalte und empfiehlt deren Ablehnung. Die Vernehmlassung des BFF wird auch dem Beschwerdeführer resp. der Beschwerdeführerin zur Kenntnis gebracht, doch in der Regel darf sich dieser nicht mehr dazu äussern. Falls das BFF in seiner Vernehmlassung neue Argumente vorbringt, müsste aber diese Gelegenheit eingeräumt werden (*Gygi*, Bundesverwaltungsrechtspflege, S. 194). Die Praxis des EJPD ist hier aber sehr zurückhaltend (siehe *Gattiker/Tellenbach*, a.a.O. S. 9). Das BFF hat im Vernehmlassungsverfahren noch die Möglichkeit, den Entscheid selber in Wiedererwägung zu ziehen und eine neue Verfügung zu erlassen (Art. 58 VwVG), was in der Praxis auch ab und zu vorkommt.

Der Beschwerdedienst *entscheidet* meist aufgrund der Akten und allfälliger weiterer (Botschafts-) Abklärungen. Höchst selten werden Asylsuchende befragt (zum Beweisverfahren und zur Beweiswürdigung siehe *Gattiker/Tellenbach*, a.a.0., S. 8f). Bei der unabhängigen Rekurskommission sind aber mündliche Verhandlungen (z.B. kontradiktorisch mit Vertretern des BFF und mit dem Beschwerdeführer) vorgesehen (Art. 11 Abs. 4 AsylG).

Schliesslich fällt die Beschwerdeinstanz den *Entscheid*. Dieser kann entweder dahingend lauten, dass dem Beschwerdeführer resp. der Beschwerdeführerin Asyl gewährt wird oder dass zwar kein Asyl gewährt wird, aber auf eine Wegweisung verzichtet wird. U.U. kann die Beschwerdeinstanz auch den Entscheid des BFF aufheben und zu neuer Beurteilung zurückgeben. *Meist lautet der Beschwerdeentscheid aber negativ*; der Entscheid des BFF (Asylverweigerung und Wegweisung) wird bestätigt. Die Erfolgsaussichten liegen bei ca. 1%. Die Kosten des Verfahrens werden in diesem Fall dem Beschwerdeführer auferlegt (zwischen 300 und 500 Franken).

Gegen den Entscheid steht wie erwähnt kein ordentliches Rechtsmittel mehr offen, sondern nur noch die nachfolgend erwähnten Möglichkeiten.

Lehnt das Departement die Beschwerde ab, so erhält das BFF den Auftrag, die neue Wegweisungsfrist anzusetzen. Falls allerdings der Beschwerdeentscheid noch innerhalb der vom BFF festgelegten Ausreisefrist erfolgt, bleibt diese Frist bestehen und wird nicht neu angesetzt (Weisung Asyl 31 über den Vollzug der Wegweisung während oder nach Abschluss des Asylverfahrens, Ziff. 32). Unter Umständen kann dieses Vorgehen aber zu unnötigen Härten führen, so z.B. wenn eine Familie, die schon längere Zeit in der Schweiz ist, den negativen Beschwerdeentscheid kurz vor der Ausreisefrist enthält; hier ist auch die Frist von 30 Tagen zu kurz, um die der Kanton die Ausreisefrist verlängern kann (zum Vollzug der Wegweisung siehe im übrigen unten S. 336ff).

3. AUSSERORDENTLICHE RECHTSMITTEL UND RECHTSBEHELFE

LITERATUR: *Beerli-Bonorand,* Die ausserordentlichen Rechtsmittel in der Verwaltungsrechtspflege des Bundes und der Kantone, Zürich 1985; *Gygi,* Bundesverwaltungsrechtspflege, 2. Aufl., Bern 1983, S. 219ff und S. 260-263; *Raess-Eichenberger,* S. 84ff; *Saladin,* Das Verwaltungsverfahrensrecht des Bundes, Basel 1979, S. 166f und 214ff.

RECHTSQUELLEN: Art. 47 Abs. 2 AsylG; Art. 66- 71 VwVG

3.1. REVISION

Gemäss Art. 66 VwVG kann eine Revision des Beschwerdeentscheides in folgenden zwei Fällen verlangt werden:
- Die Beschwerdeinstanz zieht ihren Entscheid von Amtes wegen oder auf Begehren einer Partei in Revision, wenn ihn ein Verbrechen oder

Vergehen beeinflusst hat (Art. 66 Abs. 1 VwVG). Dieser Fall spielt in der Praxis kaum eine Rolle.

- Die Beschwerdeinstanz zieht ihren Entscheid auf Begehren einer Partei in Revision, wenn die Partei

 a) neue erhebliche Tatsachen oder Beweismittel vorbringt ("neu" heisst dabei *"neu entdeckt"*; sie müssen zur Zeit der Beurteilung der Sache bereits bestanden haben, jedoch erst nach dem Zeitpunkt, bis zu welchem sie prozessual zulässigerweise hätten vorgebracht werden können, in Erfahrung gebracht worden sein. Nicht neu sind die erst nachher verwirklichten Sachumstände. Neue Beweismittel betreffen ebenfalls vorbestandene Tatsachen; sie dürfen der Partei vorher nicht bekannt oder nicht zugänglich gewesen sein. Erheblich heisst, dass der Entscheid bei Kenntnis der Tatsachen und Beweismittel anders ausgefallen wäre; *Gygi*, S. 262), oder

 b) nachweist, dass die Beschwerdeinstanz aktenkundige erhebliche Tatsachen oder bestimmte Begehren übersehen hat, oder

 c) nachweist, dass die Beschwerdeinstanz die Bestimmungen über den Ausstand, über die Akteneinsicht oder über das rechtliche Gehör verletzt hat (Art. 66 Abs. 2 VwVG).

Diese Gründe gelten nicht als Revisionsgründe, wenn die Partei sie im Rahmen des Verfahrens geltend machen konnte (Art. 66 Abs. 3 VwVG).

Das Begehren ist der *Beschwerdeinstanz* innert 90 Tagen seit Entdeckung des Revisionsgrundes schriftlich einzureichen. Die Formvorschriften sind die gleichen wie für die ordentliche Beschwerde (siehe oben S. 320f). In einem Revisionsgesuch ist sehr sorgfältig und eingehend zu begründen, wieso einer der genannten Gründe vorliegt und wieso dieser nicht im Verfahren geltend gemacht werden konnte.

Ein Revisionsgesuch hat *keine aufschiebende Wirkung* und die Einreichung hemmt auch den Vollzug der Wegweisung nicht. Es kann aber das Begehren gestellt werden, dass im Sinne einer vorsorglichen Massnahme auf die Wegweisung verzichtet wird (Art. 47 Abs. 3 AsylG). Der Revisionsentscheid kann auch nicht an eine höhere Instanz weitergezogen werden.

Die *Praxis* ist sehr restriktiv; auch gut begründete Revisionsbegehren haben kaum eine Chance.

3.2. WIEDERERWÄGUNG

Die Wiedererwägung ist im VwVG nicht geregelt, den Fall ausgenommen, dass die verfügende Behörde im Vernehmlassungsverfahren bei einer Beschwerde ihren Entscheid abändern kann (Art. 58 VwVG). Bei der Wiedererwägung handelt es sich um einen *Rechtsbehelf*, der direkt *aus Art. 4 BV abgeleitet* wird. Voraussetzung ist das Vorliegen eines rechtskräftigen Entscheides. Die Behörde ist verpflichtet, sich mit dem Wiedererwägungsgesuch zu befassen, wenn die Umstände sich seit dem ersten Entscheid wesentlich geändert haben, namentlich wenn Tatsachen geltend gemacht werden, vor denen die Rechtsbeständigkeit der früheren Verfügung weichen muss, sofern sie stichhaltig sind (*Gygi*, S. 220). Es geht also um Tatsachen, die sich erst seit dem Entscheid ereignet haben und um Beweismittel für diese Tatsachen, ansonsten ist *Revision* zu verlangen. Mitunter ist es allerdings schwierig zu beurteilen, ob Revisions- oder Wiedererwägungsgründe vorliegen. Falls ein Gesuch um Wiedererwägung beim BFF eingereicht wird, das Revisionsgründe enthält, ist das BFF aber gemäss Art. 8 VwVG verpflichtet, das Gesuch der Beschwerdeinstanz zu überweisen. Die Praxis der Asylbehörden zu Revision und Wiedererwägung ist noch wenig geklärt und bedarf einer vertieften Auseinandersetzung.

Einzureichen ist das Wiedererwägungsgesuch *beim BFF*. Für das Gesuch gelten weder Formvorschriften noch Fristen. Dem Gesuch kommt aber keine aufschiebende Wirkung zu (siehe auch Art. 47 Abs. 3 AsylG); es kann allerdings ein Begehren um Gewährung der aufschiebenden Wirkung gestellt werden. Im Gesuch ist sehr gut zu begründen, was für neue Aspekte eine andere Beurteilung des Asylgesuches erfordern.

Wenn die Voraussetzungen für ein Wiedererwägungsgesuch nicht erfüllt sind (wenn z.B. keine neuen Tatsachen geltend gemacht werden), tritt das BFF nicht auf das Gesuch ein. Wenn die Voraussetzungen aber gegeben sind, fällt das BFF einen neuen Entscheid, der positiv oder auch negativ lauten kann, wenn die neuen Vorbringen zu keinem andern Resultat führen. Gegen den Entscheid des BFF kann Beschwerde beim EJPD geführt werden. Obwohl dem Verfahren keine aufschiebende Wirkung zukommt, sind die Kantone teilweise sehr zurückhaltend, während eines laufenden Wiedererwägungsverfahrens eine Ausschaffung zu vollstrecken. Für die Chancen eines Wiedererwägungsgesuches gelten die bei der Revision gemachten Bemerkungen.

3.3. Aufsichtsbeschwerde

Gemäss Art. 71 VwVG kann *jedermann* jederzeit Tatsachen, die im öffentlichen Interesse ein Einschreiten gegen eine Behörde von Amtes wegen erfordern, der Aufsichtsbehörde anzeigen. Aufsichtsbeschwerde kann gegen das BFF beim EJPD geführt werden, gegen das EJPD oder die unabhängige Rekurskommission beim Bundesrat. Die zweite Variante ist für die Praxis mehr von Bedeutung, da die Beschwerdeinstanz letztinstanzlich entscheidet und dann eine Korrektur klarer Fehler nur über das Mittel der Aufsichtsbeschwerde möglich ist. Im übrigen kann auch gegen Massnahmen kantonaler Behörden bei deren vorgesetzter Behörde Aufsichtsbeschwerde geführt werden.

Voraussetzung für ein Einschreiten der Aufsichtsinstanz ist in der Regel, dass die Verfügung (Entscheid) klares Recht verletzt, wesentliche Prozessvorschriften missachtet oder wichtige öffentliche Interessen offensichtlich unberücksichtigt geblieben sind (*Gygi*, S. 223). Nach der Formel des Bundesrates ist Anlass für aufsichtsrechtliche Massnahmen, wenn eine *wiederholte oder wiederholbare Verletzung klaren materiellen oder Verfahrensrechtes* zur Kenntnis gebracht wird, die ein Rechtsstaat auf die Dauer nicht dulden darf und die *mit keinem ordentlichen oder ausserordentlichen Rechtsmittel gerügt werden kann* (siehe z.B. den Entscheid des Bundesrates vom 23.8.1989, abgedruckt in ASYL 1989/4, S. 14f).

Die Voraussetzungen, um mit einer Aufsichtsbeschwerde Erfolg zu haben, sind also sehr streng. Es ist nicht zu empfehlen, in jedem Fall, der zu Beanstandung Anlass gibt, beim Bundesrat Aufsichtsbeschwerde zu führen, jedenfalls dann nicht, wenn Sachverhaltsfragen angeschnitten werden. Je mehr solche Beschwerden eingereicht werden, umso geringer wird die Chance, dass der Bundesrat seine Aufsichtsbefugnisse ausnützt (aus präventiven Überlegungen). Das Einreichen einer Aufsichtsbeschwerde, zumindest an den Bundesrat, sollte u.E. mit den im Asylbereich tätigen Organisationen, z.B. mit der SFH, abgesprochen werden. So könnten auch mehrere ähnlich gelagerte Fälle gleichzeitig gerügt werden, was der Beschwerde ein grösseres Gewicht verleihen würde.

4. Beschwerde wegen Verletzung der Europäischen Menschenrechtskonvention

LITERATUR: *Frowein/Peukert*, Europäische Menschenrechtskonvention, Kehl u.a. 1985, S. 357ff; *Human Right Files*, Hrsg. vom Sekretariat der Europäischen Menschenrechtskommission, No. 1: Introduction to the European Convention on Human Rights: the Rights secured and the protection machinery; No. 2: The presentation of an application before the European Commission of Human Rights; No. 3: Outline of the position of the individual applicant before the European Court of Human Rights; *Internationaler Kommentar* zur Europäischen Menschenrechtskonvention, *Rogge*, Art. 25 EMRK, 1. Lieferung - September 1986; *Krüger*, Europäische Konvention für Menschenrechte, Funktion und Arbeitsweise, EuGRZ 1980, S. 238ff; *Raess-Eichenberger*, S. 90ff; *Thürer*, Neuere Entwicklungen im Bereich der Europäischen Menschenrechtskonvention, ZBl 1988, S. 377ff; *Trenkel*, Erfahrungen mit der EMRK und der Europäischen Kommission für Menschenrechte, ASYL 1987/1, S. 6ff.

Als letztes Mittel gegen den endgültigen Entscheid der Beschwerdeinstanz kann - abgesehen von den ausserordentlichen Rechtsmitteln (siehe oben Ziff. 3) - die Europäische Kommission für Menschenrechte in Strassburg wegen Verletzung eines in der Europäischen Menschenrechtskonvention garantierten Rechtes angerufen werden.

Die Menschenrechtskommission äussert sich lediglich über die *Zulässigkeit* der Beschwerde. Ob die Konvention durch die angefochtene Handlung verletzt wurde, wird entweder vom Ministerkomitee oder vom Gerichtshof für Menschenrechte festgestellt (siehe zum Verfahren Art. 28 - 54 EMRK). Die Zahlen sind ernüchternd: Lediglich ca. 6 % aller gegen die Schweiz erhobenen Beschwerden wurden für zulässig erklärt. Zählt man diejenigen Beschwerden dazu, die bereits im Registrierungsverfahren scheitern, sind noch viel weniger erfolgreich.

Folgendes ist bei einer Beschwerde zu beachten (wobei lediglich die wichtigsten Voraussetzungen genannt sind):

- Die Kommission kann sich als internationales Rechtsschutzorgan gemäss Art. 19 EMRK nur mit Verletzungen der in der EMRK gewährten Rechte befassen. Sie ist *keine zusätzliche Rechtsmittelinstanz*! Mit einer Beschwerde können also nur Rechte aus der EMRK gerügt werden und nicht etwa eine falsche Anwendung des Asylgesetzes; es ist vom EMRK-Recht her zu argumentieren. Zu beachten ist, dass die EMRK *kein Recht auf Asyl* enthält und dass sich die Konvention nicht zur Befugnis der Staaten äussert, über die Einreise und Ausreise von Ausländern und Ausländerinnen zu bestimmen. Geht es um die Verhinderung einer Wegweisung, stehen vor allem Art. 3 EMRK und unter Umständen Art. 8 EMRK, der die Einheit der Familie schützt, im Vordergrund (siehe vorne S. 179ff und S. 46ff).

- Vor der Einreichung einer EMRK-Beschwerde ist daher sehr genau abzuklären, ob die Beschwerde eine Chance hat, für zulässig erklärt zu werden. Die Annahmepraxis der Kommission ist sehr streng: Sie hält eine Beschwerde nur dann für "nicht offensichtlich unbegründet" (Art. 27 Abs. 2 EMRK), wenn gute Aussichten auf Erfolg bestehen oder wenn ernsthafte und komplexe Fragen aufgeworfen werden, welche einer näheren Abklärung bedürfen. Damit eine Beschwerde wegen Verletzung von Art. 3 EMRK für zulässig erklärt wird, sind hohe Anforderungen an den Nachweis der Gefährdung gestellt. So ist z.B. eine Beschwerde fast aussichtslos, wenn sich ein Gesuchsteller oder eine Gesuchstellerin während des Verfahrens widersprochen hat (siehe auch vorne S. 182f).

- Das Beschwerderecht steht nur dem "Opfer" einer behaupteten Konventionsverletzung zu, d.h. der Beschwerdeführer oder die Beschwerdeführerin muss durch die Verletzung persönlich betroffen sein.

- Der *innerstaatliche Rechtsweg muss form- und fristgerecht erschöpft worden sein* (Art. 26 EMRK), d.h. im Asylverfahren muss ein rechtskräftiger Entscheid der Beschwerdeinstanz vorliegen, die aufgrund einer rechtzeitig eingereichten Beschwerde negativ entschieden hat. Die Rüge der Verletzung des angerufenen Rechts (z.B. Art. 3 EMRK) muss bereits in der innerstaatlichen Beschwerde "in beachtlicher Weise" erhoben worden sein; dabei reicht allerdings eine sinngemässe Nennung der Beschwerdegründe.

- Die Beschwerde muss innerhalb von 6 Monaten nach der Verkündung oder Zustellung des endgültigen innerstaatlichen Entscheides erhoben werden (Art. 26 EMRK).

- Die Beschwerde hat keine aufschiebende Wirkung. Gemäss Art. 36 der Verfahrenordnung der Kommission kann die Kommission allerdings "den Parteien jede vorläufige Massnahme bezeichnen, die im Interesse der Parteien oder der sachgemässen Durchführung des Verfahrens wünschenswert erscheint". Ein Beschwerdeführer kann also von der Kommission verlangen, dass eine drohende Rückschaffung bei einer möglichen Verletzung von Art. 3 EMRK aufgeschoben wird. Wenn die Kommission die mögliche Verletzung für plausibel hält, bittet sie den Staat, auf die Massnahme zu verzichten. In aller Regel halten sich die Staaten daran.

- Gemäss Zusatz zur Verfahrensordnung der Kommission kann auf Antrag einer Partei ein unentgeltlicher *Anwalt* beigeordnet werden, wenn der Beschwerdeführer mittellos und rechtsunkundig ist und die

Sache nicht aussichtslos erscheint. Die Beschwerde ist aber grundsätzlich *kostenlos*.

- Die Beschwerde ist an das Generalsekretariat des Europarates zu richten, in einer offiziellen Sprache eines der Mitgliedstaaten. Amtssprachen für das Verfahren sind allerdings nur englisch und französich; das Sekretariat verkehrt aber falls erforderlich mit dem Beschwerdeführer resp. der Beschwerdeführerin auch in deutscher Sprache.

- Die Beschwerdeschrift muss folgende Angaben erhalten: Bezeichnung der Parteien (Beschwerdeführer und Vertreter), Bezeichnung des Beschwerdegegenstandes unter Angabe des Sachverhaltes und der als verletzt gerügten Konventionsbestimmung sowie Begründung der behaupteten Verletzung, Angaben zur Erschöpfung des innerstaatlichen Instanzenzuges, unter Benennung der Entscheidorgane, der Daten der Entscheide und deren Inhalte.

Das Sekretariat der Europäischen Menschenrechtskommission gibt im übrigen ein *"Merkblatt* für Personen, die sich an die Europäische Menschenrechtskommission wenden wollen" heraus, das detaillierte Angaben zur Beschwerdeeinlegung enthält. Dieses ist erhältlich bei: Sekretariat der Europäischen Menschenrechtskommission, Europarat, BP 431 R6, F - 67006 Strasbourg Cedex (siehe auch *Rogge*, a.a.O., Art. 25, S. 76ff).

Es empfiehlt sich, vor der Einreichung einer Beschwerde die Praxis der Kommission zu studieren (siehe vorne S. 42ff).

Es ist noch einmal zu betonen, dass eine Beschwerde an die Europäische Menschenrechtskommission sehr gut überlegt sein will. Es empfielt sich auf jeden Fall, sich von Fachleuten beraten zu lassen und das Vorgehen mit den im Asylbereich tätigen Organisationen (z.B. der SFH) abzusprechen. Eine Ablehnung einer Beschwerde hat in der Regel eine negative Präjudizienwirkung und kann eine Praxis legitimieren, die man zwar mit guten Gründen als unrechtmässig bezeichnen kann, die aber die EMRK nicht verletzt. (Zum weiteren Verfahren nach einer Beschwerdeeinreichung siehe den Artikel von *Trenkel*, ASYL 1987/1, S. 6ff).

VIII. WEGWEISUNG UND VOLLZUG

LITERATUR: *Ackermann/Linow,* Weiterwanderung und Rückkehr, ASYL 1987/3, S. 5ff; *Gattiker,* Aus den Augen, aus dem Sinn, ASYL 1988/1, S. 6ff; *Hegetschweiler,* Rechtliche Aspekte zum Schicksal abgewiesener Asylbewerber, SJZ 1985, S. 189ff; *Kälin,* non-refoulement, S. 288ff; *derselbe,* Grundriss, S. 191ff; *Raess-Eichenberger,* S. 169f, 176 und 179; *Stöckli,* Vor einiger Zeit, ASYL 1988/1, S. 3ff; *Stroppel,* Die Beendigung der Anwesenheitsberechtigung von Ausländern nach schweizerischem Recht, unter besonderer Berücksichtigung der entsprechenden Verwaltungs- und Strafgerichtspraxis im Kanton Baselland, Zürich 1987; *Sulger Büel,* Vollzug von Fernhalte- und Entfernungsmassnahmen gegenüber Fremden nach dem Recht des Bundes und des Kantons Zürich, Bern 1984; *Werenfels,* S. 142; *Wolffers,* Gutachten zu Fragen der Ausschaffung zuhanden der Schweizerischen Zentralstelle für Flüchtlingshilfe, 1988 (zu beziehen bei der SFH; Kurzfassung des Gutachtens durch *Gattiker* in ASYL 1988/3, S. 14).

RECHTSQUELLEN: Art. 17-19 AsylG; Art. 17 AsylVE; Weisung zum Asylgesetz, Asyl 31, über den Vollzug der Wegweisung während oder nach Abschluss des Asylverfahrens vom 20.12.1990; Weisung 8 zum Asylgesetz vom 31.3.1988 über die Rückkehrhilfe für Asylbewerber (vorläufig noch bis zum Inkrafttreten neuer Weisungen).

1. WEGWEISUNG WÄHREND DES VERFAHRENS (ART. 19 ASYLG)

1.1. GRUNDSÄTZE

Nach dem Grundsatz von Art 19 Abs. 1 AsylG darf, wer ein Asylgesuch gestellt hat, bis zum Abschluss des Verfahrens in der Schweiz bleiben. Vorbehalten bleibt ein Vollzug nach Entzug der aufschiebenden Wirkung einer Beschwerde (vor allem bei Nichteintretensentscheiden, Art. 47 AsylG; siehe oben S. 301ff und S. 317f).

Nach Art. 19 Abs. 2 kann "der Gesuchsteller ... jedoch *vorsorglich weggewiesen* werden, wenn die Weiterreise in einen Drittstaat möglich, zulässig und zumutbar ist, namentlich wenn:

> "a. dieser Staat vertraglich für die Behandlung des Asylgesuches zuständig ist;
> b. sich der Gesuchsteller dort einige Zeit aufgehalten hat oder

c. dort nahe Angehörige oder andere Personen leben, zu denen der Gesuchsteller enge Beziehungen hat."

Solche Wegweisungsentscheide können vom Bundesamt im Anschluss an die Empfangsstellenbefragung oder im Verlauf des späteren Verfahrens, selbst nach Aufenthalten von mehreren Monaten, getroffen werden. Durch einen Wegweisungsentscheid gestützt auf Art. 19 Abs. 2 AsylG wird eigentlich nur über die Frage entschieden, *wo sich der Asylbewerber oder die Asylbewerberin während des Asylverfahrens aufzuhalten hat*. Ein solcher Entscheid ist also eine Zwischenverfügung, die grundsätzlich den materiellen Endentscheid (Asylgewährung) nicht berührt.

Davon zu unterscheiden ist Art. 6 AsylG, der Flüchtlinge vom Asyl ausschliesst, wenn sie sich u.a. vor der Einreise einige Zeit in einem Drittstaat aufgehalten haben, in den sie zurückkehren können. Einige Zeit bedeutet in Art. 6 AsylG in der Regel 20 Tage (Art. 2 AsylVE). Art. 6 AsylG ist eine materiellrechtliche Bestimmung, d.h. Grundlage für eine Asylverweigerung (siehe vorne S. 154ff).

1.2. VORAUSSETZUNGEN FÜR DIE VORSORGLICHE WEGWEISUNG

Gemäss Art. 19 Abs. 2 AsylG muss die Weiterreise in einen Drittstaat *möglich, zulässig und zumutbar* sein, wobei diese Voraussetzungen *kumulativ* erfüllt sein müssen.

- Zulässig ist die vorsorgliche Wegweisung, wenn ihr keine völkerrechtlichen Verpflichtungen der Schweiz entgegenstehen (insbesondere Art. 33 FK und Art. 3 EMRK; siehe dazu vorne S. 175ff). Es muss auch Gewähr bestehen, dass der Staat, in den weggewiesen wird, die Betroffenen nicht in den Verfolgerstaat zurückschafft.

- Möglich ist die Weiterreise in den Drittstaat, wenn sie faktisch vollzogen werden kann, wenn also Transportmöglichkeiten vorhanden sind und der Drittstaat die Betreffenden einreisen lässt, was entweder das Vorhandensein von gültigen Reisepapieren und Visa oder die Pflicht des Drittstaates zur Übernahme gemäss eines Vertrages (Schubabkommen, Erstasylabkommen) voraussetzt (siehe vorne S. 48ff). In der Regel gibt der Drittstaat vorher eine Rückübernahmezusicherung ab.

- Zumutbar ist die Weiterreise, wenn namentlich eine der drei Voraussetzungen von Art. 19 Abs. 2 AsylG gegeben ist, wenn also entweder der Drittstaat *vertraglich* für die *Behandlung des Asylgesuches zuständig* ist (Vorhandensein eines Erstasylabkommens, siehe dazu vorne S. 48ff), sich der Gesuchsteller oder die Gesuchstellerin vorher während *einiger Zeit* in diesem *Drittstaat aufgehalten* hat oder dort *nahe Angehörige* oder andere Personen leben, zu denen die Asylsuchenden enge Beziehungen haben.

Da die wenigsten Asylsuchenden über die notwendigen gültigen Ausweispapiere zur Weiterreise verfügen, ist die vorsorgliche Wegweisung in der Praxis nur dann möglich, wenn Asylsuchende nach einer illegalen Einreise aufgrund eines *Schubabkommens* in ein Nachbarland zurückgeschickt werden können (solange jedenfalls kein Erstasylabkommen in Kraft ist). Schubabkommen hat die Schweiz mit Frankreich, Österreich und Deutschland (siehe vorne S. 52), nicht hingegen mit Italien abgeschlossen, weshalb dorthin keine Rückweisungen möglich sind, wenn die Betroffenen nicht über gültige Reisepapiere verfügen. Die Schweiz muss den Nachbarstaaten nachweisen können, dass sich die Ausländer vorher in diesen Ländern aufgehalten haben. Gemäss den Schubabkommen muss die Schweiz die Rückübernahme von der BRD und Frankreich spätestens innert 6 Monaten seit dem illegalen Grenzübertritt verlangen, von Österreich innert 4 Monaten; Frankreich verlangt zusätzlich einen minimalen Aufenthalt von 15 Tagen in seinem Gebiet.

Nach der Praxis werden Asylsuchende vor allem aufgrund früheren Aufenthaltes in einem Drittstaat vorsorglich weggewiesen; Fälle von nahen Angehörigen in Drittstaaten sind selten und ein Erstasylabkommen besteht noch nicht. Die *Zumutbarkeit* der Wegweisung beurteilt sich daher in der Regel nach der *Dauer*, während der sich ein Gesuchsteller oder eine Gesuchstellerin in einem Drittstaat aufgehalten hat. Dabei wird "einige Zeit" im Sinne von Art. 19 Abs. 2 AsylG gesetzeswidrig mit "ohne Verzug" resp. "le plus vite possible" gleichgesetzt (Art. 17 AsylVE), abweichend von der Regelung bei Art. 6 AsylG und Art. 2 AsylVE (siehe den Bericht der *Petitions- und Gewährleistungskommission des Nationalrates* vom 13.1.1989, Amtl. Bull. NR 1989, S. 571, und die eingehende Kritik bei *Stöckli* und *Gattiker*, ASYL 1988/1, S. 3ff). Ohne Verzug bedeutet nach der Praxis "rasche Durchquerung von Drittländern in der stetigen Absicht, in der Schweiz ein Asylgesuch zu stellen".

Die *Praxis* zu den Voraussetzungen einer Wegweisung gemäss Art. 19 AsylG ist heute also so, dass praktisch immer weggewiesen werden kann, sofern die Wegweisung möglich ist, d.h. ein Drittstaat die Asylsuchenden zurücknimmt.

Falls ein Entscheid ergeht, lautet das Dispositiv folgendermassen:

1. Der Gesuchsteller hat die Schweiz sofort zu verlassen und nach X zurückzukehren.
2. Einer Beschwerde wird die aufschiebende Wirkung entzogen.

1.3. VOLLZUG DER WEGWEISUNG

Wird in der Empfangsstelle die Wegweisung gestützt auf Art. 19 AsylG in einen Drittstaat verfügt, muss der Gesuchsteller bzw. die Gesuchstellerin die Schweiz sofort verlassen, selbst wenn eine Beschwerde eingereicht wird: Gemäss Art. 19 Abs. 3 ist nämlich die Wegweisung *sofort vollstreckbar*, wenn das Bundesamt nichts anderes verfügt.

Theoretisch kann beim Departement (EJPD; nach Einsetzung einer unabhängigen Rekursinstanz vermutlich bei dieser; vgl. *Kälin*, Grundriss, S. 280) gegen die Wegweisung *Beschwerde* geführt werden, da es sich bei um eine gemäss Art. 46a AsylG anfechtbare Zwischenverfügung handelt, die einen nicht wieder gutzumachenden Nachteil bewirken kan. Dabei kann auch ein Begehren um Wiederherstellung der aufschiebenden Wirkung gestellt werden, das den Vollzug allerdings nicht hemmt. Die Beschwerdefrist beträgt *zehn Tage* seit Eröffnung der Verfügung (Art. 50 VwVG). Die Erfolgsaussichten sind in jedem Fall äusserst gering (*Gattiker*, ASYL 1988/1, S. 8). Falls die Beschwerde gutgeheissen würde, könnte die betreffende Person in die Schweiz zurückkehren und das Ende des Asylverfahrens hier abwarten.

In den meisten Fällen fallen Eröffnung und Vollstreckung der Wegweisungsverfügung zusammen; die Wegweisung wird mit polizeilichem Zwang durchgesetzt (z.B. durch Abholen aus dem Flüchtlingszentrum). Nur in seltenen Fällen, etwa wenn gültige Reisepapiere vorhanden sind, wird den Betroffenen eine Ausreisefrist gesetzt.

1.4. WEITERER VERLAUF DES ASYLVERFAHRENS

Wie erwähnt läuft das Asylverfahren in der Schweiz ungeachtet der Wegweisung in den Drittstaat weiter. Will der Gesuchsteller oder die Gesuchstellerin aber den Entscheid im Drittland abwarten, muss der nächstgelegenen schweizerischen Vertretung im Ausland eine Adresse angegeben werden (Begründung eines Zustellungsdomizils). Falls dies nicht innerhalb von 10 Tagen geschieht, schreibt das Bundesamt das Gesuch als gegenstandslos ab (analoge Anwendung von Art. 5 Abs. 2 AsylVE). Es empfiehlt sich, sofort bei der Ankunft im Drittstaat ebenfalls ein Asylgesuch einzureichen, da dies meist die einzige Möglichkeit darstellt, den Aufenthalt zu legalisieren. Ausserdem schützt ein Asylgesuch vorläufig vor Rückschiebung ins Heimatland.

Indessen werden durch den Aufenthalt im Drittstaat die Voraussetzungen für einen ablehnenden Endentscheid gestützt auf Art. 6 Abs. 1 AsylG (Aufnahme in einem Drittstaat, siehe vorne S. 154ff) geschaffen. Die Wegweisung gestützt auf Art. 19 AsylG hat somit in der Regel faktisch oder rechtlich den negativen Ausgang des Verfahrens zur Folge (so auch die Botschaft zum Asylgesetz, BBl 1977 III S. 125). Falls gleichzeitig ein Grund gemäss Art. 16 AsylG vorliegt (z.B. vertragliche Verpflichtung eines Drittstaates, aufgrund eines Erstasylabkommens ein Gesuch zu prüfen oder hängiges Gesuch in diesem Drittstaat), wird auf das Gesuch *nicht eingetreten*.

Im Jahr **1989** wurden **229** Personen gestützt auf Art. 19 AsylG weggewiesen; davon wurden 94 Wegweisungen in den Empfangsstellen angeordnet.

1990 waren es **335** derartiger Wegweisungen, davon wurden 250 in den Empfangsstellen angeordnet.

1.5. RÜCKZUG DES ASYLGESUCHES

Immer wieder hört man, dass vor allem in den Empfangsstellen versucht werde, Asylsuchende zum Rückzug des Asylgesuches zu bewegen (vgl. den Bericht der Geschäftsprüfungskommission des Nationalrates vom 12.11.1990, Ziff. 21). Darauf sollten sich *Gesuchstellerinnen und Gesuchsteller mit Asylgründen* auf keinen Fall einlassen. Der Rückzug des Asylgesuches hat in der Regel, wenn kein anderer Anwesenheitsgrund gegeben ist (z.B. wegen Heirat mit einem Schweizer oder einer Schweizerin), die sofortige Wegweisung aus der Schweiz zur Folge (zu den Folgen eines Rückzuges, insbesondere für ein erneutes Asylgesuch, siehe oben S. 296f).

2. WEGWEISUNG NACH ABLEHNUNG DES ASYLGESUCHES

2.1. GRUNDSATZ

Nach dem Grundsatz von Art. 17 AsylG verfügt das Bundesamt *in der Regel die Wegweisung* aus der Schweiz und ordnet den Vollzug an, falls es ein Asylgesuch ablehnt oder nicht darauf eintritt. Diese Bestimmung ist zusammen mit Art. 19 Abs. 1 AsylG zu betrachten, wonach Asylsuchende bis zum Abschluss des Verfahrens in der Schweiz bleiben können. Bis über ein Asylgesuch *rechtskräftig* entschieden ist, also auch über eine allfällige Beschwerde, darf die Wegweisung daher nicht vollzogen werden. Allerdings gibt es davon *Ausnahmen*: In gewissen Fällen kann einer Beschwerde die aufschiebende Wirkung entzogen werden, insbesondere bei Nichteintretensentscheiden (Art. 47 AsylG; siehe vorne S. 301ff; zur sofortigen Vollstreckbarkeit einzelner Verfügungen siehe vorne S. 302f).

Gemäss Art. 17 Abs. 1 AsylG ist beim Vollzug der Wegweisung der Grundsatz der Einheit der Familie zu berücksichtigen, d.h. die Wegweisung kann nicht vollzogen werden, wenn der Gesuchsteller oder die Gesuchstellerin mit einer Person verheiratet ist, die die schweizerische Staatsangehörigkeit oder eine Niederlassungsbewilligung besitzt (Ausfluss aus Art. 8 EMRK; vgl. vorne S. 46ff). Im übrigen muss bei verheirateten Asylsuchenden mit dem Vollzug der Wegweisung wohl zugewartet werden, bis auch das Gesuch des Partners rechtskräftig entschieden worden ist, wenn die Entscheide nicht gleichzeitig ergehen.

2.2. VORLIEGEN EINER WEGWEISUNGSSCHRANKE

Allerdings bedeutet die rechtskräftige Ablehnung eines Asylgesuches *nicht in jedem Fall*, dass der Gesuchsteller oder die Gesuchstellerin das Land verlassen muss. Der Wegweisung können nämlich *bestimmte Schranken* entgegenstehen. Gemäss Art. 14a Abs. 1 ANAG verfügt das Bundesamt für Flüchtlinge die *vorläufige Aufnahme oder die Internierung*, falls der Vollzug der Weg- oder Ausweisung nicht durchführbar, d.h. nicht möglich, nicht zulässig oder nicht zumutbar ist (zu den einzelnen Schranken siehe vorne S. 171ff).

Liegt eine dieser drei Schranken vor, wird zwar die *Wegweisung verfügt*, aber an deren Stelle tritt die vorläufige Aufnahme oder die Internierung (zum Antragsrecht des Kantons siehe vorne S. 172). Es handelt sich also um Ersatzmassnahmen für die nicht durchführbare Wegweisung. Die Ersatzmassnahmen werden daher aufgehoben und die Wegweisung vollzogen, wenn sich der Vollzug später als zulässig, möglich und zumutbar erweist. Sie erlöschen, wenn der Ausländer oder die Ausländerin freiwillig ausreist oder eine Aufenthaltsbewilligung erhält (Art. 14b Abs. 2 ANAG).

- Die vorläufige Aufnahme kann vom Bundesamt für zwölf Monate verfügt werden, der Aufenthaltskanton verlängert sie jeweils um zwölf Monate (Art. 14c Abs. 1 ANAG; zur Rechtstellung siehe im übrigen hinten S. 399ff).

- Die Internierung "in einer geeigneten Anstalt" wird vom Bundesamt verfügt, wenn ein Ausländer oder eine Ausländerin die innere oder äussere Sicherheit der Schweiz oder die innere Sicherheit eines Kantons gefährdet oder durch die Anwesenheit die öffentliche Ordnung schwer gefährdet (Art. 14d Abs. 2 ANAG). Die Internierung kann für sechs Monate verfügt werden, das Bundesamt kann sie jeweils um sechs Monate verlängern. Die Internierung darf allerdings nicht länger als zwei Jahre dauern und muss spätestens nach Ablauf dieser Höchstdauer durch eine vorläufige Aufnahme ersetzt werden (Art. 14d Abs. 1 ANAG). Die Anordnung der Internierung kann übrigens gemäss Art. 20 Abs. 1bis ANAG unmittelbar mit Verwaltungsgerichtsbeschwerde beim Bundesgericht angefochten werden.

Im weiteren wird auf den Vollzug der Wegweisung verzichtet, wenn Asylsuchende vom Kanton eine *Aufenthaltsbewilligung* erhalten (Art. 17 Abs. 2 AsylG). Im Vordergrund steht dabei die humanitäre Aufenthaltsbewilligung gemäss Art. 13 lit. f BVO (siehe hinten S. 347ff). Denkbar ist auch, dass jemand eine ordentliche Aufenthaltsbewilligung im Rahmen der jährlich vom Bundesrat in der BVO festgelegten Höchstzahlen für erwerbstätige Ausländer erhält, z.B. wenn es sich um hochqualifizierte Arbeitskräfte handelt. Voraussetzung ist allerdings in beiden Fällen, dass das Asylgesuch vor *mehr als vier Jahren* eingereicht wurde.

Ansonsten kann nach Einreichung des Asylgesuches bis zur Ausreise nach rechtskräftigem Abschluss des Asylverfahrens oder bis zur Anordnung einer Ersatzmassnahme kein Verfahren um Erteilung einer fremdenpolizeilichen Aufenthaltsbewilligung eingeleitet werden, ausser es bestehe ein Anspruch darauf (Art. 12f Abs. 1 AsylG; ein Anspruch besteht etwa bei Heirat mit einem Schweizer oder einer Schweizerin). Bereits vor der Asylgesuchseinreichung erteilte Aufenthaltsbewilligungen bleiben gültig und können verlängert werden (Art. 12f Abs. 3 AsylG).

Im übrigen gibt es verschiedene Fälle, in denen Asylsuchenden aus Kriegs- oder Bürgerkriegsgebieten zwar nicht vorläufig aufgenommen werden, aber auch die Wegweigung nicht vollzogen wird (siehe vorne S. 192ff und zur Rechtsstellung hinten S. 406f).

2.3. FEHLEN EINES WEGWEISUNGSHINDERNISSES

2.3.1. Übersicht

Bei den meisten *rechtskräftig* abgewiesenen Asylsuchenden besteht nach Ansicht des Bundesamtes keiner der oben aufgezählten Gründe für einen Verzicht auf die Wegweisung. Das BFF verfügt in diesen Fällen die Wegweisung, und die Betroffenen müssen die Schweiz verlassen. Falls die Ausreise nicht freiwillig erfolgt (Weiterwanderung in einen Drittstaat oder Rückkehr), werden die abgewiesenen Asylsuchenden von der zuständigen kantonalen Behörde *ausgeschafft*, und zwar entweder in einen Drittstaat oder in den Heimat- oder Herkunftsstaat. In vielen Fällen tauchen allerdings abgewiesene Asylsuchende unter oder reisen illegal in ein anderes Land, um dort ein Asylgesuch zu stellen

2.3.2. Wegweisungsfrist

Der Wegweisungsentscheid ergeht zusammen mit dem negativen Asylentscheid oder einem allfälligen Nichteintretensentscheid. Art. 17a AsylG regelt detailliert, was die Wegweisungsverfügung enhalten muss (siehe vorne S. 308f). Insbesondere setzt das BFF eine *Wegweisungsfrist* an (gemäss Art. 17a lit. b enthält die Verfügung "die Festsetzung des Tages, bis zu dem der Gesuchsteller schweizerisches Gebiet verlassen muss"). Diese wird in der Praxis bei Asylsuchenden nach der Dauer des Aufenthaltes bemessen: Bei einem Aufenthalt bis zu 6 Monaten beträgt die Ausreisefrist maximal 2 Wochen, bei einem Aufenthalt von 6-12 Monaten maximal 4 Wochen, bei einem Aufenthalt von 1-2 Jahren maximal 6-8 Wochen, bei einem über zweijährigen Aufenthalt schliesslich beträgt die Ausreisefrist maximal 3 Monate (Weisung Asyl 31 zum Asylgesetz über den Vollzug der Wegweisung während oder nach Abschluss des Asylverfahrens, Ziff. 2.2; zum Spezialfall *Nichteintretensentscheid* siehe vorne S. 301ff). Falls keine Beschwerde gegen den Asylentscheid erhoben wird, ist diese Frist massgebend. Wird die Beschwerde innerhalb der vom Bundesamt im Asylentscheid angesetzten Frist abgelehnt, wird *keine neue Frist* angesetzt. Falls die Beschwerde erst nach Ablauf der Ausreisefrist abgelehnt wird, beauftragt die Beschwerdebehörde das BFF, ein neues Ausreisedatum anzusetzen. Dieses Datum wird auch den kantonalen Behörden mittels einer Rechtskraftmitteilung angezeigt (Weisung Asyl 31, Ziff. 2.2).

Die *kantonalen Behörden* können die vom Bundesamt eingeräumte Ausreisefrist nach eigenem Ermessen um maximal 30 Tage *verlängern*. Gesuche um eine weitergehende Verlängerung der Ausreisefrist sind begründet beim BFF einzureichen (Weisung Asyl 31, Ziff. 2.3). Dabei sind die bereits getroffenen und noch zu treffenden Vorbereitungshandlungen darzustellen oder die besonderen (z.B. medizinischen) Gründe darzutun, die die Ausreise vorübergehend verunmöglichen.

2.3.3. *Freiwillige Weiterreise oder Rückkehr*

- Hilfe durch Ausreiseberatungsstellen
Innerhalb der vom BFF angesetzten Frist haben die Betroffenen die Möglichkeit, in einen Drittstaat weiterzureisen oder heimzukehren. Voraussetzung zur legalen Weiterreise in einen Drittstaat ist meistens, dass die abgewiesenen Asylsuchenden über gültige Reisepapiere verfügen (in der Regel ist auch ein Visum nötig). Verschiedene Stellen, die von den anerkannten Flüchtlingshilfeorganisationen geführt werden, beraten abgewiesene Gesuchstellerinnen und Gesuchsteller über die ihnen offenstehenden Möglichkeiten (Adressen im Anhang, hinten S. 426). Auch verschiedene private Organisationen bieten Beratung und Hilfe an.

Die Kosten der Beratungsstellen trägt zu einem grossen Teil der Bund, indem er den Rückkehrberatungsstellen eine Pauschale bezahlt. Die Kompetenz dazu ergibt sich aus Art. 18e Abs. 2 AsylG, wonach der Bund weitere Rückkehrhilfen, "namentlich in Form von Beratung" gewähren kann. Art. 9 des Entwurfes zu einer Asylverordnung 2 über Finanzierungsfragen sieht die Regelung der Aufgaben und Entschädigung der Rückkehrberatungsstellen vor. Gemäss Abs. 1 beraten die Rückkehrberatungsstellen die Asylsuchenden "bis zum Ausreisetermin über Fragen der Ausreise und bereiten diese vor". Im weiteren besteht eine Weisung des EJPD über die Rückkehrhilfe für Asylbewerber (Weisung 8 vom 31.3.1988), die aber nach dem Inkrafttreten der Asylverordnung 2 abgeändert werden wird. Gemäss der Weisung beraten diese Stellen rückkehr- oder weiterwanderungswillige Personen bezüglich persönlichen, sozialen, administrativen, organisatorischen, finanziellen und juristischen Fragen, die sich im Zusammenhang mit der Wegweisung stellen (Beschaffung von Reisepapieren, Visumsbeschaffung, Information über Aufnahmeorganisationen und weitere Möglichkeiten der Rückkehrhilfe im Herkunfts- oder Drittland etc.). Die Stellen dürfen aber nicht in das Verfahren eingreifen oder sich mit Fürsorgeaufgaben befassen.

Die Weiterwanderung in ein Drittland ist schwierig zu bewerkstelligen. Als klassische Aufnahmeländer kommen vor allem Kanada und die USA in Betracht, doch haben auch diese Länder ziemlich restriktive Einwanderungsbestimmungen und nur wenige Privilegierte erfüllen die Voraussetzungen. Über die Voraussetzungen für eine Weiterreise in die USA informiert der Artikel von *Linow*, Weiterwanderung und Rückkehrhilfe,

ASYL 1987/3, S. 5ff. Insbesondere ist zu beachten, dass das Verfahren für eine Einreise in die USA ca. $1^{1/2}$ Jahre dauert. Weitere Informationen über die Voraussetzungen zur Einreise in die USA, Kanada und Australien können dem Beitrag von *Linow* im internen Informationsmagazin der SFH für HilfswerkvertreterInnen, Nr. 1/89, entnommen werden. Interessant ist vor allem das System in Kanada, wo Sponsorengruppen mit der Übernahme der Unterhaltskosten von Einreisewilligen während einer bestimmten Zeit die Aufnahme ermöglichen können.

- Rückkehrhilfe durch den Bund
Gemäss Art. 18e Abs. 1 AsylG übernimmt der Bund die Kosten für die Ausreise von mittellosen Asylsuchenden und von mittellosen Ausländern, deren Gesuch abgelehnt oder zurückgezogen wurde. Der Bund beteiligt sich auch mit einer Pauschale am Betrieb der von ihm bewilligten Rückkehrberatungsstellen (siehe oben). Gemäss Art. 10 des Entwurfes zur Asylverordnung 2 über Finanzierungsfragen kann das Bundesamt im Einzelfall zur Erleichterung der Eingliederung oder zur Gewährleistung der medizinischen Betreuung im Heimat-, Herkunfts- oder Drittstaat finanzielle Hilfen gewähren. Das Bundesamt kann sich auch an Rückkehrhilfeprojekten für Asylsuchende finanziell beteiligen. Weitere Einzelheiten enthält die Weisung 8 des EJPD über die Rückkehrhilfe für Asylbewerber vom 31.3.1988: Danach dürfen die in Form einer einmaligen Starthilfe auszurichtenden Beiträge die zu erwartenden Unterhaltskosten im betreffenden Land für die ersten drei Monaten nicht übersteigen (Ziff. 4.3.).

- Weitere Modalitäten der Weiterreise oder Rückkehr
Damit abgewiesene Asylsuchende die Schweiz freiwillig verlassen können, müssen ihnen ihre Ausweisschriften (v.a. der Pass) ausgehändigt werden. Das BFF stellt die Ausweisschriften nach rechtskräftiger Ablehnung dem mit dem Vollzug der Wegweisung beauftragten Kanton zu. Die Schriften sind demnach bei der zuständigen kantonalen Behörde (meist der Fremdenpolizei) einzuholen. Die Behörde zieht dabei die "Bescheinigung Asylgesuch" ein. U.U. werden Pass und Ausweise der Rückkehrberatungsstelle, die die betreffende Person betreut, übermittelt; ausgehändigt werden dürfen diese aber erst im Moment der Ausreise (Weisung 8 zum Asylgesetz vom 31.3.1988, Ziff. 5.7.). Immer wieder hört man davon, dass kantonale Behörden sich weigern, Ausreisewilligen die Pässe auszuhändigen (siehe z.B. ASYL 1986/2, S. 14). Dies ist unzulässig.

2.3.4. Ausschaffung in einen Drittstaat

In seltenen Fällen werden abgewiesene Asylsuchende in einen Drittstaat ausgeschafft. Dies ist meist nur möglich, wenn der Drittstaat aufgrund eines Abkommens verpflichtet ist, die Betroffenen zu übernehmen (Schubabkommen oder Erstasylabkommen, siehe vorne S. 46ff und S. 332f), oder wenn die abgewiesenen Asylsuchenden über die nötigen Reisepapiere verfügen. Die Asylstatistik 1990 weist 28 Personen aus, die nach abgeschlossenem Asylverfahren in Drittstaaten zurückgeführt wurden.

2.3.5. Ausschaffung in den Heimat- oder Herkunftsstaat

Falls abgewiesene Asylsuchende nicht innert der ihnen gesetzten Frist ausreisen und auch nicht in einen Drittstaat verbracht werden können, vollzieht die zuständige Behörde die Ausschaffung in den Heimat oder Herkunftsstaat. Zuständig für den Vollzug der Ausschaffung sind die Kantone. Die Wegweisungsverfügung enthält bereits die Bezeichnung des für den Vollzug der Wegweisung zuständigen Kantons (Art. 17a lit. f AsylG). Gemäss Art. 18 Abs. 2 AsylG sind die Kantone *verpflichtet*, die Wegweisungsverfügung zu vollziehen. Stellt sich allerdings beim Vollzug heraus, dass dieser trotz Anwendung von Zwangsmitteln nicht durchführbar ist (d.h. nicht möglich, nicht zulässig oder nicht zumutbar), beantragt der Kanton dem Bundesamt die Anordnung einer vorläufigen Aufnahme oder Internierung (fragwürdig ist hier Ziff. 1.2 der Weisung Asyl 31 über den Vollzug der Wegweisung, wonach die Zumutbarkeit und Zulässigkeit des Vollzugs abschliessend von den Bundesbehörden überprüft werden (vgl. vorne S. 172).

Bezüglich *Unzulässigkeit* des Vollzugs hat der Kanton an sich kein erneutes Überprüfungsrecht, da diese Frage vom Bundesamt in der Regel kurz vorher entschieden worden ist. Falls aber zwischen Asylentscheid und Vollzug der Wegweisung längere Zeit verstreicht und neue Tatsachen vorliegen, weil sich z.B. die Situation im Herkunftsland verändert hat, muss u.U. die Zulässigkeit des Vollzugs neu überprüft werden. Daher ist in solchen Fällen vom Bundesamt eine neue Ausreisefrist anzusetzen, die wiederum angefochten werden kann. Der Kanton darf bis zum Entscheid darüber die Wegweisung nicht vollziehen. In einem Entscheid hat die Europäische Kommission für Menschenrechte bei einem Asylsuchenden aus dem Libanon, bei dem die Behörden den Aufenthalt in der Schweiz nach Ablehnung des Asylgesuches tolerierten, festgehalten, dass dem Betroffenen im Falle eines Vollzugs die Möglichkeit zu geben sei, die Anordnung wenn möglich innerstaatlich, jedenfalls aber vor den Strassburger Organen anfechten zu können (Beschwerde F. c. Schweiz, Nr. 14912/89, Entscheid vom 1.10.1990). Bei der Neuansetzung der Ausreisefrist würde es sich demnach um einen gemäss Art. 26 EMRK anfechtbaren Endentscheid handeln. Dies bedeutet aber wiederum, dass gemäss Art. 13 EMRK eine *wirksame Beschwerdemöglichkeit* gegeben sein muss, falls eine Verletzung von Art. 3 EMRK gerügt wird (vgl. dazu auch ASYL 1991/1, S. 7).

Vollzieht der Kanton die Wegweisung (zwangsweise), werden die Betroffenen abgeholt und in der Regel auf dem Luftweg in ihren Heimat- oder Herkunftsstaat *ausgeschafft*. Zudem kann eine Einreisesperre von der zuständigen eidgenössischen Behörde verhängt werden (Art. 13 ANAG; in der Regel drei Jahre).

Entzieht sich ein Asylsuchender oder eine Asylsuchende dem Vollzug durch Verheimlichung des Aufenthaltsortes, kann das Bundesamt die polizeiliche Ausschreibung veranlassen (Art. 18a AsylG). Befindet sich der abgewiesene Gesuchsteller bzw. die abgewiesene Gesuchstellerin nicht mehr in dem Kanton, der mit dem Vollzug der Wegweisung beautragt ist, hat der Aufenthaltskanton auf Ersuchen des beauftragten Kantons formlose Amtshilfe zu leisten (Art. 18b AsylG). Das Bundesamt unterstützt die mit der Rückführung der abgewiesenen Asylsuchenden beauftragten Kantone mit folgenden Massnahmen: Vermittlung bei der Beschaffung von Reisepapieren, Organisation von Reisemöglichkeiten, Koordination der Zusammenarbeit von mehreren betroffenen Kantonen oder mit dem EDA (Art. 18c Abs. 1 AsylG).

Ist der Vollzug der Ausschaffung gefährdet, d.h. "liegen gewichtige Anhaltspunkte vor, dass der Ausländer sich der Ausschaffung entziehen will", kann der oder die Betreffende in *Haft* genommen werden (Art. 14 Abs. 2 ANAG, sogenannte *Ausschaffungshaft*). Voraussetzung ist, dass die Anhaltspunkte im Verhalten oder den Äusserungen der Betroffenen selbst liegen, nicht etwa in Erfahrungen, die man mit andern Landsleuten gemacht hat. Die Haft wird von der kantonalen Behörde angeordnet. Eine Verlängerung der Haft über 48 Stunden darf nur von einer kantonalen *richterlichen* Behörde angeordnet werden. Die Haft darf nie länger als 30 Tage dauern (Art. 14 Abs. 3 ANAG). Den Betroffenen steht das Recht zu, mit ihren Vertretern mündlich und schriftlich zu verkehren; die Kantone haben dafür zu sorgen, dass die Angehörigen des Verhafteten, die sich in der Schweiz befinden, benachrichtigt werden (Art. 14 Abs. 4 ANAG; zur Ausschaffungshaft siehe im übrigen *Schöni,* Die Ausschaffungshaft, ASYL 1987/4, S. 10f). Erstaunlich ist, dass seit der gesetzlichen Normierung der Ausschaffungshaft (Änderung des ANAG vom 20.6.1986) diese kaum mehr angewendet wird; zuvor war die Anordnung (ohne gesetzliche Grundlage) weitaus häufiger. Dies liegt wohl an der Möglichkeit gerichtlicher Überprüfung.

3. VERHÄLTNIS ZU ANDERN ENTFERNUNGSMASSNAHMEN

LITERATUR: *Aeschbacher/Hegetschweiler*, Kap. 3; *Bois*, Procédures applicables aux requérants d'asile, SJZ 1988, S. 82ff; *Bolz*, Rechtsschutz im Ausländer- und Asylrecht, Basel 1990; *Lieber*, Wer entscheidet über die Landesverweisung von Flüchtlingen?, SJZ 1978, S. 21ff; *Kälin*, non-refoulement, S. 295ff; *derselbe*, Das schwierige Verhältnis zwischen Asylverfahren und gerichtlicher Landesverweisung: eine Entgegnung, ASYL 1988/2, S. 7ff; *Malinverni*, BV-Kommentar, Art. 69ter und Art. 70 BV; *Schöni*, Asylverfahren und gerichtliche Landesverweisung nach Art. 55 StGB, ASYL 1988/1, S. 13f; *Spirig*, Die Nebenstrafe der Landesverweisung gegenüber anerkannten Flüchtlingen und Asylbewerbern, ASYL 1987/4, S. 12ff; *Stroppel*, Die Beendigung der Anwesenheitsberechtigung von Ausländern nach schweizerischem Recht, unter besonderer Berücksichtigung der entsprechenden Verwaltungs- und Strafgerichtspraxis im Kanton Baselland, Zürich 1987; *Sulger Büel*, Vollzug von Fernhalte- und Entfernungsmassnahmen gegenüber Fremden nach dem Recht des Bundes und des Kantons Zürich, Bern 1984; *Thürer*, S. 1380ff.

3.1. WEGWEISUNG NACH ERLÖSCHEN UND WIDERRUF EINER BEWILLIGUNG

Ausländerinnen und Ausländer haben während der Dauer ihrer Anwesenheitsbewilligung (Jahresaufenthalter, Niedergelassene etc.) ein Recht auf Verbleib in der Schweiz. Das ANAG sieht aber in Art. 9 bestimmte Beendigungsgründe vor (Erlöschen und Widerruf von Aufenthaltsbewilligung und Niederlassungsbewilligung). Gegen den Widerruf und die Verweigerung einer Bewilligung kann Verwaltungsbeschwerde geführt werden. Zusätzlich steht die Verwaltungsgerichtsbeschwerde ans Bundesgericht gegen den Widerruf von Bewilligungen offen (Art. 101 lit.d OG). Falls die Bewilligung erlischt oder widerrufen wird, untersteht der Ausländer Art. 12 ANAG; danach kann er jederzeit aus der Schweiz weggewiesen werden. Falls er die Frist zur Ausreise verstreichen lässt, wird er ausgeschafft (Art. 14 ANAG; *siehe auch oben Ziff. 2*).

Asylsuchende haben während des Verfahrens ein Aufenthaltsrecht in der Schweiz (Art. 19 Asylgesetz; allerdings können sie u.U. während des Verfahrens in einen Drittstaat weggewiesen werden, siehe oben S. 331ff). Nach rechtskräftiger Ablehnung oder Rückzug des Asylgesuches stehen sie hingegen ohne Bewilligung da und können weggewiesen und nötigenfalls ausgeschafft werden, wenn der Wegweisung nichts entgegensteht. Das gleiche gilt für vorläufig Aufgenommene und Internierte, wenn die Massnahme und für humanitär Aufgenommene, wenn die Bewilligung aufgehoben wird oder erlischt; zu beachten sind aber immer allfällige Wegweisungsschranken (siehe vorne S. 171ff). Die Gründe, die zum Widerruf oder zum Erlöschen des Asyls führen, sind in Art. 41-44 AsylG geregelt; falls der Flüchtling nach der Beendigung des Asyls keine Aufenthaltsbewilligung mehr hat (was selten der Fall ist), kann er ebenfalls weggewiesen werden (siehe vorne S. 199f).

3.2. ADMINISTRATIVE AUSWEISUNG

Nach Art. 10 Abs. 1 ANAG kann ein Ausländer, ob er über eine Bewilligung verfügt oder nicht, aus der Schweiz ausgewiesen werden, wenn er wegen eines Verbrechens oder Vergehens gerichtlich bestraft wurde (lit. a), wenn sein Verhalten im allgemeinen und seine Handlungen darauf schliessen lassen, dass er nicht gewillt oder nicht fähig ist, sich in die im Gastland geltende Ordnung einzufügen (lit. b), wenn er infolge Geisteskrankheit die öffentliche Ordnung gefährdet (lit.c), oder wenn er oder eine Person, für die er zu sorgen hat, der öffentlichen Wohltätigkeit fortgesetzt und in erheblichem Masse zur Last fällt (lit. d). Nach Art. 11 Abs. 3 ANAG soll die Ausweisung aber nur verfügt werden, wenn sie nach den gesamten Umständen angemessen erscheint. Was als angemessen anzusehen ist, regelt Art. 16 Abs. 1 ANAV; zu berücksichtigen sind insbesondere die Schwere des Verschuldens, die Dauer der Anwesenheit in der Schweiz und die drohenden Nachteile.

Die Ausweisung wird von der kantonalen Fremdenpolizeibehörde angeordnet. Falls ein Ausländer oder eine Ausländerin ein Verbrechen oder Vergehen begangen hat, kann eine Ausweisung auch dann angeordnet werden, wenn der Strafrichter wegen der gleichen Tat auf eine Landesverweisung (siehe unten Ziff. 3.4.) verzichtet hat (siehe dazu BGE 114 Ib 1ff). Gegen Ausweisungsverfügungen kantonaler Fremdenpolizeibehörden steht zunächst der kantonale Rechtsweg offen; der Entscheid kann mit Verwaltungsgerichtsbeschwerde an das Bundesgericht weitergezogen werden.

Diese Ausweisungskompetenz wird für *anerkannte Flüchtlinge* durch Art. 44 AsylG beschränkt, wonach diese nur dann ausgewiesen werden können, wenn sie die innere oder äussere Sicherheit der Schweiz gefährdet oder die öffentliche Ordnung in schwerwiegender Weise verletzt haben (siehe vorne S. 197f). Falls diese Voraussetzungen vorliegen, aber nur eine Ausweisung in den Heimatstaat in Frage kommt, weil der Flüchtling in kein anderes Land ausgewiesen werden kann, kommen zusätzlich die Schranken von Art. 45 AsylG bzw. Art. 33 FK und Art. 3 EMRK hinzu (siehe vorne S. 175ff). Für *Asylsuchende* und *vorläufig Aufgenommene*, bilden die letztgenannten Bestimmungen ebenfalls Schranken für die Ausweisung.

3.3. Ausweisung durch den Bundesrat (Art. 70 BV)

Nach Art. 70 BV steht dem Bund das Recht zu, Fremde, welche die innere oder äussere Sicherheit der Eidgenossenschaft gefährden, wegzuweisen. Die sogenannten *politischen Ausweisungen* werden vom Bundesrat ausgesprochen, auf Antrag der Bundesanwaltschaft. Sie sind äusserst selten. Gegen die Ausweisung durch den Bundesrat steht kein ordentliches Rechtsmittel offen (siehe dazu im übrigen *Malinverni*, Art. 70 BV). Auch der Bundesrat hat dabei allerdings das Prinzip des non-refoulement gemäss Art. 45 AsylG bzw. Art. 33 FK und Art. 3 EMRK zu beachten.

3.4. Gerichtliche Landesverweisung

Ein Gericht kann eine Landesverweisung dann aussprechen, wenn ein Ausländer zu einer Zuchthaus- oder Gefängnisstrafe verurteilt worden ist (Art. 55 Abs. 1 StGB). Bei einer bedingten Entlassung entscheidet die zuständige Behörde (meist die Justizdirektion), ob und unter welchen Bedingungen der Vollzug der Landesverweisung probeweise aufgeschoben werden soll (Art. 55 Abs. 2 StGB) Bei der Landesverweisung handelt es sich um eine sogenannte Nebenstrafe. Gegen die Landesverweisung stehen die strafrechtlichen Rechtsmittel, zuletzt die Nichtigkeitbeschwerde an das Bundesgericht offen. Was das Verhältnis zwischen der administrativen Ausweisung (siehe oben Ziff. 3.2.) und der strafrechtlichen Landesverweisung betrifft, gilt für Verwaltung und Gerichte, dass keines dieser Organe an die Entscheidung des andern gebunden ist.

Das Verhältnis zwischen Asylverfahren und gerichtlicher Landesverweisung ist äusserst komplex (siehe dazu *Kälin*, Das schwierige Verhältnis zwischen Asylverfahren und gerichtlicher Landesverweisung, ASYL 1988/2, S. 7ff.). Das Bundesgericht hatte neulich in einem Fall Gelegenheit, sich zur Frage der *Landesverweisung bei anerkannten Flüchtlingen* zu äussern (Entscheid vom 27.4.1990 i.S. K, BGE IV 105ff; ASYL 1990/4, S. 20ff; vgl. auch BGE 111 IV 14). Danach hat nicht der Strafrichter zu entscheiden, ob ein allfälliger Vollzug der Landesverweisung die Rückschiebungsverbote von Art. 3 EMRK und Art. 33 FK verletzen würde. Diese Frage ist erst anlässlich der Wegweisung durch die kantonale Strafvollzugsbehörde *im Vollstreckungsverfahren* zu prüfen. Dabei ist die Strafvollzugsbehörde *bei Flüchtlingen* gemäss Art. 25 AsylG an die Feststellung der Flüchtlingseigenschaft gebunden und kann diese nicht selber in Frage stellen (so auch ein bisher unveröffentlichter Bundesgerichtsentscheid vom 18.12.1990); dazu ist nur das Bundesamt im Verfahren auf Widerruf des Asyls zuständig (siehe vorne S. 198f). Die Vollzugsbehörde kann also nur prüfen, ob allenfalls die Voraussetzungen von Art. 45 Abs. 2 AsylG bzw. Art. 33 Abs. 2 FK (siehe vorne S. 175ff) gegeben sind und ob die Schranke von Art. 3 EMRK vorliegt (siehe vorne S. 179ff). Bei Asylsuchenden muss die kantonale Behörde prüfen, ob es sich um Flüchtlinge handelt, kann allerdings dafür die Akten des BFF beiziehen und allenfalls einen Amtsbericht anfordern. Der Entscheid der kantonalen Behörde über den Vollzug der Landesverweisung kann innerkantonal weitergezogen werden, letztlich besteht die Möglichkeit einer staatsrechtlichen Beschwerde beim Bundesgericht.

3.5. AUSLIEFERUNG

Die Auslieferung kann durch einen andern Staat verlangt werden, wenn ein Ausländer dort delinquiert hat. Die Voraussetzungen, unter denen die Auslieferung möglich ist, sind in den Artikeln 32ff des Bundesgesetzes über internationale Rechtshilfe in Strafsachen vom 30.3.1981 (IRSG; SR 351.1.) geregelt. Nach Art. 3 Abs. 1 IRSG wird die Auslieferung u.a. dann nicht bewilligt, wenn die Tat, derentwegen die Auslieferung verlangt wird, vorwiegend politischen Charakter hat; ebenfalls nicht bewilligt wird die Auslieferung, wenn der das Auslieferungsbegehren stellende Staat nicht Gewähr bietet, dass der oder die Betroffene nicht hingerichtet oder einer Behandlung unterzogen wird, die seine bzw. ihre körperliche Integrität beeinträchtigt (zum non-refoulement Prinzip im Auslieferungsrecht siehe *Kälin*, non-refoulement, S. 202ff und 322ff). Dem Auszuliefernden stehen Rechtsmittel bis zum Bundesgericht offen. Er ist also verfahrensmässig gegenüber Asylsuchenden privilegiert. Aus diesem Grund kann sich die paradoxe Situation ergeben, dass ein Staat, der jemanden gerichtlich verfolgen möchte, mehr Chancen hat, des Verfolgten habhaft zu werden, wenn er einfach das Ende des Asylverfahrens und eine allfällige Wegweisung abzuwarten, als wenn er ein Auslieferungsbegehren stellt (sogenannte verkappte Auslieferung).

In einem kürzlich ergangenen Entscheid (unveröffentlichter BGE vom 18.12.1990; voraussichtlich in ASYL 1991/2) hat das Bundesgericht festgehalten, anerkannte Flüchtlinge dürften, sofern sie nicht die Voraussetzungen von Art. 33 Abs. 2 FK erfüllten, nicht in den Verfolgerstaat ausgeliefert werden, solange ihre Flüchtlingseigenschaft nicht ausdrücklich von der zuständigen Behörde (dem BFF) widerrufen worden ist.

IX. DIE HUMANITÄRE AUFENTHALTSBEWILLIGUNG FÜR HÄRTEFÄLLE

RECHTSQUELLEN: Art. 12f und 17 Abs. 2 und 3 AsylG; Art. 13 lit. f BVO; Kreisschreiben des EJPD vom 21.12.1990 betreffend die Anwendung von Art. 12f und 17 Abs. 2 AsylG.

1. REGELUNG VOR INKRAFTTRETEN DES AVB

Bis zum Inkrafttreten des AVB vom 22. Juni 1990 konnten Asylsuchende während des Verfahrens und rechtskräftig abgewiesene Asylsuchende beim Kanton ein Gesuch um humanitäre Aufenthaltsbewilligung stellen, und zwar gemäss Art. 13 lit. f BVO ("wenn ein schwerwiegender persönlicher Härtefall vorliegt") für Erwerbstätige und nach Art. 36 BVO für Nichterwerbstätige ("wenn wichtige Gründe es gebieten"). Der alte Art. 3 Abs. 2 der Internierungsverordnung führte aus, der Vollzug der Wegweisung könne unzumutbar sein, wenn er für den Ausländer "eine schwerwiegende persönliche Härte" darstelle, und nahm damit auf die humanitäre Aufenthaltsbewilligung nach Art. 13 lit. f BVO Bezug.

Das EJPD erliess am 31.3.1988 eine Weisung "über die vorläufige Aufnahme und die Behandlung von Härtefällen" und am 30.12.1989 ein Kreisschreiben, die konkretisierten, was als Härtefall zu betrachten war. Für die Erteilung einer humanitären Bewilligung kam nur die Beurteilung der Situation in der Schweiz in Betracht, "wie sie durch mehrjährigen Aufenthalt während des Asylverfahrens entstanden ist". Kriterien für die Erteilung der Bewilligung waren die Aufenthaltsdauer in der Schweiz, ein einwandfreies Verhalten der Asylsuchenden und Fortschritte in der Integration (regelmässige Arbeit und keine Unterstützungsbedürftigkeit). Auch aus medizinischen Gründen konnte eine humanitäre Aufenthaltserlaubnis erteilt werden. Bezüglich *Aufenthaltsdauer* galt, dass eine Bewilligung erteilt werden konnte an Asylsuchende mit Familie, die zusammen bis zum 31.12.1986 ein Asylgesuch eingereicht hatten; falls die Familie später nachgereist war, galt der 31.12.1985 als Stichdatum, ebenso bei verheirateten Asylsuchenden ohne Kinder; bei alleinstehenden Asylsuchenden galt der 31.12.1984 als Stichdatum. *In der Praxis* differierten allerdings die Anforderungen von Kanton zu Kanton. Das Gesuch konnte, wie erwähnt, *auch nach Abschluss des Asylverfahrens* noch eingereicht werden (das Kreisschreiben vom 30.12.1990 modifizierte damit die Weisungen von 31.3.1988).

2. DIE GELTENDE RECHTSLAGE

Nach dem neuen Art. 17 Abs. 2 AsylG (Fassung des AVB) kann der Kanton einem ihm zugewiesenen Gesuchsteller nur dann eine fremdenpolizeiliche Aufenthaltsbewilligung erteilen, *wenn das Gesuch vor mehr als vier Jahren eingereicht worden ist.* Will er die Möglichkeit ergreifen, muss er dies sofort dem Bundesamt anzeigen. In der Regel handelt es sich dabei um *humanitäre Aufenthaltsbewilligungen* bei Härtefällen gemäss Art. 13 lit. f und Art. 36 BVO. Die Erteilung einer andern Bewilligung scheitert meist daran, dass die Asylsuchenden nicht aus einem traditionellen Rekrutierungsgebiet stammen (Art. 8 BVO; höchstens bei Jugoslawen bestünde eine solche Möglichkeit).

Die Bestimmung von Art. 17 Abs. 2 ist im Zusammenhang mit Art. 12f Abs. 1 AsylG zu sehen:

> "Nach Einreichung eines Asylgesuches und bis zur Ausreise nach rechtskräftigem Abschluss des Asylverfahrens oder bis zur Anordnung einer Ersatzmassnahme bei nicht durchführbarem Vollzug kann kein Verfahren um Erteilung einer fremdenpolizeilichen Aufenthaltsbewilligung eingeleitet werden, ausser es bestehe ein Anspruch darauf. Artikel 17 Absätze 2 und 3 bleiben vorbehalten."

Die Situation stellt sich somit folgendermassen dar:

- Während der vier Jahre nach Asylgesuchseinreichung kann kein Verfahren auf Erteilung einer humanitären Aufenthaltsbewilligung eingeleitet werden.

- Nach dieser Vierjahres-Frist, aber vor letztinstanzlichem Asylentscheid kann der Kanton eine fremdenpolizeiliche Aufenthaltsbewilligung (i.d.R. humanitäre Aufenthaltsbewilligung) erteilen.

- Will der Kanton von dieser Möglichkeit Gebrauch machen, zeigt er dies dem BFF (Art. 17 Abs. 2 AsylG) oder während des Beschwerdeverfahrens dem EJPD (Art. 17 Abs. 3 AsylG) an. Die Erteilung der Bewilligung bedarf der Zustimmung des BFA. Der Kanton wird also von sich aus tätig, der Gesuchsteller bzw. die Gesuchstellerin kann allerdings auch ein Gesuch oder eine Anzeige einreichen, damit der Kanton tätig wird. Dieser Eingabe kommt der Charakter einer Petition zu. Der Kanton erhält im übrigen quartalsweise Listen vom BFF, in denen die vierjährigen Fälle verzeichnet sind (zum Verfahren siehe unten S. 353).

- Während der ersten vier Jahre des Aufenthaltes nach Einreichung eines Asylgesuchs kann ein Verfahren um Erteilung einer fremdenpolizeilichen Aufenthaltsbewilligung nur dann eingeleitet werden, wenn ein Anspruch darauf besteht (Art. 12f Abs. 1 AsylG). Dies ist z.B. der Fall, wenn Asylsuchende sich mit einem Schweizer bzw. einer Schweizerin oder einer Person, die eine Niederlassungsbewilligung in der Schweiz hat, verheiraten (Anspruch, der aus Art. 8 EMRK abgeleitet wird, siehe dazu vorne S. 46ff).

- Nach der Ausreise nach rechtskräftigem Abschluss des Asylverfahrens kann vom Ausland her ein Gesuch um eine (humanitäre oder andere) Aufenthaltsbewilligung gestellt werden. Ebenso können vorläufig Aufgenommene ein Gesuch um eine andere fremdenpolzliche Aufenthaltsbewilligung stellen (Art. 12f Abs. 1 AsylG). Allerdings ist zu beachten, dass in der Regel nur Ausländerinnen und Ausländer aus einem der traditionellen Rekrutierungsgebiete stammen müssen (Art. 8 BVO), was bei Asylsuchenden wohl nur für Jugoslawen zutrifft.

- Nicht klar aus dem Gesetz ersichtlich ist, ob ein Kanton nach rechtskräftiger Ablehnung eines Asylgesuches noch eine humanitäre Aufenthaltsbewilligung erteilen kann, wenn die Voraussetzungen (u.a. vierjähriger Aufenthalt) erfüllt sind. Art. 12f Abs. 1 AsylG verbietet zwar das Einleiten eines Verfahrens bis nach Ausreise des Gesuchstellers bzw. der Gesuchstellerin nach rechtskräftigem Abschluss des Asylverfahrens, nimmt aber ausdrücklich Art. 17 Abs. 2 und 3 AsylG von dieser Bestimmung aus. Diese beiden Normen regeln aber nur die Erteilung einer Beweilligung während eines hängigen Verfahrens (Abs. 2 für ein Verfahren, das beim BFF hängig ist, Abs. 3 für ein Verfahren im Beschwerdestadium). Insoweit besteht hier also eine Lücke; unklar ist die Rechtslage, wenn der Kanton auch nach rechtskräftiger Ablehnung noch eine Bewilligung erteilen will. U.E. *muss* den Kantonen diese Möglichkeit zugestanden werden: Erstens darf es nicht zulasten der Asylsuchenden gehen, wenn der Kanton eigentlich bereit ist, eine humanitäre Aufenthaltsbewilligung zu erteilen und dies - aus welchen Gründen auch immer - verpasst hat (z.B. auch weil die Anzeige des BFF, dass die Vierjahres-Frist erreicht ist, zeitlich mit dem letztinstanzlichen Asylentscheid zusammenfällt). Zweitens hat das Argument, dass ein Gesuchsteller oder eine Gesuchstellerin durch ein solches Verfahren seinen bzw. ihren Aufenthalt in der Schweiz verlängern kann (die ratio legis von Art. 12f Abs. 1 AsylG) hier keine Berechtigung, da ja nicht die Asylsuchenden das Verfahren einleiten (sie können den Fall nur anzeigen), sondern der Kanton, und zwar nur in dem Fall, dass er dies ausdrücklich wünscht. Würde man dem Kanton diese Möglichkeit nicht zugestehen, würde man Asylsuchende im Vergleich zu den andern Ausländerinnen und Ausländern *ungleich behandeln*. Insofern ist u.E. das Kreisschreiben vom 21.12.1990, wonach nach rechtskräftigem Asylentscheid der Kanton keine Möglichkeit mehr hat, eine humanitäre Bewilligung zu erteilen, gesetzeswidrig. Es geht nicht an, über ein Kreisschreiben die gesetzliche Kompetenzverteilung im Ausländerrecht abzuändern.

Die strikte Regelung, dass vor vier Jahren Aufenthalt in der Schweiz kein Gesuch um eine humanitäre Aufenthaltsbewilligung eingereicht werden kann, führt u.U. zu grossen Härten. So kann es z.B. vorkommen, dass Asylsuchende, bei denen schwerwiegende gesundheitliche Probleme für eine humanitäre Aufenthaltsbewilligung sprechen, die aber noch nicht vier Jahre in der Schweiz sind, vorher einen negativen Entscheid erhalten und dann kein Gesuch mehr auf Erteilung einer humanitären Aufenthaltsbewilligung stellen können. Folgende Möglichkeiten bestehen in solchen Fällen:

- Falls sich schon vor der Einreichung des Asylgesuches abzeichnet, dass es sich um einen humanitär zu lösenden Fall handelt, kann sogleich, d.h. statt der Stellung eines Asylgesuches, in einem Kanton versucht werden, in einem Kanton eine humanitäre Aufenthaltsbewilligung zu erhalten (z.B. wenn eine schwer behinderte alleinstehende Person in die Schweiz kommt).

- Weiter besteht die Möglichkeit, dass Personen aus medizinischen Gründen wegen Unzumutbarkeit oder Unmöglichkeit (z.B. Transportunfähigkeit wegen Abhängigkeit von eiserner Lunge) der Wegweisung vorläufig aufgenommen werden (siehe vorne S. 188f). In solchen Fällen kann auch der Kanton nach Ablehnung des Asylgesuches eine vorläufige Aufnahme beantragen.

- Es liesse sich auch argumentieren, dass in solchen Härtefällen (oder in anderen ähnlichen) sich eine humanitäre Aufenthaltsbewilligung aus übergeordnetem Recht, etwa der Bundesverfassung (z.B. Schutz der körperlichen Unversehrtheit) ableiten liesse, da die unsichere Aufenthaltssituation in der Schweiz die Betroffenen oder ihre Angehörigen psychisch stark belasten kann.

- Bezüglich der Frage, wann bei medizinischen Wegweisungshindernissen eine humanitäre Bewilligung, wann eine vorläufige Aufnahme zu gewähren ist, müssten u.E. in Fällen, wo die *Wegweisung* die Krankheit verschlimmert oder unbehandelbar macht (z.B. weil in der Heimat der Asylsuchenden keine Medikamente erhältlich sind oder keine genügende Behandlungs- oder Operationsmöglichkeiten bestehen) die Betroffenen *vorläufig aufgenommen* werden; hingegen sollten z.B. in Fällen, wo jemand während des Verfahrens in der Schweiz einen schweren Unfall erleidet oder schwere psychische Probleme bekommt, die Betroffenen eine *humanitäre Aufenthaltsbewilligung* erhalten sollten.

3. KRITERIEN FÜR DIE ERTEILUNG EINER HUMANITÄREN AUFENTHALTSBEWILLIGUNG

Nach Art. 17 Abs. 2 AsylG *kann* der Kanton eine Aufenthaltsbewilligung erteilen, wenn das Gesuch vor mehr als vier Jahren eingereicht worden ist. Dem Kanton kommt hier also ein Ermessen zu. Allerdings ist das Ermessen rechtsgleich auszuüben. Aus diesem Grund hat das EJPD am 21.12.1990 zwei Kreisschreiben erlassen, die regeln, unter welchen Voraussetzungen die Kantone eine humanitäre Bewilligung erteilen können. Die Kreisschreiben sind noch aus einem andern Grund von Bedeutung: Gemäss Art. 51 BVO bedarf die Erteilung einer humanitären Aufenthaltsbewilligung durch einen Kanton der Zustimmung des BFA. Daher geben die Kreisschreiben auch Anhaltspunkte, wann das BFA der Erteilung der humanitären Aufenthaltsbewilligung zustimmt.

In den Kreisschreiben vom 21.12.1990 sind nun folgende Kriterien enthalten:

- Bei Asylgesuchen, die bis zum 31.12.1986 eingereicht worden sind, kann der Kanton ungeachtet der Familienverhältnisse der Asylsuchenden (Alleinstehende oder Familien) beim BFA einen Antrag auf Erteilung einer humanitären Aufenthaltsbewilligung gemäss Art. 13 lit. f BVO stellen. Laut Kreisschreiben hat dabei der Kanton "wie bis anhin" (siehe die Kriterien oben Ziff. 1) den Integrationsgrad zu prüfen. Die massgebenden Kriterien seien dabei namentlich eine geregelte Arbeit, keine oder unwesentliche Fürsorgeabhängigkeit, kein Anlass zu schweren Klagen und keine gerichtliche Verurteilung. Die Asylsuchenden, deren Gesuch abgewiesen worden ist, hätten die Schweiz zu verlassen, wenn der Kanton nicht bereit sei, eine Aufenthaltsbewilligung zu erteilen. Das Kreisschreiben setzt die Frist für die Behandlung der Fälle auf den 31.3.1991 fest.

- Bei Asylgesuchen *nach dem 1.1.1987* ist die Erteilung einer humanitären Aufenthaltsbewilligung für Asylsuchende durch das Kreisschreiben praktisch *verunmöglicht* worden. Gemäss Kreisschreiben (S. 4) ist die Bestimmung, wonach der Kanton ... eine Aufenthaltsbewilligung beantragen kann, wenn das Asylgesuch vor über vier Jahren eingereicht worden wurde, *restriktiv zu interpretieren*, wie aus der Botschaft des Bundesrates zum AVB hervorgehe. Es sei wichtig, nicht eine Kategorie von Ausländern gegenüber den andern zu bevorzugen. Dies ergebe sich aus dem Gleichbehandlungsgrundsatz. Daher begründet nach Ansicht des EJPD "die Tatsache allein, dass ein Asylgesuch vor über vier Jahren eingereicht wurde, dass die Familie in der Schweiz zusammengeführt wurde und die Kinder eingeschult wurden, ... für sich allein *keinen Grund mehr* für einen schwerwiegenden persönlichen Härtefall. Wirtschaftliche Gründe oder die Tatsache, dass eine Arbeitsstelle seit mehreren Jahren nicht gewechselt wurde, können ebensowenig in Betracht gezogen werden". Hingegen kann laut Kreisschreiben Art. 13 lit. f BVO zur Anwendung kommen, "wenn es aus schwerwiegenden medizinischen Gründen unerlässlich ist, dass der Gesuchsteller oder eines seiner Familienmitglieder in der Schweiz anwesend sind wegen einer Behandlung, die lange Zeit dauert und nicht im Herkunftsland vorgenommen werden kann. Dieser Artikel kann ebenfalls angerufen werden, wenn die Verweigerung einer Aufenthaltsbewilligung für den Gesuchsteller und seine Familienmitglieder äusserst schwere Folgen im Sinne der konstanten Praxis des Departementes und des Bundesgerichts hätte".

Das Kreisschreiben hebt demnach für Asylsuchende, die ihr Asylgesuch nach dem 1.1.1987 eingereicht haben, die bisherige Regelung auf und erlaubt die Erteilung von humanitären Aufenthaltsbewilligungen nur noch unter äusserst restriktiven Bedingungen, wie etwa bei schwerwiegenden medizinischen Gründen. In der vom EJPD angerufene Botschaft zum AVB, die angeblich zum Ausdruck bringen soll, die Erteilung von Aufenthaltsbewilligungen müsse restriktiv gehandhabt werden, findet sich jedenfalls keine solche Stelle. Die Regelung steht jedenfalls in krassem Widerspruch zu verschiedenen Verlautbarungen von Bundesrat und Behörden in den letzten Jahren, wonach man gut integrierte Asylsuchende, deren Kinder hier womöglich seit Jahren in die Schule gehen, nicht zurückschaffen wollte (vgl. Stöckli, Unlösbare Härtefälle, ASYL 1991/1, S. 5). Unsachlich ist das im Kreisschreiben geäusserte Argument, man wolle die Asylsuchenden nicht gegenüber den andern Ausländerinnen und Ausländer privilegieren: Bei der übrigen ausländischen Wohnbevölkerung lässt sich kaum ein Fall denken, wo eine Familie mehrere Jahre in der Schweiz lebt, gut integriert ist, die Kinder in die Schule gehen, und sie dennoch die Schweiz verlassen muss. Selbst Saisonniers, die ohne Familie in die Schweiz kommen, wird nach vier Jahren in der Regel eine Jahresaufenthaltsbewilligung erteilt.

4. VERFAHREN

Falls es in Zukunft dennoch Fälle geben wird, wo Kantone die Erteilung einer humanitären Aufenthaltsbewilligung beantragen, läuft das Verfahren folgendermassen:

- Ein formelles Gesuch des Gesuchstellers oder der Gesuchstellerin an den Kanton ist zwar nicht möglich, allerdings kann dem Kanton angezeigt werden, dass die vierjährige Frist abgelaufen ist und eine humanitäre Aufenthaltsbewilligung erwünscht wäre. Falls der Kanton die Initiative nicht ergreift, sind Asylsuchende machtlos (allenfalls steht ein kantonales Rechtsmittel offen, wenn ein Kanton z.B. gemäss seiner Praxis eine humanitäre Aufenthaltsbewilligung erteilen müsste aber im konkreten Fall willkürlich anders entschieden). In den meisten Kantonen entscheidet die Fremdenpolizei, ob sie eine Bewilligung erteilen will. Unter der alten Regelung hatten einige Kantone spezielle Härtefallkommissionen eingesetzt (vgl. ASYL 1988/2, S. 6), deren weiteres Schicksal unklar ist.

- Will der Kanton Asylsuchenden, die länger als vier Jahre in der Schweiz sind, eine Aufenthaltsbewilligung erteilen, zeigt er dies während des erstinstanzlichen Verfahrens dem Bundesamt, während hängigen Beschwerdeverfahrens der Beschwerdeinstanz an. Das Asylverfahren wird daraufhin sistiert (Art. 17 Abs. 2 und 3 AsylG).

- Gemäss Art. 52 BVO muss das Bundesamt für Ausländerfragen (BFA) der Erteilung einer humanitären Bewilligung zustimmen. In diesem Verfahren haben die Asylsuchenden Parteistellung (Art. 17 Abs. 2 AsylG; vor der kantonalen Instanz kommt ihnen ein blosses Anzeigerecht zu). Falls das BFA zustimmt, erhält der Gesuchsteller bzw. die Gesuchstellerin eine humanitäre Aufenthaltsbewilligung. In der Regel ziehen Asylsuchende darauf ihr Gesuch zurück. Gesuchstellerinnen und Gesuchstellern, die gute Asylgründe haben, ist allerdings zu raten, das Asylverfahren weiterlaufen zu lassen. Darauf besteht auch nach Erteilung einer humanitären Bewilligung ein Anspruch.

- Falls das BFA die Zustimmung verweigert, können die betroffenen Asylsuchenden beim EJPD und nachher noch beim Bundesgericht Beschwerde führen. Nach dem negativen Zustimmungsentscheid des BFA besteht allerdings während dieses Beschwerdeverfahrens kein Bleiberecht mehr, wenn darauf ein rechtskräftiger negativer Asylentscheid ergeht.

Zur Rechtsstellung der humanitär Aufgenommenen siehe hinten, S. 406.

X. RECHTSVERTRETUNG UND HILFSWERKSVERTRETUNG

LITERATUR: *Bois,* Procédures applicables aux requérants d'asile, SJZ 1988, S. 77ff; Caritas Schweiz, Hilfswerkvertretung in der Deutschschweiz, Luzern 1990; *Gattiker/Tellenbach,* Beschwerden sieben - Sieben Beschwerden, ASYL 1989/3, S. 7ff; *Kälin,* Grundriss, S. 259; *Sohm,* Der Beschwerdedienst tut sich schwer - ein Erlebnisbericht, ASYL 1989/3, S. 11f; SFH, Internes Informationsmagazin für Hilfswerkvertreter(innen) bei Befragungen, Nr. 2/89, Sondernummer nach der Tagung der Hilfswerke vom 10.4.1989 zum Thema "Asylverfahren - Hilfswerksvertretung"; *Stucky,* Asylverfahren im Kanton: Die Hilfswerksvertretung, ASYL 1987/4, S. 5ff.

RECHTSQUELLEN: Art. 15 Abs. 1 und 15a AsylG; Art. 11 und 16 AsylV; Art. 11 und 65 VwVG; Weisung Asyl 20.1 über wichtige Grundsätze im Asylverfahren vom 20.12.1990; Weisung Asyl 22.1 über die Anhörung im Kanton vom 20.12.1990.

1. RECHTSVERTRETUNG

1.1. GRUNDLAGEN

Das Asylgesetz nimmt nur in einem Artikel Bezug auf die Rechtsvertretung: Gemäss Art. 15 Abs. 1 AsylG können sich Asylsuchende bei der Anhörung (beim Kanton oder BFF) "von einem Vertreter eigener Wahl", der nicht selber Asylsuchender sein darf, begleiten lassen. Ansonsten gelten die allgemeinen Regeln des Verwaltungsverfahrensgesetzes des Bundes (VwVG), das in allen Stufen des Asylverfahrens (mit Ausnahme des Verfahrens an der Grenze, siehe vorne S. 244) anwendbar ist.

Laut Art. 11 Abs. 1 VwVG kann sich die Partei "auf jeder Stufe des Verfahrens" vertreten und verbeiständen lassen. Bei diesem Recht handelt es sich um einen Teilgehalt des aus Art. 4 BV abgeleiteten Anspruchs auf rechtliches Gehör (siehe vorne S. 213ff). Nicht vorausgesetzt wird, dass der Rechtsvertreter oder die Rechtsvertreterin das Anwaltspatent besitzt; das VwVG verlangt nur, dass der Vertreter oder Beistand "in bürgerlichen Ehren und Rechten" steht. Nach Art. 11 Abs. 2 kann die Behörde den Vertreter auffordern, sich durch schriftliche Vollmacht auszuweisen.

Unter Vertretung versteht man, dass eine Partei Prozesshandlungen durch einen Beauftragten ausführen lässt. Vertretung ist nur möglich, wenn die Partei nicht persönlich zu handeln hat (z.B. Einreichen von Beschwerdeschriften). Verbeiständung hingegen bedeutet gemeinsames Erscheinen von Partei und Rechtsbeistand, somit Prozesshilfe in mündlichen Verhandlungen (*Gygi*, Bundesverwaltungsrechtspflege, 2. Auflage, Bern 1983, S. 185).

1.2. VERBEISTÄNDUNG BEI DER BEFRAGUNG UND VERTRETUNG IM BESCHWERDEVERFAHREN

Im Asylverfahren ist *Vertretung* im oben erwähnten Sinn insoweit nicht möglich, als der Gesuchsteller oder die Gesuchstellerin selber zu den Befragungen zu erscheinen hat. Asylsuchende können sich aber zu den Befragungen beim Kanton und beim BFF von Laien oder einem Anwalt oder einer Anwältin begleiten lassen. Während der Befragung hat der Vertreter das Recht, im Namen der Partei Tatsachen vorzubringen, Beweise anzubieten und seinem Mandanten Fragen zu stellen (*Bois*, S. 80).

Vertreterinnen und Vertreter haben sich durch eine schriftliche *Vollmacht* auszuweisen. Bei der Ausstellung einer Vollmacht ist allerdings zu bedenken, dass die Behörde ihre Mitteilungen nur noch an die Vertreterin oder den Vertreter macht, solange die Partei (die Asylsuchenden) diese nicht widerruft (Art. 12e Abs. 1 AsylG). Die Asylsuchenden selber erhalten die Mitteilungen (Verfügungen, Entscheide etc.) nicht mehr direkt. Der Rechtsvertreter bzw. die Rechtsvertreterin muss also dafür besorgt sein, dass er resp. sie immer in Besitz der Adresse des oder der Asylsuchenden ist oder jedenfalls den Kontakt herstellen kann. Wenn der Rechtsvertreter oder die Rechtsvertreterin eine Frist verpasst, müssen sich Asylsuchende dies anrechnen lassen, wie wenn sie es selbst getan hätten. Um die Vollmacht zu widerrufen, genügt ein eingeschriebener Brief an den Rechtsvertreter und eine Mitteilung an die Behörden (an den Kanton und das BFF, im Beschwerdeverfahren an das EJPD). Falls Asylsuchende *mehrere Personen bevollmächtigen*, regelt Art. 12e Abs. 2 AsylG, dass "die Behörde ihre Mitteilungen dem vom Gesuchsteller zuerst bezeichneten Vertreter" zustellt, d.h. die Behörden gehen nicht davon aus, dass durch eine spätere Vollmacht die frühere stillschweigend widerrufen wird. Dies muss ausdrücklich geschehen.

Vertreten lassen können sich Asylsuchende insbesondere auch bei der Beschwerdeeinreichung; der Vertreter oder die Vertreterin kann die Beschwerde für ihren Mandanten oder ihre Mandantin selber unterschreiben (zur Akteneinsicht siehe vorne S. 217ff).

1.3. UNENTGELTLICHE RECHTSPFLEGE

Nach Art. 65 Abs. 1 VwVG kann die Beschwerdeinstanz einer bedürftigen Partei, deren Begehren nicht von vornherein aussichtslos erscheint, auf Gesuch davon befreien, Verfahrenskosten zu bezahlen; hinzuweisen ist allerdings, dass seit der Änderung des Asylgesetzes durch den AVB von 1990 kein Kostenvorschuss mehr geleistet werden muss (Art. 46e AsylG; siehe vorne S. 319). Nach Abs. 2 von Art. 65 VwVG kann die Beschwerdeinstanz einer bedürftigen Partei, die selber nicht imstande ist, ihre Sache zu vertreten, ausserdem einen *Anwalt beigeben*. Die Kosten für den Anwalt (nicht für Laien!) übernimmt in diesem Fall der Bund; zurückzuzahlen sind Verfahrenskosten und Anwaltskosten dem Staat nur, wenn die Partei später zu hinreichenden Mitteln gelangt (Art. 65 Abs. 4 VwVG). Auch das Bundesgericht anerkennt einen Anspruch auf unentgeltlichen Rechtsbeistand, wenn das Begehren nicht von vornherein aussichtslos, der Entscheid für die gesuchstellende Partei von erheblicher Tragweite ist, die aufgeworfenen Rechtsfragen sich nicht leicht beantworten lassen und die das Gesuch stellende Partei selber nicht rechtskundig ist (BGE 112 Ia 114ff).

Im *erstinstanzlichen Asylverfahren* wird nach ständiger Praxis die unentgeltliche Rechtspflege nicht gewährt. Im *Beschwerdeverfahren* wurde nach bisheriger Praxis des EJPD Asylsuchenden nur sehr zurückhaltend ein amtlicher Anwalt beigeordnet und argumentiert, es gehe im Asylverfahren lediglich um die Darstellung tatsächlicher Verhältnisse, wozu keine Rechtskenntnisse nötig seien (siehe *Gattiker/Tellenbach*, ASYL 1989/3, S. 10 und den Entscheid des EJPD vom 6.5.1987 i.S. H.B. Rek. 87'1785, zitiert in ASYL 1987/3, S. 16). Der Bundesrat hat aber in einem Entscheid vom 5.4.1989 (abgedruckt in ASYL 1989/3, S. 13) über eine Aufsichtsbeschwerde festgehalten, im betreffenden Fall rechtfertige sich angesichts der Tatsache, dass die Beschwerdeführer keine der Landessprachen beherrschten und angesichts der Komplexität des Falles die Beiordnung eines amtlichen Anwaltes. Eventuell könnte sich hiermit eine Praxisänderung beim Beschwerdedienst abzeichnen. Selbstverständlich haben Asylsuchende darüber hinaus das Recht, auf allen Stufen des Verfahrens einen Anwalt auf eigene Kosten beizuziehen.

1.4. VERTRETUNG IN ANDEREN VERFAHRENSABSCHNITTEN

Das VwVG räumt das Recht ein, sich auf allen Stufen des Verfahrens vertreten oder verbeiständen zu lassen (Art. 11 Abs. 1). Im Asylverfahren trifft dies namentlich auf die Asylgesuchseinreichung, das Verfahren in der Empfangsstelle, beim Kanton und beim BFF und auf das Beschwerdeverfahren zu.

Umstritten ist, inwiefern das Recht auf Vertretung im Verfahren an der Grenze Anwendung findet. Entscheide an der Grenze gelten als sofort vollstreckbare Verfügungen im Sinne von Art. 3 lit. f VwVG; infolgedessen ist das VwVG hier nicht anwendbar (siehe vorne S. 244). Daher besteht zwar kein Rechtsanspruch auf Vertretung an der Grenze; dies bedeutet aber nicht, dass es verboten wäre, an der Grenze Vertreter zuzulassen. Vor allem an den Flughäfen, wo die Verweigerung der Einreise oft die Rückschaffung in den Heimatstaat bedeutet, und hier daher hohe Rechtsgüter auf dem Spiel stehen, ist der Beizug eines Rechtsvertreters durchaus vertretbar. Für das Verfahren an der Empfangsstelle hingegen ist das VwVG anwendbar und damit das Recht auf Vertretung und Verbeiständung gewährleistet (so der Bericht der Petitions- und Gewährleistungskommission des Nationalrates Amtl.Bull. NR 1989, S. 571).

1.5. EINIGE HINWEISE

Gesuchstellerinnen und *Gesuchstellern* ist vor allem für das Beschwerdeverfahren zu empfehlen, einen Anwalt oder eine Anwältin beizuziehen, der resp. die im Asylrecht bewandert ist, wenn sie gute Beschwerdegründe haben. Die Adressen solcher Anwälte und Anwältinnen sind bei Rechtsberatungsstellen und Hilfswerken erhältlich. Asylsuchende müssen sich allerdings der Kosten bewusst sein: Anwälte verrechnen pro Arbeitsstunde zwischen 150 und 200 Franken; das Ausarbeiten einer Beschwerde benötigt schnell einmal 10 Stunden, bei besonderem Aufwand noch mehr. Falls Asylsuchende berechtigten Anlass zur Annahme haben, das Honorar sei völlig überrissen oder der Vertreter habe das Mandat sehr mangelhaft geführt, und wenn sie dies mit Akten belegen können, sollten sie sich mit der Schweizerischen Zentralstelle für Flüchtlingshilfe (SFH, Adresse im Anhang, hinten S. 421) in Verbindung setzen, die das allfällige weitere Vorgehen koordinieren kann.

Anwälte und Anwältinnen haben sich im Asylverfahren zu vergegenwärtigen, dass gewisse sonst übliche Standards von den Behörden nicht eingehalten werden. Die Handhabung der Akteneinsicht wird sehr restriktiv gehandhabt, auf Gesuche um Verlängerung von (an sich verlängerbaren) Fristen wird kaum eingetreten und etwa geltend gemacht, Ferien stellten keinen Fristverlängerungsgrund dar, Parteientschädigungen werden kläglich bemessen (siehe dazu *Gattiker/Tellenbach*, ASYL 1989/3, S. 9f und *Sohm*, ASYL 1989/3, S. 11f). In einem Entscheid vom 21.2.1990 i.S. X (siehe ASYL 1990/2, S. 12f) hat der Bundesrat eine Aufsichtsbeschwerde gutgeheissen, mit der sich ein Anwalt dagegen beschwerte, dass ihm keine Parteientschädigung zugesprochen wurde, nachdem der DFW (heute BFF) auf Beschwerde hin eine Zwischenverfügung wiederwägungsweise zu seinen Gunsten abgeändert hatte.

2. HILFSWERKSVERTRETUNG UND ROLLE DER HILFSWERKE IM ASYLVERFAHREN

2.1. DIE HILFSWERKSVERTRETUNG

2.1.1. Die gesetzliche Regelung

Das Institut der Hilfswerksvertretung stellt eine Besonderheit des Asylverfahrens dar: Gemäss Art. 15a AsylG entsenden die anerkannten Flüchtlingshilfeorganisationen "einen Vertreter zur Anhörung über die Asylgründe gemäss Art. 15, sofern der Gesuchsteller dies nicht ablehnt". Bei der Anhörung handelt es sich um die Befragungen zu den Asylgründen beim Kanton und beim BFF, falls dieses Asylsuchende direkt befragt oder im Rahmen von Art. 16c AsylG (weitere Abklärungen) zusätzlich anhört (gemäss Art. 16 Abs. 1 AsylVE gelten für diese Anhörung die gleichen Regeln wie bei der Anhörung im Kanton, also die Artikel 15 und 15a AsylG). Bei Befragungen in Nichteintretensfällen gemäss Art. 16 Abs. 1 lit. b, c oder e AsylG und in Nichteintretensfällen gemäss lit. d, ausser der Gesuchsteller sei in der Zwischenzeit in seinen Herkunfts- oder Heimatstaat zurückgekehrt, sind allerdings keine Hilfswerksvertreterinnen und -vertreter anwesend (siehe vorne S. 300).

Im übrigen findet die Anhörung nur ohne Hilfswerksvertreterin oder -vertreter statt, wenn Asylsuchende deren Anwesenheit *ablehnen* (Art. 15a Abs. 1 AsylG). Die Zustimmung wird allerdings vermutet (Weisung Asyl 22.1, Ziff. 3.4.1). Falls ein Hilfswerksvertreter oder eine Hilfswerksvertreterin nicht zur Anhörung erscheint, darf diese u.E. nicht durchgeführt werden, es sei denn, es sei der Behörde bekannt, dass der Hilfswerksvertreter bzw. die Hilfswerksvertreterin nicht kommen *will* oder dass das Hilfswerk keinen Vertreter entsenden *will* (vgl. auch *Kälin*, Grundriss, S. 259). Gemäss Weisung Asyl 22.1, Ziff. 3.4.2 wird allerdings die Anhörung durchgeführt, falls die Mitteilung des Termins an das Hilfswerk rechtzeitig erfolgte, wobei der entsprechende Sachverhalt in den Akten festzuhalten ist. Bezüglich der Mitteilung der Anhörungstermine verlangt Art. 15a Abs. 2 AsylG eine "rechtzeitige Mitteilung". Die Weisung Asyl 22.1, Ziff. 2.1, führt bezüglich kantonaler Anhörung aus, die Anhörungstermine könnten von der kantonalen Behörde einzelfallunabhängig festgelegt werden; mitzuteilen sind allerdings Ort und Zeitpunkt der Anhörung, Verhandlungssprache, Nationalität des Gesuchstellers oder der Gesuchstellerin sowie allfällige weitere bereits bekannte Angaben über Sprache und Geschlecht der anzuhörenden Person. Diese Angaben werden der für die Hilfswerksvertretung zuständigen Koordinationsstelle rechtzeitig mitgeteilt, gemäss Weisung "in der Regel 5-10 Tage im voraus".

Zur *Aufgabe und Funktion* der Hilfswerksvertreterinnen und -vertreter äussert sich das Asylgesetz folgendermassen: "Der Vertreter der Hilfswerke beobachtet die Anhörung. Er kann Fragen zur Erhellung des Sachverhaltes stellen lassen. Er hat keine Parteirechte" (Art. 15a Abs. 3 AsylG). Die Botschaft zum AVB (BBl 1990 II 637) führt aus, die Rolle des Hilfswerksvertreters sei, im Asylverfahren legitimitätsstärkend mitzuwirken. Als Beobachter habe er das Recht, zweckdienliche Fragen durch den anhörenden Beamten stellen zu lassen. Allerdings komme ihm kein Recht der Parteivertretung oder Verfahrensleitung zu und es obliege ihm keine behördliche Aufsichts- oder Kontrollfunktion.

2.1.2. Funktion der Hilfswerksvertretung nach Auffassung der Hilfswerke

Da das Institut der Hilfswerksvertretung als Unikum rechtlich nicht eingeordnet werden kann und auch nicht klar ist, was alles unter "Beobachtung der Anhörung" zu verstehen ist, haben die Hilfswerke in einem Pflichtenheft festgehalten, worin die Funktion der Hilfswerksvertreterinnen und -vertreter aus der Sicht der Hilfswerke besteht. sie nennen namentlich,

- ein *korrektes und faires Verfahren* sicherzustellen und nötigenfalls dafür zu *intervenieren*;

- Garantie zu bieten, dass die Asylsuchenden *alle Fluchtgründe* vorbringen können;

- für ein *menschliches Klima* und die Respektierung der Würde aller Verfahrensbeteiligter einzustehen und eigene Interventionen in diesem Sinne selbstkritisch zu überprüfen.

Um diese Funktionen wirksam ausüben zu können, verpflichten sich die Hilfswerksvertreterinnen und -vertreter an Einführungskursen teilzunehmen und sich mit den rechtlichen Grundlagen des Asylgesetzes und der politisch-menschenrechtlichen Situation in den Herkunftsländern der Asylsuchenden auseinanderzusetzen. Die Hilfswerke bieten zu diesem Zweck kostenlose Weiterbildungsveranstaltungen an und geben Publikationen und Orientierunsschreiben ab. Die Häufigkeit der Einsätze erfolgt in Absprache mit den einzelnen Hilfswerken. Die Hilfswerke haben dazu Vereinbarungen ausgearbeitet, die Hilfswerksvertreterinnen und -vertreter zu unterzeichnen haben; darin ist auch die Entschädigung geregelt.

2.1.3. Rechte und Pflichten der HilfswerksvertreterInnen bei Anhörungen

Auszugehen ist vom Grundsatz, dass die Hilfswerksvertretung zu einem *korrekten und fairen Verfahren* beitragen und ermöglichen soll, dass die Asylsuchenden *alle Fluchtgründe* vorbringen können. Daraus ergibt sich das Recht der Hilfswerksvertreterinnen und -vertreter, gegebenenfalls zu intervenieren, wenn eine Befragung diese Voraussetzungen nicht erfüllt. Gesetzlich festgeschrieben ist das Recht, Fragen zur Erhellung des Sachverhaltes *stellen zu lassen* (Art. 15a Abs. 3 AsylG). Die Verfahrensleitung obliegt dem Beamten oder der Beamtin, die den Sachverhalt zu ermitteln haben. Die Fragen der Hilfswerksvertreterinnen und -vertreter haben den Sinn von Ergänzungsfragen. Der Zeitpunkt der Fragestellung kann aber vom Beamten oder der Beamtin bestimmt werden, die Vertreterinnen und Vertreter haben kein direktes Fragerecht. Unter gewissen Umständen, etwa bei Missverständnissen, ist allerdings eine Intervention unumgänglich. Aus dem Institut der Hilfswerksvertretung als Garantin einer fairen Befragung ergibt sich auch ein Recht zur *sofortigen Intervention* bei Unkorrektheiten in der Verfahrensabwicklung, z.B. bei falscher Übersetzung oder unkorrektem Verhalten des Dolmetschers bzw. der Dolmetscherin, bei Suggestivfragen, bei Einschüchterung der Asylsuchenden oder wenn eine Unterbrechung der Befragung aus physischen oder psychischen Gründen angezeigt erscheint. Gemäss Weisung Asyl 22.1, Ziff. 3.4.4, prüft der einvernehmende Beamte allfällige verfahrensmässige Einwände des Hilfswerksvertreters auf ihre Begründetheit hin; kommt er zum Schluss, dass der Einwand unbegründet ist, hält er dies im Protokoll fest.

Um ihre Funktion wirksam ausüben zu können, müssen die Hilfswerksvertreterinnen und -vertreter vor der Anhörung die Möglichkeit erhalten, spätestens vor Beginn der Anhörung Einsicht in das Empfangsstellenprotokoll und die Eingaben der Asylsuchenden nehmen zu können. Gemäss Weisung Asyl 22.2, Ziff. 3.4.3, ist eine Kopie des Protokolls auszuhändigen. Oft wird das Empfangsstellenprotokoll allerdings schon mit der Vorladung zugestellt.

Um ihr Frage- und Interventionsrecht sinnvoll wahrnehmen zu können, müssen Hilfswerksvertreterinnen und -vertreter zunächst einmal gute Kenntnisse ihrer Verfahrensrechte und der Rolle der übrigen Beteiligten haben (z.B. wie sich Dolmetscher zu verhalten haben, siehe oben S. 282ff, dass die Fragen und die Antworten beim Kanton *und beim BFF* protokolliert werden müssen etc.) und wenigstens die generelle Situation in den Herkunftsstaaten kennen, da sie sonst die den Sachverhalt klärenden Fragen nur teilweise stellen und nicht auf tatsachenwidrige Vorbringen reagieren können. Zu diesem Zweck haben Hilfswerksvertreterinnen und -vertreter die Praxis des BFF zur *Glaubhaftmachung* der Asylgründe zu kennen (siehe vorne S. 135ff). Sie müssen versuchen, Kommunikationsbarrieren abzubauen und haben auf allfällige Widersprüche oder Missverständnisse hinzuweisen; dies dient dem Gesuchsteller oder der Gesuchstellerin mehr, als wenn solche Ungereimtheiten erst später festgestellt werden (vgl. auch die Ausführungen zur Befragung von Folteropfern vorne S. 286ff).

Auch gute Kenntnisse des *Flüchtlingsbegriffs* sind für sinnvolle Fragen von Nutzen (z.B. abklären, ob es sich um staatliche Nachteile handelt, ob bei Personen, die längere Zeit in der Schweiz sind, subjektive Nachfluchtgründe vorliegen können, ob allenfalls Asylausschlussgründe vorliegen), ebenso Kenntnisse der *Wegweisungsschranken* (Fragen zu Art. 3 EMRK). Es empfiehlt sich, die einzelnen Elemente des Flüchtlingsbegriffs vor sich zu haben (siehe vorne S. 72ff) und für sich zu prüfen, ob alle Punkte genügend geklärt worden sind.

Äusserst wichtig ist schliesslich, dass bei der Rückübersetzung des Protokolls gut darauf geachtet wird, dass dieses vollständig ist, keine Fehler enthält und auch nicht missverständlich oder unklar ausfällt. In so einem Fall ist immer zu intervenieren und allfällige Mängel müssen vom Beamten oder der Beamtin behoben werden.

Zum Ende der Befragung haben die Hilfswerksvertreterinnen -und vertreter im Protokoll ihre *Mitwirkung zu bestätigen* und können dabei Einwendungen anmelden und weitere Abklärungen anregen (Art. 15a Abs. 4 AsylG). Grundsätzlich sollte immer unterschrieben werden, falls ein Vertreter oder eine Vertreterin bei der Anhörung anwesend waren - die Unterschrift bedeutet nicht, dass das Protokoll genau stimmt, und somit bedeutet auch die Verweigerung der Unterschrift nicht das Gegenteil. *Einwendungen* sind aber möglichst umfassend zu formulieren, z.B. bezüglich Verfahrensmängeln, schlechtem Klima, schlechter Übersetzung, mangelnder Vollständigkeit, Nichtentgegennahme von Interventionen etc. Falls der Platz dafür nicht ausreicht, müssen Hilfwerksvertreterinnen bzw. -vertreter sofort nach der Befragung den Bundesbehörden eine ausführliche Darstellung der Ereignisse zustellen. Die *Anregung weiterer Abklärungen* muss sich im übrigen nicht auf die Forderung nach einer Zweitbefragung beim BFF beschränken; es können auch Empfehlungen gemacht werden bezüglich Umteilung eines Falles von den Nichteintretensfällen zu den materiell zu behandelnden, Beizug von Dokumenten, Anhörungen von Zeugen, Erstellung von medizinischen oder psychiatrischen Gutachten oder bezüglich Botschaftsabklärungen.

Nach der Anhörung haben Hilfswerksvertrerinnen und -vertreter zuhanden des entsendenden Hilfswerkes einen *Kurzbericht* zu erstellen, worin neben der Schilderung des Verfahrensablaufes auch eine Beurteilung der Flüchtlingseigenschaft und allfälliger Wegweisungsschranken vorzunehmen ist. Der Kurzbericht dient den Hilfswerken für den Entscheid, in welchen Fällen eine rechtliche Intervention erfolgen soll und welche Asylsuchende als unterstützungswürdig erachtet werden.

Hinzuweisen ist schliesslich auf die *Verschwiegenheitpflicht* der Hilfswerksvertreter- und vertreterinnen. Gemäss Art. 15a Abs. 4 AsylG untersteht der Vertreter der Hilfswerke gegenüber Dritten der Verschwiegenheitspflicht. Über die Tatsachen, die während der Anhörung in Erfahrung gebracht werden, dürfen Dritte nicht orientiert werden. *Nicht* als Dritte gelten dabei die Verfahrensbeteiligten (Asylsuchende und deren Rechtsvertretung), das entsendende Hilfswerk und die SFH (BBl 1990 II 637). Bezüglich Herausgabe von Akten der Hilfwerksvertreterinnen und -vertreter (Handnotizen, Kurzberichte etc.) bestehen Empfehlungen der SFH vom Januar 1989 an die Hilfswerke. Es ist insbesondere nicht erlaubt, diese Akten ohne Zusimmung des Hilfswerkes an aussenstehende Personen (inklusive Asylsuchende und Rechtsvertreterinnen und -vertreter) herauszugeben.

Untersagt ist Hilfswerksvertreterinnen und -vertretern die Herausgabe von Akten, die sie von einer Amtsstelle erhalten haben (Protokolle von Befragungen z.B.). Sie dürfen die Asylsuchenden und deren Rechtsvertretung auch nicht über deren Inhalt orientieren, und zwar auch nicht nach einer Befragung. Nicht erwünscht ist, dass Hilfswerksvertreterinnen und -vertreter vor der Anhörung Kontakt mit Asylsuchenden aufnehmen, um die Befragung vorzubesprechen.

Die Verletzung der Verschwiegenheitspflicht könnte strafrechtliche Sanktionen nach sich ziehen (Art. 293 StGB).

2.2. EMPFANGSSTELLENDELEGIERTE

Im Rahmen einer Absprache zwischen den Bundesbehörden und der SFH können die Hilfswerke Delegierte als Vertreter der Hilfswerke in die Empfangsstellen entsenden. Dort kontrollieren sie die Tätigkeit der Behörden und überprüfen die Lebensbedingungen in den Zentren. Sie haben die Befugnis, die Zentren zu besichtigen, dort sämtliche Räume zu sehen und Gespräche mit allen Personen in der Empfangsstelle zu führen. Insbesondere stehen sie auch Asylsuchenden als Kontakt- und Informationsselle für Beschwerden zur Verfügung. Die Empfangsstellendelegierten können auch an den summarischen Befragungen teilnehmen. Ihre Kritik tragen sie entweder direkt dem Empfangsstellenleiter vor oder intervenieren über die SFH beim BFF. Sie haben monatlich einen Bericht an ihr Hilfswerk und die SFH zu erstatten.

2.3. ROLLE DER HILFSWERKE

Den Hilfswerken kommt im Asylverfahren die Organisation der Hilfswerksvertretung zu. Sie besorgen zusammen mit der SFH die Aus- und Weiterbildung der Hilfswerksvertreterinnen und Hilfswerksvertreter. In der Regel sind die Hilfswerke auch in der verfahrensrechtlichen Nachbetreuung der Asylsuchenden tätig. Aufgrund der von den Hilfswerksvertretern eingereichten Berichte nehmen sie Kontakt mit den Betroffenen auf, wenn sich eine juristische Nachbearbeitung aufdrängt; meist empfehlen sie den Asylsuchenden, sich an die nächstgelegene Rechtsberatungsstelle zu wenden (siehe die Adressen hinten S. 422ff) oder einen Rechtsanwalt aufzusuchen. Die meisten Hilfswerke bieten Asylsuchenden mit negativem erstinstanzlichem Entscheid eine kurze erste Beratung (Vorgehens- und Chancenberatung). In gewissen Fällen übernehmen die Hilfswerke selber Rechtsberatungs- und Rekurshilfeaufgaben, vor allem wenn Asylsuchende in glaubhafter Weise die Flüchtlingseigenschaft erfüllen und nicht über genug Geld für einen Anwalt verfügen. Bei der Abfassung von Beschwerden helfen im übrigen die Rechtsberatungsstellen, die den Hilfswerken angegliedert sind, und vielfach auch private Freiwilligengruppen. Daneben versehen die Hilfswerke noch verschiedene Aufgaben, so etwa im Bereich der Fürsorge, Eingliederung und Weiterwanderungsberatung.

E. DIE RECHTSSTELLUNG DER ASYLSUCHENDEN UND ANERKANNTEN FLÜCHTLINGE

I. DIE RECHTSSTELLUNG DER ASYLSUCHENDEN WÄHREND DES VERFAHRENS

LITERATUR: *Aeschbacher/Hegetschweiler*; *Bersier*, S. 38ff; *Bucher/Hartmann*, Flucht, S. 99ff und 107ff; *Salzgeber*, Betreuungshandbuch; *Stöckli*, Lebenssituation der Asylbewerber, S. 159ff; *Thürer*, S. 1425ff; *Werenfels*, S. 148-152.

1. ÜBERBLICK

Im Prinzip gilt für Asylsuchende während des Verfahrens bezüglich Rechsstellung, dass sie in den meisten Rechtsgebieten den Schweizerinnen und Schweizern gleichgestellt sind, so z.B. bezüglich Rechtsgeschäften (Kauf etc.) oder bezüglich Strafrecht. In einzelnen Bereichen gelten die Regelungen, die die Ausländergesetzgebung (ANAG, ANAV, BVO) für Ausländerinnen und Ausländer im allgemeinen enthält. Zusätzlich erlauben *asylrechtliche Bestimmungen* zahlreiche Abweichungen von der für die restliche Wohnbevölkerung geltenden Rechtsstellung, so z.B. bezüglich Aufenthaltsrecht, Reisemöglichkeiten oder Betreuung.

Die Ausgestaltung der rechtlichen Stellung der Asylsuchenden während des Asylverfahrens orientiert sich an der Annahme, dass der Status vorübergehender Natur ist. Angestrebt wird seit Jahren eine Verfahrensdauer von weniger als sechs Monaten, innert derer über das Asylgesuch entschieden sein soll. Während dieser Frist haben sich Asylsuchende z.B. in Gemeinschaftsunterkünften aufzuhalten, erhalten lediglich ein Minimum an Unterstützung und dürfen nicht arbeiten, falls in den ersten drei Monaten ein erstinstanzlicher Asylentscheid ergeht. Ist innert sechs Monaten noch kein Entscheid ergangen, wird den Asylsuchenden ein selbständigeres Leben in der Schweiz ermöglicht. Für viele bleibt indessen der provisorische Zustand "Asylbewerber" mit seinen starken Einschränkungen für Jahre Realität.

2. REGELUNG DES AUFENTHALTS

2.1. ANWESENHEITSBERECHTIGUNG

Grundsätzlich haben Gesuchsteller und Gesuchstellerinnen vom Zeitpunkt der Einreichung eines Asylgesuches bis zu dessen rechtskräftiger Erledigung - also i.d.R. auch während des Beschwerdeverfahrens - ein vorläufiges Anwesenheitsrecht (Art. 19 Abs. 1 AsylG). Solange über ein Gesuch nicht entschieden ist, unterstehen Asylsuchende dem Rückschiebungsverbot von Art. 33 FK und Art. 45 AsylG und können nicht in ihre Herkunftsstaaten zurückgeschoben werden (siehe vorne S. 175ff).

Von diesem Anwesenheitsrecht gibt es allerdings *Ausnahmen*: Das Asylgesetz sieht unter gewissen Umständen die Möglichkeit der Anordnung einer *vorsorglichen* Wegweisung oder einer Wegweisung *vor Eintritt der Rechtskraft des Asyl- und Wegweisungsentscheides*" vor (Art. 19 Abs. 2, bzw. Art. 13d Abs. 4 und Art. 16 i.V. mit Art. 47 AsylG; siehe dazu eingehend vorne S. 302f und S. 331ff).

Für die Regelung der Anwesenheit ist das BFF zuständig. Es weist Asylsuchende i.d.R. einem Kanton zu (siehe vorne S. 266ff), wo sie den Entscheid abzuwarten haben. Die meisten Kantone verteilen die Asylsuchenden wiederum auf die Gemeinden. Das Aufenthaltsrecht beschränkt sich auf den Kanton bzw. die Gemeinde, wo die Asylsuchenden durch den Verteilentscheid hingewiesen werden. Ein *Kantonswechsel* ist nur mit Zustimmung des anderen Kantons möglich und dürfte in der Praxis nur selten bewilligt werden (siehe vorne S. 269f).

2.2. IDENTITÄTSPAPIERE

Asylsuchende haben ihre heimatlichen Ausweis- und Reisepapiere sowie sonstige amtliche Dokumente, die über ihre Person Auskunft geben, bei der Empfangsstelle abzugeben. Erst mit dem rechtskräftigen Asylentscheid werden sie ihnen zurückerstattet (siehe S. 340). Die Asylsuchenden erhalten vorerst einen *Passierschein* (mit Foto), mit dem sie sich innerhalb von 24 Stunden im bezeichneten Kanton melden müssen. Von der kantonalen Fremdenpolizei erhalten sie dann eine sogenannte "*Bescheinigung Asylgesuch*". Diese gilt als *Identitätsausweis* und weist sie gegenüber allen Behörden als Asylsuchende aus. Die Bescheinigung ist jedoch kein Reisepapier und berechtigt insbesondere nicht zum Grenzübertritt (Art. 8

AsylVE). Die Bescheinigung wird "mit Rücksicht auf die Schubabkommen" (siehe dazu vorne S. 332f) das erste Mal für drei Monate ausgestellt. Ist bis zu diesem Zeitpunkt kein Entscheid ergangen, wird ihre Gültigkeit von der kantonalen Behörde um jeweils höchstens zwölf Monate verlängert (zur Bescheinigung Asylgesuch siehe weitere Einzelheiten in der Weisung Asyl 23.3, Ziff. 2.2.3f).

Adressänderungen sind vom Asylbewerber bzw. der Asylbewerberin der kantonalen Behörde zu melden. Sie werden von dieser auf der Bescheinigung eingetragen und dem BFF weitergemeldet.

2.3. REISEN

Asylsuchende haben sich zwar während des Verfahrens "den kantonalen Behörden oder dem Bundesamt zur Verfügung zu halten" (Art. 12b Abs. 4 AsylG). Das heisst aber nicht, dass sie unter einer bestimmten Adresse ständig physisch präsent sein müssen. Sie sind im Gegenteil befugt, sich innerhalb der Schweiz frei zu bewegen. Sie müssen allerdings jederzeit über eine Zustelladresse postalisch erreichbar sein (Art. 12e AsylG). Für Auslandreisen wird ihnen in Ausnahmefällen, "namentlich für dringende Familienangelegenheiten oder zwecks Vorbereitung der Ausreise in einen anderen Staat", ein Reisepapier ausgestellt (Art. 1 Abs. 2 der Verordnung über Reisepapiere für schriftenlose Ausländer vom 9.3.1987, SR 143.5). Als "Vorbereitung der Ausreise" gilt z.B.. das Vorsprechen beim Immigration and Naturalization Service (INS) in Frankfurt zwecks Weiterreise in die USA. Diese Reisepapiere berechtigen den Inhaber bzw. die Inhaberin während deren Gültigkeitsdauer zur Wiedereinreise in die Schweiz. Zuständig für die Erteilung des *Rückreisevisums* ist das BFF (Art. 5 Abs. 4 VO über Reisepapiere).

3. DIE GRUNDRECHTE DER ASYLSUCHENDEN, INSBESONDERE ZUR POLITISCHEN TÄTIGKEIT

LITERATUR: *Aeschbacher/Hegetschweiler*, Kap. 5; *Blättler*, Politische Betätigung von Ausländern (Asylbewerbern) in der Schweiz; *Garrone*, Les questions liées aux activités politiques des demandeurs d'asile et des réfugiés; *Hug*, Der Ausländer als Grundrechtsträger; *Müller*, Die Grundrechte der schweizerischen Bundesverfassung; *Thürer*, S. 26ff; *Wertenschlag*, Grundrechte der Ausländer in der Schweiz, Basel 1980.

Grundsätzlich können sich Asylsuchende auf die in der Bundesverfassung verankerten Grundrechte berufen. Sie können *Vereine gründen* und *Ver-*

sammlungen durchführen. Asylsuchenden steht die *Petitionsfreiheit* zu, die ihnen ermöglicht, mit ihren Anliegen an die Behörden zu gelangen. Von grosser Bedeutung sind die verschiedenen *Verfahrensgarantien*, die aus der Bundesverfassung abgeleitet werden (Verbot der Rechtsverweigerung und Rechtsverzögerung, Rechtliches Gehör; siehe vorne S. 213ff) und das Gebot der *Rechtsgleichheit* und *Willkürfreiheit.* Einschränkungen in der Grundrechtsausübung gelten bei nicht niedergelassenen Ausländerinnen und Ausländern allgemein und auch bei Asylsuchenden bezüglich *Eigentumsgarantie* beim Eigentumserwerb von Grundstücken (Bundesgesetz vom 16.12.1983 über den Erwerb von Grundstücken durch Personen im Ausland, SR 211.412.41). Auf die *Handels- und Gewerbefreiheit* können sich (nicht niedergelassene) Ausländerinnen und Ausländer und daher auch Asylsuchende nach der Rechtsprechung des Bundesgerichtes nicht berufen, ebenso besteht keine *Niederlassungsfreiheit*, was sich aus dem Asylgesetz ergibt. Schliesslich kommen Ausländerinnen und Ausländern allgemein keine politischen Rechte zu. Im übrigen sind alle Grundrechte dann einschränkbar, wenn der Eingriff gesetzlich vorgesehen ist, auf öffentlichem Interesse beruht, verhältnismässig ist und den Kerngehalt des Grundrechts nicht verletzt.

Für Asylsuchende bestehen verschiedene Einschränkungen der *Bewegungsfreiheit*, vorgesehen etwa in den Hausordnungen der Empfangsstellen und Aufnahmezentren (Essenszeit, Ausgang, Benutzung der Räumlichkeiten). Diese dürfen jedoch das notwendige Mass nicht überschreiten. Sie dürfen v.a. die Kontaktaufnahme zu Beratungsstellen, Hilfswerken und Rechtsvertretern und -vertreterinnen nicht verunmöglichen.

Die *politische Betätigung* von Ausländern und Ausländerinnen und damit auch von Asylsuchenden ist gewissen Einschränkungen unterworfen. Politische Aktivitäten dürfen nicht gegen das Strafgesetzbuch verstossen (Art. 296ff StGB; siehe z.B. den Straftatbestand "Beleidigung eines fremden Staates"). Für Reden an öffentlichen *und* privaten Veranstaltungen haben nicht niedergelassene Ausländerinnen und Ausländer im weiteren eine Bewilligung bei der zuständigen Kantonsregierung oder bei der von ihr bezeichneten kantonalen Amtsstelle einzuholen (Art. 4 des Bundesratsbeschlusses betreffend politische Reden von Ausländern vom 24.2.1948; SR 126). Ausländische Redner haben sich zudem "jeder Einmischung in innerschweizerische politische Angelegenheiten zu enthalten" (Art. 3 Abs. 2 des Rednerbeschlusses). Ein Verstoss gegen diese Vorschriften kann insbesondere Konsequenzen haben bei der Beurteilung der Asylunwürdigkeit wegen Gefährdung der Staatssicherheit (siehe vorne S. 167f). Im übrigen riskieren politisch "auffällige" Asylsuchende, dass ihre Gesuche prioritär behandelt werden oder dass ihr diesbezügliches Verhalten der Erteilung einer humanitären Aufenthaltsbewilligung (siehe vorne S. 347ff) entgegensteht. Exilpolitische Betätigung, die dem Verfolgerstaat bekannt wird, kann andererseits zu einem subjektiven Nachfluchtgrund führen (siehe dazu vorne S. 111ff und S. 168f).

4. UNTERBRINGUNG UND BETREUUNG

LITERATUR: *Britsch*, Kosten im Asylbereich, ASYLON 2/1989, S. 9; *Gönczy*, L'assistance aux réfugiés; *Iten*, Comment les requérants d'asile sont-ils hébergés?, ASYLON 2/1989, S. 7; *Koller*, Ansätze zu einer neuen Fürsorgepolitik, Zeitschrift für öffentliche Fürsorge, 1990, S. 98ff. *Salzgeber*, Kap. 5 und 9.

4.1. ZUSTÄNDIGKEIT: DIE AUFGABEN VON KANTONEN UND GEMEINDEN

Die Asylsuchenden werden durch das BFF nach einem festgelegten Verteilschlüssel den Kantonen zugewiesen (Art. 14a AsylG, der Verteilschlüssel findet sich in Art. 9 AsylVE). Die Kantone ihrerseits verteilen die Asylsuchenden i.d.R. auf die Gemeinden. Dabei sind die Gemeinden verpflichtet, Asylsuchende aufzunehmen (siehe BGE vom 19.3.1990, ZBl 1990, S. 347ff). Die Kantone und Gemeinden haben ihrerseits die Betreuung der Asylsuchenden, z.B. das Führen von Zentren, teilweise wiederum an Hilfswerke oder andere private Organisationen delegiert.

Die Fürsorge während des Verfahrens ist Sache der Kantone (Art. 20a AsylG). Soweit das EJPD keine abweichenden Bestimmungen erlässt, richten sich "Festsetzung, Ausrichtung und Abrechnung der Fürsorgeleistungen nach kantonalem Recht" (Art. 20a Abs. 2 AsylG). Massgebend sind also die kantonalrechtlichen Fürsorgeerlasse, die im übrigen Regelungen zur Behördenorganisation und zu den Rechtsmitteln enthalten. Die durch die Asylsuchenden anfallenden Kosten werden den Kantonen vom Bund, meist in Form von Pauschalen, zurückvergütet. Der Bund bezahlt den Kantonen sowohl materielle als auch immaterielle Hilfe (Beratung). In der Asylverordnung 2 über Finanzierungsfragen (Art. 11-14 des Entwurfs) sind die Grundsätze des Berechnungs- und Abrechnungsverfah-rens festgelegt.

Die besonderen Probleme bei der Beschaffung von Unterkünften für Asylsuchende hat dazu geführt, dass dem Bund bei der Revision des Asylgesetzes durch den AVB von 1990 die Kompetenz erteilt worden ist, Unterkünfte und Aufnahmezentren zu erwerben (Art. 20b Abs. 2 AsylG; Botschaft BBl 1990 II 654). Der Bund fördert dabei lediglich Kollektivunterkünfte, d.h. Unterkünfte für mehr als sechs Asylsuchende (Art. 15ff des

Entwurfs zur Asylverordnung 2). Der Bund überwacht den Einsatz der aufgewendeten Mittel. Er hat zudem im Entwurf zur Asylverordnung 2 signalisiert, dass er in Zukunft nicht mehr bereit sein wird, die Ausnutzung der Wohnungsnot durch die Inrechnungstellung von horrenden Mietzinsen hinzunehmen (Art. 17 des Entwurfs zur Asylverordnung 2).

4.2. UNTERBRINGUNG

Asylsuchende werden durch das BFF und die kantonalen Behörden einem Aufenthaltsort zugewiesen. Asylsuchende sind verpflichtet, in den ihnen zugewiesenen Zentren zu wohnen (Art. 20 Abs.2 AsylG). In der Regel werden sie während der ersten Monate in Sammelunterkünften untergebracht (künftig sind auch Grosslager vorgesehen). Im einzelnen verläuft der "Unterbringungsparcours" in etwa folgendermassen:

- Zuerst kommen Asylsuchende in Empfangsstellen; sofern diese überlastet sind in sogenannte Transitzentren. Dort verbleiben sie während durchschnittlich 4 - 10 Tagen. In der Folge werden sie auf die Kantone verteilt (siehe S. 266ff).

- Danach folgt die Unterbringung im Normalfall dem sogenanten Dreiphasenmodell (Weisung 10 vom 28.12.1989 über die Unterbringung und Betreuung von Asylbewerbern, Ziff. 3): Die erste Phase besteht in der Unterbringung in einem kantonalen Erstaufnahme- oder Durchgangszentrum. Hier sollen die Asylsuchenden "mit den schweizerischen Lebensverhältnissen vertraut gemacht und auf eine selbständige Lebensführung vorbereitet werden".

- Nach ca. sechs Monaten, wenn die Asylsuchenden "keiner intensiven Betreuung mehr bedürfen" und es sich abzeichnet, dass der Aufenthalt in der Schweiz noch länger dauert, werden sie in Foyers (von den Kantonen als Haus- oder Wohngemeinschaft betriebene Unterkünfte) untergebracht. Dieser Unterbringungstypus ist allerdings von vielen Kantonen gar nie eingeführt oder angesichts der hohen Gesuchszahlen wieder aufgehoben worden.

- Diejenigen Asylsuchenden, die *fürsorgeunabhängig* sind, mieten sich in einem dritten Schritt in Zimmern oder Wohnungen ein; die Betreffenden schliessen die Mietverträge selber ab (zu den Rechten und Pflichten der Asylsuchenden gemäss allgemeinem Mietrecht siehe *Salzgeber*, Kap. 5.1).

4.3. BETREUUNG

4.3.1. Grundsätze

Asylsuchende haben *Anspruch auf Fürsorgeleistungen*, sofern sie ihren Unterhalt nicht mit eigenen Mitteln bestreiten können und auch Dritte nicht für sie aufkommen müssen (Art. 20a Abs. 1 AsylG). Als Dritte gelten gemäss Art. 328 ZGB "Verwandte in auf- und absteigender Linie und Geschwister"; diese sind primär unterstützungspflichtig, sofern sie die Mittel dazu haben. Dies dürfte allenfalls dann der Fall sein, wenn Asylsuchende bereits einer Erwerbstätigkeit nachgehen. Die gegenseitige Unterstützung von verwandten Asylsuchenden wird allerdings durch die rigide Verteilpraxis, nach der z.B. volljährige Kinder von Asylsuchenden bewusst einem anderen Kanton zugeteilt werden, erschwert.

Die Fürsorgeleistungen sollen sich grundsätzlich auf die Sicherstellung eines sozialen Existenzminimums beschränken und die Unterstützung soll nach Möglichkeit in Form von Sachleistungen erfolgen (Art. 20a Abs. 3 AsylG). Weitergehende Unterstützung zur Erleichterung der Integration wird in der Anfangsphase nicht erteilt. Asylsuchende erhalten allerdings erste Kenntnisse der jeweiligen Landessprache vermittelt (zu den Leistungen im einzelnen siehe *Salzgeber*, Kap. 9.2. Zu den Kosten, die Asylsuchende im Durchschnitt verursachen, siehe die Angaben in *Britsch*, S. 9. Eine detaillierte Aufstellung über die Fürsorgeleistungen in den einzelnen Kantonen findet sich in: Erhebung der kantonalen Bestimmungen über Fürsorgeleistungen, Unterkunft, Arbeitsbewilligungen für Asylsuchende in der Schweiz, erhältlich bei: Arbeitsstelle für Asylfragen, Postfach 6966, 3001 Bern).

Die Fürsorge *endet* mit dem endgültigen negativen Asylentscheid. Während eines hängigen Wiedererwägungs- oder Revisionsgesuches haben Asylsuchende nur dann Anspruch auf Fürsorgeleistungen, wenn die das Gesuch behandelnde Behörde den Vollzug der rechtskräftigen Wegweisung sistiert.

4.3.2. Rückerstattung bezogener Fürsorgeleistungen und Sicherheitsleistung

Asylsuchende sind verpflichtet, die Fürsorgekosten zurückzuerstatten und für künftige Fürsorge- und Vollzugskosten Sicherheit zu leisten (Art. 21a Abs. 1 AsylG). Für die Fürsorgekosten sieht der Entwurf zur Asylverordnung 2 einen Pauschalbetrag von 3000 Franken vor (Art. 40). Hingegen sind die gesamten Vollzugskosten zurückzuerstatten (Kosten für die Ausreise und den Transport der Asylsuchenden sowie die Auslagen für allfällige Begleitpersonen; Art. 41).

Mit der Erteilung der Arbeitsbewilligung wird festgelegt, welchen Betrag der Arbeitgeber vom Erwerbseinkommen an den Kanton abzugeben hat (Botschaft 1990, S. 657). Vorgeschlagen wird in Art. 38 Abs. 1 des Entwurfs zur Asylverordnung 2 ein Abzug von 7 % des Erwerbseinkommens. Nicht beanspruchte Sicherheitsleistungen werden den Asylsuchenden nach Abschluss des Asylverfahrens, wenn eine Aufenthaltsbewilligung erteilt wird oder wenn der Gesuchsteller oder die Gesuchstellerin die Schweiz endgültig verlässt, zurückerstattet (Art. 21a Abs. 2 AsylG).

4.4. Die Betreuung von Frauen und Kindern

LITERATUR: *Borghi*, BV-Kommentar, Art. 27, *Fox*, La scolarisation primaire obligatoire des enfants de requérants d'asile.

Unterbringung und Betreuung im Asylbereich orientieren sich an der Gruppe, die den grössten Anteil der Asylsuchenden in der Schweiz ausmacht, nämlich der ca. 25 bis 40 Jahre alten, alleinstehenden, arbeitsfähigen gesunden Männern. In der Praxis bereiten aber Familien mit Kindern, alleinstehende Frauen, unbegleitete minderjährige Jugendliche oder auch ältere oder kranke Asylsuchende (insbesondere auch Folteropfer) die grössten Schwierigkeiten. Besonders entgegengekommen ist man *unbegleiteten minderjährigen Jugendlichen* (schätzungsweise 10-20% der Asylsuchenden sind Kinder und Jugendliche; eine zunehmend grösser werdende Zahl davon kommt allein, unbegleitet von erwachsenen Familienangehörigen, in die Schweiz), indem z.B. der Kanton Bern für sie ein eigenes Zentrum führt.

Frauen leiden häufig unter den Bedingungen in den Kollektivunterkünften; oft verbietet ihnen der gesellschaftliche Hintergrund, aktiv am Leben in den Zentren teilzunehmen. Da zuwenige Aufenthaltsräume bestehen, die eine Trennung von den Männern erlauben würden, bleiben sie die meiste Zeit auf ihren Zimmern. Der Fürsorgebericht des Bundesamtes für Flüchtlinge vom November 1990 (Perspektiven der Fürsorge in einer zukünftigen Flüchtlings- und Asylpolitik, Ziff. 5c) verlangt nun immerhin, dass der spezifischen Situation von Frauen und Kindern besonders Rechnung zu tragen ist. Der besonderen Probleme der Frauen (Kinderbetreuung, Zugang zu Sprachunterricht, medizinische Betreuung, Familienplanung, Fragen um den Schulbesuch der Kinder etc.) haben sich in der Zwischenzeit verschiedene Selbsthilfegruppen und Hilfswerke angenommen.

Asylgesuche von Familien mit Kindern und unbegleiteter Minderjähriger werden dem Vernehmen nach prioritär behandelt, um den speziellen Integrations-, bzw. nach abgelehntem Asylentscheid Desintegrationsproblemen, vorzubeugen.

Alle Kinder, ob einheimische oder ausländische, sind grundsätzlich *schulpflichtig* (*Borghi*, BV-Kommentar, Art. 27, Rz 45); sie dürfen gemäss Art. 30 des Bundesgesetzes über die Arbeit in Industrie, Gewerbe und Handel (SR 822.11) vor dem vollendeten 15. Alterjahr nicht beschäftigt werden. Um den Kindern den Besuch der Schule zu ermöglichen, haben die Kantone ihnen Hilfe, wie z.B. Sprachunterricht, zu gewähren. Die Finanzierung der Einschulung von Kindern ist Sache der Kantone, bzw. der Gemeinden (siehe die jeweiligen kantonalen Schulgesetze), d.h. die Kosten können dem Bund *nicht* in Rechnung gestellt werden. Weil vielerorts die Kosten für die Einschulung ausländischer Kinder (Sprach-, Nachhilfeunterricht) gescheut werden, bestehen Vorschläge, die Einschulung der Regelung der Erwerbstätigkeit von Asylsuchenden anzugleichen, was bedeuten würde, dass während der ersten drei Monate auf die Einschulung verzichtet wird. Ergeht innerhalb dieser Frist ein negativer Asylentscheid, soll diese Frist um weitere drei Monate verlängert werden (Fürsorgebericht vom November 1990, S. 12). Diese Regelung dürfte einige soziale Probleme aufwerfen (siehe *Fox*, Anm. 56) - im schlechtesten Fall warten Kinder sechs Monate lang auf ihre Einschulung.

5. ARBEIT

LITERATUR: *Rapp*, Fremdenpolizeiliche Arbeitsbewilligung und Arbeitsvertrag, Festgabe zum schweizerischen Juristentag 1985, Basel 1985, S. 277ff; *Salzgeber*, Kap. 6; *Schneider*, Asyl und Erwerbstätigkeit, ASYL 1990/4, S. 2ff.

5.1. GRUNDSATZ

Während der ersten drei Monate nach dem Einreichen des Asylgesuches dürfen Asylsuchende generell keiner Erwerbstätigkeit nachgehen. Dieses Arbeitsverbot *kann* durch den Kanton für weitere drei Monate verlängert werden, sofern innerhalb der ersten drei Monate bereits ein erstinstanzlich negativer Entscheid vorliegt (Art. 21 Abs. 1 AsylG).

Von diesem generellen dreimonatigen Arbeitsverbot gibt es *zwei Ausnahmen*: Gemäss Art. 21 Abs. 3 AsylG können diejenigen Asylsuchenden arbeiten, die im Zeitpunkt der Gesuchseinreichung bereits "nach den fremdenpolizeilichen Bestimmungen zur Ausübung einer Erwerbstätigkeit berechtigt sind". Ausgenommen sind ferner Asylbewerber, die "an gemeinnützigen Beschäftigungsprogrammen" teilnehmen (siehe dazu nachstehend).

Die Arbeitsbewilligung ist *zeitlich beschränkt*; sie erlischt automatisch mit Ablauf der Wegweisungsfrist. Dies gilt auch dann, wenn ein *ausserordentliches* Rechtsmittel ergriffen wird (siehe S. vorne 323ff). Die für die Behandlung des ausserordentlichen Rechtsmittels zuständige Behörde entscheidet gemäss Art. 21 Abs. 2 AsylG auf Antrag der Kantone *endgültig* über Ausnahmen.

5.2. ERTEILUNG DER ARBEITSBEWILLIGUNG, ANSTELLUNGSBEDINGUNGEN

Zuständig zur Erteilung der Arbeitsbewilligung ist die kantonale Fremdenpolizei. Die Bewilligung untersteht nicht den Ausländerkontingenten des Bundes und der Kantone (Art. 13 lit. g BVO). Sie ist aber an die in Art. 6 - 11 BVO festgelegten Bedingungen gebunden. Diese werden von den kantonalen Arbeitsmarktbehörden (KIGA) festgelegt und sind für die Fremdenpolizei verbindlich (Art. 42 Abs. 4 BVO). Die Arbeitsmarktbehörden haben darüber zu wachen, dass die orts- und berufsüblichen Arbeitsbedingungen und Mindestlöhne eingehalten werden (Art. 9 BVO, siehe dazu ausführlich *Rapp*, S. 278ff; *Schneider*, S. 6f.). Damit sollen einerseits Ausbeutung, andererseits lohndrückende Wirkungen der Beschäftigung von Asylsuchenden verhindert werden.

Meist werden Asylsuchende lediglich in bestimmten Branchen zugelassen. Es handelt sich dabei v.a. um das Gastgewerbe, die Bauwirtschaft, Land- und Forstwirtschaft, sowie gewisse Industriezweige (für den Kanton Bern z.B. vgl. Art. 16 der Verordnung über die Zulassung ausländischer Erwerbstätiger, BSG 122.27). Gemäss Art. 7 Abs. 1 BVO haben einheimische Arbeitskräfte und niedergelassene Ausländer Vorrang vor ausländischen Arbeitsuchenden. Umstritten ist, ob Asylsuchende Vorrang gegenüber den erstmals in die Schweiz einreisenden und sich um eine Bewilligung bemühenden ausländischen Arbeitskräften haben (*Schneider*, S. 4). *Nicht bewilligt* wird eine selbständige Erwerbstätigkeit (Art. 21 AsylG).

5.3. STELLENWECHSEL

Das Wechseln der Stelle ist bewilligungspflichtig (Art. 29 Abs. 1 und 4 BVO) und wird während des *ersten* Aufenthaltsjahres nur unter ganz bestimmten Bedingungen erlaubt, so "wenn wichtige Gründe eine Verweigerung der Bewilligung als unzumutbar erscheinen lassen" (Art. 29 Abs. 3 BVO).

Rechtsstellung der Asylsuchenden 375

5.4. DIE ARBEITSRECHTLICHE STELLUNG DER ASYLSUCHENDEN

Asylsuchende unterstehen grundsätzlich denselben arbeitsrechlichen Bestimmungen wie die Einheimischen, d.h. sie haben Anspruch auf Einhaltung der Arbeitnehmerschutzbestimmungen wie sie z.B. im Bundesgesetz über die Arbeit in Industrie, Gewerbe und Handel (SR 822.11) niedergelegt sind (im einzelnen siehe *z.B. Salzgeber*, Kap. 6). Zu den Sozialabzügen (insbesondere zur *Kinderzulagenregelung*) und zum Versicherungsschutz arbeitender Asylsuchender, siehe S. 378ff; zur Problematik der Schwarzarbeit siehe *Schneider*, S. 7ff.

5.5. BESCHÄFTIGUNGSPROGRAMME

Gemäss Art. 21 Abs. 3 AsylG können Asylsuchende bereits während des drei- bzw. sechsmonatigen Arbeitsverbotes an "gemeinnützigen Beschäftigungsprogrammen" teilnehmen. Die *Teilnahme* an den Beschäftigungsprogrammen ist freiwillig; den Teilnehmenden kann eine Tagesentschädigung ausgerichtet werden (Art. 18 Abs. 2 AsylVE). Gemeinnützige Beschäftigungsprogramme sind gemäss Art. 18 Abs. 1 AsylVE "Arbeitsleistungen, die im Interesse der Öffentlichkeit erfolgen oder die nicht das Erzielen eines Gewinnes bezwecken. Sie sollen die negativen Folgen der Erwerbslosigkeit von Asylbewerbern verhindern und die Fähigkeit für eine allfällige Wiedereingliederung im Heimat- oder Herkunftsstaat fördern".

Der Bund fördert v.a. Beschäftigungsprogramme im Interesse der Öffentlichkeit im Rahmen des Natur- und Heimat- oder Umweltschutzes sowie der Einsatz in der Berg- und Katastrophenhilfe, des Einsatzes für soziale und gemeinnützige Institutionen oder in der Landwirtschaft. Die Organisation kann von öffentlichen und privaten Institutionen übernommen werden. Der Einsatz muss allerdings im öffentlichen Interesse liegen, d.h. er darf nicht gewinnorientiert sein. Gesuche um Durchführung entsprechender Programme sind der zuständigen kantonalen Arbeitsmarktbehörde (KIGA) zur Stellungnahme vorzulegen. Weitere Details sind in der Weisung 6 zum Asylgesetz vom 31.3.1988 über die Durchführung von Beschäftigungsprogrammen, mit Änderung von Ziff. 2.1. durch das Kreisschreiben des DFW vom 25.6.1990, S. 8 geregelt; nach dem Inkrafttreten der Asylverordnungen dürften sich weitere Änderungen ergeben. Der Entwurf zur Asylverordung 2 über Finanzierungsfragen enthält Bestimmungen zur Finanzierung der Beschäftigungsprogramme durch den Bund (Art. 36f).

6. FAMILIENNACHZUG

LITERATUR: *Gerber/Métraux*, Le regroupement familial des réfugiés, requérants et des personnes admises provisoirement; *Kottusch*, Zur rechtlichen Regelung des Familiennachzugs von Ausländern, S. 348f.

Asylsuchende haben grundsätzlich *kein* Recht, die Familie nachkommen zu lassen (siehe auch vorne S. 47). In der Praxis ist der *faktische Familiennachzug*, indem die im Herkunftsstaat zurückgebliebenen Familienangehörige ebenfalls in die Schweiz nachreisen und hier ein Asylgesuch stellen, allerdings kaum zu verhindern. Die Chancen auf einen dauernden Aufenthalt in der Schweiz sind allerdings - vor allem auch im Interesse, nachgezogene Kinder nicht zu desintegrieren - gut abzuschätzen. Asylgesuche von Familien werden dem Vernehmen nach prioritär behandelt.

7. EHESCHLIESSUNG

LITERATUR: *Augsburger-Bucheli,* Le domicile des requérants d'asile et des réfugiés; *Bertschi-Sprecher*, Eheschliessung von Asylsuchenden, ASYL 1986/4, S. 9ff.; *Bucher*, Der Personenstand der Asylbewerber, Zeitschrift für Zivilstandswesen 1985, S. 361ff.; *Hegetschweiler*, Der Eheschluss von Ausländern in der Schweiz, Caritas Asylforum; *Salzgeber*, Kap. 4.7.

Eine Ehe kann in der Schweiz von jedem Ausländer und jeder Ausländerin geschlossen werden, Ledigkeit und Mindestalter natürlich vorausgesetzt. Dies garantiert die Bundesverfassung in Art. 54, aber auch die EMRK in Art. 12. Allerdings müssen gewisse Voraussetzungen erfüllt sein: Gemäss Art. 150 Zivilstandsverordnung (ZStV, vom 1.6.1953, SR 211.112 1.) werden folgende Schriften verlangt (für weitere Details wende man sich an die Zivilstandsämter):

- Identitätsausweis und Staatsbürgerschaftsnachweis

- Geburtsschein

- Bescheinigung über den Zivilstand

- Erklärung des Heimatstaates, die bestätigt, dass er die Ehe anerkennen werde.

Bringen Asylsuchende die geforderten Papiere bei, *muss* die Bewilligung zur Eheschliessung erteilt werden; lediglich bei Ausländerinnen und Ausländern, die *keinen* festen Wohnsitz in der Schweiz nachweisen können, liegt die Erteilung der Trauungsbewilligung im Ermessen der Behörden (Art. 168a ZstV und Art. 43 Bundesgesetz über das internationale Privatrecht, IPRG, SR 291). Das Bundesgericht hat im Entscheid BGE 113 II 7f. die Frage, ob Asylsuchende in der Schweiz Wohnsitz haben, positiv entschieden (zum Wohnsitz von Asylsuchenden allgemein siehe *Augsburger-Bucheli*).

Häufig ist es für Asylsuchende jedoch unmöglich, die erforderlichen Papiere beizubringen (häufig fehlt es Asylsuchenden bereits an Identitätspapieren). Zum Teil ist es ihnen auch nicht zumutbar etwa mit der Botschaft Kontakt aufzunehmen, um ein Ehefähigkeitszeugnis oder eine Eheanerkennungserklärung beizubringen (einerseits können sich Asylsuchende durch Kontakte zur Botschaft einer zusätzlichen Gefährdung seitens des Heimatlandes aussetzen; andererseits sanktioniert die Schweiz Kontakte zu Heimatbehörden während des Verfahrens u.U. mit einem ablehnenden Entscheid; bei Flüchtlingen können solche Kontakte einen Widerrufsgrund darstellen, siehe dazu vorne S. 201ff). Gemäss BGE 113 II 1ff. dürfen deshalb an die Beibringung von Dokumenten durch Asylsuchende nicht allzuhohe Anforderungen gestellt werden (siehe auch ASYL 1987/3, S. 15).

Verheiratet sich ein *Asylbewerber mit einer Schweizerin*, wird ihm meist nahegelegt, das Asylgesuch zurückzuziehen; oft wird das Asylverfahren auch sistiert. Es empfiehlt sich indessen, sofern Aussichten auf Asyl bestehen, auf einem Asylentscheid zu beharren. Wird die Ehe, aus welchen Gründen auch immer, beendet, verliert der Ausländer u.U. seine Anwesenheitsberechtigung. Im übrigen erhält er mit dem Asyl einen privilegierten Status (siehe hinten S. 381ff; zu den Folgen eines Asylrückzuges siehe auch vorne S. 296f). Verheiratet sich eine *Asylbewerberin mit einem Schweizer*, erhält sie zur Zeit noch automatisch das schweizerische Bürgerrecht. Mit Inkrafttreten des revidierten Bundesgesetzes über Erwerb und Verlust des Schweizer Bürgerrechts (BüG, SR 141.0, BBl 1990 I 1598) am 1.1.1992 werden die Ausländerinnen den Ausländern gleichgestellt, womit das oben Gesagte auch für die Asylbewerberinnen gelten wird. Zu beachten ist, dass ein laufendes Eheverkündverfahren *keinen Anspruch auf Anwesenheit* in der Schweiz gibt.

8. SOZIALVERSICHERUNG

LITERATUR: *Aeschbacher/Hegetschweiler*, Kap. 11; *Duc*, Quelques considérations relatives au statut des étrangers, et plus spécialement des demandeurs d'asile et des réfugiés en droit social - questions choisies; *Gutzwiller/Baumgartner*, S. 75ff; *Kenel/Schaffer*, Teil II; *Meyer*, Les requérants d'asile et les réfugiés dans les assurances sociales suisses, S. 6ff; *derselbe*, Problèmes concrets soulevés par les demandeurs d'asile et les réfugiés dans l'AVS/AI; *derselbe*, Le statut des travailleurs immigrés dans la sécurité sociale suisse, Basel 1990; *Salzgeber*, Kap. 7.

8.1. ÜBERSICHT

Das schweizerische Sozialversicherungsnetz umfasst folgende für Asylsuchende unter Umständen bedeutsame Zweige: Unfallversicherung, Krankenversicherung, Familienausgleichskassen (Kinderzulagen), Arbeitslosenversicherung, berufliche Vorsorge, Alters- und Hinterlassenenversicherung und Invalidenversicherung. In diesen Bereichen werden Asylsuchende - je nachdem, ob sie arbeiten - *beitragspflichtig* und zum Teil auch *leistungsberechtigt*. Die folgenden Ausführungen wollen lediglich einen kurzen Überblick vermitteln (siehe im übrigen *Aeschbacher/Hegetschweiler, Kenel/Schaffer* und *Salzgeber*).

8.2. GLEICHBEHANDLUNG MIT INLÄNDERN UND ANDERN AUSLÄNDERN

In folgenden Versicherungszweigen sind ausländische Erwerbstätige keinen speziellen Regeln unterworfen:

- *Unfallversicherung*
Die *Unfallversicherung* gilt für alle Arbeitnehmer und Arbeitnehmerinnen in der Schweiz (Art. 1 Bundesgesetz v. 20.3.1981 über die Unfallversicherung, UVG, SR 832 21). Damit sind alle arbeitenden Asylsuchenden *obligatorisch* versichert.

- *Krankenversicherung*
Auch in der *Krankenversicherung* (Bundesgesetz v. 13.6.1911 über die Krankenversicherung, KVG, SR 832 10) wird kein Unterschied zwischen Ausländern und Schweizern gemacht (so betreffend Aufnahmebedingungen in die Krankenkasse und betreffend Leistungen, soweit diese in der Schweiz ausbezahlt werden). In gewissen Kantonen besteht ein Versicherungsobligatorium.

- *Arbeitslosenversicherung*
Arbeitende Asylsuchende sind grundsätzlich beitragspflichtig. Leistungberechtigt wird, wer innerhalb von zwei Jahren mindestens 6 Monate gearbeitet hat (Art. 13 Bundesgesetz v. 25.6.1982 über die obligatorische Arbeitslosenversicherung und die Insolvenzentschädigung, SR 837.0).

- *Berufliche Vorsorge*
Die Beiträge für die Berufliche Vorsorge werden allen Arbeitnehmerinnen und Arbeitnehmern, sofern sie mehr als 3 Monate arbeiten, abgezogen (Bundesgesestz über die berufliche Alters-, Hinterlassenen- und Invalidenvorsorge, BVG, SR 831.40). Bei der definitiven Ausreise aus der Schweiz können die eigenen Beiträge mittels Gesuch um Barauszahlung der Freizügigkeitsleistung (gemäss Art. 30 BVG und Art. 331c OR) an die Vorsorgeeinrichtung des letzten schweizerischen Arbeitgebers zurückgefordert werden.

8.3. AHV UND IV

In der Alters- und Hinterlassenenversicherung (AHV) und in der Invalidenversicherung (IV) besteht für alle Ausländer und Ausländerinnen, also auch für Asylsuchende, ab dem 20. Alterjahr eine Beitragspflicht. Betreffend *Leistungsanspruch* sind sie den Einheimischen aber nicht gleichgestellt. Dieser richtet sich nach ihrer Staatsangehörigkeit: Besteht mit dem Heimatstaat kein Sozialversicherungsabkommen, entsteht eine Leistungsberechtigung erst nach 10 Jahren Beitragspflicht und Wohnsitz in der Schweiz. Nach einjähriger Beitragspflicht können die eigenen Beiträge aber zurückgefordert werden (Art. 18 AHV-Gesetz und Verordnung über die Rückvergütung der von Ausländern an die Alters- und Hinterlassenenversicherung bezahlten Beiträge, SR 831.131.12). Die Leistungsberechtigung von Asylsuchenden aus Ländern, mit denen die Schweiz ein Sozialversicherungsabkommen abgeschlossen hat, richtet sich nach dem entsprechenden Staatsvertrag (siehe z.B. für Jugoslawien, SR 0.831.109.818.1 und die Türkei, SR 0.831.109.763.1.11).

8.4. KINDERZULAGEN

In Abweichung von den allgemein geltenden Regeln hat das Asylgesetz die Frage der *Kinderzulagen* für Asylsuchende geregelt: Art. 21b AsylG bestimmt, dass die Kinderzulagen für im Ausland lebende Kinder von Asylsuchenden während des Asylverfahrens *zurückbehalten* und erst dann ausbezahlt werden, wenn der Gesuchsteller bzw. die Gesuchstellerin als

Flüchtling anerkannt oder gemäss Art. 14a Abs. 3 oder 4 ANAG vorläufig aufgenommen wird; nicht jedoch wenn er bzw. sie in den Genuss einer anderen Aufenthaltsbewilligung kommt (etwa einer humanitären Aufenthaltsbewilligung). Diese Abweichung ist vom Parlament in voller Kenntnis ihrer Verfassungswidrigkeit beschlossen worden (vgl. BGE 114 Ia 1ff, worin eine spezielle Behandlung von Asylsuchenden als verfassungswidrig bezeichnet wurde).

Asylsuchende, die Anspruch auf Kinderzulagen geltend machen, haben bei der Aufnahme der Erwerbstätigkeit ein Anmeldeformular auszufüllen und mittels Geburtsurkunde den Nachweis über die im Ausland lebenden Kinder zu erbringen. Das Gesuch ist innert 60 Tagen seit Stellenantritt bei der zuständigen Familienausgleichskasse einzureichen. Das Gesuch ist bei jedem Stellenwechsel innert 60 Tagen erneut zu stellen. Um die Auszahlung der Kinderzulagen für im Ausland lebende Kinder zu erwirken, haben Asylsuchende, die inzwischen als Flüchtlinge anerkannt oder vorläufig aufgenommen worden sind, innert sechs Monaten nach Ausfällung des Entscheides eine Kopie des Asylentscheides der Familienausgleichskasse einzureichen (Art. 45 des Entwurfs zur Asylverordnung 2).

9. KRIMINALITÄT

Neben den Strafbestimmungen des schweizerischen Strafgesetzbuches haben Asylsuchende insbesondere die Straftatbestände von Art. 23 ANAG zu beachten (siehe dazu vorne S. 35 und S. 253ff bezüglich Bestrafung für illegale Einreise). Gemäss Art. 23 Abs. 6 ANAG werden "andere Zuwiderhandlungen gegen fremdenpolizeiliche Vorschriften oder Verfügungen der zuständigen Behörden ... mit Busse bis zu 2000 Franken bestraft; in besonders leichten Fällen kann von Bestrafung Umgang genommen werden". Unter diese Bestimmung fällt insbesondere die *Schwarzarbeit* (Arbeit ohne Arbeitsbewilligung). Zu beachten ist hier vor allem, dass Asylsuchende, die schwarz arbeiten, neben einer Busse auch riskieren, wegen Betruges verurteilt zu werden, wenn sie während dieser Zeit noch Fürsorgeleistungen beziehen (sogenannter Fürsorgebetrug).

Ein in der Schweiz verübtes *Verbrechen* (z.B. auch Diebstahl oder Betrug) hat im übrigen u.U. zur Konsequenz, dass ein Asylgesuch wegen Asylunwürdigkeit i.S. von Art. 8 AsylG abgelehnt wird (siehe vorne S. 160ff). Zudem stehen gerichtliche Verurteilungen in der Regel der Erteilung einer humanitären Aufenthaltsbewilligung entgegen (siehe vorne S. 347ff).

II. DIE RECHTSSTELLUNG DER FLÜCHTLINGE

1. ZWEI KATEGORIEN VON FLÜCHTLINGEN

1.1. ÜBERSICHT

Bei der Darstellung der Rechtsstellung der von der Schweiz aufgenommenen Flüchtlinge ist seit der letzten Revision des Asylgesetzes vom 22.6.1990 zu unterscheiden zwischen *Flüchtlingen, denen die Schweiz Asyl gewährt*, und *Flüchtlingen, die die Schweiz vorläufig aufgenommen hat* (Botschaft zum AVB, BBl 1990 II 658). Letzteren wird, obwohl sie sowohl die Flüchtlingsdefinition von Art. 3 AsylG als auch von Art. 1A Abs. 2 FK erfüllen, kein Asyl gewährt, da sie entweder des Schutzes in der Schweiz nicht bedürfen, weil sie vor der Einreise in die Schweiz bereits in einem Drittland Schutz gefunden haben (Art. 6 AsylG, siehe vorne S. 154ff), asylunwürdig sind (Art. 8 AsylG, siehe vorne S. 160ff) oder die Flüchtlingseigenschaft auf subjektiven Nachfluchtgründen beruht (Art. 8a AsylG, siehe vorne S. 168f). Der Gesetzgeber wollte die vorläufig aufgenommenen Flüchtlinge bewusst schlechter stellen, indem er ihnen lediglich die in der Flüchtlingskonvention niedergelegten Mindestgarantien, die zu gewähren die Schweiz sich mit Unterzeichnung der Konvention verpflichtet hat, zugesteht. Aus den für anerkannte Flüchtlinge geltenden Bestimmungen des Asylgesetzes (Art. 24-40 AsylG) geht hervor, welche Bestimmungen lediglich für diejenigen Ausländer, denen die Schweiz Asyl gewährt hat, und welche auch für diejenigen, die als Flüchtlinge vorläufig aufgenommen worden sind, gelten.

Die Rechtsstelllung der Flüchtlinge richtet sich gemäss Art. 24 AsylG im übrigen nach dem allgemeinen Ausländerrecht; für die vorläufig aufgenommenen Flüchtlinge sind dies vor allem die Bestimmungen über die vorläufige Aufnahme gemäss Art. 14a-14c ANAG und die Bestimmungen in der Verordnung über die vorläufige Aufnahme und die Internierung von Ausländern, InternierungsVO).

1.2. Die Bestimmungen der Flüchtlingskonvention

LITERATUR: *Eckert*, Begriffe und Grundzüge des schweizerischen Flüchtlingsrechts, Zürich 1977, S. 101ff; *Grahl-Madsen*, Bd. II, S. 332ff; *Robinson*, S. 99ff.

Die Flüchtlingskonvention regelt, wie bereits an anderer Stelle dargetan (siehe vorne S. 40), nicht das Recht auf Asyl, sondern vor allem die Rechtsstellung nach der Anerkennung als Flüchtling. Die Konvention legt das Minimum an Rechten fest, das die Vertragsstaaten den Flüchtlingen zu gewähren haben. Dabei ist es keinem Staat verwehrt, über diese Minimalgarantien hinausgehende Rechte zuzuerkennen (Art. 5 FK); die Konvention hat zum Ziel, Flüchtlingen eine "möglichst günstige Behandlung" zu garantieren. Im wesentlichen enthält die Konvention folgende Bestimmungen, welche die Staaten je nachdem *direkt verpflichten* oder ihnen bei der innerstaatlichen Ausgestaltung einen gewissen Spielraum lassen (eingehend dazu siehe *Eckert*, S. 101-152):

- Allgemeine Behandlungsgrundsätze

Flüchtlingen darf, unter Vorbehalt günstigerer Bestimmungen der Flüchtlingskonvention, *generell nicht eine schlechtere Behandlung zuteil werden als Ausländern im allgemeinen* (Art. 7 FK). Die Flüchtlingskonvention verlangt die Gleichbehandlung der aufgenommenen Flüchtlinge untereinander ohne Unterschied der Rasse, der Religion oder des Herkunftlandes (Art. 3 FK).

Für die Frage, welches Recht auf Flüchtlinge anwendbar ist, regelt Art. 12 FK, dass mit der Anerkennung die Flüchtlinge "hinsichtlich ihrer *personenrechtlichen* Stellung dem Recht des Aufnahmelandes" unterstehen. In Art. 34 FK schliesslich *empfiehlt* die Flüchtlingskonvention, die Assimilierung und Einbürgerung der Flüchtlinge zu erleichtern.

- Besondere Bestimmungen der Flüchtlingskonvention

Die Anerkennung als Flüchtling beinhaltet gemäss Konvention v.a. das *Recht auf Anwesenheit* im Zufluchtstaat. Der Vertragsstaat ist aber darin frei, *wie* die Anwesenheit geregelt wird. Verpflichtet sind die Vertragsstaaten jedoch zur Ausstellung von Identitäts- (Art. 27 FK) und Reisepapieren (Art. 28 FK). Die fundamentalsten Rechte der Flüchtlinge gemäss Konvention sind in den Artikeln 32 und 33 geregelt: Danach sind Flüchtlinge vor Ausweisung in Drittstaaten und vor Rückschiebung in den Heimatstaat geschützt. Unter gewissen Voraussetzungen fällt allerdings dieser Schutz dahin (siehe dazu vorne S. 178f).

- *Gleichbehandlung mit den Inländern*

Diejenigen Bestimmungen, die eine Inländergleichbehandlung fordern, lassen den Staaten keinen Spielraum: Sie haben die Flüchtlinge in diesen Bereichen gleich wie die Einheimischen zu behandeln. Gleichbehandlung mit Inländerinnen und Inländern ist in folgenden Bereichen gefordert:

- in der Freiheit der Religionsausübung (Art. 4 FK);
- in der Regelung des Schutzes des geistigen und gewerblichen Eigentums (Art. 14 FK);
- beim Zutritt zu den Gerichten (Gewährung des Armenrechts, Wegfall der für Ausländer und Ausländerinnen manchenorts üblichen Kostenvorschusspflicht etc; Art. 16 FK);
- im Zugang zu Mangelwaren, sofern diese rationiert sind (Art. 20 FK);
- im Zugang zum Primarschulunterricht (Art. 22 FK);
- bei der Gewährung von Fürsorge und öffentlicher Unterstützung (Art. 23 FK);
- bei der Stellung in der Arbeitsgesetzgebung (z.B. betr. Regelung der Arbeitszeit, Ferienregelung, Arbeiterschutzbestimmungen etc.) und im Sozialversicherungsrecht (Art. 24 FK);
- bei der Erhebung von Steuern und Abgaben (Art. 29 FK).

- *Ausländergleichbehandlung*

Eine weitere Kategorie von Bestimmungen verlangt für die anerkannten Flüchtlinge eine "möglichst günstige Behandlung, die jedenfalls nicht ungünstiger sein darf als die unter den gleichen Umständen Ausländern im allgemeinen gewährte Behandlung" (für Art. 15 FK und Art. 17 FK wird die "günstigste Behandlung, die den Angehörigen eines fremden Landes unter den gleichen Umständen gewährt wird", verlangt; siehe dazu *Eckert*, S. 108, S. 133ff). Ausländergleichbehandlung gilt in folgenden Bereichen:

- beim Erwerb von beweglichem und unbeweglichem Eigentum (Art. 13);
- bei der Zulassung von Vereinigungen zu unpolitischen und nicht auf Erwerb gerichteten Zwecken sowie von Gewerkschaften (Art. 15 FK);

- in der Regelung der unselbständigen (Art. 17 FK) und selbständigen Erwerbstätigkeit (Art. 18 und 19 FK);

- in Bezug auf die Unterkunft, "soweit diese Frage durch Gesetze und Verordnungen geregelt ist oder unter der Kontrolle der öffentlichen Behörde steht" (Art. 21 FK);

- beim Zugang zu höheren Schulen (Art. 22 Abs. 2 FK);

- in der Regelung der Freizügigkeit (Art. 26).

2. DIE RECHTSSTELLUNG DER FLÜCHTLINGE, DIE IN DER SCHWEIZ ASYL ERHALTEN HABEN

LITERATUR: *Bersier*, S. 45ff; *Eckert*, Begriffe und Grundzüge des schweizerischen Flüchtlingsrechts, S. 90ff; *Gönczy*, L'assistance aux réfugiés; *Kälin*, Grundriss, S. 157-160; *Malinverni*, BV-Kommentar zu Art. 69ter, Rz 148ff; *Salzgeber*; *Schmid-Winter*, Die Rechtsstellung des Flüchtlings, insbesondere in der Sozialversicherung; SFH, Asyl in der Schweiz, 9 Fragen - 9 Antworten; *Thürer*, S. 1429-1436.

2.1. ÜBERBLICK

Mit der Zuerkennung des Asylstatus (zu den Voraussetzungen siehe vorne S. 67ff) erhält der Ausländer oder die Ausländerin einen im Vergleich mit anderen Ausländern und Ausländerinnen privilegierten Status. Diese Privilegierung hat seine Begründung in der Tatsache, dass Flüchtlinge - anders als die anderen Ausländer - den Schutz ihres Heimatstaates verloren haben und darauf angewiesen sind, im Zufluchtstaat eine neue Existenz aufbauen zu können. Die Anerkennung als Flüchtling gilt gemäss Art. 25 Asylgesetz gegenüber *allen* eidgenössischen und kantonalen Behörden. Keine Behörde hat damit das Recht, den Flüchtlingsstatus in Frage zu stellen und den betreffenden Flüchtlingen zustehende Rechte eigenmächtig vorzuenthalten (Botschaft zum Asylgesetz, BBl 1977 III 128). Bei der Ausgestaltung der Rechtsstellung hat sich die Schweiz an die Bestimmungen der Flüchtlingskonvention zu halten (siehe dazu ausführlich vorstehend, S. 382ff).

Bezüglich der extraterritorialen Wirkungen eines (im Ausland oder in der Schweiz ergangenen) positiven Asylentscheides siehe vorne S. 150f.

2.2. REGELUNG DER ANWESENHEIT

LITERATUR: *Bersier*, S. 45; *Kottusch*, Die Niederlassungsbewilligung gemäss Art. 6 ANAG, S. 528.

Mit der Asylgewährung erhalten Flüchtlinge das Recht, sich in der Schweiz aufzuhalten (Art. 4 AsylG), und sie haben einen *Anspruch* auf Regelung der Anwesenheit im Kanton, wo sie sich ordnungsgemäss aufhalten. Allerdings haben Flüchtlinge keinen Anspruch auf einen Kantonswechsel (BGE 116 Ib 1ff), auch wenn er in der Regel erlaubt werden dürfte. Das Asyl *erlischt*, wenn sich ein Flüchtling länger als drei Jahre im Ausland aufgehalten hat (Art. 42 Abs. 1 AsylG).

2.2.1. Aufenthaltsbewilligung

Der Kanton, in dem der Flüchtling sich ordnungsgemäss aufhält - es wird sich dabei meist um den Kanton handeln, dem er ursprünglich zugewiesen wurde (siehe S. 266ff) - ist verpflichtet, dessen Anwesenheit ausländerrechtlich zu regeln (Art. 26 AsylG und Art. 19 AsylVE). Im Asylentscheid weist deshalb das Bundesamt den Flüchtling an, sich zur Regelung seiner Anwesenheit bei der zuständigen Fremdenpolizeibehörde zu melden. Im Normalfall erhält der Flüchtling vorerst eine Jahresaufenthaltsbewilligung (Ausländerausweis B). Die Jahresaufenthaltsbewilligung ist, wie bereits der Name sagt, auf ein Jahr befristet und muss deshalb in der Regel jährlich bei der Fremdenpolizei des Aufenthaltskantons erneuert werden (Art. 5 ANAG).

Ein *Kantonswechsel* ist nur mit Bewilligung des Aufnahmekantons zulässig (gemäss Art. 8 ANAG und Art. 14 ANAV) und dürfte im ersten Jahr meist nur möglich sein, soweit im neuen Kanton bereits eine Arbeitsstelle gefunden wurde. Ein Anspruch auf Kantonswechsel besteht allerdings, wie oben erwähnt, nicht.

Zur Stellung der Jahresaufenthalter im allgemeinen siehe die Literaturhinweise vorne S. 36f.

2.2.2. Niederlassungsbewilligung

Nach fünf Jahren "ordnungsgemässem" Aufenthalt haben Flüchtlinge einen *Anspruch* auf die Niederlassungsbewilligung (Ausländerausweis C), "sofern kein Ausweisungsgrund vorliegt" (Art. 28 AsylG; zu den Gründen, die auch bei anerkannten Flüchtlingen ausnahmsweise eine Ausweisung erlauben, siehe Art. 44 AsylG und vorne S. 197f). Die Frist berechnet sich ab Stellung des Asylgesuches im Kanton oder in der Empfangsstelle und nicht etwa erst ab Asylentscheid (Weisung zum Asylgesetz über die Regelung des Aufenthaltes vom 20.12.1990, Asyl 52.1, Ziff. 4.1; *Kottusch* Niederlassungsbewilligung, S. 528). Dabei wird bei der Berechnung auch eine dem Asylgesuch vorangegangene Anwesenheit mit fremdenpolizeilicher Bewilligung angerechnet, nicht jedoch ein vorangegangener illegaler Aufenthalt in der Schweiz.

Mit dem Ausdruck des *ordnungsgemässen Aufenthaltes* ist angedeutet, dass der Aufenthalt nicht unbedingt ununterbrochen zu sein hat (kritisch dazu *Kottusch*, Niederlassungsbewilligung, S. 528). Diese Privilegierung gegenüber anderen Ausländern rechtfertigt sich durch die besondere Stellung der Flüchtlinge, bei denen davon auszugehen ist, dass sie hier in der Schweiz eine neue Existenz aufbauen müssen, da sie keine andere Heimat mehr haben. Für Ausbildung oder Beruf etc. sind vorübergehende Auslandaufenthalte häufig unabdingbar, was auch im Interesse der Schweiz an qualifizierten Arbeitskräften liegt. In Art. 42 AsylG wird aus dem gleichen Grundgedanken heraus bestimmt, dass das Asyl erst nach drei Jahren Auslandaufenthalt erlischt. Diese Frist kann in besonderen Fällen (gemäss Botschaft zum Asylgesetz, BBl 1977 III 136, bei Studienaufenthalten oder Tätigkeit bei internationalen Organisationen) durch das BFF verlängert werden. Für die anderen Ausländerinnen und Ausländer beträgt diese Frist sechs Monate, die auf Gesuch hin bis zu zwei Jahren verlängert werden kann (Art. 9 Abs. 3 lit. c ANAG).

Die Niederlassungsbewilligung wird vom Wohnsitzkanton ausgestellt und ist, wie die Aufenthaltsbewilligung, lediglich für diesen Kanton gültig (Art. 8 ANAG). Ein Kantonswechsel ist aber in der Regel möglich. Flüchtlinge haben sich in einem solchen Fall innerhalb von acht Tagen bei der Fremdenpolizeibehörde des neuen Wohnsitzkantons anzumelden und eine neue Niederlassungsbewilligung zu beantragen (Art. 8 Abs. 3 ANAG). Die Niederlassungsbewilligung ist *unbefristet*; der Ausländerausweis wird jedoch "zur Kontrolle" für eine Laufzeit von höchstens drei Jahren ausgestellt. Zwei Wochen vor Ende der Laufzeit ist er der zuständigen Behörde zur Verlängerung vorzulegen (Art. 11 Abs. 3 ANAV).

Mit Erhalt der Niederlassungsbewilligung sind Flüchtlinge den Schweizer Bürgern und Bürgerinnen mehr oder weniger gleichgestellt, abgesehen vom Genuss der politischen Rechte (Ausnahmen gelten in gewissen Umfang in den Kantonen Neuchâtel und Jura, siehe *Thürer*, Der politische Status der Ausländer in der Schweiz, ZAR 1/1990, S. 31) und - bei männlichen Flüchtlingen - der Pflicht zur Leistung von Militärdienst und der Bezahlung des Militärpflichtersatzes. Niedergelassene Flüchtlinge unterliegen nicht mehr der Quellensteuer (siehe S. 393f) und können den Beruf oder die Stelle ohne Bewilligung nach Belieben wechseln (siehe unten S. 293).

Zur Rechtsstellung der Niedergelassenen im allgemeinen siehe die Literaturhinweise vorne S. 36f.

2.2.3. Erwerb des schweizerischen Bürgerrechts

LITERATUR: *Aeschbacher/Hegetschweiler*, Kap. 4; *Salzgeber*, Kap. 4.6.

Nach 12 Jahren können sich Flüchtlinge - wie andere Ausländerinnen und Ausländer auch - einbürgern lassen. Sie stehen aber nicht im Genuss einer erleichterten Einbürgerung und haben *keinen Anspruch* auf Einbürgerung. Es gelten für sie die allgemeinen Regeln, wie sie im Bürgerrechtsgesetz (BüG; SR 141.0) niedergelegt sind. Die Schweiz ist damit der Empfehlung der Flüchtlingskonvention, die Einbürgerung der Flüchtlinge zu erleichtern, nicht nachgekommen. Gemäss Art. 34 der Konvention haben sich die vertragsschliessenden Staaten nämlich zu bemühen, "das Einbürgerungsverfahren zu beschleunigen und die Kosten des Verfahrens nach Möglichkeit herabzusetzen".

Gesuche um Einbürgerung sind an das Eidgenössische Justiz- und Polizeidepartement zu richten (Art. 13 Bürgerrechtsgesetz), das weitere Verfahren richtet sich nach kantonalem Recht. Auskunft geben die kantonalen Staatskanzleien (siehe *Salzgeber*, Kap. 4.6.). Mit Erlangung des Bürgerrechts ist der Flüchtlingsstatus beendet. Für ehemalige Flüchtlinge bedeutet dies z.B., dass sie wieder Kontakt zu ihrem Herkunftsstaat aufnehmen können, ohne Gefahr zu laufen, den Schutz durch die Schweiz zu verlieren.

2.2.4. Ausweispapiere und Auslandreisen

Flüchtlinge erhalten einen Identitätsausweis (Personalausweis), und sie haben einen Anspruch auf ein Reisepapier (Art. 1 VO über Reisepapiere für schriftenlose Ausländer, in Übereinstimmung mit Art. 27 und 28 Flüchtlingskonvention; siehe auch die näheren Bestimmungen zum sog. Flüchtlingspass im Anhang zur Flüchtlingskonvention). Verweigert werden darf ein Reisepapier gemäss Art. 28 FK, wenn "zwingende Gründe der Staatssicherheit oder öffentlichen Ordnung entgegenstehen" (siehe auch Art. 7 VO über Reisepapiere).

Der Reiseausweis wird in der Regel für drei Jahre, der Identitätsausweis für ein Jahr ausgestellt. Gesuche um deren Ausstellung und Verlängerung sind an die kantonale Fremdenpolizei zu richten, die das Gesuch an das BFF weiterleitet (Art. 5 VO über Reisepapiere). Das Reisepapier berechtigt den Flüchtling während dessen Gültigkeit zur Rückkehr in die Schweiz, der Identitätsausweis nur, wenn er ein gültiges Rückkehrvisum enthält (Art. 3 VO über Reisepapiere). Mit dem Reisepapier kann ein Flüchtling reisen, wohin er will - sofern er die notwendigen Visa erhält - *nicht* jedoch in sein Herkunftsland, da er damit seines Flüchtlingsstatus verlustig gehen kann (siehe vorne S. 203f). Er kann sich im übrigen auch einige Zeit im Ausland aufhalten, ohne den Asylstatus zu verlieren (Art. 42 Abs. 1 AsylG).

2.3. POLITISCHE TÄTIGKEIT

Seit der Aufhebung des Verbots politischer Tätigkeit von Flüchtlingen mit Inkrafttreten des Asylgesetzes im Jahre 1981 bestehen keine besonderen Bestimmungen für anerkannte Flüchtlinge mehr. Gemäss Art. 15 der Flüchtlingskonvention sind sie in dieser Beziehung gleich zu behandeln wie sonstige Ausländer und Ausländerinnen. Sie können sich - im Rahmen der strafrechtlichen Bestimmungen - politisch betätigen, d.h. Vereine gründen, Versammlungen abhalten etc. Bis zur Erlangung der Niederlassungsbewilligung unterstehen allerdings auch die anerkannten Flüchtlinge dem Bundesratsbeschluss betreffend politische Reden von Ausländern von 24.2.1948 (SR 126; siehe vorne S. 368).

Konsequenzen können unerwünschte politische Aktivitäten allenfalls im Rahmen des Einbürgerungsverfahren haben, wo die "Eignung zur Einbürgerung" (Art. 14 BüG), d.h. Leumund und Integration (Sprachkenntnisse, Einkommensverhältnisse etc.), überprüft werden (siehe im übrigen oben S. 387 mit Literaturhinweisen).

2.4. BETREUUNG UND FÜRSORGE

LITERATUR: *Bersier*, S. 49; *Salzgeber*, Kap. 9; *Thürer*, S. 1431.

2.4.1. Zuständigkeit

Bis anerkannte Flüchtlinge die Niederlassungsbewilligung erhalten - also während der ersten 5 Jahre - gewährleistet der Bund die Fürsorge. Er kann diese Aufgabe den anerkannten Flüchtlingshilfswerken oder "wenn die Umstände es erfordern, ganz oder teilweise den Kantonen übertragen" (Art. 31 Abs. 2 AsylG). Für die anerkannten Flüchtlinge, die Asyl erhalten haben, sind die Hilfswerke aufgrund spezieller Verträge zuständig. Die Kosten werden den Hilfswerken vom Bund gemäss gemeinsam vereinbarten Pauschalansätzen zurückerstattet (Art. 31 Abs. 2 AsylG).

Mit dem positiven Asylentscheid erhalten Flüchtlinge vom BFF die Mitteilung, dass sie in der nächsten Zeit durch die Schweizerische Zentralstelle für Flüchtlingshilfe in Zürich schriftlich darüber informiert werden, wie in der Schweiz die Fürsorge für die Flüchtlinge organisiert sei und dass sie Gelegenheit erhalten werden zu erklären, von welcher der bestehenden privaten Flüchtlingshilfeorganisationen sie betreut werden möchten.

2.4.2. Bemessung der Fürsorgeleistungen

Die Fürsorgeleistungen werden nach den für Schweizer Bürger und Bürgerinnen geltenden Grundsätzen ausgerichtet, wobei allerdings die besondere Lage der Flüchtlinge zu berücksichtigen ist. Das heisst, dass die soziale und berufliche Eingliederung erleichtert werden werden soll (siehe dazu z.B. VPB 52/1988, Nr. 35, S. 229ff). Gemäss Fürsorgebericht vom November 1990 (S. 16) soll die materielle Hilfe "die Existenzsicherung nach individuellem Bedarf mit dem Ziel langfristiger persönlicher und wirtschaftlicher Eigenständigkeit" bewirken. Dabei sollen den Flüchtlingen auch Beratung und Betreuung zur Verfügung gestellt werden. Genannt werden "psychosoziale Beratung, Integrationshilfen, ethnospezifische Beratung und gezielte, professionelle Verbesserung der sozialen Situation" (a.a.O.). Wie weit diese Betreuungsaufgabe in der Praxis verwirklicht werden kann, bleibe dahingestellt: So fehlen z.B. in der Schweiz bis heute weitgehend geeignete Stellen für die Behandlung von Folteropfern.

Im einzelnen haben sich die Hilfswerke bei der Ausrichtung von Fürsorgeleistungen an die Weisungen des BFF zu halten. Der Bund überprüft periodisch, ob die Hilfswerke die Fürsorgeleistungen den Vorschriften entsprechend ausrichten (Art. 49 des Entwurfs zur Asylverordnung 2).

2.4.3. Ausschlussgründe

Flüchtlinge haben bei der Festsetzung der Fürsorgeleistungen mitzuwirken. Insbesondere haben sie die Pflicht, über ihre wirtschaftlichen Verhältnisse Auskunft zu geben oder die Ermächtigung zu erteilen, damit das Hilfswerk Auskünfte einholen kann (Art. 38 Abs. 1 lit. b AsylG). Sie haben sich im Rahmen ihrer Möglichkeiten selber um die Verbesserung ihrer Lage zu bemühen (Art. 38 Abs. 1 lit. d AsylG). Verweigern Flüchtlinge die Zusammenarbeit, können die Fürsorgeleistungen gekürzt oder gestrichen werden.

2.4.4. Rechtsmittel

Entscheide des Hilfswerkes über Fürsorgeleistungen können innert 30 Tagen beim BFF angefochten werden (Art. 50 des Entwurfs zur Asylverordnung 2). Gegen dessen Verfügung besteht die Möglichkeit der Beschwerde an das EJPD (zur Praxis siehe etwa VPB 50/1986, Nr. 4, S. 42ff).

2.4.5. Pflicht zur Rückerstattung bezogener Fürsorgeleistungen

Täuschung des Hilfswerks durch unwahre oder unvollständige Angaben bezüglich der wirtschaftlichen Lage oder das Nichtmelden wesentlicher Änderungen bezüglich der wirtschaftlichen Situation während der Dauer des Bezugs von Fürsorgeleistungen (Art. 38 Abs. 1 lit. a und c AsylG) hat unter Umständen zur Folge, dass die Fürsorgeleistungen zurückerstattet werden müssen (Art. 40 Abs. 1 AsylG). Gemäss Art. 40 Abs. 2 AsylG müssen im übrigen Fürsorgeleistungen "im Rahmen des Zumutbaren" dann zurückbezahlt werden, wenn Fürsorgebezüger oder -bezügerinnen später über die entsprechenden Mittel verfügen. Dies entspricht einem allgemeinen Grundsatz, der auch für einheimische Fürsorgeabhängige gilt.

Fürsorgeleistungen, die Flüchtlinge vor dem vollendeten 20. Lebensjahr bezogen haben, müssen nicht zurückerstattet werden (Art. 40 Abs. 3 AsylG). Dasselbe gilt für Ausbildungsbeiträge.

2.4.6. Unterhalts- und Unterstützungspflichten Dritter

In zwei Fällen müssen Dritte für die Fürsorge von Flüchtlingen aufkommen:

- Gemäss Art. 39 AsylG kann das BFF "allfällige familienrechtliche Unterhalts- oder Unterstützungsansprüche des Flüchtlings geltend machen". Dies entspricht Art. 328 ZGB, laut dem "Verwandte in auf- und absteigender Linie und Geschwister" zur Unterstützung verpflichtet sind, sofern sie die Mittel dazu haben.

- Gemäss Art. 38 Abs. 2 AsylG haben im übrigen Organisationen oder Privatpersonen, die Flüchtlinge in die Schweiz eingeladen haben, selber für diese aufzukommen, solange sie dazu in der Lage sind und es ihnen zugemutet werden kann.

2.4.7. Übergang der Fürsorge an die Kantone

Nach Erteilung der Niederlassungsbewilligung ist die Fürsorge Sache der Kantone und richtet sich ausschliesslich nach den kantonalen Fürsorgegesetzen (Art. 40a AsylG). Die Kantone haben für die Kosten selber aufzukommen. Gemäss Art. 31 Abs. 4 AsylG gewährleistet der Bund i.d.R. weiterhin die Fürsorge für gewisse Gruppen von Flüchtlingen. Gemäss Art. 47 des Entwurfes zur Asylverordnung 2 fallen darunter Flüchtlinge,

- die im Rahmen des Sonderprogramms des UNHCR für Behinderte aufgenommen werden;
- die "bereits behindert, krank oder betagt" im Rahmen von Kontingenten, deren Aufnahme der Bundesrat oder das Departement beschlossen hat, in die Schweiz kommen und dauernder Unterstützung bedürfen (wobei Flüchtlinge über sechzig Jahre als betagt gelten);
- die "als alleinstehende Kinder oder unbegleitete Jugendliche in der Schweiz aufgenommen werden, und zwar bis diese Flüchtlinge volljährig sind oder bis zum ordentlichen Abschluss der Ausbildung".

2.5. SCHULE, AUS- UND WEITERBILDUNG

LITERATUR: *Borghi,* BV-Kommentar, Art. 27, Rz. 45ff; *Fox,* La scolarisation primaire obligatoire des enfants de requérants d'asile; *Salzgeber,* Kap.8; SFH, Asyl in der Schweiz, 9 Fragen - 9 Antworten, S. 15.

2.5.1. Schule

Der Primarschulunterricht ist sowohl für in- als auch für ausländische Kinder in der Schweiz *obligatorisch,* und der bzw. die Einzelne hat ein *Recht* darauf, in die Schule gehen zu können. Insofern erfüllt das schweizerische Recht die Anforderungen von Art. 22 FK, gemäss dem "die vertragsschliessenden Staaten den Flüchtlingen mit Bezug auf den Unterricht in den Primarschulen die gleiche Behandlung wie den Einheimischen" zu gewähren haben.

Betreffend *höhere Schulen* schreibt die Flüchtlingskonvention eine "Ausländergleichbehandlung" vor (Art. 22 Abs. 2 FK). Vorausgesetzt, die vorhandenen Schulabschlüsse werden von der Schweiz als gleichwertig anerkannt und die Flüchtlinge erfüllen die Voraussetzungen, sind sie auch an höheren Schulen zu denselben Bedingungen zugelassen wie die Einheimischen. Es gibt allerdings Berufe, die Schweizerinnen und Schweizern vorbehalten sind (Anwalts-, Notariats- und Arztberuf, Beamtungen etc.) und Ausländer bzw. Ausländerinnen damit nicht zu den Prüfungen zugelassen werden. Eine spezielle Regelung besteht gemäss Asylgesetz für die Medizinalberufe (Human-, Zahn-, Tiermedizin und Pharmazie), wo Art. 29 AsylG für diejenigen Flüchtlinge, die in der Schweiz Asyl erhalten haben, bestimmt, dass sie zu den Prüfungen zugelassen werden (siehe zu den Voraussetzungen die Verordnung über die Zulassung von Flüchtlingen zu den eidgenössischen Medizinalprüfungen vom 21.2.1979, SR 811.112.16; gemäss Art. 5 sind entsprechende Gesuche an das Bundesamt für Gesundheitswesen zu richten).

2.5.2. Stipendien

Flüchtlinge haben Anspruch auf Stipendien für die berufliche Aus- und Weiterbildung gemäss den jeweiligen kantonalen Bestimmungen. Die Aufwendungen werden den Kantonen vom Bund wieder zurückerstattet und zwar auch dann, wenn dem Flüchtling die Niederlassungsbewilligung erteilt worden ist (Art. 33 AsylG und Art. 56 Abs. 2 des Entwurfs zur Asylverordnung 2; Weisung über die Gewährung von Stipendien für die berufliche Aus- und Weiterbildung vom 31.3.1988; näheres dazu siehe *Salzgeber*, Kap. 8.6.3.)

2.6. ARBEIT

LITERATUR: *Bersier*, S. 46, *Eckert*, S. 134, 138f; *Hug*, S. 209; *Salzgeber*, Kap. 6.2.1.; *Schneider*, Asyl und Erwerbstätigkeit, S. 4ff; *Thürer*, S. 1430f.

Anerkannte Flüchtlingen haben einen Anspruch darauf, erwerbstätig zu sein (BBl 1977 III 129). Die Erwerbstätigkeit wird ihnen ohne Rücksicht auf die Arbeitsmarktlage bewilligt (Art. 27 AsylG). Ebenso können sie die Stelle oder den Beruf frei wechseln. Solange Flüchtlinge nur eine Jahresaufenthaltsbewilligung haben, also während der ersten fünf Jahre, benötigen sie allerdings vor jedem Stellenantritt ein Bewilligung der kantonalen Fremdenpolizei. Diese Bewilligung hat jedoch lediglich die Prüfung zum Inhalt, ob die orts- und berufsüblichen Lohn- und Arbeitsbedingungen eingehalten sind (Art. 9 BVO; *Hug*, S. 209, *Schneider*, S. 5). Von anfang an kann ihnen auch eine *selbständige Erwerbstätigkeit* bewilligt werden. Einschränkende Bestimmungen, wie die Klausel "sofern dadurch keine wichtigen wirtschaftlichen Interessen tangiert werden", wurden in der parlamentarischen Debatte gestrichen (*Bersier*, S. 46, *Lieber*, S. 61, siehe auch BBl 1979 III 129, Amtl. Bull. NR 1978, S. 1871f; falsch *Schneider*, S. 5).

Mit Erhalt der Niederlassungsbewilligung sind Stellen- und Berufswechsel ohne Bewilligung möglich.

Prinzipiell sind Flüchtlingen *alle* Berufe zugänglich. Eine Ausnahme bilden lediglich die Berufe, die die schweizerische Staatsbürgerschaft voraussetzen oder freie Berufe, die spezielle Zulassungsbestimmungen verlangen, wie z.B. der Anwalts- oder Arztberuf, höhere Beamtungen etc. Es besteht die Möglichkeit, ausländische Diplome von der Schweiz anerkennen zu lassen (Auskunft geben z.B. das Bundesamt für Bildung und Wissenschaft, soweit es um die Anerkennung von Hochschulabschlüssen geht oder die Abteilung Berufsbildung des BIGA; weitere Stellen sind aufgeführt bei *Salzgeber*, Kap. 6.2.1.).

2.7. STEUERPFLICHT

Bei ausländischen Arbeitskräften mit Jahresaufenthaltsbewilligung werden die direkten Steuern in den meisten Kantonen direkt am Lohn abgezogen (sog. Quellensteuer). Dies gilt auch für Flüchtlinge. Erst mit Erhalt der Niederlassung erhalten Flüchtlinge wie Schweizerinnen eine eigene Steuererklärung.

Grundsätzlich empfiehlt sich eine Kontrolle der Abzüge durch das Verlangen einer Bescheinigung über die Steuerabzüge vom Arbeitgeber. Unter die direkten Steuern fallen z.B. auch Kirchensteuern, auch wenn der Flüchtling keiner Staatskirche (evangelisch-reformiert, römisch-katholisch und christ-katholisch) angehört. Diese Kirchensteuer kann deshalb Ende Jahr zurückgefordert werden.

Die Flüchtlingskonvention verlangt bezüglich Steuern in Art. 29 Abs. 1 eine Gleichbehandlung der Flüchtlinge mit Einheimischen bezüglich Erhebung von "Gebühren, Abgaben oder Steuern irgendwelcher Art". Insoweit die Kantone also anerkannte Flüchtlinge wie die übrigen Jahresaufenthalter der Quellensteuer unterwerfen, verstossen sie gegen die Flüchtlingskonvention (*Eckert*, S. 131). Offenbar besteht in gewissen Kantonen jedoch die Möglichkeit, auf Antrag hin der normalen Selbsteinschätzung unterstellt zu werden (*Bersier*, S. 48 mit Anm. 152).

2.8. FAMILIE

LITERATUR: *Kottusch*, Zur rechtlichen Regelung des Familiennachzuges von Ausländern, S. 239f; *Salzgeber*, Kap. 4.7.; *Thürer*, S. 1434f; UNHCR, Handbuch, Ziff. 181-188; *Werenfels*, S. 378-392.

Familienangehörige werden in die Flüchtlingseigenschaft miteinbezogen (Art. 3 Abs. 3 AsylG). Befindet sich ein Teil der Familie im Zeitpunkt der Asylgewährung noch im Ausland, kann gemäss Art. 7 AsylG ein Gesuch um Familienvereinigung gestellt werden. Gemäss Art. 7 Abs. 2 AsylG kann neben der engeren Familie auch "anderen nahen Angehörigen" in der Schweiz Asyl gewährt werden, "wenn besondere Umstände für eine Wiedervereinigung in der Schweiz sprechen". Die Praxis des BFF ist allerdings sehr streng. Siehe dazu vorne eingehend S. 126ff.

Für die weiteren Verwandten (z.B. auch Geschwister) bleibt nur die Möglichkeit, sie vorübergehend in die Schweiz einzuladen. Die Fremdenpolizei erteilt in der Regel die Bewilligung, wenn Flüchtlinge in finanziell gesicherten Verhältnissen leben und sich verpflichten, *alle* Kosten des Aufenthaltes der Verwandten zu übernehmen.

Da gemäss Art. 12 FK mit der Anerkennung die Flüchtlinge "hinsichtlich ihrer personenrechtlichen Stellung dem Recht des Aufnahmelandes" un-

Rechtsstellung der Flüchtlinge 395

terstehen, ist betreffend *Heirat, Scheidungen* etc. das schweizerische Recht anwendbar (siehe z.B. BGE 105 II 1ff).

2.9. SOZIALVERSICHERUNG

LITERATUR: *Aeschbacher/Hegetschweiler*, Kap. 11; *Bersier*, S. 47f; *Meyer*, Problèmes concrets soulevés par les demandeurs d'asile et les réfugiés das l'AVS/AI; *Salzgeber*, Kap. 7; *Schmid-Winter*, Die Rechtsstellung des Flüchtlings, insbesondere in der Sozialversicherung, S. 57-127; *Thürer*, S. 1432.

"Die Ansprüche der Flüchtlinge auf Leistungen der Sozialversicherung richten sich nach der einschlägigen Gesetzgebung" (Art. 30 AsylG). Damit sind anerkannte Flüchtlinge weitgehend den Schweizer Bürgern und Bürgerinnen gleichgestellt. Sie haben, sofern sie arbeiten, dieselbe *Beitragspflicht* wie die anderen Arbeitnehmer und Arbeitnehmerinnen bezüglich Unfallversicherung, beruflicher Vorsorge, Arbeitslosenversicherung, Alters-, Hinterlassenen- und Invalidenversicherung. In gewissen Kantonen besteht zudem ein Obligatorium betreffend Beitritt zu einer Krankenkasse. Hinsichtlich der *Leistungen* sind Flüchtlinge in der Unfallversicherung, Krankenkasse, Beruflichen Vorsorge, Arbeitslosenversicherung, wie alle anderen Ausländerinnen und Ausländer, den Schweizern und Schweizerinnen gleichgestellt.

Im Gegensatz zu den übrigen Ausländern sind anerkannte Flüchtlinge zudem auch in der *AHV* und *IV* den Einheimischen im wesentlichen gleichgestellt (gemäss Bundesbeschluss vom 4.10.1962 über die Rechtsstellung der Flüchtlinge und Staatenlosen in der Alters-, Hinterlassenen- und Invalidenversicherung, FlüB, SR 831.131.11; siehe auch die Verwaltungsweisungen des Bundesamtes für Sozialversicherung über die Rechtsstellung der Flüchtlinge und Staatenlosen in der AHV/IV). Sie haben Anrecht auf ordentliche AHV-Renten und Hilflosenentschädigungen der IV wie die Schweizer Bürgerinnen und Bürger. Lediglich für ausserordentliche Renten wird ein ununterbrochener Aufenthalt von 5 Jahren vorausgesetzt (Art. 2 Abs. 2 Bundesgesetz über Ergänzungsleistungen zur AHV und IV, SR 831.30 und Art. 1 Abs. 1 FlüB).

Die *Kinderzulagen* für die im Ausland lebenden Kinder werden seit der letzten Asylgesetzrevision durch den AVB von 1990 gemäss Art. 21b AsylG während des Asylverfahrens zurückbehalten und erst nach der Anerkennung als Flüchtling ausbezahlt. Um die Auszahlung der zurückbehaltenen Kinderzulagen zu erwirken, ist innert sechs Monaten nach positivem Entscheid bei der zuständigen Familienausgleichskasse eine Kopie des Asylentscheides einzureichen (Art. 45 Abs. 2 des Entwurfes zur Asylverordnung 2).

3. DIE RECHTSSTELLUNG DER VORLÄUFIG AUFGENOMMENEN FLÜCHTLINGE

3.1. ÜBERBLICK

Massgebend für vorläufig aufgenommene Flüchtlinge sind die Bestimmungen im *Asylgesetz*, die ausdrücklich auf sie Bezug nehmen, die Regelungen der *Internierungsverordnung* und die Bestimmungen der Genfer *Flüchtlingskonvention* (vorläufig aufgenommene Flüchtlinge haben Anspruch auf die Rechte, die sich aus der Flüchtlingskonvention ergeben; Botschaft zum AVB, BBl 1990 II 658). In den Bestimmungen über die Rechtsstellung der Flüchtlinge und Fürsorge, 3. und 4. Kapitel des Asylgesetzes, ist im einzelnen aufgeführt, welche Bestimmungen nur für Flüchtlinge, denen Asyl gewährt wurde und welche auch für Flüchtlinge, die vorläufig aufgenommen wurden, gelten sollen. Art. 2 Internierungsverordnung zählt sie einzeln auf. Danach gelten für die "Rechtsstellung und Fürsorge für Ausländer, die als Flüchtlinge vorläufig aufgenommen wurden":

- Art. 24 AsylG, der neben den speziellen Bestimmungen des Asylgesetzes das allgemeine Ausländerrecht und die Flüchtlingskonvention für anwendbar erklärt;

- Art. 25 AsylG, wonach der Flüchtlingsstatus gegenüber allen eidgenössischen und kantonalen Behörden, gilt;

- Art. 27 AsylG betreffend Erwerbstätigkeit (siehe oben S. 393);

- Art. 30 AsylG betreffend Sozialversicherungen (siehe oben S. 395);

- Art. 31-40 AsylG betreffend Fürsorge (siehe oben S. 389ff).

Direkt aus der Flüchtlingskonvention ergibt sich zudem ein Anspruch auf Identitäts- und Reisepapiere (Art. 27 und 28 FK, siehe oben S. 387f). Selbstverständlich unterstehen vorläufig aufgenommene Flüchtlinge dem Schutz vor Ausweisung bzw. vor Rückschiebung in den Verfolgerstaat gemäss Art. 32 und 33 FK.

Rechtsstellung der Flüchtlinge

3.2. AUFENTHALTSREGELUNG

Betreffend Regelung der Anwesenheit legt die Flüchtlingskonvention in Art. 26 lediglich fest, dass der Aufenthalt garantiert sein muss; eine Privilegierung gegenüber andern Ausländern und Ausländerinnen sieht sie nicht vor. Vorläufig aufgenommene Flüchtlinge werden deshalb wie vorläufig aufgenommene sonstige Ausländer und Ausländerinnen behandelt (siehe unten S. 400f).

Art. 28 AsylG, der Flüchtlingen, die den Asylstatus erhalten, einen *Anspruch* auf die Niederlassungsbewilligung bereits nach fünf Jahren gibt, gilt für vorläufig aufgenommene Flüchtlinge *nicht*. Sie können damit in der Regel frühestens nach 10 Jahren die Niederlassung beantragen (Art. 11 ANAG).

3.3. FÜRSORGE

Die Fürsorge richtet sich gemäss Art. 2 Internierungsverordnung (nicht jedoch gemäss Wortlaut des Asylgesetzes) nach den Artikeln 31 - 40 AsylG. Der Bund kommt damit für die Fürsorge auf. Ob er die Fürsorge gemäss Art. 31 Abs. 2 AsylG den anerkannten Hilfswerken oder den Kantonen überträgt, ist noch unklar, ebenfalls, in welchem Zeitpunkt die Verantwortung an den Kanton übergehen soll.

3.4. ERWERBSTÄTIGKEIT

In bezug auf die Möglichkeiten zur Erwerbstätigkeit sind die vorläufig aufgenommenen Flüchtlinge den Flüchtlingen mit Asyl gemäss Art. 27 AsylG explizit gleichgestellt. Sie können deshalb von Anfang an ohne Rücksicht auf die wirtschaftliche Lage einer unselbständigen und auch selbständigen Erwerbstätigkeit nachgehen (siehe oben S. 393).

Art. 29 AsylG hingegen ist nicht anwendbar für vorläufig aufgenommene Flüchtlinge, d.h. dass sie in der Zulassung zu den Medizinalprüfungen gegenüber anderen Ausländern und Ausländerinnen nicht privilegiert sind.

3.5. FAMILIENNACHZUG

Gemäss Art. 3 Abs. 2 AsylVE sind vorläufig aufgenommene Flüchtlinge in bezug auf den Familiennachzug nicht privilegiert. Es gilt somit dieselbe Regelung wie bei vorläufig aufgenommenen Ausländern und Ausländerinnen (Art. 7 InternierungsVO; siehe hinten S. 403), d.h. u.a. dass der

Kanton dem Flüchtling vorgängig eine Aufenthaltsbewilligung (B) zu erteilen hat und der Flüchtling nachweisen muss, dass er für die Familie eine angemessene Wohnung zur Verfügung stellen und finanziell für sie aufkommen kann.

Die Familiennachzugsregelung ist bereits für vorläufig aufgenommene Ausländer umstritten. Da bei Flüchtlingen noch klarer davon ausgegangen werden muss, dass sie für eine längere Zeit - wenn nicht für immer - in der Schweiz bleiben werden, weil sie als Verfolgte nicht in ihren Heimat- oder Herkunftsstaat zurückkehren können, widerspricht diese Regelung dem Anspruch auf Schutz des Familienlebens in Art. 8 der Europäischen Menschenrechtskonvention (zum Familiennachzug für vorläufig aufgenommene Flüchtlinge siehe im übrigen ausführlich vorne S. 127f mit kritischen Bemerkungen).

Die vorläufige Aufnahme für Flüchtlinge ist erst mit der Revision des Asylgesetzes durch den AVB von 1990 eindeutig verankert worden. Art. 25 AsylG sieht jetzt klar vor, dass Ausländer, die als Flüchtlinge vorläufig aufgenommen worden sind, gegenüber allen eidgenössischen und kantonalen Behörden als Flüchtlinge im Sinne des Gesetzes und der Flüchtlingskonvention gelten. In Entscheiden vor dem 22. Juni 1990 (Inkrafttreten des AVB) äusserten sich die Asylbehörden aber jeweils nicht über die Flüchtlingseigenschaft, wenn Asylausschlussgründe gegeben waren (z.B. wenn das Asyl wegen Asylunwürdigkeit im Sinne von Art. 8 AsylG verweigert wurde oder wenn subjektive Nachfluchtgründe vorlagen); diese Frage wurde offengelassen. Personen in dieser Situation ist daher zu empfehlen, beim Bundesamt für Flüchtlinge ein *Begehren um Anerkennung der Flüchtlingseigenschaft* zu stellen.

III. RECHTSSTELLUNG DER ABGEWIESENENEN ASYLSUCHENDEN, DIE IN DER SCHWEIZ BLEIBEN KÖNNEN

1. ÜBERBLICK

Trotz negativem Asylentscheid verbleibt ein Teil der Asylsuchenden in der Schweiz,

- indem sie aufgrund des Ausländergesetzes (Art. 14a ff ANAG) vorläufig aufgenommen oder interniert werden (siehe vorne S. 171ff und unten Ziff. 2 und 3), oder

- indem sie gemäss Art. 17 Abs. 2 AsylG i.V. mit Art. 13 lit. f BVO vom Kanton eine Jahresaufenthaltsbewilligung aus humanitären Gründen erhalten, weil ein besonders schwerer persönlicher Härtefall vorliegt, der die Wegweisung als unmenschlich erscheinen lässt (siehe vorne S. 347ff und unten S. 406), oder

- indem sie "toleriert" werden, indem die Ausschaffung trotz Abschlusses des Asylverfahrens und angesetzter Wegweisungsfrist nicht vollzogen wird (siehe vorne S. 192ff und unten S. 406f).

Die Rechtsstellung der vorläufig Aufgenommenen, der Internierten, der Jahresaufenthalter und der "Tolerierten" soll hier kurz erläutert werden.

2. DIE RECHTSSTELLUNG DER VORLÄUFIG AUFGENOMMENEN

2.1. VORBEMERKUNG

Die vorläufige Aufnahme von Ausländern und Ausländerinnen ist eine *Ersatzmassnahme* für den Fall, dass sich die Weg- oder Ausweisung als nicht möglich, nicht zulässig oder nicht zumutbar erweist (Art. 18 Abs. 1 AsylG i.V. mit Art. 14a ANAG, siehe dazu eingehend S. 171ff). Das BFF ist für die Anordnung dieser Ersatzmassnahme zuständig, unabhängig davon, ob es sich um weggewiesene Ausländer oder weggewiesene Asylsuchende handelt; Voraussetzung ist in jedem Fall eine in Rechtskraft erwachsene Wegweisungsverfügung (so jedenfalls die Weisung zum Asylgesetz über die Regelung des Aufenthaltes vom 20.12.1990, Asyl 52.1; Ziff. 5.1).

Im Gegensatz zu den vorläufig aufgenommenen Flüchtlingen erfüllt diese Kategorie die Flüchtlingseigenschaft im Sinne von Art. 3 AsylG nicht. Vorläufig Aufgenommene können in der Schweiz bleiben, bis sich die Wegweisung als durchführbar erweist oder sich die Lage im Herkunftsstaat soweit verändert hat, dass die Wegweisung als zumutbar erachtet wird.

2.2. REGELUNG DES AUFENTHALTS

Die vorläufige Aufnahme wird vom BFF für die Dauer von zwölf Monaten verfügt. Die Verlängerung um jeweils weitere zwölf Monate erfolgt durch die kantonalen Fremdenpolizeibehörden (Art. 14c Abs. 1 ANAG). Gemäss Art. 9 InternierungsVO haben vorläufig Aufgenommene den Ausländerausweis zwei Wochen vor Ablauf der Kontrollfrist der Fremdenpolizei *unaufgefordert* vorzulegen.

Vorläufig Aufgenommene können ihren Aufenthaltsort *innerhalb* des Kantons frei wählen (Art. 14c Abs. 2 ANAG).

Das BFF kann die vorläufige Aufnahme *jederzeit* aufheben, wenn die Wegweisungsschranke wegfällt (Art. 14b Abs. 2 ANAG und Art. 12 InternierungsVO). Die vorläufige Aufnahme wird in der Regel dann aufgehoben, wenn die Ausreise in den Heimat- oder einen Drittstaat möglich, zulässig oder zumutbar wird. Die vorläufige Aufnahme *erlischt*, wenn vorläufig Aufgenommene freiwillig ausreisen oder wenn sie eine ordentliche ausländerrechtliche Aufenthaltsbewilligung durch den Aufenthaltskanton erhalten (Art. 14b Abs. 2 ANAG).

Nach vierjähriger Anwesenheit in der Schweiz sollte, so der Fürsorgebericht vom November 1990 (S. 13), in der Regel eine Jahresaufenthaltsbewilligung erteilt werden.

Die vorläufige Aufnahme kann mit *Auflagen* verbunden werden (Art. 4 InternierungsVO). Diese können jederzeit, jedoch ausschliesslich durch das BFF, angeordnet werden. Zu den Auflagen ist dem Ausländer *rechtliches Gehör* zu gewähren; sie dürfen keinen freiheitsentziehenden Charakter aufweisen. Zur Sicherstellung künftiger Fürsorgeleistungen können die *kantonalen* Behörden zudem die Erteilung der Arbeitsbewilligung mit der Auflage verbinden, dass durch den Arbeitgeber Teile des Lohnes auf ein Sicherheitskonto einbezahlt werden, sofern nicht anderweitig Sicherheit geleistet wird (Art. 6 Abs. 4 InternierungsVO).

Vorläufig Aufgenommene müssen ihre ausländischen Reisepapiere und Identitätsausweise - oder die "Bescheinigung Asylgesuch" - beim BFF hinterlegen (Art. 5 Abs. 1 InternierungsVO). Sie erhalten dafür von den kantonalen Behörden einen Ausländerausweis (sog. Ausländerausweis F), in dem Aufenhaltsort, Gültigkeitsdauer und die Bewilligung der Erwerbstätigkeit eingetragen werden (Art 5 Abs. 2 und 3 InternierungsVO). Der Ausländerausweis F berechtigt die vorläufig aufgenommenen Ausländer und Ausländerinnen *nicht* zu Auslandreisen. Gemäss Verordnung über Reisepapiere für schriftenlose Ausländer (SR 143.5), *kann* aber vorläufig aufgenommenen Ausländern "in begründeten Fällen" ein Reisepapier ausgestellt werden.

2.3. FÜRSORGE

LITERATUR: *Salzgeber*, Kap. 9.

Die Betreuung der vorläufig Aufgenommenen richtet sich nach Art. 14c Abs. 4 - 6 ANAG. Sie unterstehen, ebenso wie die Asylsuchenden, der Fürsorge der Kantone, wobei der Bund den Kantonen weiterhin die Ausgaben vergütet. Vorläufig Aufgenomme haben soweit zumutbar die Pflicht, bezogene Fürsorgeleistungen zurückzuerstatten, sofern sie nachträglich in den Besitz von Mitteln gelangen (Art. 8 Abs. 1 InternierungsVO). Ebenfalls zur Rückerstattung verpflichtet ist, wer sich Fürsorgeleistungen mit unwahren oder unvollständigen Angaben erschlichen hat (Art. 8 Abs. 3 InternierungsVO). Soweit die kantonale Gesetzgebung keine Rückerstattungspflicht kennt, macht das BFF den Anspruch geltend (siehe dazu Art. 8 Abs. 5 InternierungsVO).

Fürsorgeleistungen, die vorläufig aufgenommene Ausländer oder Ausländerinnen als *Minderjährige* bezogen haben, müssen nicht zurückerstattet werden (Art. 8 Abs. 2 InternierungsVO). Die Minderjährigkeit bestimmt sich dabei nach den Grundsätzen des Bundesgesetzes über das internationale Privatrecht (IPRG, SR 291), d.h. wenn Asylsuchende in ihren Herkunftsstaaten nach dortigem Recht volljährig wurden, bevor sie in die Schweiz gekommen sind, gelten sie bezüglich Rückerstattung der Fürsorgeleistungen nicht als minderjährig.

Vorläufig aufgenommene Ausländer und Ausländerinnen sollten gemäss Fürsorgebericht geeignete Hilfe zur Integration erhalten, wobei jedoch eine spätere Rückkehr in ihr Heimatland nicht verunmöglicht werden darf (Fürsorgebericht vom November 1990, S. 13).

2.4. ARBEIT

LITERATUR: *Salzgeber*, Kap. 6; *Schneider*, Asyl und Erwerbstätigkeit, S. 5f.

Gemäss Art. 14c Abs. 3 ANAG können die Kantone den vorläufig aufgenommenen Ausländern und Ausländerinnen eine unselbständige Erwerbstätigkeit bewilligen, "sofern die Arbeits- und Wirtschaftslage dies gestatten." War der Ausländer bereits vor der Anordnung der vorläufigen Aufnahme zur Erwerbstätigkeit berechtigt, so wird die entsprechende Bewilligung übernommen, sofern er am bisherigen Arbeitsplatz verbleibt (so die Weisung zum Asylgesetz über die Regelung des Aufenthalts vom 20.12.1990, Asyl 52.1, Ziff. 5.10).

Die Bewilligungen werden *nicht* an die kantonalen Kontingente angerechnet. Gemäss Art. 6 InternierungsVO sind bei der Erteilung der Arbeitsbewilligung von den kantonalen Arbeitsämtern jedoch die allgemein in der Begrenzungsverordnung genannten Voraussetzungen der Bewilligungserteilung zu beachten, so z.B. betreffend Vorrang der einheimischen Arbeitskräfte (Art. 7 BVO, wobei vorläufig Aufgenommene gemäss Art. 6 Abs. 2 InternierungsVO als stellensuchende Ausländer, die bereits zur Erwerbstätigkeit berechtigt sind, behandelt werden *können*), weiter betreffend Einhaltung der orts- und berufsüblichen Lohn- und Arbeitsbedingungen (Art. 9 BVO) oder betreffend Unterbringung in einer angemessenen Unterkunft (Art. 11 BVO).

Der *Stellenwechsel* ist bewilligungspflichtig (Art. 29 BVO i.V. mit Art. 6 Abs. 1 InternierungsVO). Im ersten Jahr der Erwerbstätigkeit wird diese Bewilligung in der Regel nicht erteilt. Die Arbeitsbewilligung *erlischt* nach Aufhebung der vorläufigen Aufnahme mit Ablauf der Ausreisefrist gemäss Art. 12 Abs. 2 InternierungsVO.

Die Erteilung der Arbeitsbewilligung kann gemäss Art. 14c Abs. 6 ANAG und Art. 6 Abs. 4 InternierungsVO mit der Verpflichtung, für *zukünftige* Fürsorgeleistungen *Sicherheit* zu leisten, verknüpft werden. Der Arbeitgeber kann verpflichtet werden, Teile des Lohnes auf ein Sperrkonto zu überweisen. Über das Konto wird bei der endgültigen Ausreise abgerechnet. Davon wird abgesehen, wenn anderweitig Sicherheit geleistet wird. So können ehemalige Asylsuchende die von ihnen im Verlaufe des Asylverfahrens gemäss Art. 21a AsylG erbrachten Lohnabzüge einbringen.

2.5. FAMILIENNACHZUG

LITERATUR: *Blättler*, Familiennachzug für Internierte bzw. vorläufig Aufgenommene, S. 2ff; *Hegetschweiler*, Die Familienzusammenführung von vorläufig Aufgenommenen und anderen Personen, die kein Asyl und keine Aufenthaltsbewilligung in der Schweiz haben, S. 7ff.; *Kottusch*, Zur rechtlichen Regelung des Familiennachzugs von Ausländern, S. 350ff.

Vorläufig aufgenommenen Ausländerinnen und Ausländern wird der Familiennachzug nur unter sehr restriktiven Bedingungen erteilt. Folgende Voraussetzungen müssen kumulativ erfüllt sein (Art. 7 InternierungsVO):

- Bereitschaft der *kantonalen Fremdenpolizeibehörde* zur Erteilung einer ausländerrechtlichen Anwesenheitsbewilligung;
- Feststellung des Bundesamtes für Flüchtlinge, dass die Wegweisung des Ausländers *längerfristig* nicht vollzogen werden kann;
- Feststellung des *Bundesamtes für Ausländerfragen*, dass keine Gründe zur Einschränkung des Anspruchs auf Achtung des Familienlebens bestehen (Feststellung im Rahmen des Zustimmungsverfahrens gemäss Art. 13 Abs. 1 lit. f und Art. 36 BVO); und
- Vorentscheid der kantonalen Arbeitsmarktbehörde im Sinne von Art. 42 BVO über die Bewilligung zur Erwerbstätigkeit des Ausländers und der nachzuziehenden Mitglieder der Familie.

Im weiteren müssen gemäss Art. 7 InternierungsVO die Bedingungen gemäss Art. 38 und Art. 39 BVO erfüllt sein, das heisst,

- der Ausländer muss einer Erwerbstätigkeit nachgehen;
- die Familie muss zusammen wohnen, und eine angemessene Wohnung muss zur Verfügung stehen;
- es müssen genügend finanzielle Mittel für den Unterhalt der Familie vorliegen;
- die Betreuung der Kinder muss gewährleistet sein.

Die Weisung zum Asylgesetz über die Regelung des Aufenthalts vom 20.12.1990, Asyl 52.1, Ziff. 5.9, weist indessen darauf hin, dass im Rahmen der Bewilligungspraxis neben den Grundsätzen der Stabilisierungspolitik des Bundes auch diejenigen von Art. 8 EMRK (Achtung des Privat- und Familienlebens) Beachtung finden sollen (siehe dazu vorne S. 46ff).

2.6. EHESCHLIESSUNG

Bezüglich *Eheschliessung* gelten die gleichen Bestimmungen, die schon bei den Asylsuchenden dargestellt worden sind (siehe oben S. 376f).

2.7. SOZIALVERSICHERUNG

In Bezug auf die Sozialversicherung sind vorläufig Aufgenommene den sonstigen Ausländern und Ausländerinnen gleichgestellt (siehe vorne S. 378ff; vgl. insbesondere die Ausführungen zu den Rückforderungsansprüchen geleisteter Versicherungsbeiträge an die berufliche Vorsorge und an die AHV beim endgültigen Verlassen der Schweiz). Die *Kinderzulagen* für Kinder in der Schweiz oder im Ausland werden vorläufig Aufgenommenen in der Regel regulär ausbezahlt. Die *während des Asylverfahrens* zurückbehaltenen Kinderzulagen werden aber gemäss Art. 21b AsylG lediglich denjenigen Ausländern und Ausländerinnen, die gemäss Art. 14 Abs. 4 ANAG als sogenannte Gewaltflüchtlinge, nicht jedoch denen, die gemäss Art. 14a Abs. 2 ANAG wegen Undurchführbarkeit der Wegweisung vorläufig aufgenomen wurden, zurückerstattet. Das Rückerstattungsgesuch ist, gemäss Art. 45 des Entwurfs zur Asylverordnung 2, innert sechs Monaten bei der zuständigen Familienausgleichskasse unter Beilage einer Kopie des Asylentscheides einzureichen.

3. DIE INTERNIERTEN

Das BFF kann anstelle der vorläufigen Aufnahme die geschlossene Internierung anordnen, wenn der Ausländer die Sicherheit der Schweiz oder eines Kantons gefährdet oder wenn er durch seine Anwesenheit eine schwere Gefährdung der öffentlichen Ordnung darstellt (Art. 14d Abs. 2 ANAG; siehe dazu S. 337). Die Internierung kann *jederzeit* angeordnet werden. Antragsberechtigt sind gemäss Art. 14b Abs. 1 ANAG das Bundesamt für Ausländerfragen, die Bundesanwaltschaft und die kantonalen Fremdenpolizeibehörden. Vor der Anordnung der Internierung muss den Betroffenen das rechtliche Gehör gewährt werden. Da die Internierung einen Freiheitsentzug darstellt, ist gegen ihre Anordung direkt Beschwerde an das Bundesgericht möglich (Art. 20 Abs. 1bis ANAG; zur Kasuistik siehe BGE 110 Ib 1ff, wo geprüft wurde, ob die Internierung eines illegal eingereisten Türken, bei dem eine Gefährdung Dritter bejaht wurde, gegen Art. 5 Ziff. 1 lit. f EMRK verstosse.)

Die Internierung wird erstmals für 6 Monate verfügt (Art. 14d Abs. 1 ANAG); sie wird um jeweils höchstens sechs Monate durch das BFF verlängert. Die Internierung wird aufgehoben, wenn die Sicherheitsbedenken nicht mehr bestehen. Spätestens nach zwei Jahren *muss* sie aufgehoben und durch eine vorläufige Aufnahme ersetzt werden (Art. 14d Abs. 1 ANAG).

Gemäss der Weisung des EJPD über die Regelung des Aufenthaltes vom 20.12.1990, Asyl 52.1, Ziff. 6.5, ist die Internierung vom Bundesamt sofort aufzuheben und die Wegweisung zu vollziehen, wenn die Vollzugsvoraussetzungen gegeben sind. Die Internierung erlischt wie die vorläufige Aufnahme, wenn der Ausländer oder die Ausländerin die Schweiz freiwillig verlässt oder wenn seine bzw. ihre Anwesenheit ausländerrechtlich geregelt wird.

Vollzogen wird die Internierung in einer "geeigneten Anstalt". Bei der Wahl der Anstalt oder eines geeigneten Heims berücksichtigt das BFF gemäss Art. 10 InternierungsVO die vom Ausländer ausgehende Gefährdung. Der Kanton hat, wenn er die Internierung beantragt, dem BFF Anstalten vorzuschlagen, "die sich zur Unterbringung des Ausländers bereit erklärt haben oder dazu verpflichtet sind" (Art. 10 Abs. 2 InternierungsVO). Mit der Anordnung der Internierung setzt das Bundesamt die Vollzugsbedingungen fest.

Die Internierung ist zu unterscheiden von der *fürsorgerischen* Freiheitsentziehung, die sich ausschliesslich nach den Bestimmungen des ZGB (Art. 397a ff. ZGB) richtet. Ausdrücklich wird in den Erläuterungen zur Internierungsverordnung vom 6.5.1987 (S. 8) darauf hingewiesen, dass mit der Anordnung der Internierung nicht die *Ausschaffungshaft* (siehe vorne S. 342) verlängert werden darf (für weitere Einzelheiten siehe Weisung 52.1 zum Asylgesetz über die Regelung des Aufenthalts vom 20.12.1990, Ziff. 6).

Die Asylstatistik 1991 weist - ebenso wie diejenige von 1990 - *keine* geschlossenen Internierungen auf.

4. AUSLÄNDER MIT AUFENTHALTSBEWILLIGUNGEN AUS HUMANITÄREN GRÜNDEN

LITERATUR: *Aeschbacher/Hegetschweiler* S. 6ff; *Bolz*, Rechtsschutz im Ausländer- und Asylrecht, S. 32ff; *Kenel/Schaffer*, *Pfanner*, Die Jahresaufenthaltsbewilligung des erwerbstätigen Ausländers, St. Gallen 1985.

Ausländer und Ausländerinnen, die in der Schweiz eine Aufenthaltsbewilligung aus humanitären Gründen erhalten (zu den Voraussetzungen, siehe vorne S. 347ff), sind den übrigen Jahresaufenthaltern gleichgestellt und werden als solche behandelt. Da sie die Bewilligung in der Regel erhalten, weil sie sich bereits in der Schweiz integriert haben und ihre Wegweisung deshalb stossend wäre, kann davon ausgegangen werden, dass für eine Nichtverlängerung der Aufenthaltsbewilligung *erhöhte* Gründe gegeben sein müssen (zu den Voraussetzungen der Nichtverlängerung bei Jahresaufenthaltern allgemein siehe *Bolz*, S. 35f, und *Pfanner*, S. 176ff und 180ff, mit Hinweisen auf die Praxis).

5. DIE TOLERIERTEN

Gewisse Flüchtlingsgruppen können trotz Ablehnung ihrer Asylgesuche und Bejahung der Durchführbarkeit der Wegweisung sozusagen auf Zusehen hin in der Schweiz bleiben. Obwohl dieser Status im Gesetz nicht vorgesehen ist, weist die Asylstatistik 1990 insgesamt 1143 "Tolerierte" aus. Es handelt sich dabei gemäss Angaben des BFF v.a. um tamilische Asylsuchende. Die Asylgesetzrevision durch den AVB von Juni 1990 wollte, ebenso wie bereits die zweite Revision von 1986, mit dem Institut der vorläufigen Aufnahme diese Fälle, handelt es sich doch dabei meist um sogenannte Gewaltflüchtlinge, deren Rückschiebung wegen drohender Gefährdung im Heimatstaat (Art. 14a Abs. 4 ANAG) unzumutbar erscheint, einem ordentlichen Status zuführen. Um das Verfahren zu entlasten, wurde bei der Revision von 1990 sogar die Möglichkeit der gruppenweisen Aufnahme vorgesehen (Art. 14a Abs. 5 ANAG). An der alten Praxis hat sich allerdings bis anhin nichts geändert (siehe die Weisung über die Wegweisungspraxis von Tamilen, vorne S. 193f).

Das Vorgehen des BFF ist *gesetzeswidrig* (vgl. ASYL 1991/1, S. 6). Da für den Aufenthalt der Tolerierten keine Regelungen bestehen, ist ihre Position dementsprechend unsicher, abgesehen davon, dass die Wegweisung jederzeit ins Auge gefasst werden kann (siehe allerdings vorne S. 341f bezüglich Pflicht der Behörden zur Ansetzung einer neuen Ausreisefrist). Stossend ist, dass die Rechtsstellung (vor allem bezüglich Identitätspapieren, Anspruch auf Fürsorge, Erwerbstätigkeit etc.) in keiner Weise geregelt ist. Sie sind damit häufig der Willkür der Behörden ausgesetzt. Zum Teil werden sie noch wie Asylsuchende behandelt (bezüglich Fürsorge), zum Teil (etwa bezüglich Arbeit) wie Jahresaufenthalter.

Wurde ihnen die Asylbescheinigung abgenommen und verfügen sie nicht über sonstige Identitätspapiere, sind die Tolerierten zusätzlich im täglichen Leben (Post- und Bankverkehr, Personenkontrollen etc.) dauernd mit Problemen konfrontiert. Unbefriedigend ist zudem, dass diese Ausländer und Ausländerinnen, obwohl mitunter seit Jahren in der Schweiz, von jeglicher Integrationshilfe ausgeschlossen sind.

ANHÄNGE

LITERATURVERZEICHNIS

Weiterführende Literaturhinweise finden sich in den jeweiligen Kapiteln; siehe auch Kapitel I, Rechtsquellen.

I. SCHWEIZERISCHE LITERATUR ZUM ASYLRECHT
(mit ausgwählten Hinweisen auf das Ausländerrecht)

ACHERMANN ALBERTO, Das Erstasylabkommen von Dublin, ASYL 1990/4, S. 12ff.

- Der Ausschluss vom Asyl wegen *Asylunwürdigkeit*, ASYL 1989/1, S. 3ff.

ACKERMANN/LINOW, Weiterwanderung und Rückkehr, ASYL 1987/3, S. 5ff.

AESCHBACHER/HEGETSCHWEILER, Handbuch des Asyl- und Ausländerrechts, Verein Rechtsberatung für Asylsuchende (Hrsg.), Bern/Zürich 1985.

AUGSBURGER-BUCHELI ISABELLE, Le domicile des requérants d'asile et des réfugiés, in: Kälin (Hrsg.), Le statut juridique des demandeurs d'asile et des réfugiés, Fribourg 1991.

BERSIER ROLAND, Droit d'asile et statut du réfugié en Suisse, Lausanne 1985.

BERTSCHI SUSANNE, Die Ehefrau im Asylverfahren, ASYL 1986/1, S. 7f.

BIEDERMANN ANITA, Stolpersteine für Frauen im Asylverfahren, in: Moussa-Karlen/Bauer (Hrsg.), Wenn Frauen flüchten, 2. Aufl. 1988, Bern (HEKS)/Zürich (cfd), S. 232ff.

BLÄTTLER WILLY, Familiennachzug für Internierte bzw. vorläufig Aufgenommene, ASYL 1987/3, S. 2ff.

- *Politische Betätigung von Ausländern* (Asylbewerbern) in der Schweiz, Caritas-Asylforum 1988, erhältlich bei Caritas, Luzern.

BOIS PHILIPPE, La non-entrée en matière selon l'art. 16 I litt. a LAS et le recours contre le retrait de l'effet suspensif, ASYL 1990/4, S. 11ff.

- *Procédures* applicables aux requérants d'asile, SJZ 1988, S. 77f.
- Droit de consulter le dossier/ Akteneinsichtsrecht, ASYL 1988/1, S. 15ff.

BOLZ URS, *Rechtsschutz* im Ausländer- und Asylrecht, Basel/Frankfurt am Main 1990.

- Der Ausschluss der Verwaltungsgerichtsbeschwerde im Asylrecht, ASYL 1988/3, S. 3ff.

BUCHER ANDREAS, Der Personenstand der Asylbewerber, Zeitschrift für das Zivilstandswesen 1985, S. 361ff.

BUCHER/HARTMANN (Hrsg.), Flucht: Ursachen - Hindernisse - Auswege. Ein Handbuch zu Asyl- und Flüchtlingsfragen, Stuttgart 1988.

CAMPICHE MARIE-PIERRE, Les peines pour entrée illegale et séjour illegal, in: Kälin (Hrsg.), Le statut juridique des demandeurs d'asile et des réfugiés, Fribourg 1991.

COTTIER THOMAS, Der Anspruch auf rechtliches Gehör, recht 1984/1, S. 1ff.; 1984/4, S. 122ff.

DÄPP HEINZ, "Asylbeschwerden zu bearbeiten ist keine Lebensaufgabe", ASYL 1989/3, S. 3ff.

DÄPP/KARLEN (Hrsg.), Asylpolitik gegen Flüchtlinge, Basel 1984.

DUC JEAN-LOUIS, Quelques considérations relatives au statut des étrangers, et plus des demandeurs d'asile en droit social - questions choisies..., in: Kälin (Hrsg.), Le statut juridique des demandeurs d'asile et des réfugiés, Fribourg 1991.

ECKERT WOLFGANG, Begriff und Grundzüge des schweizerischen Flüchtlingsrechts, Zürich 1977.

FOX ROBERT, La scolarisation primaire obligatoire des enfants de requérants d'asile, in: Kälin (Hrsg.), Le statut juridique des demandeurs d'asile et des réfugiés, Fribourg 1991.

GARRONE PIERRE, Les questions liées aux activités politiques des demandeurs d'asile et des réfugiés, in: Kälin (Hrsg.), Le statut juridique des demandeurs d'asile et des réfugiés, Fribourg 1991.

GATTIKER MARIO, Das *Asyl- und Wegweisungsverfahren*, Schweizerische Zentralstelle für Flüchtlingshilfe SFH (Hrsg.), 3. überarbeitete Aufl., Zürich 1991.

- Zur humanitären Regelung von Härtefällen, ASYL 1988/2, S. 3ff.
- *Aus den Augen, aus dem Sinn*, Kritik der schweizerischen Erstasyllandpraxis, ASYL 1988/1, S. 7ff.
- Äthiopien: Rückschiebungsschutz im Multiple-Choice-Verfahren, ASYL 1987/2, S. 13 ff.
- *Geltung des Rückschiebungsverbotes* bei straffällig gewordenen und abgewiesenen Asylsuchenden, ASYL 1986/4, S. 4ff.

GATTIKER/TELLENBACH, Beschwerde sieben - sieben Beschwerden, ASYL 1989/3, S. 7ff.

GERBER/METRAUX, Le regroupement familial des réfugiés, requérants et des personnes admises provisoirement, in: Kälin (Hrsg.), Le statut juridique des demandeurs d'asile et des réfugiés, Fribourg 1991.

GÖNCZY MICHEL, L'assistance aux réfugiés et aux candidats à l'asile, in: Kälin (Hrsg.), Le statut juridique des demandeurs d'asile et des réfugiés, Fribourg 1991.

GRAF DENISE, Die Entwicklung der Definition politischer Verfolgung in der Schweiz, ASYL 1986/3, S. 2ff.

GUTZWILLER/BAUMGARTNER, Schweizerisches Ausländerrecht, Basel 1989.

GYGI FRITZ, Bundesverwaltungsrechtspflege, 2. Aufl., Bern 1983.

HAUG WERNER, Politische Verfolgung, Ein Beitrag zur Soziologie der Herrschaft und der politischen Gewalt, Grüsch 1986.

HAUSAMMANN/ACHERMANN, *Gutachten* zur Entscheidpraxis des DFW, erstattet dem Schweizerischen Roten Kreuz, 1989, zu beziehen bei SFH.

- Eine Auswertung von DFW-Entscheiden, ASYL 1990/1, S. 4ff.

HEGETSCHWEILER HANS, Die Familienzusammenführung von vorläufig Aufgenommenen und anderen Personen, die kein Asyl und keine Aufenthaltsbewilligung in der Schweiz haben, ASYL 1989/1, S. 7ff.

- Der Eheschluss von Ausländern in der Schweiz, Caritas-Asylforum 1988, erhältlich bei Caritas, Luzern.
- Rechtliche Aspekte zum Schicksal abgewiesener Asylbewerber, SJZ 1985, S. 7ff.

HUG MARKUS, Der Ausländer als Grundrechtsträger, Zürich 1990.

HUGUENIN DANIEL, Droit d'être entendu et consultation du dossier dans la procédure d'asile, ASYL 1986/4, S. 2ff.

KÄLIN WALTER, *Grundriss* des Asylverfahrens, Basel/Frankfurt am Main 1990.
- (Hrsg.) Le statut juridique des demandeurs d'asile et des réfugiés, Fribourg 1991.
- Der Schutz von De-Facto Flüchtlingen gemäss dem schweizerischen Asylgesetz, AWR-Bulletin 1990.
- Europäische Initiativen zum Schutz der Rechtsstellung von Asylsuchenden und Flüchtlingen, ASYL 1989/2, S. 14ff.
- Rechtliche Anforderungen an die Verwendung von *Textbausteinen* für die Begründung von Verwaltungsverfügungen, ZSR 1988, S. 435ff.
- Das schwierige Verhältnis zwischen Asylverfahren und gerichtlicher Landesverweisung: Eine Entgegnung, ASYL 1988/2, S. 7ff.
- Rückschiebungsschutz für *de-facto Flüchtlinge*? Prinzipien und Ansätze im Völkerrecht, Karnetzki/Thomä-Venske (Hrsg.), Schutz für de-facto Flüchtlinge, Hamburg 1988, S. 31ff.
- Die *Bedeutung von Art. 3 EMRK* im schweizerischen Asylverfahren, ASYL 1987/1, S. 3ff.
- *Drohende Menschenrechtsverletzungen* im Heimatstaat als Schranke der Rückschiebung, ZAR 1986, S. 172ff.
- Das Asylverfahren in der Schweiz, in: Hans Joachim Konrad (Hrsg.), Grundrechtsschutz und Verwaltungsverfahren, Berlin 1985, S. 162ff.
- Asylrecht im Völkerrecht, in: Däpp/Karlen (Hrsg.), Asylpolitik gegen Flüchtlinge, Basel 1984, S. 87ff.
- Missverständnisse im Asylverfahren, in: Däpp/Karlen (Hrsg.), Asylpolitik gegen Flüchtlinge, Basel 1984, S. 355ff.
- Das Prinzip des *Non-Refoulement*, Bern/Frankfurt am Main 1982.
- Die Abweisung von Asylsuchenden wegen Aufnahme in einem *Drittstaat* - Bemerkungen zu Art. 6 Asylgesetz, SJZ 1982, S. 337ff.

KÄLIN/MOSER (Hrsg.), Migrationen aus der Dritten Welt, Ursachen und Wirkungen, Bern/Stuttgart 1989.

KÄLIN/STÖCKLI, Das neue Asylverfahren, ASYL 1990/3, S. 3ff.

KENEL/SCHAFFER, La main-d'oeuvre étrangère, Guide juridique et pratique, Lausanne (UVACIM) 1989.

KOCH/TELLENBACH, Die subjektiven Nachfluchtgründe, Teil I: Asyl und Non-Refoulement bei Republikflucht, ASYL 1986/2, S. 7ff.

KOTTUSCH PETER, Das Ermessen der kantonalen Fremdenpolizei und seine Schranken, ZBl 1990, S. 145ff.

- Zur rechtlichen Regelung des Familiennachzugs von Ausländern, ZBl 1989, S. 329ff.
- Die Bestimmungen über die Begrenzung der Zahl der Ausländer, SJZ 1988, S. 37ff.
- Die Niederlassungsbewilligung gemäss Art. 6 ANAG, ZBl 1986, S. 513ff.

KÜNZLI JÖRG, Der Widerruf des Asyls, ASYL 1990/1, S. 6ff.

LIEBER VICTOR, Zur Bestrafung illegal eingereister Asylbewerber, ASYL 1986/1, S. 2ff.

- Das neue schweizerische Asylrecht, ZBl 1981, S. 49ff.
- Die neuere *Entwicklung* des Asylrechts im Völkerrecht und Staatsrecht, Zürich 1973.

MALINVERNI GIORGIO, BV-Kommentar, Art. 69ter.

- BV-Kommentar, Art. 70.

MARUGG MICHAEL, Völkerrechtliche Definitionen des Ausdruckes "Flüchtling", Basel/Frankfurt 1990.

MEYER JEAN, Problèmes concrets soulevés par les réfugiés et les demandeurs d'asile dans l'AVS/AI, in: Kälin (Hrsg.), Le statut juridique des demandeurs d'asile et des réfugiés, Fribourg 1991.

- Le statut des travailleurs immigrés dans la sécurité sociale suisse, Basel/Frankfurt 1990.
- Un nouvel arrêt du Tribunal fédéral des assurances: des précisions sur les rapports entre l'asile et l'AVS/AI, ASYL 1989/4, S. 11ff.
- Les requérants d'asile et les réfugiés dans les assurances sociales suisses, ASYL 1988/4, S. 6ff.

MOUSSA-KARLEN/BAUER (Hrsg.), Wenn Frauen flüchten, 2. Aufl., Zürich (HEKS), Bern (cfd), Januar 1988.

MÜLLER JÖRG PAUL, Die Grundrechte der schweizerischen Bundesverfassung, 2. überarbeitete Auflage, Bern 1991.

PESSINA MATEA PETRA, Il potere d'apprezzamento nelle basi legali concernenti l'ammissione provvisoria e l'internamento degli stranieri in Svizzera, Basel 1990.

RAESS-EICHENBERGER SUSANNE, Das Asylverfahren nach Schweizerischem Recht und Völkerrecht, Zürich 1989.

SALZGEBER THOMAS, Handbuch für die Betreuung von Asylbewerbern und anerkannten Flüchtlingen, Hrsg. SFH, Zürich 1990.

SALADIN PETER, Staatsrechtliche und völkerrechtliche Gründe für eine unabhängige Beschwerdeinstanz, ASYL 1988/3, S. 7ff.
- Rechtliche Anforderungen an Gutachten, Festgabe Max Kummer, Bern 1980, S. 657ff.
- Das Verwaltungsverfahrensrecht des Bundes, Basel/Stuttgart 1979.

SCHMID-WINTER ELLEN, Die Rechtsstellung des Flüchtlings, insbesondere in der Sozialversicherung, Basel 1982.

SCHMID WALTER, Neues im Schweizerischen Asylrecht, ZAR 1988, S. 79ff.
- Die Schweizerische Flüchtlingshilfe, in: Thränhardt/Wolken (Hrsg.), Flucht und Asyl, 1988, S. 190ff.

SCHNEIDER JACQUES ANDRE, Asyl und Erwerbstätigkeit, ASYL 1990/4, S. 2ff.
- La procédure aux centres d'enregistrement: un examen critique, ASYL 1988/3, S. 12ff.
- Remarques sur les droits du requérant ne disposant pas d'une autorisation préalable de séjour lors de l'ouverture de la procédure d'asile, Schweizerische Zentralstelle für Flüchtlingshilfe SFH (Hrsg.), Genève, avril 1988.

SCHNEIDER URSULA, Auslieferung bei drohender Todesstrafe, Information zur Auslieferungspraxis und -politik in der Schweiz, ASYL 1989/4, S. 6ff.

SCHÖNI HEINZ, Asylverfahren und gerichtliche Landesverweisung nach Art. 55 StGB, ASYL 1988/1, S. 13f.
- Die Ausschaffungshaft, ASYL 1987/4, S. 10f.

SCHÜTZ PETER, Die asylrechtliche Behandlung von Wehrdienstverweigerern, ASYL 1988/2, S. 11ff.

SOHM BARBARA, Der Beschwerdedienst tut sich schwer ... Ein Erlebnisbericht, ASYL 1989/3, S. 11ff.

SPIRIG WERNER, Die Nebenstrafe der Landesverweisung gegenüber anerkannten Flüchtlingen und Asylbewerbern, ASYL 1987/4, S. 12ff.
- Der Schutz von De-facto-Flüchtlingen gemäss Art. 8 EMRK, Caritas-Forum 1988, erhältlich bei der Caritas, Luzern.
- Das Beschwerdeverfahren unter dem Aspekt von Art. 13 EMRK, am Beispiel der Wegweisung der Tamilen, ASYL 87/2, S. 9ff.

SPRECHER-BERTSCHI SUSANNE, Eheschliessung von Asylsuchenden, unter besonderer Berücksichtigung der Türkei, ASYL 1986/4, S. 9ff.

STÖCKLI WALTER, Ausreisefristen auch bei Nichteintretensfällen, ASYL 1991/1, S. 3ff.
- Unlösbare Härtefälle, ASYL 1991/1, S. 5f.
- Das Asylrecht in der Schweiz, in: Barwig/Lörcher/Schumacher (Hrsg.), Asylrecht im Binnenmarkt, Baden-Baden 1989, S. 211ff.
- Ausschluss illegal eingereister Asylbewerber vom Asylverfahren, ASYL 1989/4, S. 3ff.
- Die *Lebenssituation der Asylbewerber* in der Schweiz, Tränhardt/Wolken, Flucht und Asyl. Freiburg/Br. 1988, S. 159ff.
- Vor einiger Zeit, ASYL 1988/1, S. 3ff.
- Bestrafung von Asylbewerbern wegen illegaler Einreise - die Praxis der Kantone, ASYL 1987/3, S. 10ff.

SULGER BÜEL PETER, Vollzug von Fernhaltemassnahmen gegenüber Fremden nach dem Recht des Bundes und des Kantons Zürich, Bern u.a. 1984.

TELLENBACH BENDICHT, Die subjektiven Nachfluchtgründe, Teil II: Exilaktivitäten, ASYL 1986/3, S. 9ff.; Teil III, ASYL 1986/4, S. 12ff (Teil I siehe Koch).

THÜRER DANIEL, Die Rechtsstellung des Ausländers in der Schweiz, in: Frowein/Stein (Hrsg.), Die Rechtsstellung von Ausländern nach staatlichem Recht und Völkerrecht, Berlin u.a. 1987, S. 1346ff, insbes. 1411ff.

TRENKEL CHRISTIAN, Erfahrungen mit der EMRK und der Europäischen Kommission für Menschenrechte, ASYL 1987/1, S. 6ff.

WERENFELS SAMUEL, Der Begriff des Flüchtlings im schweizerischen Asylrecht, Bern u.a. 1987.

ZIMMERMANN PETER, Der Grundsatz der Familieneinheit im Asylrecht der Bundesrepublik Deutschland und der Schweiz, Berlin 1991.

II. AUSGEWÄHLTE HINWEISE ZUR AUSLÄNDISCHEN ASYLLITERATUR

CARLIER J.-Y., Droits des réfugiés, Bruxelles 1989.

ECRE, Asile en Europe, Guide à l'intention des associations de protection des réfugiés, France Terre d'asile 1990.

FROWEIN/PEUKERT, Europäische Menschenrechtskonvention, EMRK-Kommentar, Kehl/Strassburg/Arlington 1985.

FROWEIN/STEIN (Hrsg.), Die Rechtsstellung von Ausländern nach staatlichem Recht und Völkerrecht, 2 Bde., Berlin 1987.

GOODWIN-GILL GUY S., The Refugee in International Law, Oxford 1983.

GOTTSTEIN MARGIT, Die rechtliche und soziale Situation von Flüchtlingsfrauen in der Bundesrepublik Deutschland vor dem Hintergrund frauenspezifischer Flucht- und Verfolgungssituationen, ZDWF-Schriftenreihe Nr. 18, Dezember 1986.

GRAHL-MADSEN ATLE, The Status of Refugees in International Law, Leyden 1966 (Bd.1), 1972 (Bd. 2).

HAILBRONNER KAY, Ausländerrecht, 2. Aufl., Heidelberg 1989.

KELLEY NINETTE (Hrsg.), Working with Refugee Women: A Practical Guide, September 1989.

KÖFNER/NICOLAUS, Grundlagen des Asylrechts in der Bundesrepublik Deutschland, Mainz/München 1986.

MARX/STRATE/PFAFF, Kommentar zum Asylverfahrensgesetz, 2. Aufl., Frankfurt am Main 1987.

MISEREZ DIANA (Hrsg.), Refugees - The Trauma of Exile, Dordrecht/Boston/London 1988.

PLENDER RICHARD, International Migration Law, Dordrecht 1988

ROBINSON NEHEMIA, Convention relating to the status of refugees, its history, contents and interpretation, New York 1953.

STENBERG GUNNEL, Non-Expulsion and Non-Refoulement, Uppsala 1989.

TIBERGHIEN FREDERIC, La protection des réfugiés en France, 2e édition, Paris 1988.

UNHCR, *Handbuch* über Verfahren und Kriterien zur Feststellung der Flüchtlingseigenschaft, hrsg. vom Amt des Hohen Kommissars für Flüchtlinge, nicht-amtliche Übersetzung der englischen Originalfassung, Genf 1979.

- Internationaler Rechtsschutz für Flüchtlinge, Beschlüsse des Exekutiv-Komitees für das Programm des Hohen Flüchtlingskommissars der Vereinten Nationen, nicht-amtliche Übersetzung der englischen Originalfassung, Genf 1988.

III. ZEITSCHRIFTEN UND ENTSCHEIDSAMMLUNGEN

ASYL, Schweizerische Zeitschrift für Asylrecht und -praxis, Hrsg. SFH, Postfach 279, 8035 Zürich (vierteljährlich, Fr. 30.-).

ASYLON, Informationen aus der schweizerischen Asylpraxis, Hrsg. BFF, Taubenstrasse 16, 3003 Bern (gratis).

AWR-BULLETIN, Vierteljahresschrift für Flüchtlingsfragen, Hrsg. AWR, Forschungsgesellschaft für das Weltflüchtlingsproblem, Braumüller-Verlag, Wien (Fr. 46.-).

EZAR, Entscheidsammlung zum Ausländer- und Asylrecht (BRD), Nomos-Verlag, 7570 Baden-Baden (Fortsetzungswerk in Loseblattform, bisher 7 Ordner).

FLÜCHTLINGE, Zeitschrift des UNHCR, Postfach 2500, 1211 Genf (englische und französische Ausgabe monatlich, deutsch vier mal pro Jahr, gratis).

INTERNATIONAL JOURNAL OF REFUGEE LAW, Hrsg. G.S. Goodwin-Gill, Oxford University Press (vierteljährlich, mit Spezialnummern, für Einzelpersonen £ 23.00).

REFUGEE ABSTRACTS, Hrsg. UNHCR/Centre for Documentation, CDR.

ZAR, Zeitschrift für Ausländerrecht und Ausländerpolitik, Nomos-Verlag, 7570 Baden-Baden (vierteljährlich, DM 69.-).

IV. BIBLIOGRAPHIEN

REFUGEE ABSTRACTS, Hrsg. UNHCR/Centre for Documentation, CDR, Postfach 2500, 1211 Genf (neueste Bücher und Artikel zum Flüchtlingsrecht, weltweit).

REFUGEE WOMEN: Selected and annotated Bibliography, rev. and updated ed., UNHCR, Genf 1989.

REFUGEE CHILDREN: Selected and annotated Bibliography, 1988, Rädda Barnen International, 147, rue de Lausanne, 1202 Genève.

V. LÄNDERDOKUMENTATIONEN - INFORMATIONS- UND DOKUMENTATIONSSTELLEN

AMNESTY INTERNATIONAL, Schweizer Sektion, Postfach 1051, 3001 Bern Tel. 031/ 25 79 66; Telex 911 906; FAX 031/ 26 36 47 (wichtigste Adresse für Auskünfte über die Menschenrechtslage in den Herkunftsländern der Asylsuchenden. Im ASYL erscheint jeweils eine Übersicht über die neuesten Publikationen und Gutachten von ai).

FLÜCHTLINGSINFORMATION, DOKUMENTATIONSSTELLE DER STIFTUNG GERTRUD KURZ, Weissensteinstrasse 35, Postfach 2655, 3001 Bern, Tel. 031/45 22 55.

SCHWEIZERISCHE ZENTRALSTELLE FÜR FLÜCHTLINGSHILFE (SFH), Kinkelstrasse 2, Postfach 279, 8035 Zürich, Tel. 01/361 96 40; FAX 01/362 87 10. Bisher sind bei der SFH u.a. folgende Länderpapiere erschienen:

> Äthiopien (Q. Müller, Juli 1990)
> Chile (Martha Fotsch, 1988)
> Indien (Christine Heiniger und Klaus Linow, 1988)
> Iran (Gita Steiner, 1987)
> Libanon (Stucky/Straumann/Janett, März 1990)
> Pakistan (Hanspeter Roth, Mai 1990)
> Sri Lanka (Walter Keller, Mai 1990)
> Türkei (Denise Graf, März 1989)

IMMIGRATION AND REFUGEE BOARD, DOCUMENTATION CENTRE, 116 Lisgar Street, Ottawa, Ontario K1A 0K1 (Canada), Tel. (613) 995-3513.

UNHCR, CENTRE FOR DOCUMENTATION ON REFUGEES (CDR), 5-7 avenue de la Paix, 1202 Genève, Tel. 022/739 84 58; Telex 415 740 HCR CH.

ZDWF, Zentrale Dokumentationsstelle der Freien Wohlfahrtspflege für Flüchtlinge e.V., Hans-Böckler-Strasse 3, Postfach 30 10 69, 5300 Bonn 3, Tel. 0049 228/46 20 47.

ADRESSVERZEICHNIS

(Stand: Januar 1991)

I. SCHWEIZER BEHÖRDEN

Bundesamt für Flüchtlinge (BFF)
Taubenstr. 16, 3003 Bern
Tel. 031/61 43 23 (Auskunft / Information)
Telex 91 15 45; FAX 031/61 78 01
Pikettdienst ausser Bürozeit: 031/22 40 59

Empfangsstellen

BASEL
Freiburgstrasse 50, 4057 Basel
Tel. 061/65 17 70; FAX 061/65 18 75

KREUZLINGEN
Empfangsstelle BFF
Döbelistr. 13, 8280 Kreuzlingen
Tel. 072/72 68 18; FAX 072/72 68 23

GOLDSWIL
BFF-Transitzentrum Goldswil, 3805 Goldswil
Tel. 036/22 17 26; FAX 036/23 35 54

GENEVE
Centre d'enregistrement
Case postale 470, 1200 Genève 15
Tel. 022/798 65 00; FAX 022/98 73 35

GORGIER
Centre de transit
Hôtel Les Platanes, 2025 Chez-le Bart
Tél. 038/55 29 88; FAX 038/55 31 88

CHIASSO
Centro di registrazioni - BFF
Via 1° Agosto, 6830 Chiasso
Tel. 091/43 67 35; FAX 091/43 81 97

ARBEDO
Centro di Transito - BFF
Arbedo/Castione, 6532 Castione
Tel. 092/29 39 95; FAX 092/29 11 54

Eidgenössisches Justiz- und Polizeidepartement

Beschwerdedienst / Generalsekretariat
Einsteinstr.2, 3003 Bern
Tel.   031 67 47 47 (Auskunft d)
        031 67 47 49 (Information f)
Telex 91 22 26; FAX 031/67 47 95

EDA
Koordinator für internationale Flüchtlingspolitik
Botschafter Rudolf Weiersmüller
Tel. 031/61 31 06; FAX 031/61 35 81

Flughafenpolizei Zürich (kantonal)
Kantonspolizei Flughafen Zürich-Kloten
8058 Zürich
Tel. 01/814 00 50
Telex 813 140 (z.H. Flughafenpolizei)
FAX 01/816 43 03

II. UNO - HOCHKOMMISSARIAT (UNHCR)

UNHCR
Rue de Lausanne 154
c.p. 2500; 1211 Genève 2
Tel. 022/739 81 11
Telex 41 57 40; FAX 022/731 95 46

Das UNHCR hat drei JuristInnen beauftragt, Einzelfälle in der Schweiz zu betreuen:
a) Deutsche Schweiz:
Walter Stöckli / Alexandra zu Pappenheim
Schweizerische Zentralstelle für Flüchtlingshilfe
Postfach 279, 8035 Zürich
Tel. 01/361 96 40; FAX 01/362 87 10

b) Suisse romande
Leslie Moussalli / Anne Ryniker
Service social international
Boulevard Hélvétique 27, 1207 Genève
Tél. 022/786 62 76; FAX 022/786 64 38

III. HILFSWERKE

Schweizerische Zentralstelle für Füchtlingshilfe (SFH)
Kinkelstr. 2, Postfach 279, 8035 Zürich
Tel. 01/361 96 40; FAX 01/362 87 10

Westschweiz:
Office central suisse d'aide aux réfugiés (**OSAR**)
Rue Chaucrau 3, 1003 Lausanne
Tel. 021/20 56 41; FAX 021/20 11 20

Tessin:
Ufficio Centrale Svizzero per l'aiuto ai rifugiati (**USAR**)
c/o Caritas
Via Lucchini 12, 6901 Lugano
Tel. 091/23 47 92; FAX 091/23 39 40

CARITAS
Caritas Schweiz, Flüchtlingsdienst
Löwenstr. 3, 6002 Luzern
Tel. 041/50 11 50; FAX 041/51 20 64

Hilfswerk der evangelischen Kirchen der Schweiz (HEKS)
HEKS Flüchtlingsdienst
Forchstrasse 282, 8029 Zürich
Tel. 01/55 44 55; FAX 01/55 44 48

Secrétariat romand **EPER**
Service des réfugiés, Rue des Terreaux 10, case postale, 1000 Lausanne 9
Tél. 021 20 21 21

Schweizerisches Rotes Kreuz (SRK)
Rainmattstrasse 10, 3001 Bern
Tel. 031 66 71 11; FAX 031/22 27 93

Christlicher Friedensdienst (cfd)
cfd Flüchtlingsdienst
Falkenhöheweg 8, 3012 Bern
Tel. 031/23 41 91/92

Schweizerisches Arbeiterhilfswerk (SAH)
Flüchtlingsdienst
Quellenstr. 31, 8005 Zürich
Tel. 01/271 26 00/271 60 75; FAX 01/272 55 50

Schweizerisch Oekumenische Flüchtlingshilfe (SOEF)
(vormals Kommission für orthodoxe Flüchtlinge)
Fellenbergstr. 18, 3012 Bern
Tel. 031 24 35 32

Verband schweizerischer jüdischer Fürsorgen (VSJF)
Lavaterstr. 33, 8027 Zürich
Tel. 01/201 58 50; FAX 01/202 58 77

Service social international, bureau central
Boulevard Hélvétique 27, 1207 Genève
Tél. 022/786 62 76; FAX 022/786 64 38
Ableger in Zürich:
ISS, Idaplatz 3, 8033 Zürich
Tel. 01/451 19 19

IV. BERATUNGSSTELLEN
Öffnungszeiten: wenn nichts anderes vermerkt normale Bürozeiten

AARGAU
Beratungsstelle für Asylsuchende
Laurenzvorstadt 71,
Postadresse: c/o Caritas, Postfach, 5001 Aarau
Tel. 064/22 90 90 (Di 13.30 - 17.00)

Beratungsstelle für Asylsuchende, Theaterplatz 1 (Josefshof), 5400 Baden
Postadresse: c/o HEKS, Postfach, 5000 Aarau
Tel. 064/22 99 66 (Do 15.00 - 18.00; Di Nachmittag nach telefonischer Vereinbarung)

BASELLAND
Anlaufstelle Baselland
Oberfeldstrasse 11 A, 4133 Pratteln
Tel. 061/821 44 77 (Di 09.00-12.00; Mi 15.00-19.00; Fr 14.00-18.00)

BASELSTADT
Beratungsstelle für Asylsuchende der Region Basel
Drahtzugstr. 30, 4057 Basel
Tel. 061/691 81 09 (Mo, Mi, Do 14.00 - 17.30)

BERN
HEKS Beratungsstelle für Asylsuchende
Lorrainestr. 6, 3013 Bern
Tel. 031/42 64 05 (Mo + Di 13.00 - 17.00; Do 09.00 - 12.00)

Centre Social Protestant (CSP)
11, rue Centrale, 2740 Moutier
Tel. 032/93 32 21

FRIBOURG
Service des Contacts et des Consultations pour les requérants d'asile
Rue Botzet 2, 1700 Fribourg
Tél. 037/24 48 27 (lundi 15.30 - 19.30; jeudi 13.30 - 17.30)

GENF
Centre Social Protestant CSP
Case postale 177, 14, rue du Village Suisse, 1211 Genève 8
Tél. 022/20 78 11; FAX 022/29 89 94

Caritas Genève
53, rue de Carouge, Case postale 166, 1211 Genève 4
Tél. 022/2021 44; FAX 022/29 47 45

Croix Rouge Suisse
9, rte des Acacias, 1211 Genève
Tél. 022/42 40 50; FAX 022/42 40 62 (lundi, mardi 8.00 - 12.00; 13.00 - 18.00; vendredi 13.00 - 17.00)

GLARUS
Beratungsstelle für Asylsuchende
Postfach 123, 8750 Glarus
Tel. 058/61 67 01 (Do 13.30 - 17.00, im Spiegelhof 20)

GRAUBÜNDEN
Rechtsberatung für Asylsuchende
Plessurquai 53, 7000 Chur
Tel. 081/22 69 18 (Mi 14.00 - 17.00; Fr 15.00 - 19.00)

JURA
Caritas Jura
8, chemin de Bellevoie, Case postale 51, 2800 Delémont
Tél. 066/22 56 22

LUZERN
Caritas Beratungsstelle
Morgartenstr. 19, 6002 Luzern
(Rechtsberatung: Mo 13.30 - 17.00; Mi 8.30 - 12.00)

NEUCHATEL
Centre Social Protestant CSP
11, rue des Parcs, 2000 Neuchâtel
Tél. 038/25 11 55

Centre Social Protestant
23, rue Temple Allemand, 2300 La Chaux-de-Fonds
Tél. 039/28 65 40

SCHAFFHAUSEN
Beratungsstelle der Hilfswerke für Asylsuchende
Am Rathausbogen 15, 8200 Schaffhausen
Tel. 053/25 30 25 (Di 14.00 - 17.00; Fr 15.00 - 18.00)

SCHWYZ
Caritas Flüchtlingshilfe Kanton Schwyz
Hauptplatz 11, 6430 Schwyz
Tel. 041/5011 50 (Fr 13.30 - 17.00)

SOLOTHURN
Rechtsberatung für Asylsuchende
Lagerhausstrasse 3, 4502 Solothurn
Tel. 065/23 66 79 (Di 16.00 - 18.00)

ST.GALLEN
Beratungsstelle für Asylsuchende
Poststrasse 17, Postfach 754, 9001 St. Gallen
Tel. 071/22 22 79 (Mo, Di, Do 14.00 - 17.00)

THURGAU
Thurgauer Beratungsstelle für Asylsuchende
Freiestrasse 13, 8570 Weinfelden
Tel. 072/22 42 41 (Di + Do 14.00 - 17.00)

TICINO
Associazione di consulenza guiridica per il diritto d'asilo
Via alle Fontane 12, 6993 Pregassona
Tel. 091/51 33 15 (lunedi, mercoledi, venerdi 14.00 - 17.00)

Caritas Lugano
Via P. Lucchini 12, 6901 Lugano
Tel. 091/23 47 92 /93; FAX 091/23 39 40

VALAIS
Centre de Contact Suisses-Immigrés
Gravelone 1, 1952 Sion
Tél. 027/23 12 16 (lundi, mardi, jeudi 14.00 - 18.00; merc. + vend. 18.00 - 21.00)

VAUD
Centre Social Protestant CSP
28, rue Beau-Séjour, 1003 Lausanne
Tél. 021/20 56 81; FAX 021/311 22 27

EPER, Service des réfugiés
Ch. de Montmeillan 15, 1005 Lausanne
Tél. 021/312 69 77

Caritas Vaud
8, rue César-Roux, Case postale 237, 1000 Lausanne 17
Tél. 021/20 34 61

Croix Rouge Suisse
Av. de Rumine 2, 1005 Lausanne
Tél. 021/23 31 33; FAX 021/20 95 57

ZÜRICH
Beratungsstelle für Asylsuchende
Bertastrasse 8, Postfach, 8033 Zürich
Tel. 01/451 10 00 (Mo, Mi, Fr. 13.30 - 17.00)

Winterthurer Beratungsstelle für Asylsuchende
Holderstrasse 4, Postfach 780, 8402 Winterthur
Tel. 052/23 79 83 (Mo 13.30 - 17.00; Mi 16.00 - 19.30)

V. BERATUNGSSTELLEN FÜR WEITERWANDERUNG / RÜCKKEHRHILFE

AARGAU
Stelle für Rückkehr und Weiterwanderung der Caritas
Feerstrasse 8, 5000 Aarau
Tel. 064/24 62 76

GENF
Croix Rouge Suisse
Section Genèvoise, Bureau d'aide au départ
9, route des Acacias, 1211 Genève
Tél. 022/42 40 50; FAX 022/42 40 62 (lundi + mardi 8.00 - 12.00, 13.00 - 18.00; vend. 8.00 - 12.00, 13.00 - 17.00)

VAUD
Croix Rouge Suisse, Service d'aide au départ
Av. de Rumine 2, 1005 Lausanne
Tél. 021/23 31 31; FAX 021/20 95 57

ZÜRICH
Caritas Zürich, Beratung für Weiterwanderung
Beckenhofstr. 16, 8035 Zürich
Tel. 01/363 61 61

VI. WEITERE ORGANISATIONEN

Die folgende Liste ist nicht vollständig. Für einen umfassenden Ueberblick über weitere gesamtschweizerisch oder regional tätige Organisationen siehe **WHO IS WHO** *im Asylbereich*, Ein nützliches Adressverzeichnis (herausgegeben vom Komitee gegen die Aushöhlung des Asylrechts, erhältlich bei der Arbeitsstelle für Asylfragen, Postfach 1780, 3001 Bern).

Für Adressen von Beratungsstellen (oder Projekten), die sich speziell an **Frauenflüchtlinge** richten: Eva Jaisli, HEKS, Forchstrasse 282, 8029 Zürich, Tel. 01/55 44 55.

Amnesty International (AI), Schweizer Sektion
Monbijoustrasse 26, Postfach, 3001 Bern
Tel. 031/25 79 66, FAX 031/26 36 47

Comité suisse pour la défense du droit d'asile / CSDDA (Asylkomitee CH)
Case postale 543, 1000 Lausanne 17
Tél. 021/652 64 43

Ligue suisse des droits de l'homme
c.p. 24, 1211 Genève 8

Komitee gegen die Aushöhlung des Asylrechts/ Arbeitsstelle für Asylfragen
Postfach 1780, 3001 Bern
Tel. 031/45 96 26 (Di, Mi, Do)

BODS / MODS / MADS
Postfach 2452, 3001 Bern
Tel. 031/25 39 30

AAA / Aktion für abgewiesene Asylbewerber
H.& P. Zuber, Waldheim, 3072 Ostermundigen
Tel. 031/51 10 93

CEDRI
Europäisches Kommite zur Verteidigung der Flüchtlinge und Gastarbeiter
Missionsstrasse 35, Postfach, 4002 Basel
Tel. 061/44 66 19; FAX 061/44 66 20

Die 6 Organisationen Comité suisse pour la défense du droit d'asile (Asylkomitee Schweiz), Aktion für abgewiesene Asylsuchende (AAA), BODS, CEDRI, Komitee gegen die Aushöhlung des Asylrechts sowie Arbeitsgemeinschaft Mitenand sind in einer Dachorganisation zusammengeschlossen:
Asylkoordination Schweiz
Postfach 2452, 3001 Bern

VII. ADRESSVERZEICHNISSE

ELENA, European Legal Network on Asylum: Index of Useful Addresses, Hrsg. SFH, Zürich, März 1991.

WHO IS WHO im Asylbereich, Ein nützliches Adressverzeichnis, Hrsg. Komitee gegen die Aushölung des Asylrechts, Bern 1991, erhältlich bei der Arbeitsstelle für Asylfragen, Postfach 1780, 3001 Bern.

STATISTIK

Gesuche und Entscheide

(Die Zahlen betreffen Personen, nicht Fälle)

	1990	1989	1988	1987
Asylgesuche	35 836	24 425	16 726	10 913
DFW-Entscheide total	16 379	16 186	12 354	11 239
positive Entscheide[1]	571[2]	654	680	829
negative Entscheide	11 149	12 708	8 844	8 292
formelle Entscheide (Rückzüge)	2 895	1 040	1 770	1 190
Abschreibungen	1 764	1 784	1 060	928
Anerkennungsquote (Anteil der positiven Entscheide am Total)	3,5%	4,0%	5,5%	7,4%
Pendente Fälle				
in den Kantonen	16 319	8 812	6 218	2 395
bei der ersten Instanz	30 165	18 367	12 648	11 772
bei der zweiten Instanz	11 426	12 927	11 197	9 576
	57 910	40 106	30 063	24 276
Wichtigste Herkunftsländer	Türkei 7 262	Türkei 9 395	Türkei 9 673	Türkei 5 817
	Jugoslawien 5 645	Sri Lanka 4 809	Sri Lanka 1 516	Sri Lanka 895
	Libanon 5 533	Libanon 2 477	Jugoslawien 818	Pakistan 518
	Sri Lanka 4 774	Jugoslawien 1 365	Indien 730	Iran 513
Vorläufige Aufnahmen	127	277	312	620[3]
Humanitäre Aufenthaltsbewilligungen	4 879	1 950	2 036	892
Ausreisen				
Verschwunden	6 824	5 362	2 271	[4]
Freiwillige Ausreisen	1 751	1 872	1 692	1 547
Ausschaffung Drittstaat	28	19	19	32
Ausschaffung Heimatstaat	1 327	1 004	633	584
	9 930	8 257	4 615	
Wegweisungen in Drittstaat während des Verfahrens (Art. 19 AsylG)	335	229	[4]	[4]

[1] zusätzlich Asylerteilung in Sonderaktion (1990: 312)
[2] inklusive Familienzusammenführungen (1990: 155)
[3] bis 1987: «Internierung durch freie Unterbringung»
[4] keine Zahlen verfügbar

Die Anerkennungsquoten nach Herkunftsländern

Bemerkungen:

- In die Liste aufgenommen wurden nur die Länder, bei denen mehr als 20 Erledigungen zu verzeichnen sind.

- Familienzusammenführungen sind in den Zahlen mitberücksichtigt; eine Ausscheidung dieser 155 Asylerteilungen ist uns nicht möglich.

- Die Anerkennungsquote bedeutet: Anteil der positiven Entscheide am Total der vom BFF erledigten Asylgesuche. Der ermittelte Wert unterscheidet sich von den vom BFF berechneten Anerkennungsquoten, da dieses vom Total der Erledigungen die formellen Entscheide (Rückzüge und Abschreibungen) abzieht und die Summe der materiellen Erledigungen (positive und negative Entscheide) als 100% annimmt. Nach BFF-Rechnung ergibt sich eine durchschnittliche Anerkennungsquote von 4,9% (571 + 11 149 = 11 720, 571 = 4,9%). Nach dieser Berechnung betragen die Anerkennungsquoten beispielsweise für Jugoslawien 6,5%, Rumänien 5,7%, Sri Lanka 5,7%, Türkei 4,1%, Irak 100%.

	Im Jahr 1990 vom BFF erledigt				
	Total	positiv (Anerkennungsquote in Klammern)	negativ	zurückgezogen	abgeschrieben
VR China	23	17 (= 73,9%)	1	3	2
Vietnam	87	52 (= 59,8%)	26	4	5
Afghanistan	64	29 (= 45,3%)	14	12	9
Iran	242	61 (= 25,2%)	74	81	26
Äthiopien	107	23 (= 21,5%)	71	6	7
Irak	20	4 (= 20,0%)	0	8	8
Chile	44	3 (= 6,8%)	13	27	1
Somalia	60	4 (= 6,7%)	28	9	19
Jugoslawien	1 079	48 (= 4,4%)	693	242	96
– – – (durchschnittliche Anerkennungsquote 3,5%) – – –					
Türkei	7 955	270 (= 3,4%)	6 328	884	473
Tschechoslowakei	59	2 (= 3,4%)	46	9	2
Rumänien	576	17 (= 3,0%)	280	167	112
Polen	420	6 (= 1,4%)	321	74	19
Sri Lanka	984	12 (= 1,2%)	198	518	256
Syrien	90	1 (= 1,1%)	44	28	17
Zaïre	316	2 (= 0,6%)	240	51	23
Libanon	1 248	0	560	457	231
Indien	728	0	622	38	122
Pakistan	739	0	508	58	173
Bangladesh	379	0	321	21	37
Angola	345	0	300	24	21
Ghana	205	0	164	19	22
Bulgarien	117	0	68	38	11
Nigeria	47	0	35	6	6
Algerien	29	0	15	11	3
Tunesien	21	0	8	9	4

MUSTER FÜR DEN AUFBAU EINER BESCHWERDE

Eine Beschwerde gegen den BFF-Entscheid muss in etwa folgendes enthalten (weitere Einzelheiten siehe vorne S. 320f):

<u>Eingeschrieben</u>
Eidgen. Justiz- und Polizeidepartement
Beschwerdedienst (vorläufig)
Einsteinstrasse 2
3003 B e r n

BESCHWERDE gegen das Bundesamt für Flüchtlinge,
betreffend Entscheid vom .... *(Datum)*, N .... *(Nummer)*
für
(Name und Vorname)..
(Staatsangehörigkeit)..
(Geburtsdatum) ....
(Adresse)..
....
(Namen der weiteren vom Entscheid betroffenen Familienangehörigen) ....
....
....

I. Rechtsbegehren:

1. Der Asylenscheid des BFF vom .... sei aufzuheben und es sei Asyl zu gewähren.
2. Jedenfalls sei von einer Wegweisung abzusehen.
3. Ev.: Es sei der/die Gesuchsteller/in vorläufig aufzunehmen.
4. Ev.: Es sei XY als Anwalt unentgeltlich beizuordnen[*].

- unter Kostenfolge -

II. Formelles:

1. Der angefochtene Entscheid datiert vom .... und wurde am .... zugestellt. Die 30-tägige Beschwerdefrist ist damit gewahrt.
2. Ev.: Der/die unterzeichnete Rechtsvertreter/-vertreterin ist bevollmächtigt**.

III. Begründung:

a) Schilderung des Sachverhaltes (d.h. aller fluchtbegründenden Umstände);
b) Begründung der Flüchtlingseigenschaft (Hinweise vorne S. 72ff) mit Kritik an der Begründung des BFF;
c) Gegenargumentation zu den im Entscheid des BFF angeführten Unglaubwürdigkeitselementen (siehe dazu vorne S. 135ff);
d) Begründung, weshalb eine Rückkehr ins Heimatland nicht möglich, nicht zulässig oder nicht zumutbar ist (siehe dazu vorne S. 171ff);
e) Ev.: Begründung der unentgeltlichen Beiordnung eines Anwaltes/einer Anwältin.

(Möglichst unter Beilegung schriftlicher Beweismittel, siehe dazu vorne S. 228ff).

(*handschriftliche Unterschrift*): ....

im Doppel *(die Beschwerde ist in zwei Exemplaren einzureichen)*
Beilagen
1. Kopie des BFF-Entscheides
2. Kopie der Empfangsbestätigung (*dies dient dazu, die Einhaltung der 30-tägigen Frist zu beweisen*)
3. Ev.: Bestätigung der Fürsorgeabhängigkeit (was notwendig ist um zu beweisen, dass Anwalt nicht selber bezahlt werden kann) *)
4. Ev.: Vollmacht **)
5. Beweismittel

ASYLGESETZ

vom 5. Oktober 1979

Die Bundesversammlung der schweizerischen Eidgenossenschaft,

gestützt auf Artikel 69ter der Bundesverfassung,
nach Einsicht in eine Botschaft des Bundesrates vom 31. August 1977,

beschliesst:

1. KAPITEL: GRUNDSÄTZE

Art. 1 Zweck und Geltungsbereich
Dieses Gesetz regelt die Grundsätze der Asylgewährung und die Rechtsstellung der Flüchtlinge in der Schweiz.

Art. 2 Asylgewährung
Die Schweiz gewährt Flüchtlingen auf Gesuch hin nach diesem Gesetz Asyl.

Art. 3 Der Begriff "Flüchtling"
[1] Flüchtlinge sind Ausländer, die in ihrem Heimatstaat oder im Land, wo sie zuletzt wohnten, wegen ihrer Rasse, Religion, Nationalität, Zugehörigkeit zu einer bestimmten sozialen Gruppe oder wegen ihrer politischen Anschauungen ernsthaften Nachteilen ausgesetzt sind oder begründete Furcht haben, solchen Nachteilen ausgesetzt zu werden.
[2] Als ernsthafte Nachteile gelten namentlich die Gefährdung von Leib, Leben oder Freiheit sowie Massnahmen, die einen unerträglichen psychischen Druck bewirken.
[3] Ehegatten von Flüchtlingen und ihre minderjährigen Kinder werden ebenfalls als Flüchtlinge anerkannt, sofern keine besonderen Umstände dagegen sprechen.

Art. 4 Der Begriff "Asyl"
Asyl ist der Schutz, der einem Ausländer aufgrund seiner Flüchtlingseigenschaft in der Schweiz gewährt wird. Es schliesst das Recht auf Anwesenheit in der Schweiz ein.

Art. 5 Zweitasyl
Einem Flüchtling, der in einem andern Staat aufgenommen worden ist, kann Asyl gewährt werden, wenn er sich seit mindestens zwei Jahren ordnungsgemäss und ununterbrochen in der Schweiz aufhält.

Art. 6 Aufnahme in einem Drittstaat
[1] Das Asylgesuch eines Ausländers, der sich in der Schweiz befindet, wird in der Regel abgelehnt,
   a. wenn er sich vor seiner Einreise einige Zeit in einem Drittstaat aufgehalten hat, in den er zurückkehren kann;
   b. wenn er in einen Drittstaat ausreisen kann, in dem nahe Angehörige oder andere Personen leben, zu denen er enge Beziehungen hat.
[2] Das Asylgesuch eines Ausländers, der sich im Ausland befindet, kann auch abgelehnt werden, wenn es ihm zugemutet werden kann, sich in einem andern Staat um Aufnahme zu bemühen.

Art. 7 Familienvereinigung
[1] Ehegatten von Flüchtlingen und ihren minderjährigen Kindern wird Asyl gewährt, wenn die Familie durch die Flucht getrennt wurde und sich in der Schweiz vereinigen will. Artikel 6 ist nicht anwendbar.
[2] Unter den gleichen Voraussetzungen kann auch einem anderen nahen Angehörigen einer in der Schweiz lebenden Person Asyl gewährt werden, wenn besondere Umstände für die Wiedervereinigung in der Schweiz sprechen.

Art. 8 Asylunwürdigkeit und Gefährdung der Staatssicherheit
Einem Ausländer wird kein Asyl gewährt, wenn er wegen verwerflicher Handlungen dessen unwürdig ist oder wenn er die innere oder die äussere Sicherheit der Schweiz verletzt hat oder gefährdet.

Art. 8a Subjektive Nachfluchtgründe
Einem Ausländer wird kein Asyl gewährt, wenn er erst durch seine Ausreise aus dem Heimat- oder Herkunftsstaat oder wegen seines Verhaltens nach der Ausreise Flüchtling im Sinne von Artikel 3 wurde.

Art. 9 Asylgewährung in Ausnahmesituationen
[1] In Zeiten erhöhter internationaler Spannungen, bei Ausbruch eines bewaffneten Konfliktes, an dem die Schweiz nicht beteiligt ist, oder bei ausserordentlich grossem Zustrom von Gesuchstellern in Friedenszeiten gewährt die Schweiz Flüchtlingen so lange Asyl, als dies nach den Umständen möglich ist.
[2] Der Bundesrat trifft die erforderlichen Massnahmen. Er kann, in Abweichung vom Gesetz, die Voraussetzungen für die Asylgewährung und die Rechtsstellung der Flüchtlinge einschränkend regeln und besondere Verfahrensbestimmungen aufstellen. Er erstattet der Bundesversammlung über die von ihm getroffenen Abweichungen sofort Bericht.
[3] Wenn die dauernde Beherbergung von Flüchtlingen die Möglichkeiten der Schweiz übersteigt, kann Asyl auch nur vorübergehend gewährt werden, bis die Aufgenommenen weiterreisen können.
[4] Der Bundesrat bemüht sich um eine rasche und wirksame internationale Zusammenarbeit bei der Verteilung von Flüchtlingsströmen, die auf die Schweiz zukommen.

Art. 9a Vorbereitende Massnahmen
¹ Die Kantone treffen die vorbereitenden Massnahmen für die Aufnahme von Gesuchstellern.
² Das Eidgenössische Justiz- und Polizeidepartement erstellt ein Betreuungskonzept und unterstützt die Kantone in ihren Vorbereitungen.

2. KAPITEL: VERFAHREN

1. Abschnitt: Allgemeines

Art. 10 Behörden
In den folgenden Bestimmungen bedeutet:
  a. *Departement:* das Eidgenössische Justiz- und Polizeidepartement;
  b. *Bundesamt:* das Bundesamt für Flüchtlinge;
  c. *schweizerische Vertretungen:* die schweizerischen diplomatischen Missionen und konsularischen Posten im Ausland;
  d. *kantonale Behörden:* die nach kantonalem Recht zuständigen Behörden der Kantone oder Gemeinden.

Art. 11 Entscheid
¹ Das Bundesamt entscheidet über Gewährung oder Verweigerung des Asyls.
² Eine aus mehreren Kammern bestehende Rekurskommission entscheidet endgültig über Beschwerden gegen Entscheide des Bundesamtes über:
  a. Verweigerung des Asyls und Nichteintreten auf ein Asylgesuch;
  b. Wegweisung;
  c. Beendigung des Asyls.
³ Mit der Beschwerde an die Rekurskommission kann gerügt werden:
  a. Verletzung von Bundesrecht einschliesslich Missbrauch und Überschreitung des Ermessens;
  b. unrichtige oder unvollständige Feststellung des rechtserheblichen Sachverhalts;
  c. Unangemessenheit, bei deren Beurteilung die Rekurskommission an die Richtlinien und besonderen Weisungen des Bundesrates gebunden ist.
⁴ Der Bundesrat wählt die Mitglieder der Rekurskommission und regelt ihre Stellung. Er legt die Organisation fest und kann ergänzende Verfahrensvorschriften erlassen, namentlich über mündliche Verhandlungen, die mündliche Eröffnung von Verfügungen und das summarische Verfahren.
⁵ Über andere Beschwerden entscheidet unter Vorbehalt von Weisungen des Bundesrates und der Zuständigkeitsvorschriften des Fremdenpolizeirechts das Departement endgültig.

Art. 12 Verfahrensgrundsätze
Das Verfahren richtet sich nach dem Bundesgesetz über das Verwaltungsverfahren und dem Bundesgesetz über die Organisation der Bundesrechtspflege, soweit das vorliegende Gesetz nichts anderes bestimmt.

Art. 12a Nachweis der Flüchtlingseigenschaft
[1] Wer um Asyl ersucht, muss nachweisen oder zumindest glaubhaft machen, dass er ein Flüchtling ist.
[2] Glaubhaft gemacht ist die Flüchtlingseigenschaft, wenn die Behörde ihr Vorhandensein mit überwiegender Wahrscheinlichkeit für gegeben hält.
[3] Unglaubhaft sind insbesondere Vorbringen, die in wesentlichen Punkten zu wenig substantiiert oder in sich widersprüchlich sind, den Tatsachen nicht entsprechen oder massgeblich auf gefälschte oder verfälschte Beweismittel abgestützt werden.

Art. 12b Mitwirkungspflicht
[1] Wer um Asyl ersucht, ist verpflichtet, an der Feststellung des Sachverhaltes mitzuwirken. Er muss insbesondere:
   a. seine Identität offenlegen;
   b. Reisepapiere und Identitätsausweise abgeben;
   c. bei der Anhörung angeben, weshalb er um Asyl ersucht;
   d. allfällige Beweismittel vollständig bezeichnen und sie unverzüglich einreichen, oder, soweit dies zumutbar erscheint, sich darum bemühen, sie innerhalb einer angemessenen Frist zu beschaffen.
[2] Die Mitwirkungspflicht ist nicht verletzt, wenn der Gesuchsteller sie unverschuldet nicht erfüllen konnte.
[3] Die Behörde kann vom Gesuchsteller verlangen, für die Übersetzung fremdsprachiger Dokumente besorgt zu sein.
[4] Der Gesuchsteller, der sich in der Schweiz aufhält, ist verpflichtet, sich während des Verfahrens den kantonalen Behörden oder dem Bundesamt zur Verfügung zu halten. Er muss seine Adresse und jede Änderung der kantonalen Behörde sofort mitteilen.

Art. 12c Beweisverfahren
Wird zur Ermittlung des Sachverhaltes ein Beweisverfahren durchgeführt, so kann der Gesuchsteller zur Beweisanordnung der Behörde nicht vorgängig Stellung nehmen.

Art. 12d Eröffnung und Begründung von Verfügungen und Entscheiden
[1] Verfügungen und Entscheide können in geeigneten Fällen mündlich eröffnet und summarisch begründet werden.
[2] Die mündliche Eröffnung ist samt Begründung protokollarisch festzuhalten. Dem Gesuchsteller ist ein Protokollauszug auszuhändigen.

Art. 12e Zustelladresse
[1] Eine Zustellung oder Mitteilung an die letzte bekannte Adresse des Gesuchstellers oder an den von ihm bevollmächtigten Vertreter ist mit Ablauf der ordentlichen siebentägigen Abholfrist rechtsgültig; dies gilt auch, wenn der Gesuchsteller oder dessen Vertreter aufgrund einer besonderen Vereinbarung mit den PTT-Betrieben erst in einem späteren Zeitpunkt davon Kenntnis erhält. Gleiches gilt, wenn die Sendung als unzustellbar zurückkommt.

² Wird der Gesuchsteller durch mehrere bevollmächtigte Personen vertreten und bezeichnen diese keine gemeinsame Zustelladresse, so stellt die Behörde ihre Mitteilungen dem vom Gesuchsteller zuerst bezeichneten Vertreter zu.

Art. 12f Verhältnis zu fremdenpolizeilichen Verfahren
¹ Nach Einreichung eines Asylgesuches und bis zur Ausreise nach rechtskräftigem Abschluss des Asylverfahrens oder bis zur Anordnung einer Ersatzmassnahme bei nicht durchführbarem Vollzug kann kein Verfahren um Erteilung einer fremdenpolizeilichen Aufenthaltsbewilligung eingeleitet werden, ausser es bestehe ein Anspruch darauf. Artikel 17 Absätze 2 und 3 bleiben vorbehalten.
² Bereits hängige Verfahren um Erteilung einer Aufenthaltsbewilligung werden mit dem Einreichen eines Asylgesuches gegenstandslos.
³ Bereits erteilte Aufenthaltsbewilligungen bleiben gültig und können gemäss den fremdenpolizeilichen Bestimmungen verlängert werden.

2. Abschnitt: Einreichung des Asylgesuches

Art. 13 Asylgesuch
Ein Asylgesuch liegt vor, wenn der Ausländer schriftlich, mündlich oder auf andere Weise zu erkennen gibt, dass er die Schweiz um Schutz vor Verfolgung ersucht.

Art. 13a Ort der Einreichung
Das Asylgesuch ist bei einer schweizerischen Vertretung oder bei der Einreise an einem geöffneten Grenzübergang zu stellen. Vorbehalten bleibt Artikel 13f.

Art. 13b Asylgesuch aus dem Ausland und Einreisebewilligung
¹ Die schweizerische Vertretung überweist das Asylgesuch mit ihrem Bericht dem Bundesamt.
² Das Bundesamt bewilligt dem Gesuchsteller die Einreise zur Abklärung des Sachverhaltes, wenn ihm nicht zugemutet werden kann, im Wohnsitz- oder Aufenthaltsstaat zu bleiben oder in ein anderes Land auszureisen.
³ Das Departement kann schweizerische Vertretungen ermächtigen, Ausländern die Einreise zu bewilligen, die glaubhaft machen, dass eine unmittelbare Gefahr für Leib, Leben oder Freiheit aus einem Grund nach Artikel 3 Absatz 1 besteht.

Art. 13c Asylgesuch an der Grenze und Einreisebewilligung
¹ Der Ausländer, der an der Grenze um Asyl nachsucht, erhält vom Bundesamt die Bewilligung zur Einreise, wenn kein anderes Land staatsvertraglich zur Behandlung seines Asylgesuches verpflichtet ist und er:
    a. das zur Einreise erforderliche Ausweispapier oder Visum besitzt, oder
    b. im Land, aus dem er direkt in die Schweiz gelangt ist, aus einem Grund nach Artikel 3 Absatz 1 gefährdet oder von unmenschlicher Behandlung bedroht erscheint.
² Die Einreise wird vom Bundesamt ferner bewilligt, wenn:
    a. der Ausländer glaubhaft macht, dass ihn das Land, aus dem er direkt kommt, in Verletzung des Grundsatzes der Nichtrückschiebung zur Ausreise in ein Land zwingen würde, in dem er gefährdet erscheint, oder
    b. die Schweiz staatsvertraglich zur Behandlung seines Asylgesuches verpflichtet ist.
³ Der Bundesrat bestimmt, in welchen anderen Fällen die Einreise bewilligt wird.

Art. 13d Asylgesuch am Flughafen
¹ Für Asylgesuche, die bei der Grenzkontrolle in einem Flughafen gestellt werden, gilt Artikel 13c. Der Gesuchsteller kann erkennungsdienstlich behandelt werden.
² Wird die Einreise nicht bewilligt, so kann der Gesuchsteller vom Bundesamt vorsorglich weggewiesen werden, wenn die Weiterreise in einen Drittstaat möglich, zulässig und zumutbar ist, namentlich wenn:
    a. dieser Staat vertraglich für die Behandlung des Asylgesuchs zuständig ist;
    b. sich der Gesuchsteller vorher einige Zeit dort aufgehalten hat oder
    c. dort nahe Angehörige oder andere Personen leben, zu denen der Gesuchsteller enge Beziehungen hat.
³ Die vorsorgliche Wegweisung ist sofort vollstreckbar, wenn das Bundesamt nichts anderes verfügt.
⁴ Wird die Einreise nicht bewilligt, und kann der Gesuchsteller nicht in einen Drittstaat weggewiesen werden, so kann der sofortige Vollzug der Wegweisung in den Heimat- oder Herkunftsstaat angeordnet werden, wenn dem Gesuchsteller dort nach der übereinstimmenden Auffassung des Bundesamtes und des Hochkommissariates der Vereinten Nationen für die Flüchtlinge offensichtlich keine Verfolgung droht.

Art. 13e Anhaltung bei der illegalen Einreise
¹ Wird ein Gesuchsteller bei der illegalen Einreise im grenznahen Raum angehalten, so übergeben ihn die kantonalen Polizeiorgane den zuständigen Behörden des Nachbarstaates. Sie informieren ihn vorher über den nächstgelegenen geöffneten Grenzübergang.
² Der Gesuchsteller wird an eine Empfangsstelle gewiesen, wenn die Übergabe an den Nachbarstaat nicht möglich ist oder wenn er dort aus einem Grund nach Artikel 3 Absatz 1 gefährdet oder von unmenschlicher Behandlung bedroht erscheint.

Art. 13f Asylgesuch im Inland
¹ Ein Ausländer, der sich in der Schweiz befindet, richtet das Asylgesuch an die Behörde des Kantons, von dem er eine Anwesenheitsbewilligung erhalten hat.
² Für die übrigen Fälle regelt der Bundesrat das Verfahren und legt fest, wo das Gesuch einzureichen ist.

3. Abschnitt: Das erstinstanzliche Verfahren

Art. 14 Erhebungen in der Empfangsstelle
¹ Der Bund errichtet Empfangsstellen, die vom Bundesamt geführt werden.
² Die Empfangsstelle erhebt die Personalien des Gesuchstellers. Dieser kann ausserdem summarisch zum Reiseweg und zu den Gründen befragt werden, warum er sein Land verlassen hat. Der Gesuchsteller wird von den Behörden des Standortkantons erkennungsdienstlich behandelt. Die Reisepapiere und Identitätsausweise werden zu den Akten genommen.
³ Das Bundesamt ist berechtigt, alle Informationen zu erheben, die für einen Entscheid über den Aufenthalt des Gesuchstellers in der Schweiz während des Asylverfahrens wesentlich sind.
⁴ Der Gesuchsteller wird auf seine Rechte und Pflichten im Asylverfahren hingewiesen.

Art. 14a Verteilung auf die Kantone
¹ Die Kantone verständigen sich über die Verteilung der Asylbewerber.
² Können sich die Kantone nicht einigen, so legt der Bundesrat nach Anhören der Kantone in einer Verordnung die Kriterien für eine Verteilung fest.
³ Das Bundesamt verteilt die Gesuchsteller auf die Kantone; es trägt dabei den schützenswerten Interessen der Kantone und der Gesuchsteller Rechnung und berücksichtigt insbesondere den Grundsatz der Einheit der Familie. Das Bundesamt entscheidet endgültig.

Art. 14b Interkantonale Zusammenarbeit
¹ Die Kantone können interkantonale Stellen errichten, wo sich die Gesuchsteller zu melden haben. Sie bestimmen deren Zuständigkeiten.
² Richten die Kantone keine solchen Stellen ein, so kann sie der Bund in Zusammenarbeit mit ihnen einrichten.

Art. 15 Anhörung zu den Asylgründen
¹ Die kantonale Behörde hört den Gesuchsteller innert 20 Tagen nach der Gesuchstellung zu den Asylgründen an und zieht nötigenfalls einen Dolmetscher bei. Der Gesuchsteller kann sich von einem Vertreter und einem Dolmetscher seiner Wahl, die selber nicht Gesuchsteller sind, begleiten lassen. Durch die Anhörung soll insbesondere auch festgestellt werden, welche Gesuchsteller die Flüchtlingseigenschaft offensichtlich nicht erfüllen oder nicht glaubhaft machen können.

² Über die Anhörung wird ein Protokoll geführt, das vom Gesuchsteller und gegebenenfalls vom Dolmetscher unterzeichnet wird.
³ Das Bundesamt kann Gesuchsteller direkt anhören. Wo solches organisatorisch möglich ist und zu einer erheblichen Verfahrensbeschleunigung führt, ist die direkte Anhörung zu fördern. Für die Befragung gelten die Absätze 1 und 2 sinngemäss.
⁴ Das Departement kann im Einverständnis mit den Kantonen festlegen, dass kantonale Beamte unter der Leitung des Bundesamtes Entscheide gemäss den Artikeln 16-16b zuhanden des Bundesamtes vorbereiten oder dass Gesuchsteller nur vom Bundesamt angehört werden. Der Bund vergütet den Kantonen die Personalkosten, die ihnen gemäss diesem Absatz entstehen.

Art. 15a Vertreter der Hilfswerke
¹ Die anerkannten Flüchtlingshilfsorganisationen entsenden einen Vertreter zur Anhörung über die Asylgründe gemäss Artikel 15, sofern der Gesuchsteller dies nicht ablehnt.
² Die Anhörungstermine werden den Flüchtlingshilfsorganisationen von den Behörden rechtzeitig mitgeteilt.
³ Der Vertreter der Hilfswerke beobachtet die Anhörung. Er kann Fragen zur Erhellung des Sachverhaltes stellen lassen. Er hat keine Parteirechte.
⁴ Der Vertreter der Hilfswerke untersteht gegenüber Dritten der Verschwiegenheitspflicht.
⁵ Der Vertreter der Hilfswerke bestätigt im Protokoll seine Mitwirkung. Er kann dabei Einwendungen anmelden und weitere Abklärungen anregen.
⁶ Der Bund entschädigt die Flüchtlingshilfsorganisationen für ihren Aufwand.

Art. 16 Nichteintreten
¹ Auf ein Gesuch wird nicht eingetreten, wenn der Gesuchsteller:
  a. kein Asylgesuch im Sinne von Artikel 13 stellt;
  b. seine Identität verheimlicht und dies aufgrund des Ergebnisses der erkennungsdienstlichen Behandlung feststeht;
  c. in ein Land ausreisen kann, in welchem bereits ein Asylgesuch hängig ist oder das staatsvertraglich für die Durchführung des Asyl- und Wegweisungsverfahrens zuständig ist und das ihn nicht zur Ausreise in ein Land zwingt, in welchem er verfolgt oder unmenschlicher Behandlung ausgesetzt würde;
  d. bereits in der Schweiz ein Asylverfahren erfolglos durchlaufen oder sein Gesuch zurückgezogen hat oder während des hängigen Asylverfahrens in den Heimat- oder Herkunftsstaat zurückgekehrt ist und nicht glaubhaft machen kann, dass in der Zwischenzeit Ereignisse eingetreten sind, die für die Flüchtlingseigenschaft relevant sind;
  e. seine Mitwirkungspflicht vorsätzlich in grober Weise verletzt.

² Der Bundesrat kann Staaten bezeichnen, in welchen nach seinen Feststellungen Sicherheit vor Verfolgung besteht; entsprechende Beschlüsse überprüft er periodisch. Stammt der Gesuchsteller aus einem solchen Staat, wird auf sein Gesuch oder seine Beschwerde nicht eingetreten, ausser die Anhörung ergebe Hinweise auf eine Verfolgung.
³ Nichteintretensentscheide sind in der Regel innert sechs Wochen nach der Gesuchstellung zu treffen; sie müssen zumindest summarisch begründet werden.

Art. 16a Ablehnung ohne weitere Abklärungen
¹ Wird aufgrund der Anhörung zu den Asylgründen offensichtlich, dass der Gesuchsteller weder beweisen noch glaubhaft machen kann, dass er ein Flüchtling ist, und seiner Wegweisung keine Gründe entgegenstehen, wird das Gesuch ohne weitere Abklärung abgelehnt.
² Der Entscheid ist in der Regel innert zehn Tagen seit der Anhörung zu treffen; er muss zumindest summarisch begründet werden.

Art. 16b Asyl oder vorläufige Aufnahme ohne weitere Abklärungen
¹ Kann der Gesuchsteller aufgrund der Anhörung nachweisen oder glaubhaft machen, dass er Flüchtling ist, und liegt kein Asylausschlussgrund vor, wird ihm ohne weitere Abklärung Asyl gewährt.
² Erweist sich bereits aufgrund der Anhörung, dass dem Gesuchsteller kein Asyl gewährt werden kann, der Vollzug seiner Wegweisung aber nicht möglich, nicht zulässig oder nicht zumutbar ist, so wird ohne weitere Abklärungen ein Asyl- und Wegweisungsentscheid getroffen und anstelle der Ansetzung einer Ausreisefrist die vorläufige Aufnahme angeordnet.

Art. 16c Weitere Abklärungen
¹ In den übrigen Fällen trifft das Bundesamt die notwendigen zusätzlichen Abklärungen. Es kann bei den schweizerischen Vertretungen Auskünfte einholen, den Gesuchsteller ergänzend anhören oder ihm durch die kantonale Behörde Ergänzungsfragen stellen.
² Befindet sich der Gesuchsteller während des Verfahrens im Ausland, so klärt das Bundesamt den Sachverhalt durch Vermittlung der zuständigen schweizerischen Vertretung ab.

4. Abschnitt: Wegweisung und Vollzug

Art. 17 Wegweisung
¹ Lehnt das Bundesamt das Asylgesuch ab oder tritt es darauf nicht ein, so verfügt es in der Regel die Wegweisung aus der Schweiz und ordnet den Vollzug an; dabei ist der Grundsatz der Einheit der Familie zu berücksichtigen.

² Ist das Gesuch vor mehr als vier Jahren eingereicht worden, so kann der Kanton einem ihm zugewiesenen Gesuchsteller eine fremdenpolizeiliche Aufenthaltsbewilligung erteilen. Will der Kanton von dieser Möglichkeit Gebrauch machen, so zeigt er dies dem Bundesamt unverzüglich an. Im Zustimmungsverfahren vor dem Bundesamt für Ausländerfragen hat der Gesuchsteller Parteistellung.
³ Im Beschwerdeverfahren gilt Absatz 2 sinngemäss. Während des Zustimmungsverfahrens wird das Beschwerdeverfahren sistiert.

Art. 17a Inhalt der Wegweisungsverfügung
Die Wegweisungsverfügung enthält:
    a. die Verpflichtung, die Schweiz zu verlassen;
    b. die Festsetzung des Tages, bis zu dem der Gesuchsteller schweizerisches Gebiet verlassen muss. Im Falle der Anordnung einer vorläufigen Aufnahme oder Internierung wird die Frist im Zeitpunkt der Aufhebung bestimmt;
    c. die Androhung von Zwangsmitteln im Unterlassungsfall;
    d. die Bezeichnung jener Staaten, in welche der Gesuchsteller nicht zurückgeführt werden darf;
    e. die Anordnung einer allfälligen Ersatzmassnahme anstelle des Vollzugs;
    f. die Bezeichnung des für den Vollzug der Wegweisung oder der Ersatzmassnahme zuständigen Kantons.

Art. 18 Vollzug
¹ Ist der Vollzug der Wegweisung nicht möglich, nicht zulässig oder nicht zumutbar, so regelt das Bundesamt das Anwesenheitsverhältnis nach den gesetzlichen Bestimmungen über die vorläufige Aufnahme und Internierung von Ausländern.
² Der Kanton ist verpflichtet, die Wegweisungsverfügung zu vollziehen.
³ Erweist sich der Vollzug trotz Anwendung von Zwangsmitteln als nicht durchführbar, so beantragt der Kanton dem Bundesamt die Anordnung einer vorläufigen Aufnahme oder Internierung.

Art. 18a Massnahmen bei unbekanntem Aufenthalt
Entzieht sich der abgewiesene Gesuchsteller durch Verheimlichung seines Aufenthaltsortes dem Vollzug, kann das Bundesamt seine polizeiliche Ausschreibung veranlassen.

Art. 18b Zusammenarbeit der Kantone
Befindet sich der abgewiesene Gesuchsteller nicht in dem Kanton, der mit dem Vollzug der Wegweisungsverfügung beauftragt ist, so hat der Aufenthaltskanton auf Ersuchen des beauftragten Kantons formlos Amtshilfe zu leisten.

Asylgesetz

Art. 18c Unterstützung durch das Bundesamt
¹ Das Bundesamt kann die mit der Rückführung abgewiesener Gesuchsteller beauftragten Kantone mit folgenden Massnahmen unterstützen:
   a. Vermittlung bei der Beschaffung von Reisepapieren;
   b. Organisation von Reisemöglichkeiten;
   c. Koordination der Zusammenarbeit von mehreren betroffenen Kantonen;
   d. Koordination der Zusammenarbeit mit dem Eidgenössischen Departement für auswärtige Angelegenheiten.
² Das Bundesamt kann mit den kantonalen Regierungen direkt verkehren.

Art. 18d Sicherstellung und Einziehung von Urkunden
¹ Jede Behörde oder Amtsstelle stellt Reisepapiere, Identitätsausweise oder andere Dokumente, die auf die Identität eines Gesuchstellers Hinweise geben können, zuhanden des Bundesamtes sicher.
² Verfälschte und gefälschte Urkunden können vom Bundesamt oder von der Beschwerdeinstanz eingezogen werden.

Art. 18e Rückkehrhilfe
¹ Der Bund übernimmt die Kosten für die Ausreise
   a. von mittellosen Gesuchstellern;
   b. von mittellosen Ausländern, deren Gesuch abgelehnt oder zurückgezogen wurde.
² Er kann weitere Rückkehrhilfen, namentlich in Form von Beratung, gewähren.

5. Abschnitt: Stellung während des Asylverfahrens

Art. 19 Aufenthalt
¹ Wer ein Asylgesuch in der Schweiz gestellt hat, darf sich unter Vorbehalt von Artikel 47 bis zum Abschluss des Verfahrens in der Schweiz aufhalten.
² Der Gesuchsteller kann jedoch vorsorglich weggewiesen werden, wenn die Weiterreise in einen Drittstaat möglich, zulässig und zumutbar ist, namentlich wenn:
   a. dieser Staat vertraglich für die Behandlung des Asylgesuchs zuständig ist,
   b. sich der Gesuchsteller vorher einige Zeit dort aufgehalten hat oder
   c. dort nahe Angehörige oder andere Personen leben, zu denen der Gesuchsteller enge Beziehungen hat.
³ Die vorsorgliche Wegweisung ist sofort vollstreckbar, wenn das Bundesamt nichts anderes verfügt.

Art. 20 Aufenthalt und Unterbringung
¹ Das Bundesamt oder die kantonalen Behörden können dem Gesuchsteller einen Aufenthaltsort zuweisen.
² Sie können dem Gesuchsteller eine Unterkunft zuweisen und ihn insbesondere in einem Aufnahmezentrum unterbringen.

Art. 20a Fürsorge
[1] Kann der Gesuchsteller seinen Unterhalt nicht aus eigenen Mitteln bestreiten und müssen auch Dritte nicht für ihn aufkommen, so erhält er vom Kanton die nötige Fürsorge.
[2] Soweit das Departement keine abweichende Bestimmungen erlässt, richten sich Festsetzung, Ausrichtung und Abrechnung von Fürsorgeleistungen nach kantonalem Recht.
[3] Die Unterstützung soll nach Möglichkeit in Form von Sachleistungen ausgerichtet werden.

Art. 20b Bundesbeiträge
[1] Der Bund vergütet den Kantonen für jeden Gesuchsteller die Fürsorgeauslagen, die ihnen vom Einreichen des Gesuches bis längstens zu dem Tag entstehen, an dem die Wegweisung zu vollziehen ist.
[2] Der Bund kann Unterkünfte und Aufnahmezentren, in denen die kantonalen Behörden Gesuchsteller unterbringen, erwerben oder deren Errichtung, Umbau oder Einrichtung ganz oder teilweise finanzieren. Der Bundesrat regelt das Verfahren und bestimmt das Nähere über Eigentumsverhältnisse und die Sicherung der Zweckbestimmung.
[2bis] Der Bund zahlt den Kantonen für ihren Verwaltungsaufwand jährlich eine Pauschale. Der Bundesrat setzt die Höhe der Pauschale fest.
[3] Der Bund kann die Durchführung von Beschäftigungsprogrammen fördern.

Art. 21 Vorläufige Erwerbstätigkeit
[1] Während der ersten drei Monate nach dem Einreichen eines Asylgesuches dürfen Asylbewerber keine Erwerbstätigkeit ausüben. Ergeht innert dieser Frist erstinstanzlich ein negativer Entscheid, so kann der Kanton das Arbeitsverbot um weitere drei Monate verlängern.
[2] Ergreift der Gesuchsteller im Anschluss an einen rechtskräftigen negativen Asylentscheid ein ausserordentliches Rechtsmittel oder einen Rechtsbehelf und wird während der Dauer dieses Verfahrens auf den Vollzug der Wegweisung verzichtet, so erlöscht die Bewilligung in der Regel mit Ablauf der nach Abschluss des Beschwerdeverfahrens festgesetzten Ausreisefrist. Die für die Behandlung eines solchen Rechtsmittels oder Rechtsbehelfes zuständige Behörde entscheidet auf Antrag des Kantons endgültig über Ausnahmen.
[3] Asylbewerber, die nach den fremdenpolizeilichen Bestimmungen zur Ausübung einer Erwerbstätigkeit berechtigt sind oder die an gemeinnützigen Beschäftigungsprogrammen teilnehmen, unterliegen dem Arbeitsverbot nicht.

Asylgesetz

Art. 21a Sicherheitsleistungen und Rückerstattungspflicht
[1] Der Gesuchsteller ist verpflichtet, Fürsorgekosten zurückzuerstatten und für künftige Fürsorge- und Vollzugskosten Sicherheit zu leisten. Die kantonale Behörde legt mit der Erteilung oder Verlängerung der Bewilligung zur vorläufigen Erwerbstätigkeit fest, welchen Anteil vom Erwerbseinkommen des Gesuchstellers der Arbeitgeber dem Kanton zu diesem Zwecke zu überweisen hat.
[2] Wird dem Gesuchsteller eine Anwesenheitsbewilligung erteilt oder verlässt er die Schweiz nicht nur vorübergehend, so ist ihm die Sicherheitsleistung aufgrund einer Schlussabrechnung auszuzahlen.
[3] Der Bundesrat regelt das weitere Verfahren und legt fest, ob und nach welchen Kriterien Rückerstattungen und Sicherheitsleistungen gemäss Absatz 1 einzufordern sind.

Art. 21b Kinderzulagen
Kinderzulagen für im Ausland lebende Kinder von Gesuchstellern werden während des Asylverfahrens zurückbehalten. Sie werden ausbezahlt, wenn der Gesuchsteller als Flüchtling anerkannt oder gemäss Artikel 14a Absatz 3 oder 4 des Bundesgesetzes vom 26. März 1931 über Aufenthalt und Niederlassung der Ausländer vorläufig aufgenommen wird.

6. Abschnitt: Aufnahme von Gruppen

Art. 22 Entscheid
[1] Der Bundesrat entscheidet über die Aufnahme grösserer Flüchtlingsgruppen sowie von Gruppen alter, kranker oder behinderter Flüchtlinge, denen bereits ein anderes Land Asyl gewährt hat. Über die Aufnahme kleinerer Flüchtlingsgruppen entscheidet das Departement.
[2] Das Bundesamt bestimmt, wer einer solchen Gruppe angehört.

Art. 23 Verteilung auf die Kantone
Das Departement bestimmt, wie die Flüchtlingsgruppen auf die Kantone verteilt werden. Die Kantone werden vorher angehört und können beim Bundesrat Beschwerde erheben.

3. KAPITEL: RECHTSSTELLUNG DER FLÜCHTLINGE

Art. 24 Grundsatz
Die Rechtsstellung der Flüchtlinge in der Schweiz richtet sich nach dem für Ausländer geltenden Recht, soweit nicht besondere Bestimmungen, namentlich dieses Gesetzes und des internationalen Abkommens vom 28. Juli 1951 über die Rechtsstellung der Flüchtlinge anwendbar sind.

Art. 25 Wirkung
Der Ausländer, dem die Schweiz Asyl gewährt hat oder der als Flüchtling vorläufig aufgenommen wurde, gilt gegenüber allen eidgenössischen und kantonalen Behörden als Flüchtling im Sinne dieses Gesetzes sowie des internationalen Abkommens vom 28. Juli 1951 über die Rechtsstellung der Flüchtlinge.

Art. 26 Regelung der Anwesenheit
Mit der Asylgewährung hat der Flüchtling Anspruch auf Regelung seiner Anwesenheit im Kanton, wo er sich ordnungsgemäss aufhält.

Art. 27 Erwerbstätigkeit
Einem Ausländer, dem die Schweiz Asyl gewährt hat oder den sie als Flüchtling vorläufig aufgenommen hat, werden eine Erwerbstätigkeit sowie der Stellen- und Berufswechsel ohne Rücksicht auf die Arbeitsmarktlage bewilligt.

Art. 28 Niederlassung
Der Flüchtling, dem die Schweiz Asyl gewährt hat und der sich seit mindestens fünf Jahren ordnungsgemäss in der Schweiz aufhält, hat Anspruch auf die Niederlassungsbewilligung, wenn gegen ihn kein Ausweisungsgrund vorliegt.

Art. 29 Medizinalprüfungen
Flüchtlinge, denen die Schweiz Asyl gewährt hat, werden zu den eidgenössischen Medizinalprüfungen zugelassen; das Eidgenössische Departement des Innern bestimmt die Voraussetzungen.

Art. 30 Sozialversicherungen
Die Ansprüche der Flüchtlinge auf Leistungen der Sozialversicherung richten sich nach der einschlägigen Gesetzgebung, insbesondere über
   a. die Alters- und Hinterlassenenversicherung;
   b. die Invalidenversicherung;
   c. die Ergänzungsleistungen zur Alters-, Hinterlassenen- und Invalidenversicherung;
   d. die Kranken- und Unfallversicherung;
   e. die Arbeitslosenversicherung;
   f. die berufliche Alters-, Hinterlassenen- und Invalidenvorsorge.

4. KAPITEL: FÜRSORGE DES BUNDES

1. Abschnitt: Organisation der Fürsorge

Art. 31 Zuständigkeit
[1] Der Bund gewährleistet die Fürsorge für Flüchtlinge, denen die Schweiz Asyl gewährt hat, bis sie die Niederlassungsbewilligung erhalten.
[2] Er kann die Fürsorge anerkannten Hilfswerken oder, wenn die Umstände es erfordern, ganz oder teilweise den Kantonen übertragen.

³ Der Bund erstattet die Fürsorgeleistungen, die in seinem Auftrag ausgerichtet wurden. Der Bundesrat setzt den Umfang der Entschädigung fest.
⁴ Der Bundesrat kann bestimmen, dass der Bund die Fürsorge für gewisse, namentlich für betagte oder behinderte Flüchtlinge auch nach Erteilung der Niederlassungsbewilligung gewährleistet.

Art. 32 Hilfswerke
¹ Der Bundesrat legt die Voraussetzungen für die Anerkennung von Hilfswerken fest.
² Zuständig für die Anerkennung ist das Departement.

Art. 33 Wiedereingliederungsbeiträge und Stipendien
¹ Der Bund kann den Kantonen die Stipendien für die berufliche Aus- und Weiterbildung von Flüchtlingen zurückerstatten.
² Er kann die Kosten der Ausreise von Flüchtlingen ganz oder teilweise übernehmen und weitere Hilfen für deren Wiedereingliederung leisten.
³ Der Bundesrat setzt den Umfang der Entschädigungen und Beiträge fest.

Art. 34 Bundesbeiträge
¹ Der Bund kann Beiträge ausrichten:
    a. an die Betreuungskosten anerkannter Hilfswerke;
    b. an die Verwaltungskosten ihrer Dachorganisation.
² Der Bundesrat setzt die Höhe der Beiträge fest.

Art. 35 Aufsicht
Die anerkannten Hilfswerke und die Kantone stehen unter der Aufsicht des Bundes.

2. Abschnitt: Fürsorgeleistungen

Art. 36 Verfahren
¹ Der Flüchtling richtet sein Gesuch an ein Hilfswerk. Dieses klärt die Verhältnisse ab und entscheidet nach den Weisungen des Bundesamtes.
² Der Flüchtling kann den Entscheid des Hilfswerks an das Bundesamt weiterziehen. Gegen dessen Verfügung steht ihm die Beschwerde an das Departement zu, das endgültig entscheidet.
³ Wenn die Fürsorge dem Kanton übertragen ist, richtet der Flüchtling sein Gesuch an die zuständige Fürsorgebehörde. Die Absätze 1 und 2 gelten sinngemäss.

Art. 37 Ausrichtung
¹ Fürsorgeleistungen werden nach den für Schweizer Bürger geltenden Grundsätzen ausgerichtet; der besonderen Lage der Flüchtlinge ist Rechnung zu tragen. Namentlich soll die soziale und berufliche Eingliederung erleichtert werden.
² Das Bundesamt erlässt Weisungen über Festsetzung, Ausrichtung und Abrechnung der Fürsorgeleistungen.

Art. 38 Ausschlussgründe
¹ Fürsorgeleistungen können abgelehnt oder entzogen werden, wenn der Flüchtling
   a. sie durch unwahre oder unvollständige Angaben erwirkt oder zu erwirken versucht;
   b. sich weigert, den Hilfswerken oder Fürsorgebehörden über seine wirtschaftlichen Verhältnisse Auskunft zu erteilen oder sie zu ermächtigen, Auskünfte einzuholen;
   c. wesentliche Änderungen seiner Verhältnisse nicht meldet;
   d. es offensichtlich unterlässt, seine Lage zu verbessern, namentlich wenn er eine zumutbare Arbeit nicht übernimmt oder sich nicht um eine solche bemüht;
   e. die Leistungen missbräuchlich verwendet.
² Organisationen oder Privatpersonen, die Flüchtlinge in die Schweiz eingeladen haben, kommen selbst für diese auf, solange sie dazu in der Lage sind und es ihnen zugemutet werden kann.

Art. 39 Unterhalts- und Unterstützungspflichten
Das Bundesamt kann allfällige familienrechtliche Unterhalts- oder Unterstützungsansprüche des Flüchtlings geltend machen (Art. 329 ZGB).

Art. 40 Rückerstattung
¹ Wer Fürsorgeleistungen für sich oder einen andern mit unwahren oder unvollständigen Angaben erwirkt hat, ist zur Rückerstattung verpflichtet.
² Wenn der Empfänger von Fürsorgeleistungen nachträglich in den Besitz von Mitteln gelangt und für ihn und seine Familie ein angemessener Lebensunterhalt gesichert ist, muss er die Leistungen zurückerstatten, soweit es ihm zumutbar ist.
³ Der Flüchtling muss die Fürsorgeleistungen, die er vor dem vollendeten 20. Altersjahr oder die er für seine Ausbildung bezogen hat, nicht zurückerstatten.
⁴ Der Anspruch auf Rückerstattung verjährt ein Jahr nach dem das Bundesamt davon Kenntnis erhalten hat, in jedem Fall aber zehn Jahre nach seiner Entstehung. Auf Rückerstattungsforderungen wird kein Zins erhoben.
⁵ Das Bundesamt macht den Rückerstattungsanspruch geltend und verteilt den Erlös unter Bund, Hilfswerke und Kantone. Vor Gericht wird der Anspruch von der Eidgenössischen Finanzverwaltung vertreten.

4.bis KAPITEL: FÜRSORGE DER KANTONE

Art. 40a
¹ Die Kantone gewährleisten die Fürsorge für Flüchtlinge mit Niederlassungsbewilligung; vorbehalten bleibt Artikel 31 Absatz 3 (heute: Abs. 4).
² Die Fürsorge richtet sich nach kantonalem Recht.

5. KAPITEL: BEENDIGUNG DES ASYLS

Art. 41 Widerruf
¹ Das Asyl wird widerrufen,
  a. wenn es durch falsche Angaben oder Verschweigen wesentlicher Tatsachen erschlichen worden ist;
  b. aus Gründen nach Artikel 1 Buchstabe C Ziffern 1-6 des internationalen Abkommens vom 28. Juli 1951 über die Rechtsstellung der Flüchtlinge.
² Wird bei einem Widerruf die Flüchtlingseigenschaft ausdrücklich aberkannt, so gilt die Aberkennung gegenüber allen eidgenössischen und kantonalen Behörden.
³ Die Aberkennung der Flüchtlingseigenschaft erstreckt sich nicht auf den Ehegatten und die Kinder.

Art. 42 Wohnsitzverlegung ins Ausland
¹ Das Asyl in der Schweiz erlischt, wenn sich der Flüchtling während mehr als drei Jahren im Ausland aufgehalten hat oder wenn er in einem anderen Land Asyl oder die Bewilligung zum dauernden Verbleiben erhalten hat.
² Bei besonderen Umständen kann diese Frist verlängert werden.

Art. 43 Entscheid
Das Bundesamt ist zuständig für Entscheide nach den Artikeln 41 und 42.

Art. 44 Ausweisung
¹ Ein Flüchtling, dem die Schweiz Asyl gewährt hat, darf nur ausgewiesen werden, wenn er die innere oder äussere Sicherheit der Schweiz gefährdet oder die öffentliche Ordnung in schwerwiegender Weise verletzt hat.
² Das Asyl erlischt mit dem Vollzug der Ausweisung oder der gerichtlichen Landesverweisung.

Art. 45 Grundsatz der Nichtrückschiebung
¹ Niemand darf in irgendeiner Form zur Ausreise in ein Land gezwungen werden, in dem sein Leib, sein Leben oder seine Freiheit aus einem Grund nach Artikel 3 Absatz 1 gefährdet sind oder in dem die Gefahr besteht, dass er zur Ausreise in ein solches Land gezwungen wird.
² Auf diese Bestimmung kann sich eine Person nicht berufen, wenn erhebliche Gründe dafür vorliegen, dass sie die Sicherheit der Schweiz gefährdet, oder wenn sie als gemeingefährlich gelten muss, weil sie wegen eines besonders schweren Verbrechens oder Vergehens rechtskräftig verurteilt worden ist.

6. KAPITEL: RECHTSSCHUTZ

Art. 46 Beschwerdebehörden
¹ Gegen Verfügungen kantonaler Behörden ist die Beschwerde an eine oder mehrere kantonale Beschwerdebehörden zulässig.

² Die Beschwerde gegen Verfügungen und Beschwerdeentscheide von Bundesbehörden oder letzten kantonalen Instanzen richtet sich nach den allgemeinen Bestimmungen über die Bundesrechtspflege. Vorbehalten bleibt Artikel 11.

Art. 46a Anfechtbare Zwischenverfügungen
Zwischenverfügungen, die in Anwendung der Artikel 13-19 ergehen, können nur durch Beschwerde gegen die Endverfügung angefochten werden; selbständig anfechtbar sind, sofern sie einen nicht wieder gutzumachenden Nachteil bewirken können:
   a. vorsorgliche Massnahmen;
   b. Verfügungen, mit denen das Verfahren sistiert wird.

Art. 46b Behandlungsfrist
Über Beschwerden gegen Verfügungen gemäss Artikel 16 Absätze 1 und 2 und 16a Absatz 1 ist in der Regel innert sechs Wochen zu entscheiden.

Art. 46c Verfahrensfristen
¹ Die Nachfrist für die Verbesserung der Beschwerde beträgt sieben Tage.
² Die Frist für die Beibringung von Beweisen dauert sieben Tage, wenn der Beweis im Inland, und 30 Tage, wenn der Beweis im Ausland beschafft werden muss. Gutachten sind binnen 30 Tagen beizubringen.
³ Ist der Beschwerdeführer oder sein Vertreter namentlich wegen Krankheit oder Unfall daran gehindert, innert Frist zu handeln, so kann eine weitere Frist gewährt werden.

Art. 46d Vereinfachtes Verfahren
Bei offensichtlich unbegründeten Beschwerden kann auf den Schriftenwechsel verzichtet werden. Der Beschwerdeentscheid ist summarisch zu begründen.

Art. 46e Kostenvorschüsse
Es werden keine Kostenvorschüsse erhoben.

Art. 47 Aufschiebende Wirkung
¹ Für die aufschiebende Wirkung von Beschwerdeentscheiden gilt Artikel 55 des Bundesgesetzes über das Verwaltungsverfahren; insbesondere kann das Bundesamt Beschwerden gegen Verfügungen im Sinne von Artikel 16 Absatz 1 und 2 in Verbindung mit Artikel 17 Absatz 1 die aufschiebende Wirkung entziehen.
² Über ein Begehren um Wiederherstellung der aufschiebenden Wirkung ist ohne Verzug zu entscheiden.
³ Die Einreichung ausserordentlicher Rechtsmittel und Rechtsbehelfe hemmt den Vollzug nicht, es sei denn, die für die Behandlung zuständige Behörde setze ihn aus.

7. KAPITEL: VERSCHIEDENE BESTIMMUNGEN

Art. 48 Internationale Zusammenarbeit
Der Bund beteiligt sich an der Lösung von Flüchtlingsproblemen auf internationaler Ebene. Er unterstützt internationale Hilfswerke bei ihrer Tätigkeit. Er arbeitet namentlich mit dem Hochkommissariat der Vereinten Nationen für die Flüchtlinge zusammen.

Art. 49 Beratende Kommission
Der Bundesrat setzt eine beratende Kommission für Flüchtlingsfragen ein.

8. KAPITEL: SCHLUSSBESTIMMUNGEN

Art. 50 Vollzug
Der Bundesrat wird mit dem Vollzug beauftragt. Er erlässt die Ausführungsbestimmungen.

Art. 51 Aufhebung bisherigen Rechts
Es werden aufgehoben:
1. Artikel 21 des Bundesgesetzes vom 26. März 1931 über Aufenthalt und Niederlassung der Ausländer;
2. der Bundesbeschluss vom 26. April 1951 über Beiträge des Bundes an die Unterstützung von Flüchtlingen.

Art. 52 Änderung von Bundesgesetzen
1. Der Bundesbeschluss vom 27. April 1972 betreffend die Genehmigung des Übereinkommens über die Rechtsstellung der Staatenlosen wird wie folgt geändert:
Einziger Artikel Abs. 3
...
2. Das Bundesgesetz über die Organisation der Bundesrechtspflege wird wie folgt geändert:
Art. 100 Bst. b Ziff. 2
...
Art. 101 Bst. d
...

Art. 53 Übergangsbestimmungen
[1] Wer bei Inkrafttreten dieses Gesetzes in der Schweiz als Flüchtling anerkannt ist, gilt als Flüchtling im Sinne dieses Gesetzes.
[2] Für die im Zeitpunkt des Inkrafttretens dieses Gesetzes hängigen Verfahren gilt das neue Recht.
[3] Der Bundesrat bleibt zuständig für die im Zeitpunkt des Inkrafttretens bei ihm hängigen Beschwerden.

Art. 54 Referendum und Inkrafttreten
[1] Dieses Gesetz untersteht dem fakultativen Referendum.
[2] Der Bundesrat bestimmt das Inkrafttreten.

Datum des Inkrafttretens: 1. Januar 1981

Änderungen von Bundesgesetzen durch den AVB
Das Bundesgesetz vom 26. März 1931 über Aufenthalt und Niederlassung der Ausländer wird wie folgt geändert:

Art. 14a
[1] Ist der Vollzug der Weg- oder Ausweisung nicht möglich, nicht zulässig oder nicht zumutbar, so verfügt das Bundesamt für Polizeiwesen die vorläufige Aufnahme oder die Internierung.
[2] Der Vollzug ist nicht möglich, wenn der Ausländer weder in den Herkunfts- oder in den Heimatstaat noch in einen Drittstaat verbracht werden kann.
[3] Der Vollzug ist nicht zulässig, wenn völkerrechtliche Verpflichtungen der Schweiz einer Weiterreise des Ausländers in seinen Heimat-, Herkunfts- oder einen Drittstaat entgegenstehen.
[4] Der Vollzug kann insbesondere nicht zumutbar sein, wenn er für den Ausländer eine konkrete Gefährdung darstellt.
[5] Der Bundesrat kann nach Konsultation mit dem Hochkommissariat der Vereinten Nationen für die Flüchtlinge und unter Berücksichtigung der Praxis anderer Staaten bestimmen, welche Gruppen von Gesuchstellern nach welchen Kriterien vorläufig aufgenommen werden können.
[6] Absatz 4 findet keine Anwendung, wenn der weg- oder ausgewiesene Ausländer die öffentliche Sicherheit und Ordnung gefährdet oder in schwerwiegender Weise verletzt hat.

Art. 14b
[1] Die vorläufige Aufnahme oder die Internierung kann vom Bundesamt für Ausländerfragen, von der Bundesanwaltschaft und von der kantonalen Fremdenpolizeibehörde beantragt werden. Der Ausländer wird vor der Internierung angehört.
[2] Die vorläufige Aufnahme und die Internierung sind aufzuheben, wenn der Vollzug zulässig und es dem Ausländer möglich und zumutbar ist, sich rechtmässig in einen Drittstaat oder in seinen Heimatstaat oder in das Land zu begeben, in dem er zuletzt wohnte. Sie erlöschen, wenn der Ausländer freiwillig ausreist oder eine Aufenthaltsbewilligung erhält.
[3] Im Fall der Aufnahme von Gruppen nach Artikel 14a Absatz 5 beschliesst der Bundesrat den Zeitpunkt der Aufhebung der vorläufigen Aufnahme der Personen, die zur Gruppe gehören.
[4] Der Bund übernimmt die Ausreisekosten, wenn der Ausländer über keine eigenen Mittel verfügt.

Asylgesetz

Art. 14c
¹ Die vorläufige Aufnahme kann unter Vorbehalt von Artikel 14b Absätze 2 und 3 für zwölf Monate verfügt werden. Der Aufenthaltskanton verlängert sie in der Regel um jeweils zwölf Monate.
² Der vorläufig aufgenommene Ausländer kann seinen Aufenthaltsort im Gebiet des bisherigen Aufenthaltskantons frei wählen.
³ Die kantonalen Behörden bewilligen dem Ausländer eine unselbständige Erwerbstätigkeit, sofern die Arbeitsmarkt- und Wirtschaftslage dies gestatten.
⁴ Besitzt der Ausländer eigene Mittel, so muss er für seinen Unterhalt selbst aufkommen; der Aufenthaltskanton kann von ihm dafür Sicherheit verlangen.
⁵ Kann der Ausländer seinen Unterhalt nicht aus eigenen Mitteln bestreiten und müssen auch Dritte nicht für ihn aufkommen, so erhält er vom Kanton die nötige Fürsorge.
⁶ Sofern das Eidgenössische Justiz- und Polizeidepartement keine abweichenden Bestimmungen erlässt, richten sich die Festsetzung, Ausrichtung, Rückerstattung und Abrechnung von Fürsorgeleistungen nach kantonalem Recht. Der Bund vergütet dem Kanton die entstandenen Fürsorgeauslagen.

Art. 14d
¹ Die Internierung kann für sechs Monate verfügt werden. Das Bundesamt für Polizeiwesen kann sie jeweils um höchstens sechs Monate verlängern. Die Internierung darf insgesamt jedoch nicht länger als zwei Jahre dauern und muss spätestens nach Ablauf dieser Höchstdauer durch eine vorläufige Aufnahme ersetzt werden.
² Das Bundesamt für Polizeiwesen interniert einen Ausländer in einer geeigneten Anstalt, wenn er:
    a. die innere oder äussere Sicherheit der Schweiz oder die innere Sicherheit eines Kantons gefährdet;
    b. durch seine Anwesenheit die öffentliche Ordnung schwer gefährdet.
³ Der Bund übernimmt die Kosten der Internierung, wenn der Ausländer keine eigenen Mittel besitzt.
⁴ Besitzt der Ausländer eigene Mittel, so muss er für die Kosten der Internierung selber aufkommen. Das Bundesamt für Polizeiwesen kann Sicherheit verlangen.

Übergangsbestimmungen AVB
¹ Unter Vorbehalt der nachfolgenden Bestimmungen gilt für die im Zeitpunkt des Inkrafttretens des Bundesbeschlusses hängigen Verfahren das neue Recht.
² Die Artikel 12e Absatz 2 und 16-16c werden nur auf neue Gesuche, die Artikel 46-46e nur auf Beschwerden gegen jene Verfügungen angewendet, die nach dem Inkrafttreten dieses Beschlusses getroffen worden sind.
³ Bis zur Einsetzung der Rekurskommission entscheidet über Beschwerden im Sinne von Artikel 11 Absatz 2 das Departement endgültig.

⁴ Der Bundesrat bezeichnet die vor dem Departement hängigen Beschwerdefälle, die von der Rekurskommission zur Beurteilung übernommen werden.
⁵ Mit der Einsetzung der Rekurskommission wird das Bundesgesetz über die Organisation der Bundesrechtspflege wie folgt geändert:
Art. 101 Bst. d
Die Verwaltungsgerichtsbeschwerde ist auch unzulässig gegen:
    d. ... ausser gegen Verfügungen über den Widerruf begünstigender Verfügungen im Sinne von Artikel 99 Buchstaben c-f und h und von Artikel 100 Buchstabe b Ziffer 3, Buchstaben c, e Ziffer 1, Buchstaben k und l.

Schlussbestimmungen AVB
¹ Dieser Beschluss ist allgemeinverbindlich.
² Er wird nach Artikel 89bis Absatz 1 der Bundesverfassung als dringlich erklärt und tritt am Tag seiner Verabschiedung in Kraft.
³ Er untersteht nach Artikel 89bis Absatz 2 der Bundesverfassung dem fakultativen Referendum und gilt bis zum 31. Dezember 1995.
⁴ Der Bundesrat kann den Beschluss vorzeitig aufheben.

ASYLVERORDNUNG 1 ÜBER VERFAHRENSFRAGEN

Entwurf vom 12.2.1991 (die Hinweise nach den Sachüberschriften beziehen sich auf die entsprechenden Artikel im Asylgesetz).

Der Schweizerische Bundesrat,
gestützt auf Art. 50 des Asylgesetzes vom 5. Oktober 1979 (Gesetz) *verordnet:*

Art. 1 Zweitasyl (Art. 5)
[1] Das Bundesamt für Flüchtlinge (Bundesamt) holt die Stellungnahme der kantonalen Behörde ein.
[2] Der Aufenthalt eines Flüchtlings ist ordnungsgemäss, wenn er den Bestimmungen entspricht, die allgemein für Ausländer gelten.
[3] Der Aufenthalt gilt als ununterbrochen, wenn der Flüchtling in den letzten zwei Jahren insgesamt nicht länger als sechs Monate im Ausland weilte. Einer längeren Abwesenheit aus zwingenden Gründen kann im Einzelfall Rechnung getragen werden.

Art. 2 Aufnahme in einem Drittstaat (Art. 6 Abs. 1 Bst. a)
Einige Zeit bedeutet in der Regel 20 Tage. Das Bundesamt kann Ausnahmen gewähren, wenn der Gesuchsteller glaubhaft macht, dass er sich wegen besonderer Umstände länger in einem Drittstaat aufhalten musste.

Art. 3 Familienvereinigung (Art. 7)
[1] Andere nahe Angehörige sind insbesondere dann zu berücksichtigen, wenn sie behindert sind oder aus einem andern Grund auf die Hilfe einer Person, die in der Schweiz lebt, angewiesen sind.
[2] Die Familienvereinigung von Ausländern, die als Flüchtlinge vorläufig aufgenommen wurden, richtet sich nach Artikel 7 der Verordnung vom 25. November 1987 (SR 142.281) über die vorläufige Aufnahme und die Internierung von Ausländern.

Art. 4 Asylgesuch an der Grenze oder am Flughafen und
Einreisebewilligung (Art. 13c und 13d)
[1] Unter dem Land, aus dem der Ausländer direkt in die Schweiz gelangt, ist ein Nachbarstaat zu verstehen. Im Fall von Asylgesuchen bei der Grenzkontrolle auf den Flughäfen wird der Staat, aus dem der Abflug nach der Schweiz erfolgt ist, als Nachbarstaat betrachtet.

² Das Bundesamt kann die Einreise auch bewilligen, wenn der Gesuchsteller

    a. enge Beziehungen zu Personen hat, die in der Schweiz leben; oder

    b. nicht direkt an die Schweizer Grenze gelangt ist, aber glaubhaft macht, er habe seinen Herkunfts- oder Heimatstaat aus einem Grund nach Artikel 3 Absatz 1 des Gesetzes verlassen, und nachweist, dass er ohne Verzug an die Schweizer Grenze gelangt ist.

³ Ist die Einreise bewilligt, weist der Grenzposten den Gesuchsteller an eine Empfangsstelle. Der Gesuchsteller hat sich dort innert 24 Stunden zu melden.

Art. 5 Verweigerung der Einreise (Art. 13c und 13d Abs. 2 Bst. b und c)
¹ Verweigert das Bundesamt die Einreise an der Grenze, kann der Ausländer bei einer schweizerischen Vertretung im Ausland ein Asylgesuch einreichen.
² Wird die Einreise am Flughafen verweigert, kann der Ausländer innert zehn Tagen bei einer schweizerischen Vertretung im Ausland die Fortsetzung des Verfahrens verlangen. Das Verfahren richtet sich nach Artikel 13b des Gesetzes. Meldet sich der Ausländer nicht innert zehn Tagen bei einer schweizerischen Vertretung, wird das Asylgesuch als gegenstandslos abgeschrieben.

Art. 6 Asylgesuch im Inland (Art. 13f Abs. 2)
¹ Ausländer, die sich ohne Anwesenheitsbewilligung in der Schweiz aufhalten, reichen ihr Asylgesuch bei einer Empfangsstelle ein.
² Meldet sich ein Ausländer bei einer kantonalen oder eidgenössischen Behörde, so haben diese folgende Aufgaben:

    a. sie stellen seine Personalien fest;

    b. sie weisen ihn der nächstgelegenen Empfangsstelle zu und benachrichtigen diese;

    c. sie stellen ihm einen Passierschein aus.

³ Der Gesuchsteller hat sich innert 24 Stunden in der Empfangsstelle zu melden.

Art. 7 Aufenthalt in der Empfangsstelle (Art. 14)
Der Gesuchsteller hat sich in der Empfangsstelle den Behörden zur Verfügung zu halten. Das Verlassen der Empfangsstelle richtet sich nach den Bestimmungen der Hausordnung, die vom Bundesamt erlassen wird.

Asylverordnung

Art. 8 Bescheinigung Asylgesuch
[1] Kann sich der Gesuchsteller bis zum Abschluss des Verfahrens voraussichtlich in der Schweiz aufhalten, wird ihm eine befristete Bescheinigung über die Einreichung des Asylgesuches ausgestellt. Diese gilt gegenüber allen eidgenössischen und kantonalen Behörden als Ausweispapier. Sie berechtigt nicht zum Grenzübertritt.
[2] Die Bescheinigung wird eingezogen, wenn der Ausländer die Schweiz verlässt oder sein Anwesenheitsverhältnis fremdenpolizeilich geregelt wird.

Art. 9 Verteilung auf die Kantone (Art. 14a Abs. 2 und 3)
[1] Das Bundesamt weist die Gesuchsteller nach der von den Kantonen vereinbarten Verteilung einem Kanton zu.
[2] Können sich die Kantone nicht über die Verteilung der Gesuchsteller verständigen oder fällt eine solche Verständigung nachträglich dahin, so werden die neu eingereisten Gesuchsteller nach folgendem Schlüssel verteilt:

Zürich	17,9%	Schaffhausen	1,1%
Bern	14,6%	Appenzell AR	0,8%
Luzern	4,8%	Appenzell IR	0,2%
Uri	0,5%	St. Gallen	6,3%
Schwyz	1,6%	Graubünden	2,6%
Obwalden	0,4%	Aargau	7,4%
Nidwalden	0,5%	Thurgau	2,5%
Glarus	0,6%	Tessin	3,6%
Zug	1,3%	Waadt	8,6%
Freiburg	3,0%	Wallis	3,6%
Solothurn	3,5%	Neuenburg	2,5%
Basel-Stadt	2,3%	Genf	5,2%
Basel-Landschaft	3,6%	Jura	1,0%

[3] Die Gesuchsteller, die ihr Gesuch nach Art. 13f Absatz 1 des Gesetzes bei einer kantonalen Behörde einreichen, werden wie zugewiesene Gesuchsteller gezählt.

Art. 10 Meldung im Kanton (Art. 15 Abs. 1)
Die Kantone bezeichnen die Stelle, bei der sich der Gesuchsteller nach Verlassen der Empfangsstelle zu melden hat. Der Gesuchsteller muss dort innert 24 Stunden vorsprechen.

Art. 11 Mitteilung der Anhörungstermine (Art. 15a Abs. 2)
Anhörungstermine nach Artikel 15a Absatz 2 des Gesetzes werden der Schweizerischen Zentralstelle für Flüchtlingshilfe oder einer von dieser bezeichneten Stelle mitgeteilt.

Art. 12 Identität des Gesuchstellers (Art. 14 Abs. 2)

¹ Das Bundesamt speichert in Zusammenarbeit mit dem Erkennungsdienst der Bundesanwaltschaft die Daten, die zur Identifizierung des Gesuchstellers erhoben werden, um:

   a. Identität und Individualität des Gesuchstellers festzuhalten;

   b. zu prüfen, ob der gleiche Gesuchsteller sich bereits einmal um Asyl beworben hat;

   c. zu prüfen, ob erkennungsdienstliche Angaben vorliegen, welche die Aussagen des Gesuchstellers bestätigen oder widerlegen;

   d. zu prüfen, ob erkennungsdienstliche Angaben vorliegen, welche die Asylwürdigkeit des Gesuchstellers in Frage stellen.

² Zur Identifizierung des Gesuchstellers dürfen die zuständigen Behörden nicht mit dem Heimatstaat oder einem anderen Staat, bei dem Gefahr besteht, dass er die Daten an den Heimatstaat weiterleitet, Kontakt aufnehmen.

³ Die erhobenen Daten werden ohne zugehörige Personalien gespeichert. Sie dürfen nur vom Erkennungsdienst der Bundesanwaltschaft, den zuständigen kantonalen Behörden und dem Bundesamt zur Erfüllung ihrer Aufgaben nach dem Asylrecht verwendet werden. Besteht der begründete Verdacht, dass der Gesuchsteller ein Vergehen oder Verbrechen begangen hat, so kann das Bundesamt die zuständigen Strafverfolgungsorgane informieren.

⁴ Die Daten werden gelöscht:

   a. wenn das Asylgesuch bewilligt wird;

   b. spätestens zehn Jahre nach Ablehnung, Rückzug oder Abschreibung des Asylgesuchs oder nach einem Nichteintretensentscheid.

Art. 13 Vorbereitung von Asylentscheiden durch die Kantone
(Art. 15 Abs. 4)

¹ Das Departement regelt die inhaltlichen und organisatorischen Grundsätze für die Vorbereitung von Asylentscheiden sowie den Informationsaustausch zwischen dem Bundesamt und den Kantonen.

² Wird gegen einen Entscheid, den ein kantonaler Beamter vorbereitet hat, Beschwerde erhoben und ordnet die Beschwerdeinstanz einen Schriftenwechsel an, kann das Bundesamt beim Kanton eine Vernehmlassung einholen.

³ Kantonale Beamte unterliegen bei der Vorbereitung von Asylentscheiden der gleichen Sorgfalts- und Verschwiegenheitpflicht wie Bundesbeamte. In fachlicher Hinsicht sind sie an die Anordnungen des Bundesamtes gebunden.

Art. 14 Verfahren vor Nichteintretensentscheiden (Art. 16)
[1] Werden im Verlauf des Asylverfahrens Sachverhalte bekannt, die voraussichtlich zu einem Nichteintretensentscheid nach Artikel 16 Absatz 1 Buchstabe b, c oder e des Gesetzes führen, wird dem Gesuchsteller das rechtliche Gehör zu den Sachverhalten gewährt, die für einen Nichteintretensentscheid wesentlich sind. Eine Anhörung nach Artikel 15 des Gesetzes unter Mitwirkung eines Vertreters der Hilfswerke findet in diesen Fällen nicht statt.
[2] Dasselbe gilt in den Fällen des Artikels 16 Absatz 1 Buchstabe d des Gesetzes, ausser wenn der Gesuchsteller in seinen Herkunfts- oder Heimatstaat zurückgekehrt ist.
[3] In den übrigen Fällen von Artikel 16 des Gesetzes findet eine Anhörung nach Artikel 15 des Gesetzes statt.

Art. 15 Stellungnahme des UNO-Hochkommissariates (Art. 16-16c)
Zur Abklärung von Asylgesuchen holt das Bundesamt in geeigneten Fällen die Stellungnahme des UNO-Hochkommissariates für die Flüchtlinge ein.

Art. 16 Ergänzende Anhörung (Art. 16c Abs. 1)
[1] Das Verfahren für ergänzende Anhörungen richtet sich nach Art. 15 des Gesetzes.
[2] Vorbehalten bleibt die Gewährung des rechtlichen Gehörs im Sinne von Artikel 14 Absätze 1 und 2.

Art. 17 Vorsorgliche Wegweisung (Art. 19 Abs. 2 Bst. b)
Ist der Gesuchsteller nicht ohne Verzug in die Schweiz gelangt, so wird vermutet, er habe sich einige Zeit in einem Drittstaat aufgehalten.

Art. 18 Gemeinnützige Beschäftigungsprogramme (Art. 21 Abs. 3)
[1] Gemeinnützige Beschäftigungsprogramme sind Arbeitsleistungen, die im Interesse der Öffentlichkeit erfolgen oder die nicht das Erzielen eines Gewinnes bezwecken. Sie sollen die negativen Folgen der Erwerbslosigkeit von Asylbewerbern verhindern und die Fähigkeit für eine allfällige Wiedereingliederung im Heimat- oder Herkunftsstaat fördern.
[2] Den Teilnehmern an Beschäftigungsprogrammen kann eine Tagesentschädigung ausgerichtet werden. Diese darf keinen massgebenden Lohn nach Artikel 5 des Bundesgesetzes vom 20. Dezember 1946 (SR 831.10) über die Alters- und Hinterlassenenversicherung darstellen.
[3] Beschäftigungsprogramme sind den zuständigen Arbeitsmarktbehörden zur Stellungnahme vorzulegen. Das Departement regelt im Einvernehmen mit dem Eidgenössischen Volkswirtschaftsdepartement das Verfahren in bezug auf die Vorbereitung und die Durchführung von Beschäftigungsprogrammen.

Art. 19 Regelung der Anwesenheit (Art. 26)
Die Anwesenhet eines Flüchtlings wird vom Kanton geregelt, dem er als Gesuchsteller nach seiner Einreise zugewiesen wurde. Hat ein Flüchtling während des Asylverfahrens in einem andern Kanton mit dessen Zustimmung eine Wohnung bezogen und eine Arbeit aufgenommen, so ist dieser zuständig.

Art. 20 Beratende Kommission (Art. 49)
[1] Die Kommission berät Fragen der Asyl- und Flüchtlingspolitik sowie Fragen der Asylpraxis, die ihr das Departement unterbreitet. Sie kann auch weitere Fragen aus diesen Gebieten behandeln, wenn es die Mehrheit der anwesenden Mitglieder beschliesst.
[2] Die Kommission besteht aus dem Präsidenten und höchstens 22 weiteren Mitgliedern. Sie setzt sich ausgewogen nach Fachwissen, regionaler Herkunft und Geschlecht zusammen.
[3] Der Direktor des Bundesamtes führt den Vorsitz und das Sekretariat.
[4] Die Kommission wird mindestens zweimal jährlich vom Präsidenten einberufen und ausserdem, wenn es mindestens acht Mitglieder verlangen.
[5] Die Kommission berichtet dem Departement über ihre Beratungen und unterbreitet ihm ihre Empfehlungen. Das Departement entscheidet über die Veröffentlichung der Berichte und Empfehlungen.
[6] Die Mitglieder sind verpflichtet, über Tatsachen, die ihnen bei ihrer Tätigkeit für die Kommission zur Kenntnis gelangen, Verschwiegenheit zu bewahren.
[7] Im übrigen organisiert sich die Kommission selbst. Das Organisationsreglement ist vom Bundesrat zu genehmigen.

Art. 21 Aufhebung bisherigen Rechts
Die Asylverordnung vom 25. November 1987 wird aufgehoben.

Art. 22 Inkrafttreten
[1] Diese Verordnung tritt am .... 1991 in Kraft.

SACHREGISTER

AHV/IV s. Sozialversicherung
Akteneinsicht **217ff**, 319, **321f**, 324, 356, 358
Anerkennung der Flüchtlingseigenschaft durch Drittstaaten 122, **129ff**, 177
Anhörung zu den Asylgründen 143ff, 216, 274, **277ff**, **305**, 361ff,
Anwesenheitsrecht 46f, 270ff, **274**, 275, 277ff, 298f, **300**, 303, **304f**,355, 359ff
- für Asylsuchende 331ff, **366**
- für Flüchtlinge 67, 382, **385ff**
- für vorläufig Aufgenommene 171, 310f, 382, **400f**
- für vorläufig aufgenommene Flüchtlinge 397
- humanitäre Aufenthaltsbewilligung s. dort
- während des Verfahrens 265f, 302f, **331ff**, 366
Arbeit
- Asylsuchende 372, **373ff**, 379f
- Beschäftigungsprogramme 375
- Flüchtlinge **393**, 395f
- vorläufig Aufgenommene 400, **402**
  vorläufig aufgenommene Flüchtlinge 396, **397**
Asyl
- Ausschluss vom Asyl s. Asylausschlussgründe
- Ende s. Beendigung des Asyls
- staatspolitische Maxime 27f, 30
- Widerruf s. Beendigung des Asyls

Asylausschlussgründe 153ff
- Asylunwürdigkeit s. dort
- Beziehungen zu Drittstaat 149, **154ff**, 176, 244, 247, 254, 256, 262, 332f, 335
- Notstandsklausel
  s. Asylgewährung in Ausnahmesituationen
- subjektive Nachfluchtgründe s. Nachfluchtgründe
- und Flüchtlingseigenschaft 40, 153f
- und non-refoulement 153f, 175f, 176f, 185
Asylentscheid
- Begründung 220ff, **301f**, **312ff**
- Eröffnung 300, **306ff**
- Internierung s. dort
- mündliche Eröffnung 220f, 222, 306, 313
- negativer Entscheid 303, **308ff**
- positiver Entscheid 220f, 304, **307f**
- summarische Begründung 220, 222, 300, 306f, 313
- vorläufige Aufnahme s. dort
Asylgesetz **28**, 30, **433ff**
Asylgesuch
- Ablehnung ohne weitere Abklärungen 303
- am Flughafen 245ff
- an der Grenze 239ff
- aus dem Ausland 73, 157, 158f, 244, 252, **255ff**
- Begriff 235f, **292ff**
- Einreichung **235ff**, 251
- im Inland 250ff
- von Frauen s. dort

- von Kindern s. dort
- schriftliches 139, 236
- Nichteintreten; s. dort
- Rückzug 265f, 296f, **335**, 377

Asylgewährung
- in Ausnahmesituationen 50, **168ff**
- ohne Erfüllen der Flüchtlingseigenschaft 122f, 124ff, 128f, 133f
- ohne weitere Abklärungen 304

Asylunwürdigkeit; **160ff**, 176f, 185
- Gefährdung der Staatssicherheit 167f
- und Flüchtlingskonvention 154, 161, 165, 176f
- wegen Straftaten im Ausland 161ff
- wegen Straftaten in der Schweiz 165f

Asylverfahren
- am Flughafen **245ff**, 303
- an der Grenze 239ff
- Anhörung s. dort
- Anspruch auf Durchführung 49, 236
- Asylgesuch s. dort
- Beschwerdeverfahren s. Beschwerde
- Empfangsstelle s. dort
- Kanton s. dort
- Triage 262, **270ff**, 275, 303f
- Verfahrensarten 271, 272f, 291ff

Asylverordnungen **28f**, 30f, **455ff**
Aufenthalt,
  s. Anwesenheitsrecht
- in einem Drittstaat
  s. Asylausschlussgründe

Aufenthaltsbewilligung (Jahres-)
  s. auch Anwesenheitsrecht
  33, 46, 199, 385, 400, 406

Aufschiebende Wirkung
  s. Beschwerde
Aufsichtsbeschwerde 326
Auslandreisen
- von Flüchtlingen 203f, 386, 387f
- von Asylsuchenden 367
- von vorläufig Aufgenommenen 401

Auslieferung
  s. Enfernungsmassnahmen
Ausreisefrist s. Wegweisung
Ausschaffung
- in Drittstaat s. Wegweisung
- in Heimatstaat s. Wegweisung
Ausschaffungshaft 35, **342**, 405
Ausschlussgründe
  s. Asylausschlussgründe
Ausweispapiere
  s. Identitätspapiere
Ausweisung
  s. Entfernungsmassnahmen

Beendigung des Asyls 195ff
- Beendigungsfolgen 196f, **199f**
- Erlöschen des Asyls 125, **197**, 386f
- Verfahren 198
- Verzicht auf das Asyl 198
- Widerrufsgründe 195f, **201ff**

Befragung
  s. auch Anhörung, Asylverfahren an der Grenze Empfangsstelle, Folteropfer, Frauen
- Befragung von Asylsuchenden 146f, 216, 230, 261ff, **279ff**, **284ff**, 361f
- Problematik von Befragungen 263ff, 285, **286ff**

Begrenzungsverordnung 33, 35, **347ff**, 374f, 402, 403f
  s. auch humanitäre Aufenthaltsbewilligung

Sachregister 463

Begründete Furcht vor Verfolgung
72, 78f, 92, 93, **107ff**, 116f
Begründung s. Asylentscheid
Bescheinigung Asylgesuch s.
 Identitätspapiere
Beschwerde
- aufschiebende Wirkung **301ff**,
 309f, **317f**, 324, 328, 336
- bei der Europäischen Kommission für Menschenrechte 43f,
 182f, **326ff**
- Beschwerdegründe 316, **319f**
- Beschwerdeschrift **320f**, 431
- gegen Asylentscheid 315ff
- gegen Nichteintreten **301ff**, 318
- gegen Rückweisung an der
 Grenze 244
- gegen Verteilentscheid 268f
- gegen vorsorgliche Wegweisung 334
- gegen Wegweisung am Flughafen 248f
- Instanzen 58, **316f**, 420
- und Art. 13 EMRK s. dort
- Verfahren 299, 318f, **320ff**
Betreuung s. Fürsorge
Beweisrecht
- Beweis 136
- Beweisführungspflicht **135**, 223,
 225, 227, **228ff**
- Beweislastverteilung 135, 223
- Beweismittel 218f, **229ff**, 282,
 284, 324
- Beweisverfahren 214, 216, 218f,
 228ff, 318f, 320
- Briefe aus dem Heimatland
 232
- Fälschung von Beweismitteln
 142, **232**
- Glaubhaftmachen s. dort
- Gutachten **233**, 304, 362
- Mitwirkungspflicht s. dort

- schriftliche Beweise 230ff
- Zeugen 233f, 304
Blutrache 88, 185, 188
Bürgerkrieg 53, 84ff, 93, **101**, **103f**,
 118, 188, 190, 191, 193, 270,
 273, 293, 304
Bürgerrecht s. Einbürgerung

De-facto Flüchtlinge
 s. Flüchtlingsbegriff, Gewaltflüchtlinge
Delikt s. Straftaten, Verbrechen
Deserteure, Dienstverweigerer
 104ff
Diskriminierung s. Eingriffe
Drittstaat
 s. Anerkennung durch Drittstaaten, Asylausschlussgründe, Nichteintreten, Nonrefoulement, Wegweisung
Dolmetscher s. Übersetzung
Doppelgesuch s. Nichteintreten
Dubliner Abkommen
 s. Erstasylabkommen

Ehegatten s. Familie
Eheschliessung
- Asylsuchende 376f
- Flüchtlinge 394f
- vorläufig Aufgenommene 404
Einbürgerung 37, 377, **387**, 388
Eingriffe 38ff
- Diskriminierung, Schikanen 72,
 80
- gezielte s. Gezieltheit
- in Leib, Leben, Freiheit 75, **76**,
 91
- Intensität s. Verfolgungsintensität
- Kombination und Kumulation
 78
Einreise 239ff
- illegale s. dort

Einreisebewilligung 240ff, **243**, 247f
Einreiseverweigerung **244f, 248f**
Empfangsstelle **259ff**, 299f, 370, 419f
- Befragung 145ff, **261ff**
- Empfangsstellendelegierte 363
- Identifizierung 260f
- Verteilentscheid s. dort
EMRK **42ff**, 179ff, 326ff
- Art. 2: 181f
- Art. 3: 53, 77, 83, 88, 96, 99f, 117, 121, 156, 169, 174, **179ff**, 182, 188f, 190, 228f, 284, 295, 298, 328, 345f
- Art. 8: **46ff**, 89, 122, 123, 128, 156f, 173, 174, **267ff**, 336, 349
- Art. 13: 44, 268f, 302, 317, **341f**
Ende des Asyls s. Beendigung
Entfernungsmassnahmen 177, **343ff**
- Administrative Ausweisung 177, 198, **344f**
- Auslieferung 186, **346**
- Ausweisung durch Bundesrat 26, 345
- Landesverweisung 177, 186, 198, **345f**
- Schranken s. Non-refoulement, Wegweisungsschranken
- Wegweisung s. dort
Ernsthafte Nachteile **75ff**, 115ff
  s. auch Eingriffe und Unerträglicher psychischer Druck
Erstasylabkommen **48ff**, 63f, 131f, 156, 158, 170, 240f, 248, 295f, **332f**, 335, 341
- Dubliner Abkommen **48ff**, 131f, 170, 240f, 296
- Schengener Abkommen 50f
Erwerbstätigkeit s. Arbeit
Extraterritoriale Wirkung von Asylentscheiden s. Anerkennung der Flüchtlingseigenschaft durch Drittstaaten

Fälschung
- von Beweismitteln
  s. Beweisrecht
Familie
- als soziale Gruppe 98, 119
- Angehörige in Drittstaat
  s. Asylausschlussgründe
- Einbezug in Flüchtlingseigenschaft (Art. 3 Abs. 3 AsylG) 72, **124ff**, 160, 237
- Familieneinheit 123
  s. EMRK, Art. 8
- und Verteilentscheid s. dort
- Verfolgung von Familienangehörigen 80, 91, 118
Familiennachzug und Familienvereinigung
- bei Asylsuchenden 47, 242f, 336, 376
- bei Flüchtlingen (Art. 7 AsylG) **126ff**, 159f, 394f
- bei vorläufig Aufgenommenen 47, **403f**
- bei vorläufig aufgenommenen Flüchtlingen **127f**, 397
Flüchtling s. Flüchtlingbegriff
Fluchtalternative
- in Drittstaat
  s. Asylausschlussgründe
- inländische 73, **89f**, 118
Flüchtlingsbegriff 71ff
- De-facto-Flüchtlinge 188ff
- Flüchtlingskonvention s. dort Art. 1A
- materieller und formeller 40, **68**, 154, 176
- Verhältnis Asylgesetz-Flüchtlingskonvention 40, 71f

Sachregister

Flüchtlingseigenschaft
- Aberkennung s. Beendigung des Asyls
- abgeleitete s. Familie,
- Voraussetzungen
  s. Flüchtlingsbegriff
Flüchtlingskonvention **40ff**, 130f, 254, **381ff**, 387, 394, 396
- Art. 1A: 40f, 71f, **72ff**, 87
- Art. 1C: 201ff
- Art. 1D: **133f**, 154, 175
- Art. 1F: 153, **161ff**, 175, 176f, 178f
- Art. 33: 40, 87, 131f, 153f, **175ff**, 184, 190, 332
  s. auch Non-Refoulement
- Protokoll zur Flüchtlingskonvention 41
Flughafen
  s. Asylgesuch, Asylverfahren, Wegweisung
Folter
- als Eingriff 76, 77, 83
- als Rückschiebungsschranke 52f, **181f**
- Begriff 77, 181f
- Folteropfer, Befragung von 143, 146, **286ff**
Folterkonvention der UNO 52f, **186**
Frauen **113ff**, 236ff, 372f
- als soziale Gruppe
  s. Verfolgungsmotive
- Befragung von Frauen 146, 283f, **288f**
- Betreuung 372f, 427
- ernsthafte Nachteile 115ff
- Gesuchseinreichung 121, **236f**
- gezielte Nachteile 118f
- Nachweis der Flüchtlingseigenschaft 120f, 146
- staatliche Nachteile 117f

- Unzumutbarkeit der Wegweisung 121f
- Verfolgungsmotive 97, **119f**
- Verfahren **120f**, 236f
Freiheit s. Eingriffe
Furcht s. Begründete Furcht
Fürsorge
- für Asylsuchende 368, **369ff**
- für Flüchtlinge 383, **389ff**
- für vorläufig Aufgenommene 400, **401**
- für vorläufig aufgenommene Flüchtlinge 397

Gefährdung
- der Staatssicherheit
  s. dort und Asylunwürdigkeit
- von Leib, Leben, Freiheit
  s. Eingriffe
Geschlecht
  s. Frauen, Verfolgungsmotive
Gewaltflüchtlinge 53, 93, **188ff**, 273f, 303f
  s. auch Bürgerkrieg
- Begriff 188
- Rückschiebungsschutz im schweizerischen Recht 188ff
- Rückschiebungsschutz im Völkerrecht 190f
- Tamilen 193f
- Tolerierung 192ff
Gezieltheit der Verfolgung **90ff**, 118f
- Einzeleingriffe 91
- und Kollektivverfolgung **92f**, 98, 118f
- und Krieg, Bürgerkrieg, Guerilla 93, 103f
- und Massnahmen mit unerträglichem psychischem Druck 94
- und Razzien 91f

Glaubhaftmachen 109, **135ff**
- Begriff 137f
- Fälschung von Beweismitteln
  s. Beweismittel
- Kommunikationsschwierigkeiten 120, 143f, 287, 289, 362
- Pass und Reiseweg 142f, **148f**
- persönliche Glaubwürdigkeit **142f**, 228
- Substantiierungspflicht 141, 149f
- Tatsachenwidrigkeit 140, 150, 215
- verspätete Vorbringen 142, **145ff**, 215, 236, 263f, **286ff**
- Widersprüche 139f, **143ff**, 215, 219, 236, 263f

Grenze
  s. Asylgesuch, Asylverfahren, Beschwerde, Entfernungsmassnahmen, Non-refoulement

Gruppe
- Gruppenaufnahme (Art. 22) 59, 123, 128f
- Gruppenentscheide (Art. 14a Abs. 5 ANAG) 59, 191
- Gruppenverfolgung
  s. Gezieltheit
- soziale Gruppe
  s. Verfolgungsmotive

Guerrillakampf
  s. Bürgerkrieg

Heimatreisen von Flüchtlingen 203f, 387
Hilfswerke 61, 64f, 360ff, **364**, 389f 397, **421ff**
Hilfswerksvertretung 64f, 147, 277, 285, 300, 305, **359ff**,
Humanitäre Aufenthaltsbewilligung 33, 35, 59, 61, 172f,
188, 194, 311, 337, **347ff**, 368, 380
- Kritierien 351ff
- Rechtsstellung s. dort
- Verfahren 348f, 353

Identität
  s. auch Reisepapiere
- Feststellung 231, 261, 276
- Identitätspapiere 199, 200, 202f, 250, 262, 276, 366f, 377, 389f, 400f, 407
- Verheimlichung als Nichteintretensgrund 143, 148, 231, **294f**
- und Mitwirkungspflicht 224f

Illegale Einreise 251ff
  s. auch Einreise
- Anhaltung bei illegaler Einreise 251f
- Bestrafung für illegale Einreise 149, **253ff**

Indirekte staatliche Verfolgung
  s. staatliche Verfolgung

Inländische Fluchtalternative
  s. Fluchtalternative

Intensität der Verfolgungsmassnahme s. Verfolgungsintensität

Interne Fluchtalternative
  s. Fluchtalternative

Internierung 34, 59f, 311, **337**, **404f**

Jahresaufenthaltsbewilligung, s. Aufenthaltsbewilligung

Kanton 61
- Anhörung s. dort; s. auch Befragung
- Beantragung einer humanitären Aufenthaltsbewilligung 348f

Sachregister

- Beantragung einer vorläufigen Aufnahme 172, 174, 189, 277, 350
- Entscheidvorbereitung 61, 289f
- Fürsorge s. dort
- Vollzug der Wegweisung 61, 174, **341f**

Kantonswechsel
- Asylsuchende **269f**, 366
- Flüchtlinge 386

Kausalzusammenhang zwischen Verfolgung und Flucht 72, 75, 107f, 112

Kinder
  s. auch Familie
- Asylgesuch 238f
- Betreuung 372f, 391
- Schule 373, 383, 384, **392f**

Kinderzulagen s. Sozialversicherung
Kollektivverfolgung
  s. Gezieltheit
Kontingentsflüchtlinge
  s. Gruppe
Krieg   s. Bürgerkrieg
Kriminalität 35, 193f, 261, 344, **380**

Landesverweisung
  s. Entfernungsmassnahmen
Leben und Leib s. Eingriffe

Massnahmen mit unerträglichem psychischem Druck s. Unerträglicher psychischer Druck
Militärdienst s. Desertion
Minderheiten 80, 84, 87, 89, 92f, 94, 101, 105, 110, 115, 206
Misshandlungen s. Eingriffe
Mittelbare staatliche Verfolgung
  s. staatliche Verfolgung

Mitwirkungspflicht 135f, 193, **224ff**, 260
- Grenzen 226ff
- und Glaubwürdigkeit 142, 262f
- und Nichteintreten 227f, 270, 292ff, **297f**
- unverschuldete Nichterfüllung 226f
- verspätete Vorbringen s. Glaubhaftmachen

Nachfluchtgründe 73, 111ff
- als Asylausschlussgrund 113, **168f**
- objektive 73, 111
- Republikflucht, Exilaktivitäten 111f
- subjektive 73, 111f, 168f, 177
Nachschieben von Asylgründen
  s. Glaubhaftmachung, verspätete Vorbringen
Nachteile
  s. Eingriffe, Gezieltheit, unerträglicher psychischer Druck
Nachweis
  s. Beweis, Glaubhaftmachen
Nationalität
  s. Verfolgungsmotive
Nichteintreten 292ff
- Anhörung 300
- Doppelgesuch 296
- Fehlen eines Asylgesuches 292ff
- Hängiges/erledigtes Asylgesuch 259f, **295f**, 335
- sofortiger Vollzug
  s. Wegweisung
- Verfahren 217, **299f**
- Verfolgungssicherheit (safe country) 59, 282, **298f**
- Verheimlichung der Identität s. dort

- Verletzung der Mitwirkungspflicht 297f
Niederlassungsbewilligung 33f, 46, 199, 336, 385f, 393, 397
Non-refoulement 174ff
- absoluter Charakter 184
- Ausnahmen 178f, 184
- flüchtlingsrechtliches s. Flüchtlingskonvention, Art. 33
- geschützter Personenkreis 176f, 184ff
- menschenrechtliches s. EMRK, Art. 3
- Nachweis drohender Folter 182f
- und Drittstaat 177f, 197, 240f, 252
- und Nichteintreten 294f, 298, 302
- verbotene Entfernungsmassnahmen 177f
Notstandsklausel s. Asylgewährung

Objektive Nachfluchtgründe s. Nachfluchtgründe

Pass s. Reisepapiere
Politische Anschauungen s. Verfolgungsmotive
Politische Aktivitäten s. Verfolgung
Politische Betätigung in der Schweiz 36, 368
- von Asylsuchenden 368
- von Flüchtlingen 386, 388
Politische Delikte s. Straftaten
Politische Verfolgung s. Verfolgung
Private Verfolgung 88, 117f, 185, 188

Psychischer Druck s. unerträglicher psychischer Druck

Rasse s. Verfolgungsmotive
Rechtliches Gehör 26, 144, 168, 198, **213ff**, 236, 278, 281, 285, 295, 300, 312, 319, 324, 355, 400, 404; s. auch Anhörung, Akteneinsicht, Asylentscheid, Beweisrecht
Rechtsmittel s. Beschwerde
Rechtsstellung 365ff
- der Asylsuchenden 365ff
- der Flüchtlinge 40, 381ff, **384ff**
- der humanitär Aufgenommenen 406
- der Internierten 404f
  der Tolerierten 406f
- der vorläufig Aufgenommenen 399ff
- der vorläufig aufgenommenen Flüchtlinge 40, 381ff, **396ff**
Rechtsvertretung 214, 236, 278, 279, 302, 307, 321, 328f, **355ff**, 363, 368
- unentgeltliche Rechtspflege 356f
Refugees in orbit 49, 156, 182, 246
Refugiés sur place 73, 111, 250
Refoulement s. Non-refoulement
Reisen s. Auslandreisen
Reisepapiere
- und Einreise 50f, 240f
- und Flucht 142f, 148f
- und Glaubhaftmachen 140, 142f
- und Wegweisung 156, 332f, 339, **340**

- Visumspflicht 50f, 240f, 246f, 332f, 388
Rekurskommission, unabhängige 29, 58, 198, **316f**
Religion s. Verfolgungsmotive
Republikflucht
   s. Nachfluchtgründe
Revision **323f**, 325
Rückschiebungsverbot
   s. Non-refoulement
Rückzug des Asylgesuches s. dort

Safe-country
   s. Nichteintreten
Schengener Abkommen
   s. Erstasylabkommen
Schikanen s. Eingriffe
Schlepper 35, 50, 227, 253, 255
Schubabkommen **52**, 54, 131f, 156, 158, 252, 296, **332f**, 341, 393
Schule, Ausbildung 38, 383, **392f**
Schutzfähigkeit des Staates
   s. staatliche Verfolgung
Schwarzarbeit 380
Sonderopfertheorie 81, 94
Soziale Gruppe
   s. Verfolgungsmotive
Sozialversicherung
- bei Asylsuchenden 378ff
- bei Flüchtlingen 199f, **395f**,
- bei vorläufig Aufgenommenen 404
- bei vorläufig aufgenommenen Flüchtlingen 396
Staat mit Verfolgungssicherheit
   s. Nichteintreten
Staatliche Verfolgung **82ff**, 93, 117f, 294; s. auch private Verfolgung
- direkte 83f, 117

- fehlende Schutzfähigkeit oder Schutzbereitschaft 84ff
- indirekte/mittelbare 84ff
- quasi staatliche 85f, 87
Staatspolitische Maxime
   s. Asyl
Staatssicherheit, Gefährdung der 59, **167f**, 178, 386f, 393f
Straftaten und Verfolgung
   s. auch Asylausschlussgründe, Verfolgung
- gemeinrechtliche 86, 162, 165f, 184f
- politische Delikte 162f, 165
Subjektive Nachluchtgründe
   s. Nachfluchtgründe

Terrorismus 86, 101
Textbausteine 151f, 216, 220, 222, 224, **312f**
Todesstrafe 76, 181
Tolerierte, 192ff, 406f; s. auch Gewaltflüchtlinge, - Tamilen
Triage s. Asylverfahren

Übersetzung 214, 225, **282ff**,
Unerträglicher psychischer Druck; 72, 75, **79ff**, 94, 116; s. auch Gezieltheit
Unglaubwürdigkeit
   s. Glaubhaftmachen
UNHCR 41f, 62, 420f
- Exekutivkomitee 41f, 62, 190f
- Mandat 62, 190
- Zusammenarbeit mit Schweiz 62, 191, 249, 303
Unmenschliche Behandlung, 181f; s. auch EMRK 3
Unruhen s. Bürgerkrieg
UNRWA 133f
Unterbringung s. Fürsorge
Untersuchungsgrundsatz 135f, 144, 183, **223ff**

Unzumutbarkeit/Zumutbarkeit
- der Beweisführungspflicht s. Beweisrecht
- der Rückschaffung s. Wegweisungsschranken
- der Rück- oder Weiterreise in einen Drittstaat 89, 155, 331ff
- des weiteren Verbleibs 75, 77f

Verbesserung der Situation im Herkunftsstaat 205f
Verbrechen 161ff, 178
   s. auch Asylunwürdigkeit Flüchtlingskonvention Art. 1F, Non-refoulement, Straftaten, Verfolgung
Verfahren s. Asylverfahren
Verfahrensgarantien 213ff
   s. auch Akteneinsicht, Asylentscheid, Asylverfahren
Verfolgung
- aktuelle 107f
- begründete Furcht vor Verfolgung s. dort
- bei Bürgerkrieg und Aufständen s. Bürgerkrieg
- drohende s. Begründete Furcht
- gezielte s. Gezieltheit
- illegitime, Abgrenzung zur legitimen 91, 93, 99, **100ff**
- Intensität s. Verfolgungsintensität
- künftige 107, 108ff; s. auch begründete Furcht
- von Minderheiten s. dort
- Motive s. Verfolgungsmotive
- private s. Private Verfolgung
- staatliche s. Staatliche Verfolgung
- vergangene 72, 107, 109f, 206, 299
- wegen Desertion und Dienstverweigerung, s. dort
- wegen gemeinrechtlicher Delikte 102
- wegen kultureller, politischer, religiöser Aktivitäten 97, 101f
- wegen politischer Delikte 102f
Verfolgungsfurcht s. Begründete Furcht
Verfolgungsintensität 75, **77ff**, 91, 97, 99, 116
Verfolgungsmotiv 93, **95ff**, 119f
- Abgrenzung zu legitimen Eingriffen s. Verfolgung, illegitime
- bei neutraler Haltung 99
- Geschlecht 99f, 119f
- im Bürgerkrieg s. dort
- Nationalität 98
- objektive und subjektive Motivation 96
- politische Anschauungen 98f, 119
- Rasse 97
- Religion 97, 120
- Zugehörigkeit zu einer sozialen Gruppe 98, 99, 119f
Verfolgungssicherheit, Länder mit s. Nichteintreten, Verspätete Vorbringen s. Glaubhaftmachung
Verteilentscheid 262, *266ff*, 268f
- Anfechtung 268f
- Kantonswechsel s. dort
Visum s. Reisepapiere
Vollzug s. Wegweisung
Vorläufige Aufnahme 34, 172, 310f, 337
- ohne weitere Abklärungen 191, **304**
- Rechtscharakter **171**, 310f, **336f**, 399
- von Flüchtlingen 113, 124, **153f**, 169, 381, 398, 400
- Rechtsstellung s. dort

Sachregister 471

Vorsorgliche Wegweisung
   s. Wegweisung

Wahrscheinlichkeit drohender
   Verfolgung, s. Begründete
   Furcht, Glaubhaftmachen
Wegweisung 34f, **336ff**, 343f
- Fristen 302, 309f, 323, **338f**
- in Drittstaat 173, 245, 248f, 256, **340f**
- in Verfolgerstaat 248f, 256f, **341f**
- Schranken
   s. Wegweisungsschranken
- sofortiger Vollzug 301ff
- Verfügung, deren Inhalt 292, 302
- Vollzug 334, 338, **341f**
- vorsorgliche Wegweisung während Verfahren 149, 158, 248, 256, 261f, 265, **331ff**
- Weiterreise/Rückreise 64, **339ff**
Wegweisungsschranken **171ff**, 292, **336f**, 399, 426
- Unmöglichkeit 172, **173f**
- Unzumutbarkeit 93, 172, **188ff**, 333
- Völkerrechtliche Unzulässigkeit s. Non-Refoulement
Weisungen zum Asylgesetz 29, 31f
Widerruf des Asyls
   s. Beendigung des Asyls
Wiedererwägung 296, 325
Wiederholungsgefahr
   s. Begründete Furcht

Zumutbarkeit
   s. Unzumutbarkeit
Zweitasyl 123, 130, 159
Zweitgesuche s. Nichteintreten, - Doppelgesuche

Standardwerke

Paula Lotmar / Edmond Tondeur
Führen in sozialen Organisationen
Ein Buch zum Nachdenken und Handeln

259 Seiten, 8 graphische Darstellungen,
gebunden Fr. 58.–/DM 69.–
ISBN 3-258-04064-8

Jakob Stöckli / Katrin Zehnder
(Herausgeber)
Sozialpaket Schweiz
Ein Wegweiser durch die Einrichtungen
der Sozialen Sicherheit in der Schweiz

2., vollständig überarbeitete Auflage, 162 Seiten,
kartoniert Fr. 29.–/DM 34.–
ISBN 3-258-04116-4

Haupt